Nomos Universitätsschriften

Recht

Band 1018

Elisabeth Rexroth

Haftung im Kunsthandel

Nomos

Erstgutachter:	Prof. iur. Dr. rer. pol. Dres. h.c. Franz Jürgen Säcker Hon.Ph.D. (PCCC)
Zweitgutachter:	Univ.-Prof. Dr. Bertram Lomfeld
Tag der mündlichen Prüfung:	23. Mai 2023

Die Deutsche Nationalbibliothek verzeichnet diese Publikation in der Deutschen Nationalbibliografie; detaillierte bibliografische Daten sind im Internet über http://dnb.d-nb.de abrufbar.

Zugl.: Berlin, FU, Diss., 2023

ISBN 978-3-7560-1296-1 (Print)

ISBN 978-3-7489-1805-9 (ePDF)

Onlineversion
Nomos eLibrary

1. Auflage 2023

MEINEN KINDERN

Vorwort

Gibt es im Leben einer Juristin einige Schlüsselmomente, gehört die Fertigstellung einer Dissertation ganz gewiss dazu. Damit möchte ich an dieser geeigneten Stelle allen Personen, die im Wesentlichen zu meinem Meilenstein beigetragen haben, danken.

Zu Dank verpflichtet bin ich zunächst meinem Doktorvater Herrn Prof. Dr. Säcker, der mich nicht nur in dieser Sache wunderbar betreut und das Erstgutachten binnen kürzester Zeit erstellt hat; sondern der mir auch stets die notwendige wissenschaftliche Freiheit in der Entwicklung meiner Dissertation überlassen sowie mir in jeglicher fachlicher Hinsicht volles Vertrauen entgegen gebracht hat. Es ist nicht nur der juristische Diskurs, sondern auch die persönliche Ebene eines jeden Gesprächs, auf das ich heute zurückblicken kann, die mich bei der Erstellung meiner Arbeit und in meinem beruflichen Werdegang ganz entscheidend gefördert haben.

Ferner danke ich meiner Mutter, der es als Gegenpol zur juristischen Welt ab und zu gelingt, mich auch einmal zur Entspannung zu bringen. Durch den manchmal notwendigen Abstand zum rechtswissenschaftlichen Diskurs gewinnt man zuweilen ganz neue Perspektiven auf die Rechtsprobleme.

Meinem Vater Prof. Dr. Rexroth danke ich in besonderem Maße für das mehrfache Korrekturlesen meiner Arbeit ohne das Innehaben rechtswissenschaftlicher Vorkenntnisse, aber auch für die Inspiration durch seine Person und seinen Werdegang.

Ganz besonderer Dank gilt aber den wohl wichtigsten drei Menschen in meinem Leben: Zunächst meinen zwei Söhnen, Benjamin und Raphael, die meine tägliche Motivation sind. Ihr seid der Grund dafür, wieso für mich an jedem einzelnen Tag die Sonne scheint und es ist meine Lebensaufgabe, Euch die Freude am Leben zurückzugeben, die Ihr mir täglich gebt. Zuletzt danke ich meinem Mann Stani. Mein schärfster Kritiker und größter Unterstützer in jedem Unterfangen, das ich beginne. Ohne Dich und Deine bedingungslose Liebe für mich und unsere Familie wäre mir diese persönliche und fachliche Entwicklung nicht möglich gewesen. Dafür werde ich Dir immer dankbar sein.

Berlin, im Juni 2023 E.R.

Inhaltsverzeichnis

Abkürzungsverzeichnis

a.A.	andere Ansicht
a.a.O.	am angegebenen Ort
Abs.	Absatz
AcP	Archiv für civilistische Praxis
AEUV	Arbeitsweise der Europäischen Union
AGB	Allgemeine Geschäftsbedingungen
AGBG	Gesetz über Allgemeine Geschäftsbedingungen
a.E.	am Ende
a.F.	alte Fassung
AG	Amtsgericht
allg. A.	allgemeine Ansicht
Anh.	Anhang
Anm.	Anmerkung
art.	article
Art.	Artikel (Singular)
Artt.	Artikel (Plural)
AT	Allgemeiner Teil
AVB	Allgemeine Versteigerungsbedingungen
BT	Besonderer Teil
BB	Der Betriebsberater
Begr.	Begründung
Beschl.	Beschluss
BGB	Bürgerliches Gesetzbuch
BGBl.	Bundesgesetzblatt
BGH	Bundesgerichtshof
BR	Bundesrat
BR-Drs.	Bundesrat Drucksache
BReg	Bundesregierung
bspw.	beispielsweise

BT	Bundestag
BT-Drs.	Bundestag Drucksache
BverfG	Bundesverfassungsgericht
BverwG	Bundesverwaltungsgericht
bzw.	beziehungsweise
dB	Der Betrieb
DNotZ	Deutsche Notarzeitschrift
DStR	Deutsches Steuerrecht
ebd.	ebenda
EuGH	Gerichtshof der Europäischen Gemeinschaften
EL	Ergänzungslieferung
EWiR	Entscheidungen zum Wirtschaftsrecht
f.	folgende
ff.	fortfolgende
FS	Festschrift
gem.	gemäß
GewO	Gewerbeordnung
gegr.	gegründet
GG	Grundgesetz
GRUR	Gewerblicher Rechtsschutz und Urheberrecht
GRUR-RR	Gewerblicher Rechtsschutz und Urheberrecht Rechtsprechungs-Report
h.L.	herrschende Lehre
h.M.	herrschende Meinung
HB	Handbuch
HGB	Handelsgesetzbuch
Hrsg.	Herausgeber
Hs.	Halbsatz
IFSE	Institut für Strategieentwicklung
i.S.	im Sinne
i.S.v.	im Sinne von
i.R.	im Rahmen
i.V.m.	in Verbindung mit

jM	juris-Die Monatszeitschrift
JZ	Juristen Zeitung
JuS	Juristische Schulung
Kap.	Kapitel
KfZ	Kraftfahrzeug
KG	Kammergericht
KGSG	Kulturgutschutzgesetz
Komm.	Kommentar
KUR	Kunst und Recht
li. Sp.	linke Spalte
LMK	Lindenmaier-Möhring-Kommentierte BGH-Rechtsprechung
Mio.	Millionen
MMR	MultiMedia und Recht
m.w.N.	mit weiteren Nachweisen
n.F.	neue Fassung
NJOZ	Neue Juristische Online Zeitschrift
NJW	Neue Juristische Wochenschrift
NJW-RR	Neue Juristische Wochenschrift Rechtsprechungs-Report
Nr.	Nummer
NZBau	Neue Zeitschrift für Baurecht und Vergaberecht
o.ä.	oder ähnliches
OLG	Oberlandesgericht
OK	Online-Kommentar
PartGG	Gesetz über Partnerschaftsgesellschaften
PK	Praxiskommentar
RegE	Regierungsentwurf
re. Sp.	rechte Spalte
RL	Richtlinie
Rn.	Randnummer
S.	Seite
s.	siehe
sog.	sogenannt

SchiedsVZ	Zeitschrift für Schiedsverfahren
StGB	Strafgesetzbuch
UNESCO	United Nations Educational, Scientific and Cultural Organisation
Unterkap.	Unterkapitel
UrhG	Urhebergesetz
UrhVG	Urhebervertragsrecht
Urt.	Urteil
v.	von/vom
vgl.	vergleiche
Verbrauchsgüter-kaufrichtlinie	VGK-RL
VerstV	Verordnung über gewerbsmäßige Versteigerungen
Vorb.	Vorbemerkung
VuR	Verbraucher und Recht
WKRL	Warenkaufrichtlinie
ZIP	Zeitschrift für Wirtschaftsrecht
ZVertriebsR	Zeitschrift für Vertriebsrecht
z.T.	zum Teil
zugl.	zugleich
ZeuP	Zeitschrift für Europäisches Privatrecht
WirtschaftsStrR	Wirtschaftsstrafrecht
ZPO	Zivilprozessordnung
ZRP	Zeitschrift für Rechtspolitik

Kapitel 1. Einleitung und Vorgehensweise

§ 1 Einleitung

Wer haftet, wenn...?

Die aufgeworfene Frage deutet in ihrer *Primitivität* auf ein rechtliches Geflecht von mindestens zwei Personen hin, von denen kraft vertraglichen oder gesetzlichen Schuldverhältnisses eine Seite der anderen etwas schuldet.

Haftungsfälle und Haftungsfragen sind ein ganz zentraler und wesentlicher Bestandteil des Bürgerlichen Gesetzbuches sowie seiner Nebengesetze.

Aber wie beurteilt sich dieser *Haftungsfall*, wenn der Satz sich dahingehend vervollständigt, dass er danach fragt: „Wer haftet, wenn sich bei einem Kunstkauf ein Mangel am *Kunstwerk* zeigt?"

In Ermangelung von Sondervorschriften zwingt der Gesetzgeber zu einer Auseinandersetzung mit der *Haftung im Kunsthandel* auf Ebene der allgemeinen und besonderen Regeln des Schuldrechts.

Denn auch die Kunst muss sich am Recht messen lassen.

Der Handel mit Kunst geht schon auf die Zeit vor Christus zurück.[1] Tatsächlich ruhte er nach dem Verfall des Römischen Reiches und erwachte im Mittelalter in neuer Blüte. Gegenstand des Handels war bildnerisch Geschaffenes, dessen Schöpfungsakte völlig anonym blieben. Den Künstler verstand man in der Rolle als Mittler des Göttlichen, als Werkzeug der Götter, als Ausdruck eines Übergeordneten. Sein Schaffen war nicht die Verdinglichung seiner Innenwelt und eigener Fantasien, sondern galt der Evidenz des göttlichen Kosmos. Er schuf ganz besonders, um eine Geschichte zu erzählen, die von Generation zu Generation überliefert werden sollte. Um *ihn* als schöpferische Persönlichkeit ging es dabei nicht.

Erst später im Übergang vom Mittelalter zu Reformbewegungen und Renaissance kristallisierte sich die Idee von *personifizierten Schöpfungsakten* mit der Folge heraus, dass Kunstschöpfungen und deren Hervorbringer zu den entscheidenden Leitfiguren des Handels wurden. In Auseinandersetzung mit den Spannungen aus Alt und Neu begann eine Wertschätzung

---

1 *Kaletsch*, Der Kunstauktionator, S. 5; *Müller-Katzenburg*, Internationale Standards im Kulturgüterverkehr und ihre Bedeutung für das Sach- und Kollisionsrecht, S. 25.

des *Alten*, die den Handel vorantrieb und von der er zugleich profitierte. In der Zeit der *Renaissance* waren es vor allem wohlhabende Familien, die an diesem Auftrieb partizipieren konnten und auch wollten.[2] Seither wird das Kunstwerk maßgebend nach der Person bestimmt, die es hervorgebracht hat: als *persönlich geistige und individuell manuelle Schöpfung.*[3] Die namentliche Fixierung von Kunstwerken und deren Inhalten wird zur Voraussetzung von Wertbestimmungen, die freilich über das Ästhetische und das Schöpferische hinausgehen. Sie erlaubt Einordnungen, die anhand der Namen der Künstler und deren künstlerischen Darstellungen gruppenspezifischen Parametern folgen, die bestimmte Zugehörigkeiten und geistige Provenienzen unterstellen, die wiederum ihre Basis und ihren Grund in ganz anderen Weltanschauungsformen haben als die der Künste. Die Bestätigung dessen findet sich immer wieder in erschütternden Ereignissen, wie zuletzt in der Zeit des Nationalsozialismus. In der Ausstellung *„entarteter Kunst"* 1937 wurden Werke heute bedeutender Meister diffamierend zur Schau gestellt: *Wassily Kandinsky, Emil Nolde, Lyonel Feininger* oder *Ernst Ludwig Kirchner* wurden belächelt und deren Werke als *„Ausgeburten des Wahnsinns"* und *„Nichtskönnertum"* kommentiert.[4] Solche Formen von Diskriminierung und Ausgrenzung waren nur möglich aufgrund der Verknüpfung von personifizierten, identitätseingrenzenden Kategorisierungen und ästhetisch unannehmbaren und nicht akzeptierbaren Phänomenen. Dieses Thema des nationalsozialistischen Umgangs mit Kunstwerken und Künstlern hat unter Bezugnahme auf das vielfach verübte Unrecht eine historisch einzigartige Bedeutung auch in der Rechtswelt erlangt.

Nach Beendigung des Zweiten Weltkrieges erfuhr der Kunstmarkt einen immensen Aufschwung.[5] Diese Entwicklung wurzelte im parallelen Wirtschaftsaufschwung und in der zunehmenden Internationalisierung von freien Gesellschaften. Es bestand ein deutlich anwachsendes Interesse an Kunst, das *schichten- und grenzübergreifend* vorhanden war. Es wurde ständig mehr publiziert und Kunst war häufig Gegenstand von nationalen und internationalen Diskussionen. Dieser Sachverhalt der Entwicklung förderte den Erkenntnisdrang über das durch die Nationalsozialisten verübte Unrecht an den Besitztümern vieler Familien.

---

2 *Müller-Katzenburg*, Internationale Standards im Kulturgüterverkehr und ihre Bedeutung für das Sach- und Kollisionsrecht, S. 32.

3 Vgl. etwa *„Grosz-Fall"* des Reichsgerichts, erläutert von *Locher*, Das Recht der bildenden Kunst, S. 39.

4 *Kunze*, Restitution „entartete Kunst", S. 11f.

5 *Müller-Katzenburg*, a.a.O., S. 48-49.

Spätestens damit gelang dem Kunstwerk die Entwicklung zur *Handelsware.*[6] Seither wächst der Kunstmarkt in jeder Hinsicht: Längst partizipieren nicht mehr nur die privaten Kunstliebhaber und Kunstsammler an ihm. Kunstkäufe werden als *Investition, Handelsgewerbe* sowie nicht zuletzt als *Statussymbole* genutzt;[7] sie dienen als Geschäftsmodelle für Bereicherungen jedweder Art. Längst werden nicht mehr nur Werke *„alter"* Meister als Handelsobjekte anerkannt. Auch die zeitgenössische Kunst genießt eine prächtige Entwicklung und verzeichnet inzwischen sogar den größten Wertzuwachs.[8] Insgesamt versteht sich der Kunstmarkt heute als internationaler, als globaler Markt, der das Angebot und die Nachfrage der ganzen Welt zusammenführt, indem er über die diversen Absatzkanäle funktioniert.[9] Dies mündet in seiner Gesamtheit darin, dass Kunstverkäufe heute unvergleichbar spektakuläre Preise erzielen und solche Verkäufe Spitzenereignisse im globalen Gesellschaftsbetrieb darstellen.

Doch auch hier bewahrheitet sich das Stichwort: *„Wo Freud' ist, ist auch Leid!"*.

Denn wonach der Markt strebt und was er begehrt, gibt Anderen Anreiz, diese Begierde zum eigenen Vorteil unter Einmischung unredlicher Aktionen zu nutzen. Es ist längst eine feststehende Tatsache, dass eine Vielzahl von Fälschungen, gestohlenen oder sonst abhandengekommenen Kunstwerken auf den Markt gelangen und dort die soeben umschriebenen Rekordpreise irrtümlicherweise erreichen.[10]

Es realisiert sich dann die Gefahr des *Haftungsfalls*, der zu einer Auseinandersetzung mit der Anwendbarkeit allgemeiner Normen auf den Gegenstand der Kunst zwingt.

Dabei wird bereits bei erster Betrachtung des Kunstobjektes und seines Handelsmarktes offenbar, dass Kunst kein *gewöhnlicher Nutzgegenstand* ist. Es ist das undefinierbare Unikat, das in seiner Individualität grundsätzlich erschöpfend ist. Trotz aller Weihen der „Einmaligkeit und Erhabenheit" drängt sich der Kunst das Netz des Rechts mit der Behauptung auf, es stehe über Allem und alles könne an ihm gemessen werden.[11] Darüber hinaus basiert der Kunstkauf in seiner Geschäftspraxis auf einem Verhältnis,

---

6 *Anton*, „Kunstvertrieb" - Absatzmittlung von Kunstwerken in Recht und Praxis, in: FS Siehr, S. 331 (365).

7 *Picker*, Antiquitäten, S. 15.

8 *Kurz*, Der Kunsthändler als Intermediär, S. 1.

9 *Boll*, Der Kampf um die Kunst, S. 1.

10 *Ehinger*, Dritthaftung für Kunstexpertisen, S. 1.

11 *Wrede*, Kunst und Kaufrecht, S. 21.

bestehend aus mehreren Personen, die sich - ungeachtet ihrer rechtlichen Einordnung - als *Kunstkenner* und *Insider* behaupten.

Der Rechtsanwender kommt sodann unweigerlich in einen inneren Konflikt: Auf der einen Seite steht die rationale Rechtswissenschaft mit ihren Gesetzen und festen Gewohnheitsregeln; auf der anderen Seite die Kunst, die in ihrem Verständnis und ihrer Anwendung so subjektiv ist, dass sie jede schematische Anwendung verbietet.

„*Ernst ist das Leben, heiter ist die Kunst!*“[12]

Dieses Zitat *Schillers* stützt das Verständnis vom Recht und der Kunst als *Gegenpole;* von zwei Bereichen, die gegensätzlicher nicht sein könnten und doch dazu verdammt sind, miteinander zu leben.

Diesen Konflikt gilt es zu untersuchen. Mögen die Skandale der Kunstwelt, die die Rechtsprechung und Literatur die letzten Jahre und Jahrzehnte beschäftigten, die wunden Stellen in der Anwendung des Haftungsrechts aus dem BGB und seinen Nebengesetzen aufzeigen und der Erläuterung dienen, wie und vor allem, ob eventuelle Missstände *de lege lata* gelöst oder *de lege ferenda* behoben werden können.

§ 2. Vorgehensweise

Ziel der folgenden Ausarbeitung soll es sein, die oben aufgeworfene Frage „*Wer haftet, wenn sich bei einem Kunstkauf ein Mangel am Kunstwerk zeigt?*“ in ihrer Gänze zu beantworten. Dazu sollen die verschiedenen Rechtsbeziehungen aufgezeigt, erläutert und diskutiert werden.

Punctum saliens der Betrachtung der *Haftung im Kunsthandel* soll die Diskussion sein, ob sich in Anwendung der einschlägigen Vorschriften eine Ungleichbehandlung hinsichtlich des Haftungsrisikos unter den Marktteilnehmern ergibt. Im Fall der positiven Feststellung gilt es zu untersuchen, woraus diese folgt, *ob* und *wie* sie *de lege lata* behoben werden kann oder, ob vereinzelt Regelungsbedarf besteht.

Zur Einführung in die haftungsrechtliche Problematik im Kunsthandel werden in Kapitel 2 zunächst die *Begrifflichkeiten* sowie die *Vertriebsformen* aufgezeigt. Für die weitere Ausarbeitung relevante Rechtsbegriffe und Rechtsverhältnisse werden dabei erläutert.

---

12 *Schiller*, Prolog zu Wallensteins Lager, Vers 149.

Kapitel 3 bildet das wesentliche *Hauptelement* der Auseinandersetzung und zeigt die *Rechte* des Erwerbers gegen seinen Verkäufer beim Kunstkauf in ihren Einzelheiten auf. In dieser Beziehung wurzeln die wesentlichen Merkmale, auf deren Feststellungen im Rahmen der weiteren Rechtsverhältnisse teilweise Bezug genommen werden kann.

Auch allgemeine rechtsdogmatische Erwägungen im Bereich des Kaufgewährleistungsrechts bleiben nicht ausgeklammert. Der Gesetzgeber hat zum 01. Januar 2022 in Umsetzung der Warenkaufrichtlinie[13] im Kaufrecht ein neues Mangelkonzept eingeführt, welches für die haftungsrechtliche Handhabung des Kunstkaufs relevant ist.

Im Rahmen von Kapitel 3 wird, darauf folgend, auf die *Haftungsbeschränkungen* im Kunsthandel eingegangen. Auch hier werden die Allgemeinen Geschäftsbedingungen, die die Haftung regelmäßig vertraglich reglementieren, nicht wörtlich wiedergegeben. Sie werden vielmehr in die *Kernelemente*, die für eine haftungsrechtliche Begutachtung von Bedeutung sind, zerlegt und in ihrem Sinngehalt untersucht.

Die Erläuterungen der Ansprüche und Haftungsbeschränkungen münden jeweils in Handlungsempfehlungen für die Geschäftspraxis. Ein besonderer Schwerpunkt liegt hier auf der Bestimmung der Sorgfaltspflichten für Kunstvermarkter[14] und damit verbunden auch auf der korrekten Formulierung ihrer Allgemeinen Geschäftsbedingungen.

Die Kapitel 4 bis einschließlich 8 untersuchen abseits der Haftung des Verkäufers auch die restlichen *haftungsrechtlichen Beziehungen* im Kunsthandel, die angesichts des dem Kunsthandel stets zugrunde liegenden Drei-Personen-Verhältnisses sehr umfangreich sind.

In Kapitel 9 werden die erarbeiteten Ergebnisse zusammengetragen und konkrete Handlungsempfehlungen aufgezeigt.

Anzumerken ist, dass sich die Arbeit auf den Verkauf *„klassischer"* Kunst beschränkt. Vertriebsobjekt ist stets der *körperliche Gegenstand*, den der Gesetzgeber als *Sache* im Sinne von § 90 BGB normiert. Insbesondere wird auf die Aufnahme der zunehmend relevanten *„Krypto-Kunst"* verzichtet. In der Krypto-Kunst wurzelt nicht nur ein völlig neuer Kunstbegriff, sondern

---

13 Richtlinie (EU) 2019/771 des Europäischen Parlaments und des Rates vom 20. Mai 2019 über bestimmte vertragsrechtliche Aspekte des Warenkaufs, zur Änderung der Verordnung (EU) 2017/2394 und der Richtlinie 2009/22/EG sowie zur Aufhebung der Richtlinie 1999/44 EG.

14 Die diskutierten Marktakteure Kunstauktionshaus und Galerie werden in der Ausarbeitung in „Kunstvermarkter", „Intermediäre" oder „Kunstvermittler" zusammengefasst, sofern es in der rechtlichen Behandlung keine Unterschiede gibt.

ihr Vertrieb läuft - ungeachtet der teilweise gleichbleibenden Intermediäre - auf unkonventionellen Vertriebskanälen ab, sodass eine vollumfängliche Abhandlung in haftungsrechtlicher Hinsicht im Rahmen dieser Arbeit nicht gewährleistet werden kann.

Kapitel 2. Begriffsbestimmungen und Vertriebsformen

§ 1. Das Handelsobjekt des Kunsthandels

Obwohl das übergeordnete Handelsobjekt des Kunsthandels, nämlich die *Körperkunst*, die absoluten Unikatcharakter hat, nicht näher definiert zu werden braucht, ergeben sich im Kunsthandel Besonderheiten, sofern es sich bei den Kunstwerken auch gleichzeitig um Kulturgüter handelt.

A. Kulturgut

Differenziert betrachtet stehen neben den „bloßen" Kunstwerken die *Kulturgüter*. Diese sieht der Gesetzgeber als besonders schutzbedürftig an und stellt sie unter den besonderen Schutz des Kulturgutschutzgesetzes.[15]

Der Terminus *Kulturgut* ist ein Oberbegriff, unter welchem man Kunstgegenstände, daneben jedoch auch historische Dokumente, antike Möbel und archäologische Grabungsfunde versteht.[16]

Gemäß § 2 Abs. 1 Nr. 10 des KGSG ist *Kulturgut* jede bewegliche Sache oder Sachgesamtheit, die einen künstlerischen, geschichtlichen oder archäologischen Wert hat oder aus anderen Bereichen des kulturellen Erbes, insbesondere von paläontologischem, ethnographischem, numismatischem oder wissenschaftlichem Wert ist.[17] Damit unterscheidet sich die Definition des deutschen Gesetzgebers nur geringfügig von jenem *Kulturgut*, welches durch Art. 36 AEUV, des Art. 1 des UNESCO-Übereinkommens über Maßnahmen zum Verbot und zur Verhütung der unzulässigen Einfuhr, Ausfuhr und Übereignung von Kulturgut[18] oder des Kapitels I Art. 1 der Haager Konvention vom 14. Mai 1954 zum Schutz von Kulturgut bei bewaffneten

---

15 Im Folgenden: KGSG, Kulturgutschutzgesetz vom 31. Juli 2016 (BGBl. I S. 1914), das zuletzt durch Artikel 40 des Gesetzes vom 20. November 2019 (BGBl. I S. 1626) geändert worden ist; siehe zum Handel und zu fraglichen Fallkonstellationen auch: *Strobl*, NJOZ 2017, 810.

16 *Müller-Katzenburg*, NJW 1999, 2551 (2551).

17 *Elmenhorst/Strobl*, KUR 2017, 158 (158).

18 Im Folgenden: UNESCO Übereinkommen von 1970.

Konflikten[19] geschützt wird.[20] Es war auch vom deutschen Gesetzgeber beabsichtigt, mit seiner Legaldefinition des Kulturgutes im KGSG diejenigen Definitionen des UNESCO-Übereinkommens und der Haager Konvention zu umfassen.[21] Denn die Rückgabeansprüche nach §§ 50 ff. KGSG sehen nicht nur den Schutz deutschen Kulturgutes, sondern auch den Import und den Handel ausländischen Kulturgutes vor.[22]

Zweifellos hilft die aufgezeigte Definition dem Rechtsanwender nur wenig weiter. Auch in seiner Gesetzesbegründung schweigt der Gesetzgeber zu jeglichen Ausfüllungsversuchen dieser unbestimmten Definition. Lediglich, dass gewöhnliche Kopien und Repliken nicht unter den Begriff des *Kulturgutes* fallen können, stellt der Gesetzgeber in seiner Gesetzesbegründung fest.[23] Eine Subsumtion wird im Einzelfall darunter wohl kaum möglich sein.[24] Ob ein Gegenstand ein *Kulturgut* im Sinne des KGSG, des UNESCO-Übereinkommens oder der Haager-Konvention darstellt, ist ein Bedeutungskriterium mit einem derart subjektiven Einschlag, dass die Ausfüllung dieses Kriteriums der Rechtsprechung und Literatur vorbehalten bleiben muss.[25] Die Definition selbst legt nur nahe, was für die Einordnung letztlich nicht relevant sein kann, etwa *Alter, Wert* oder *Herkunft*, aber auch die Eigentumsverhältnisse oder der Zustand des Gegenstandes.[26]

Vor diesem Hintergrund wird den Teilnehmern des Kunstmarktes an die Hand gegeben, selbst in der Lage zu sein, ein Kunstwerk zu erkennen, das potenziell von bedeutendem kulturellen Wert ist. Hier findet sich ebenso die Eigenart der Kunst wieder, die von dem notwendig subjektiven Kern lebt und zehrt.

Für das *national wertvolle Kulturgut* hat der Gesetzgeber es hingegen für notwendig gehalten, dieses nicht nur in § 7 Abs. 1 KGSG legal zu

---

19 Im Folgenden: Haager-Konvention.

20 *Bullinger/Terke*, NJW 2019, 731 (732); *Müller-Katzenburg*, Internationale Standards im Kulturgüterverkehr und ihre Bedeutung für das Sach- und Kollisionsrecht, S. 49.

21 BT-Drs.: 18/7456, S. 59, zu finden unter Nummer 9.

22 §§ 50ff. KGSG ordnen an, dass nur solches Kulturgut herausverlangt werden kann, das dem Schutz von Art. 36 AEUV, Art. 1 UNESCO-Übereinkommen oder Kap. I, Art. 1 der Haager Konvention unterfällt; vgl. dazu auch *Bullinger/Terke*, ebd.

23 BT-Drs.: 18/7456, S. 59, zu finden unter Nummer 9.

24 *Kaletsch*, Der Kunstauktionator, S. 189: Der Autor benannte die aufgezeigte Definition als „definitorische Nebelkerze."

25 *Kaletsch*, a.a.O., S. 189-190 m.w.N.

26 *Strobl*, NJOZ 2017, 810 (811); *Elmenhorst/Heimann*, NJW 2016, 3398 (3398).

definieren[27], sondern in Verbindung mit §§ 4 Abs. 3, 16 KGSG auch eine Hilfestellung vorzusehen: So ist im Internet eine Datenbank des Bundes eingerichtet, in der jeder Verkäufer überprüfen kann, ob ein Kunstwerk als national wertvoll eingestuft wird und damit als *national wertvolles Kulturgut* qualifiziert ist.[28]

Aber auch die Datenbank vermag den Rückschluss nicht zu erlauben, dass sämtliche Kunstwerke, welche sich nicht darin finden lassen, keine *Kulturgüter* sind. Zum einen sind lediglich *national wertvolle Kulturgüter* im Sinne des § 7 Abs. 1 KGSG darin eintragbar; darüber hinaus unterliegen auch *Kulturgüter* dem Zeitwandel, weshalb sich die Qualifizierung als *national wertvoll* durchaus mit der Zeit erst ändern kann.[29] In diesem Sinne besteht kein Anspruch auf Abgeschlossenheit der Datenbankinhalte.

Dass *Kulturgüter* konstituierend für das Selbstverständnis von Staaten, genauso wie für jenes von Volksgruppen, Religionsgemeinschaften, Gemeinden und auch von Familien sein können, ist klar.[30] Letztlich ist es aber genau die *subjektive Komponente*, die Kernelement der Kunst ist, die eine Subsumtion erschwert. Das Rechtsverständnis mehrerer Volksgruppen kann nämlich voneinander abweichen. Teilweise ist ein Kulturgut auch nur einer bestimmten Volksgruppe zuzuordnen, die sich von der Regierung in Kulturangelegenheiten nicht in ausreichendem Maße repräsentiert fühlt.[31] Sogenannte Exportkunstwerke wurden von Künstlern aus kolonialisierten Gebieten allein zum Zwecke des Verkaufs an europäische Kunstsammler hergestellt.[32]

Letztlich wird es in der Geschäftspraxis den Vertragsparteien selbst überlassen bleiben müssen, sich vor dem Kauf ausreichend mit dem Gegenstand auseinanderzusetzen und jeglichen potenziell subjektiv einschlägigen Komponenten, die den Aufschwung von einem Kunstwerk zu einem Kulturgut rechtfertigen könnten, nachzugehen.[33]

---

27 Danach ist Kulturgut national wertvoll, wenn es „*besonders bedeutsam für das kulturelle Erbe Deutschlands, der Länder oder einer seiner historischen Regionen und damit identitätsstiftend für die Kultur Deutschlands ist und seine Abwanderung einen wesentlichen Verlust für den deutschen Kulturbesitz bedeuten würde und deshalb sein Verbleib im Bundesgebiet im herausragenden kulturellen öffentlichen Interesse liegt.*"

28 Datenbank geschützter Kulturgüter, vgl. Anh. 1.1.

29 *Kaletsch*, Der Kunstauktionator, S. 190.

30 *Bullinger/Terke*, NJW 2019, 731 (734).

31 *Bullinger/Terke*, ebd.

32 *Bullinger/Terke*, ebd.

33 Hier hilft die Staateninformation der Beauftragten der Bundesregierung für Kultur und Medien weiter, die umfangreiche Informationen zu den rechtlichen Bestimmun-

Für die Ausarbeitung ist die Notwendigkeit einer Einzelfallbetrachtung aber unschädlich. Ziel soll es nicht sein, im Einzelnen subjektiv zu qualifizierende Kunstwerke zu identifizieren, sondern haftungsrechtliche Beziehungen aufzuzeigen und, sofern notwendig, zu reglementieren.

Da sich aber die Tätigkeit jeglicher am Kunstmarkt partizipierender Personen und somit auch die Tätigkeit der typischen Intermediäre am KGSG messen lassen muss, ist es unerlässlich, die besonderen Pflichten in Bezug auf Kulturgüter zu erkennen, zu erläutern und sofern notwendig zu determinieren. Dies erfolgt in der Ausarbeitung an den jeweils relevanten Stellen.

C. Relevanz in der Unterscheidung

Für die vorliegende Ausarbeitung muss dies bedeuten, dass der Begriff des Kulturguts in Hinblick auf eine vollständige Untersuchung des Kunstmarktes in haftungsrechtlicher Hinsicht, keinesfalls ausgeklammert werden darf, sondern unter Hinweis darauf, dass zwar nicht alle Kunstwerke Kulturgüter, dass allerdings Kulturgüter im Sinne des KGSG stets Kunstwerke sind, miteinbezogen werden muss.

§ 2. Markt- und Vertriebsformen

Der im Folgenden skizzierte und behandelte Kunstmarkt beschäftigt sich mit dem Bereich der bildenden Kunst und der angewandten Kunst. Der Kunstmarkt ist ein zwei- oder mehrschichtiges Distributionssystem, bei welchem entweder der Künstler als Produzent zugleich als Verkäufer der Ware agiert, oder zwischen ihn und den Käufer als Konsument die Kunstvermittlung tritt. Die kommerziellen Kunstvermittler der Ware sind überwiegend Galerien und Auktionshäuser.[34]

Der Kunstmarkt ist seit vielen Jahren sowohl unter rechtlichen als auch wirtschaftlichen Gesichtspunkten ein heftig umstrittenes Betrach-

---

gen über Kulturguthandel von 141 Ländern enthält. Sie gibt Information zu den rechtlichen Rahmenbestimmungen, vgl. Anh. 1.2. Ebenfalls hilfreich in Bezug auf Informationen über Kulturgutschutzgesetze aller UNESCO-Staaten ist die UNESCO Database of National Cultural Heritage Laws, vgl. Anh. 1.3.

34 *Boll*, Kunst ist käuflich, S. 3.

tungsfeld. Es werden auf diesem Markt spektakuläre Verkaufspreise erzielt. Vergleichsweise neu ist die Entwicklung dahingehend, dass sich neben den alten Meistern, deren Kunstwerke bereits im 20. Jahrhundert ein elitäres Handelsgut waren, auch die zeitgenössische Kunst zu einem immer mehr beliebten Handelsobjekt entwickelt.[35]

Der Kunstmarkt ist damit sowohl in Hinblick auf das Angebot als auch hinsichtlich seiner Käuferschicht deutlich gewachsen. Dies liegt auch in der Mannigfaltigkeit der Interpretationsart, die die Kunst dem jeweiligen Erwerber ermöglicht. Auch zeitgenössische Kunst ist längst nicht mehr nur Dekorationsobjekt. Spekulative Renditen, wie die Auktion über das Gemälde des deutschen Künstlers Gerhard Richter 2012, die ihn zum teuersten lebenden Künstler machte, ziehen Aufmerksamkeit auf sich und erweitern die Käuferschicht.[36] Daneben erfreut sich der Kunstkauf eines für die Käuferschaft angenehmen Nebeneffekts: er zieht einen erheblichen Prestigezuwachs nach sich. Der Kunstkauf symbolisiert nicht allein Wohlstand und Status, sondern darüber hinaus auch die Kultiviertheit und einen Intellekt, die für den Umgang mit Kunst und ihren Objekten unabdingbar sind.[37]

Die Teilnahme am Kunstgeschäft erfordert aber auch, sofern es sich nicht nur um eine harmlose Liebhaberei im niederen Preissegment handelt, einen hohen Grad an Sachverstand. Denn die Preisbildung für Kunstwerke ist schwer nachvollziehbar. Es gibt keine Vergleichsobjekte, keine Preisempfehlungen und somit auch keinen Preismaßstab. Der Kunde ist darauf angewiesen, den Preis als gegeben zu sehen, der vom Verkäufer diktiert wird. Nicht grundlos wird deshalb der Kunstmarkt bekanntermaßen als Prototyp der informellen Ökonomie bezeichnet und ihm vorgeworfen, dass ihn ein hohes Maß an Intransparenz kennzeichne.[38]

Auf diesem Verständnis und dieser Schwierigkeit fußt das mehrstufige Distributionssystem, das der Kunstmarkt heute darstellt; im Rahmen dessen sich die Käufer und Verkäufer der Intermediäre - allen voran Kunstauktionshäuser und Galerien - bedienen, um zumindest das Gefühl zu erlangen, den Markt durchschauen zu können und ein Verständnis dafür zu erlangen. Die Intermediäre sind Ansprechpartner und Vertrauenspersonen auf ihrem jeweiligen Marktgebiet. Hier entsteht das für den Kunsthandel ganz typische Drei-Personen-Verhältnis.

---

35 *Mattmüller* in: Kurz, Der Kunsthändler als Intermediär, S. VII.

36 *Kurz*, Der Kunsthändler als Intermediär, S. 1.

37 *Graw*, Der große Preis, S. 143.

38 *Mattmüller* ebd.

A. Marktformen

Der Ursprung des heute praktizierten Kunstmarktes wurzelt in der Zeit des Impressionismus Anfang des 20. Jahrhunderts.[39] Er hat sich bis heute zu einem Komplex aus Einzelmärkten entwickelt, die nur schwer überschaubar sind. Dabei sind vielseitige Möglichkeiten anerkannt, seine Einteilung vorzunehmen: Nach Geschäftsart oder Verkaufsort, nach der Handelsform der Anbieter und deren Größe oder aber nach dem *Charakteristikum* des gehandelten Objekts.[40] So ist Kunst nicht lediglich das *bildnerisch Geschaffene*, das man stets mit dem Begriff des *Kunstwerks* verbindet. Es existieren daneben noch eine weite Zahl an anderen *Kunstarten*; sei es inzwischen die Krypto-Kunst, die in ihrer Rechtsnatur und ihrer Handelsexistenz völlig losgelöst vom *klassischen Kunstgeschehen* ist, aber auch die Musik, das Theater bzw. ganz allgemein die Performance-Kunst, die ebenfalls unter den Begriff des Kunstwerkes gefasst werden und für sich einen eigenen Teilmarkt in Anspruch nehmen.[41]

Um sich nicht in das *Labyrinth* einer vollständig „richtigen“ Einteilung zu begeben und Gefahr zu laufen, unerkannt Gleiches ungleich und umgekehrt einzuteilen, muss der Kunstmarkt in seiner reinen Existenz als zweischichtiger Markt verstanden werden: Ihm werden neue Waren zugeführt *und* im Anschluss auf ihm weiter gehandelt. Nach diesem Verständnis unterteilt sich der Kunstmarkt in einen *Primärmarkt* und einen *Sekundärmarkt*.[42]

I. Primärmarkt

Auf dem Primärmarkt wird das Werk eines Künstlers dem Markt das erste Mal hinzugeführt und damit sein Preis definiert. Der Künstler nimmt dort die Rolle des Produzenten ein. Dennoch bedient er sich in der Regel der Intermediäre, die ihn dabei unterstützen sollen, seine Kunst am Markt zu platzieren und einen Käufer zu finden.[43] Regelmäßig geschieht dies,

39 *Boll*, Kunst ist käuflich, S. 10.

40 *Wrede*, Kunst und Kaufrecht, S. 19.

41 *Ott*, Der urheberrechtliche Schutz performativer Kunst, S. 4ff., wo Ott als phänomenologische Gruppen performativer Kunst Bildende Kunst, die Musiker und das Theater benennt.

42 *Boll*, ebd.

43 *Kurz*, Der Kunsthändler als Intermediär, S. 47.

indem sich ein Künstler mit einem oder mehreren Werken an eine *Galerie* wendet und diese die Kunstwerke dann präsentiert und vermarktet.[44] Sie legt erstmalig einen Verkaufspreis fest und veräußert schließlich an Endabnehmer.[45] Unüblich ist aber auch nicht, dass der Künstler selbst als Verkäufer tätig wird. Dies kann er grundsätzlich nur auf dem Primärmarkt. Damit ist die Stellung des Künstlers zeitgleich als Verkäufer ein typisches *Charakteristikum* des Primärmarktes. Ebenso ist nicht ausgeschlossen, dass *Kunstauktionshäuser* für sich das Recht in Anspruch nehmen auf dem Primärmarkt zu agieren. Dies gilt insbesondere vor dem Hintergrund der stetig wachsenden Nachfrage an zeitgenössischer Kunst. Insbesondere die Prominenz unter den lebenden Künstlern zieht das Auktionsverfahren dem Galerieverkauf vor.[46]

Dies wurzelt wohl in der Annahme, dass die Preisgestaltung zunächst nach oben hin offenbleibt und der Auktionator, sofern er ein wahrer Meister seiner Tätigkeit ist, auf die Preisgestaltung im positiven Sinne Einfluss nehmen kann. Ganz wesentlich ist dennoch auf dem Primärmarkt der Einfluss von Galerien. Sie verstehen sich als sog. *Gatekeeper*.[47] Sie können bestimmen und regulieren, welche Künstler den Markt betreten dürfen und auf ihm gehandelt werden.

1. Rechtliche Besonderheiten

Der Kunsthandel muss sich am Urhebergesetz messen lassen. Dies gilt grundsätzlich für beide Marktbereiche: Primär- und Sekundärmarkt. Denn die Wirkung des Urheberrechts ist grundsätzlich zeitlich durch § 64 UrhG beschränkt.[48]

---

44 *Anton*, „Kunstvertrieb" - Absatzmittlung von Kunstwerken in Recht und Praxis, in: FS Siehr, S. 331 (357).

45 *Kurz*, a.a.O., S. 54; *Boll*, a.a.O., S. 36.

46 Bis 2008 galt die Unterteilung in den jeweiligen Teilmarkt je nach Kunstvermarkter als ungeschriebenes Gesetz, was im September 2008 durch Versteigerung von zeitgenössischen Werken Damien Hirst's auf dem Primärmarkt gebrochen wurde: *Anton*, „Kunstvertrieb" - Absatzmittlung von Kunstwerken in Recht und Praxis, in: FS Siehr, S. 331 (341).

47 *Anton*, a.a.O., S. 331 (359).

48 Aufgrund der Natur der Kunst als *Mitteilungsgut* muss sie nach dieser Frist, die unter Berücksichtigung des Urhebers und seiner Erben bestimmt ist, der Allgemeinheit frei zugänglich sein, *Bullinger/Lüft* in: Wandtke/Bullinger, UrhG, § 64 Rn. 1; *Seifert/Wirth*

Geht es um den Handel mit Kunst, steht der *einzigartige* Kunstgegenstand im Zentrum des Geschehens. Der Käufer will sich an dem Werk erfreuen; er will es für sich haben. Dies ermöglicht ihm der Eigentumserwerb, § 903 BGB.[49] In Abgrenzung zu sonstigen Handelsgütern ist die Verfügungsgewalt über ein Kunstwerk durch den Eigentumserwerb jedoch keinesfalls so umfassend wie § 903 S. 1 BGB es verspricht.

Denn gemäß § 44 Abs. 1 UrhG ist mit der Veräußerung des Kunstwerkes im Zweifel nicht die Einräumung der *Nutzungsrechte* verbunden.[50] Die Nutzungsrechte, die nach § 15 Abs. 1 UrhG absolute Rechte sind, verbleiben somit grundsätzlich beim Urheber.[51] § 44 Abs. 2 UrhG sieht in Abweichung dazu vor, dass das *Ausstellungsrecht* in der Regel auf den Eigentumserwerber übergeht, es sei denn, dass der Urheber dies bei Veräußerung ausgeschlossen hat.[52]

Darüber hinaus besteht dieses Ausstellungsrecht nach § 18 UrhG als Ausnahme von der zeitlichen Beschränkung ausschließlich bei *unveröffentlichten* Werken des Künstlers. Ein *unveröffentlichtes* Werk ist jenes, das noch nicht erstmalig ausgestellt wurde; mit der ersten Ausstellung verbraucht sich dieses Recht.[53] Dieses Tatbestandsmerkmal kann deshalb lediglich auf dem *Primärmarkt* vorliegen, denn dort handelt es sich stets um *unveröffentlichte* Werke, die erstmals dem Markt zugeführt werden.

2. Akteure

Die auf dem Kunstmarkt agierenden Intermediäre können grundsätzlich sowohl auf dem Primärmarkt als auch auf dem Sekundärmarkt tätig sein.

---

in: Eichelberger/Wirth/Seifert, UrhG, Vor §§ 64ff., Rn. 1; *Katzenberger/ Metzger* in: Loewenheim/ Leistner/ Ohly, UrhG, § 64 und Rn. 1.

49 *Wilhelmi* in: Erman BGB, § 903 Rn. 1.

50 *Vogel* in: Loewenheim/Leistner/Ohly, UrhG, § 44 Rn. 8; *Wandtke* in: Wandtke/Bullinger, UrhG, § 44 Rn. 10.

51 *Vogel*, a.a.O., § 44 Rn. 14; *Heerma* in: Wandtke/Bullinger, UrhG, § 15 Rn. 1.

52 § 44 Abs. 2 UrhG enthält aber dennoch keine Beweislastumkehr zugunsten des Ausstellers, vgl. § 292 ZPO. Denn derjenige, der das Ausstellungsrecht geltend macht, muss darlegen und beweisen, dass das Werk noch unveröffentlicht ist, Schulze in: Dreier/Schulze, UrhG, § 18 Rn. 9; *Vogel* in: Loewenheim/ Leistner/ Ohly, UrhG, § 44 und Rn. 18.

53 *Schulze* in: Dreier/Schulze, UrhG, § 18 Rn. 9; *Bullinger* in. Wandtke/Bullinger, UrhG, § 18 Rn. 1.

Die Einteilung in den jeweiligen Teilmarkt anhand des agierenden Kunstvermarkters vorzunehmen, ist demnach in der Sache nicht richtig.[54]

Dennoch hat sich stark herauskristallisiert, dass auf dem Primärmarkt überwiegend Künstler und Galerien tätig sind, den Sekundärmarkt hingegen vermehrt die Kunstauktionshäuser beherrschen.[55]

II. Sekundärmarkt

Die Teilnehmer des Sekundärmarktes befassen sich mit dem Wiederverkauf von Kunst, die von - in der Regel anonymen - Einlieferern[56] stammt.[57] Auf dem Sekundärmarkt werden Kunstwerke aus verschiedensten Quellen bzw. Herkünften gehandelt.

1. Besonderheiten

Allein die Tatsache, dass ein Kunstwerk auf dem Sekundärmarkt angeboten wird, verleiht ihm schon einen gewissen Grad an Anerkennung. Denn der Zugang ist nur all jenen Kunstwerken vorbehalten, die als anerkannte *Handelsobjekte* bereits akzeptiert wurden. Lediglich *gewürdigte* Kunst erreicht den Sekundärmarkt.[58]

---

54 *Boll*, Kunst ist käuflich, S. 3; *Polleit-Riechert*, Preisentwicklung und Marketing im zeitgenössischen Kunstmarkt des 21. Jahrhunderts von 2000-2007, S. 91-92.

55 *Kurz*, Der Kunsthändler als Intermediär, S. 53, 68; im Rahmen einer Umfrage des Instituts für Strategieentwicklung für das Jahr 2020 92% der an der Umfrage beteiligten Galerien an auf dem Primärmarkt tätig zu sein; lediglich 48% waren daneben auch am Sekundärmarkt tätig. Der Galeriemarkt hatte 2020 einen Umsatz von insgesamt 890 Millionen Euro, wobei 50% des Umsatzes allein von 5% aller 700 Galerien erwirtschaftet wurden. Bei der Galeriestudie 2020 des Institut für Strategieentwicklung (IFSE), November 2020, haben von 700 professionellen Galerien in Deutschland 237 sich beteiligt und davon 85% den Fragebogen persönlich ausgefüllt, vgl. Anh. 6.1, S. 9-10.

56 Der Begriff des „Einlieferers" entspringt dem *Auktionshandel.* Für die vorliegende Ausarbeitung wurde er - zwecks Vereinfachung der Darstellung - auf alle Personen ausgeweitet, die Eigentümer eines Kunstwerkes sind und dieses bei einem der diskutierten Kunstvermarkter *einliefern* ohne Rücksicht darauf, ob es im Einzelfall eine Galerie oder ein Kunstauktionshaus ist.

57 Vgl. dazu Kap. 2 § 2 C III.

58 *Kurz*, Der Kunsthändler als Intermediär, S. 67.

Notwendige Konsequenz ist, dass auf dem Sekundärmarkt die Kunstwerke auf wesentlich höherem Preisniveau gehandelt werden als auf dem Primärmarkt.[59]

2. Akteure

Charakteristisch für den Sekundärmarkt ist, dass es zwischen Anbietern und Abnehmern keine klare Trennung gibt; sie können beliebig die Seiten wechseln. Ein Kunsthändler, der im Rahmen einer Auktion mitbietet und eventuell auch den Zuschlag erhält, kann auch zugleich Einlieferer des Auktionshauses im Rahmen der gleichen Auktion, aber bezüglich eines anderen Loses sein.[60] Ansonsten können die Beteiligten grundsätzlich auf beiden Teilmärkten die Gleichen sein. Lediglich der Künstler entfällt auf dem Sekundärmarkt als Beteiligter.[61]

III. Rechtsrahmen

Der Handel mit Kunstwerken richtet sich in Ermangelung von Sondervorschriften nach den allgemeinen Regeln des Kaufrechts. Wie bereits im Rahmen der rechtlichen Besonderheiten des Primärmarktes erwähnt, verpflichtet sich der Verkäufer zwar durch den Kaufvertrag, das Eigentum am Kunstwerk auf den Käufer zu übertragen; nicht hingegen geht mit dem Kauf die Verpflichtung einher, sämtliche Nutzungsrechte dem Käufer einzuräumen, § 44 Abs. 1 UrhG.

Der Käufer kann somit zwar *materiell* uneingeschränkt über die Sache verfügen, darf es aber im Zweifel gemäß § 16 UrhG nicht abbilden oder nach § 17 UrhG der Öffentlichkeit anbieten.[62]

Die Nutzungsrechte umfassen gemäß § 15 Abs. 1 UrhG insbesondere das in § 16 UrhG genannte Vervielfältigungsrecht, das Verbreitungsrecht im Sinne des § 17 UrhG sowie gemäß § 18 UrhG das Ausstellungsrecht, wobei

59 Vgl. dazu Galeriestudie 2020 des Institut für Strategieentwicklung (IFSE), November 2020, wonach nur knapp 20% aller Galerieverkäufe über 50.000 Euro liegen, vgl. Anh. 6.1, S. 15.

60 *Kurz*, a.a.O., S. 65.

61 *Polleit-Riechert*, Preisentwicklung und Marketing im zeitgenössischen Kunstmarkt des 21. Jahrhunderts von 2000-2007, S. 83.

62 *Dreyer* in: Dreyer/Kotthoff/Meckel, UrhG, § 15 Rn. 18.

Letzteres sich mit erstmaligem Verkauf *verbraucht.*[63] Sie räumen dem Urheber das alleinige Recht ein, sein Werk *wirtschaftlich* zu nutzen und sind in diesem Sinne umfassend. Ihr Zweck liegt darin, dem Urheber alle gegenwärtigen und künftig entstehenden Verwertungsmöglichkeiten vorzubehalten, um ihm eine angemessene Vergütung für die Nutzung seiner Werke zu sichern, vgl. § 11 S. 2 UrhG.[64] Sind im Einzelfall somit keine Rechte ausdrücklich eingeräumt, darf der Käufer das Werk nur *mit Zustimmung* des Künstlers verwerten. Auch der Kunstvermarkter darf insbesondere die genannten Rechte ausschließlich einräumen, wenn er zuvor durch den Künstler dazu ermächtigt wurde.[65]

Anzumerken ist, dass die Einräumung der Nutzungsrechte für den Kunstvermarkter grundsätzlich keine Relevanz hat. Zwar räumt der Künstler dem Vermarkter grundsätzlich kein immaterielles Recht ein, seine Werke beliebig zu vervielfältigen und zu verbreiten. Letzterem ist in Hinblick auf einen erfolgreichen Verkauf aber daran gelegen, Marketingstrategien einzuleiten, die eine Vervielfältigung und Ablichtung des Kunstwerkes in Katalogen sowie deren Titelseiten und Werbematerialien erfordert.[66]

Da diese Nutzung sich in beiderseitigem Interesse der Parteien bewegt, wird sie dem Kunstvermarkter im Rahmen der *Katalogbildfreiheit* nach § 58 UrhG in begrenztem Umfang auch ohne ausdrückliche Zustimmung des Künstlers gestattet.[67] Die Intention des Künstlers ist die Zuführung seiner Werke zum Markt und an die potenzielle Käuferschaft, die in dem Erlangen eines „Namens" münden soll. Die Kataloge und Werbeunterlagen fördern das Bekanntwerden sowie den Absatz der Werke und stehen somit eindeutig im Interesse des Künstlers.[68] Erforderlich für diese *Freistellung* des Kunstvermarkters ist, dass die Abbildungen räumlich, zeitlich und inhaltlich der unmittelbaren Förderung des Ausstellungs- bzw. Versteige-

---

63 Kap. 2 § 2 A I 1.

64 *Rehbinder/Peukert*, UrhG, § 16 Rn. 331; BT-Drs.: IV/270, S. 56 li. Sp. dort unter „Zu § 31".

65 Die Einräumung der Nutzungsrechte ist grundsätzlich an keine Schriftform gebunden. Lediglich sofern die Einräumung auf unbestimmte Dauer und nur der Gattung nach bestimmt ist, fordert § 40 Abs. 1 UrhG die Schriftform, BT-Drs.: IV/270, S. 56 li. Sp. dort unter „Zu § 31"; vgl. dazu auch Kap. 2 § 2 B I 2.

66 BGH, Urt. v. 12.11.1992 - I ZR 194/90, juris Rn. 14.

67 BGH, a.a.O., Rn. 1; Dreyer a.a.O., § 58 Rn. 6ff.

68 BT-Drs.: IV/270, S. 76, li. Sp. dort unter „Zu § 59".

rungszwecks dienen; und darüber hinaus dem Ausstellungs- bzw. Verkaufszweck *untergeordnet* sind.[69]

Liegt kein Fall der Katalogbildfreiheit vor, richtet sich die Einräumung von Nutzungsrechten nach dem Urhebervertragsrecht, das in §§ 31ff. UrhG geregelt ist.[70]

Letztlich ist innerhalb der zeitlichen Grenzen der urheberrechtlichen Wirkung im Falle des erfolgreichen Verkaufs der Kunstvermarkter dem Künstler stets gemäß § 26 Abs. 1 S. 1 UrhG zur *Folgerechtsabgabe* verpflichtet.[71] Diese bemisst sich gemäß § 26 Abs. 2 UrhG prozentual vom Veräußerungsgeschäft und wird unabhängig davon fällig, auf welchem Teilmarkt - primär oder sekundär - der Verkauf stattfindet.[72]

B. Die Akteure

Wie bereits erwähnt, gibt es am Kunstmarkt grundsätzlich verschiedene Akteure: Es gibt die Kunsthändler, die Kunstexperten, die Kunstsammler und -liebhaber sowie den Künstler selbst, die an den Rechtsgeschäften mit Kunst partizipieren.

Die Intermediäre mit dem größten Markteinfluss auf den Kunstmärkten sind jedoch zweifelsfrei die Kunstgalerie und das Kunstauktionshaus, deren rechtliche Besonderheiten im Folgenden kurz aufgezeigt werden. Eine auf dem Primärmarkt wichtige Absatzform ist darüber hinaus auch der Kunstkauf vom Künstler selbst.

---

69 *Dreyer* in: Dreyer/Kotthoff/Meckel, UrhG, § 58 Rn. 10-11.

70 Die Einschränkung der Privatautonomie durch die Regelungen des Urhebervertragsrechts nach §§ 31ff. UrhG folgt aus der Annahme eines disproportionalen Kräfteverhältnisses der Vertragspartner: Der Urheber, der auf die Einkünfte

71 Die Pflicht zur Folgerechtsabgabe beschränkt sich personell auf die Veräußerung durch den Kunsthändler und Versteigerer: *Kurz*, Der Kunsthändler als Intermediär, S. 68; *Rehbinder/Peukert*, UrhG, § 16 Rn. 339; *Dreyer*, a.a.O., § 26 Rn. 8.

72 Der Anspruch auf den Anteil des Veräußerungserlöses im Rahmen des Folgerechts bezieht sich auf alle Veräußerungsgeschäfte, sowohl Verpflichtungs- als auch Verfügungsgeschäfte. Auch die Rückveräußerung an den Urheber lösen den Beteiligungsanspruch aus, *Dreyer*, a.a.O., § 26 Rn. 9.

I. Künstler

Die Einordnung als Künstler erweist sich als schwierig, weil ein allgemein anerkannter Kunstbegriff nicht existiert.[73] Im Sinne dieser Debatte soll als *Künstler* jene natürliche Person verstanden werden, die selbst Urheber eines Kunstwerkes ist.[74] Urheber ist gemäß § 7 UrhG der Schöpfer eines Werkes; derjenige, der den schöpferischen Akt im Sinne des § 2 UrhG erbracht hat.[75]

Der Verkauf durch den Künstler selbst - ohne Einschaltung eines Dritten - kommt in der Praxis selten vor. Da der Künstler in der Regel nicht unternehmerisch agiert, sondern vielfach seiner Tätigkeit als Nebengewerbe nachgeht, existiert in Hinblick auf einen Vergleich des Marktanteils von Direktverkäufen des Künstlers mit Galerien und Kunstauktionshäusern kein zuverlässiges Zahlenmaterial.[76] Solcher *Atelierverkäufe* bedient sich der Künstler in der Regel lediglich dann, wenn er noch keine Galerie finden konnte, die sich um den Verkauf seiner Bilder bemüht; oder umgekehrt, wenn er sich so großer Bekanntheit erfreut, dass die Einschaltung eines Intermediäres nicht notwendig ist.[77]

In Fällen, in denen der Künstler bereits durch einen Galeristen vertreten wird, sehen die zwischen ihnen geschlossenen Verträge regelmäßig vor, dass Atelierverkäufe außerhalb der Galerie lediglich nach Absprache mit ihr erfolgen dürfen und dass die Galerie dennoch den vereinbarten Provisionssatz erhält.

Somit stellt sich nicht nur die Preisgestaltung im Verhältnis von Atelier- und Galerievertrag identisch dar;[78] vielmehr entfällt der Vertragstyp des Ateliervertrages in diesen Fällen ganz generell, und es finden ausschließlich die Bestimmungen des Galerievertrages Anwendung, ungeachtet dessen, wer im Einzelfall konkreter Vertragspartner des Käufers ist.

Die Tätigkeit der Künstlers als Verkäufer erschöpft sich auf dem Primärmarkt.

---

73 *Schäfer* in: MüKo-BGB, § 1 PartGG Rn. 74.

74 Erheblich wird die Debatte um den *künstlerischen* Gehalt einer Arbeit bei ihrer Einordnung als *selbstständig* im Sinne von § 18 EStG.

75 *Dreyer* in: Dreyer/Kotthoff/Meckel/Hentsch, UrhG, § 7 Rn. 1.

76 *Boochs* in: Steuerberater HB, Kap. „Künstler" A III, Rn. 7.

77 *Boochs* a.a.O., Kap. „Künstler" A III Rn. 11.

78 *Boochs* a.a.O., Kap. „Galerie/Kunsthandel", A II Rn. 8.

1. Atelierverkauf

Im Falle des *Atelierverkaufs* beschränkt sich das Vertragsverhältnis auf ein Zwei-Personen-Verhältnis. Klassisch handelt es sich dabei um Kaufverträge im Sinne der §§ 433 ff. BGB, sodass der Künstler als Verkäufer und der Vertragspartner als Käufer fungieren.

Vielschichtiger wird - wie bereits tangiert - die Konstellation, wenn der Künstler bereits durch eine Galerie *vertreten* wird. Demjenigen Künstler, an dem infolge einer Ausstellung in der Galerie oder der Aufnahme in Galeriekataloge Interesse von Seiten einer potenziellen Käuferschaft entsteht, muss vorgehalten werden, dass dieses Interesse auf die Maßnahmen zurückzuführen ist, die der Galerist im Rahmen des Galerievertrages für ihn und für die Vermarktung seiner Kunst unternommen hat. Seine Galeristentätigkeit ist damit zumindest mitursächlich für den Vertragsschluss zwischen dem Künstler und dem Kunstkäufer geworden.[79]

Ist die Konstellation zwischen *Künstler, Galerist* und *Kunstkäufer* in der Praxis noch leicht greifbar, bedarf sie in rechtlicher Hinsicht einer genauen Betrachtung. Wieder findet sich darin die für den Kunsthandel typische Drei-Personen-Konstellation.

Der Ateliervertrag kommt ungeachtet des Verhältnisses von Künstler und Galerist (Innenverhältnis) regelmäßig zwischen Künstler und Käufer (Außenverhältnis) zustande.

Der Galerist wird offensichtlich nicht als Stellvertreter im Sinne der §§ 164 ff. BGB tätig, weil er keine eigene Willenserklärung abgibt. Ebenso wäre die Annahme eines Auftretens als Kommissionär nach den §§ 383 ff. HGB abwegig; ein solches erforderte die Abgabe einer eigenen Willenserklärung im eigenen Namen. An diesen Merkmalen fehlt es unzweifelhaft. Dahingehend ist die einzig rechtlich relevante Grundlage, innerhalb derer der Galerist seinen Provisionsanspruch erhält, die Annahme einer *Maklertätigkeit* im Sinne des Zivilmaklers nach § 652 BGB oder im Falle einer ständigen Betrauung der Tätigkeit als Handelsmakler nach § 93 HGB.[80] Der Künstler ist hingegen selbst unmittelbare Vertragspartei des Kaufvertrages mit dem Kunstkäufer. Auch ist der Künstler nicht daran gehalten

79 *Fischer* in: Erman BGB, § 652 Rn. 48.

80 *Hamm/Schwerdtner*, Maklerrecht, Rn. 237, 244; Es ist wohl von einem Maklerdienstvertrag auszugehen, im Rahmen dessen der Galerist zur Tätigkeit nicht lediglich berechtigt, sondern auch verpflichtet wird, vgl. *Roth* in: MüKo-BGB, § 652 Rn. 3; *Hamm/Schwerdtner*, Maklerrecht, Rn. 316; *Schneider*, Auktionsrecht, S. 18; *Beckmann*, Versteigerungen im Internet, S. 120.

mit dem - unter Umständen unerkannt vermittelten Vertragspartner - zu kontrahieren; der Vertragsabschluss kommt in den Räumen des Künstlers zustande. Der Künstler erhält sich jede Einwirkungsmöglichkeit, die dahin geht, einen Kaufinteressenten aus subjektiven Erwägungen abzulehnen und den Vertragsschluss zu unterbinden. Der Galerist schließt selbst nicht den Vertrag ab. Seine rechtliche Beziehung erschöpft sich allein in der Verbindung mit dem Künstler.

Aus diesem Grund entsteht sein Provisionsanspruch auch in unveränderter Höhe gegenüber dem Künstler. Ebenfalls kann er seine Aufwendungen wegen erbrachter Verkaufsfördermaßnahmen im Vorfeld einer Ausstellung erstattet verlangen, so dass sich die Höhe der *Provision* üblicherweise im Rahmen von 40% bis 50% des Kaufpreises bewegt.[81]

2. Auftragskunst

Letztlich ist es möglich, dass der Künstler nicht aus seinem Bestand an Kunstwerken verkauft, sondern sich gegenüber einem Dritten verpflichtet, ein Kunstwerk für ihn *herzustellen.* Bei sog. *Auftragskunst,*[82] also Verträgen über noch herzustellende Kunstwerke, handelt es sich um Werklieferungsverträge gemäß § 650 BGB, die die Lieferung herzustellender oder zu erzeugender beweglicher Sachen zum Gegenstand haben.[83] Für den Vertragsschluss zwischen dem Künstler und dem Kunstkäufer sind jedoch keine Besonderheiten zu beachten, weil das Werklieferungsrecht in § 650 S. 1 BGB in das Kaufrecht verweist; auf sie sind ausnahmslos die kaufrechtlichen Vorschriften nach §§ 433 ff. BGB anzuwenden.[84]

Zu beachten gilt bei Werken der Auftragskunst allerdings das Schriftformerfordernis des § 40 Abs. 1 S. 1 UrhG. Dieses sieht vor, dass ein Vertrag, durch den sich der Urheber zur Einräumung von Nutzungsrechten an künftigen Werken verpflichtet, die überhaupt nicht oder nur der Gattung

81 Vgl. Bundesverband Deutscher Galerien und Kunsthändler e.V. zur Ermittlung des Einkaufspreises, Anh. 6.2.

82 Der Begriff des *Auftrags* ist hierbei nicht im rechtlichen Sinne des § 662 BGB zu verstehen, der die Unentgeltlichkeit voraussetzt. In der Regel wird der Künstler nur entgeltlich tätig.

83 *Mues* in: Berger/Wündisch, UrhVR, § 29 Rn. 15; *Schwenker/Rodemann* in: Erman BGB, § 650 Rn. 3; *Anton*, „Kunstvertrieb" - Absatzmittlung von Kunstwerken in Recht und Praxis, in: FS Siehr, S. 331 (334-335).

84 *Schwenker/Rodemann* in: Erman BGB, § 650 Rn. 3.

nach bestimmt sind, der Schriftform bedarf.[85] Es braucht für dessen Einhaltung die Unterzeichnung beider Parteien auf derselben Urkunde, § 126 BGB.[86]

II. Das Kunstauktionshaus

Bei der Versteigerung oder dem im alltäglichen Sprachgebrauch verwendeten Äquivalent der *Auktion*, handelt es sich um Begrifflichkeiten, die das BGB und seine Nebengesetze zwar nicht definieren, dennoch an mehreren Stellen voraussetzen.

1. Der Vertragsschluss

Lediglich der Begriff der *öffentlichen Versteigerung* in § 383 Abs. 3 BGB sowie der, der *öffentlich zugänglichen Versteigerung* in § 312g Abs. 2 Nr. 10 BGB sind ausdrücklich normiert. Eine *öffentlich zugängliche Versteigerung* ist eine Vermarktungsform, bei der der Unternehmer Verbrauchern, die persönlich anwesend sind oder denen diese Möglichkeit gewährt wird, Waren oder Dienstleistungen anbietet, und zwar in einem vom Versteigerer durchgeführten, auf konkurrierenden Geboten basierenden transparenten Verfahren, bei dem der Bieter, der den Zuschlag erhalten hat, zum Erwerb der Waren oder Dienstleistungen verpflichtet ist.[87] Damit umreißt die Vorschrift jene Vertragsform, deren Zustandekommen in § 156 BGB normiert ist: Der Vertrag bei einer Versteigerung kommt durch den Zuschlag zustande.[88] Ein abgegebenes Gebot erlischt, sobald es überboten wird oder die Versteigerung ohne Erteilung des Zuschlags geschlossen oder abgebrochen wird.[89]

---

85 *Mues*, a.a.O., § 29 Rn. 42.

86 *Mues*, a.a.O., § 29 Rn. 43; *Arnold* in: Erman BGB, § 126 Rn. 7.

87 § 383 Abs. 3 BGB verengt diesen Begriff weiter, in dem er als eine *öffentliche Versteigerung* lediglich solche Vermarktungsformen ansieht, die durch einen für den Versteigerungsort bestellten Gerichtsvollzieher oder zu Versteigerungen befugten anderen Beamten oder öffentlich angestellten Versteigerer öffentlich erfolgen; vgl. ferner auch § 34b GewO, der ebenfalls den Begriff der *Versteigerung* voraussetzt.

88 *Kaletsch*, NJW 2019, 713 (713).

89 Vgl. dazu *Boll*, Der Kampf um die Kunst, S. 323, wo der Autor erklärt, dass der Zuschlag nicht der Schlag mit dem Hammer ist, sondern der Ausspruch des Auktionators als „Sold" (in der jeweilig praktizierten Sprache). Der Hammerschlag ist allein

Zusammengefasst lässt sich eine Versteigerung als Verfahren zur Gewinnung eines Vertragspartners und Preisbildung durch das Wettbewerbsverfahren beschreiben.[90] Der Kunstauktionator soll in diesem Preiskampf eine unabhängige Mittlerfunktion einnehmen. Er soll das Interesse des Einlieferers vertreten, den möglichst höchsten Marktpreis für die eingelieferte Kunst zu erhalten, und auf der anderen Seite auch das Interesse des Ersteigerers berücksichtigen, den geringstmöglichen Kaufpreis zu entrichten.[91]

Gegenüber dem Bieter als potenziellen Ersteigerer hat dies aber nicht die Folge, dass er nicht versuchen darf, den Kaufpreis in die Höhe zu treiben, indem er kraft seiner Persönlichkeit die Bieter dazu anstachelt sich gegenseitig zu überbieten. Er hat gegenüber dem Ersteigerer lediglich dafür Sorge zu tragen, dass dieser verpflichtet wird, den Kaufpreis zu entrichten, welcher sich aus dem *unverfälschten* Wettbewerb ergibt.[92]

Dass Auktionen in verschieden gängigen Verfahren praktiziert werden, mag für diese Untersuchung dahingestellt sein.[93] In diesem Zusammenhang sei lediglich auf die im Bereich der Kunstauktionen überwiegend praktizierte Versteigerungsform der offenen, mehrstufigen, aufsteigenden Erstpreisauktion, der sog. *englischen Versteigerung,* Bezug genommen.[94] Der Auktionator beginnt mit dem Startgebot, welches durch Bieter vor Ort, deren Mittelsmänner oder schriftliche Gebote in der Regel in 10%-Schritten hochgeboten wird. Derjenige Bieter erhält den Zuschlag, der nach dreimaligem Wiederholen des Betrages nicht überboten wird.[95] Dieser Auktionstyp ist nicht nur der am häufigsten praktizierte Auktionstyp; auf ihm fußt auch die Schaffung des § 156 BGB.[96] Die englische Versteigerung kann öffentlich-rechtlicher oder privatrechtlicher Natur - und dort die freiwillige oder öffentliche Versteigerung - sein;[97] für den Kunstabsatz durch Kunstauktionatoren und damit auch für die bevorstehende Ausarbeitung ist lediglich *die privatrechtliche, freiwillige Versteigerung* relevant.

---

das hörbare Zeichen, dass die Versteigerung des jeweiligen *Loses* abgeschlossen ist und der nächste aufgerufen werden kann. Er ist rhythmusgebend.

90 *Kaletsch,* Der Kunstauktionator, S. 6; *Kreße,* Die Auktion als Wettbewerbsverfahren, S. 1; *Boll,* a.a.O., S. 40; *Wrede,* Kunst und Kaufrecht, S. 29.

91 BGH, Urt. v. 30.11.1995 - III ZR 240/94, NJW 1996, 527 (528); *Goette,* DStR 1996, 153 (154); *Kreße,* ebd.

92 *Kreße,* a.a.O., S. 2.

93 siehe näher erläutert *Kreße,* a.a.O., S. 10ff.; *Kaletsch,* Der Kunstauktionator, S. 6ff.

94 *Kaletsch,* a.a.O., S. 6; *Kreße,* a.a.O., S. 16; *Boll,* a.a.O., S. 87.

95 *Boll,* a.a.O., S. 323-326.

96 *Kreße,* a.a.O., S. 17.

97 *Beckmann* in: Staudinger-BGB, Vorb. zu § 433 Rn. 240 - 241.

Aufgrund der kontinuierlich wachsenden Digitalisierung sind Plattformen für Online-Handel und -Versteigerung keine Seltenheit.[98] Es überrascht daher nicht, dass sich inzwischen auch die großen, *klassischen* Auktionshäuser dieser Vertriebswege bedienen.[99] Zunehmend an Bedeutung gewannen die „*Online-Auktionen*" von Auktionshäusern in den letzten Jahren und dies besonders aufgrund der Corona Pandemie mit ihrem Beginn Anfang 2020.[100]

Für den Onlinehandel mit Kunstwerken ist die *Langzeit-Auktion* der wohl am häufigsten angebotene Versteigerungstypus.[101] Dabei beschränkt sich die Tätigkeit des Auktionshauses auf die Beschreibung bzw. Präsentation des Versteigerungsguts und die Angabe eines Start- und eventuell Mindestpreises. Im Gegensatz zu der oben dargestellten englischen Versteigerung beherrscht hier nicht der Auktionator aktiv und aktuell das Preisgeschehen. Der Zuschlag wird durch Zeitablauf ersetzt.[102] Erwähnenswert sind daneben die Live-Auktionen, auch genannt „*LiveBids*", bei denen das Auktionsgeschehen zwar nicht in einem reellen Raum, aber in einem *virtuellen Raum* sukzessiv durch Ausruf erfolgt, zu denen die Teilnehmer in Echtzeit Gebote abgeben können. Diese werden den Bietern über einen Rolltext angezeigt.[103]

Ein wesentlicher Unterschied zwischen der Langzeit-Auktion im Internet und der Live-Auktion - sei es im reellen oder virtuellen Raum - ist die Anwendung des § 156 BGB. Während dieser auf letztgenannte Auktionsformen ohne Weiteres Anwendung findet, kommt der Vertragsschluss bei Langzeit-Auktionen gerade nicht durch Zuschlag im Sinne des § 156 BGB[104], sondern durch Zeitablauf zustande.[105] Auf die Langzeit-Auktionen finden demnach die allgemeinen Regeln der §§ 145ff. BGB Anwendung.[106]

---

98 *Beckmann*, a.a.O., Vorb. zu § 433 Rn. 240 - 242.

99 Vgl. für Online Auktionen Anhang 2.

100 *Reimers, Anne*, Frankfurter Allgemeine Zeitung: Wie läuft die Akquise? Stand 29.04.2020, abrufbar unter: https://www.faz.net/aktuell/feuilleton/kunstmarkt/internationale-auktionen-wie-laeuft-die-akquise-16740517.html, zuletzt abgerufen 04. Februar 2022.

101 Vgl. Anhang 2.

102 *Hollerbach*, DB 2000, 2001 (2001).

103 *Hollerbach*, ebd.

104 Dieser erfordert eine Willenserklärung

105 *Deutsch*, MMR 2004, 586 (586); *Kreße*, Die Auktion als Wettbewerbsverfahren, S. 23.

106 Nach heute einhelliger Ansicht ist bei einer Auktion im Internet, im Rahmen derer der Vertragsschluss durch Zeitablauf herbeigeführt wird, nicht von einem

2. Der Ablauf von Kunstauktionen

Der Ablauf von Kunstauktionen läuft grundsätzlich identisch ab: Der künftige Einlieferer fragt beim Auktionshaus die Schätzung seines Kunstwerkes an. Die Schätzung erfolgt in der überwiegenden Zahl der Auktionshäuser unverbindlich und unentgeltlich.[107]

Der Einlieferer wird dabei aufgefordert, dem Auktionshaus sämtliche Angaben mitzuteilen, die ihm in Bezug auf das Kunstwerk bekannt sind: den Künstler des Werkes, Titel, Herkunft, Provenienz. Die Angaben und die Begutachtung sind Grundlage für den Schätzwert, den das Auktionshaus danach herausgibt.

Dem Schätzwert kommt nicht allein für den Entschluss des Einlieferers, das Kunstwerk zur Versteigerung zu geben, entscheidende Bedeutung zu, sondern dieser wird auch im Auktionskatalog des Versteigerers angegeben und hat damit einen nicht unwesentlichen Einfluss auf das Höchstgebot.[108]

Entschließt sich der Einlieferer dazu, das Kunstwerk durch das Auktionshaus versteigern zu lassen, schließen das Auktionshaus und der Einlieferer einen *Versteigerungsvertrag* ab.[109] Der Versteigerungsvertrag bestimmt die Handlungsform, in der das Auktionshaus tätig werden soll und beschreibt die Rechte und Pflichten.

Im Anschluss an den Vertragsabschluss ist das Vorgehen im Versteigerungswesen aufgrund der unmittelbaren Vorgaben der *Versteigerungsverordnung*[110] starr vorgegeben.

Nach Einlieferung des Werkes folgt - falls nicht bereits bei der Erstbegutachtung geschehen - eine genaue Prüfung des Kunstwerks durch das Auktionshaus für die bevorstehende Aufnahme in den Auktionskatalog. Gemäß § 2 Abs. 1 VerstV hat das Auktionshaus spätestens zwei Wochen vor der Ver-

---

Vertragsschluss mittels Zuschlag nach § 156 BGB auszugehen, vgl. dazu u.a. *Hennecke* in: Steuerberater-HB, 139. EL 03/12, Kap. „Auktionator, A I 16 Rn. 75; *Bork* in: Staudinger-BGB, § 156 Rn. 10a; zum Vertragsschluss bei ebay-Auktionen siehe BGH, Urt. v. 24.08.2016 - VIII ZR 100/15, juris Rn. 34. Die Anwendung des § 156 BGB ist auf „*LiveBids*" hingegen unproblematisch, weil es keinen Unterschied machen darf, ob der Zuschlag unter örtlich anwesenden Personen erfolgt oder mittels Fernabsatz.

107 Über den Einlieferungsablauf und insbesondere die Möglichkeit von *unentgeltlichen* Online-Anfragen, siehe Anhang 3.

108 *Kaletsch*, Der Kunstauktionator, S. 8-9.

109 Vgl. dazu sogleich Kap. 2 § 2 B II 3.

110 Versteigerungsverordnung vom 24. April 2003 (BGBl. I S. 547), die zuletzt durch Artikel 101 des Gesetzes vom 29. März 2017 (BGBl. I S. 626) geändert worden ist, im Folgenden: VerstV.

steigerung ein Verzeichnis über die zu versteigernden Sachen anzufertigen. Der Auktionskatalog ist ungeachtet der Regelung des § 2 VerstV von erheblicher Bedeutung für die potenziellen Bieter und Ersteigerer und ist damit bei den Auktionshäusern gängige Praxis.[111] Den Auktionskatalogen sind regelmäßig die Angaben von Künstler, Titel, Technik, Provenienz und Schätzpreis zu entnehmen. Die Kataloge sind meist über die Internetseiten der Auktionshäuser einseh- und/oder bestellbar.[112] Darüber hinaus entspringt dem Auktionskatalog in Hinblick auf den unmittelbaren Vertragsschluss keine rechtliche Bedeutung; er ist vielmehr nach heute einhelliger Ansicht als *invitation ad offerendum* einzuordnen.[113]

§ 4 VerstV sieht daneben das *Besichtigungsrecht* vor, welches der Versteigerer für die Dauer von mindestens zwei Stunden den Bietern an dem Versteigerungsgegenstand einzuräumen hat. Wie auch der Auktionskatalog entspricht diese Tätigkeit ständiger Geschäftspraxis des Kunsthandels.[114]

Höhepunkt des Versteigerungsverfahrens ist die Durchführung der Auktion. Die eingelieferten Gegenstände werden als sog. „*Lose*" in einer bestimmten Reihenfolge aufgerufen.

Der Auktionator stellt das Objekt kurz vor und nennt den Startpreis, der üblicherweise bei der Hälfte des Schätzwertes liegt.[115] Damit geht das Wettbewerbsverfahren, die Kaufpreis- und Käuferfindung in die Hände der Bieter über. Tatsächlich zeichnet sich ein ausgezeichneter Auktionator dadurch aus, dass er die Kaufbereitschaft der Bieter durch ein gegenseitiges Hochstacheln und Animieren steigert und dadurch das Ergebnis des Bieterverfahrens der maximal auf dem unverfälschten Markt zu erhaltene Kaufpreis für das individuelle Kunstwerk ist.[116]

Die durch Heben des Schildes mit der Bieternummer (sog. *Paddle*) oder durch - bei erfahrenen Kunstkäufern beliebtes - unauffälliges Kopfnicken abgegebenen Gebote sind ihrer Rechtsnatur nach Angebote im Sinne des

---

111 *Boll*, Kunst ist käuflich, S. 166-168.

112 Vgl. Anhang 4.

113 BGH, Urt. v. 24.04.1998 - V ZR 197/97, MDR 1998, 958 (959); *Hoyningen-Huene*, NJW 1973, 1473 (1476);: *Hollerbach*, DB 2000, 2001 (2005); *Ellenberger* in: Palandt, BGB, § 145 Rn. 2; *Armbrüster* in: Erman BGB, § 156 Rn. 2; *Hennecke* in: Steuerberater-HB, 139. EL 03/12, Kap. „Auktionator" B II Rn. 87.

114 *Anton*, „Kunstvertrieb" - Absatzmittlung von Kunstwerken in Recht und Praxis, in: FS Siehr, S. 331 (339); *Locher*, Das Recht der bildenden Kunst, S. 219f.

115 *Boll*, Der Kampf um die Kunst, S. 325.

116 Ausführlich zum Ablauf einer Auktion: *Boll*, a.a.O., S. 323-328.

§ 145 BGB, wobei das jeweils geringere Angebot durch die Abgabe eines höheren (Übergebot) gemäß § 156 S. 2 BGB erlischt.[117]

Der Vertrag kommt infolgedessen durch die Annahme des Auktionators im Wege des Zuschlags zustande.[118] Damit hat er es letztlich in der Hand, diesen auch zu vermeiden, wenn beispielsweise der zuvor mit dem Einlieferer vereinbarte oder vorgestellte Mindestpreis nicht erlangt wird.[119]

3. Das rechtliche Gepräge

Der *englischen Versteigerung* liegt stets ein Dreipersonenverhältnis zugrunde.

Zwischen den Beteiligten untereinander entstehen dabei die verschiedenen Rechtsverhältnisse:

Erstens zwischen der Person, die die zu versteigernde Sache einliefert (*Einlieferer*) und dem Auktionshaus (auch *Versteigerer*); *zweitens* zwischen dem Versteigerer und dem Bieter, insbesondere demjenigen, der für die zu versteigernde Sache den Zuschlag erhält (*Ersteigerer*) sowie *drittens* zwischen Einlieferer und Ersteigerer, sofern ein Fall der Stellvertretung vorliegt.[120]

Für die jeweiligen Rechtsverhältnisse gilt die allgemeine Vertragstypologie; die Rechtsnatur folgt damit den materiellen Inhalten der zwischen den Beteiligten geschlossenen Vereinbarungen.[121] Das materielle Gepräge ergibt sich regelmäßig aus den Allgemeinen Geschäftsbedingungen[122], die das Auktionshaus seinen Vertragspartnern vorlegt.[123]

---

117 *Hollerbach*, DB 2000, 2001 (2005); BGH, Urt. v. 20.10.1982 - VIII ZR 186/81, juris Rn. 19; *Kaletsch*, der Kunstauktionator, S. 11; *Wrede*, Kunst und Kaufrecht, S. 29; *Busche* in: MüKo-BGB, § 156 Rn. 5; *Hennecke* in: Steuerberater-HB, 139. EL 03/12, Kap. „Auktionator" B II Rn. 87.

118 *Herrler* in: Staudinger BGB, § 156 Rn. 5; *Armbrüster* in: Erman BGB, § 156 Rn. 2, *Busche* in: MüKo-BGB, § 156 Rn. 7.

119 *Busche*, a.a.O., § 156 Rn. 5; *Hoyningen-Huene*, NJW 1973, 1473 (1477).

120 *Kreße*, Die Auktion als Wettbewerbsverfahren, S. 29.

121 *Beckmann*, Versteigerungen im Internet, S. 103; *Kaletsch*, NJW 2019, 713 (713); *Hoyningen-Huene*, NJW 1973, 1473 (1474).

122 Im Folgenden: AGB.

123 Die AGB der Kunstauktionshäuser regeln neben der Art des Vertragsschlusses regelmäßig auch Eigentums- und Gefahrübergang, Aufbewahrung, Zahlungsweise, Reklamation, Erfüllungsort usw.

Die Anwendung Allgemeiner Geschäftsbedingungen entspringt insbesondere dem Grundsatz der Praktikabilität. Im Rahmen einer Auktion werden zeitweise mehrere hunderte Kaufverträge ähnlichen Inhalts geschlossen. Durch die Verwendung von AGB vermeidet der Versteigerer eine Aushandlung der Vertragsinhalte mit jedem Einzelnen seiner Kontrahenten.[124]

Unproblematisch kann zugrunde gelegt werden, dass der mit dem Ersteigerer geschlossene Vertrag ein Kaufvertrag im Sinne der §§ 433 ff. BGB ist.

Abweichen kann aber der jeweilige Vertragspartner des Ersteigerers sowie das Verhältnis zwischen Einlieferer und Versteigerer.

Nach Entschluss des Einlieferers, das Kunstwerk einzuliefern und Abschluss des Versteigerungsvertrages prägen die Vorschriften der VerstV - wie bereits erwähnt - maßgebend den Ablauf des weiteren Vorgehens.[125] Der Versteigerungsauftrag - so wird der Versteigerungsvertrag in § 1 VerstV genannt[126] - muss gemäß § 1 S. 1 VerstV schriftlich geschlossen werden und die in § 1 S. 2 enumerativ genannten Angaben enthalten. Mit der in § 1 S. 1 VerstV ist dabei nicht das Schriftformerfordernis im Sinne des § 126 BGB gemeint, von dessen Einhaltung die bürgerlich-rechtliche Wirksamkeit des Versteigerungsauftrags abhängt; ihre Anordnung rührt allein aus der Nachprüfbarkeit der gewerberechtlichen Zulässigkeit der Versteigerung für die Behörde.[127] Wirksam ist somit auch der mündliche Versteigerungsvertrag.

Die Tätigkeit als Auktionator unterliegt der gewerberechtlichen Erlaubnispflicht aus § 34b Abs. 1 S. 1 GewO. Dem (Kunst-)Versteigerer kommt dabei in der Regel gegen die zuständige Behörde ein Rechtsanspruch auf Erteilung der gewerberechtlichen Erlaubnis zu, sofern kein Versagungsgrund der § 34b Abs. 4 GewO greift.

Von ganz besonderer Bedeutung ist daneben die Möglichkeit des § 34b Abs. 5 GewO von der zuständigen Behörde *öffentlich bestellt* zu werden.

Diese *Qualifikation*, als welche die öffentliche Bestellung zu verstehen ist, geleitet den Auktionator nicht nur zu besonderem Ansehen in der Kunstwelt, weil er neben dem Antrag auch eine besondere Sachkunde vorweisen muss, die sich aus fundierten Rechtskenntnissen sowie überdurchschnittli-

---

124 *Wrede*, Kunst und Kaufrecht, S. 30.

125 *Kaletsch*, Der Kunstauktionator, S. 9.

126 Der Begriff ist nicht im Sinne des § 662 BGB zu verstehen. Versteigerungen werden grundsätzlich gegen Entrichtung der Versteigerungsgebühr durchgeführt; auch kann eine Umsatzprovision (sog. Aufgeld) vereinbart werden, welche dann wiederum vom Ersteigerer und nicht vom Einlieferer zu entrichten ist; so *Kreße*, a.a.O., S. 30; *Beckmann*, a.a.O., S. 103; *Schneider*, Auktionsrecht, S. 13.

127 BGH, Urt. v. 01.07.1999 - I ZR 181/96, juris; *Kaletsch*, Der Kunstauktionator, S. 9.

chen Kenntnissen der zu versteigernden Gegenstände (Eigenschaften, Qualität und Preis) zusammensetzt.

In der vor dem 13.04.2014 geltenden Fassung des § 474 Abs. 1 S. 2 BGB a.F. war die *öffentliche* Bestellung *conditio sine qua non* für eine öffentliche Versteigerung im Sinne des § 383 Abs. 3 BGB und darauf aufbauend für die darin angeordnete Ausnahme für Haftungsbegrenzungen bei Verbrauchsgüterkäufen.

Sie gewährte dem Versteigerer damit im Vergleich zu den restlichen am Kunstmarkt agierenden Verkäufern und Vermarktern eine wesentliche Haftungsprivilegierung, auf welcher auch der Vorwurf der Diskrepanz in ihrer rechtlichen Bewertung fußt.[128]

Die Ausnahmevorschrift des § 474 Abs. 1 S. 2 BGB a.F. ordnete nämlich an, dass die Vorschriften über den Verbrauchsgüterkauf auf gebrauchte Sachen, die im Wege der *öffentlichen Versteigerung* verkauft werden, keine Anwendung finden.[129]

Die öffentliche Bestellung ist dabei die entscheidende Voraussetzung, die eine öffentlich zugängliche Versteigerung im Sinne des § 312g Abs. 2 Nr. 10 BGB zu einer *öffentlichen Versteigerung* nach § 383 Abs. 3 BGB qualifiziert, nach welcher der Ausnahmetatbestand des § 474 Abs. 1 S. 2 BGB a.F. verlangte.[130]

Aber auch obwohl der Gesetzgeber den Anwendungsbereich des § 474 Abs. 1 S. 2 BGB - im Übrigen unkommentiert - zum 13.06.2014 durch die Einführung der *öffentlich zugänglichen Versteigerung* erweitert hat, ist die öffentliche Bestellung ihrem rechtlichen Zweck nach keineswegs obsolet.[131]

Die Eigenschaft als öffentlich bestellter Versteigerer befähigt das Auktionshaus den gutgläubigen Erwerb abhandengekommener Sachen nach § 935 Abs. 2 BGB zu ermöglichen und hat danach erhebliche Auswirkungen auf etwaige Restitutionsansprüche.[132] Diese Wirkung erstreckt sich indes

---

128 Vgl. zur ausführlichen Auseinandersetzung der Anwendung der §§ 474ff. BGB im Kunsthandel Kap. 3 § 1 B III 1) b) cc) (3).

129 BT-Drs.: 14/6040, S. 80 li. Sp. dort unter „a) Verbrauchsgüterkauf".

130 Der Begriff der „*Versteigerung*" fand sich bis zum 12.06.2014 in § 312d Abs. 4 Nr. 5 BGB. In Umsetzung von Art. 16 lit. k) i.V.m. Art. 2 Nr. 13 VerbrRRL hat der Gesetzgeber insbesondere den Begriff der „*öffentlich zugänglichen Versteigerung*" eingeführt und im Zuge dessen auch den Bezug des § 474 Abs. 2 S. 2 BGB konkretisiert. Eine inhaltliche Änderung war damit nicht verbunden, vgl. *Thüsing* in: Staudinger BGB, § 312g Rn. 67; BT-Drs.: 17/12637, S. 57 li. Sp., dort unter „Zu Nummer 10".

131 BGBl. Jahrgang 2013 Teil I Nr. 58, ausgegeben zu Bonn am 27. September 2013, S. 3652 re. Sp. dort unter Nr. 12.

132 Zu den Problemen fehlender Eigentumsverschaffung vgl. Kap. 3 § 1 B II 2.

im Haftungsrecht auf das Konkurrenzverhältnis der Anwendbarkeit der allgemeinen Leistungsstörungsregeln und der Kaufgewährleistungsvorschriften.[133]

Ungeachtet der öffentlich-rechtlichen Rechtsstellung des jeweiligen Auktionators ist das Fundament des Haftungsrechts im Bereich der Kunstauktion die zivilrechtliche Rechtsstellung des Auktionators. Sie entspringt dem für das Auktionswesen typischen Dreipersonenverhältnis der jeweiligen Vereinbarung zwischen Einlieferer und Auktionator (*Innenverhältnis*) und dem Auftreten des Auktionators gegenüber dem Ersteigerer (*Außenverhältnis*).[134]

III. Die Kunstgalerie

Zutreffend spiegelt die Tätigkeit des Galeristen die Aussage wider, die Kunst gelte nicht als *Beruf*, sondern als *Berufung*; der Galerist nicht als Kaufmann, sondern als Mentor und der Sammler nicht als Käufer, sondern als Liebhaber.[135]

Kunstgalerien stellen das Bindeglied zwischen Künstlern und dem potenziellen Käuferkreis dar. Ganz allgemein kommt den Kunstgalerien neben ihrer Tätigkeit als kommerzielle Kunstvermittler, die auch den Kunstauktionshäusern zuzusprechen ist, die Eigenschaft als *Kunstförderer* zu.[136]

Sie sind nicht nur reiner Vertriebskanal des Künstlers. Zwischen Künstler und Galerie besteht eine tiefgreifende Partnerschaft, im Zuge derer der Künstler durch den Galeristen geprägt und gefördert wird. Er erhält eine Plattform, die der Ausstellung seiner Werke dient und erhält somit langfristig eine Chance, am Markt zu partizipieren und zu arbeiten.[137]

Diese Tatsache gründet vor allem in ihrer Tätigkeit auf dem *Primärmarkt*. Galerien gelten als Entdecker neuer Künstler; durch sie haben Newcomer und unbekannte Künstler die Möglichkeit, am Markt gehandelt zu

---

133 Vgl. dazu Kap. 3 § 1 B II 1.

134 *Bleutge* in: Landmann/Rohmer, GewO, § 34b, 37. EL 1999, Rn. 9a; *Hoyningen-Huene*, NJW 1973, 1473 (1474); *Ellenberger* in: Palandt, BGB, § 164 Rn. 4.

135 *Dossi*, Hype! Kunst und Geld, S. 22-23; *Kurz*, Der Kunsthändler als Intermediär, S. 3.

136 *Locher*, Das Recht der bildenden Kunst, S. 121.

137 Vgl. dazu auch § 2 Nr. 3 der Satzung des Bundesverbandes für Deutsche Galerien und Kunsthändler e.V., vgl. Anh. 6.3; *Mues* in: Berger/Wündisch, UrhVR, § 29 Rn. 49.

werden und durch den Verkauf ihrer Kunst leben zu können.[138] Freilich bestätigen Ausnahmen die Regel: So gibt es auch jene Galerien, die mit Werken *alter und anerkannter Meister* handeln und damit dem *Sekundärmarkt* zuzuordnen sind.[139]

1. Der Ablauf des Galerieverkaufs

Dem Galeriehandel liegt stets ein *Dreipersonenverhältnis* zugrunde: der Künstler, der Galerist und der Käufer.

Entgegen den Eigenarten des Kunstauktionshandels ist der Ablauf der Verkäufe über Kunstgalerien wenig rechtlich und starr geprägt. Es gibt kein der Versteigerungsverordnung vergleichbares Regelungskonvolut, das die Vorgänge der Geschäftspraxis vorgibt.[140]

Entdeckt der Galerist einen Künstler oder stellt der Künstler sich und seine Werke der Galerie vor und sie bekundet ein Interesse daran, diese für ihn zu verkaufen bzw. zu vermitteln, *kauft* der Galerist entweder eines oder mehrere dieser Werke oder die Parteien schließen einen sog. *Galerievertrag*, der den Galeristen rechtlich dazu verpflichtet, zum Verkauf der Kunstwerke tätig zu werden.

2. Der Vertragsschluss

Der *Galerievertrag* ist eine branchenspezifische Kombination des sog. *Agentur-* und des *Managementvertrages*.[141] Der Agenturvertrag ist schwerpunktmäßig auf die Vermittlung des Künstlers und seiner Werke gerichtet und umfasst daneben Tätigkeiten wie die Übernahme von Werbemaßnahmen, Akquisition, fortdauernde Kontaktpflege sowie Beratung und Vertragsverhandlung.[142] Der Managementvertrag intendiert hingegen, dem Künstler durch entsprechende Beratung des Managements und aufgrund

138 *Mues* ebd.

139 Ein Beispiel dafür sind die 1965 in Köln gegründete Galerie Gmurzynska oder die 1978 in Chelsea, London eröffnete Gagliardi Gallery.

140 Kap. 2 § 2 B II 3.

141 LG Hamburg, Urt. v. 03.09.1998 - 305 O 438/97, juris Rn. 11; *Martinek/Omlor* in: Staudinger BGB, § 675 Rn. B6.

142 *Roth* in: MüKo-BGB, § 652 Rn. 24; OLG Hamburg, Urt. v. 30.07.2007 - 5 U 198/06, BeckRS 2008, 3236 Rn. 28.

seines kreativen Potentials zur Bekanntheit zu verhelfen, somit seine Karriere zu fördern und aufzubauen.[143] Der Künstler betraut die Galerie primär damit, Geschäfte über seine Werke abzuschließen. Allerdings ist darin sein Begehren, ihm zu Bekanntheit zu verhelfen bzw. seine Karriere zu fördern, zugleich mitenthalten.[144] Darüber hinaus enthalten Galerieverträge regelmäßig beabsichtigte Maßnahmen, zu denen sich die Galerie in Hinblick auf die Vermarktung und allgemein die Ausstellung bzw. Lagerung des Werkes verpflichtet.[145]

Im Falle des erfolgreichen Verkaufs erhält der Künstler eine Provision. Die Vergütungshöhe ist bei einem solchen Vertrag - innerhalb der Grenzen von § 138 BGB - frei vereinbar.[146] Die Provisionshöhe bewegt sich zumeist im Bereich 40 bis 50 Prozent des Verkaufspreises[147]. Dies ist aber dem Umstand geschuldet, dass Galerien regelmäßig für die im Vorfeld getätigten Verkaufsfördermaßnahmen einen Anspruch auf Erstattung der Kosten haben.[148] Damit gelten die Verkaufsfördermaßnahmen mit Einbehaltung der Provision als abgegolten.

C. Vertriebsformen

Der Kunstverkäufer kann das Kunstwerk im eigenen Namen, für eigene Rechnung verkaufen bzw. versteigern (sog. *Eigenverkauf*); Kunstvermarkter können aber auch im fremden Namen für fremde Rechnung im Sinne einer *Stellvertretung* gemäß §§ 164 ff. BGB und im eigenen Namen auf fremde Rechnung als Kommissionär nach §§ 383 ff. HGB versteigern. Die jeweilige Handlungsform eines jeden Kunstvermarkters ergibt sich aus der individuellen Vertragsabrede. Insofern ist auf den Einzelfall abzustellen. Ergibt sich aus der Parteivereinbarung nicht eindeutig die gewünschte Handlungsform,

143 Hanseatisches OLG Hamburg, Urt. v. 30.07.2007 - 5 U 198/06; juris Rn. 31; *Roth* in: MüKo-BGB, § 652 Rn. 31, 24.

144 Aus diesem Begehren folgt, dass Galerieverträge überwiegend langfristig abgeschlossen werden, *Mues* in: Berger/Wündisch, UrhVR, § 29 Rn. 23.

145 *Mues*, a.a.O., § 29 Rn. 28.

146 Hanseatisches OLG Hamburg, Urt. v. 30.07.2007 - 5 U 198/06; juris Rn. 34.

147 Vgl. Galeriestudie 2020 des Institut für Strategieentwicklung (IFSE), November 2020, wonach die Verkaufsprovision i.d.R. bei 50% liegt. Damit sind die Künstlersozialabgaben, die Kosten der Produktion, Logistik und Versicherung abgegolten, vgl. Anh. 6.1.

148 Dieser Anspruch folgt aus dem Vertrag im Innenverhältnisses und unterliegt der Würdigung im Einzelfall. Beim Kommissionsgeschäft richtet er sich nach § 383 Abs. 1 HGB i.V.m. §§ 675 Abs. 1 i.V.m. 670 BGB.

ist im Wege der Auslegung festzustellen, was im Einzelfall zwischen den Parteien vereinbart ist.

Die Vertriebsform auf dem Kunstmarkt wird durch die Rechtsnatur der Vertragsbeziehungen zwischen Einlieferer und Kunstvermarkter bestimmt.[149] Sie ist insofern entscheidende Vorfrage für die Bestimmung der Person des Verkäufers, das gesetzliche Leitbild, an welchem die AGB-Kontrolle auszurichten ist sowie die anwendbaren Vorschriften.[150]

I. Eigenverkauf

Der Eigenverkauf durch den *Künstler* ist rechtlich betrachtet simpel. Das Vertragsverhältnis beschränkt sich hier auf zwei Personen, die miteinander einen Kaufvertrag im Sinne des § 433 BGB schließen. Dies kann im Wege des Atelierkaufs oder als Auftragskunst erfolgen.

Führen *Kunstvermarkter* einen Eigenan- und -verkauf aus, erschöpft sich das typische Dreipersonenverhältnis in einer sog. *Erwerbskette*, in der der Kunstvermarkter als Zwischenhändler tätig wird.[151] Der primäre Verkauf des Künstlers an die Intermediäre ändert aber nichts an dem Teilmarkt, auf dem das Kunstwerk gehandelt wird. Trotz erstmaligem Verkauf befindet sich das Werk noch beim Kunstvermarkter auf dem Primärmarkt, weil es nämlich in dessen Verkaufsräumen tatsächlich erstmals dem Markt und der breiten Öffentlichkeit angeboten wird. Davon unterscheidet sich wesentlich der „Insider"-Verkauf zwischen Künstler und Kunstvermarkter.

Der Erwerb eines Kunstwerks als Eigenware mit anschließendem Weiterverkauf in eigenem Namen und für eigene Rechnung ist insbesondere in der Praxis der *Kunstauktionshäuser* eine Rarität;[152] aber auch Galerien kaufen selten im Voraus Gemälde eines Künstlers an, um sie dann für sich selbst weiterzuverkaufen.

---

149 *Anton*, „Kunstvertrieb" - Absatzmittlung von Kunstwerken in Recht und Praxis, in: FS Siehr, S. 331 (346).

150 *Anton*, ebd.

151 *Anton*, ZVertriebsR 2013, 294 (296).

152 Bei Auktionshäusern steht dem Eigenverkauf nicht schon der Wortlaut des § 34b Abs. 1 GewO entgegen, der das gewerbsmäßige Versteigern einer *fremden beweglichen* Sache fordert. Dieser regelt nämlich lediglich den Erlaubnisvorbehalt der Versteigerungstätigkeit bei fremden beweglichen Sachen; bei der Versteigerung eigener Sachen bedarf es in der Folge richtig einer solchen Erlaubnis nicht. Dennoch gelten die Regeln des § 34b GewO, insbesondere des Abs. 5 sowie die Regeln der VerstV auch im Falle der Versteigerung *eigener* Kunstgegenstände. Ausführlich: *Schneider*, Auktionsrecht, S. 27-29; *Koller* in: Staub HGB, § 383 Rn. 86.

Dies gründet in dem ungewöhnlich großen Risiko, welches der Kunstvermarkter bereit sein muss einzugehen. Erwirbt der Kunstvermarkter Kunstgegenstände als Eigenware, so begibt er sich in Vorkasse und trägt sämtliche Nebenkosten, wie etwa Werbung, Lagerung, Steuern und Versicherung allein, die sich nur durch den profitablen Verkauf amortisieren lassen. Vor allem aber ist der Kunstvermarkter der alleinige Haftungsschuldner im Fall von Mängeln.[153] Somit kann der Ankauf von Kunstwerken für den Kunstvermarkter mit einem bitteren Beigeschmack versehen sein.

Dennoch kommt es im Galeriehandel zuweilen vor, dass diese ganze Sammlungen zeitgenössischer Künstler erwerben, wenn sie von deren Werdegang und Wertentwicklungspotenzial überzeugt sind.

Beide Erwerbstatbestände in der sog. Erwerbskette stellen hierbei Kaufverträge gemäß § 433 BGB dar. Der Künstler ist an dem Rechtsgeschäft zwischen Kunstvermarkter und Käufer nicht mehr beteiligt. Er wurde zuvor durch den erlangten Kaufpreis in ausreichendem Maße befriedigt.

II. Stellvertretung

Gegenstück zum Eigenverkauf ist die Stellvertretung. Diese taucht im deutschen Kunsthandel zwar häufiger auf als der Eigenverkauf, jedoch noch immer seltener als das Kommissionsverhältnis.[154] Insbesondere auf dem Kunstauktionsmarkt ist diese Tätigkeitsform kaum anzutreffen.

Vertragliche Ansprüche im Falle von Mängeln bestehen gegen den Kunstvermarkter mangels seiner Eigenschaft als Vertragspartei nicht. Es verbleibt somit - sofern sich der Ersteigerer nicht auf den § 164 Abs. 2 BGB berufen kann[155] - lediglich bei den Ansprüchen aus unerlaubter Handlung nach §§ 823 ff. BGB.[156]

---

153 Vgl. dazu Kap. 5, im Rahmen dessen die Rechte des Erwerbers gegen den Einlieferer diskutiert werden sollen, allerdings festgestellt wird, dass es an diesen mangelt.

154 Zum Kommissionsverhältnis s. sogleich Kap. 2 § 2 C III.

155 Gemäß § 164 Abs. 2 BGB wird der *„Vertreter"* im Falle der nicht Erkennbarkeit seines Handelns für Dritte selbst Vertragspartei. Aufgrund des Wesens des Auktionshandels sowie der AGB des Auktionshandels, die seine Tätigkeit in rechtlicher Weise umschreiben, ist dieser Fall aber nicht relevant, vgl. dazu: *Schilken*, Staudinger BGB, § 164 Rn. 16.

156 Vgl. dazu ausführlich Kap. 4; allgemein: *Schilken*, a.a.O., § 164 Rn. 13-15; *Maier-Reimer/Finkenauer* in: Erman BGB, § 164 Rn. 20, 23; *Mansel* in: Jauernig, BGB, § 164 Rn. 10; BGH, Urt. v. 27.10.2005 - III ZR 71/05 Rn. 23.

1. Die Besonderheiten des Auktionsverfahren

Der Stellvertretung im Sinne der §§ 164 ff. BGB ist ein wesentlicher Grundsatz immanent, welcher mit dem Auktionshandel duelliert: die *Offenkundigkeit* über das Handeln für den Vertretenen und seine Person.[157]

Handelt der Vertreter nach außen hin nicht offensichtlich für einen anderen, handelt es sich nach § 164 Abs. 2 BGB um ein unanfechtbares *Eigengeschäft* des „Vertreters".

Das Kunstauktionsverfahren hingegen ist geprägt von *Anonymität.* Der Einlieferer wählt zumeist den Weg über das Auktionshaus, um seine Identität nicht preiszugeben. Dies gilt insbesondere für den Sekundärmarkt, kann aber auch am Primärmarkt von Bedeutung sein.[158]

Das Anonymitätsgebot geht insbesondere im Kunstauktionshandel so weit, dass es für die Bieter eine Etikette gibt, wonach es absolut verpönt ist, sich im Falle eines Zuschlags umzudrehen, um die Person des Ersteigerers zu erblicken. Allerdings werden insbesondere bei professionellen Bietern Wege gefunden, diesen Grundsatz zu unterlaufen: Ein erfahrener Bieter wählt darum stets den Platz in den hinteren Reihen des Saales, um seinen Blick auf das Personengeschehen richten zu können.[159]

Welchen Gründen das Anonymitätsgebot vorrangig entspringt, bleibt fraglich und ist wohl kaum allgemein gültig zu belegen. Hartnäckig halten sich Stimmen, die das Interesse an *Anonymität* im Kunsthandel mit der Angst vor dem Finanzamt oder einer geschiedenen Ehefrau begründen.[160] Naheliegend ist auch die Gefahr eines Diebstahls oder einer Flüsterkampagne der Konkurrenz, die dem Objekt schaden könnte.[161] Auch den Auktionshäusern kann das Interesse an der Geheimhaltung ihrer Bezugsquellen nicht abgesprochen werden; denn woher bekämen sie ihre Versteigerungsobjekte, wenn bekannt würde, woher sie diese beziehen?

Freilich ist eine Handelssitte oder eine gewisse Auktionsetikette kein Rechtsgrundsatz. Aus ihr kristallisiert sich aber das Interesse der jeweiligen Vertragspartner heraus.

---

157 *Ellenberger* in: Palandt, BGB, § 164 Rn. 1; *Maier-Reimer/Finkenauer* a.a.O., § 164 Rn. 4; *Schilken* a.a.O., § 164 Rn. 1.

158 Man denke in diesem Zusammenhang an *Banksy*, der seine Werke im Wege des Auktionsverfahrens erstmals dem Markt zuführt, seine Identität aber bis heute geheim hält.

159 *Boll*, Der Kampf um die Kunst, S. 324-325.

160 *Kaletsch*, Der Kunstauktionator, S. 20.

161 *Kresse*, Wettbewerbsverfahren, S. 38-39; *Boll*, a.a.O., S. 327.

Dabei ist für den Auktionator im *rechtlichen* Sinne die Stellvertretung die wohl bequemste Lösung. Er selbst ist am Rechtsgeschäft nicht beteiligt. Er erhält sein Käuferaufgeld, seine Haftung ist aber erheblich *minimiert.*

Um den Grundsatz der *Offenkundigkeit* in der Stellvertretung kommt man aber nicht ohne Weiteres herum. Das *Offenkundigkeitsprinzip* bezweckt den Schutz des Geschäftsgegners, der ein Interesse daran hat zu erfahren, wer sein Vertragspartner ist.[162]

Grundsätzlich unerheblich ist es für die Offenkundigkeit, ob die Erklärung ausdrücklich oder konkludent im Namen des Vertretenen ergeht, § 164 Abs. 1 S. 2 BGB.[163] Dies kann durch Auslegung nach den §§ 133, 157 BGB ermittelt werden und wird im Falle von Auktionsverkäufen aufgrund der den Verträgen zugrundeliegenden Allgemeinen Geschäftsbedingungen in der Regel unproblematisch sein.

Gewiss sind auch Ausnahmen vom *Offenkundigkeitsprinzip* anerkannt: Lässt ein im Gewerbebetrieb Tätiger seine Vertreterstellung nicht erkennen, wollen beide Verhandlungspartner aber mit Wirkung für und gegen den Geschäftsinhaber miteinander kontrahieren, dann kommt das Geschäft mit dem Inhaber des Gewerbebetriebs zustande, wenn der Handelnde Vertretungsmacht hatte (sog. *unternehmensbezogenes Geschäft*).[164] Ist dem Geschäftspartner die Offenlegung des Vertretungsverhältnisses offensichtlich gleichgültig, bedarf es nicht der Einhaltung der Offenkundigkeit (sog. *verdecktes Geschäft für den, den es angeht*)[165]; auch hier kommt der Vertrag mit dem Vertretenen zustande. Das wohl signifikanteste Beispiel dafür sind die *Bargeschäfte des täglichen Lebens.*

Auf den Auktionshandel sind jedoch keine dieser Ausnahmen anwendbar. Weder handelt es sich dabei um ein *unternehmensbezogenes Geschäft* in Hinblick auf den Einlieferer, noch kann man - ungeachtet der üblicherweise wohl situierten Käuferschaft im Bereich des Auktionswesens - bei Kunstgegenständen, deren Kaufpreise teilweise in die Millionenhöhe hineinragen, von einem *Bargeschäft des täglichen Lebens* ausgehen.

---

162 *Schmidt,* JuS 1987, 425 (426), der den Zweck des Offenkundigkeitsprinzips auch im Schutz des *Rechtsverkehrs* sieht.

163 *Maier-Reimer/Finkenauer* in: Erman, BGB, § 164 Rn. 4; *Mansel* in: Jauernig, BGB, § 164 Rn. 5.

164 *Ellenberger* in: Palandt, BGB, § 164 Rn. 1; *Schmidt,* JuS 1987, 425 (428); BGH, Urt. v. 13.10.1994 - IX ZR 25/94; NJW 1995, 43 (44); BGH, Urt. v. 04.04.2000 - XI ZR 152/99, Rn. 3, 19; *Mansel* in: Jauernig, BGB, § 164 Rn. 3, 5; *Schilken* in: Staudinger BGB, § 164 Rn. 1.

165 *Schubert* in: MüKo-BGB, § 164 Rn. 142; *Maier-Reimer/Finkenauer* in: Erman, BGB, § 164 Rn. 14; *Schilken* a.a.O., Vor § 164 Rn. 53; *Mansel,* a.a.O., § 164 Rn. 5.

Allerdings kann es für das Stellvertretergeschäft auch ausreichen, wenn der Vertretene *individualisierbar* im Sinne von *bestimmbar* ist.[166] Der Name des Vertretenen braucht nicht genannt zu werden. Es reicht ein erkennbares Handeln für den Eigentümer, was im Auktionsbrauch kaum widerlegbar zu erkennen ist. Man spricht dann von einem *offenen Geschäft für den, den es angeht*.[167] Der Geschäftspartner verzichtet trotz erkennbarer Fremdheit des Rechtsgeschäfts auf die Preisgabe der Person des Vertretenen. Das Rechtsgeschäft kommt sofort zustande.[168] Anwendung findet dieser Geschäftstypus insbesondere auf Rechtsgeschäfte, bei denen die Vertragspartner an der individuellen Person ihres Vertragspartners kein Interesse haben.

Hat aber, wie im Kunstversteigerungswesen allein infolge der immensen wirtschaftlichen Bedeutung in aller Regel angenommen werden muss, der Einlieferer ein deutliches Interesse an seinem individuellen Kontrahenten, kann selbst nach den Regeln der §§ 164 ff. BGB die nachträgliche Bestimmung dessen vereinbart werden.[169] Diesen Fall regelt ausdrücklich das Handelsrecht in seinem § 95 HGB. Es reicht dafür aus, dass feststeht, wie die Bestimmung getroffen werden soll.

Das Geschäft bei zunächst unbenannten Vertretenen kommt aber erst durch die nachträgliche Bestimmung *ex nunc* zustande;[170] erst dann liegen die *essentialia negotii* des Vertrages vor. Eine Rückwirkung analog § 177 BGB ist abzulehnen.[171] Damit ist es letztlich ein Fall der *echten* Stellvertretung nach § 164 Abs. 1 BGB; nur der Zeitpunkt des Vertragsschlusses wird verschoben.[172] Tatsächlich sind die Konstellationen nicht mit denen des Auktionswesens vergleichbar. Sie betreffen Verträge, in denen die Person des Erwerbers (der hier *Vertretener* ist) im Zeitpunkt des Vertragsschlusses zwischen Vertreter und Vertragspartner noch nicht feststeht. Sie ist dem Vertreter selbst noch nicht bekannt. In diesen Fällen ist es sachgerecht, das Geschäft erst dann zustande kommen zu lassen, sobald die nachträgliche Namensbestimmung erfolgen kann. Vereinzelte Stimmen, die behaupten,

166 *Maier-Reimer/Finkenauer*, a.a.O., § 164 Rn. 4; *Ellenberge*, a.a.O., § 164 Rn. 1.

167 BGH, Urt. v. 16.04.1947 - VIII ZR 216/56, BeckRS 1957, 103965 Rn. 11; *Ellenberge*, a.a.O., § 164 Rn. 4; *Schubert* in: MüKo-BGB, § 164 Rn. 138.

168 *Schubert*, ebd.

169 *Schubert*, ebd.; BGH, Urt. v. 17.12.1987 - VII ZR 299/86, NJW-RR 1988, 475 (476); *Schmidt*, JuS 1987, 425 (431).

170 *Maier-Reimer/Finkenauer* in: Erman, BGB, § 164 Rn. 4; *Schubert* in: MüKo-BGB, § 164 Rn. 125.

171 *Schmidt*, JuS 1987, 425 (431).

172 *Schubert* a.a.O., § 164 Rn. 125; *Schilken* in: Staudinger, BGB, Vor § 164 Rn. 51.

dass sich jene Fälle auf den Kunsthandel übertragen lassen mit der Abwandlung, dass der Vertragsschluss im Zeitpunkt des *Vertretergeschäftes* erfolgt,[173] berücksichtigen eine wichtige Prämisse nicht: Sofern für den Ersteigerer die Person des Vertretenen nicht unbeachtlich ist, weil er sich von dessen Vertrauenswürdigkeit und Seriosität überzeugen möchte, aber vor allem um sich seines Haftungsschuldners und dessen Liquidität zu vergewissern, wird er es üblicherweise nicht gelten lassen, dass gerade dieser *anonym* gehalten wird.[174] Es ist damit zwar rechtlich denkbar, dass ein Vertragsschluss erfolgt, wobei mindestens eine Vertragspartei *unbekannt* bleibt,[175] im Kunstauktionshandel aber nicht interessengerecht.[176]

Darüber hinaus bestehen insbesondere in Bezug auf die Haftungsdauer des Einlieferers Bedenken, dass der Vertrag - wie es anerkannt ist - erst *ex nunc* mit Kenntniserlangung über die Person des Einlieferers zustande kommt. Die Vorschriften des §§ 434 ff. BGB entfalten ihre Anwendbarkeit grundsätzlich ab Gefahrübergang, vgl. § 434 Abs. 1 BGB. Dies folgt daraus, dass der Gesetzgeber üblicherweise voraussetzt, dass der Vertragsschluss nach § 433 BGB zeitlich dem Gefahrenübergang vorgelagert ist;[177] das ist auch notwendig, denn gemäß § 433 Abs. 1 S. 2 BGB kommt dem Käufer zunächst sein Erfüllungsanspruch zu.[178]

Den Vertragsschluss somit erst mit Kenntniserlangung des Vertragspartners über die Person des Vertretenen anzunehmen und ihm eine Wirkung *ex tunc* abzusprechen, ist somit durchaus sinnvoll in Fällen, in denen dem *Vertreter* die Person des Vertretenen selbst nicht bekannt ist und somit auch noch kein *Gefahrenübergang* an die Person des Vertretenen stattgefunden hat.

Anders hingegen in *anonymisierten* Rechtsgeschäften - wie dem Auktionshandel -, bei denen der Vertreter lediglich die Interessen des Vertretenen wahren möchte und aus diesem Grunde dessen Identität nicht preisgibt.

In strenger Gesetzesanwendung würden die Kaufgewährleistungsrechte, die den Abschluss eines Kaufvertrages voraussetzen, zunächst dem Erstei-

---

173 Vgl. dazu *Kaletsch*, Der Kunstauktionator, S. 24; *Schmidt*, a.a.O., 425 (431).

174 Der Ersteigerer hat daher in der Regel ein Interesse daran mit dem Versteigerer zu kontrahieren, der ihm bekannt ist, *Koller* in: Staub HGB, § 383 Rn. 86; *Weller/Prütting*, § 36 Rn. 942.

175 vgl. zum Auskunftsanspruch des Ersteigerers *Kaletsch*, a.a.O., S. 24-50.

176 *Altmeppen*, NJW 1995, 1739 (1742).

177 Darauf lässt auch der Wortlaut „Käufer" gemäß § 437 BGB schließen: *Martinek* in: Staudinger, BGB, § 437, Rn. 18-19.

178 *Westermann* in: MüKo-BGB, § 439 Rn. 2; *Berger* in: Jauernig, § 434 Rn. 5; § 433 Rn. 19-21; Beckmann in: Staudinger BGB, § 433 Rn. 103.

gerer nicht zustehen, könnten vor allem aber praktisch in Ermangelung der Kenntnis vom Vertretenen nicht geltend gemacht werden.

Erst durch die Auskunft des Auktionshauses über die Person des Einlieferers würde der Anwendungsbereich des Kaufgewährleistungsrechts aufleben.

Diese außergewöhnliche Situation zieht stillschweigend eine Verlängerung der Gewährleistungsrechtfristen nach sich. In Fällen, in denen der Ersteigerer bis zu zwei Jahre nach Übernahme des Kunstwerkes den Mangel feststellt, käme es zu einer faktischen Verdoppelung der Frist, vgl. § 438 Abs. 1 Nr. 3 BGB.[179] Dies widerspricht aber insbesondere den Interessen des Einlieferers, der sich nach Ablauf der gesetzlichen Verjährungsfrist von zwei Jahren, von jeder Haftung frei wissen möchte.

Eine *teleologische Reduktion* des Tatbestandes der Gewährleistungsregeln darauf, dass der Vertragsabschluss nicht notwendige Voraussetzung für deren Entstehung sei, ist in Anbetracht des speziellen Regelungsbereichs, der an das obligatorische Rechtsgeschäft anknüpft, nicht denkbar.

Ungeachtet der rechtlichen Möglichkeiten, die das Gesetz in Vertretung abweichender Ansichten in Auslegung der §§ 164 ff. BGB bietet, sind aber vor allem die Besonderheiten des dem Auktionswesen immanenten Drei-Personen-Verhältnisses zu beachten, die die Stellvertretung im Zweifel nicht zum idealen Handlungstypus des Kunstauktionators machen.

Selbstverständlich wird der Auktionator in aller Regel ein *rechtliches* Interesse daran haben, selbst nicht Partei des Kaufvertrages zu werden, um nicht Träger von Pflichten gegenüber dem Ersteigerer zu sein. Allerdings wird ihm ein *geschäftliches* Interesse, selbst Vertragspartei zu werden, kaum abgesprochen werden können: Das Recht des Auktionators, sein Privileg, wurzelt in seiner *Vermittlerrolle*. Er ist Ansprechpartner für diejenigen Kunstliebhaber, die Teile ihrer Sammlung versteigern lassen möchten und wiederum Anlaufstelle für solche, die neue Sammlerstücke ersteigern wollen. Dieser Vermittlerrolle lässt er sich teuer bezahlen. Bei jedem Zuschlag wird ungeachtet der Verkaufsprovision, die er vom Einlieferer entrichtet verlangt, ein Käuferaufgeld fällig.[180]

Würde er sich nun aber aus jeder vertraglichen Stellung zurückziehen und lediglich Randfigur in dem Handelsgeflecht zwischen Einlieferer und

179 *Pammler* in: Herberger/Martinek/Rüßmann/Weth/Würdinger, jurisPK-BGB Band 2, § 438 Rn. 4; *Matusche-Beckmann* in: Staudinger BGB, § 438 Rn. 40.

180 *Boll*, Der Kampf um die Kunst, S. 354.

Käufer sein, wäre es aus wirtschaftlichen Erwägungen der Parteien absehbar, dass er bei künftigen Geschäften einfach umgangen werden würde.

Denn seine Vermittlerfunktion, die die Kosten seiner Versteigerung rechtfertigen, würden schlichtweg überflüssig.[181]

Darüber hinaus birgt auch der Auktionsmarkt selbst Konkurrenz. Nicht ohne Grund sehen vergleichsweise wenige Auktionshäuser den Vertragsschluss mittels Stellvertretung nach den §§ 164 ff. BGB vor. Derjenige Einlieferer, der eine Preisgabe seines Namens möglichst vermeiden möchte, hat ohne Weiteres die Möglichkeit sich eines anderen Vermittlers zu bedienen. Es besteht keine Kontrahierungspflicht mit einem bestimmten Auktionshaus; auch nicht bzw. vor allem nicht aufgrund mangelnder Konkurrenz.

Letztlich ist es eine vom Auktionator vor allem unter *geschäftspolitischen Gesichtspunkten* zu treffende Entscheidung, welcher Vertragsform er sich bedienen möchte. In aller Regel wird er aber ein Interesse daran haben selbst Vertragspartei zu werden. Zum einen, um seinen Kundenstamm an sich zu binden und somit wettbewerbsfähig zu bleiben; zum anderen aber auch, um sich seines Anspruchs auf das Aufgeld bzw. die Provision zu sichern.[182]

2. Die Besonderheiten im Galeriewesen

Im Gegensatz zum Auktionswesen besteht in der Praxis des Galeriehandels regelmäßig kein *Anonymitätsgebot*, welches die Kontrahenten überwiegend das Kommissionsgeschäft bevorzugen lässt. Im Gegenteil tritt die Galerie - insbesondere als Kunstförderer auf dem Primärmarkt - offenkundig für den Künstler auf. Der Offenkundigkeit steht auch nicht entgegen, dass sich manche Künstler eines sog. Künstlernamens oder eines Pseudonyms bedienen.[183]

Die Tätigkeitsform der Galerie ist im Einzelfall der Parteivereinbarung zu entnehmen.

---

181 Der Grundsatz der *Anonymität* beim Kommissionsgeschäft und insbesondere beim Kunsthandel kommt dem Kunstvermarkter in geschäftspolitischer Hinsicht zugute. Er behält seinen Kundenstamm exklusiv für sich, die Teilnehmer des Kunstmarktes bleiben auf seine Partizipation angewiesen, vgl. *Weller/Prütting*, § 36 Rn. 942.

182 Vgl. deshalb für den Kunstauktionator besonders relevant das Kommissionsverhältnis Kap. 2 § 2 C III.

183 Die Grundsätze des *„Handelns unter fremden Namen"* sind hier anzuwenden. Verbindet der Vertragspartner mit dem Pseudonym eine gewisse Identitätsvorstellung, kommt der Vertrag mit dem Träger des Pseudonyms zustande, *Maier-Reimer/Finke-*

Vergleichbar dem Kunstauktionswesen müssen die der jeweiligen Tätigkeitsform zugrundeliegenden Vertragstypologien betrachtet werden. Auch hier kommt der Vermittlerrolle des Galeristen als *Hauptleistung* eine übergeordnete Bedeutung für den Vertragsabschluss zu und gibt ihm damit sein rechtliches Gepräge.[184]

3. Außenverhältnis bei der Stellvertretung

Sehen die Geschäftsbedingungen das Handeln des Kunstvermarkters als Stellvertreter vor oder ist dies im Einzelnen vereinbart, handelt der Kunstvermarkter in fremden Namen und für fremde Rechnung, vgl. § 164 Abs. 1 S. 1 BGB. Er selbst wird nicht Vertragspartei. Der Kaufvertrag kommt auf dem Primärmarkt unmittelbar zwischen Künstler und Käufer, auf dem Sekundärmarkt zwischen Einlieferer und Käufer zustande.[185]

4. Innenverhältnis bei der Stellvertretung

Die Natur des Rechtsverhältnisses zwischen Vertretenen und Vertreter im Innenverhältnis richtet sich nach dem Inhalt der Vollmacht im Sinne des § 167 Abs. 1 BGB.[186] Bei den Verträgen im Innenverhältnis handelt es sich um typengemischte Verträge, die eine Reihe verschiedener Vertragstypologien miteinander kombinieren. Sie beinhalten Regelungen über die Verwahrung der Kunstwerke (§ 688 BGB), eventuell über eine Rahmung, den Abschluss von Versicherungen sowie über den An- und Abtransport.[187]

Da die Vermittlerrolle des Kunstvermarkters aber als *Hauptleistung* eine übergeordnete Bedeutung für den Vertragsabschluss hat, gibt sie dem Vertrag sein rechtliches Gepräge.[188]

---

nauer in: Erman BGB, § 164 Rn. 11; vgl. aber auch dazu: OLG Frankfurt, Urt. v. 04.02.2021 - 16 U 47/20, AfP 2021, 249 (250); *Lang*, BB 2000, 2183 (2187).

184 *Feldmann* in: Staudinger BGB, § 311 Rn. 47; *Jülch* in: Herberger/Martinek/Rüßmann/Weth/Würdinger, § 688 und Rn. 16.

185 *Schneider*, Auktionsrecht, S. 14; allgemein: *Schilken* in: Staudinger BGB, § 164 Rn. 9; *Maier-Reimer/Finkenauer*, a.a.O., § 164 Rn. 20, 23;

186 *Maier-Reimer/Finkenauer*, a.a.O., § 164 Rn. 18.

187 *Jülch*, a.a.O., § 688 und Rn. 16.

188 *Feldmann* in: Staudinger BGB, § 311 Rn. 47.

In Betracht kommen dafür der Dienstvertrag nach §§ 611 ff. BGB, der Werkvertrag nach den §§ 631 ff. BGB sowie der Maklervertrag, für den Zivilmakler nach § 652 BGB und für den Handelsmakler nach § 93 HGB. Ist im Verhältnis Einlieferer und Kunstvermarkter nicht ausdrücklich geregelt, welcher Vertragstyp zugrunde liegt, ist der Vertrag insofern auslegungsbedürftig. Maßgeblich für die sodann vorzunehmende Auslegung sind die §§ 133, 157 BGB und damit die Verkehrssitten des Kunsthandels.[189]

Allgemein wird man zunächst festhalten können, dass es sich bei der Tätigkeit des Kunstvermarkters grundsätzlich um eine *Geschäftsbesorgung* im Sinne des § 675 BGB handelt.[190] Dieser übernimmt die selbstständige Tätigkeit wirtschaftlicher Art für den Künstler als Geschäftsherrn, die die Wahrnehmung von dessen Vermögensinteressen beinhaltet.[191] Daran mag in Hinblick auf das Vertragsverhältnis Künstler und Kunstvermarkter kein Zweifel bestehen. Es finden damit gemäß § 675 Abs. 1 BGB ergänzend die Vorschriften des Auftragsrecht Anwendung.[192]

Zu beurteilen bleibt lediglich für den Einzelfall, ob die Tätigkeit eines Kunstvermarkters, die Geschäftsbesorgungscharakter hat, dienstvertragliche oder werkvertragliche Züge aufweist oder der Tätigkeit des Maklers zuzuordnen ist und ob die typische Tätigkeitsform von Galerien und Auktionshäusern regelmäßig voneinander abweichen.

a. Makler im Sinne des § 652 BGB

Während die Vertriebsform des Maklers im *Galeriehandel* noch vorkommen mag, ist im Kunstauktionsverfahren die Annahme abwegig, der *Auktionator* käme seiner Tätigkeit als *Makler* im zivilrechtlichen Sinne des § 652 BGB nach.[193]

Gemäß § 652 Abs. 1 BGB *kann* der Makler lediglich die Gelegenheit zum Abschluss eines Vertrages (sog. Hauptvertrag) nachweisen oder einen Vertrag vermitteln.[194] Der Makler schuldet grundsätzlich weder Tätigkeit noch

---

189 *Kresse*, Wettbewerbsverfahren, S. 38.

190 *Martinek/Omlor* in: Staudinger BGB, § 675 Rn. B25; BGH, Urt. v. 20.10.1982 - VIII ZR 186/81, juris Rn. 16; OLG Düsseldorf, Beschl. v. 19.05.2009 - I 24 U 126/08 Rn. 20; BGH, Urt. v. 30.11.1995 - III ZR 240/94 Rn. 19.

191 BGH, Urteil vom 22. Oktober 1958 – IV ZR 78/58, juris.

192 *Berger* in: Erman BGB, § 675 Rn. 1.

193 A.A. *Hoyningen-Huene*, NJW 1973, 1473.

194 *Hamm/Schwerdtner*, Maklerrecht, Rn. 237, 244.

Erfolg und schließt die vermittelten Verträge auch nicht selbst ab.[195] Der Maklervertrag ist kein Vertrag mit synallagmatischen Hauptleistungspflichten; es fehlt an einer Hauptpflicht des Maklers. Es handelt sich um einen lediglich einseitigen Vertrag.[196] Bei diesem untypischen Vertragsverhältnis wird der Makler nicht verpflichtet, für den Auftraggeber tätig zu werden, sondern er ist lediglich berechtigt.[197] Auch der Auftraggeber ist nicht verpflichtet, mit dem vom Makler beigebrachten Interessenten zu kontrahieren. Kommt das konkret vom Makler vermittelte Rechtsgeschäft nicht zustande, kann der Makler auch seine Provision nicht beanspruchen.[198]

Insbesondere der Auktionator soll aufgrund des Versteigerungsauftrages aber verpflichtet werden, die eingelieferte Ware zu versteigern. Zwar ist die fehlende Tätigkeitspflicht nicht *conditio sine qua non* des Maklervertrages. Der Maklervertrag scheidet aufgrund des Vorhandenseins der Tätigkeitspflicht nicht ohne weiteres aus. Dieser einseitige Vertrag kann individualvertraglich modifiziert werden und im Einzelfall sodann eine Tätigkeitspflicht verlangen.[199] Die Annahme eines solchen sog. *Maklerdienstvertrages*,[200] der nicht lediglich die *Berechtigung* zum Tätigwerden vorsieht,[201] sondern auch die mit dem Entgeltanspruch verknüpfte synallagmatische *Pflicht* der Tätigkeit,[202] passt aber dennoch nicht zum Auktionsverfahren.[203]

---

195 *Hamm/Schwerdtner*, Maklerrecht, Rn. 237, 244.

196 *Roth* in: Baumbach/Hopt, HGB, § 93 Rn. 23.

197 *Roth* in: MüKo-BGB, § 652 Rn. 3; *Hamm/Schwerdtner*, Maklerrecht, Rn. 316; *Schneider*, Auktionsrecht, S. 18; *Beckmann*, Versteigerungen im Internet, S. 120.

198 BGH, Urt. v. 09.11.1966 - VIII ZR 170/64, juris Rn. 15; BGH, Urt. v. 20.02.2003 - III ZR 184/02, juris Rn. 10; *Fischer* in: Erman, BGB, § 652 Rn. 30; *Mansel* in: Jauernig, BGB, § 652 Rn. 16; *Weller/Prütting*, § 37 Rn. 979.

199 Solche Verträge nennt man sog. Maklerdienstverträge, *Roth*, a.a.O., HGB, § 93 Rn. 9; BGH, Urt. v. 25.05.1983 - IVa ZR 182/81; juris Rn. 13; *Hamm/Schwerdtner*, a.a.O., Rn. 29ff.

200 *Roth* in: Baumbach/Hopt, HGB, § 93 Rn. 23.

201 *Roth* in: MüKo-BGB, § 652 Rn. 3; *Hamm/Schwerdtner*, a.a.O., Rn. 316; *Schneider*, a.a.O., S. 18; *Beckmann*, a.a.O., S. 120.

202 *Roth* in: Baumbach/Hopt, HGB, § 93 Rn. 9; BGH, Urt. v. 25.05.1983 - IVa ZR 182/81; juris Rn. 13; *Hamm/Schwerdtner*, a.a.O., Rn. 29ff.

203 Die Schaffung dieses typenkombinierten Vertrages ist ohnehin Bedenken ausgesetzt. Der Maklerdienstvertrag (und ebenso der Maklerwerkvertrag) ist neben den Anwendungsbereichen der §§ 611ff. und 631ff. BGB überflüssig. Die Argumentation, der Maklerdienstvertrag sei auf Fälle anwendbar, in denen zwar die Pflicht zum Tätigwerden bestünde, die Provision jedoch lediglich erfolgsabhängig vom Vertragsschluss gezahlt werde, übersieht, dass dafür bereits die Anwendungsbereiche von Dienst- und Werkvertrag - u. U. mithilfe entsprechender Vertragsauslegungsmethoden - herangezogen werden können.

Der Anwendung steht wesentlich entgegen, dass auch beim Maklerdienstvertrag der Auftraggeber - welcher auf dem Primärmarkt der Künstler und auf dem Sekundärmarkt der Einlieferer ist - nicht verpflichtet ist, mit dem vom Makler beigebrachten Interessenten zu kontrahieren. Kommt das konkret vom Makler vermittelte Rechtsgeschäft aufgrund der Entscheidung des Auftraggebers nicht zustande, kann der Makler auch dann seine Provision nicht beanspruchen.[204]

Zugegebenermaßen hat auch beim Galeriehandel der Künstler bzw. auf dem Sekundärmarkt der Einlieferer - freilich unter Berücksichtigung der Parteivereinbarung - zu akzeptieren, mit wem der Galerist den Kaufvertrag abschließt. Er wird damit verpflichtet, diesen auszuführen.

Zwar ist insbesondere auf dem Primärmarkt das Rechtsverhältnis von Galerist und Künstler, verglichen mit dem des Auktionshauses und dem Künstler, persönlich geprägt. In diesem Sinne kann im Einzelfall vereinbart sein, dass der Galerist dem Künstler *„das letzte Wort“* einräumt, an wen er sein Werk verkaufen möchte und in diesem Sinne nicht ermächtigt wird, den Vertragsschluss unmittelbar herbeizuführen. Auch beim Sekundärverkauf für einen Einlieferer ist dies im Galeriehandel denkbar. Dies unterscheidet ihn grundlegend vom Handel durch ein Kunstauktionshaus, wo eine solche Nähebeziehung ganz überwiegend nicht existiert. Dem Einlieferer ist daran gelegen, dass der Auktionator unmittelbar die Kunstwerke an die Käufer verkauft. Es ist somit die wesentliche Hauptpflicht des Auktionators - verständlich im Interesse des Künstlers - das Kunstwerk zu verkaufen.

Der Einlieferer vereinbart mit dem Versteigerer in aller Regel vorrangig, dass der Vertrag mit dem Ersteigerer durch Zuschlag zustande kommen soll (§ 156 BGB).[205] Der Versteigerer schuldet mehr als lediglich den Nachweis der Möglichkeit eines Vertragsabschlusses. Ihm soll die Verpflichtung auferlegt werden, die Auktion über das jeweilig eingelieferte Kunstwerk durchzuführen und als Ergebnis dessen unmittelbar den Vertragsschluss herbeiführen. Es wird auch der Einlieferer stärker gebunden. Ihm ist es in der Regel nicht möglich, einen Ersteigerer nach erfolgreicher „Vermittlung“ durch den Auktionator - insbesondere aus unsachgerechten oder lediglich

204 BGH, Urt. v. 09.11.1966 - VIII ZR 170/64, juris Rn. 15; BGH, Urt. v. 20.02.2003 - III ZR 184/02, juris Rn. 10; *Fischer* in: Erman, BGB, § 652 Rn. 30; *Mansel* in: Jauernig, BGB, § 652 Rn. 16; *Weller/Prütting*, § 37 Rn. 979.

205 *Schneider*, Auktionsrecht, S. 18.

subjektiven Erwägungen - abzulehnen.[206] Er hat es zu dulden, mit wem der Auktionator den Kaufvertrag beabsichtigt zu schließen, und ist verpflichtet dabei mitzuwirken. Soll daher das Rechtsgeschäft beim Auktionsverfahren durch diesen unmittelbar herbeigeführt werden, scheidet diese Vertriebsform von vornherein aus.

b. Handelsmakler nach § 93 HGB

Damit bedarf auch die Tätigkeitsform des *Auktionators* als Handelsmakler im Sinne des § 93 HGB keiner näheren Betrachtung. Handelsmakler ist nach § 93 Abs. 1 HGB, wer es *gewerbsmäßig* übernimmt, für andere Personen, ohne von ihnen aufgrund eines Vertragsverhältnisses ständig damit betraut zu sein, Verträge über Anschaffung oder Veräußerung von Waren oder Wertpapieren, über Versicherungen, Güterbeförderungen, Schiffsmiete oder sonstige Gegenstände des Handelsverkehrs zu vermitteln.[207] Zwar ist eine *ständige Betrauung* mit den Kunstgegenständen des Einlieferers im Kunstauktionswesen absolut unüblich; sie setzt ein Vertragsverhältnis auf eine gewisse Dauer und damit auf eine unbestimmte Vielzahl an Verträgen voraus.[208]

Vielmehr handeln die Vertragsparteien regelmäßig nur eine einmalige Tätigkeit des Kunstvermarkters aus, so dass das Rechtsverhältnis nur in Bezug auf ein bestimmtes Kunstwerk und eine bestimmte Auktion besteht. Eine dauerhafte Betrauung kommt in der Geschäftspraxis der Auktionshäuser nicht vor.[209]

Darüber hinaus ist aber auch beim Handelsmaklervertrag ein wesentliches Merkmal, dass die Provision lediglich erfolgsbezogen ist; der Makler also nur eine Vermittlerrolle einnimmt. Er schuldet nicht die Herbeifüh-

206 *Schneider*, a.a.O., S. 20-21.

207 *Beckmann*, Versteigerungen im Internet, S. 119; *Roth* in: Koller/Kindler/Roth/Drüen, HGB, § 93 Rn. 8.

208 *Schneider*, a.a.O., S. 18.

209 *Beckmann*, a.a.O., S. 120.

rung eines Vertragsabschlusses.[210] Dem Auftraggeber verbleibt seine Entschlussfreiheit zum Vertragsabschluss.[211]

Wie bereits erwähnt möchte aber insbesondere der Auktionator durch den Abschluss des Versicherungsauftrages, dass ihm allein die Entschlussfreiheit darüber verbleibt, ob er den Vertragsschluss herbeiführt oder nicht. Jede Form der *Maklertätigkeit* muss damit zwangsläufig für den Auktionator ausscheiden. Diese Handelsform passt nicht zum Wesen des Auktionshandels, in welchem der Einlieferer mit der Einlieferung der zu versteigernden Kunstwerke außerhalb des Rahmens der von ihm genannten Bedingungen jegliche Dispositionsbefugnis hinsichtlich des Kunstwerkes und seines Kontrahenten verlieren soll.[212]

Letztlich darf auch nicht außer Acht gelassen werden, dass sich die Tätigkeit des Auktionators nicht in der Bemühung um den Abschluss eines Vertrages erschöpft, sondern er die ganz wesentliche Stellung einnimmt, an die von Kundenseite - sowohl Einlieferer als auch Ersteigerer - ein besonderes Interesse und ein hohes Vertrauen geknüpft sind. Diese Merkmale weichen vom gesetzlichen Leitbild des Maklers erheblich ab und widersprechen den Interessen aller Parteien.[213]

Auch für eine Kunstgalerie ist die Tätigkeitsform des Handelsmaklers zwar möglich, in ihrer Praxis jedoch unüblich. Dies scheitert in der Auslegung regelmäßig daran, dass im Gegensatz zum Kunstauktionshandel Galerien durchaus mit dem Verkauf der Werke einzelner Einlieferer oder Künstler *ständig betraut* sind.[214] Die ständige Betrauung, die ein Vertragsverhältnis auf eine gewisse Dauer und damit auf eine unbestimmte Vielzahl an Verträgen voraussetzt,[215] kommt im Verhältnis zwischen *Galerie* und *Künstler* hingegen vor. Die Rolle des Galeristen und dessen Wert für den Kunstmarkt, den er nähren will, entspringen seiner Tätigkeit als Kunstför-

210 *Roth* in: Baumbach/Hopt, HGB, § 93 Rn. 9; *Hamm/Schwerdtner*, Maklerrecht, Rn. 29; *Roth* in: Koller/Kindler/Roth/Drüen, HGB, § 93 Rn. 8; vgl. aber *Kotzian-Marggraf* in: Oetker HGB, § 93 Rn. 2, der meint, dass der Handelsmakler in Abgrenzung zum Zivilrechtsmakler zumindest auf die Abschlussbereitschaft der Vertragsparteien hinwirken muss.

211 *Hamm/Schwerdtner*, Maklerrecht, Rn. 30.

212 BGH, Urt. v. 25.04.1966 - VII ZR 120/65, juris Rn. 29; BGH, 22.02.1967 - VIII ZR 215/64, juris Rn. 27; *Schneider*, a.a.O., S. 20-21; *Martinek/Omlor* in: Staudinger BGB, § 675 Rn. A9.

213 *Bleutge* in: Landmann/Rohmer, GewO, § 34b Rn. 9a.

214 *Roth* in: Koller/Kindler/Roth/Drüen, HGB, § 93 Rn. 12; *Kotzian-Marggraf* in: Oetker HGB, § 93 Rn. 2.

215 *Schneider*, a.a.O., S. 18.

derer. Dabei erschöpft sich die Förderung nicht in der Durchführung einer zeitweiligen, aber einmaligen Ausstellung. Die Galerie, die einen Künstler unter Vertrag genommen hat, möchte dafür Sorge tragen, dass sich ihre Erfolgsprognose bestätigt. Sie wird deshalb üblicherweise für den individuellen Künstler mehrfach und kontinuierlich tätig und bietet seine Werke oftmals in Form fortlaufender Ausstellungen an. Auch aus finanziellen Erwägungen wird eine Galerie in der Regel kein Interesse daran haben, lediglich punktuell mit einem - noch unbekannten Künstler - zusammenzuarbeiten. Denn selbst im Falle des Erfolges kann dieser erst wesentlich später eintreten; in dem Erfolg eines individuellen Künstlers kann die jahrelange Marketingarbeit einer Galerie verborgen sein, die einen erheblichen finanziellen Voraufwand erfordert hat. Um die Früchte seiner eigenen Arbeit zu ernten, wird der Galerist insbesondere sicherstellen, vom Künstler dauerhaft mit der Vermittlung und Förderung seiner Werke betraut zu werden.

Das Wesen des Galerievertrags wurzelt somit gerade in der *ständigen Betrauung* der Galerie mit der Künstlervermittlung, welche wiederum Ausschlusskriterium des Handelsmaklers ist.

Dabei kann sich die Tätigkeit der Galerien auch bereits in der Bemühung um den Abschluss eines Vertrages erschöpfen. Der Galerie gebührt im Kunsthandelswesen eine ganz wesentliche Stellung als Fachinstitution, an die ein besonderes Interesse und ein hohes Vertrauen geknüpft sind, aber auch eine gewisse Pflichtenstellung dem Künstler gegenüber, dessen Interessen es im Einzelfall zu berücksichtigen gilt.

c. Handelsvertreter nach § 84 HGB

Ist der Kunstvermarkter *ständig* mit dem Verkauf oder der Vermittlung der Kunstwerke eines Künstlers betraut, kann er auch als Handelsvertreter im Sinne von § 84 HGB tätig sein.[216] Danach ist Handelsvertreter, wer als *selbständiger* Gewerbetreibender *ständig damit betraut* ist, für einen anderen Unternehmer Geschäfte zu vermitteln (*Vermittlungsvertreter*) oder in dessen Namen abzuschließen (*Abschlussvertreter*).[217] Der Handelsvertretervertrag wird nach allgemeiner Ansicht als Dienstvertrag mit Geschäftsbesor-

216 *Keßler* in: Heidel/Schall, HGB, § 84 Rn. 3; *Anton*, „Kunstvertrieb" - Absatzmittlung von Kunstwerken in Recht und Praxis, in: FS Siehr, S. 331 (361).

217 *Stöber*, Handelsrecht, § 5 I Rn. 194; *Keßler*, a.a.O., § 84 Rn. 42, 44ff.

gungscharakter eingeordnet, womit die Regelungen der §§ 611 ff., 675, 662 ff. BGB Anwendung finden.[218] Wesentliches Merkmal des Handelsvertreters ist, dass er nicht nur punktuell mit dem Abschluss oder der Vermittlung von Geschäften betraut ist. Seine Tätigkeit begründet in aller Regel ein Dauerschuldverhältnis.[219] Damit scheidet unter Hinzuziehung der Erläuterungen zur ständigen Betrauung im Rahmen des Handelsmaklervertrages diese Tätigkeitsform für den Kunstauktionshandel regelmäßig aus.

Für Galerien ist diese Tätigkeitsform hingegen durchaus üblich. Diese sind in ihrer selbständigen Tätigkeit[220] regelmäßig *ständig* damit betraut, Vertragsabschlüsse über eingelieferte Kunstwerke zu vermitteln oder herbeizuführen.[221]

Die Tätigkeit als Handelsvertreter setzt vor allem voraus, dass die Verträge *in fremden Namen*, also im Namen des Künstlers oder Einlieferers geschlossen werden.[222] Schließt er sie in eigenem Namen, liegt ein Kommissionsgeschäft im Sinne der §§ 383 ff. HGB vor.[223]

Ob Galerie oder Auktionshaus im Einzelfall Handelsvertreter im Sinne von § 84 HGB sind, entscheidet sich somit anhand des im Innenverhältnis vereinbarten Auftretens der Galerie im Außenverhältnis zum Kunstkäufer. Es muss sich im Innenverhältnis um einen Fall der echten Stellvertretung im Sinne der §§ 164 ff. BGB handeln.

Aufgrund der Notwendigkeit einer ständigen Betrauung ist diese Tätigkeitsform ausschließlich für den Galeriehandel relevant; dort kann sie bisweilen zugrunde gelegt werden, sofern der Galerist kontinuierlich für

---

218 *Weller/Prütting*, § 37 Rn. 974; Stö*ber*, a.a.O., § 5 I Rn. 196.

219 *Stöber*, a.a.O., § 5 I Rn. 196.

220 *Selbstständig* ist nach der Legaldefinition des § 87 Abs. 1 S. 2 HGB, wer im Wesentlichen frei seine Tätigkeit gestalten und seine Arbeitszeit bestimmen kann, *Thume* in: Röhricht/Graf von Westphalen/Haas, HGB § 84 Rn.5; *Stöber* in: Heymann HGB § 84 Rn. 28.

221 Ob der Handelsvertreter eine natürliche Person oder Personen- oder Kapitalgesellschaft ist, ist unerheblich. Der Handelsvertreter kann als natürliche Person auch Angestellte beschäftigen oder Untervertreter auf eigene Rechnung an sich binden. Als Personen- oder Kommanditgesellschaft ist die KG, OHG, die GmbH und die BGB-Gesellschaft anerkannt: *Thume* in: Röhricht/Graf von Westphalen/Haas, HGB § 84 und Rn. 6.

222 *Keßler*, a.a.O., § 84 Rn. 56.

223 *Hopt* in: Baumbach/Hopt, HGB § 84 Rn. 18; *Stöber*, Handelsrecht, § 5 I Rn. 196; *Thume* a.a.O. § 84 und Rn. 41.

den Künstler tätig wird und sich damit verpflichtet fühlt, die „Marke" des Künstlers zu schaffen und ihn am Markt auf Dauer zu positionieren.[224]

Das Entgelt des Handelsvertreters besteht typischerweise in einer Provision, die ihm von allen Geschäften zusteht, die er abgeschlossen hat oder für deren Abschluss seine Tätigkeit kausal geworden ist, § 87 Abs. 1 HGB.[225] Es handelt sich hierbei um eine Erfolgsvergütung.[226]

Zu beachten gilt jedoch, dass die Vertriebsform des Handelsvertreters in jenen Fällen nicht anwendbar ist, in denen der Galerist das Geschäft nicht für einen *Unternehmer* vermittelt. Ob es sich bei den „vertretenen" Künstlern auf dem Primärmarkt um einen Unternehmer im Sinne eines Kaufmanns nach § 1 HGB handelt, unterliegt erneut der Einzelfallbetrachtung. Zwar können Künstler ihre Tätigkeit so betreiben, dass nach außen ein gewerbliches Unternehmen unter Zurücktreten der geistigen und wissenschaftlichen Betätigung vorliegt.[227] Häufig wird dies insbesondere bei der Künstlerschaft auf dem Primärmarkt nicht der Fall sein; bei den Einlieferern von Galerien auf dem Sekundärmarkt kann dies hingegen häufiger zutreffen.

d. Dienst- oder Werkvertrag

In den allermeisten Fällen liegt der Tätigkeit der Kunstvermarkter eine dienst- oder werkvertragliche Vertragsgrundlage zugrunde. Lediglich die Abgrenzung zwischen Dienstvertrag nach § 611 BGB und Werkvertrag nach § 631 BGB geht nicht stets eindeutig aus dem geschlossenen Versteigerungsvertrag hervor und bedarf somit unter Umständen der Auslegung.

Punctum saliens in der Unterscheidung der beiden Vertragstypen ist, dass der Werkverpflichtete gemäß § 631 Abs. 1 BGB einen Erfolg schuldet, der im *Synallagma* mit seiner Vergütung steht.

Der Dienstvertrag im Sinne des § 611 BGB knüpft den Anspruch auf Vergütung gemäß § 611 Abs. 1 BGB hingegen bereits an die Leistung der versprochenen Dienste.[228]

---

224 *Anton*, ZVertriebsR 2013, 294 (296).
225 *Weller/Prütting*, § 37 Rn. 975.
226 *Hopt*, a.a.O., § 87 Rn. 2.
227 *Hopt*, a.a.O., § 1 Rn. 20.
228 *Edenfeld* in: Erman BGB, § 611 Rn. 1; *Latzel* in: Staudinger BGB, § 611 Rn. 1.

Doch insbesondere im Kunstauktionshandel ist diese Unterscheidung nicht sehr hilfreich. Denn unter Berücksichtigung, dass der Provisionsanspruch des Auktionators erst mit Erteilung eines Zuschlags und erfolgreichem Verkauf an einen Ersteigerer entsteht, ist der Anspruch des Auktionators erfolgsabhängig bzw. als Gegenleistung für den herbeigeführten Erfolg zu verstehen.[229] Er müsste somit als Werkvertrag eingeordnet werden.[230] Dagegen spricht auch nicht, dass der Kunstvermarkter nicht wissen kann, ob er im Rahmen einer Ausstellung oder der Auktion den eingelieferten Kunstgegenstand verkaufen können wird.[231] Denn der Kommissionsvertrag ist zeitlich nicht an die Durchführung einer Veranstaltung gebunden; vielmehr schuldet der Kommissionär - nähme man einen Werkvertrag mit Geschäftsbesorgungscharakter an - die Herbeiführung des erfolgreichen Verkaufs zu den mit dem Einlieferer vereinbarten Bedingungen im Rahmen der künftig stattfindenden Veranstaltungen.

Es widerspricht den Interessen des Auktionators, ihn einen solchen Erfolg schulden zu lassen, denn er hat letztlich keinen Einfluss darauf, ob er den erhofften Zuschlag tatsächlich erteilen kann.[232] Das Bieterverhalten, die Marktlage und das mitbietende Klientel am jeweiligen Veranstaltungstag, entzieht sich dem Machtbereich, auf welchen der Auktionator Einfluss hat. Letztlich kann auch der Fall eintreten, dass er einen Zuschlag nicht erteilen kann, weil das vom Einlieferer gewünschte Mindestlimit sich durch die Bieterschaft nicht erreichen lässt.

Der Auktionator wäre - wollte man einen Werkvertrag annehmen - seiner Hauptleistungspflicht nicht nachgekommen.[233] Im Übrigen gelten gleiche Überlegungen für die Tätigkeitsform der Galerie.

---

229 *Picker*, Antiquitäten, S. 31.

230 *Rösch* in: Herberger/Martinek/Rüßmann/Weth/Würdinger, juris PK-BGB, § 631 Rn. 8.

231 Der Versteigerer hat keinen Einfluss darauf, ob tatsächlich ein Zuschlag erteilt werden kann. Es kann der vom Einlieferer gewünschte Mindestpreis nicht erreicht werden, oder die Marktlage bzw. das bei der konkreten Versteigerung mitbietende Klientel ermöglichen die erfolgreiche Versteigerung des Kunstwerkes nicht, so: *Schneider*, Auktionsrecht, S. 25-26; *Boll*, Der Kampf um die Kunst, S. 325.

232 *Bleutge* in: Landmann/Rohmer, GewO, § 34b Rn. 9a; *Rösch*, a.a.O., § 631 Rn. 7; *Sprau* in: Palandt, BGB, § 631 Rn. 15.

233 Abwegig sind jene Versuche den Erfolg bereits in der Durchführung der Versteigerung zu sehen. In diesem Fall würde den Erfolg im Sinne des Werkvertragsrechts nichts von der erfolgreichen Tätigkeit unterscheiden, die im Rahmen des Dienstvertrages geschuldet wird. Insbesondere berücksichtigt diese Auffassung auch nicht, dass der Erfolg im Werkvertragsrecht im Synallagma zum Vergütungsanspruch

Darüber hinaus passt die Vertragstypologie ersichtlich nicht zu der Ausgestaltung des Handels im Kunstbereich. Der *Besteller* schuldet nach § 640 BGB die Abnahme, welche den Vergütungsanspruch des *Unternehmers* entstehen lässt, § 641 BGB.[234] Zwar wird wohl eine Vereinbarung zulässig sein, wonach die Abnahme konkludent im Zeitpunkt des Zuschlags erfolgt, sofern die zwischen Einlieferer und Versteigerer vereinbarten Bedingungen eingehalten wurden.[235] Allerdings zeigt der gesetzliche Wortlaut ganz eindeutig, dass das Hauptmerkmal des Werkvertrages der *Erfolg* ist. Deutlich wird dies auch durch § 646 BGB, der anordnet, dass im Falle, in denen eine Abnahme aufgrund der Beschaffenheit des Werkes nicht möglich ist, die Vollendung des Werkes an deren Stelle tritt. Unterstützt wird das Charakteristikum der *Erfolgsbedürftigkeit* auch von der Tatsache, dass das Werkvertragsrecht außerhalb des § 643 BGB[236] keine Kündigungsmöglichkeit für den Unternehmer vorsieht. Es regelt mit § 648 BGB lediglich das einseitige Kündigungsrecht des Bestellers.[237] Das Vertragsverhältnis soll aber in der Regel nach erfolgreicher oder -loser Versteigerung enden. Konnte der Auktionator das individuelle Kunstwerk nicht erfolgreich versteigern, ist in aller Regel eine Abholfrist und im Falle der Nichtabholung eine kostenpflichtige Lagerung vereinbart.

Aber auch Galerien, bei deren Tätigkeit es üblich ist, dass sich ihre Absatzbemühung nicht in einer einmaligen Ausstellung erschöpft, haben ein Interesse daran, sich von ihrer Verpflichtung zum Verkauf bzw. zur Vermittlung lösen zu dürfen, sofern wider Erwarten das Kunstwerk nicht zu den ausgehandelten Konditionen verkauft werden kann. Sie wollen nicht die Verantwortung dafür tragen, dass sich ihre Prognose über den Erfolg

---

steht; die Durchführung der Versteigerung allein lässt den Anspruch des Auktionators auf seine Provision aber nicht entstehen, sondern nur der erfolgreiche Verkauf; so auch: *Kresse*, Wettbewerbsverfahren, S. 31.

234 *Genius* in: Herberger/Martinek/Rüßmann/Weth/Würdinger, juris PK-BGB, § 640 Rn. 8, *Rösch*, a.a.O., § 631 Rn. 1; *Sprau* in: Palandt, BGB, § 641 Rn. 2.

235 Die Modalitäten der Abnahme hinsichtlich Zeitpunkt, Form und Voraussetzungen sind grundsätzlich dispositiv, messen sich aber an den Regeln der Allgemeinen Geschäftsbedingungen, vor allem § 308 Nr. 1 lit. b) BGB und § 307 BGB, wenn sie Bestandteil solcher sind: *Genius* a.a.O., § 640 Rn. 31.

236 § 643 BGB regelt das Kündigungsrecht des Unternehmers im Falle einer unterlassenen Mitwirkung des Bestellers. Diese Norm unterstützt damit die Typologie des Werkvertragsrechts, wonach der Erfolg wesentliches Merkmal des Werkvertrags ist.

237 Lediglich der Besteller soll nach dem Werkvertragsrecht Anspruch auf Fertigstellung des Werks haben; nur ihm kommt die Entscheidungsbefugnis zu, ob das Werk fertig gestellt ist oder nicht, vgl. dazu: *Stelzner* in: Herberger/Martinek/Rüßmann/Weth/Würdinger, juris PK-BGB, § 648 Rn. 2.

eines „Newcomer"-Künstlers als fehlerhaft erweist und sich die Werke nicht verkaufen lassen. Auch ändert daran nicht, dass sich die Verbindung von Galerie und Künstler zumeist nicht in einer einmaligen Ausstellung oder Vermittlungstätigkeit erschöpft, sondern regelmäßig auf eine längere Zusammenarbeit angelegt ist, in welcher der Galerist immer wieder versucht, die Werke zu verkaufen.

Man wird aber nicht leugnen können, dass sich jeder Kunstvermarkter im Falle des Nichtverkaufs die Möglichkeit der Kündigung bewahren möchte. Diese sieht das Werkvertragsrecht aber im Gegenteil zu den dienstvertraglichen Bestimmungen in §§ 620 bis 628 BGB nicht vor.[238] Lediglich ein Kündigungsrecht des Bestellers regelt die Vorschriften über den Werkvertrag in § 648 BGB.

Eventuell will insbesondere der Galerist zunächst einen Erfolg schulden; es entspricht aber vor allem dem Interesse des Galeristen, sich die Möglichkeit der Kündigung zu bewahren, um dem Erfüllungsanspruch des Einlieferers aus § 631 Abs. 1 BGB zu entgehen. Diese Möglichkeit gewährt ihm lediglich das Dienstvertragsrecht.

Müsste man demnach im Wege der Auslegung zum *Dienstvertrag* gelangen, widerspricht dieser Einordnung hingegen, dass der Provisionsanspruch des Kunstvermarkters erst durch den erfolgreichen Verkauf entsteht. Die dem Kunstvertrieb vorausgehenden Leistungen des Kunstauktionators im Sinne von Prüfung und Werteinschätzung des Kunstwerkes, Erstellung des Katalogs, Werbung der Veranstaltung etc. sind für den Anspruch des Auktionators unerheblich.[239] Der Dienstvertrag nach § 611 BGB stellt aber bereits die Tätigkeit des Dienstverpflichteten mit der Vergütungspflicht ins Synallagma.[240] Der Dienstverpflichtete schuldet keinen Erfolg. Er hat auch gemäß der §§ 620 bis 628 BGB das Recht zur Kündigung.[241]

Man kommt damit zu dem Schluss, dass keine der Vertragstypologien auf die Tätigkeit des Kunstvermarkters und insbesondere des Kunstauktionators zugeschnitten ist. Dennoch ist das synallagmatische Verhältnis von

---

238 *Busche* in: MüKo-BGB, § 631 Rn. 14.

239 *Schneider*, Auktionsrecht, S. 16; *Kresse*, Wettbewerbsverfahren, S. 31-32; siehe zur Unentgeltlichkeit der Preisschätzung auch Anhang 3.

240 *Latzel* in: Staudinger BGB, § 611 Rn. 1; *Weidenkaff* in: Palandt, BGB, § 611 Rn. 24.

241 Der Dienstvertrag versteht sich als Dauerschuldverhältnis, bei dem sich das Dienstverhältnis nicht in einem einmaligen Leistungsaustausch erschöpft, sondern auf die Parteien während der Vertragslaufzeit fortwährend neue Leistungs- und Schutzpflichten zukommen. Dies können auch kurze Dienstverhältnisse sein: *Latzel* in: Staudinger BGB, § 611 Rn. 2.

der Tätigkeit des Kunstvermarkters und der Provision dem Dienstvertrag am ähnlichsten.

Darüber hinaus zeigt auch der § 396 Abs. 1 S. 1 HGB im Falle eines Kommissionsgeschäftes, dass grundsätzlich die Möglichkeit besteht, einen Geschäftsbesorgungsvertrag abzuschließen, bei dem die Provision erfolgsabhängig ist.[242] Der Erfolg ist dann neben der Tätigkeit ein zusätzliches Erfordernis. Im Rahmen der Privatautonomie muss es den Parteien überlassen bleiben, ein solches zusätzliches Erfordernis zu manifestieren. Man wird unter Berücksichtigung der Regelungsbereiche von Dienst- und Werkvertrag, insbesondere in Hinblick auf die Hauptleistungspflichten der Parteien und auch der Möglichkeiten der Gestaltungsrechte wohl einen Dienstvertrag mit Geschäftsbesorgungscharakter annehmen, so dass dafür die Regelungen der §§ 611 ff. BGB und verweisend durch § 675 Abs. 1 BGB ergänzend die Vorschriften über den Auftrag Anwendung finden.[243]

Dies kann im Einzelfall aufgrund vorrangiger Vereinbarungen oder zusätzlich auferlegter Pflichten und Regelungen abweichen. Die Kunstvermarkter wollen keine Gewähr dafür übernehmen, ob ein Kunstwerk tatsächlich verkauft wird.

III. Das Kommissionsgeschäft nach §§ 383 ff. HGB

Die auf dem Kunstmarkt letztlich überwiegend praktizierte Handlungsform ist das Auftreten als *Kommissionär* im Sinne des § 383 Abs. 1 2. Alt. HGB.[244] *Kommissionär* ist, wer es gewerbsmäßig übernimmt, Waren (und Wertpapiere) für Rechnung eines anderen (des *Kommittenten*) in eigenem Namen zu kaufen oder zu verkaufen, § 383 Abs. 1 HGB.[245]

Dem Kommissionsgeschäft liegt eine Drei-Personen-Konstellation zugrunde. In Anwendung auf den Kunsthandel ergibt sich folgende rechtliche Situation: Einlieferer und Kunstvermarkter schließen zunächst den Kommissionsvertrag (*Kommissionsgeschäft*), der Kunstvermarkter schließt im Wege des *Ausführungsgeschäfts* als Kommissionär aufgrund des Kommissionsvertrages mit dem Erwerber das *Abwicklungsgeschäft* ab, durch welches

242 *Beckmann*, Versteigerungen im Internet, S. 117-118; *Schneider*, Auktionsrecht, S. 24.

243 *Roth* in: MüKo-BGB, § 652 Rn. 31; Hanseatisches OLG Hamburg, Urt. v. 30.07.2007 - 5 U 198/06; juris Rn. 34.

244 *Kresse*, Wettbewerbsverfahren, S. 36.

245 *Weller/Prütting*, § 36 Rn. 937, *Stöber*, § 7 VI Rn. 369.

das durch das Ausführungsgeschäft Erlangte vom Kommissionär an den Kommittenten übertragen wird.[246]

1. Das Ausführungsgeschäft

Das *Ausführungsgeschäft* ist unproblematisch kategorisiert. Gemäß § 392 Abs. 1 HGB entsteht durch das Ausführungsgeschäft ein eigenes, selbstständiges Rechtsverhältnis zwischen dem Kunstvermarkter und dem Käufer.[247] Nur diese beiden werden aus dem Vertrag berechtigt und verpflichtet.[248] Rechtlich stellt das Ausführungsgeschäft im Kunsthandel einen Kaufvertrag gemäß § 433 BGB dar.

Das *Ausführungsgeschäft* ist damit das *Pendant* zum Eigenverkauf durch den Kunstvermarkter. Er ist in beiden Fällen alleiniger Haftungsschuldner des Käufers.[249] Der Einlieferer kommt mit dem Käufer rechtlich nicht in Berührung.

Insbesondere in diesem Grund gründet die Tätigkeit der *Auktionshäuser* als Kommissionäre. Ihre Einlieferer bleiben *anonym.*[250] Es besteht kein Rechtsanspruch des Ersteigerers, sich an den Kommittenten zu halten und auch nicht Auskunft über dessen Person zu verlangen.[251]

Im Vergleich zum Eigenverkauf ist das Kommissionsgeschäft aber weniger risikobehaftet; das Eigentum am Kunstwerk verbleibt in der Person des Einlieferers und auch die vorvertraglichen Kosten werden vom Einlieferer getragen.

Handelt die Galerie im Einzelfall im eigenen Namen für fremde Rechnung, wird sie ebenfalls als Kommissionär tätig. Trotz der zahlreichen Handlungsformen, denen sich die Galerietätigkeit rechtlich unterordnen kann, entspricht es noch immer der regelmäßigen Geschäftspraxis auch von Kunstgalerien, dass diese die Kaufverträge mit ihren Kunden im eigenen Namen und damit als Kommissionäre schließen.

---

246 *Hopt* in: Baumbach/Hopt, HGB, § 383 Rn. 1.

247 *Füller* in: Ebenroth/Boujong/Joost/Strohn, HGB, § 392 Rn. 3.

248 *Hopt* in: Baumbach/Hopt, HGB, § 392 Rn. 1; *Koller* in: Staub HGB, § 383 Rn. 123.

249 *Lenz* in: Röhricht/Graf von Westphalen/Haas, HGB § 383 Rn. 30.

250 Das Bedürfnis des Kommittenten bei einem Rechtsgeschäft anonym zu bleiben, wird als wesentlicher Beweggrund angesehen, die kommissionsrechtliche Gestaltung im Vergleich zur direkten Stellvertretung (§§ 164ff. BGB) zu wählen, vgl. Erwägungen bereits bei Kap. 2 § 1 C II 1.

251 *Stöber*, § 7 VI Rn. 373.

2. Das Kommissionsgeschäft

Die rechtliche Ausgestaltung des Kommissionsgeschäfts gestaltet sich ähnlich wie im Falle der Stellvertretung. Nach allgemeiner Ansicht ist das dem Kommissionsvertrag zugrunde liegende Rechtsverhältnis ein Geschäftsbesorgungsvertrag im Sinne des § 675 Abs. 1 BGB.[252] Die wichtigsten Rechte und Pflichten sind den §§ 384 ff. HGB zu entnehmen.[253] Die Tätigkeit in der Form des Maklers ist aufgrund der in §§ 384 ff. HGB normierten Interessenverteilung ausgeschlossen.

Ob der Kommissionsvertrag einen Dienst- oder Werkvertrag darstellt, der eine Geschäftsbesorgung zum Inhalt hat, ist - wie stets - im Einzelfall zu beurteilen. Es kommt dafür auf die einzelne Vertragsgestaltung an. Unklarheiten sind im Wege der Auslegung zu beheben.[254] Sinngemäß sei auf die Ausführungen zum Rechtsverhältnis im Innenverhältnis bei der Stellvertretung verwiesen, im Vergleich zu denen sich für den Kommissionsvertrag keine Besonderheiten ergeben.[255]

Der Kunstvermarkter - als Stellvertreter sowie als Kommissionär - schuldet nur die auf Herbeiführung des Erfolgs gerichtete Tätigkeit, nicht aber den Erfolg selbst. Dem schadet im Rahmen des Kommissionsvertrages auch nicht, dass der Kommissionsanspruch erfolgsabhängig ist, weil er an den Abschluss des Ausführungsgeschäfts gekoppelt ist. Es ist damit ein Dienstvertrag zugrunde zu legen, der auf eine Geschäftsbesorgung gerichtet ist, so dass neben den §§ 383 ff. HGB, die §§ 611 ff. BGB sowie § 675 BGB mit seiner Verweisung ins Auftragsrecht Anwendung findet.

Da das Kommissionsgeschäft mit den Eigenarten des Kunsthandels und insbesondere dem ihm immanenten *Anonymitätsgebot* am meisten harmonisiert, ist, sofern sich aus dem Vertrag keine eindeutig verabredete Rechtsnatur des Verhältnisses entnehmen lässt, unter Zugrundelegung der sich im Kunsthandel herausgebildeten Verkehrssitte zwischen Einlieferer und Kunstvermarkter das Kommissionsgeschäft anzunehmen.[256]

---

252 *Koller* in: Staub, HGB, § 383 Rn. 100; *Schneider*, Auktionsrecht, S. 25; *Hopt* in: Baumbach/Hopt, HGB, § 383 Rn. 6; *Weller/Prütting*, § 36 Rn. 944; *Martinek/Omlor* in: Staudinger BGB, § 675 Rn. B25; *Kresse*, Wettbewerbsverfahren, S. 36.

253 *Weller/Prütting*, § 36 Rn. 944.

254 *Schneider*, Auktionsrecht, S. 25;

255 Kap. 2 § 2 C II 4.

256 *Kresse*, Wettbewerbsverfahren, S. 38-39.

Wird der Kunstvermarkter *ständig* für den Künstler tätig, schließt er die Verträge aber im eigenen Namen für Rechnung des Künstlers, scheidet die Tätigkeit als Kommissionär aus.

Dennoch liegt seinem Handeln im Außenverhältnis die Tätigkeitsform des *Kommissionsvertrages* nach § 383 Abs. 1 HGB zugrunde.[257] Bei einer *ständigen Betrauung* mit solchen Abschlüssen für fremde Rechnung, handelt der Kunstvermarkter als *Kommissionsagent*.[258]

Der *Kommissionsagenturvertrag* findet sich als Typus zwischen dem Kommissionsvertrag und dem Handelsvertretervertrag.[259] Er ist ein typengemischter Vertrag: Im Außenverhältnis liegt Kommission vor; der Kommissionär schließt in seinem Namen mit dem Vertragspartner ein Geschäft ab, das für und gegen den Kommittenten wirkt (§ 392 Abs. 2 HGB).[260] Im Innenverhältnis richten sich die Rechte und Pflichten der Parteien je nach Vertragsgestaltung nach den Vorschriften über den Dienstvertrag (§§ 611 ff. BGB) und aufgrund des Geschäftsbesorgungscharakters (§ 675 BGB) nach den Regeln zum Auftragsrecht.[261] Der Kommissionsagent unterscheidet sich vom Kommissionär dadurch, dass er sich verpflichtet, für den Kommittenten *ständig* tätig zu werden, insbesondere ein Kommissionslager zu unterhalten und den Vertrieb für ein bestimmtes Gebiet zu übernehmen. Dies geschieht in der Regel auf Basis eines Rahmenvertrages, kraft dessen der Kommissionsagent fortwährend die Interessen des Kommittenten wahrzunehmen hat.[262] Der Provisionsanspruch des Kommissionsagenten ergibt sich aus analoger Anwendung der Regeln über die Vergütung des Handelsvertreters, §§ 87 ff. HGB.[263] Er ist damit erfolgsbezogen.

Der *Kommissionsagenturvertrag* ist damit auf das Auktionswesen nur selten übertragbar. Im Galeriewesen kann er hingegen häufig angenommen werden. Allerdings ergeben sich bei ihm in der rechtlichen Anwendung keinerlei zu beachtende Besonderheiten gegenüber dem Kommissionsvertrag.

---

257 *Stöber*, Handelsrecht, § 5 I Rn. 196; *Hopt* in: Baumbach/Hopt, HGB § 84 Rn. 18.

258 *Hopt*, a.a.O., § 84 Rn. 19, § 383 Rn. 3.

259 *Koller* in: Staub, HGB, § 383 Rn. 58; *Hopt*, a.a.O., § 84 Rn. 19, § 383 Rn. 3; *Roth* in: MüKo-BGB, § 652 Rn. 24, 31; OLG Hamburg, Urt. v. 30.07.2007 - 5 U 198/06, BeckRS 2008, 3236 Rn. 28.

260 § 392 Abs. 2 HGB regelt die relative Verdinglichung der Forderung, *Hopt*, a.a.O., § 392 Rn. 6; OLG Hamburg, Urt. v. 30.07.2007 - 5 U 198/06, BeckRS 2008, 3236 Rn. 31.

261 *Hopt*, a.a.O., § 84 Rn. 19, § 383 Rn. 3.

262 *Koller* in: Staub, HGB, § 383 Rn. 58.

263 *Koller*, a.a.O., § 383 Rn. 58.

IV. Stellungnahme

Man darf in Anbetracht der erlangten Erkenntnisse zur Auffassung kommen, dass sich auf dem Kunstsekundärmarkt die Vertriebsform der Intermediäre im Sinne einer sich herausgebildeten *„Handelsübung"* auf die Handlungsform als Kommissionär beschränken lässt. Insbesondere wegen des hohen *Anonymitätsgebotes* auf dem hochpreisigen Kunstmarkt bevorzugen die Akteure - insbesondere der Kunstauktionshandel - grundsätzlich das Kommissionsgeschäft; in einzelnen Fällen werden die Kunstvermarkter noch als Stellvertreter tätig. Dies gilt insbesondere für die Kunstgalerien.

Auf dem Primärmarkt ist es dagegen nicht unüblich, dass vor allem die Kunstgalerien ständig mit der Vermittlung und dem Verkauf für Künstler betraut sind, so dass sie durchaus auch als Makler oder Handelsvertreter tätig werden können.

Fälle, in denen Galerie oder Auktionshaus auf dem Sekundärmarkt ständig mit der Veräußerung von Kunstwerken für einen Eigentümer betraut sind, kommen in der Praxis zwar vor - insbesondere bei privaten Sammlungsauflösungen - werden aber vor dem Hintergrund ihrer deutlichen Rarität für die folgende Ausarbeitung vernachlässigt.

Im Übrigen unterscheiden sich die rechtlichen Rahmenbedingungen des Sekundärmarktes gegenüber dem Primärmarkt grundsätzlich nicht. Dahingehend ist im Innenverhältnis zwischen Kunstvermarkter und Einlieferer grundsätzlich ein Dienstvertrag mit Geschäftsbesorgungscharakter zugrunde zu legen, so dass die Vorschriften der §§ 675, 670 ff. i.V.m. §§ 611 ff. BGB Anwendung finden.

Im Außenverhältnis - welches im Folgenden Gegenstand der Untersuchung ist - sind infolge des zwischen den Parteien geschlossenes Kaufvertrages die Vorschriften der §§ 433 ff. BGB sowie sämtliche Nebenregelungen maßgebend.

§ 3. Die Beschaffenheit von Kunstwerken

Um die haftungsrechtliche Betrachtung und Bewertung zu ermöglichen, muss zunächst festgestellt werden, wann ein Haftungsfall im Kunsthandel vorliegt. Dazu ist es unerlässlich den Beschaffenheitsmaßstab der Kunst im rechtlichen Sinne zu determinieren.

Punctum saliens der Auslösung eines Haftungsfalles ist der Mangel, der in der Beschaffenheit des Kunstwerkes wurzelt.

Mit der Änderung des § 434 BGB zum 01. Januar 2022 stellte der Gesetzgeber klar, dass die *Beschaffenheit* jegliche Merkmale einer Sache meint, die der Sache selbst anhaften oder sich aus ihrer Beziehung zur Umwelt ergeben.[264] Die *Beschaffenheit* kann demnach die Art, die Menge, die Qualität, die Funktionalität[265] sein, ist darauf aber nicht beschränkt, vgl. Art. 6 lit. a) WKRL.[266]

Zur Beschaffenheit zählen damit nicht nur natürliche Eigenschaften der Kaufsache wie Material, Qualität, Zustand, Leistung, Fähigkeit, sondern auch alle tatsächlichen und rechtlichen Verhältnisse, die nach der Parteivereinbarung oder Verkehrsüblichkeit den Verwendungszweck bestimmen.[267] Somit müssen auch sämtliche Angaben, die der Verkäufer in Bezug auf die Sache macht, der Beschaffenheit der Sache angehören.[268] Sämtliche Diskussionen, ob der Gesetzgeber einen weiten oder restriktiven Beschaffenheitsbegriff intendiert hatte und ob damit im diesem Sinne falsche Angaben zur Provenienz, Ausstellungsgeschichte, -fähigkeit und Herstellungsdatum einen Sachmangel begründen könnten, sind damit obsolet.

---

264 BT-Drs. 19/27424, S. 23.

265 Die Funktionalität meint *„die Fähigkeit der Waren, ihre Funktionen ihrem Zweck entsprechend zu erfüllen“*, Art. 2 Nr. 9 RL (EU) 2019/771 des Europäischen Parlaments und des Rates vom 20. Mai 2019.

266 Zu der Beschaffenheit zählen weiter noch die Kompatibilität und Interoperabilität, die aber in Ermangelung einer Relevanz für *klassische* Kunstwerke hier unerwähnt bleiben; *Pammler* in: Herberger/Martinek/Rüßmann/Weth/Würdinger, jurisPK-BGB, 9. Aufl., § 434, EL: 23.12.2021, Rn. 20 u. 26.

267 Diese Klarstellung durch den Gesetzgeber bekräftigt, was bereits st. Rspr. war. Denn der Gesetzgeber hatte in der vorherigen Fassung des § 434 BGB den Begriff der Beschaffenheit willentlich nicht definiert; er wollte unentschieden lassen, ob er nur Eigenschaften umfasst, die der Kaufsache unmittelbar physisch anhaften oder ob auch Umstände heranzuziehen sind, die außerhalb der Sache selbst liegen. Die Ausgestaltung sollte der Rechtsprechung und Literatur überlassen bleiben, vgl. BT-Drs. 14/6040, S. 213 li. Sp, *Berger* in: Jauernig, BGB, § 434 Rn. 6. Der BGH stellte 2016 den Leitsatz auf, dass der durch das Schuldrechtsmodernisierungsgesetz an Stelle des § 459 BGB a.F. getretene § 434 BGB von einem wesentlich weiteren Sachmangelbegriff ausgeht, so dass auf diese Vorschrift die enge Beschaffenheitsdefinition des § 459 Abs. 1 BGB a.F. nicht mehr angewendet werden sollte, BGH, Urteil vom 15.6.2016 – VIII ZR 134/15, NJW 2016, 2874 (2874); Anschluss an BGH, Urt. v. 19.04.2013 - V ZR 113/12, juris Rn. 15; BGH, Urteil vom 15.6.2016 – VIII ZR 134/15, NJW 2016, 2874 (2874) unter Hinweis auf Art. 2 Abs. 1 RL 1999/44/EG des Europäischen Parlaments und des Rates vom 25.5.1999 zu bestimmten Aspekten des Verbrauchsgüterkaufs und der Garantien für Verbrauchsgüter (Verbrauchsgüterkauf-RL, ABl. 1999 L 171, 12).

268 *Häublein*, NJW 2003, 388 (390).

Richtigerweise muss auch dem Kunsthandel der *weite* Beschaffenheitsbegriff zugrunde gelegt werden. Würde man diesen ablehnen, müssten im Folgenden die falsche oder unzulängliche Provenienz, Ausstellungsgeschichte oder -fähigkeit oder das Alter des Kunstwerkes als objektiver Maßstab eines Kunstwerkes ausscheiden.[269]

Aber gerade sie verleihen den individuellen Kunstobjekten, deren Qualitätsdeterminanten rein subjektiv sind, einen am Gesetz messbaren Charakter, unter welchem subsumiert werden kann. Sie stellen die wertbildenden Faktoren dar.[270]

Würde man unter Zugrundelegung eines *restriktiven* Beschaffenheitsbegriffs der Provenienz, dem Alter und der Geschichte die Qualität der Beschaffenheit verwehren, wäre das einzige Merkmal, woran sie sich messen ließen, die *Urheberschaft.*

Denn die Berücksichtigung soziologischer und psychologischer Faktoren muss im Rahmen der Beschaffenheit ausscheiden. Zwar ist die Fähigkeit eines jeden Handelsgutes und insbesondere auch eines Kunstobjekts zur Befriedigung eines Bedürfnisses die Determinante seiner Qualität. Doch ist dem Begriff des Motivs auch immanent, dass es gerade nicht Vertragsbestandteil wird.[271] Es bleibt einseitig.[272]

Ein Motiv ist grundsätzlich regelmäßig nicht ermittelbar; der Kunstkäufer kann ein Prestigemotiv haben, einen Wunsch nach Ästhetik erfüllen wollen oder ein Investitionsmotiv verfolgen.[273]

Im Lichte des weiten Beschaffenheitsbegriffs sind die in der Praxis des Kunsthandels an wohl prominentester Stelle zu nennenden Beschaffenheitsmerkmale diejenigen, die erhebliche Auswirkungen auf den Wert eines Kunstwerkes haben: die *Urheberschaft*[274] und die *Provenienz.*[275] Letztlich soll vor dem Hintergrund der Besonderheit von Kunstwerken und in

---

269 Zu diesem Ergebnis kommt *Heyers*, GRUR 2012, 1206 (1208) unter Zugrundelegung des engen Beschaffenheitsbegriffs.

270 *Faust* in: Hau/ Poseck, BeckOK-BGB, 56. Edition 2020, § 434 Rn. 24.

271 *Heyers*, a.a.O., 1208.

272 Vgl. zur Abgrenzung des Vertragszwecks und dem Motiv, welches es im Rahmen der Regeln über den Wegfall der Geschäftsgrundlage zu berücksichtigen gilt Kap. 3 § 1 III 1 b) bb) (1).

273 *Heyers*, a.a.O., 1208.

274 Bereits das Reichsgericht hatte keine Zweifel daran, dass die Echtheit eines Werkes eine Beschaffenheit sei, vgl. dazu RG, Urt. v. 06.07.1926 - II 496/25, RGZ 114, 239 (240), juris.

275 *Hrube*: jurisPR-ITR 2/2021 Kap. C.

Anbetracht neuester Ereignisse in der Kunstwelt auch das Merkmal der *Unversehrtheit* erläutert werden.

A. Das Original

Unter Zugrundelegung des weiten Beschaffenheitsbegriffs ist jedes Kunstwerk mangelhaft, das in seinem tatsächlichen Zustand von dem vertraglich geschuldeten Werk abweicht, weil ihm selbst Merkmale anhaften oder sich aus ihrer Beziehung zur Umwelt ergeben, die dem vertraglich geschuldeten Zustand nicht kongruent sind.

Mögen das in der Praxis überwiegend die Fälschung und das Original oder die beschriebene und die tatsächliche Provenienz sein, die zweifellos einen Sachmangel im Sinne des § 434 BGB darstellen, werden diese Fälle nicht in allen möglichen Konstellationen unproblematisch bejaht oder verneint werden können. Auch, wenn die Debatte nicht rein juristischer Natur ist, sei ein Abschweifen *tour d'horizon* in Hinblick auf die folgende Ausarbeitung und ihre *quaestio iuris* mit der Frage erlaubt, wann von einem Original und wann von einer Fälschung gesprochen werden kann.

Das Urhebergesetz hilft hierbei nur bedingt weiter, wenngleich dem Begriff der *Originalität* im Sinne des Urheberrechts eine zentrale Rolle zukommt: Im Urhebergesetz ist der Begriff des Werkes in § 2 Abs. 2 UrhG als *„persönliche geistige Schöpfung"* definiert und verweist mit der wiederholten Verwendung des Begriffs *„Schöpfung"* auf das von Menschenhand individuell Geschaffene.[276] Auch die urheberrechtliche Schutzfrist knüpft an den Tod des Urhebers an und verdeutlicht damit, dass die Intention des Urhebergesetzes der Schutz der menschlichen *Produktion* und damit die Verbindung zwischen Werk und Urheber ist: die menschlich gestalterische Tätigkeit.[277] Nur sie legitimiert den Schutz durch das Urhebergesetz.[278]

Der urheberrechtliche Begriff des Werkes ist dabei unionsrechtlich überlagert. Der Europäische Gerichtshof legt den Werkbegriff in der Europäischen Union einheitlich aus. Kumulativ sind zwei Voraussetzungen erfor-

276 Beispielsweise in §§ 3, 4 Abs. 1, 7 UrhG; *Nordemann* in: Fromm/Nordemann, UrhG, § 2 Rn. 21; *Loewenheim/Leistner* in: Loewenheim/ Leistner/ Ohly, UrhG, § 2 und Rn. 38, 50; *Nordemann* in: Fromm/Nordemann, UrhG, § 2 und Rn. 24ff; *Picker*, Antiquitäten, S. 17.

277 *Lauber-Rönsberg*, GRUR 2019, S. 244 (245).

278 *Ehinger*, Dritthaftung für Kunstexpertisen, S. 9.

derlich: Die geistige Schöpfung muss zum *Ausdruck* gebracht werden und es muss sich außerdem um ein *Original* insofern handeln, als dass es eine eigene geistige Schöpfung seines Urhebers ist.[279] Der EuGH geht also davon aus, dass die Begrifflichkeiten der *Originalität* und des *Originals* äquivalent sind.[280]

Tatsächlich muss dem Begriff des *Originals* im Rahmen der Begutachtung von Kunstwerken aber eine anderweitige Bedeutung zukommen. Kommt der Begriff der *Originalität* für die Qualifizierung eines Gegenstandes als Werk im Sinne des urheberrechtlichen Schutzes zum Tragen, dient der Begriff des *Originals* hingegen dazu, die Urheberschaft eines Werkes zu identifizieren, die unter Umständen Aufschlüsse über den Preis zulässt.

Mit Sicherheit kann man unter Berücksichtigung des urheberrechtlich geschützten Werkbegriffs festhalten, dass ohne Rücksicht auf das jeweilige Individuum seines Urhebers ein Kunst*werk* auch ein *Werk* im Sinne des Urheberrechts darstellt.[281]

Geht es hingegen um die Bestimmung eines *Originals* im Sinne eines *echten Werkes*, spielt das Individuum des Urhebers eine zentrale Rolle: Denn diese Bestimmung kann nur in Relation zu der angenommenen Urheberschaft vorgenommen werden.[282] Die Echtheit ist nämlich das Übereinstimmen des *tatsächlichen* mit dem *ausgewiesenen* Urheber.

Stellt der Grundfall einer Fälschung die Situation dar, dass der tatsächliche Urheber des gesamten Kunstwerkes von dem ausgewiesenen Urheber abweicht und der tatsächliche Urheber von der Fälschung nichts weiß, gibt es auch die Fälle, in denen die Abweichung mit Wissen und Wollen des ausgewiesenen Urhebers erfolgt.[283]

Wie lassen sich also jene Fälle beurteilen, in denen die Urheber selbst nicht künstlerisch tätig werden, sondern die Entstehung „ihrer" Werke

---

279 EuGH, Urt. v. 13.11.2018 - C-310/17, NJW 2019, 753, Rn. 36/ EuGH, Urt. v. 04.10.2011 - C-429/08, BeckRS 2012, 8055, Rn. 97; *Ory/Sorge*, NJW 2019, 710 (711).

280 *Brühl*, Marktmacht von Kunstexperten als Rechtsproblem, S. 16.

281 Gemeint sind hier lediglich natürliche Personen. Die Problematik um die Einbeziehung automatischer Prozesse im Sinne von *Künstlerischer Intelligenz* sei hiervon ausgenommen; siehe zu der Problematik u.a.: *Lauber-Rönsberg*, GRUR 2019, 244 (247-248).

282 *Ehinger*, Dritthaftung für Kunstexpertisen, S. 7.

283 Salvador Dalí signierte mehrere zehntausend Blankobögen und verkaufte sie im Anschluss für 40 Dollar pro Bogen, um die Produktion für den Markt am Laufen zu halten: *Otte*, Salvador Dalí, S. 124; *Götz, Ulrike*: Welt am Sonntag, Welt am Sonntag, Stand 26.12.2004, abrufbar unter: https://www.welt.de/print-wams/article119678/40-000-signierte-weisse-Blaetter.html, zuletzt aufgerufen 10. Juni 2022.

lediglich beaufsichtigen, oder sogar keinerlei Kenntnis über den späteren Inhalt der Werke haben, sondern lediglich mit ihrer Signatur antizipiert dazu bereit sind, als Urheber des Werkes zu gelten.

Die Schöpfung verlangt als Realakt, der sie ist, nicht die Geschäftsfähigkeit des Schöpfers.[284] Das steht unzweifelhaft fest. Daraus muss die Schlussfolgerung gezogen werden, dass es unerheblich ist, ob eine Abweichung des tatsächlichen Urhebers vom ausgewiesenen Urheber mit oder ohne das Wissen und Wollen des ausgewiesenen Urhebers erfolgte. Jede Abweichung ist zwangsweise eine Fälschung.

Diese Ansicht vernachlässigt nicht, dass derjenige ausgewiesene Urheber, der zustimmt, ein Werk mittels Signatur als das seine auszugeben, obwohl es von einem anderen Urheber stammt, sich strenggenommen lediglich eines Hilfsmittels bedient.[285] Fehlt aber jeder individuell künstlerische Bezug des ausgegebenen Künstlers zum tatsächlichen Werk, muss eine *Individualität* verneint werden.[286] Es fehlt jede physische, sogar jede psychische Einwirkung auf das Kunstwerk durch den ausgewiesenen Urheber, die sich bestimmend auf die konkrete Gestalt des Endproduktes auswirkt.[287] Selbst eine Auswahlentscheidung unter mehreren Werken wurde durch ihn nicht erbracht.[288]

Selbst wenn man der Ansicht Vorrang gewähren würde, dass eine *Individualität* für die Annahme eines Werkes verlangt werden muss - was im Übrigen zwar auf den ersten Blick intuitiv einleuchtet, denn ein Kunstwerk

---

284 *Lauber-Rönsberg*, GRUR 2019, S. 244 (245).

285 *Loewenheim/Leistner* in: Loewenheim/ Leistner/ Ohly, UrhG, § 2 und Rn. 40; dazu auch *Ory/Sorge*, NJW 2019, 710 (711-712): Die Autoren hinterfragen, ob der Einsatz von Künstlicher Intelligenz als ein Werkzeug einer natürlichen Person zu begreifen ist mit der Folge, dass sie als *Schöpfer* anzusehen ist und ein Werk im Sinne von § 2 UrhG vorliegt oder ob der Einsatz künstlicher Intelligenz und die Zuordnung des Ergebnisses zu einer natürlichen Person dies ausschließen. Sie kommen zu dem Ergebnis, dass es im Einzelfall vom Zutun der natürlichen Person abhänge; Für die Annahme eines Werkes müsse die Person das Grundmuster des Werkes schaffen.

286 So in den genannten Fällen Dalí's.

287 *Lauber-Rönsberg*, GRUR 2019, S. 244 (247).

288 So die Auffassung im britischen Schrifttum zur Entstehung eines Copyrights zugunsten des Fotografen, wenn der Auslöser nicht durch ihn, sondern durch einen Dritten betätigt wird. Demnach sei ein Copyright zugunsten des Fotografen anzunehmen, weil der eigentliche Individualitätsprozess im Inneren der Kamera stattfinden würde (Einstellungen zum Winkel, Licht und Fokus), vgl. Internet Policy Review „The monkey selfie: copyright lessons for originality in photographs and internet jurisdiction, 21. März 2016, abrufbar unter: https://policyreview.info/articles/analysis/monkey-selfie-copyright-lessons-originality-photographs-and-internet-jurisdiction, zuletzt abgerufen am 13. Januar 2022.

sollte vom individuellen Geist seines Schöpfers geprägt sein und somit eine schöpferische Eigentümlichkeit innehaben -, fehlt es in den Fällen *bedingungsloser Signaturen* ohne Kenntnis über den späteren Werkinhalt an sehr viel mehr: Der Urheber hat keinerlei willentliche Entscheidung darüber abgegeben, wofür seine Signatur stehen soll.

Vor dem Hintergrund bestimmter Schaffensprozesse sind aber auch jene Ansichten, die die Individualität des Urhebers für das *Werk* verlangen, nicht haltbar. Zum einen darf es nicht von der Erkennbarkeit des *Duktus* eines Urhebers abhängen, ob sein Geschaffenes als *Werk* qualifiziert wird;[289] zum anderen berücksichtigen jene Ansichten nicht in ausreichendem Maße die Art und das Ausmaß der Mittel, derer sich ein Künstler zur Herstellung seines *Werkes* bedienen kann. Qualifiziert man unter Berücksichtigung der Möglichkeit der Einbeziehung technischer Schaffensmöglichkeiten beispielsweise durch Computerprogramme geschaffene Gegenstände als Werk im Sinne des Urheberrechts,[290] muss gleiches auch dann gelten, wenn sich der ausgewiesene Künstler zwecks der Herstellung des Werkes eines Helfers bedient.[291] Dies ist schon deshalb sachgerecht, weil bei persönlich geprägten Kunstwerken kaum empirisch nachweisbar ist, in welchem Maße ein Werk durch die Individualität des Urhebers geprägt ist, vor allem bei von mehreren Miturhebern geschaffenen Werken.[292] So sind sog. *Werkstattbilder*, bei denen sich große Meister einer Schar von Gesellen und Lehrlingen bedienen, die nach ihren Weisungen und unter ihrer Aufsicht arbeiteten, keine Seltenheit.[293]

Im Lichte dieses „*weiten*" Werkbegriffs reicht es aus, wenn der Urheber bei der Herstellung eines Werkes seine schöpferischen Fähigkeiten zum

289 *Nordemann* in: Fromm/Nordemann, UrhG, § 2 und Rn. 22.

290 So *Lauber-Rönsberg*, GRUR 2019, S. 244 (246).

291 *Thum* in: Wandtke/Bullinger, PO-Komm UrhR, § 7 Rn. 28.

292 *Heinemann*, Die Verteilungspraxis der Verwertungsgesellschaften, S. 58, 60: Der Autor stellt fest, dass die individualistischen Ansätze Schwächen aufweisen. Er sieht die Fokussierung auf die Individualität als Begründungsansatz für das gesamte Urheberrecht als fraglich.

293 Es war dabei auch üblich, dass den Gehilfen lediglich eine Stilrichtung oder das Konzept des Werkes vorgegeben wurde, sie in ihrer künstlerischen Ausarbeitung aber ansonsten völlig frei waren. Bekannte Beispiele sind u.a. Lucas Cranach der Ältere und Sandro Botticelli: *Ehinger*, Dritthaftung für Kunstexpertisen, S. 9; *Brühl*, Marktmacht von Kunstexperten als Rechtsproblem, S. 11; aber auch bei zeitgenössischer Kunst sind sog. Werkstattbilder keine Seltenheit, vgl. *Ackermann, Tim*: Die Welt am Sonntag, Die Kunst, andere für sich arbeiten zu lassen, Stand: 12.07.2009, zuletzt aufgerufen 10. Juni 2022.

Ausdruck bringt, indem er eine freie kreative Entscheidung trifft und damit dem Werk die *persönliche Note* verleiht.[294] Legt man aber selbst dieses weite Begriffsverständnis zugrunde, muss man folgerichtig daraus die Konsequenz herleiten, dass es sich auch bei einer wissentlichen und willentlichen Abweichung von tatsächlichem und ausgewiesenem Urheber um kein Original handelt, sondern um eine Fälschung. Diese Schlussfolgerung begründet sich insbesondere daraus, dass der signierende Künstler bei Abgabe des *antizipierten Einverständnisses* als Urheber des Werkes zu gelten, keinerlei Kenntnis über dessen späteren Inhalt hat.

Freilich kann diese Schlussfolgerung divergieren. Anders zu beurteilen ist indes derjenige Fall, in dem sich ein Künstler eines bestimmten weiteren Künstlers in Wissen und Wollen um dessen Fähigkeiten und künstlerisches Vermögen bedient. In Fällen dieser Werkstattbilder verleiht der ausgewiesene Urheber dem Werk sehr wohl seine „persönliche Note", indem er als Ausfluss seiner eigenen kreativen Entscheidung denjenigen „Gehilfen" auswählt, den er für würdig hält unter seinem Namen tätig zu werden.

Im Ergebnis ist die Definition eines Originals, die am ehesten das Merkmal der Richtigkeit für sich in Anspruch nehmen darf, wohl diejenige, dass ein Werk echt ist, wenn es im jeweils geprüften Zeitpunkt, unter Beibehaltung seines ursprünglichen Zustands, mit den Kriterien übereinstimmt, die ihm objektiv zugeschrieben wurden und die es aus sich heraus vorweist oder auf die sein allgemeiner oder wissenschaftlicher Kontext oder das äußere Umfeld hinweisen, in dem das Werk präsentiert wird.[295]

B. Die Provenienz

Die Provenienz eines Kunstwerkes ist dessen Geschichte. Kunstwerke können unter Umständen regelmäßig ihre Besitzer und Eigentümer wechseln. Sie werden ausgestellt, verkauft, getauscht und vererbt.

Die Provenienz ist die Darstellung seiner Eigentümer- und Besitzergeschichte, der „Stammbaum" eines Kunstwerkes.[296] Vor dem Hintergrund ihrer Natur als Handelsobjekte und ihrer dauerhaften Werthaltigkeit zeigen vor allem Werke alter Meister, die entsprechend lange im Umlauf sind, unterschiedliche und teils umfangreiche Historien auf. Ein Kunstwerk kann

---

294 EuGH, Urt. v. 01.03.2012 - C 604/10, GRUR 2012, 386, Rn. 38.

295 *Brühl*, Marktmacht von Kunstexperten als Rechtsproblem, S. 10.

296 Anton, ZVertriebsR 2013, 294 (303).

dabei regelmäßig seinen Besitzer und auch Eigentümer dokumentiert gewechselt haben. Andere Provenienzen zeigen Lücken auf; etwa, weil sie verloren gegangen sind, gestohlen oder geraubt wurden oder zwischenzeitlich in Vergessenheit geraten waren.[297]

Die Provenienz belegt die Herkunft eines Kunstwerkes.[298] Sie dient dem Nachweis der Echtheit des Werkes und ist eventuell geeignet und erforderlich, um etwaige Zweifel an der Echtheit eines Werkes zu zerstreuen. Aber ihr Zweck erschöpft sich nicht nur darin, ein Echtheitszertifikat zu sein.

Kunstkäufer haben ein Interesse an einer vollständigen und richtigen Provenienzrecherche, um sich in Bezug auf Rechtsansprüche Dritter in Sicherheit zu wissen. Kunstraubfälle sind aus der Kunstwelt nicht wegzudenken. Sie kommen vor seit es die Kunst gibt.[299] Vor dem Hintergrund des ersten und zweiten Weltkrieges haben im 21. Jahrhundert Kunstraubzüge und andere Formen illegalen Kulturgüterverkehrs ein noch nie dagewesenes Ausmaß erreicht, dessen rechtliche Wirkung in den letzten Jahren und Jahrzehnten regelmäßiger Bestandteil der Rechtsprechung und Literatur ist.[300] Der wohl heutzutage bedeutsamste und signifikanteste Zeitraum eines Kunstwerkes in ihrer Provenienz ist die Zeit des Nationalsozialismus zwischen 1933 und 1945. Sog. Beutekunst, entartete Kunst und Raubkunst lässt vermuten, dass an dem gehandelten Werk Rechte Dritter anhaften, so dass der Käufer befürchten muss, Restitutionsansprüchen ausgesetzt zu werden und damit Partei in einem langjährigen Rechtsstreit zu werden.[301]

Aber Makel in der Provenienz sind nicht nur auf die NS-Zeit begrenzt. Es sind daneben auch andere Kunstwerke und Kulturgüter im Umlauf, die unter Umständen einem Herkunftsort entzogen wurden oder einer anderen Völkergruppe zuzurechnen sind.

---

297 BGH, Urt. v. 15.01.1975 - VIII ZR 80/73, juris Rn. 15.

298 BGH, Beschl. v. 19.05.2020 - 2 StR 398/19, BeckRS 2020, 28773 Rn. 6.

299 Überblick über zahlreiche Kunstraub-Beispiele m.w.N. verschafft *Müller-Katzenburg* in ihrer Dissertation: Internationale Standards im Kulturgüterverkehr und ihre Bedeutung für das Sach- und Kollisionsrecht, S. 30ff.

300 Einige Beispiele: *Müller-Katzenburg*, NJW 1999, 2551 (2551); *Wertenbruch*, NJW 2004, 1997 (1977); *Heuer*, NJW 1999, 2558 (2564); *Bullinger/Terke*, NJW 2019, 731 (734); BGH, Urt. v. 16.03.2012 - V ZR 279/10, juris; BGH, Urt. v. 19.07.2019 - V ZR 255/17, NJW 2019, 3147; OLG Köln, Urt. v. 27.03.2012 - I) U 141/11, juris; OLG Köln, Urt. v. 08.07.2016 - I 1 U 36/13, juris; LG Berlin, Urt. v. 10.02.2009 - 19) 116/08, juris.

301 Nationalsozialistischen Rechtsvorschriften ist die Geltung als Recht abzusprechen, wenn sie gegen fundamentale Werte und Gerechtigkeitsprinzipien evident verstoßen, so dass ein sie anwendender Richter, der ihre Rechtsfolgen anerkennt, Unrecht statt Recht sprechen würde, vgl. BVerfG, Beschl. v. 14.02.1968 - 2 BvR 557/62, juris Rn. 30; vgl. auch BVerfG, Urt. v. 17.12.1953 - 1 BvR 147/52, juris Rn. 183.

Für eine problematische Provenienz spricht aber nicht allein eine positiv festgestellte Station eines Kunstwerkes. Auch Lücken in der Provenienz können gegen den Kauf eines Kunstwerkes sprechen, weil etwaige damit einhergehende Rechtsfolgen nicht einschätzbar sind.[302]

Die Rechtsprechung hat gezeigt, dass Provenienzen erfunden oder ausgeschmückt werden, um die Echtheit eines Bildes zu erfinden oder zu untermauern.[303]

Die Provenienz eines Kunstwerkes läuft also häufig, allerdings längst nicht ausnahmslos, mit der Originalität des Kunstwerkes einher.

Aufgrund der wesentlichen Folgen, die eine makelhafte Provenienz auf den Wert eines Kunstwerks haben kann, darf kein Zweifel daran bestehen, dass die Provenienz als Beschaffenheit eines Kunstwerkes eingeordnet werden muss. Sie ist ein wesentlicher wertbildender Faktor und haftet dem Kunstwerk unmittelbar an.[304]

C. Die Unversehrtheit

Erwähnenswert vor dem Hintergrund neuester Ereignisse des Kunstmarktes ist in Bezug auf die *Beschaffenheit* eines Kunstwerkes die Frage nach ihrer *Unversehrtheit*. Hier gilt es zwischen Primärmarkt und Sekundärmarkt zu trennen.

I. Primärmarkt

Verkauft der Künstler oder dessen Galerist ein Werk, welches erstmals dem Markt zugeführt wird, hat der Kunstkäufer regelmäßig ein Interesse daran, dass dieses in einem *neuwertigen* - im Sinne eines unversehrten Zustands - ist.[305] Es entspricht der *Qualität* und der *Art*, die sich der Künstler in seinem Schaffensprozess vorgestellt und letztlich geschaffen und die der Käufer bei Besichtigung wahrgenommen hat. Aus der Art und Qualität des Kunstwerkes entspringt der Kaufentschluss des Käufers, § 434 Abs. 2 S. 2 BGB. Dabei können sowohl Art als auch Qualität eines Kunstwerkes im

302 *Bullinger/Terke*, a.a.O., 734.

303 Vgl. dazu *„Aquarell zu Konstruktion"* von Alexander Rodchenko, BGH, Beschl. v. 19.05.2020 - 2 StR 398/19, BeckRS 2020, 28773 Rn. 6;

304 *Mangold*, Verbraucherschutz und Kunstkauf im deutschen und europäischen Recht, S. 165; *Anton*, ZVertriebsR 2013, 294 (303).

305 *Müller-Katzenburg*, NJW 2006, 553 (554).

Einzelfall verschieden zu beurteilen sein. Erschafft ein Künstler beispielsweise eine Skulptur aus einer zerdrückten Dose, ist die Art und Qualität von Beginn an „kaputt" und determiniert in diesem Sinne die Beschaffenheit, welche dem Kaufvertrag zugrunde gelegt wird.

Kommt es hingegen vor bzw. bei Gefahrenübergang nach § 446 S. 1 BGB zu einer tatsächlichen Beschädigung des Kunstwerkes, möge sie noch so klein sein, weichen die Art und Qualität von der bei Vertragsschluss zugrunde gelegten Beschaffenheit – neuwertig/beschädigt – notwendig ab, so dass fraglich ist, ob der Käufer daran noch ein Interesse hat.

Die Unversehrtheit eines erstmals dem Markt zugeführten Kunstwerkes muss somit unbedingt seiner Beschaffenheit zugeschrieben werden.

II. Sekundärmarkt

Bei Werken anerkannter Künstler bzw. „alter Meister" könnte dies abweichend zu beurteilen sein.

Schon aufgrund des Alters gewisser Werke und ihrer damit verbundenen dauerhaften Aussetzung von Umwelteinflüssen ist ein rein materialer Verschleiß in gewissem Umfang stets vom Käufer hinzunehmen. So ist wohl zu erwarten, dass die Ölfarbe beispielsweise an Picassos „*Guernica*" von 1937 oder „*Le Meules*" von Claude Monet aus den 1890er Jahren nach vielen Jahren kleine Risse oder Farbverbleichungen aufweisen, mögen sie noch so sehr vor Umwelteinflüssen wie Licht, Trockenheit und Feuchte geschützt worden sein. Kleinere Kratzer, Sprünge und Risse vermögen daher den unversehrten Zustand trotz des vom Gesetzgeber vorgeschriebenen weiten Beschaffenheitsbegriffs wegen der Eigenart von Kunstwerken und unter Berücksichtigung ihres Alters im negativen Sinne nicht zu beeinträchtigen. Sie müssen für eine mangelrechtliche Bewertung irrelevant bleiben.[306]

Fraglich ist aber darüber hinaus, ob für die Beurteilung der Beschaffenheit auch die durch den Künstler *gewollte* oder *sogar ungewollte* Beschädigung des Kunstwerkes außer Betracht bleiben muss. Wenn das Kunstwerk also tatsächlich – zumindest teilweise – unwiederbringlich beschädigt wird.[307]

306 *Schmidt, Detlef*, AnwBl 2008, 484 (486); BGH, VU. v. 10.10.2007 - VIII ZR 330/06, juris Rn. 19; a.A. *Müller-Katzenburg*, NJW 2006, 553 (554).

307 *Kaletsch*, NJW 2019, 713 (714).

Gegen die Annahme, die Unversehrtheit eines Kunstwerkes „anerkannter Meister" als Teil seiner Beschaffenheit anzusehen, könnte sprechen, dass die *Originalität* sowie auch die *Provenienz* eines Kunstwerkes diesem unmittelbar anhaften und sie unmittelbare Auswirkung auf seine *Funktionalität* als Handelsobjekt haben, § 434 Abs. 2 S. 2 BGB.[308] Kunstskandale aus neuester Zeit belegen vielmehr, dass dies nicht immer auf die *Unversehrtheit* von Werken „anerkannter Meister" zutrifft. Durch eine willentliche Zerstörung des Kunstwerkes wird nämlich aus einem Gemälde mehr als das: Es entsteht ein kurzer Moment der Performance, die den Wert aber nicht reduziert, sondern im Gegenteil auf ein Vielfaches vermehrt.[309]

Intuitiv möchte man meinen, dass die Tatsache, dass der Kunstkäufer das Bild unversehrt als Ganzes überreicht bekommt, unzweifelhaft auch Beschaffenheitsmerkmal ist.[310] Der unversehrte Zustand eines Kunstwerkes muss dessen *Beschaffenheit* sein. Dies wird auch durch einen Vergleich mit alternativen Handelsbranchen gestützt. Der Zustand eines Fahrzeuges als *unbeschädigt* ist seine Beschaffenheit, die Eigenschaft eines Möbelstücks als *unbenutzt* und *ohne Gebrauchsspuren* ebenfalls.

Tatsächlich begegnet diese pauschalisierte Annahme aber Zweifeln in Bezug auf den subjektiven Charakter eines Kunstwerkes.

Der Kunst wohnt ein derart subjektives Element inne, dass die zugrunde zu legende *Beschaffenheit* eben nicht ohne Weiteres bestimmbar ist.

Und dennoch gibt es Faktoren, die unzweifelhaft den Wert einer Sache zu beeinträchtigen vermögen: Trotz subjektiven Einschlags darf ohne jeden Zweifel die Behauptung aufgestellt werden, dass jener Käufer, der bereit ist einen bestimmten Kaufpreis für das Kunstwerk eines individuellen *Künstlers* zu entrichten, in jedem Fall auch ein Kunstwerk desselben Künst-

---

308 Die *Funktionalität* als Beschaffenheit ist in § 434 Abs. 2 S. 2 BGB normiert. Zwar ist der Wert einer Sache selbst niemals Eigenschaft einer Sache. Bei Handelsobjekten kann aber davon ausgegangen werden, dass eine Tatsache, durch die die Sache in ihrem Wert gemindert wird, als Beschaffenheitsmerkmal im Sinne der *Funktionalität* verstanden werden kann.

309 Das Kunstwerk „*Girl with Balloon*" des Street Art Künstlers Banksy wurde nach Erteilung des Zuschlags für 1,04 Mio. Britische Pfund durch einen sich im Rahmen befindlichen Schredder zur Hälfte zerschnitten, *Kaletsch*, NJW 2019, 713 (716); das kaputte Kunstwerk, das Banksy in „Love is in the bin" (Liebe ist im Eimer) umbenannte wurde im Herbst 2021 für 16 Mio. Britische Pfund verkauft, siehe dazu: *Meier, P.* „20 Millionen Franken für kaputtes Kunstwerk: Banksys Schredder-Kunst ist nun Kult", Neue Zücher Zeitung, 14.10.2021, abrufbar unter: https://www.nzz.ch/feuilleton/bansky-ist-der-beste-ld.1650378, zuletzt abgerufen 01. März 2022.

310 *Müller-Katzenburg*, NJW 2006, 553 (554).

lers erhalten möchte. Somit ist die Eigenschaft als *Original* unbestritten Beschaffenheit des Kunstwerkes.[311] Ebenso verhält es sich mit den *Provenienzangaben*. Im Sinne einer rechtstreuen und wohlwollenden Gesellschaft darf davon ausgegangen werden, dass die Kaufbereitschaft des Kunstkäufers dadurch zumindest bestärkt und sogar hervorgerufen wird, wenn das Kunstwerk eine einwandfreie *Provenienz* aufweist, aus der sich auf etwaige Rechte Dritter nicht schließen lässt. Sie sind somit die Determinanten von *Art*, *Qualität* und *Funktionalität* der Kunstwerke, vgl. § 434 Abs. 3 S. 2 BGB.[312]

Legt aber der Käufer auf einen bestimmten *Künstler* wert und ist im Hinblick auf diesen Künstler bereit den verlangten Kaufpreis zu entrichten, dann könnte für die Frage nach der Beschaffenheit außer Acht bleiben, dass dieses Werk durch einen eigens durch den Künstler eingebauten Mechanismus sich selbst zerstört. Denn auch die Selbstzerstörung durch den im Bilderrahmen eingebauten Mechanismus ist Ausdruck des künstlerischen Schaffensprozesses. Der Einbau des Mechanismus ist in diesem Sinne eine *persönliche geistige Schöpfung* des Urhebers gemäß § 2 Abs. 2 UrhG und trägt das Merkmal der Individualität seines Schöpfers in sich.[313]

Ausnahmsweise muss dies abweichend beurteilt werden, wenn im Rahmen der Lagerung, des Versands oder des Transports das Werk nachhaltig durch den Verkäufer selbst oder einen Dritten beschädigt wird. Zwar kann es Fälle geben, in denen an einem drastischen Wertverlust durchaus Zweifel bestehen; doch kann nicht ohne Weiteres die Behauptung aufgestellt werden, dass ausnahmslos jeder Käufer fordert, sich aufgrund der Beschädigung vom Kaufvertrag lösen zu können.

Dies mag zwar auf die eine Person zutreffen; eine andere Person vermag sich daran zu ergötzen, dass die Anzahl der von *Picasso* erschaffenen Werke begrenzt ist. Aus dieser strengen *Limitierung* begründet sich für sie der Preis, den der Markt bereit ist, für das Kunstwerk zu zahlen. Darüber hinaus erschöpft sich der Wert der Kunst nicht in der Ästhetik. Es kann somit nicht ohne Weiteres darauf geschlossen werden, dass ein beschädigtes Werk weniger Wert ist als ein unbeschädigtes. Durch die Beschädigung wird das Werk lediglich in seiner Ästhetik beeinträchtigt. Es behält aber seine Limitierung und seinen Urheber.

---

311 Kap. 2 § 2 A.
312 Kap. 2 § 2 B.
313 Kap. 2 § 2 A.

Dennoch wird man letztlich zu dem Schluss kommen müssen, dass eine Wertminderung irgendeiner Art mit der unwillentlichen Beschädigung einhergeht. So darf wohl davon ausgegangen werden, dass beispielsweise der Käufer von Picassos „*Sitzende Frau am Fenster*" wohl nicht mehr dazu bereit gewesen wäre, 103,4 Millionen Dollar für ein Werk zu entrichten, wenn ihn dieses in beschädigtem Zustand erreicht hätte.

Wenn aber eine pauschale Unerheblichkeit der *Unversehrtheit* nicht festgestellt werden kann, muss die Unversehrtheit letztlich als Beschaffenheit einer Sache verstanden werden. Sie ist damit als *Art* und *Qualität* und in manchen Fällen auch als *Funktionalität* des Werkes zu verstehen.

Darüber hinaus liegt dieser Schlussfolgerung auch folgender Gedanke zugrunde: Die Einordnung einer Eigenschaft als Beschaffenheit hat für die Kaufvertragsparteien fundamentale Bedeutung. Im Lichte eines weiten Beschaffenheitsbegriff eröffnet sich der Anwendungs-bereich der §§ 434ff. BGB.

Der Gesetzgeber hat in seiner Neufassung des § 434 BGB in Umsetzung der WKRL seine Absicht deutlich erkennen lassen. Es entspricht nicht der gesetzgeberischen Intention, den Anwendungsbereich des Kaufgewährleistungsrechts im Zuge eines restriktiven Beschaffenheitsbegriffs zu verkürzen und den allgemeinen Leistungsstörungsregeln Vorrang zu gewähren. Im Gegenteil ist es für eine gerechte Interessenverteilung unabdingbar, einen Umstand, der unmittelbar der Sache anhaftet oder mit ihr bestimmungsgemäß in Berührung kommt, den Haftungsbereich des Verkäufers konkretisieren zu lassen. [314] Dies gilt insbesondere vor dem Hintergrund der in § 446 S. 1 BGB vorgesehenen Risikoverteilung.

Der Beschaffenheitsbegriff ist also in seiner tatsächlichen Anwendung möglichst weit zu verstehen.

Bei den Mängelvorgaben hat der Gesetzgeber es hingegen für notwendig gehalten, diese möglichst *restriktiv* zu formulieren. In Berücksichtigung der Sperrwirkung der §§ 434 ff. BGB und des kumulativen Mangelkonzepts möchte der Gesetzgeber nur denjenigen Käufer in die Gunst der Kaufgewährleistungsrechte bringen, der sowohl in subjektiver als auch objektiver Hinsicht eine mangelhafte Sache kauft. Die neuen Vorschriften bezwecken damit eine Privilegierung des Verkäufers im Vergleich zum alten Recht.

Dennoch ist es auch für den Käufer sachgerecht, die Unversehrtheit eines Kunstwerkes in jedem Fall der Beschaffenheit unterzuordnen. Denn stellt sich die Beschädigung eines Kunstwerkes tatsächlich als Mangel der

314 Kritisch: *Häublein*, NJW 2003, 388 (391).

Kaufsache dar, muss es ihm unbenommen bleiben, selbst darüber entscheiden zu dürfen, ob er von seinen Gewährleistungsrechten Gebrauch machen möchte oder davon absieht.

Kapitel 3. Ansprüche des Käufers gegen den Verkäufer

Aus der Varietät möglicher Handlungsformen am Kunstmarkt folgt, dass aufgrund des stets zugrundeliegenden Drei-Personen-Verhältnisses die Person des Verkäufers variieren kann.

Findet der Verkauf auf dem *Primärmarkt* statt, können Verkäufer der Künstler, die Galerie oder das Kunstauktionshaus sein. Findet der Verkauf mittels Einschaltung eines Kunstvermarkters statt, ist der *Einlieferer* stets der Künstler selbst.

Verkauft der Künstler selbst oder die Kunstvermarkter treten als dessen Stell- oder Handelsvertreter auf, wird er als *Verkäufer* im Sinne des § 433 Abs. 1 S. 1 BGB tätig.

Auf dem *Sekundärmarkt* fällt der Künstler als Verkäufer grundsätzlich weg. Darüber hinaus ist er auch stets personenverschieden zum Einlieferer der Intermediäre.

Handeln die Intermediäre hier in Ausführung des Kommissionsvertrages, was dem Regelfall entspricht, sind sie Verkäufer und damit unmittelbare Vertragspartner des Käufers.

§ 1. Rechte des Käufers

Im Haftungsfall werden zur Bestimmung der Rechte auf *Käuferseite* in Ermangelung eines Sonderrechts für die privatrechtliche Behandlung von Kunststreitigkeiten die Regeln des besonderen Schuldrechts angewandt. Sofern diese es daneben zulassen, sind außerdem die allgemeinen Regeln des Schuldrechts zugrunde zu legen.[315]

Bei der rechtlichen Inanspruchnahme der jeweiligen am Markt tätigen Verkäufer stehen also primär die Vorschriften über das *Kaufgewährleistungsrecht* nach §§ 434 ff. BGB im Vordergrund. Je nach Vertriebsform, Akteur und Teilmarkt kann die Rechtsanwendung in den Vertragsbeziehungen divergieren.

315 Kap. 3 § 1 C.

Kauft eine Person ein Kunstwerk und dieses weist eines der in Kapitel 2 erwähnten Beschaffenheitsmerkmale auf,[316] was die Vermutung nahe legt, es läge infolge eines *Mangels* ein Haftungsfall vor, stehen dem Käufer grundsätzlich der Anspruch auf Rückabwicklung des Vertrages wegen *ungerechtfertigter Bereicherung*, der Anspruch auf Rückgewähr der Kaufsache wegen erklärten *Rücktritt* sowie der Anspruch auf *Schadensersatz* zu.[317]

A. Die Rückabwicklung des Kaufvertrages

Begehrt der Käufer die Rückabwicklung des Vertrages, um den für das Werk gezahlten Kaufpreis zurückzuerhalten, geleitet ihn die *condictio indebiti* nach § 812 Abs. 1 S. 1 1. Var. BGB dorthin.

Diese setzt voraus, dass der Verkäufer durch Leistung einen geldwerten Vorteil *ohne Rechtsgrund* erlangt hat. Wurde der Kaufpreis bereits entrichtet, wird zumeist kein Zweifel an der Erlangung eines geldwerten Vorteils beim Verkäufer bestehen. Allerdings stellt der über das Kunstwerk geschlossene Kaufvertrag ein die *condictio indebiti* verhinderndes Tatbestandsmerkmal dar, das der Käufer zunächst *zunichte* machen muss, bevor er auf diesem Wege den Vertrag rückabwickeln darf.

I. Die Nichtigkeit nach § 138 BGB

Das umschriebene Begehren des Käufers berücksichtigt die Rechtsordnung in § 138 BGB, der ganz allgemein bei einem *wucherähnlichen* oder *sittenwidrigen* Rechtsgeschäft das *Verdikt* der Unwirksamkeit ausspricht.[318]

Die Annahme der *Sittenwidrigkeit* nach § 138 Abs. 1 BGB im Kunsthandel verlangt nach Vorsicht. Sie setzt das *auffällige Missverhältnis* zwischen Leistung und Gegenleistung voraus.[319] Das Rechtsgeschäft ist nichtig, wenn das Missverhältnis so *krass* ist, dass allein daraus auf die verwerfliche Ge-

---

316 Kap. 2 § 3.

317 Zu den Rechten des Käufers vgl. ausführlich Kap. 3 § 1 IV.

318 In der Rspr. sind zwei Fälle bekannt, in denen das jeweilige OLG die Nichtigkeit des Kaufvertrages aufgrund Sittenwidrigkeit angenommen hat, vgl. sog. „*Jacque-Entscheidung*" - OLG Saarbrücken, Urt. v. 07.02.2001 - 1 U 526/00, juris; sog. „*Ikonen-Entscheidung*" - OLG Düsseldorf, Urt. v. 26.04.2002 - 22 U 215/01, juris.

319 Im Rahmen der Sittenwidrigkeit nach Abs. 1 darf auf die für das wucherähnliche Geschäft nach Abs. 2 entwickelten Grundsätze zum *krassen Missverhältnis* zurückgegriffen werden: OLG Saarbrücken, Urt. v. 07.02.2001 - 1 U 526/00, juris Rn. 38;

sinnung des Vertragspartners geschlossen werden kann.[320] Liegt der Wert der Leistung beinahe doppelt so hoch wie derjenige der Gegenleistung, darf regelmäßig ein solch *krasses Missverhältnis* angenommen werden.[321] Der *objektive* Wert, der Maßstab für den Vergleich der auszutauschenden Leistungen ist, ergibt sich aus dem Preis, welcher der zu bewertenden Leistung üblicherweise im Geschäftsverkehr zukommt.[322]

Handelt es sich bei dem Kaufobjekt um eine *Kunstfälschung*, übersteigt der gezahlte Kaufpreis *stets* deutlich den tatsächlichen Marktwert der Kunstfälschung.[323] Auch im Falle von *Raubkunst* darf man annehmen, dass ihr tatsächlicher *Marktwert* weit über dem Kaufpreis zurückbleibt, den der Käufer in der Vorstellung, es handele sich um ein Werk mit sauberer Provenienz, zahlt.

Allerdings indiziert insbesondere im Kunsthandel die Diskrepanz zwischen Leistung und Gegenleistung nicht zwangsläufig auch die *verwerfliche Gesinnung* des Verkäufers darüber. Sie ist aber *Tatbestandsmerkmal* der Sittenwidrigkeit.[324] Diese fehlende Indikation ist ein wesentliches Merkmal des Kunstwerkes. Denn bei einem Kaufgegenstand mit *gesichertem Verkehrswert* kann dem Verkäufer ohne Weiteres unterstellt werden, erkennen zu können, dass der geforderte Preis *krass* ist, weil er den Gegenwert um mindestens das Doppelte übersteigt. Er kennt die Wertinkongruenz von Leistung und Gegenleistung.[325]

Bei einem Kunstwerk hingegen gestaltet sich schon die Preisbildung sehr schwierig. Sie ist geprägt von nicht verobjektivierbaren Unwägbarkeiten und individuellen Wertschätzungen; hinzu kommt der *spekulative Charakter* des Kunstmarktes. Getragen von diesen irrationalen Überlegungen kann ein Kunstwerk am Markt in eng beieinanderliegenden Zeiträumen ganz unterschiedliche Preise erzielen.[326]

BGH, Urt. v. 22.12.1999 - VIII ZR 111/99, juris Rn. 4; OLG Düsseldorf, Urt. v. 26.04.2002 - 22 U 215/01, juris Rn. 40.

320 BGH, Urt. v. 22.12.1999 - VIII ZR 111/99, juris Rn. 4.

321 OLG Düsseldorf, Urt. v. 26.04.2002 - 22 U 215/01, juris Rn. 40; BGH, Urt. v. 22.12.1999 - VIII ZR 111/99, juris Rn. 7; OLG Saarbrücken, Urt. v. 07.02.2001 - 1 U 526/00, BGH, Urt. v. 26.11.1997 - VIII ZR 322/96, juris Rn. 38.

322 BGH, Urt. v. 22.12.1999 - VIII ZR 111/99, juris Rn. 9;

323 *Anton*, ZVertriebsR 2013, 294 (297).

324 *Schmidt-Räntsch* in: Erman BGB, § 138 Rn. 18; *Nassall* in: Herberger/Martinek/Rüßmann/Weth/Würdinger, jurisPK-BGB Band 1, EL. 04.02.2021, § 138 Rn. 18ff.

325 BGH, Urt. v. 22.12.1999 - VIII ZR 111/99, juris Rn. 41.

326 BGH, ebd.; OLG Düsseldorf, Urt. v. 26.04.2002 - 22 U 215/01, juris Rn. 40.

Darüber hinaus ist der Kunsthandel ein sog. *gespaltener Markt*, wo zwischen Kunsthändlerpreisen und Sammlerpreisen stark unterschieden werden muss: Der Preis, den ein Zwischenhändler für ein Kunstwerk zahlt, ist stets wesentlich geringer als der Preis, den der private Sammler entrichten muss.[327] Damit ist die Inkongruenz zwischen in verschiedenen Zeitpunkten entrichteten Preisen nicht zwangsläufig ein Indiz für ein *krasses Missverhältnis* zwischen Leistung und Gegenleistung.

Damit widerspricht die Charakteristik des Kunsthandels auch deutlich der Annahme eines *wucherähnlichen Geschäfts* im Sinne des § 138 Abs. 2 BGB: Dieses verlangt ebenfalls ein Rechtsgeschäft, durch welches sich jemand für sich selbst oder einen Dritten für eine Leistung Vermögensvorteile versprechen oder gewähren lässt, die in einem *auffälligen Missverhältnis* zur Leistung stehen; fordert aber darüber hinaus zusätzlich die *Zwangslage*, die *Unerfahrenheit*, den Mangel an *Urteilsvermögen* oder eine erhebliche *Willensschwäche*, die bei dem Käufer vorliegt und die der Wucherer ausnutzt.[328] Diese Schwächesituation ist auf Käuferseite hier aber nur selten aufzufinden, insbesondere, weil die Käuferschaft auf dem Kunstmarkt regelmäßig gebildet und erfahren ist.[329] Darüber hinaus besteht auch bei *Luxusgütern* wie Kunstwerken grundsätzlich kein Kontrahierungszwang. Es handelt sich vielmehr um ein Handelsgut, dessen Anschaffung aus reiner Liebhaberei und Leidenschaft resultiert.

Es kann somit festgehalten werden, dass sich nicht nur jede schematische Lösung bei der Anwendung des sittenwidrigen und wucherähnlichen Geschäfts nach § 138 Abs. 1 und 2 BGB auf den Kunsthandel verbietet, so dass es auf die Auswertung im Einzelfall ankommt, ob der Kaufvertrag nichtig ist, weil er gegen das Anstands- und Rechtsgefühl aller billig und gerecht Denkenden verstößt;[330] dass aber auch dieser Einzelfall in der Praxis nur mühsam angenommen werden kann, weil es regelmäßig sowohl an der Erkennbarkeit des *krassen Missverhältnisses* fehlt, als auch darüber hinaus an der Nachweisbarkeit der subjektiven Komponente auf Verkäuferseite.

Freilich besteht kein Anlass dazu, einen arglistig handelnden Verkäufer in Schutz zu nehmen, der in *Kenntnis* etwaiger Mängel der Urheberschaft

---

327 *Anton*, ZVertriebsR 2013, 294 (297); BGH, Urt. v. 22.12.1999 - VIII ZR 111/99, juris Rn. 11.

328 *Schmidt-Räntsch* in: Erman BGB, § 138 Rn. 40; *Fischinger* in: Staudinger BGB, § 138 Rn. 235; *Ellenberger* in: Palandt BGB, § 138 Rn. 27.

329 So auch *Anton*, ZVertriebsR 2013, 294 (297).

330 *Schmidt-Räntsch* in: Erman BGB, § 138 Rn. 12;

oder der Provenienz den Käufer täuscht, indem er diese Kenntnis vor dem Käufer verbirgt. Jedoch gilt stets, dass es der Käufer ist, der letztlich für die *verwerfliche Gesinnung* des Verkäufers die Darlegungs- und Beweislast trägt.[331]

Sollte er seine Behauptung über die Kenntnis des Verkäufers damit im Bestreitensfall nicht beweisen können, wovon in Anbetracht der erläuterten Schwierigkeit bei nicht evidenter Beweislage wohl ausgegangen werden kann, muss es bei der Annahme bleiben, dass die Parteien sich von der irrigen Vorstellung eines Originals haben leiten lassen.

In diesem Fall liegt eine verwerfliche Gesinnung als notwendige subjektive Komponente nicht vor.

II. Die Nichtigkeit wegen Anfechtung nach § 142 BGB

Scheidet die Sittenwidrigkeit in den meisten Fällen als geeignetes Mittel aus, dem Kaufvertrag seine Wirksamkeit zu entziehen und dem Käufer das Tor zur Inanspruchnahme der *condictio indebiti* zu eröffnen, stellt sich die Frage nach alternativen Vorgehensweisen. Auch durch die *Anfechtung* nach §§ 119 ff., 142 BGB kann eine fehlerhafte Willenserklärung *vernichtet* werden. Im Zuge der *ex-tunc* Wirkung entstehen bei einer wirksamen Anfechtung keine Ansprüche aus dem Rechtsgeschäft.[332]

Irrt sich der Käufer über eine *verkehrswesentliche Eigenschaft* eines Kunstwerkes, steht ihm grundsätzlich das Anfechtungsrecht wegen Eigenschaftsirrtums nach § 119 Abs. 2 BGB zu.[333] Zwar ist unstreitig der Wert eines Kunstwerkes als solcher kein *wertbildender Faktor*, der im Rahmen des Eigenschaftsirrtums Berücksichtigung verlangen darf. Der Wert selbst ist allein die Summe aller wertbildenden Faktoren. Solche wertbildenden Faktoren sind aber absolut unproblematisch die Urheberschaft oder die Provenienz sowie die Unversehrtheit eines Kunstwerkes. Somit kommt man zu der Feststellung, dass die Begriffe der *wesentlichen Eigenschaften* und der *Beschaffenheit* einer Sache weitestgehend kongruent sind.[334]

---

331 *Ellenberger* in: Palandt BGB, § 138 Rn. 23; *Mansel* in: Jauernig BGB, § 138 Rn. 8.

332 *Arnold* in: Erman BGB, § 142 Rn. 2; *Roth* in: Staudinger BGB, § 142 Rn. 31.

333 Neben dem Anspruch aus § 812 Abs. 1 S. 1 1. Var. BGB auf Rückgewähr der erbrachten Leistung, kann die Anfechtung nach § 119 Abs. 2 BGB auch Ansprüche aus § 122 BGB auf Ersatz das Vertrauensschadens auslösen, *Baetge* in: Herberger/Martinek/Rüßmann/Weth/Würdinger, jurisPK-BGB Band 1, EL: 14.02.2022, Rn. 1.

334 Vgl. daher dazu Ausführungen im Kap. 2 § 3.

Zu bedenken ist in diesem Zusammenhang aber auch, dass die Irrtumsanfechtung lediglich dort zur Nichtigkeit des Vertrages geleiten darf, wo der Anwendungsbereich des Kaufgewährleistungsrechts noch keine Wirkung entfaltet. Nach *Gefahrenübergang* wird sie damit durch das Gewährleistungsrecht nach §§ 434 ff. BGB verbannt.[335]

Lediglich die Anfechtung wegen *arglistiger Täuschung* wiegt aufgrund des stark subjektiven Einschlags so schwer, dass es unbillig ist, den Käufer darauf zu verweisen, im Wege der *Kaufgewährleistung* sein Recht zu ersuchen. In diesem Fall verbleibt ihm ausnahmsweise die Möglichkeit, dem Kaufvertrag *primär* rückwirkend seine Wirksamkeit zu nehmen.[336]

1. Die arglistige Täuschung auf dem Kunstmarkt

§ 123 BGB regelt die Anfechtbarkeit einer Willenserklärung, die aufgrund einer unzulässigen Beeinflussung der Willensentschließung abgegeben wurde. Durch das Verhalten des Verkäufers muss also beim Kunstkäufer eine unrichtige Vorstellung hervorgerufen, gesteigert oder aufrechterhalten worden sein.[337]

Dies kann durch aktives Einwirken auf tatsächliche Umstände erfolgen oder etwa durch das Unterlassen einer erforderlichen Aufklärung. Preist der Verkäufer ein Kunstwerk beispielsweise in übertriebenem Maße an und wirkt somit aktiv auf das Vorstellungsbild des Käufers ein, kann an einer *aktiven* Täuschung kein Zweifel bestehen, wenn der entrichtete Kaufpreis dadurch deutlich über dem liegt, was üblicherweise auf der gleichen Verkaufsplattform für *vergleichbare* Kunstwerke verlangt und bezahlt wird.[338]

---

335 *Jacobs*, GRUR 2013, 8 (12); *Anton*, ZVertriebsR 2013, 294 (300); *Arnold* in: Erman BGB, § 119 Rn. 11.

336 *Jacobs*, ebd.

337 *Moritz* in: Herberger/Martinek/Rüßmann/Weth/Würdinger, jurisPK-BGB Band 1, EL: 17.05.2021, § 123 Rn. 14.

338 Kunstwerke ihrem Werte nach miteinander zu vergleichen und in der Folge als *vergleichbar* zu benennen, geht im Grunde genommen in der Sache fehl, da es wesentliches Charakteristikum von Kunstwerken ist, dass sie eben eines zuverlässigen Vergleichsmaßstabes entbehren. Wie im vorherigen Abschnitt bereits angesprochen, kann dies aber im Einzelfall anders zu beurteilen sein, vgl. dazu „*Brücke-Kreis-Entscheidung*" - OLG Hamm, 12.06.1992 - 29 U 63/91, juris Rn. 11: Der Kunsthändler bot dem Käufer an, aufgrund privater Beziehungen über seinen Vater günstig an Originale zu kommen. Der Käufer kaufte daraufhin acht Bilder zu einem beinahe doppelt so hohen Preis wie der, den der Verkäufer üblicherweise für Bilder dessel-

Aber auch bei Angaben „*ins Blaue hinein*" muss eine aktive Täuschung angenommen werden.[339] Machen Verkäufer oder Kunstvermarkter gegenüber dem Käufer Informationen über ein Kunstwerk und äußern diese als *gegeben*, wobei sie jeden Hauch eines Zweifels verschweigen, muss ihnen vorgeworfen werden arglistig zu handeln.

Denn der Verkäufer ist sich regelmäßig, insbesondere bei Aussagen unter Verschleierungen und Verschönerungen der wahren Sachlage, der Wichtigkeit seiner Aussage für den Käufer bewusst; er weiß, dass die vermittelte Sicherheit zumindest *mitursächlich* für die Abgabe des Angebots durch den Käufer ist.[340]

Aber auch das Unterlassen von Mitteilungen über *aufklärungspflichtige* Eigenschaften oder vergleichbar relevante Zu- oder Umstände der Kunstwerke, um den Käufer zum Kauf zu veranlassen, stellen arglistige Täuschungen dar.[341]

Allerdings wird der Käufer es nicht umgehen können, die Arglist des Verkäufers konkret belegen zu müssen.[342]

Darüber hinaus birgt die Praxis des Kunsthandels mit ihrem Mehrpersonenverhältnis die Problematik, dass es häufig nicht der Kunstvermarkter ist, der den Erwerber oder Ersteigerer täuscht, sondern die Täuschung vom Einlieferer ausgeht und sich über die Person des Kunstvermittlers bis zum Erwerber fortsetzt. Der Kunstauktionator sowie der Galerist sind auf die Angaben ihrer Einlieferer angewiesen; sie können diese zwar versuchen zu überprüfen, bedürfen aber dafür vorgebrachte Anhaltspunkte durch den Einlieferer. Tritt der Kunstvermarkter lediglich als *Stellvertreter* für den Einlieferer auf, ergeben sich hier keine rechtlichen Besonderheiten. Denn

---

ben Malers verlangt; vgl. allgemein OLG Saarbrücken, Urt. v. 07.10.1980 - 2 U 13/80, juris LS 1.

339 *Mansel* in: Jauernig, BGB § 123 Rn. 3.

340 Dazu „*Eugène Boudin Entscheidung*" - BGH, Urt. v. 26.11.1980 - VIII ZR 50/80, Rn. 27: Dem Käufer wurde die Echtheit des Werkes versichert, obwohl an dieser tatsächlich erhebliche Zweifel bestanden; „*Caracci-Fall*" - OLG Köln, Urt. v. 08.07.2016 - I 1 U 36/13: Dem Kunsthändler Richard Feigen wurde durch das Auktionshaus Lempertz vorab telefonisch bestätigt, dass das Werk in seiner Provenienz tadellos sei, woraufhin Feigen das Bild ersteigerte. Das Bild stellte sich später als Raubkunst heraus, woran die Erben des Eigentümers Restitutionsansprüche geltend machten.

341 Vgl. dazu *Anton*, ZVertriebsR 2013, 294 (298) m.w.N.

342 Nach den allgemeinen Regeln des Zivilprozessrechts obliegt dem Käufer die Darlegungs- und Beweislast für die Arglist des Verkäufers.

die Arglist beurteilt sich hier gemäß § 166 Abs. 2 BGB anhand der Person des vertretenen Einlieferers.[343]

Wird der Kunstvermarkter aber - wie ganz überwiegend im Kunst*sekundär*handel - im Zuge des *Kommissionsgeschäfts* nach §§ 383 ff. HGB tätig, ist der Einlieferer am Kaufvertrag zwischen Kommissionär und Käufer nicht beteiligt; ihn bindet lediglich der Vertrag mit dem Kommissionär.[344]

Dürfen aber die Umstände ihren Charakter als *Täuschung* dadurch verlieren, dass aufgrund des Mehrpersonenverhältnisses primär bereits der Kommissionär Opfer der Täuschung ist? Findet ein *Verbrauch* der Täuschung statt?[345]

Man könnte meinen, dass sich diese besondere Konstellation nach dem Tatbestand des § 123 Abs. 2 BGB richten muss. Bei einer empfangsbedürftigen Willenserklärung ist der Erklärende nach § 123 Abs. 2. S. 1 BGB nicht geschützt, wenn ein *Dritter* die Täuschung verübt. Nur wenn die Erklärungsempfänger, also das Auktionshaus oder der Galerist, die Täuschung kennen oder zumindest kennen müssen, ist die ihnen gegenüber abgegebene Willenserklärung anfechtbar.[346] In den Fällen des Kunsthandels, in denen allein der Einlieferer vom Kunstvermarkter unbemerkt über die Beschaffenheit des Kunstwerkes täuscht, müsste damit eine Anfechtbarkeit aufgrund arglistiger Täuschung nach § 123 Abs. 2 S. 1 BGB jedenfalls deshalb ausscheiden, weil der Kunstvermittler gerade keine Kenntnis davon hat. Die Täuschung wäre *verbraucht.*

Legt man hingegen den Begriff des *Dritten* restriktiv aus und versteht darunter nur all jene Personen, die sich unter keinen rechtlichen und wertenden Gesichtspunkten *im Lager* des Erklärungsempfängers befinden, muss die Anwendung des § 123 Abs. 2 S. 1 BGB auf die Fälle des Kunsthandels grundsätzlich ausscheiden.[347] Vielmehr ist das Verhalten jener Personen, die sich im *Lager* des Erklärungsempfängers befinden, dem des Erklärungsempfängers gleichzusetzen. Die Anfechtung richtet sich sodann nach § 123 Abs. 1 S. 1 BGB.[348]

Daher ist unter Abwägung des damit verbundenen Risikos zu klären, ob der Einlieferer dem Kreis des Kunstvermittlers regelmäßig zuzurechnen

343 Kap. 2 § 2 C II.
344 Kap. 2 § 2 C III.
345 *Anton*, ZVertriebsR 2013, 294 (299).
346 *Arnold* in: Erman BGB, § 123 Rn. 38.
347 *Mansel* in: Jauernig, BGB § 123 Rn. 10.
348 *Singer/ v. Finckenstein* in: Staudinger BGB, § 123 Rn. 53; *Arnold* in: Erman BGB, § 123 Rn. 39.

ist oder nicht. Diese Wertentscheidung ergeht überwiegend zu Lasten der Kunstvermittler. Sie lässt sich zwar nicht allein mit der stärkeren Schutzwürdigkeit und -bedürftigkeit auf Käuferseite begründen, denn auch der Kunstvermarkter kannte in den relevanten Fällen die Arglist des Einlieferers nicht. Auch er hat ein wirtschaftliches und vor allem ein rechtliches Interesse daran, dass die nach außen geäußerten Angaben sachlich richtig sind.

Dennoch muss eine Zurechnung des Einlieferers zum Lager des Kunstvermarkters erfolgen. Dies ergibt sich aus der typischen Vertragssituation im Kunsthandel:

Der Einlieferer bleibt in der Regel für den Käufer *anonym*. Der Ersteigerer kommt mit ihm in keiner Weise in Berührung. Er weiß, dass es ihn gibt, er kennt aber nicht dessen Identität. Diese Angaben hat nur der *Vermarkter*, der sie für sich exklusiv halten möchte.[349] Nur er kann damit das Mindestsorgfaltsprogramm bei der Annahme des Verkaufsgutes durchführen; Fehlbeurteilungen und Fehleinschätzungen müssen daher zu *seinen* Lasten gehen. Sie bewegen sich in seinem Verantwortungs- und somit seinem Risikobereich.

So kann kein Zweifel daran bestehen, dass der Kunstvermarkter sich die arglistige Täuschung, auch wenn er ihr selbst zum Opfer gefallen ist, wie eine eigene zurechnen lassen muss.[350]

2. Die Rechtsfolge der arglistigen Täuschung

Gelingt es dem Käufer im Einzelfall, dem Kunstvermittler bzw. seinem Einlieferer ein arglistiges Verhalten nachzuweisen, begünstigt ihn dies erheblich in seiner rechtlichen Stellung gegenüber seinem Vertragspartner. Das Rechtsgeschäft wird vom *scharfen Schwert* des § 123 Abs. 1 BGB getroffen, das dieses als *ex tunc* nichtig anordnet.[351]

---

349 Vgl. hierzu Ausführungen in Kap. 2 § 3 C II 1 und a.a.O. III.

350 So auch im Strafprozess des LG Köln, das sich im *„Beltracchi-Verfahren"* damit auseinandersetzte. Der Einlieferer steht im *Lager* des Kunstauktionshauses, der sich gegenüber dem Erwerber für die vorsätzlichen Tatsachenentstellungen verantworten muss; das Aktenzeichen des Strafprozesses ist nicht bekannt; es wird lediglich an mehreren Stellen in der Presse und Literatur diskutiert, so *Anton*, ZVertriebsR 2013, 294 (299).

351 *Mansel* in: Jauernig BGB, § 142 Rn. 3.

Das Anfechtungsrecht steht dem Käufer nach § 124 Abs. 2 BGB innerhalb einer Frist von drei Jahren ab *Entdeckung* der Täuschung zu, die tatsächlich positive Kenntnis erfordert und bloße Verdachtsmomente oder eine fahrlässige Unkenntnis nicht ausreichen lässt.[352] Erst mit Ablauf der Höchstfrist von zehn Jahren geht bei fehlender Kenntnis das Recht des Käufers ersatzlos unter.[353] Damit aber ist für den Käufer viel gewonnen: Er ist nicht auf die zweijährige Frist des Gewährleistungsrechts nach § 437 Abs. 1 Nr. 3 BGB beschränkt, die im Übrigen kenntnisunabhängig mit der *Übergabe* der Sache beginnt, § 437 Abs. 2 BGB.[354] Dies ordnet der Gesetzgeber in § 438 Abs. 3 S. 1 BGB an. Darüber hinaus kommt es auf Käuferseite nicht mehr auf die (auch grob) fahrlässige Unkenntnis des Mangels bei Vertragsschluss gemäß § 442 Abs. 1 S. 2 BGB an.[355] Der wichtigste Faktor ist aber, dass der Käufer sich nicht auf die Geltung eines üblicherweise vereinbarten *Haftungsausschlusses* verweisen lassen muss, vgl. § 444 BGB.[356] Schließlich kommt es auch bei gewerblichen Kunstkäufern nicht auf die *Rüge* nach § 377 HGB an.[357] Deren Anwendungsbereich wird bei Feststellung einer arglistigen Täuschung schon nicht tangiert.[358]

Im Falle erfolgreicher Anfechtung haftet der Kunstvermittler dem Käufer - neben der *Rückabwicklung des Vertrages* nach § 812 Abs. 1 S. 1 Var. 1 BGB - auf Ersatz des entstandenen Vermögensschadens aus unerlaubter Handlung gemäß § 823 Abs. 1 BGB sowie wegen der Verletzung eines Schutzgesetzes nach § 823 Abs. 2 BGB, da bei einer arglistigen Täuschung regelmäßig das Delikt des Betruges nach § 263 StGB mitverwirklicht sein wird sowie wegen vorsätzlicher sittenwidriger Schädigung nach § 826 BGB.[359]

---

352 *Arnold* in: Erman BGB, § 124 Rn. 3.

353 *Arnold* a.a.O., § 124 Rn. 9.

354 Die im Gesetz benannte Ablieferung setzt abweichend vom Gefahrenübergang voraus, dass die Kaufsache tatsächlich beim Käufer ist und dieser - wie bei § 377 BGB - die tatsächliche Untersuchungsmöglichkeit hat, vgl. *Westermann* in: MüKo BGB, § 438 Rn. 25; *Berger* in: Jauernig, § 438 Rn. 5.

355 Nach § 442 Abs. 1 S. 1 BGB sind die Rechte des Käufers wegen Mängeln ausgeschlossen, sofern dieser den Mangel bei Vertragsschluss kennt; ist der Mangel ihm infolge grober Fahrlässigkeit unbekannt geblieben, kann er sich auf die Rechte lediglich dann berufen, wenn der Verkäufer *arglistig* den Mangel verschwiegen hat oder eine Garantie für die Beschaffenheit der Sache abgegeben hat, vgl. dazu ausführlich Kap. 3 § 1 B IV 5.

356 Kap. 3 § 2 C III.

357 Vgl. Kap. 3 § 2 C IV.

358 *Anton*, ZVertriebsR 2013, 343 (350).

359 *Anton*, ebd.: Es ist dabei unter Verweis auf die Erläuterungen zur *Lagertheorie* im Rahmen des § 123 Abs. 1 BGB auch für den Betrugstatbestand nach § 263 StGB

III. Nichtigkeit nach dem KGSG

Der Verkäufer, der ein Kulturgut im Sinne von § 40 Abs. 1 KGSG in Verkehr bringt, trägt nach § 40 Abs. 2 KGSG das Risiko der *Nichtigkeit* des Rechtsgeschäfts.[360] Ist der Tatbestand also positiv festgestellt und die Voraussetzungen des Abhandenkommens,[361] der rechtswidrigen Ausgrabung oder der unrechtmäßigen Einfuhr nicht zwischenzeitlich weggefallen, hat dies *ex-tunc* die umfängliche Nichtigkeit des Rechtsgeschäfts zur Folge.[362]

Daher ist hinsichtlich der Rechtsfolge auf die Ausführungen des vorherigen Abschnitts über die Rechtsfolgen bei erfolgreicher Anfechtung zu verweisen.

B. Kaufgewährleistungsrecht nach §§ 434 ff. BGB

Zeigt sich eine Abweichung im *tatsächlichen* Zustand der Kaufsache zur *geschuldeten* Beschaffenheit, ist der Käufer nach dem Willen des Gesetzgebers primär daran gehalten, sich im Wege der Kaufgewährleistung nach den § 437 BGB sein Recht zu ersuchen.

Dem Käufer kommt ab Vertragsschluss der Erfüllungsanspruch des § 433 Abs. 1 S. 2 BGB zu: Der Verkäufer hat ihm die Sache *sach-* und *rechtsfehlerfrei* zu verschaffen. Erfüllt der Verkäufer diesen Anspruch nicht oder nicht ordnungsgemäß, gilt zunächst das allgemeine Leistungsstörungsrecht nach den §§ 280 ff. BGB.[363]

---

unerheblich, ob die arglistige Täuschung vom Kunstvermittler selbst oder vom Einlieferer ausging, da Letzterer jedenfalls im Lager des Kunstvermittlers steht und dessen Täuschung dem Vermarkter zugerechnet werden muss.

360 BT-Drs. 18/7456, S. 96, dort unter „Zu § 41 (Allgemeine Sorgfaltspflichten), Zu Absatz 1".

361 Der Begriff des *Abhandenkommens* ist mit dem des § 935 Abs. 2 BGB kongruent, BT-Drs. 18/7456, S. 96, dort unter „Zu § 40 (Verbot des Inverkehrsbringens), Zu Absatz 1"; BVerfG, Beschl. v. 28.06.2021 - 1 BvR 1727/17, juris Rn. 19; *Elmenhorst/Strobl*, KUR 2017, 158 (158).

362 BT-Drs. 18/7456, S. 96, dort unter „Zu § 41 (Allgemeine Sorgfaltspflichten), Zu Absatz 1".

363 *Faust* in: BeckOK-BGB, § 437, Stand: 01.11.2021, Rn. 4.

Hat hingegen bereits der *Gefahrenübergang* der Sache stattgefunden, konkretisieren sich die Rechte des Käufers auf die Gewährleistungsrechte nach §§ 434 ff. BGB.[364]

Insbesondere bedarf es für den Eintritt der Konkretisierung nicht des zusätzlichen Kriteriums der *Annahme als Erfüllung* gemäß §§ 363, 362 BGB.

Sämtliche Ansichten, die dies fordern, sind rechtsdogmatisch nicht haltbar.[365]

Sie berücksichtigen nicht, dass der Gesetzgeber selbst an den Gefahrenübergang anknüpft;[366] aber darüber hinaus auch, dass es neben dem Gefahrenübergang des zusätzlichen Erfordernisses der Annahme als Erfüllung im Sinne des § 363 BGB schon gar nicht bedarf. Jener Käufer, der sich die Rechte der §§ 280 ff. BGB wahren will, hat die Möglichkeit, die Annahme zu verweigern und auf seinen Erfüllungsanspruch gemäß §§ 433 Abs. 1 S. 2 BGB fortzubestehen. Der Übergang der Rechte des Käufers auf die Gewährleistungsrechte findet somit ebenfalls erst mit Gefahrenübergang statt. Diesen hat der Käufer in der Hand.[367]

Lediglich im Falle des § 447 BGB, in welchem der Gesetzgeber ausnahmsweise einen Gefahrenübergang anordnet, obwohl der Käufer nicht in der Lage ist, die Kaufsache zu überprüfen, erscheint die Ansicht vorzugswürdig, die dem Käufer das Recht zur Überprüfung der Kaufsache nach ihrem Erhalt einräumt, bevor er seine Rechte aus den §§ 280 ff. BGB verliert.[368] Würde man die Annahme als Erfüllung als maßgebliches Ereignis annehmen, so würden die Kaufgewährleistungsrechte ihres Sinnes und Zweckes beraubt: der Nacherfüllungsanspruch ist logische Konsequenz der primären Verkäuferpflicht nach § 433 Abs. 1 S. 2 BGB. Auch er ist auf Vertragserfüllung gerichtet und besteht verschuldensunabhängig.[369]

Dabei ist es nur sachgerecht, die Haftung desjenigen Verkäufers, der seiner Pflicht aus § 433 Abs. 1 S. 2 BGB nachgekommen ist, wenn schon nicht in sachlicher Hinsicht, so doch in zeitlicher Hinsicht zu begrenzen. Dass der Käufer nach der Systematik des Kaufgewährleistungsrechtes primär

---

364 Siehe §§ 434, 446, 447 BGB, diese ordnen alle als für das Vorliegen eines Mangels relevanten Zeitpunkt den Gefahrenübergang an.

365 So bspw. KG, Urt. v. 27.10.2011 - 23 U 15/11, NJW-RR 2012, 506 (507); *Matusche-Beckmann* in: Staudinger-BGB, § 439 Rn. 1.

366 Der Wortlaut lässt eine andere Auslegung kaum zu.

367 *Westermann* in: MüKo-BGB, § 437, Rn. 6.

368 *Grunewald* in: Erman, BGB, Vorb. § 437, Rn. 4, § 433 Rn. 14; *Westermann* in: MüKo-BGB, § 437, Rn. 6.

369 *Matusche-Beckmann* in: Staudinger-BGB, § 439 Rn. 1.

daran gehalten ist, Nacherfüllung zu verlangen,[370] ist keine Benachteiligung des Käufers, sondern lediglich ein durch den Gesetzgeber geschaffener Interessenausgleich durch die Manifestation des Grundsatzes *pacta sunt servanda.*[371] Darüber hinaus übersehen auch jene Vertreter einer gegenteiligen Auffassung die Tatsache, dass das Kaufgewährleistungsrecht zwar durch § 438 BGB der kurzen Verjährung unterliegt, jedoch auch einen erheblichen Vorteil in sich trägt: der Verkäufer haftet - mit Ausnahme des Schadensersatzanspruchs - verschuldensunabhängig.

Zugegebenermaßen hat die Verjährung von Gewährleistungsansprüchen weitreichende Folgen: Bei Gegenständen, welche nicht unter die speziellen Fristenregelungen der §§ 438 Abs. 1 Nr. 1 und 2 BGB fallen, steht der Käufer bereits nach zwei Jahren ohne jeden Rechtsschutz dar. Die Frist beginnt darüber hinaus *kenntnisunabhängig.*

Die regelmäßige Verjährungsfrist nach § 195 BGB, der die Ansprüche aus allgemeinen Leistungsstörungsrecht unterliegen, beträgt zwar auch nur drei Jahre. Sie beginnt aber erst mit *Kenntnis* oder *grob fahrlässiger Unkenntnis* des Käufers über die anspruchsbegründenden Tatsachen, § 199 Abs. 1 Nr. 2 BGB.[372] Die Höchstfrist bei allgemeinen Schadensersatzansprüchen beträgt hingegen nach § 199 Abs. 3 Nr. 1 BGB zehn Jahre von ihrer Entstehung an.[373] Somit begünstigt die Verjährungsfrist der Allgemeinen Schadensersatzansprüche den Käufer gegenüber dem Gewährleistungsrecht um ein Vielfaches.

Allerdings schafft hierfür auch diejenige Ansicht, die eine Annahme als Erfüllung nach § 363 BGB für notwendig hält, um den Anwendungsbereich der §§ 434 ff. BGB zu eröffnen, keine Abhilfe. Ihre Forderung nach zusätzlicher Erfordernis der Annahme als Erfüllung ist letztlich nur eine *Fiktion.* Man wird sich nämlich eingestehen müssen, dass jeder Käufer, der eine Sache annimmt, ohne unmittelbar seine Gewährleistungsrechte wegen des Vorwurfs eines Mangels geltend zu machen, ohnehin diese als Erfüllung gelten lassen will, § 362 BGB. Somit laufen in der Praxis der Begriff des *Gefahrenübergangs* und der Begriff der *Erfüllung* regelmäßig Hand in Hand. Der Zeitpunkt, der für die Eröffnung des Kaufgewährleistungsrechts bei

370 Eine Ausnahme hiervon sind die Fälle der Unmöglichkeit nach §§ 275, 439 Abs. 4 BGB sowie §§ 281 Abs. 1, 323 Abs. 2 BGB und § 440 BGB.

371 Nach diesem dem Recht immanenten Grundsatz sind die Parteien grundsätzlich daran gehalten primär sich um die Bedienung des Vertrages zu bemühen, bevor sie dessen Auflösung oder Rückabwicklung anstreben.

372 LG Köln, 24.04.2013 - 23 O 266/12, juris Rn. 29.

373 LG Köln, a.a.O., Rn. 30.

Sachmängeln maßgebend ist, muss somit der Zeitpunkt des Gefahrenübergangs sein.

Beim *Rechtsmangel* im Sinne des § 435 BGB hat es der Gesetzgeber hingegen versäumt, einen relevanten Zeitpunkt für dessen Vorliegen zu normieren. Logischerweise muss dies ebenfalls der Gefahrübergang sein mit der Ausnahme, dass bei einer *fehlenden Eigentumsverschaffung* keine Konkretisierung der Rechte des Käufers auf die Gewährleistungsvorschriften eintritt. Es liegt ein Fall der Nichterfüllung vor.[374]

Als Konsequenz abgeleitet wird folglich, dass dem Käufer vor Eigentumsverschaffung noch die Rechte nach §§ 280 ff. BGB zukommen.[375] Damit kann das entgegenstehende Eigentum Dritter im Rahmen der Gewährleistungsrechte nie Relevanz entfalten.[376]

I. Wirksamkeit des Kaufvertrages

Der zwischen den Parteien geschlossene Kaufvertrag muss für die Eröffnung der Kaufgewährleistungsvorschriften Wirksamkeit entfalten.[377] Insofern sind die oben erläuterten Unwirksamkeitsgründe zu berücksichtigen, so dass die Anwendung des Kaufgewährleistungsrechts ausnahmsweise ausscheiden muss, sofern der Käufer erfolgreich den Kaufvertrag anficht oder es sich bei dem Handelsobjekt um Kulturgut handelt und der Nichtigkeitsgrund des § 40 KGSG eingreift.[378]

II. Hauptpflichten des Verkäufers

Ungeachtet der Personen-Konstellationen im Handelswesen und der daraus folgenden Konsequenz, wer Vertragspartner des Käufers im Einzelfall ist, liegt die wesentliche Hauptpflicht eines jeden Verkäufers auch bei einem

374 *Grunewald* in: Erman, BGB, § 435, Rn. 3; *Westermann* in: MüKo-BGB, § 435 Rn. 1; *Matusche-Beckmann* in: Staudinger-BGB, § 435 Rn. 13.

375 A.A. *Jacoby/ von Hinden,* BGB-Komm, § 437 Rn. 11; *Weidenkaff* in: Palandt, BGB, § 437 Rn. 49.

376 A.A. *Beckmann* in Staudinger, § 433 Rn. 116; *Grunewald* in: Erman, BGB, § 435 Rn. 2; *Matusche-Beckmann* in: Staudinger BGB, § 435 Rn. 13; *Westermann* in: MüKo-BGB, § 435 Rn. 7.

377 Zu den Details des Vertrages, insbesondere zwischen wem er im Einzelfall zustande kommen kann und welchen Inhalts er zustande kommt, vgl. Kap. 2 § 2 C.

378 Vgl. ausführlich Kap. 3 § 1 A.

Kunstkauf gemäß der allgemeinen Regel des § 433 Abs. 1 S. 1 BGB in der *Übergabe* und *Übereignung* einer *mangelfreien* Sache.[379]

Die Übergabe beim Verkauf einer beweglichen Sache fällt in den meisten Fällen, aber nicht zwangsläufig, mit der Eigentumsverschaffung zusammen. Die dingliche Einigung über den Eigentumserwerb ist vom schuldrechtlichen Vertrag streng zu trennen.[380] Sie können zwar in einem tatsächlichen, zeitlichen Vorgang zusammenfallen, brauchen dies allerdings nicht.[381]

Kauft ein Ersteigerer im Rahmen einer *Kunstauktion* ein Kunstwerk, kommt der Vertragsschluss im Bieterverfahren durch den Zuschlag zustande, § 156 BGB.[382] Die Einigung über den Eigentumserwerb und die Übergabe vollziehen sich in der Regel erst im Anschluss an die Auktion oder am Folgetag. Dies gilt sowohl für den Primärmarkt als auch für den Sekundärmarkt.

Bei Atelier- und Galerieverträgen auf dem *Primärmarkt* ist ein zeitlicher Zusammenfall von schuldrechtlichem Vertrag und dinglichem Rechtsgeschäft hingegen üblich. Der Käufer besucht eine Galerie oder das Atelier eines Künstlers und kauft im Zuge dieses Besuchs ein Werk, das er gleich mit sich nimmt oder eine Lieferung unter Benennung des Lieferzeitpunkts vereinbart, §§ 446, 447 BGB. Bei einer *Galerieausstellung* hochpreisiger Werke des *Sekundärmarkts* ist hingegen - ähnlich zum Ablauf des Auktionswesens - zunächst von einem Vertragsschluss am Ausstellungstag und zeitlich nachgelagert am Folgetag oder zu späterer Zeit von dinglicher Einigung und Übergabe im Sinne der §§ 929 ff. BGB auszugehen.

Im üblichen Fall erweist sich die Vertragsabwicklung im Kunsthandel als unproblematisch. *Exceptio firmat regulam* gibt es hiervon Abweichungen; diese finden sich im Wesentlichen in der Eigentumsverschaffung.

1. Abgrenzung der Eigentumsverschaffung zum Rechtsmangel

Steht eine verkaufte Sache nicht im Eigentum des Verkäufers, ist der Vertrag auf eine von vornherein *unmögliche* Leistung gerichtet. Die Wirksamkeit

379 *Grunewald* in: Erman, BGB, § 433, Rn. 13; *Weidenkaff* in: Palandt, § 433 Rn. 11-12, 16; *Berger* in: Jauernig, § 433 Rn. 18; *Westermann* in: MüKo-BGB, § 433 Rn. 42; *Beckmann* in: Staudinger BGB, § 433 Rn. 103.

380 *Berger* in: Jauernig, § 433 Rn. 2.

381 *Berger* ebd.

382 Vgl. Kap. 2 § 2 B II 1.

des schuldrechtlichen Vertrages bleibt aber gemäß § 311a BGB unberührt.[383] Der Verkäufer schuldet dann jede zumutbare Anstrengung, um sich das Eigentum an der Sache zu verschaffen oder die Genehmigung des tatsächlichen Eigentümers zu erhalten. Kann der Verkäufer seine Hauptleistungspflicht nicht erfüllen, haftet er dem Käufer auf Schadensersatz statt der Leistung in Form des *positiven Interesses*.[384]

Die Hauptpflicht des Verkäufers ist im Übrigen selbst dann erfüllt, wenn das Eigentum aufgrund gutgläubigen Erwerbs infolge der gesetzlichen Anordnung der § 932 BGB auf den Käufer übergeht.[385]

Ist der Verkäufer aber nicht in der Lage, dem Käufer das Eigentum am Kunstwerk zu verschaffen - etwa, weil das Gesetz einen Eigentumserwerb abhandengekommener Sachen gemäß § 935 Abs. 1 BGB ausschließt -, liegt darin nicht nur ein *Rechtsmangel* im Sinne der §§ 433 Abs. 1 S. 2, 435 BGB. Der Verkäufer verletzt dadurch bereits seine Hauptleistungspflicht aus § 433 Abs. 1 S. 1 BGB.[386]

Konsequenz ist, dass der Anwendungsbereich des Kaufgewährleistungsrechts im Falle der *Unmöglichkeit* der Eigentumsverschaffung versperrt bleibt.[387] Es tritt keine *Konkretisierung* ein. Der Verkäufer haftet weiterhin nach den Regeln des allgemeinen Leistungsstörungs-rechts.[388]

2. Konsequenz für die Marktteilnehmer

Mit dieser Feststellung erreicht man *punctum saliens* in der haftungsrechtlichen Betrachtung und Bewertung von Kunstverkäufern. Die Möglichkeit des Eigentumserwerbs entscheidet darüber, welcher Teil des Schuldrechts für den Kauf maßgebend ist. Bei Zugrundelegung der Rechtslage, wonach im Falle einer Unmöglichkeit der Eigentumsverschaffung der Anwendungs-

---

383 BT-Drs.: 14/6040 S. 165 li. Sp.; *Westermann* in: MüKo-BGB, § 433 Rn. 49.

384 BT-Drs. ebd.; vgl. hierzu ausführlich Kap. 3 § 1 C.

385 *Beckmann* in: Staudinger BGB, § 433 Rn. 121; *Berger* in: Jauernig, § 433 Rn. 19.

386 *Beckmann* a.a.O., § 433 Rn. 116.

387 Die analoge Anwendung hat der BGH bislang offengelassen, vgl. BGH, Urt. v. 19.10.2007 - V ZR 211/06, juris Rn. 42. Sie ist aber tatsächlich abzulehnen, weil aufgrund der §§ 280ff. BGB schon keine planwidrige Regelungslücke zu erkennen ist, die eine analoge Anwendung erforderlich machen würde.

388 *Grunewald* in: Erman BGB, § 435 Rn. 3; *Westermann* in: MüKo-BGB, § 435 Rn. 7; a.A. *Berger* in: Jauernig, BGB, § 435 Rn. 5; *Pahlow*, JuS 2006, 289 (289), *Canaris*, JZ 2003, 831 (832); offenlassen von OLG Karlsruhe, Urt. v. 14.09.2004 - 8 U 97/04, NJW 2005, 989 (989).

bereich des Gewährleistungsrechts nicht eröffnet ist, sondern dem Käufer die allgemeinen Regeln zustehen, läuft dies auf eine *Inkongruenz* in Bezug auf die Haftung der Kunstvermarkter hinaus:

Denn im Rahmen eines Galerieverkaufs hindert der Gesetzgeber den Kunstkäufer nach § 935 Abs. 1 BGB, das Eigentum an einem *abhanden gekommenen* Kunstwerk gutgläubig im Sinne des § 935 Abs. 1 BGB zu erwerben.[389] Der Galerist haftet in diesen Fällen nach dem allgemeinen Leistungsstörungsrechts.

Das Auktionshaus hingegen haftet wegen § 935 Abs. 2 BGB ganz regelmäßig nach Kaufgewährleistungsrecht, welches die allgemeinen Regeln verdrängt.

a. Die Anwendung des § 935 Abs. 2 BGB auf Kunstauktionen

§ 935 Abs. 2 BGB ordnet nämlich an, dass der Ausschluss des gutgläubigen Eigentumserwerbs bei abhandengekommenen Sachen nach Absatz 1 keine Anwendung findet, sofern die Sache im Wege der *öffentlichen Versteigerung* oder in einer Versteigerung nach § 979 Abs. 1 lit. a) BGB veräußert wird.[390] Damit trifft der Gesetzgeber eine Wertung, die eindeutig den Versteigerer begünstigt.

Für die Beurteilung der haftungsrechtlichen *Diskrepanz* zwischen Galerien und Auktionshäusern ist somit entscheidend, ob eine freiwillige und privat veranstaltete Kunstversteigerung als *öffentliche Versteigerung* qualifiziert werden kann.[391] Der Begriff der öffentlichen Versteigerung orientiert sich an § 383 Abs. 3 BGB, der den Begriff legal definiert.[392] Eine öffentliche Versteigerung ist danach eine Versteigerung, die *öffentlich* durch einen für

---

389 *Bayer* in: Erman BGB, § 935 Rn. 1; *Beckmann* in: Herberger/Martinek/Rüßmann/Weth/Würdinger, jurisPK-BGB, § 935 Rn. 1; *Heinze* in: Staudinger BGB, § 935 Rn. 1.

390 Vgl. BGH, Urt. v. 05.10.1989 - IX ZR 265/88; NJW 1990, 899 (900); *Wilhelm*, Sachenrecht, S. 586.

391 Der BGH hat die Anwendung des § 935 Abs. 2 BGB auf private Kunstauktionen im Verfahren zum gutgläubigen Eigentumserwerb des IV. Hamburgischen Stadtsiegels bejaht, welches 1986 Gegenstand einer Versteigerung war. Auf diese Rechtsprechung berufen sich seither alle deutschen Gerichte, die über Restitutionsansprüche an Kunstwerken entscheiden müssen, *„Hamburger Stadtsiegel-Fall"* - BGH, Urt. v. 05.10.1989 - IX ZR 265/88; NJW 1990, 899 (900).

392 *Heinze* in: Staudinger BGB, § 935 Rn. 27; *Oechsler* in: MüKo-BGB, § 935 Rn. 18; BGH, ebd.

den Versteigerungsort bestellten Gerichtsvollzieher oder zur Versteigerung befugten Beamten oder öffentlich angestellten Versteigerer erfolgt.

Insbesondere ist hier kein Raum für eine *teleologische Reduktion* des Anwendungsbereiches von § 935 Abs. 2 BGB unter Verweis auf § 474 Abs. 2 S. 2 BGB. Letzterer enthielt nämlich in seiner vor dem 13. Juni 2014 geltenden Fassung ebenfalls das Tatbestandsmerkmal der *öffentlichen Versteigerung* und ordnete an, dass die Vorschriften über den Verbrauchsgüterkauf nicht für gebrauchte Sachen gelten, die in einer öffentlichen Versteigerung verkauft werden. In seiner seit dem 13. Juni 2014 geltenden Fassung wurde die öffentliche Versteigerung gegen die *öffentlich zugängliche* Versteigerung ausgetauscht.[393] Dieser Begriff orientiert sich hingegen an § 312g Abs. 2 Nr. 10 BGB.[394] Der Vergleich beider Normen geht aber in der Sache schon fehl: Der Regelungszweck und die Rechtsfolgen von § 935 Abs. 2 BGB und § 474 Abs. 2 S. 2 BGB sind völlig unterschiedlicher Natur. Die jeweiligen Interessenlager sind somit nicht miteinander vergleichbar.

§ 474 Abs. 2 S. 2 BGB setzt voraus, dass es sich bei dem zugrundeliegenden Rechtsgeschäft um einen Verbrauchsgüterkauf nach § 474 Abs. 1 BGB handelt.[395] Lediglich in Fällen, wo der Verbraucher der Versteigerung *persönlich beiwohnen* kann, gestattet der Gesetzgeber einen *Haftungsausschluss* zugunsten des Unternehmers bzw. des Auktionators. Die Norm setzt somit einen direkten Eindruck von der Sache sowie einen Kontakt zum Versteigerer voraus, der das Risiko des Verbrauchers mindern soll.[396] Darüber hinaus beschränkt sich der Wortlaut des § 474 Abs. 2 S. 2 BGB auf *gebrauchte Sachen*. Die Rechtfertigung der Privilegierung liegt darin, dass der Versteigerer zumeist die Objekte selbst nicht näher kennt, so dass ihn eine Haftung besonders hart treffen würde.[397] Der Gesetzgeber beabsichtigt somit durch die Regelung des § 474 Abs. 2 S. 2 BGB und die Notwendigkeit der persönlichen Teilnahme des Verbrauchers die *Schutzwürdigkeit* auf Käufer- und Verkäuferseite aneinander anzugleichen; gerade bei gebrauchten Sachen sind Mängel oftmals nicht ohne Weiteres erkennbar, so dass

393 BGBl. Jahrgang 2013 Teil I Nr. 58, ausgegeben zu Bonn am 27. September 2013, S. 3652 re. Sp. dort unter Nr. 12.

394 *Grunewald* in: Erman BGB, § 474 Rn. 7.

395 *Weidenkaff* in: Palandt BGB, § 474 Rn. 2.

396 Nicht hilfreich ist insofern die Gesetzesbegründung, die lediglich klarstellt, dass § 474 Abs. 2 S. 2 BGB für öffentliche Versteigerungen gilt, an der der Verbraucher *persönlich teilnehmen* kann, BT-Drs. 17/12637 S. 69 re. Sp. dort unter „Zu Absatz 2". *Grunewald* in: Erman BGB, § 474 Rn. 7.

397 *Grunewald* ebd.

das Risiko der Nichtentdeckung auf beiden Seiten gleich groß ist. Die Rechtsfolge des § 474 Abs. 2 S. 2 BGB besteht lediglich darin, dass sich der *Versteigerer* in Abweichung von § 476 Abs. 1 BGB von der Haftung gegenüber dem Verbraucher freizeichnen darf und im selben Zuge den Verbraucher seiner Rechte beraubt.[398]

§ 935 Abs. 2 BGB ermöglicht hingegen den Eigentumserwerb an abhandengekommen Sachen. Sein *Wirkbereich* ist somit nicht nur zweiseitig, sondern benachteiligt auch die dritte Person des wahren Eigentümers. Dieser wird kraft Gesetzes seiner Eigentümerstellung in Hinblick auf die versteigerte Sache beraubt und zum Schweigen verurteilt.[399] § 935 Abs. 2 BGB setzt damit stets ein Dreipersonenverhältnis voraus und ordnet eine Rechtsfolge an, die zulasten des am Rechtsgeschäfts *unbeteiligten*, wahren Eigentümers gegenüber jedermann Wirksamkeit entfaltet. Es ist somit durchaus sachgerecht, an § 935 Abs. 2 BGB einen strengeren Maßstab zu stellen als an § 474 Abs. 2 S. 2 BGB.

Bleibt es danach bei der *öffentlichen Versteigerung*, definiert sich diese im Wesentlichen anhand einer *örtlichen* und einer *personellen* Komponente.

Mit der *öffentlich* erfolgenden Versteigerung ist eine solche gemeint, die für jedermann zugänglich ist.[400] Dies ist auch bei privat veranstalteten Kunstauktionen grundsätzlich anzunehmen. Insbesondere steht der Annahme einer öffentlichen Versteigerung nicht entgegen, dass der Versteigerer zum Besuch bzw. der Teilnahme an der Auktion eine einfache Anmeldepflicht voraussetzt.

In *personeller* Hinsicht ist das Augenmerk allein auf den *öffentlich angestellten Versteigerer* zu richten, da Kunstversteigerungen weder durch Gerichtsvollzieher noch durch zur Versteigerung berufene Beamte durchgeführt werden.

Als *öffentlich angestellter Versteigerer* gilt jeder nach § 34b Abs. 5 GewO bestellte Versteigerer.[401]

Grund für die Privilegierung des § 935 Abs. 2 BGB soll sein, dass ein gutgläubiger Eigentumserwerb an abhandengekommenen Sachen in Fällen hinnehmbar ist, in denen er im Interesse der versteigernden, öffentlichen Hand geboten ist.

---

398 Kap. 3 § 1 B III 1 b) cc).
399 *Oechsler* in: MüKo-BGB, § 935 Rn. 17.
400 BGH, ebd.
401 *Schmidt*, JuS 1990, 411 (412). Vgl. dazu auch Kapitel 2 § 3 B II 3.

Nach dem Willen des Gesetzgebers sollten vor allem die öffentlichen Verkehrsbetriebe nicht Gewährleistungsansprüchen im Rahmen ihrer jährlichen Koffer- und Fundversteigerungen ausgesetzt werden.[402] Bei Gesamtbetrachtung der Vorschriften §§ 935 Abs. 2, 383 Abs. 3 BGB ist die Vorschrift im Bereich der *Fundversteigerungen* sach- und interessengerecht. Es wird in der Regel Ware im *Niedrigpreissegment* versteigert, deren Inhalt dem Versteigerer unbekannt ist. Es kann ihm also nicht abverlangt werden für eine Sache zu haften, die er nicht kennt und im Übrigen auch nicht kennen muss. Lediglich für die *Ordnungsgemäßheit* der Durchführung kann und muss der Versteigerer Gewähr übernehmen.

Obwohl das *telos* der Norm im Bereich der *Fundversteigerungen* nach §§ 978 bis 981 BGB durchaus nachvollziehbar ist, bestehen Bedenken, die Rechtsfolge dieser Ausnahmevorschrift auf Versteigerungen *allgemein* auszudehnen.[403]

Unabhängig von haftungsrechtlichen Auswirkungen, die es noch zu untersuchen gilt, führt § 935 Abs. 2 BGB ganz allgemein zu einer *Privilegierung* der staatlichen Versteigerung und fördert die Idee des alten Obrigkeitsstaates, der jenseits von Gut und Böse veräußern darf.

Darüber hinaus begründet sich der Ausnahmetatbestand des § 935 Abs. 2 BGB mit dem *Institut der Verschweigung*:[404] Ist jemandem eine Sache abhandengekommen und er nutzt die Öffentlichkeit der Versteigerung nicht, um seinen Einspruch gegen die Veräußerung zu erheben, hat er sein Recht verschwiegen.[405] Dieses *Institut* setzt stillschweigend voraus, dass der Eigentümer, dem die Sache abhandengekommen ist, sich dessen bewusst ist und unter Umständen sogar weiß, wo sich die Sache befindet.

Dies könnte dafür sprechen, dass öffentliche Versteigerungen im Sinne von §§ 935 Abs. 2, 383 Abs. 3 BGB nur solche Versteigerungen umfassen, die in einem Gesetz besonders genannt werden; im Falle einer *privaten* und

402 Dies belegt insbesondere die Gesetzesänderung mit Wirkung vom 05. August 2009, wonach in § 935 Abs. 2 BGB der Zusatz normiert wurde, dass neben der öffentlichen Versteigerung auch eine Versteigerung nach § 979 Abs. 1 lit. a) BGB davon erfasst ist: BGBl. 2009 Teil I Nr. 40 v. 04.08.2009, S. 2476 li. Sp. dort unter „Artikel 4 Änderung des Bürgerlichen Gesetzbuches".

403 § 979 Abs. 1 lit. a) BGB regelt die Fundversteigerung im Internet, die im rechtlichen Sinne keine *allgemein zugängliche Versteigerung*. Somit ist der Regelungszweck des § 935 Abs. 2 BGB eindeutig erkennbar, der in der haftungsrechtlichen Privilegierung des Staates bei Fundversteigerungen liegt, vgl. *Beckmann* in: Herberger/Martinek/Rüßmann/Weth/Würdinger, jurisPK-BGB, Stand 01.07.2020, § 935 Rn. 29.

404 *Kunze*, Restitution „Entartete Kunst", S. 209.

405 *Oechsler* in: MüKo-BGB, § 935 Rn. 17.

freiwilligen Versteigerung bedarf es hingegen eines sachlichen Grundes, die Rechtsposition des wahren Eigentümers derart einzuschränken. Durch die freiwillige Versteigerung erfolgt nämlich ein Eingriff in das grundrechtlich garantierte Eigentum aus Art. 14 GG, der nur schwer zu rechtfertigen ist. Dies gilt unabhängig davon, ob die Versteigerung tatsächlich *öffentlich* und durch einen *öffentlichen Versteigerer* durchgeführt wird.[406]

Bei Zugrundelegung dieser *Verschweigungstheorie* begegnen einem in Anbetracht der Vielzahl von freiwillig veranstalteten Versteigerungen Bedenken dahingehend, dass der Eigentümer nicht in der Lage ist, zuverlässig sein Werk zu lokalisieren und somit vor Versteigerung die Herausgabe verlangen zu können.[407] Zwar gibt es Fälle, in denen sich der Weg eines Kunstwerks anhand von Archivmaterialien nachweisen lässt. Dennoch darf nicht vernachlässigt werden, dass es auch Fälle gibt, in denen Eigentümer eines Kunstwerkes erst spät und nur durch Zufall von ihrem Recht erfahren.[408]

Obwohl die Berücksichtigung des *Instituts der Verschweigung* aus diesen Erwägungen am Kunstauktionsmarkt kühn erscheint, findet sie dennoch ihre Berechtigung. Infolge zunehmender Digitalisierung und Einrichtung von Datenbanken und Melderegistern für abhandengekommene Kunstwerke sind die wahren Eigentümer eines Kunstwerkes keinesfalls mehr schutzlos gestellt oder zu einer aufwendigen Recherche gezwungen, die über das Maß dessen hinaus geht, was ihnen redlicherweise abverlangt werden darf.

Die Kataloge der Kunstauktionshäuser werden heutzutage praktisch flächendeckend von den Datenbanken kontrolliert. Es bedarf allein des Eintragungsantrages von Seiten der wahren Eigentümer, um die Auffindung eines Werkes in Gang zu setzen.

Fraglich ist letztlich, ob die Subsumtion einer Kunstauktion unter den Begriff der *öffentlichen Versteigerung* nach § 383 Abs. 3 BGB dennoch scheitern muss, weil sie ihre Berechtigung im Rahmen des § 935 Abs. 2 BGB darin findet, dass der Versteigerer in seiner besonderen Stellung stets *of-*

---

406 BGH, Urt. v. 05.10.1989 - IX ZR 265/88; NJW 1990, 899 (900).

407 In Deutschland sind allein mehr als 60 Auktionshäuser am Markt tätig, weltweit mehr als 1.500: vgl. dazu Auktionshaus-Verzeichnis, abrufbar unter: http://www.artnet.de/auktionsh%C3%A4user/verzeichnis/deut-schland/, zuletzt abgerufen 12. Mai 2022.

408 So z.B. bei NS-Raubkunst, Beutekunst und entarteter Kunst, deren Eigentum im Wege der gesetzlichen Erbfolge nach § 1922 BGB erworben wurde, die Erben aber erst spät von ihrem Eigentum erfahren. Zu den Begrifflichkeiten vgl. Kap. 3 § 1 B II 2 b).

fen nicht dafür einstehen muss, eine inhaltliche Aussage über die Ware zu treffen; sondern der Bieterschaft lediglich *„garantiert“*, ein faires und unmanipuliertes Verfahren durchzuführen, an dem jedermann zu gleichen Bedingungen teilnehmen kann. Für die Beschränkung der *„Garantie“* auf ein faires und unmanipuliertes Verfahren spricht der Normbezug zum qualifizierten Personenkreis der Versteigerer: Sowohl der Gerichtsvollzieher als auch der zur Versteigerung berufene *Beamte* sind Personen, die in einem besonderen Dienst- und Treueverhältnis zum Staat stehen, aus denen sich Rechte und Pflichten begründen. Vor allem aber - sofern die Tätigkeit im Rahmen der eigentlichen Zielsetzung als hoheitliche Betätigung angesehen werden kann - ist deren Tätigkeit dem Staat zuzurechnen.[409] Somit ist die Gewähr, die der Beamte in diesem Sinne bieten kann, zwar die Zuverlässigkeit in Hinblick auf die Durchführung seines Amtes, aber sie ist darauf auch begrenzt. Dies zeigt sich auch darin, dass dem Gerichtsvollzieher in seiner Tätigkeit niemals ein *materielles Prüfungsrecht* zukommt.

Eröffnet sodann § 34b Abs. 5 GewO daneben die Möglichkeit, die öffentliche Versteigerung von einer Person durchführen zu lassen, die zwar nicht in einem besonderen, dauerhaften Näheverhältnis zum Staat steht, dieses aber *kompensiert*, indem sie bei der zuständigen Behörde den Nachweis über eine besondere *Sachkunde* erbringt, ist das Erfordernis der Sachkunde zwar eine deutliche Abweichung vom *telos* des § 383 Abs. 3 BGB, vor dem Hintergrund der notwendigen *Gleichstellung* mit der Stellung des Beamten aber notwendig.[410]

Dem *öffentlich bestellten Versteigerer* wird damit die Fähigkeit zuerkannt, kraft seiner besonderen Sachkunde den gutgläubigen Erwerb an abhandengekommenen Sachen zu ermöglichen.[411] Die besondere Qualifikation des § 34b Abs. 5 BGB begründet sich aus der Integrität der zur Versteigerung berufenen Person, die ihren Ausdruck in besonderer Sachkunde, Gewissenhaftigkeit und Neutralität findet, welcher der Gesetzgeber erhebliches Gewicht beimessen will.[412] Der Versteigerer bietet durch die Sachkunde

409 *Wöstmann* in: Staudinger BGB, § 839 Rn. 80.

410 *Thiel* in: Ennuschat/Wank/Winkler, GewO, § 34b Rn. 17; *Martini* in: BeckOK-GewO, EL: 01.07.2018, § 34b Rn. 43b.

411 *Hennecke* in: Steuerberater HB, Kapitel Auktionator B I 3 Rn. 40; *Martini* a.a.O., § 34b Rn. 43c, 48; *Wilhelm*, Sachenrecht, S. 586.

412 *Martini* a.a.O., § 34b Rn. 44a; *Bleutge* in: Landmann/Rohmer, GewO, EL: 02/21, § 34b Rn. 27c; *Thiel* in: Ennuschat/Wank/Winkler, GewO, § 34b Rn. 18: die deshalb für die *„besondere Sachkunde“* das fundierte Fachwissen, die große Berufserfahrung sowie die besondere Vertrauenswürdigkeit verlangt.

eine gesteigerte Gewähr nicht nur für die ordnungsgemäße Durchführung der Versteigerung, sondern auch für die zutreffende Beschreibung der angebotenen Gegenstände.[413] Diese Integrität erschöpft sich aber nicht in dem Eid, die Aufgaben gewissenhaft, weisungsfrei und unparteiisch zu erfüllen, vgl. § 34b Abs. 5 S. 3 GewO.[414] Durch den Eid wird der Versteigerer vielmehr dazu verpflichtet, ein *sachkundiges Wissen* und die Erfahrung hinsichtlich der zu versteigernden Sachen zu besitzen und dieses in neutraler, den Interessen aller am Rechtsgeschäft beteiligter Parteien genügender Weise in die Vorbereitung, Durchführung und Abschluss der Versteigerung einzubringen.[415] Würde man hingegen für die *besondere Sachkunde* die Gewissenhaftigkeit, Weisungsfreiheit und Unparteilichkeit ausreichen lassen, würde von dem *Versteigerer* nicht mehr verlangt als vom *Beamten*, wobei Letzterer bereits kraft des ihm auf Dauer verliehenen Amtes Gewähr dafür bietet, ordnungsgemäß zu handeln. Darüber hinaus sieht § 34b Abs. 4 Nr. 1 GewO für die einfach gewerberechtliche Erlaubnis bereits als Versagungsgrund die fehlende *gewerberechtliche Unzuverlässigkeit* vor, die darin liegt, dass jemand nicht die Gewähr bietet in Zukunft das Gewerbe ordnungsgemäß auszuführen.[416] Müsste der öffentlich bestellte Versteigerer also kein *sachkundiges Wissen* vorweisen, würde man für seine Qualifikation keine besonderen Voraussetzungen verlangen.[417]

Legt der öffentlich bestellte Versteigerer aber die besondere Sachkunde vor, darf ihm ein besonderes Vertrauen entgegen gebracht werden, sodass es sachgerecht ist, den Anwendungsbereich der §§ 935 Abs. 2, 383 Abs. 3 BGB i.V.m. § 34b Abs. 5 GewO nicht lediglich auf Fundsachenversteigerungen einzuschränken, sondern auf jene solche zu erweitern, in deren Bezug

413 *Heinze* in: Staudinger BGB, § 935 Rn. 27.

414 Die Gewerbeordnung sieht die Möglichkeit der *öffentlichen Bestellung* eines Versteigerers vor, damit das Publikum die Möglichkeit hat, sich einer solchen Person zu bedienen; ihnen kommt in Ausübung ihres Gewerbes gesetzlich eine besondere Glaubwürdigkeit zu; aufgrund der öffentlichen Anstellung bieten sie eine besondere Gewähr der Zuverlässigkeit und Tüchtigkeit, vgl. BGH, Urt. v. 09.11.2005 - VIII ZR 116/05, juris Rn. 14; BGH, Urt. v. 05.10.1989 - IX ZR 265/88; NJW 1990, 899 (900); BVerwG, Urt. v. 29.05.1957 - I C 212/54, BeckRS 9998, 181645; *Thiel*, a.a.O., § 34b Rn. 19.

415 Dies ergibt sich strenggenommen schon aus § 34b Abs. 5 S. 2 GewO, wonach die Bestellung auf bestimmte Versteigerungsarten oder -gegenstände beschränkt werden kann, vgl. aber auch BGH, Urt. v. 24.02.2010 - VIII ZR 71/09, juris Rn. 14; *Hennecke* in: Steuerberater HB, Kapitel Auktionator B I 3 Rn. 40.

416 *Martini* in: BeckOK-GewO, § 34b Rn. 47.

417 Ähnlich: BGH, Urt. v. 24.10.2010 - VIII ZR 71/09, juris Rn. 12;

der Versteigerer kraft seiner besonderen Sachkunde der Bieterschaft Sicherheit und Vertrauen vermitteln kann.[418] Darunter sind auch die *öffentlich zugänglichen, freiwilligen Versteigerungen* im Kunsthandel zu subsumieren.

Diese Anforderungen verlangen aber konsequent danach, dass diejenige Person, die die Auktion durchführt, auch an der *Auktionsvorbereitung* maßgeblich beteiligt ist und mit den einzelnen Beteiligten des Kaufs in Verbindung tritt.[419]

Es darf keinesfalls ausreichen, dass der öffentlich bestellte Versteigerer nicht zwangsläufig auch Veranstalter der Auktion ist.[420] Wahrlich lässt der Gesetzeswortlaut „*erfolgen*" nicht darauf schließen, ob der Gesetzgeber es als ausreichend ansieht, dass ein Versteigerer die Auktion lediglich durchführt und leitet - die Person des Durchführers und die des Veranstalters somit auseinanderfallen -, oder ob die Vorschrift darüber hinaus verlangt, dass der Versteigerer auch als Veranstalter der Auktion auftritt und somit eine notwendige *Personenidentität* zwischen Versteigerer und Veranstalter besteht.[421]

Unter Berücksichtigung der besonderen Qualifikation, die die öffentliche Bestellung nach § 34b Abs. 5 GewO dem Versteigerer verleiht, darf kein Zweifel daran verbleiben, dass der Sachkunde elementare Bedeutung im Rahmen einer öffentlichen Versteigerung zukommt und sie damit Teil der gewerberechtlichen Erlaubnis des § 34b Abs. 5 GewO ist. Schließlich kann ein lediglich zur Versteigerung einberufener, öffentlich bestellter Versteigerer seine Sachkunde, die für die öffentliche Bestellung *conditio sine qua non* ist, gar nicht einsetzen. Dabei soll die Sachkunde Grund für die Privilegierung sein, die sich in § 935 Abs. 2 BGB niederschlägt. Es darf für einen *sachkundigen Versteigerer* im Sinne des § 34b Abs. 5 GewO damit nicht ausreichen, dass er sich im Vorfeld der Versteigerung lediglich der Identität

---

418 Auf die öffentliche Bestellung besteht im Falle des Vorhandenseins der notwendigen Merkmale ein Rechtsanspruch: vgl. *Martini* in: BeckOK-GewO, EL: 01.07.2018, § 34b Rn. 48.

419 Dies ist allein aufgrund der Schlussfolgerung notwendig, dass für die öffentliche Bestellung nach § 34b Abs. 5 GewO neben der einfachen Erlaubnis nach § 34b Abs. 1 GewO eine *besondere Sachkunde* verlangt werden muss; a.A. *Oechsler* in: MüKo-BGB, § 935 Rn. 18; BGH, Urt. v. 24.02.2010 - VIII ZR 71/09, juris Rn. 13.

420 A.A. *Oechsler* ebd.; BGH, Urt. v. 24.02.2010 - VIII ZR 71/09, ebd.

421 BGH, Urt. v. 24.02.2010 - VIII ZR 71/09, a.a.O. Rn. 14.

von Katalogbeschreibung und tatsächlich angebotenem Kunstwerk versichert.[422]

Es bleibt damit festzustellen, dass aufgrund der Anwendung des § 935 Abs. 2 BGB auf Kunstauktionen *de lege lata* eine Divergenz in den Ansprüchen besteht, die dem Kunstkäufer je nach *Verkaufsplattform* zustehen.[423]

b. Anwendungsfälle des § 935 Abs. 2 BGB im Kunsthandel

Freilich betreffen Fälle, in denen die Rechtsfolge des § 935 Abs. 2 BGB zum Tragen kommt, lediglich den *Sekundärmarkt.* Ein Fall, in welchem dem Kunstkäufer in Ermangelung eigenen Eigentums oder der Ermächtigung des wahren Eigentümers kein Eigentum verschafft werden kann, ist praktisch nicht denkbar.

Die wohl bedeutendste Relevanz erlangt die Unmöglichkeit der Eigentumsverschaffung bei *NS-Raubkunst, Beutekunst* und *entarteter Kunst.*[424]

Als *NS-Raub-* und *Beutekunst* werden Werke bezeichnet, die in der Zeit des Nationalsozialismus geraubt oder den Berechtigten verfolgungsbedingt entzogen wurden.[425] Unter *entarteter Kunst* versteht man jene Werke, die aufgrund des Gesetzes über die Einziehung von Erzeugnissen entarteter Kunst von den Nationalsozialisten beschlagnahmt wurden, weil sie dem Kunstverständnis und dem Schönheitsideal der Nationalsozialisten zuwiderliefen, darunter der Expressionismus, Dadaismus, Surrealismus, Kubismus und Fauvismus.[426]

---

422 BGH, Urt. v. 24.02.2010 - VIII ZR 71/09, ebd; a.A.: *Martini* in: BeckOK-GewO, EL: 01.07.2018, § 34b Rn. 48 lässt das Durchführen einzelner Versteigerungen ohne Veranstalter für zulässig, allerdings ohne seine Entscheidung zu begründen.

423 *Remien*, AcP 201, 730 (733); *Kunze*, Restitution „Entartete Kunst", S. 211.

424 In der NS-Zeit wurde jüdischen Bürgerinnen und Bürgern systematisch Eigentum entzogen. Im Verlauf der Shoah wurden über sechs Millionen Juden in Europa ermordert; aufgrund der Einzigartigkeit der Shoah wird den Opfern und ihren Rechtsnachfolgern Anspruch auf eine spezielle Rechtslage eingeräumt; vgl. dazu BR-Drs.: 94/14, S. 1; Im Frühjahr 2012 tauchten 970 Kunstwerke auf, die aus der Sammlung von Cornelius Gurlitt in München beschlagnahmt wurden. 380 davon waren als sog. *entartete Kunst* von den Nationalsozialisten aus Museen und staatlichen Sammlungen entfernt worden, vgl. *Dörig*, jM 2015, 252 (252); *Kunze*, a.a.O., S. 3f.

425 *Dörig*, jM 2015, 252 (252).

426 *Heuer*, NJW 1999, 2558 (2559).

Es besteht eine Vermutung zugunsten verfolgungsbedingt entzogener Vermögensgegenstände: Die Vermutung eines *verfolgungsbedingten Vermögensverlustes* besteht demnach, wenn die Veräußerung des Kunstwerkes in der Zeit vom 30. Januar 1933 bis zum 08. Mai 1945 durch jemanden erfolgt ist, der zu diesem Zeitpunkt dem von der deutschen Regierung oder dem Kollektiv der Nationalsozialisten verfolgten Personenkreis angehörte.[427] Es ist dabei unerheblich, ob der Eigentumsverlust durch Zwangsverkäufe, Enteignungen oder auf andere Weise eingetreten ist.[428] Diese Vermutung hat infolge ihrer zunehmenden Relevanz für Kunsthandelsstreitigkeiten seit 2016 ihren Niederschlag in § 44 KGSG gefunden, der an gewerbliche Händler beim „Inverkehrbringen" solcher Werke erhöhte Sorgfaltspflichten stellt.[429]

Die Rechtsprechung ist stark geprägt von Fällen, in denen Erben NS-verfolgter Personen *Restitutionsansprüche* gegenüber Besitzern von Kunstwerken geltend machen.[430] Denn die Beschlagnahme und Enteignung jüdischen Vermögens innerhalb des Deutschen Reiches oder in Gebieten, welche durch das Deutsche Reich besetzt waren, beansprucht keine Rechtswirksamkeit.[431] Durch die nationalsozialistischen Machthaber scheidet ein Eigentumserwerb aus; genauso ein rechtsgeschäftlicher Folgeerwerb, der

---

427 BVerwG, Beschl. v. 22.10.2014, 8 B 99/13, juris Rn. 12; vgl. ausführlich *Müller-Katzenburg*, NJW 1999, 2551 (2551-2554)

428 Das Gesetz über die Einziehung entarteter Kunst vom 31.Mai 1938 (RGBl. I, S. 612) sah einen rechtsförmigen und rückwirkend entschädigungslosen Einzug „entarteter Kunst" vor, soweit sie bei Sicherstellung im Eigentum von Reichsangehörigen oder juristischen Personen standen. Das Gesetz ist nicht aufgehoben worden, sondern verlor seine Gültigkeit erst 1968 durch Nichtaufnahme in die Sammlung des Bundesgesetzblattes. Die Beschlagnahme aufgrund dieses Gesetzes führte aber nicht zum Eigentumsverlust, denn es handelte sich dabei um einen nichtigen staatlichen Willkürakt, aus dem keine Rechtswirksamkeit entsprang. Es ist heute unumstritten, dass die von den Nationalsozialisten angeordneten Einziehungen als „entartete" Kunst keine rechtswirksame Eigentumsänderung nach sich ziehen konnten, vgl. LG Berlin, Urt. v. 10.02.2009 - 19 O 116/08, juris Rn. 77, BVerfG, Beschl. v. 14.02.1968 - 2 BvR 557/62, juris.

429 Kap. 3 § 1 B IV 3 b) bb) (2).

430 BGH, Urt. v. 19.07.2019 - V ZR 255/17, NJW 2019, 3147; OLG Köln, Urt. v. 08.07.2016 - 1 U 36/13, NJOZ 2017, 994; OLG Brandenburg, Beschl. v. 07.05.2019 - 4 W 8/19; BeckRS 2019, 9081; BGH, Urt. v. 16.03.2012 - V ZR 279/10, juris; LG Berlin, Urt. v. 10.02.2009 - 19 O 116/08, juris.

431 *Heuer*, NJW 1999, 2558 (2563).

regelmäßig an § 935 Abs. 1 BGB scheitert, sofern kein Fall von § 935 Abs. 2 BGB vorliegt.[432]

Der Anwendungsbereich des § 935 Abs. 2 BGB beschränkt sich jedoch nicht ausschließlich auf die Fälle NS-bedingt abhandengekommener Kunstwerke; vielmehr erstreckt er sich auf alle Fälle des *unfreiwillig erfolgten Besitzverlustes* und somit auf jegliche *Völkerraubzüge*, *Museumseinbrüche* und *private Diebstähle*.

Durch den in § 935 Abs. 2 BGB vorgesehenen Ausnahmetatbestand bei öffentlichen Versteigerungen findet aber gerade an solchen Kunstwerken im Wege der *Versteigerung* ein Eigentümerwechsel statt.[433] Anders im Wege des Galerieverkaufs, dort besteht keine dem § 935 Abs. 2 BGB vergleichbare Regelung, das Eigentum verbleibt bei seinem ursprünglichen Eigentümer.

c. Anwendung des § 935 Abs. 2 BGB *de lege ferenda*

Obwohl die freiwillige Versteigerung, wie sich zeigt, durchaus vom Wortlaut der *öffentlichen Versteigerung* nach § 383 Abs. 3 BGB erfasst ist und damit unter den Anwendungsbereich des § 935 Abs. 2 BGB subsumiert werden muss, begegnet die Vorschrift Bedenken.

Die Anordnung der Möglichkeit eines gutgläubigen Erwerbs hat weitreichende Folgen; Folgen, die in die Förderung eines Oligopols der Auktionshäuser auf dem *Sekundärmarkt* hineinragen. Man darf ohne Weiteres behaupten, dass der § 935 Abs. 2 BGB den Galerien den Zugang zum Kunstsekundärmarkt erschwert. Denn während im Falle eines Auktionsverkaufs im Zuge des dinglichen Eigentumserwerbs, der wohl regelmäßig zeitgleich mit dem Gefahrenübergang stattfindet, die Konkretisierung auf die Kaufgewährleistungsvorschriften eintritt, haftet der Galerist weiterhin nach den allgemeinen Leistungsstörungsregeln.[434] Abgesehen von der Tatsache, dass der Auktionshandel sich den Vorwürfen aussetzen lassen muss, als Art „*Recycling*“ des Kunsthandels zu fungieren, wird der rechtskundige Einlieferer

---

432 *Herrler* in: Palandt BGB, § 935 Rn. 6; *Heuer*, NJW 1999, 2558 (2563); BGH, Urt. v. 15.11.1951 - III ZR 21/51 - NJW 1952, 738 (739).

433 Anders beispielsweise im englischem Recht, dort gilt der Grundsatz „*nemo dat quod non habet*“ uneingeschränkt. Auf Auktionen kann damit nicht gutgläubig Eigentum erworben werden. Vgl. dazu ausführlich *Heuer*, NJW 1999, 2558 (2563).

434 Schon in Hinblick auf die Verjährungsvorschriften ist das eine erhebliche Benachteiligung auf Verkäuferseite, vgl. dazu Kap. 3 § 1 B.

in der Folge doch stets das Auktionshaus als Vermittler bevorzugen und nicht die Galerie wählen.

Auch die Privilegierung des § 935 Abs. 2 BGB in Anwendung auf den Kunsthandel mit dem *Institut der Verschweigung* zu begründen, geht in Abgrenzung zu den Kunstgalerien fehl. Insbesondere auf dem Sekundärmarkt tätige Galerien fertigen auch bei ihren Ausstellungen *anerkannter und alter Meisterwerke* üblicherweise Kataloge an, die einer Überprüfung durch die Datenbanken zugänglich sind.

aa. Guter Glauben der Marktteilnehmer

Die Differenzierung der Marktteilnehmer durch § 935 Abs. 2 BGB ist aber zumindest auf dem *Kunstmarkt* unbedenklich, wenn dessen Anwendung in den *relevanten Fällen* ohnehin in Ermangelung eines gutgläubigen Erwerbes aufgrund der Natur des Handelsobjektes ausgeschlossen ist.

Dies ist der Fall, wenn Erwerber bzw. Ersteigerer bei bestimmten Kunstwerken stets als bösgläubig nach §§ 932 ff. BGB in Hinblick auf die Eigentümerstellung des Veräußerers bzw. Einlieferers zu kategorisieren sind.

§ 935 Abs. 1 BGB knüpft nämlich an die Vorschriften der §§ 932 ff. BGB an. Demnach ist noch immer der Eigentümer schutzwürdiger als jener Erwerber, der bösgläubig hinsichtlich der Rechtsstellung des Veräußerers ist.[435] Unterstellt man dem Kunsterwerber, dass er stets Kenntnis oder jedenfalls grob fahrlässige Unkenntnis vom Nichteigentum des Veräußerers bzw. des Einlieferers hat, ist er grundsätzlich bösgläubig im Sinne des § 932 Abs. 2 BGB.[436]

Nach dem Gesetzeswortlaut muss die Unterstellung der Bösgläubigkeit gegen die gesetzliche Vermutung des § 932 Abs. 1 S. 1 BGB ankommen, vgl. § 292 ZPO. Infolge der Beweislastumkehr ist derjenige, der geltend macht, der wahre Eigentümer eines Kunstwerkes zu sein, dazu angehalten zu beweisen, dass der Rechtserwerber im Zeitpunkt des Erwerbs bösgläubig war.[437] Dafür genügt aber nicht, dass ein anderer Hergang des Geschehens dargelegt wird; vielmehr bedarf es *des vollen Beweises des Gegenteils*, der zur Überzeugung des Gerichts mit an Sicherheit grenzender Wahrschein-

---

435 *Herrler* in: Palandt BGB, § 935 Rn. 1; *Bayer* in. Erman BGB, § 935 Rn. 1.

436 *Bayer* a.a.O., § 932 Rn. 6; ähnlich: BGH, Urt. v. 19.07.2019 - V ZR 255/17 Rn. 46.

437 *Bayer* in: Erman BGB, § 932 Rn. 6.

lichkeit das Gegenteil feststellt.[438] Auch die Grundsätze der sekundären Darlegungslast helfen nicht weiter;[439] denn ihre Wirkung geht nicht so weit wie eine *Beweislastumkehr*.[440]

Würde man aber der Tatsache, dass ein Kunstwerk in der Zeit vom 30. Januar 1933 bis zum 08. Mai 1945 von jemandem veräußert wurde, der in diesem Zeitpunkt dem von der deutschen Regierung oder dem Kollektiv der Nationalsozialisten verfolgten Personenkreis angehörte, grundsätzlich die *Vermutung* zusprechen, dass es sich bei dem Werk um Raub-, Beutekunst oder entartete Kunst handelt, kommt infolge der dann anzunehmenden Beweislastumkehr wiederum dem Erwerber das Risiko zu, sich primär entlasten zu müssen. Aber auch dies begründet nicht die *grundsätzliche Bösgläubigkeit* aller am Handel mit solchen Werken beteiligten Akteure.[441] Man könnte im Wege des *Anscheinsbeweises* und in Abkehr der bisherigen Beweislastregeln solchen Kunstwerken eine *bemakelte* Provenienz zusprechen.[442] Das Eigentum Dritter an solchen Werken hat sich in einer Vielzahl der Fälle erwiesen und damit so sehr das Gepräge des *Gewöhnlichen* und *Üblichen* aufgenommen, dass der Geschehensablauf regelmäßig auf die

438 BVerwG, Beschl. v. 22.10.2014, 8 B 99/13, juris Rn. 12.

439 Die sekundäre Darlegungslast lässt einfaches Bestreiten nicht genügen, sofern die darlegungs- und beweispflichtige Partei keinen Einblick in die behaupteten Vorgänge hat. Die beweisbelastete Partei muss ihre Behauptung zunächst vorlegen. Der grundsätzlich nicht beweisbelastete Gegner hat dann Nachforschungen in seinem Machtbereich anzustellen und ausreichend substantiiert die Aussage der beweisbelasteten Partei zu erschüttern. Tut er dies nicht, gelten letztere Aussagen als zugestanden, *Stadler* in: Musielak/Voit, ZPO, § 138 Rn. 10a.

440 *Stadler* ebd.

441 BVerwG, Beschl. v. 22.10.2014, 8 B 99/13, juris Rn. 12.

442 BSG, Urt. v. 30.11.2006 - B 9a VS 1/05 R, juris Rn. 7; st. Rspr. u.a.: BVerwG, Urt. v. 24.08.1999 - 8 C 24/98, juris Rn. 14; BVerwG, Urt. v. 01.03.1995 - 8 C 36/92, juris Rn. 14; BGH, Urt. v. 18.03.1987 - Iva ZR 205/85, juris Rn. 7; BGH, Urt. v. 09.11.1977 - IV ZR 160/76, juris Rn. 17; vgl. aber auch „Grundsätze zur Eintragung und Löschung von Meldungen" in der Lost-Art-Datenbank, vgl. Anh. 1.4, Pkt, II „Meldungen", wonach mit der Dokumentation eines Einzelobjektes in der Datenbank nicht zugleich die Feststellung verbunden ist, dass es sich tatsächlich um „NS-Raubkunst" handelt und ein *Abhandenkommen* im rechtlichen Sinne zu unterstellen ist. Die Dokumentation soll demnach keine Rechtswirkung auf das Eigentumsrecht, die Verfügungsbefugnis oder das Bestehen von Ansprüchen Dritter haben und ersetzt keine Geltendmachung seiner eigenen Rechte im Gerichtsverfahren. So weit geht aber die Wirkung eines *Anscheinsbeweises* auch nicht. Er legt lediglich die Vermutung nahe, dass in einer Vielzahl der Fälle gewaltsame Akte der Nationalsozialisten für den Eigentümerwechsel kausal waren.

vermutete Rechtsfolge hinausläuft.[443] Die individuellen Umstände treten in ihrer Bedeutung zurück, der Grad der Wahrscheinlichkeit genügt und gebietet den verbleibenden Zweifeln Schweigen, ohne sie völlig auszuschließen.[444] Der Anscheinsbeweis ist kein besonderes Beweismittel, sondern beruht auf der Anwendung eines gefestigten Erfahrungssatzes. Er zielt damit, wie der unmittelbare Beweis, auf die *richterliche Überzeugungsbildung* ab. Der Richter greift auf die allgemeine Lebenserfahrung zurück.[445] Er bewirkt insbesondere auch keine Beweislastumkehr, sondern vermag lediglich die gesetzlich bestehende Vermutung zu *erschüttern.*

Zwar sind nur sehr limitierte Sachverhalte anerkannt, die zum Anscheinsbeweis qualifiziert werden können. Lediglich solche Erfahrungssätze sind zulässig, die aufgrund der Belastbarkeit die volle Überzeugung des Gerichts für sich vereinnahmen können.[446] Gerade diese Erfahrungssätze haben sich aber durch die Rechtsprechung herausgebildet, so dass bei Kunstwerken, die in der Zeit vom 30. Januar 1933 bis zum 08. Mai 1945 von jemandem veräußert wurden, der zu diesem Zeitpunkt dem von der deutschen Regierung oder dem Kollektiv der Nationalsozialisten verfolgten Personenkreis angehörte, unproblematisch im Sinne des *Anscheinsbeweises* die Vermutung aufgestellt werden kann, dass es sich bei dem Werk um Raub-, Beute- oder entartete Kunst handelt.[447]

Es liegt somit in der Hand des Erwerbers diese Vermutung zu entkräften, indem er *beweist,* dass im Einzelfall ernsthaft ein vom typisierten Geschehensablauf abweichender Kausalverlauf in Frage kommt, so dass es wahrscheinlich ist, dass er gutgläubig in Bezug auf die Eigentümerstellung bzw. Verfügungsbefugnis des Veräußerers bzw. Einlieferers war.[448]

---

443 Der Anscheinsbeweis ist ein besonderer Fall des mittelbaren Beweises und beruht auf gesicherten Erfahrungswissen; er zielt auf die richterliche Überzeugungsbildung. Bei Vorliegen der Anscheinstatsachen wird unmittelbar auf die zu beweisende Tatsache geschlossen: *Ahrens*, Der Beweis im Zivilprozess, Kap. 16 § 58 Rn. 3; Der Anscheinsbeweis geht damit über das Maß der konkreten Verdachtsmomente heraus, die lediglich eine besondere Sorgfaltspflicht und Überprüfungspflicht des Erwerbers erfordern, vgl. Bayer in: Erman BGB, § 932 Rn. 14.

444 OLG, Beschl. v. 08.03.2021 - 1 U 48/20, juris Rn. 24.

445 *Ahrens*, Der Beweis im Zivilprozess, Kap. 16 § 58 Rn. 2.

446 *Ahrens*, a.a.O., Kap. 16 § 58 Rn. 8.

447 BVerwG, Beschl. v. 22.10.2014, 8 B 99/13, juris Rn. 12.

448 Damit ist auch keine Benachteiligung des Erwerbers verbunden. Der Anscheinsbeweis führt nur zu einer Beweislastumkehr. Der Erwerber muss nicht beweisen, dass er gutgläubig hinsichtlich der Provenienz des Kunstwerkes war, um den Anschein zu zerstören, sondern lediglich die Tragfähigkeit des Erfahrungssatzes aufgrund

Diese Rechtsanwendung scheint in der Sache auch gerecht. Sie hilft aber im Ergebnis nicht über die durch § 935 Abs. 2 BGB hervorgerufene Diskrepanz in der haftungsrechtlichen Behandlung der Kunstmarktteilnehmer hinweg; denn auch die Erschütterung des Anscheins ist heute schnell herbeigeführt. Aufgrund der Vielzahl eingerichteter *Datenbanken* und *Koordinierungsstellen*, die inzwischen insbesondere zugunsten von nationalsozialistischer Raubkunst und kriegsbedingter Beutekunst eingerichtet wurden, kann ein Erwerber grundsätzlich nachweisen, nicht *bösgläubig* im Zeitpunkt des Eigentumserwerbs gewesen zu sein.[449] Die Koordinierungsstellen nehmen Suchmeldungen entgegen und tragen diese ein.[450] Im Anschluss kontrollieren sie die Auktionskataloge der am Markt tätigen Auktionshäuser bzw. können konsultiert werden, wenn ein Ersteigerer um Bestätigung einer einwandfreien Provenienz des Kunstwerkes bittet.[451]

Befindet sich ein Kunstwerk, welches ursprünglich nachweislich einer NS-verfolgten Person gehörte, in keiner Datenbank, könnte von dieser Nichteintragung die *Publizitätswirkung* ausgehen, dass es sich um *kein abhandengekommenes Kunstwerk* handelt.[452] Dies setzt voraus, diesen Datenbanken ein besonderes Vertrauen zuzusprechen, so dass die am Rechtsgeschäft beteiligten Parteien auf die Nichteintragung vertrauen dürfen und die Eigentümer diese gegen sich gelten lassen müssen, sog. *negative Publizität.*[453]

---

davon individuell abweichender Umstände in Zweifel ziehen: dazu *Ahrens*, Der Beweis im Zivilprozess, Kap. 16 § 58 Rn. 38.

449 Z.B. der Stiftung „Deutsches Zentrum Kulturgutverluste", Anh. 1.4; das Art Loss Register ist die weltweit größte Datenbank verlorener und gestohlener Kunstwerke: Anh. 1.5 sowie 1.6. Zu beachten ist, dass es sich bei den Datenbanken teilweise um Stiftungen des bürgerlichen Rechts handelt (deren Stiftungsrat hingegen teils ausschließlich von Vertreter der öffentlichen Hand besetzt ist). Deshalb sind Rechtsfragen in Verbindung mit Verdacht auf Raubkunst vor den Zivilgerichten zu klären; im Rahmen des Zivilverfahrens sind aber die durch das BVerwG aufgestellten Grundsätze zu beachten, vgl. dazu *Dörig*, jM 2015, 252 (254).

450 Vgl. dazu *Dörig*, jM 2015, 252 (252); OLG Köln, Urt. v. 08.07.2016 - I-1 U 36/13, juris Rn. 13.

451 OLG Köln, Urt. v. 08.07.2016 - I-1 U 36/13, juris Rn. 13.

452 Man könnte in diesem Zusammenhang solchen Datenbanken eine ähnliche Publizität zusprechen, wie dem Besitz bei beweglichen Sachen im Sachenrecht nach § 1006 BGB, der Grundbucheintragung im Grundstücksrecht nach § 891 BGB oder dem Handelsregister nach § 15 HGB.

453 *Koch* in: Staub HGB, § 15 Rn. 29.

Auch fehlerhafte Eintragungen müssen bei dieser Annahme unter dem Schutz des Publizitätsaktes stehen.[454]

Für die Annahme einer *Publizitätswirkung* spricht, dass die Koordinierungsstellen als staatliche Stellen Teil der Exekutive sind. Sie sind an Recht und Gesetz und insbesondere an die Grundrechte gebunden, vgl. Artt. 1 Abs. 3, 20 Abs. 3 GG. Eintragung und Löschung der Suchmeldungen auf den Seiten der Koordinierungsstellen sind Teil des staatlichen *Informationshandelns* zur Erfüllung von öffentlichen Aufgaben. Zudem handelt es sich um staatliche finanzierte Einrichtungen.[455] Die Eintragungen erfolgen ausschließlich nach den eigens durch die Koordinierungsstellen aufgestellten Grundsätzen.[456] Auch die Behandlung konkurrierender Meldungen sowie die Löschung von Meldungen unterliegen den von den Koordinierungsstellen selbstständig aufgestellten und ausgeführten Regeln. Dann aber kann es sich bei den Internet-Datenbanken und Plattformen nicht lediglich um *öffentlich zugängliche Plattformen* handeln, für deren Inhalt eine staatliche Verantwortung nicht übernommen wird.[457] Es ergibt sich auch nichts Gegenteiliges aus der Art der durch die Koordinierungsstellen ausgeübten Tätigkeit oder ihrer inneren Struktur: Die Datenbanken und Informationsstellen dokumentieren Such- und Fundmeldungen Dritter; der Betreiber der Datenbank entscheidet nach alleiniger *Plausibilitätsprüfung* über die Eintragung und Löschung der Meldungen.[458]

Muss dem Bürger aber *Akten der öffentlichen Gewalt* gegenüber ein möglichst wirkungsvoller Rechtsschutz zustehen, müssen diese eine gewisse *Publizitätswirkung* haben.[459]

Gestützt wird die Annahme dieser Publizitätswirkung auch von der Tatsache, dass der Zweck solcher Suchlisten sich nicht bereits darin erschöpft, Betroffene bei der Suche nach verschollenen Kunstwerken zu unterstützen, die als Raubkunst vermutet werden; vielmehr muss nach dem Auffinden

454 Vgl. dazu den fehlerhaften Publizitätsakt beim Handelsregister nach § 15 Abs. 3 HGB, *Koch* in: Staub HGB, § 15 Rn. 29.

455 BVerwG, Urt. v. 19.02.2015 - 1 C 13/14, juris Rn. 13.

456 „Grundsätze zur Eintragung und Löschung von Meldungen in der Lost-Art-Datenbank, Anh. 1.4, Pkt, III „Eintragungen“ zzgl. Anhang „Kriterien der Plausibilitätsprüfung“.

457 BVerwG, Urt. v. 19.02.2015 - 1 C 13/14, juris Rn. 27.

458 Vgl. auch „Grundsätze zur Eintragung und Löschung von Meldungen in der Lost-Art-Datenbank, Anh. 1.4, Pkt, III „Eintragung“.

459 St. Rspr., vgl. BVerfG, Urt. v. 18.07.2005 - 2 BvR 2236/04, juris Rn. 103; BVerfG, Beschl. 30.04.1997 - 2 BvR 817/90, juris Rn. 39.

des gesuchten Werkes rechtliche *Klarheit* über dessen endgültiges Schicksal bestehen.[460] Fordert hingegen diejenige Person, die die Meldung in der Datenbank vorgenommen hat, die Koordinierungsstelle zur Löschung derselben auf, ist die Plausibilität der Meldung grundlegend erschüttert; beantragt ein Dritter nach gerichtlicher Klärung mit rechtskräftigem Urteil seiner Eigentümerstellung die Löschung, kommt dem Antragsteller ein Anspruch auf Löschung der bestehenden Suchmeldung zu.[461] Gleiches gilt „*von Amts wegen*", sofern sich herausstellt, dass der *Melder* unrichtige Angaben gemacht hat oder die Plausibilität durch neue Erkenntnisse entfällt.[462]

Problematisch hingegen ist, dass für die Meldung eines Kunstwerkes bei den Datenbanken bzw. Koordinierungsstellen keine gesetzliche Verpflichtung besteht. Somit besteht auch für den Bürger kein Anspruch auf Abgeschlossenheit des Katalogs.[463]

Entscheidend ist damit in Hinblick auf den Zuspruch einer Publizitätswirkung von Datenbanken, ob sich die negative Publizität auch aus Angaben ergeben kann, zu denen die Person des Melders von Rechts wegen nicht verpflichtet ist. Als Beispiel verlangt die negative Publizität im Sinne des § 15 Abs. 1 HGB, die von einer Nichteintragung im *Handelsregister* ausgeht, nach einer anmeldepflichtigen im Sinne von *eintragungspflichtigen* Tatsache.[464] Fraglich ist demnach, ob unter solchen eintragungspflichtigen Tatsachen neben deklaratorischen auch *konstitutive* Eintragungen zu verstehen sind.[465] Lehnt man eine Differenzierung in der Publizitätswirkung ab, kann ohne Weiteres Datenbanken für NS-Raubgut und Kulturgüter eine dem Handelsregister nach § 15 HGB, der Eintragung im Grundbruch nach § 891 BGB oder dem Besitz nach § 1006 BGB vergleichbare Publizitätswirkung zugesprochen werden.

Tatsächlich erscheint aus Gründen des Verkehrsschutzes eine Differenzierung nicht sachgemäß. Der Rechtsverkehr ist bei konstitutiven Eintragungen nicht weniger schutzbedürftig als bei deklaratorischen Eintragun-

460 BVerwG, Urt. v. 19.02.2015 - 1 C 13/14, juris Rn. 27; *Dörig*, jM 2015, 252 (253).

461 BVerwG, a.a.O., Rn. 31; *Dörig*, ebd.

462 Vgl. „Grundsätze zur Eintragung und Löschung von Meldungen in der Lost-Art-Datenbank, vgl. Anh. 1.4, Pkt, IV „Löschung";

463 Vgl. dazu FAQ „Ist die Lost-Art Dokumentation vollständig?" vgl. Anh. 1.4.

464 *Koch* in: Staub, HGB, § 15 Rn. 31; *Hopt* in: Baumbach/Hopt, HGB, § 15 Rn. 5.

465 Unter konstitutiven Eintragungen sind all solche zu verstehen, die nicht nach § 14 HGB erzwingbar sind und bzgl. derer eine öffentlich-rechtliche Anmeldepflicht nicht besteht, vgl. *Koch* a.a.O., § 15 Rn. 32.

gen.[466] Dies zeigt sich insbesondere im Kunsthandel. Wird bei Werken, die in der Zeit vom 30. Januar 1933 bis zum 08. Mai 1945 von jemandem veräußert wurden, der zu diesem Zeitpunkt dem von der deutschen Regierung oder dem Kollektiv der Nationalsozialisten verfolgten Personenkreis angehörte, grundsätzlich vermutet, dass es sich dabei um NS-Raubkunst, Beutekunst oder entartete Kunst und folglich um eine *abhandengekommene Sache* im Sinne des § 935 Abs. 1 BGB handelt, ist im Zuge des Anscheinsbeweises jeder Erwerber eines solchen Kunstwerkes *zunächst* bösgläubig.

Um den Markt aber funktionsfähig zu halten, ist es notwendig den Erwerbern eine Möglichkeit zu eröffnen, gutgläubig zu handeln. Andernfalls liefe dies für einen Großteil des Kunstmarkts auf ein *faktisches Handelshindernis* hinaus.

Zwar besteht in Bezug auf die bestehenden Datenbanken kein Anspruch auf Abgeschlossenheit hinsichtlich der dort gelisteten Suchmeldungen. Allerdings muss sich der ursprüngliche Eigentümer in diesem Zusammenhang die Frage gefallen lassen, was der Erwerber sonst hätte tun können, um sich einer makellosen Provenienz des begehrten Werkes zu vergewissern.[467] Auch die ursprünglichen Eigentümer oder deren Erben müssen sich dem Vorwurf aussetzen, eine Suchmeldung nicht herausgegeben zu haben. Selbst wenn dies damit begründet wird, dass sie von ihrer Eigentümerstellung nichts wussten - was zwangsläufig nicht bei den ursprünglichen Rechtsinhabern, sondern lediglich bei ihren Erben der Fall sein kann-, ist der Schutz des gutgläubigen Erwerbers und der Verkehrsinteressen ausnahmsweise höher zu bewerten als die Interessen der Erben.[468] Andernfalls würde man den dauerhaften Auseinanderfall von Besitz und Eigentum unnötig fördern, den das Gesetz gerade zu vermeiden versucht.

Zusätzlich greift die *negative Publizität* der Datenbanken in strenger Konsequenz auch ein, wenn eine Suchmeldung zunächst eingetragen wird und später eine Änderung eintritt, die zwar als solche eintragungspflichtig ist, aber nicht eingetragen wird.[469] Damit ist ein gutgläubiger Erwerb auch

---

466 *Koch* a.a.O., § 15 Rn. 34; *Hopt* a.a.O., § 15 Rn. 5; a.A. *Matteus/Matteus/Schwab*, ZGR 2008, 65 (95f.); *Weller/Prütting*, Kap. § 2 Rn. 48.

467 In diesem Sinne ist der Erwerber seiner Nachprüfungspflicht gewissenhaft nachgekommen, vgl. *Bayer* in: Erman BGB, § 932 Rn. 12.

468 Die Ratio des § 935 Abs. 1 BGB ist grundsätzlich umgekehrt, den Interessen des Eigentümers Vorrang vor denjenigen des Erwerbers und des Rechtsverkehrs einzuräumen. Vgl. dazu: *Bayer*, a.a.O., § 935 Rn. 1; Aufgrund der besonderen Konstellation erscheint es aber sachgerecht, den Kunsthandel anders zu bewerten.

469 Vgl. in Parallele dazu zum Handelsregister: *Weller/Prütting*, Kap. § 2 Rn. 47.

an solchen Kunstwerken ausgeschlossen, bei denen die Meldung zwar auf unrichtigen Angaben beruht oder aufgrund neuer Erkenntnisse nicht plausibel ist, aber noch keine Löschung erfolgt ist.[470]

Existieren aber in den Datenbanken und Kunstverzeichnissen taugliche Instrumente zur Widerlegung der zeitlichen Vermutung, bleibt es beim gesetzlich geregelten Grundfall der Möglichkeit des gutgläubigen Erwerbs und damit bei der von § 935 Abs. 2 BGB statuierten *Ungleichbehandlung* der Teilnehmer des Kunstmarktes. Die Inkongruenz ist damit nicht unerheblich.

Letztlich bewirkt auch § 40 Abs. 1 KGSG nicht die notwendige Angleichung in der haftungsrechtlichen Beurteilung unter Kunstvermarktern. § 40 Abs. 1 KGSG bestimmt, dass das Inverkehrbringen von abhandengekommenen, rechtswidrig ausgegrabenen oder unrechtmäßig eingeführten Kulturgut verboten ist und ordnet bei Zuwiderhandlung nach § 40 Abs. 2 KGSG die *Nichtigkeit des Rechtsgeschäfts* an.[471] Die Nichtigkeitsanordnung des § 40 Abs. 2 KGSG schlägt unstreitig auf den gutgläubigen Erwerb nach § 935 Abs. 2 BGB durch. Seinem Wortlaut nach muss das KGSG als *lex specialis* gegenüber den sachenrechtlichen Regelungen des BGB angesehen werden.[472] Die gilt ungeachtet der Intention, die der Gesetzgeber mit der Normierung des § 935 Abs. 2 BGB verfolgt hat. In der Tat wirbt der Gesetzgeber mit § 935 Abs. 2 BGB für den gutgläubigen Eigentumserwerb im Wege der öffentlichen Versteigerung und sieht das Bedürfnis danach in der Schadloshaltung des Staates.

Den Verfügungstatbestand des § 935 Abs. 2 BGB aber aus dem Begriff des Wirkbereichs von § 40 Abs. 2 BGB herauszunehmen, erscheint als pure *Willkür*.[473] So hat der Gesetzgeber doch gerade mit der Regelung der §§ 40ff. KGSG intendiert, den Handel mit Kunstwerken zu reformieren und in Bezug auf *Kulturgüter* bewusster zu machen.

Das 2016 in Kraft getretene KGSG darf aber nur auf einen Eigentumserwerb Einfluss haben, der während seiner Geltungszeit zeitlich noch nicht *abgeschlossen* war.[474] Es erfasst damit wegen der punktuellen Wirkung des

---

470 Vgl. BVerwG, Urt. v. 19.02.2015 - 1 C 13/14, juris Rn. 27; *Dörig*, jM 2015, 252 (253).

471 Kap. 3 § 1 A III.

472 A.A. *Elmenhorst/Strobl*, KUR 2017, 158 (159).

473 So *Elmenhorst/Strobl*, ebd., die in der Geltung des § 40 Abs. 2 KGSG im Rahmen des § 935 Abs. 2 BGB eine unverhältnismäßige und daher verfassungswidrige Inhalts- und Schrankenbestimmung des Eigentums nach Art. 14 Abs. 1 S. 2 GG sehen.

474 BGH, Urt. v. 19.07.2019 - V ZR 255/17, juris Rn. 36.

§ 935 Abs. 2 BGB lediglich seit 2016 stattgefundene Verfügungsgeschäfte. Eine Rückwirkung sieht das KGSG nicht vor.[475]

Dennoch bringt § 40 Abs. 2 KGSG die Intermediäre in ihrer rechtlichen Wahrnehmung einander näher. Ein nach § 40 Abs. 1 KGSG abhandengekommenes Kulturgut ist unter Zugrundelegung dieser Geltung auf Dauer ein sog. *res extra commercium*. Es ist nicht mehr verkehrsfähig.[476] Diese Rechtsfolge gilt unabhängig von der Vertriebsform, über die das Kunstwerk gehandelt wurde.

Allerdings behebt § 40 Abs. 2 KGSG damit längst nicht vollständig das durch § 935 Abs. 2 BGB hervorgerufene *Missverhältnis*, denn die Norm findet nur auf Kulturgüter Anwendung. Tatsächlich wird es sich bei Raub- und Beutekunst aus der NS-Zeit regelmäßig um solche handeln, wie § 44 S. 1 Nr. 1 KGSG beweist. Allerdings erschöpft sich der Anwendungsbereich von § 935 Abs. 2 BGB nicht in diesen, sondern geht wesentlich weiter. Darüber hinaus sieht § 40 Abs. 4 KGSG zwar ein vermutetes *Verschulden* vor, lässt in seinem Satz 2 aber wiederum die Exkulpation desjenigen zu, der das Kunstwerk bzw. Kulturgut „in Verkehr bringt". Damit kommt es wieder zur Anwendung der oben erläuterten und aufgestellten Grundsätze zur Publizitätswirkung der Datenbanken und Kunstverzeichnisse, wobei kumulativ die Sorgfaltspflichten der §§ 41ff. KGSG zu beachten sind.[477]

Infolgedessen hat § 40 KGSG zwar deutlichen Einfluss auf den Anwendungsbereich des § 935 Abs. 2 BGB, doch der Vorwurf der Haftungsdiskrepanz unter Kunstteilnehmern ist damit nicht obsolet.

bb. Institut der Ersitzung nach § 937 Abs. 2 BGB

Auf die Ungleichbehandlung im Rahmen des § 935 Abs. 2 BGB käme es aber nicht mehr an, wenn im Falle eines *Galerieverkaufs* die Käufer abhandengekommener Kunstwerke an diesen zwar nicht im Wege des rechtsgeschäftlichen Erwerbs, sondern zu ähnlichen Bedingungen im Wege der *Ersitzung* Eigentum erlangen würden, § 937 Abs. 1 BGB. Das Rechtsinstitut der Ersitzung unterscheidet nicht zwischen der Verkaufsform, sondern behandelt in diesem Sinne die Marktteilnehmer gleich.[478] Es lässt den

475 BT-Drs. 18/7456, S. 43, Art. 10 „Inkrafttreten, Außerkrafttreten".

476 *Elmenhorst/Strobl*, a.a.O., 159.

477 Vgl. zu den Sorgfaltspflichten bei Kulturgütern ausführlich Kap. 3 § 1 B IV 3 b) bb) (2).

478 *Remien*, AcP 201, 730 (733).

Eigentumserwerb an fremden, beweglichen Sachen zu, sofern der Erwerber sie mindestens zehn Jahre in *Eigenbesitz* gemäß § 872 BGB hatte.[479] Der Tatbestand der Ersitzung erfordert daneben auch, dass der Erwerber bei Besitzerwerb gutgläubig war und später auch nicht erfahren hat, dass ihm das Eigentum nicht zusteht, § 937 Abs. 2 BGB.[480]

Sind diese Voraussetzungen erfüllt, erwirbt der Erwerber lastenfrei das Eigentum an der Sache.[481]

Auch im Rahmen der Ersitzung hat der Kläger, der sein ursprüngliches Eigentum an der Sache behauptet und die Ersitzung in Abrede stellt, die Beweislast für die Bösgläubigkeit des Erwerbers.[482]

Die oben aufgestellten Grundsätze sind damit auf den Ausschlusstatbestand der Ersitzung nach § 937 Abs. 2 BGB zu übertragen.[483] Sie bewirken auch keine abweichende Beweislastverteilung, die aufgrund des klaren Wortlauts von § 937 Abs. 2 BGB grundsätzlich abzulehnen ist.[484] Der Gesetzgeber hat die Vorschriften über die Ersitzung gerade in Bezug auf abhandengekommene Sachen geregelt und dort das Bedürfnis nach dem Schutz des guten Glaubens gesehen. Er hat bewusst die Regel des § 937 Abs. 1 BGB gewählt, die grundsätzlich unabhängig vom *Abhandenkommen* ist und nur im Ausnahmefall, dass der Ersitzende positive Kenntnis oder grob fahrlässige Unkenntnis über das Fehlen der eigenen Rechtsstellung hat, keinen Eigentumserwerb ermöglicht.[485] Der Gesetzgeber intendiert

---

479 *Ebbing* in: Erman BGB, § 937 Rn. 1; *Herrler* in: Palandt BGB, § 937 Rn. 1.

480 *Heuer*, NJW 1999, 2558 (2564).

481 *Baldus* in: MüKo-BGB, § 937 Rn. 99; *Ebbing* in: Erman BGB, § 937 Rn. 1; *Herrler* in: Palandt BGB, § 945 Rn. 2; BGH, Urt. v. 19.07.2019 - V ZR 255/17, juris Rn. 39.

482 BGH, a.a.O., Rn. 38.

483 Beachte BGH, Urt. v. 19.07.2019 - V ZR 255/17, juris Rn. 41, der keine Beweislastumkehr vorsieht, sondern die sekundäre Beweislast des gegenwärtigen Besitzers. Zu Gunsten des früheren Besitzers gilt die Eigentumsvermutung des § 1006 Abs. 2 BGB. Der auf Herausgabe verklagte Besitzer muss damit aufgrund der allgemeinen Rechtsfortdauervermutung seinerseits beweisen, dass der frühere Besitzer sein Eigentum an der Sache trotz Abhandenkommens durch einen gutgläubigen Erwerb, etwa nach § 937 BGB oder § 950 BGB oder etwa durch die Ausnahmeregel des § 935 Abs. 2 BGB verloren hat. Der Erwerber muss damit primär die Voraussetzungen eines Erwerbstatbestandes darlegen und beweisen, wovon er ohne das Abhandenkommen nach § 1006 Abs. 1 BGB enthoben wäre (Publizitätswirkung).

484 BGH, Urt. v. 19.07.2019 - V ZR 255/17, juris Rn. 42, der für eine Beweislastumkehr die Notwendigkeit einer teleologischen Reduktion des § 937 Abs. 2 BGB sieht, die angesichts des klaren Wortlauts unbegründbar sei.

485 BGH, Urt. v. 19.07.2019 - V ZR 255/17, juris Rn. 44.

damit den Schutz des gutgläubigen Erwerbers gerade in Bezug auf abhandengekommene Sachen.[486]

Der Annahme eines *Anscheinsbeweises* bei Kunstwerken mit nationalsozialistischem Hintergrund steht somit auch im Rahmen des § 937 Abs. 1 BGB nichts entgegen.

§ 40 KGSG darf dem Tatbestand der Ersitzung hingegen *nicht* entgegenstehen.

Nach dem eindeutigen Wortlaut des § 40 Abs. 1 KGSG soll ein *Rechtsgeschäft* nichtig sein, sofern es sich bei dem Kulturgut um ein solches handelt, dass abhandengekommen, rechtswidrig ausgegraben oder unrechtmäßig eingeführt ist. Die Ersitzung ist kein *Rechtsgeschäft* in diesem Sinne, deshalb muss § 40 Abs. 1 KGSG für die Beurteilung der vollzogenen Ersitzung unerheblich bleiben.[487]

Lediglich eine mittelbare Wirkung ist § 40 Abs. 1 KGSG nicht abzusprechen; denn der Ersitzer könnte selbst das Kulturgut nicht mehr in Verkehr bringen. Wegen § 40 Abs. 1 KGSG wären sowohl Verpflichtungs-, als auch Verfügungsgeschäft stets nichtig.[488]

In Ermangelung einer Differenzierung in die jeweiligen Vertriebsformen und insbesondere mangels Privilegierung der *Versteigerung*, kommt es durch die Ersitzung zu einer rechtlichen *Angleichung* von Auktionshäusern und Galeristen, allerdings ohne das durch § 935 Abs. 2 BGB erzeugte Spannungsverhältnis in seiner Gänze zu korrigieren. Denn wie bereits erwähnt, wird der Ersitzer erst nach *zehn Jahren* Eigentümer eines Kunstwerkes, wobei nach § 937 Abs. 2 BGB jede Kenntniserlangung im Laufe dieser Zeit über das Fehlen der eigenen Rechtsstellung den Eigentumserwerb verhindert. Der gute Glaube hinsichtlich der Verfügungsbefugnis bei § 935 Abs. 2 BGB muss hingegen nur *punktuell* im Zeitpunkt des Verfügungsgeschäfts vorliegen.

---

486 BGH, a.a.O., Rn. 42.

487 *Elmenhorst/Strobl*, KUR 2017, 158 (159); *Ebbing* in: Erman BGB, § 937 Rn. 7; *Mahmoudi/Mahmoudi*, Kunst-Wissenschaft-Recht-Mangement, S. 309.

488 *Elmenhorst/Strobl*, KUR 2017, 158 (159).

cc. Verjährung

Letztlich kommt die Lösung der Diskrepanz durch die *Verjährungsvorschriften* in Betracht. Die Verjährung ist ein tatsächliches Hindernis in der Geltendmachung von Restitutionsansprüchen.[489]

Sie richtet sich bei dem Herausgabeanspruch des § 985 BGB nach § 197 Abs. 1 Nr. 1 BGB und beträgt dreißig Jahre, wobei sie nach § 200 S. 1 BGB mit der Entstehung der Vindikationslage beginnt.[490]

Die Verjährung hat *de lege lata* allein die *Nicht-Durchsetzbarkeit* des Herausgabeanspruchs zur Folge, § 214 BGB.[491] Besitz und Eigentum vereinigen sich nicht in einer Person, sondern werden dauerhaft getrennt.[492] Das Eigentum ist in diesem Fall lediglich ein *nudum ius*; ein nacktes Recht ohne jeglichen Zugriff auf die Sache.[493] Das Recht erschöpft sich in der bloßen *Hoffnung*, der Besitzer möge seinen Besitz außerhalb des Anwendungsbereichs von § 198 BGB an einen Dritten verlieren, so dass die Vindikationslage gegen den neuen Besitzer unverjährt von Neuem entsteht.[494] Bei abhandengekommenen Kunstwerken macht sich diese entblößte Rechtsstellung besonders bemerkbar. Sie altern nicht, sie unterliegen keinem wertemäßigem Verschleiß, sie sind nicht geprägt vom Charakter der Aktualität. An der Erlangung ihres Eigentums und Besitzes besteht ein dauerhaftes und Generationen überweilendes Interesse.

---

489 Es verdeutlicht sich hier die Eigenart der Kunst. Obwohl Kunstwerke lediglich einen minimalen Teil der Gegenstände darstellen, die unter das Sachenrecht fallen, sind sie besonders relevant im Rahmen des Problems bei *Verstreichens erheblicher Zeit*. Dies rührt insbesondere auch aus der schnellen Entwertung, dem Verschleiß und der Vergänglichkeit anderer Handelsgüter. Die praktische Relevanz der Kunstwerke im Bereich der Verjährung zeigen Fälle, wie das „Hamburger Stadtsiegel“ - BGH, Urt. v. 05.10.1989 - IX ZR 265/88; NJW 1990, 899, die „Sumpflegende“ - KG Berlin, Urt. v. 21.05.1992 - 22 U 1922/92, juris oder etwa das „Bernsteinzimmer-Mosaik“, siehe auch *Krämer*, NJW 1997, 2580.

490 *Ebbing* in: Erman BGB, § 985 Rn. 25; *Klinck* in: Staudinger, Kap. U 3 d) Rn. U 180; *Baldus* in: MüKo-BGB, § 937 Rn. 81; *Thole* in: Staudinger BGB, § 985 Rn. 209.

491 *Wieling*, § 11 I 3 a, S. 137.

492 Ein Zustand, den das BGB durch seine Vorschriften zum gutgläubigen Eigentumserwerb in §§ 932-934 BGB zu vermeiden versucht.

493 Vgl. dazu ausführlich *Siehr*, ZPR 2001, 346 (347), der den Zustand des *nudum ius* oder *dominium sine re* als „Missgeburt“ und unter Verweis auf das Schweizerische Bundesgericht als „sonderbare und gekünstelte Lösung“ (strana e artificiosa soluzione) bezeichnet; m.V. Bundesgericht 15. 2. 1922, Entscheidungen des Schweizerischen Bundesgerichts 48 II 38, 45; *Remien* bezeichnet das *Nudum ius* als „Halbheit des Rechts“, als „Rechtskrüppel“, vgl. *Remien*, AcP 201, 730 (737).

494 *Klinck* in: Staudinger, Kap. U 3 d) Rn. U 180.

Hat der Eigentümer eines Kunstwerkes aber unfreiwillig den Besitz an diesem verloren, sein Eigentum hingegen - in Ermangelung des guten Glaubens beim Erwerber - behalten, muss er wohl sein *nacktes Eigentum*, was jedes schützenden Anspruches entbehrt, akzeptieren.

Sieht man diesen *dauerhaften Auseinanderfall* von Eigentum und Besitz als nicht akzeptabel an, stellt sich die Frage nach Lösungswegen.

Diese beschränken sich wohl nur auf zwei Möglichkeiten: Entweder man lehnt generell eine Verjährung dinglicher Ansprüche ab oder man führt Eigentum und Besitz im Zuge der eintretenden Verjährung erneut zusammen.[495]

Die Idee dingliche Ansprüche nicht der Verjährung zu unterwerfen, wurzelt in der Behauptung, dass neben dem gutgläubigen Erwerb im Wege der Versteigerung nach § 935 Abs. 2 BGB und der Ersitzung nach § 937 BGB lediglich die Besitzer übrig bleiben, die *bösgläubig* sind.[496] Die Verjährung begünstigt damit insbesondere den *Dieb*, dem gegenüber Herausgabeansprüche des Eigentümers nicht mehr durchsetzbar sind.

Obwohl dieser auf Dauer kein Eigentum an der Kaufsache erwerben kann und insofern *rechtslos* in Bezug auf das Kunstwerk ist, kommt ihm erheblich dessen *Publizitätswirkung* nach § 1006 BGB zugute.[497] Der Dieb selbst kann zwar weder nach § 935 Abs. 2 BGB noch nach § 937 Abs. 1 BGB gutgläubig Eigentum erwerben; der Folgeerwerber ist dazu wiederum unproblematisch imstande, sofern er *gutgläubig* ist.

Allerdings tritt durch die Verjährung *faktisch* keine Besserstellung ein. Es bleibt in Hinblick auf die Sach- und Rechtslage der Zustand beibehalten, der ohnehin besteht.

Darüber hinaus ist der gezwungene Schluss auf den *Dieb* keinesfalls erschöpfend. Denn dieser handelt stets vorsätzlich. Gemäß § 932 Abs. 2 BGB ist aber auch der *grob fahrlässig* Handelnde von einem gutgläubigen Erwerb ausgeschlossen. Auch wenn grob fahrlässig derjenige handelt, der die im Verkehr übliche Sorgfalt in besonders schwerem und ungewöhnlichem Maße verletzt[498], ist das in keinem Fall der vorsätzlich handelnde Dieb. Letztlich ist aber das entscheidende Argument gegen einen Verjährungsaus-

495 *Wieling*, § 11 I 3 a, S. 138; *Remien*, AcP 201, 730 (734).

496 *Siehr*, ZPR 2001, 346 (347); *Remien*, AcP 201, 730 (737).

497 Die herrschende Lehre begreift den unmittelbaren und mittelbaren Besitz als *tatsächliche Herrschaft* über eine Sache, *Gutzeit* in: Staudinger BGB, § 868 Rn. 5; *Elzer* in: Erman BGB, § 854 Rn. 4.

498 *Caspers* in: Staudinger BGB, § 276 Rn. 93.

schluss bei dinglichen Ansprüchen, dass ein solcher dem BGB wesens- und systemfremd ist.[499] Ansprüche unterliegen der Verjährung; so ist alles vergänglich und die Zeit muss die Wunden heilen dürfen.[500]

Erkennt man deshalb eine *außerordentliche Ersitzung* zugunsten des bösgläubigen Besitzers an, wird dieser nach dreißig Jahren *Eigentümer*, ungeachtet seiner subjektiven Gesinnung. Der Besitz erstarkt damit durch Eintritt der Verjährung in Eigentum.[501] Obwohl dieser Lösungsansatz zunächst befremdlich wirken mag, ist er keine völlige *Novität*. Dem Besitzer kommt schon ab Verjährung des Herausgabeanspruchs ein Recht zum Besitz zu.[502] Somit hat der Eigentümer dauerhaft keinen Anspruch auf Herausgabe nach § 985 BGB. Eigentum und Besitz in dieser Lage zusammen zu führen, entspricht damit lediglich dem Bedürfnis nach Rechtssicherheit und ist die rechtliche *Manifestation* des Zustands, der in tatsächlicher Hinsicht ohnehin schon besteht.[503] Allerdings schließt die außerordentliche Ersitzung eine Fallkonstellation notwendig aus, die *de lege lata* die Hoffnung auf eine Zusammenführung von Eigentum und Besitz am Leben erhält. Es kann nämlich ein Dritter auch nach Eintritt der Verjährung dem Besitzer den Besitz - falls nötig ohne dessen Willen - entziehen. Zwar ist der Dritte in diesem Fall Schuldner des *petitorischen* - und im Übrigen wegen § 858 Abs. 1, 2 BGB erfolgreichen - Herausgabeanspruchs nach § 861 BGB. Dieses *Intermezzo* hat aber zur Folge, dass der dingliche - zunächst verjährte - Herausgabeanspruch des Eigentümers nach § 985 BGB in Ermangelung eines Anwendungsfalls von § 198 BGB wieder auflebt, § 199 Abs. 1 BGB.[504]

---

499 BT-Drs.: 14/7052, S. 178 re.Sp. dort unter „Ausnahmetatbestände"; *Schmidt-Räntsch* in: Erman BGB, § 197 Rn. 2; *Heinrichs*, NJW 1982, 2021 (2022); a.A. *Siehr*, ZRP 2001, 346 (346) mit Verweis auf die Rechtssystematik der Schweiz, USA und Großbritannien. Er verweist dabei aber auch auf das Gutachten von *Peters/Zimmermann*, Verjährungsfristen in: Gutachten und Vorschläge zur Überarbeitung des SchuldR I, 1981, S. 77 und übersieht dabei aber, dass die Verfasser die §§ 194ff. BGB primär wegen ihrer Vielzahl an unübersichtlichen Verjährungsfristen kritisiert haben und sie dies als unbefriedigend ansahen. Die Verfasser schlugen damit grundsätzlich eine einheitliche Verjährungsfrist vor, die aber nur mit Fälligkeit des Anspruchs zu laufen beginnt, jedoch so lange gehemmt ist, wie der Gläubiger ohne grobe Fahrlässigkeit von dem Anspruch oder der Person des Schuldners Kenntnis hat, vgl. *Grunsky*, AcP 182, 453 (454).

500 *Wieling*, § 11 I 3 a, S. 138.

501 *Wieling*, a.a.O., S. 139.

502 *Thole* in: Staudinger BGB, § 985 Rn. 205, 206.

503 *Wieling*, a.a.O., S. 138.

504 Die Anrechnung nach § 198 BGB gilt nur für die Rechtsnachfolge (*accessio temporis*), nicht bei originärem Besitzerwerb bzw. Besitzerlangung durch verbotene

Freilich birgt die strenge Anwendung des § 198 BGB auch *Missbrauchspotenzial* in sich. So kann die *verbotene Eigenmacht* nicht nur durch einen zuvor unbeteiligten, sondern auch durch einen vom Eigentümer beauftragten Dritten oder sogar durch diesen selbst begangen werden, um die Durchsetzbarkeit des Anspruchs wieder aufleben zu lassen.[505] Dennoch erscheint dieses Risiko, was die Verjährungsvorschriften der §§ 197 ff. BGB in sich bergen, vertretbarer, als den Eigentümer ungerechtfertigt seiner Stellung zu berauben.

So vermag es im Ergebnis zwar unbefriedigend erscheinen, das Eigentum nach Eintritt der Verjährungsfrist als *nudum ius* zu akzeptieren; dies ist dennoch unter Abwägung mit anderen Lösungswegen notwendig.

Bleibt das Eigentum aber infolge der Verjährung das *Eigentum eines anderen*, bewirkt die Verjährung in der Debatte um § 935 Abs. 2 BGB keine Änderung. Bei als *„abhandengekommen"* kategorisierten Kunstwerken bleibt der *rechtsgeschäftliche* Eigentumserwerb außerhalb der öffentlichen Versteigerung ausgeschlossen.

d. Stellungnahme

Es lässt sich feststellen, dass § 935 Abs. 2 BGB in seiner heutigen Fassung tatsächlich auch die *freiwillige, öffentliche Kunstauktion* erfasst und diese Anwendung insbesondere auch im Kunsthandel sachgerecht ist. Weist der Kunstauktionator eine besondere Sachkunde in Bezug auf die zu versteigernden Kunstwerke auf und ist aufgrund dessen zum *öffentlichen Versteigerer bestellt*, rechtfertigt sich darin die besondere *Fähigkeit*, die ihm 935 Abs. 2 BGB zuerkennt, sofern er diese *Sachkunde* in Vorbereitung, Ablauf und Abwicklung der Versteigerung von Kunstwerken einsetzt und darüber hinaus seine *Kataloge* kontinuierlich durch die Datenbanken und Kunstverzeichnisse kontrollieren lässt.

Aus dieser Gesetzesanwendung resultiert aber notwendig eine *Privilegierung* gegenüber anderen Marktteilnehmern, insbesondere den Kunstgalerien, die nicht wettzumachen ist.

Privilegiert ist der Kunstvermarkter deshalb, weil er grundsätzlich den Eigentumserwerb - ungeachtet etwaiger Abweichungen in den Provenienz-

---

Eigenmacht im Sinne des § 858 Abs. 1 BGB. Wird die Sache gestohlen bzw. ohne dessen Willen entzogen, beginnt eine neue dreißigjährige Frist zu laufen; dazu *Remien*, AcP 201, 730 (741).

505 So die außerordentliche Ersitzung befürwortend: *Wieling*, a.a.O., S. 138.

angaben - von Gesetzes wegen *„garantieren“* kann, sofern der Erwerber gutgläubig ist. Der Einlieferer wird deshalb stets den Auktionator als Vermarkter wählen, der im Wege seines *„Kunstrecyclings“* sicherstellen kann, dass er nie Opfer erfolgreicher *Restitutionsansprüche* wird. Darüber hinaus versperrt die fehlende Eigentumsverschaffung aber auch dem Galeristen die *Konkretisierung* auf das Kaufgewährleistungsrecht, welches für ihn insbesondere vor dem Hintergrund der deutlich kürzeren *Maximalverjährung* vorteilhaft ist.

Steht dies aber fest, stellt sich die Frage nach der Rechtfertigung der Ungleichbehandlung von Auktionshäusern gegenüber den restlichen Marktteilnehmern.

Ratio der Norm ist die Haftungsfreistellung des Staates bei der Versteigerung von günstig bepreister Ware. Darüber hinaus soll den Interessen des Erwerbers ausnahmsweise Vorrang vor denen des wahren Eigentümers eingeräumt werden, sofern Letzterer seinen Eigentumsverlust *verschweigt.*

Diese Motive sind grundsätzlich in der Sache gerecht und entsprechen den Interessen der regelmäßig am Rechtsgeschäft beteiligten Personen.

Es besteht jedoch kein sachlicher Grund, das Institut der *Verschweigung* lediglich auf die Vertriebsform des *Versteigerers* zu beschränken. Die Handelsgüter der Auktionshäuser sind denen der restlichen Marktteilnehmer identisch. Auch fertigen die Galerien vor ihren Ausstellungen ganz regelmäßig Kataloge an, die somit unproblematisch einer Kontrolle durch die Datenbanken zugänglich sind. Darüber hinaus finden auch Galerieausstellungen auf dem Sekundärmarkt temporär statt und würden damit die Einschaltung einer dem *öffentlich bestellten Versteigerer* vergleichbaren Person grundsätzlich möglich machen.

Diese Diskrepanz wird durch das Gesetz an keiner anderen Stelle korrigiert. Weder das *Institut der Ersitzung* noch die *Verjährung* schaffen hier einen angemessenen Interessenausgleich unter den Marktteilnehmern; und sogar § 40 KGSG ist mit seiner Begrenzung auf Kulturgüter und insbesondere auf Nazi-Raubkunst kein taugliches Mittel, eine gleiche Rechtsanwendung in Bezug auf alle miteinander vergleichbaren Teilnehmer herzustellen.

So evident aber auch die Ungleichbehandlung sein mag und obwohl die Interessenlage der Marktteilnehmer eindeutig miteinander vergleichbar ist, ist sie in Anbetracht des eindeutigen Wortlauts der Norm nicht im Wege einer *teleologischen Auslegung* zu beheben.

In Bezug auf einen Regelungsbedarf *de lege ferenda* darf vom Gesetzgeber erwartet und gefordert werden, den Begriff der *öffentlichen Versteige-*

rung des § 935 Abs. 2 BGB auszuweiten und die Privilegierung der Kunstauktionshäuser damit aufzuheben.

Der Appell an den Gesetzgeber geht also dahin, den Verweis auf die öffentliche Versteigerung nach § 383 Abs. 3 BGB um die Formulierung zu erweitern, dass die Regelung für jene Marktformen Geltung entfaltet, die der öffentlichen Versteigerung vergleichbare *Wesenszüge* aufweisen, indem sie grundsätzlich *öffentlich erfolgen,* der *öffentlichen Kontrolle unterliegen* und durch einen mit besonderer Sachkunde *zertifizierten Verkäufer* durchgeführt werden.

III. Der Mangel

Grundsätzlich findet infolge des Kaufvertrages die Eigentumsübertragung an den verkauften Werken statt. Im Zuge des Eigentumsübergangs erfolgt auch regelmäßig der Gefahrenübergang und konkretisiert die Rechte des Käufers auf die *Kaufgewährleistung* nach §§ 434 ff. BGB.[506]

Namentlich ist das also *de lege lata* in allen denkbaren Sachverhalten am Kunstmarkt der Fall, ausgenommen den Verkauf von *gestohlenen* oder allgemein abhandengekommenen Kunstwerken, die nicht im Wege einer *Kunstauktion* versteigert werden.[507]

Bei dem Versuch, den Mangel an Kunstwerken zu konstituieren, zeigt sich die Evidenz ihrer Besonderheit für das Zivilrecht, insbesondere im Sinne der kaufgewährleistungsrechtlichen Vorschriften. Sie verlangt damit nach einer Auseinandersetzung, was im Einzelfall unter dem *Kunstwerk* zu verstehen ist, welche Eigenschaften zu seiner Beschaffenheit zählen[508] und wann eine Abweichung in diesen Beschaffenheitsmerkmalen geeignet ist, einen Mangel an ihm zu begründen.

Der *Mangel* ist zentrales Tatbestandsmerkmal des Kaufgewährleistungsrechts; er ist *conditio sine qua non* für alle in § 437 BGB enumerativ genannten Rechte des Käufers.[509]

Der Gesetzgeber unterscheidet zwischen dem Sachmangel nach § 434 BGB und dem Rechtsmangel im Sinne des § 435 BGB.

---

506 Kap 3 § 1 B.

507 Die Fälle des fehlenden Eigentumsübergangs bleiben hier ausgeklammert und werden später in diesem Kapitel im Abschnitt § 1 C erörtert.

508 Kap. 2 § 3.

509 Diese werden in gesondert in diesem Kapitel in Abschnitt § 1 B IV erörtert.

1. Der Sachmangel am Kunstwerk

Der Gesetzgeber sieht grundsätzlich in den in § 434 BGB normierten Varianten einen subjektiven und einen objektiven Mangel vor. In dessen bis zum 31. Dezember 2021 geltenden Fassung ordnete er in § 434 BGB ein gestuftes Mangelkonzept an:[510] Zunächst wurde auf die vereinbarte Beschaffenheit nach § 434 Abs. 1 S. 1 BGB a.F. abgestellt. Nur soweit diese nicht zwischen den Parteien vereinbart war, durfte auf stufenweise weniger subjektiv geprägte Anforderungen[511] und subsidiär auf objektive Kriterien nach § 434 Abs. 1 S. 2 Nr. 2 und S. 3 BGB a.F abgestellt werden.[512]

Mit Einführung des § 434 BGB n.F. zum 01. Januar 2022 ist dieses Stufenverhältnis abgeschafft worden.[513] Eine Sache im Sinne des § 90 BGB ist deshalb grundsätzlich frei von Sachmängeln, wenn sie bei Gefahrenübergang den subjektiven Anforderungen, den objektiven Anforderungen *und* - sofern vorhanden - den Montageanforderungen entspricht, § 434 Abs. 1 BGB.[514] Das Mangelkonzept ist folglich nicht mehr gestuft, sondern *kumulativ*.[515]

---

510 *Pammler* in: Herberger/Martinek/Rüßmann/Weth/Würdinger, jurisPK-BGB, § 434 Rn. 10.

511 Der subjektive Fehlerbegriff meint nach dem Willen des Gesetzgebers sowohl die Beschaffenheitsvereinbarung als auch die „vertraglich vorausgesetzte Verwendung“ nach § 434 Abs. 1 S. 2 Nr. 1 BGB a.F., vgl. BT-Drs. 14/6040, S. 213 re.Sp.

512 Der § 434 BGB a.F. wurde in Umsetzung der Verbrauchsgüterkaufrichtlinie (RL 1999/44/EG) eingeführt. Die Umsetzung erfolgte zum 01. Januar 2002; er entsprach Art. 2 der VKRL. Diese Normierung zwang zu einer intensiven Auseinandersetzung damit, wann im Einzelnen eine Beschaffenheitsvereinbarung im Sinne des subjektiven Fehlerbegriffs vorliegt bzw. wann in Ermangelung dieser von einer vertraglich vorausgesetzten Verwendung gesprochen werden kann. Erst subsidiär durfte auf den objektiven Fehlerbegriff im Sinne des § 434 Abs. 1 S. 2 Nr. 2 BGB a.F. eingegangen werden. Der Gesetzgeber sah den § 434 Abs. 1 S. 2 Nr. 1 BGB a.F. als Auffangtatbestand für Konstellationen, in denen eine Beschaffenheit zwar nicht vereinbart ist, die Parteien aber eine bestimmte Verwendung bei Vertragsschluss vorausgesetzten, vgl. BT-Drs. 14/6040, S. 211 re Sp. -S. 213 re.Sp.

513 Für die Ausarbeitung im Folgenden ist dies die maßgebliche Fassung, sofern nicht durch „*a.F.*“ abweichend gekennzeichnet. In Umsetzung der Warenkaufrichtlinie (RL (EU) 2019/771), die die Verbrauchsgüterkaufrichtlinie (RL 1999/44/EG) ersetzt, hat der deutsche Gesetzgeber das Kaufvertragsrecht novelliert. Die Umsetzung erfolgte den europäischen Vorgaben entsprechend zum 01. Januar 2022; Die neue Fassung des § 434 BGB entspricht Art. 5 WKRL; BT-Drs. 19/27424, S. 1 und 12.

514 Die Montageanforderungen müssen nach § 434 Abs. 4 BGB n.F. lediglich vorliegen, sofern eine Montage durchzuführen ist.

515 BT-Drs. 19/27424, S. 23.

Dieses *kumulative Mangelkonzept* stellt die Bewertung von Kunstwerken als mangelhaft vor eine erhebliche Erschwerung.

Freilich hatte der Kunsthandel seit der Einführung der neuen Gewährleistungsvorschriften noch nicht viel Zeit, auf die Änderungen zu reagieren und eventuelle Vereinbarungen umzustellen. Rechtsprechung gibt es bisher nicht und die Literatur schweigt trotz Ankündigung bis heute zu einer eventuellen Änderung für diesen Wirtschaftszweig. Für die im Rahmen dieser Arbeit diskutierten haftungsrechtlichen Erwägungen für die Hauptakteure des Kunsthandels kann somit nur auf Parallelen des alten Rechts verwiesen werden.[516] Die Thematik wird daher in vielen Teilen, insbesondere in Hinblick auf die Probleme der Anwendbarkeit der allgemeinen kaufrechtlichen Vorschriften auf den Kunsthandel, anhand allgemeiner dogmatischer Überlegungen behandelt, die auf die Besonderheiten des Verkaufsgegenstandes und des Handelszweiges angewandt und darunter subsumiert werden.

a. Die Beschaffenheitsvereinbarung

Die subjektiven Anforderungen sind gemäß § 434 Abs. 2 S. 1 BGB erfüllt, wenn die Sache nach Nr. 1 die *vereinbarte Beschaffenheit* hat, gemäß Nr. 2 sich für die nach dem Vertrag vorausgesetzte Verwendung eignet und nach Nr. 3 mit dem dazugehörigen *Zubehör* übergeben wird.

Es genügt nach neuer Gesetzesfassung also grundsätzlich nicht mehr, dass die Sache lediglich der *vereinbarten Beschaffenheit* entspricht; denn die Beschaffenheitsvereinbarung ist nur noch eine von mehreren Voraussetzungen, die der Gesetzgeber an die Mangelfreiheit stellt. Zwar wird sich im Sinne der subjektiven Anforderungen ein Kunstwerk, welches die vereinbarte Beschaffenheit aufweist, auch in der Regel für die nach dem Vertrag vorausgesetzte Verwendung eignen. Allerdings verlangt der Gesetzgeber darüber hinaus noch im *kumulativen* Verhältnis, dass sich das Kunstwerk - entsprechend den in § 434 Abs. 3 BGB normierten *objektiven Anforderungen* - für die gewöhnliche Verwendung eignet und eine Beschaffenheit aufweist, die bei Sachen derselben Art üblich ist und die der Käufer wegen der Art der Sache oder der öffentlichen Äußerung des Verkäufers oder der Beschaffenheit einer Probe oder eines Musters erwarten darf.

516 Siehe dazu das Literaturverzeichnis und Zitat der jeweiligen Arbeiten an entsprechender Stelle.

Ein Kunstwerk, welches der Beschaffenheitsvereinbarung der Parteien entspricht, kann also künftig dennoch *mangelhaft* sein, weil es objektiv fehlerhaft ist.

Dabei behält der Gesetzgeber in § 434 Abs. 3 S. 1 BGB den Parteien das Recht vor, vertraglich ein *„anderes“* zu regeln.[517] Somit darf die subjektive Beschaffenheit von der objektiven Beschaffenheit abweichen - *positiv* wie *negativ*.

Diese sog. *negative Beschaffenheitsvereinbarung* ist nach der ebenfalls seit dem 01. Januar 2022 geltenden Fassung des § 476 Abs. 1 S. 2 BGB bei *Verbrauchsgüterkaufverträgen* nur dann zulässig, wenn der Verbraucher vor Abgabe seiner Willenserklärung davon in *Kenntnis* gesetzt wird, dass ein bestimmtes Merkmal von den objektiven Anforderungen abweicht und die Abweichung *ausdrücklich* und *gesondert* im Vertrag vereinbart wird.[518]

Es bedarf somit zunächst der Klärung, ob es sich bei Ausstellungskatalogen von Galerien und Katalogen von Auktionshäusern um *Beschaffenheitsvereinbarungen* im Sinne des § 434 Abs. 2 S. 1 Nr. 1 BGB handelt. Trifft dies zu, entspricht ein Kunstwerk zunächst den *subjektiven Anforderungen*, wenn es die anhand der Kataloge vereinbarte Beschaffenheit aufweist.[519]

aa. Die Rechtsnatur der Ausstellungskataloge

Im Kunsthandel verschaffen sich die Kaufinteressenten regelmäßig in den vom Kunstvermarkter angebotenen Katalogangaben Informationen über die ausgestellte Ware oder bei Auktionshäusern über die Lose. Die Kataloge enthalten zumeist eine kurze kunsthistorische Darstellung, aber auch Einzelheiten zu Herkunft und Zustand der Werke.[520] Ob diese Ausstellungskataloge der Kunstvermarkter als Beschaffenheitsvereinbarung nach § 434 Abs. 2 S. 1 Nr. 1 qualifiziert werden können, unterliegt Bedenken.[521] Die

517 Nach jetziger Gesetzeslage ist nicht geklärt, was im Sinne einer anderen Vereinbarung hinsichtlich Inhalt, Bestimmtheit, Art und Weise verlangt wird.

518 Kap. 3 § 1 B III 1 b).

519 *Pammler* in: Herberger/Martinek/Rüßmann/Weth/Würdinger, jurisPK-BGB, § 434 Stand: 08.12.2021 Rn. 36.

520 *Braunschmidt*, NJW 2013, 734 (734).

521 Die Rspr. hat in den überwiegenden Fällen die Annahme einer Beschaffenheitsvereinbarung offengelassen. Dies war vor dem Hintergrund des zuvor im Rahmen des § 434 BGB geltenden gestuften Mangelkonzeptes dogmatisch fragwürdig. Der subjektiv-objektive Fehlerbegriff zwang dazu, das Vorliegen eines Sachmangels zunächst anhand der zwischen den Parteien getroffenen Vereinbarung über die

Qualifikation ist dogmatisch aber entscheidend als Vorfrage in Hinblick auf die Begründbarkeit eines Mangels, ihre eventuell *negative* Abweichung von den objektiven Anforderungen und ihre Beziehung zu regelmäßig verwendeten Haftungsausschlüssen der Marktteilnehmer.[522]

Darüber hinaus erleichtert eine Beschaffenheitsvereinbarung dem Käufer die Geltendmachung seiner Rechte, da der Anwendungsbereich des § 437 BGB stets die Abweichung vom vertraglich *Statuierten* voraussetzt. Insbesondere im Kunsthandel wird die Bedeutung einer subjektiven Absprache zwischen den Parteien in Hinblick auf die Kaufsache evident. Der Kunst wohnt ein solch subjektiver Charakter inne, dass die Begründung einer objektiven Durchschnittserwartung regelmäßig unbefriedigend ist.[523]

Da Auktions- und Ausstellungskatalogbeschreibungen regelmäßig nicht *ausdrücklicher* Vertragsbestandteil werden, können sie nur als *konkludente* Beschaffenheitsvereinbarungen Teil des Vertrages werden.[524] Diese sind insbesondere von bloßen *vorvertraglichen Information* durch den Verkäufer abzugrenzen. Denn auch vorvertragliche öffentliche Äußerungen möchte der Gesetzgeber im Zuge der *objektiven* Anforderungen an die Kaufsache in den Vertrag miteinbeziehen, § 434 Abs. 3 S. 1 Nr. 3 BGB.[525]

Es steht somit fest, dass Katalogangaben von Kunstvermarktern für die Determinierung der Beschaffenheitsanforderungen von Kunstwerken nicht gänzlich außer Betracht bleiben dürfen.

Es gilt lediglich zu untersuchen, ob es sich bei den Katalogangaben um eine *Beschaffenheitsvereinbarung* zwischen den Parteien handelt und sie damit die subjektiven Anforderungen definiert oder um eine *öffentliche Äußerung*, welche die objektiven Anforderungen determiniert.

Die Frage nach dem Vorliegen einer Beschaffenheitsvereinbarung darf auch nicht unbeschieden bleiben: Wo nach alter Fassung des § 434 BGB in Ablehnung der Beschaffenheitsvereinbarung der alleinige Rückgriff auf den objektiven Fehlerbegriff des § 434 Abs. 1 S. 2 Nr. 2, S. 3 BGB möglich war,

---

Beschaffenheit und der vertraglich vorausgesetzten Verwendung (§ 434 Abs. 1 S. 1 BGB u. § 434 Abs. 1 S. 1 BGB) zu begründen und erst dann auf den objektiven Fehlerbegriff im Sinne des § 434 Abs. 1 S. 2 Nr. 2, S. 3 BGB überzugehen; vgl. dazu BGH, Urt. v. 09.10.2013 - VIII ZR 224/12, juris Rn. 13; kritisch: *Raue/Hollenders*, GRUR 2014, 98 (99).

522 Kap. 3 § 2 A.

523 Kap. 3 § 1 B III 1 b) bb) (1), aber auch ähnlich *Raue/Hollenders*, GRUR 2014, 98 (99).

524 *Grunewald* in: Erman BGB, § 434 Rn. 14; *Weidenkaff* in: Palandt BGB, § 434 Rn. 17.

525 Kap. 3 § 1 B III 1 b) bb) (5).

ist diese Rechtsanwendung nach neuem Mangelkonzept versperrt.[526] Der Gesetzgeber hat eindeutig den Gleichrang von subjektiven und objektiven Fehlerbegriff angeordnet.[527]

Für die Entscheidung über die Rechtsnatur der Katalogangaben ist zunächst entscheidend, was für eine Beschaffenheitsvereinbarung verlangt werden muss. Bedürfen Informationen über die Kaufsache keines *Formerfordernissen*, steht ihrer Wertung als konkludente Beschaffenheitsvereinbarung nichts entgegen.[528] Besteht hingegen eine gesetzlich vorgeschriebene *Form* hinsichtlich des Vertragsschlusses, bleibt die konkludente Einbeziehung von Katalogangaben für die subjektive Beschaffenheit der Kaufsache außer Betracht.

Im Lichte dieser Einordnung werden Ausstellungs- oder Auktionskatalogangaben stets als Beschaffenheitsvereinbarung Teil des jeweiligen Kunstkaufvertrages.

Dies fußt auf der Überlegung, dass die Beschaffenheitsvereinbarungen zum einen die Hauptleistungspflicht des Verkäufers aus § 433 Abs. 1 S. 2 BGB determiniert und deshalb restriktiv auszulegen ist; zum anderen aber für sie niemals *mehr* verlangt werden darf als für das zugrundeliegende Rechtsgeschäft.[529] Würde man aber in äußerst restriktiver Auslegung der Beschaffenheitsvereinbarung stets eine bestimmte Form abverlangen, liefe dies genau darauf hinaus.[530]

Wenn aber an die Beschaffenheitsvereinbarung keine strengeren Formerfordernisse gestellt werden dürfen als an den Vertrag, dessen Bestandteil

---

526 Der Bundesgerichtshof hatte sich nach der bisher geltenden Rechtslage zu der Frage nach der Rechtsnatur des Versteigerungskatalogs nicht ausdrücklich geäußert, vgl. bereits *Kaletsch*, Der Kunstauktionator, S. 254.

527 BT-Drs. 19/27424, S. 23. Der alleinige Rückgriff auf den objektiven Fehlerbegriff war vor dem Hintergrund des subjektiv-objektiv gestuften Mangelkonzeptes dogmatisch fragwürdig. Jedenfalls hätte man aus einer solchen Gesetzanwendung auf das Nichtvorliegen einer Beschaffenheitsanforderung schließen dürfen, wodurch der Anwendungsbereich des objektiven Fehlerbegriffs eröffnet wurde, vgl. BGH, Urt. v. 09.10.2013 - VIII ZR 224/12, NJW 2013, 3570 Rn. 13; kritisch: *Raue/ Dr. Hollenders*, GRUR 2014, 98 (99).

528 Vgl. BGH, Urt. v. 06.11.2015 - V ZR 78/14; juris Rn. 15: Bei einem Grundstückskauf lehnte der Bundesgerichtshof das Vorliegen einer Beschaffenheitsvereinbarung, die im notariellen Vertrag keinen Niederschlag gefunden hat, ab. Informationen über Eigenschaften der Kaufsache seien von beurkundungsbedürftigen Vereinbarungen der Parteien zu unterscheiden.

529 *Singer*, JZ 1989, 1030 (1031ff.); *Cziupka/Hübner*, DNotZ, 2016, 323 (328).

530 BGH, Urt. v. 06.11.2015 - V ZR 78/14; juris Rn. 15; *Pammler* in: Herberger/Martinek/Rüßmann/Weth/ Würdinger, jurisPK-BGB, § 434 Stand: 08.12.2021 Rn. 36.

sie ist, kommt es in weiterer Konsequenz bei *formfreien* Verträgen entsprechend den allgemeinen Auslegungsregeln nur darauf an, ob gemessen am *objektiven Horizont* im Sinne der §§ 133, 157 BGB die Beschaffenheit im Zuge der Katalogangaben „*vereinbart*“ wird.

Entscheidend bleibt dann allein, ob sich eine Äußerung aus Sicht eines objektiven Dritten bei vernünftiger Würdigung als *Willenserklärung* darstellt. Dies ist regelmäßig der Fall, wenn sie einen eindeutigen *Rechtsfolgewillen* aufweist.[531] Der Rechtsfolgewillen geht aber nur in den gesetzlich angeordneten Fällen zwangsläufig mit einem Beurkundungserfordernis einher.[532] Es besteht damit ausdrücklich *nicht* in den Fällen des Kunstkaufes.

Damit muss für die Beschaffenheitsvereinbarung unerheblich sein, ob sie mündlich oder schriftlich, ausdrücklich oder konkludent geschlossen wird.[533] Letztlich ist der Galerie- und Atelierkunsthandel ein gutes Beispiel dafür, dass auch *mündliche* Verträge ihre Gültigkeit erhalten; dort werden immer noch vermehrt Kauf- und sogar typengemischte Verträge lediglich mündlich oder im Fachjargon „*per Handschlag*“ geschlossen.[534]

Der Kataloginhalt kommt als konkludente Beschaffenheitsvereinbarung nur in *eindeutigen* Fällen in Betracht. Diese Rechtsnatur ist ihm damit unproblematisch abzuverleihen, sofern eine der Parteien ersichtlich Zweifel an seiner Einbeziehung hat.[535] Der Verkäufer muss eindeutig Rechtsbindungswillen hinsichtlich der Angaben haben,[536] denn er übernimmt im Falle einer Beschaffenheitsvereinbarung insoweit das grundsätzlich den Käufer treffende *Verwendungsrisiko*.[537] Der Mangelbegriff des § 434 BGB knüpft an die Leistungspflicht des Verkäufers aus § 433 Abs. 1 S. 2 BGB an. Die Beschaffenheitsvereinbarung determiniert die Hauptleistungspflicht des Verkäufers.[538] Motive des Käufers, die grundsätzlich einseitig sind und

---

531 *Baetge* in: Herberger/Martinek/Rüßmann/Weth/Würdinger, jurisPK-BGB, § 119 Stand: 28.02.2022, Rn. 16.

532 *Cziupka/Hübner*, a.a.O., 327.

533 St. Rspr. vgl. etwa BGH, Urt. v. 06.11.2015 - V ZR 78/14, BeckRS 2016, 1516 Rn. 9; BGH, Urt. v. 17.03.2010 - VIII ZR 253/08, NJW-RR 2010, 1329 Rn. 10; BGH, Urt. v. 19.12.2012 - VIII ZR 96/12, NJW 2013, 1074 Rn. 16; BGH, Urt. v. 20.05.2009 - VIII ZR 191/07, NJW 2009, 2807 Rn. 9; BT-Drs. 14/6040, S. 213.

534 Kap. 2 § 2 B.

535 *Grunewald* in: Erman BGB, § 434 Rn. 14; *Weidenkaff* in: Palandt, § 434 Rn. 17.

536 *Raue/Hollenders*, GRUR 2014, 98 (99); ablehnend: BGH, Urt. v. 13.02.1980 - VIII ZR 26/79, NJW 1980, 1619 (1620).

537 *Pammler* in: Herberger/Martinek/Rüßmann/Weth/Würdinger, jurisPK-BGB, 9. Aufl., § 434 Rn. 22 (Stand: 23.12.2021); *Kötz*, JuS 2018, 1 (3).

538 *Cziupka/Hübner*, DNotZ, 2016, 323 (326).

damit regelmäßig weder Vertragsbestandteil noch Geschäftsgrundlage im Sinne des § 313 BGB werden,[539] werden in den Vertrag miteinbezogen.[540] Es ist deshalb sachgerecht, nur im Falle einer für beide Seiten erkennbaren und bewussten Beschaffenheitsvereinbarung von dem grundsätzlich dem Käufer gebührenden Verwendungsrisiko abzuweichen.

Aber auch diese Erkenntnis vermag an der Rechtsnatur der Katalogbeschreibungen als Beschaffenheitsvereinbarung nichts zu ändern. Der Käufer eines Kunstwerkes wird in aller Regel sein Kaufangebot auf Grundlage der Katalogbeschreibung abgeben.[541] Die Beschreibung hat damit unmittelbaren Einfluss auf den Kaufentschluss des Käufers.[542] Das Vertrauen, das seriösen Kunstvermarktern entgegen gebracht wird, deren erwartete Professionalität und Sachkunde stärkt die *Investitionsbereitschaft* der Käufer.[543]

Darüber hinaus darf auch nicht außer Acht gelassen werden, dass der Käufer regelmäßig der verbesserten Verfahrensstellung des Verkäufers entgegentreten können muss, denn es besteht die gesetzliche *Vermutung* der Vertragsmäßigkeit der Kaufsache im Rahmen des § 434 BGB.[544]

Der Käufer bzw. Ersteigerer kämpft also im Falle des Prozesses gegen diese gesetzliche Vermutung an, gegen die er ganz regelmäßig - insbesondere aufgrund der Eigenart der Kunstnatur - im Rahmen des § 292 ZPO nur schwerlich etwas außerhalb der Beschaffenheitsvereinbarung vorbringen kann.

Die Schwierigkeit der Widerlegung der Vertragsmäßigkeit eines Kunstwerkes zeigt sich besonders evident am Beispiel der *„zerstörten“* Kunst, mithin in jenen Fällen, in denen ein Mangel aufgrund der fehlenden „Unversehrtheit“ des Kunstwerkes begründet werden soll.[545] Nimmt man an, dass

---

539 *Finkenauer* in: MüKo-BGB, § 313 Rn. 57.

540 *Finkenauer*, a.a.O., Rn. 11.

541 BGH, Urt. v. 04.02.2009 - VIII ZR 32/08; juris Rn. 12; *Grunewald* in: Erman BGB, § 434 Rn. 14.

542 Vgl. BGH, Urt. v. 06.11.2015 - V ZR 78/14, NJW 2016, 1815 Rn. 14; *Grunewald* in: Erman BGB § 434 Rn. 16; wonach es für die Beschaffenheitsvereinbarung ausreichen soll, dass der Verkäufer die Eigenschaften des Verkaufsgegenstands in bestimmter Weise beschreibt und der Käufer vor diesem Hintergrund seine Entscheidung trifft.

543 *Raue/ Dr. Hollenders*, GRUR 2014, 96, Rn. 22; BGH, Teil-VU und SU v. 29.11.2006 - VIII ZR 92/06, NJW 2007, 1346 Rn. 23.

544 Da sich der Wortlaut des § 434 Abs. 1 BGB gegenüber der alten Fassung nicht verändert hat, gilt in Anlehnung an Art. 2 Abs. 2 lit. a) der Verbrauchsgüterkaufrichtlinie für die Vertragsmäßigkeit grundsätzlich die gesetzliche Vermutung, vgl. BT-Drs. 14/6040, S. 212 re. Sp.

545 Kap. 2 § 3 C.

bei Kunstverkäufen die Beschreibungen der Auktions- und Galeriekataloge regelmäßig in Form einer konkludenten Beschaffenheitsvereinbarung Inhalt des Vertrages werden, entspricht das zerstörte Werk dieser Vereinbarung regelmäßig schon nicht mehr.[546] Würde der Käufer sich hingegen nicht auf die Katalogbeschreibungen als Beschaffenheitsvereinbarung stützen können, kämen auf ihn in Hinblick auf seine Beweissituation und den stark subjektiven Einschlag von Kunstwerken erhebliche Schwierigkeiten zu.[547]

Sind die Motive des Käufers aber derart offensichtlich, eben weil sie sich aus den Katalogangaben herleiten lassen, darf der Verkäufer sich nicht darauf berufen dürfen, dass ihm für die Einbeziehung in den Vertrag der erforderliche *Rechtsbindungswille* fehlt und es sich bei den Angaben lediglich um einen *Hinweis* zur Entstehungszeit, die Art der künstlerischen Gestaltung und die verwendeten Stilmittel handelt.[548]

Auch historisch wird bestätigt, dass der Verkäufer eine derart für den Vertragsschluss elementare Beschreibung der Kaufsache gegen sich gelten lassen muss: Die Eigenschaftsbeschreibung war vom europäischen Gesetzgeber schon im Rahmen des Art. 2 Abs. 2 lit. a) VGK-RL vorgesehen. Danach sollte eine Vermutung der Vertragsmäßigkeit zur Sache bestehen, sofern die Sache mit der vom Verkäufer gegebenen Beschreibung übereinstimmt. Der deutsche Gesetzgeber empfand die ausdrückliche Normierung

---

546 Im benannten Fall um das Gemälde „Girl with Balloon" des Street-Art Künstlers Banksy lautete die Beschreibung mit Abbildung im Auktionskatalog Sotheby's wörtlich „spray paint and acrylic on canves, mounted on board, in artist's frame". Das Bild befand sich durch den Schreddervorgang aber nicht mehr *innerhalb* des Rahmens; auch eine Wiedereinsetzung in den Rahmen hätte - dadurch, dass das Werk im Schredder „feststeckte" - auch die unwillentliche *Totalzerstörung* des Kunstwerkes zur Folge. Im Einzelfall lag damit tatsächlich eine Abweichung von der Beschaffenheitsvereinbarung vor. Aber auch, wenn der Zusatz „in artist's frame" gefehlt hätte und das Werk aufgrund eines anderen, dennoch auf der Intention des Künstlers beruhenden Akts, zerstört worden wäre, würde das Kunstwerk im zerschnittenen Zustand nicht der Abbildung gleichkommen, die als Teil der Katalogbeschreibung ebenfalls Teil der Beschaffenheitsvereinbarung geworden ist. Würde eine Abbildung hingegen im Katalog fehlen, wäre eine Abweichung zweifelhaft. Denn es handelt sich strenggenommen noch immer um *„Acryl auf Leinwand"*. Darüber hinaus ist der Schreddervorgang Teil des vom Künstler Geschaffenen ist. Er ist Ausdruck seiner Wirkintention, seiner subjektiv individuellen Tätigkeit. Vgl. hierzu auch *Kaletsch*, NJW 2019, 713 (715).

547 Kap. 3 § 1 B III 1 b) bb).

548 *Raue/ Dr. Hollenders*, GRUR 2014, 98 (99); BGH, Urt. v. 13.02.1980 - VIII ZR 26/79, NJW 1980, 1619 (1620), BGH, Urt. v. 27.03.2012 - 9 U 141/11, NJW 2012, 2665 (2666).

dessen im nationalen Recht als entbehrlich, weil sich dies schon durch *Auslegung* ergeben sollte. Er ging nämlich davon aus, dass Beschaffenheitsbeschreibungen oder die Vorlage von Proben bei Vertragsverhandlungen, die nicht lediglich Werbezwecken dienen, stets Beschaffenheitsvereinbarungen sind.[549]

Letztlich bestätigt die erläuterte Tendenz, von einer restriktiven Handhabung der Beschaffenheitsvereinbarung abzusehen,[550] auch der Gesetzgeber selbst durch Einführung des § 476 Abs. 1 S. 2 BGB.[551] Dieser schreibt vor, dass bei *Verbrauchsgüterkäufen* nach § 474 Abs. 1 BGB eine Beschaffenheitsvereinbarung, die von den objektiven Anforderungen an die Kaufsache negativ abweicht - sog. *negative Beschaffenheitsvereinbarung* - für ihre Wirksamkeit der Kenntnis des Käufers sowie einer ausdrücklichen und gesonderten Vereinbarung bedarf.[552] Dies soll dem besonderen Informations- und Schutzbedürfnis der Verbraucher Rechnung tragen. Ausdrücklich soll hingegen nicht der Verkehr unter Unternehmern beeinträchtigt und eingeschränkt werden.[553] Wenn der Gesetzgeber aber das Erfordernis gesehen hat, diesen Fall *gesondert* gesetzlich zu normieren, muss man daraus den Umkehrschluss herleiten dürfen, dass in den restlichen Fällen keine derart restriktiven Vorgaben an die Beschaffenheitsvereinbarung zu stellen sind. In konsequenter Subsumtion bedarf es damit für die Beschaffenheitsvereinbarung keiner besonderen Schutzvorschriften, wo der Verbraucher bzw. ganz allgemein der Rechtsverkehr nicht unbedingt vor den Folgen eines Rechtsgeschäfts geschützt werden muss. Der § 476 Abs. 1 S. 2 BGB belegt nunmehr, was ohnehin nach der Gesetzeslage nach der Schuldrechtsreform hätte angewandt werden müssen und ist insofern nicht mehr als *alter Wein in neuen Schläuchen*:

Für die Wirksamkeit einer Beschaffenheitsvereinbarung darf bei zugrundeliegendem, formlosen Rechtsgeschäft nicht mehr verlangt werden als das Vorhandensein eines *Rechtsbindungswillens*, der aufgrund der Evidenz der Wichtigkeit von Katalogangaben im Kunsthandel grundsätzlich dem

549 BT-Drs. 14/6040, S. 213.

550 Vgl. OLG München, Urt. v. 26.06.2012 - 5 U 2038/11, juris Rn. 15 m.V. auf LG München, Urt. v. 06.05.2011 - 23 O 24119/10, im Ergebnis aber offengelassen; *Kaletsch*, Der Kunstauktionator, S. 203; m.w.N. wie *Beckmann*, KUR 2013, 57 (58).

551 BT-Drs. 10/27424, S. 42, dort unter „Zu § 476 Abs. 1 BGB-E".

552 Zu der Frage, ob Ausstellungs- und Auktionskataloge im Einzelfall eine solche „negative Beschaffenheitsvereinbarung eingeordnet werden können, vgl. Kap. 3 § 1 B III 1 b).

553 BT-Drs. a.a.O., S. 23, dort unter „Zu § 434 Abs. 1 BGB-E".

Verkäufer unterstellt werden kann. Damit ist Kunstauktions- und Kunstausstellungskatalogen regelmäßig die Rechtsnatur einer Beschaffenheitsvereinbarung beizuordnen.

(1) Indizwirkung des Gewährleistungsausschlusses

Keinen Einfluss auf die Rechtsnatur der Katalogangaben darf es haben, dass die Kunstvermarkter überwiegend ihre Gewährleistung vertraglich weitestgehend ausschließen. Eine *Indizwirkung* ist dem umfassenden Gewährleistungsausschluss insofern unbedingt abzusprechen. Die Annahme einer Indizwirkung ist nur vertretbar, sofern man Beschaffenheitsvereinbarung und Haftungsausschluss mit der Begründung als Einheit betrachtet, dass der Kunstvermarkter jegliche Angaben in oder unter Bezugnahme auf die AGB macht.[554]

Dieser Gedanke findet aber bereits dogmatisch keine Stütze, wie die Wertung des § 305b BGB zeigt. Vertragliche Individualabreden gehen den AGB vor; sie werden durch Letztere lediglich ergänzt. Bei einem unmittelbaren oder mittelbaren Widerspruch der AGB zur Individualabrede, ist die Wertung der Individualabrede daher vorrangig zu beachten.[555]

Im Lichte dieser Erkenntnis kann ein in den AGB enthaltener Gewährleistungsausschluss, der im Widerspruch zur Beschaffenheitsvereinbarung steht, keine Indizwirkung für deren Rechtsnatur entfalten.[556] Gleiches ergibt sich auch aus vorgenommener nach beiden Seiten hin interessengerechter Vertragsauslegung. Aus Sicht des Käufers stehen im Fall eines *Nebeneinanders* von Beschaffenheitsvereinbarung und Gewährleistungsausschluss beide gleichrangig nebeneinander.[557] Der Verkäufer darf nicht davon ausgehen, dass der Käufer damit einverstanden ist, den Verkäuferangaben von vorneherein außerhalb des § 444 Alt. 1 BGB keinerlei Rechtswirkung zukommen zu lassen.[558]

Deshalb muss einem pauschalen Gewährleistungsausschluss allein durch seine Existenz von vornherein jede Indizwirkung abgesprochen werden,

554 Ähnlich *Schapiro*, JU 2013, 549 (556).
555 Kap. 3 § 1 B III 1 a) dd).
556 *Schapiro*, JU 2013, 549 (556).
557 BGH, Urt. v. 29.11.2006 - VIII ZR 92/06 juris Rn. 31.
558 Dies gilt deshalb, weil ein umfassender Gewährleistungsausschluss unstreitig die objektiven Anforderungen an die Kaufsache überlagert, vgl. dazu Kap. Kap. 3 § 1 B III 1 b); vgl. auch BGH, 29.11.2006 - VIII ZR 92/06 juris Rn. 31.

eine Beschaffenheitsvereinbarung zu *negieren.* Es darf zunächst allein darauf ankommen, die Rechtsnatur der Katalogangaben anhand der oben erläuterten Erwägungen zu qualifizieren.[559]

(2) Verweis auf Drittangaben

An dieser rechtlichen Beurteilung könnte sich etwas ändern, sofern die Galerie oder das Auktionshaus keine *Eigenangaben* im Katalog macht, sondern sich distanziert auf *Drittangaben* beruft, z.B. *„lt. Einlieferer"*, *„lt. Sachverständigengutachten"*.[560] Die Antwort hierauf ergibt sich aus der Wertung, wie ein objektiver Dritter unter Berücksichtigung der Besonderheiten des Kunsthandels diese Angabe verstehen darf, §§ 133, 157 BGB. Beschränkt man eine solche Mitteilung ihrer Natur nach auf eine reine *Wissensmitteilung*, etwa weil der Verkäufer erkennbar lediglich Fremdwissen wiedergibt, fehlt es an dem notwendigen Rechtsbindungswillen. Der Verkäufer haftet demnach nur bei schuldhafter Wiedergabe des erlangten Wissens.[561] Eine solche Ansicht ist aber nicht auf den Kunsthandel übertragbar; sie berücksichtigt die Interessen der Teilnehmer nach der Natur der Rechtsverhältnisse nicht. Der Verkäufer eines Kunstwerkes hat eine elementare Stellung auf dem Kunstmarkt. Er ist Vertrauensperson für Käufer und Einlieferer. Diese *Vertrauensstellung* begründet sich insbesondere im Glauben des Käufers, dass bei Einlieferung eines Werkes eine Begutachtung und Wertschätzung durch Fachleute auf Seiten des Kunstvermarkters erfolgt.[562] Diesen Beurteilungen wird Vertrauen entgegen gebracht, welches zumindest *mitursächlich* für den Kaufentschluss des individuellen Käufers ist.

Ordnet man den Kunstvermarktern eine derart zentrale Rolle des Kunsthandels zu, muss es diesen streng verwehrt bleiben, sich durch die Berufung auf fremdes Wissen von einer eigenen rechtsverbindlichen Äußerung zu distanzieren. Insbesondere ist dem Kunstmarkt bekannt, dass der Kunstvermarkter stets auf Angaben des Einlieferers zu Alter, Herkunft und Urheber des Werkes angewiesen ist; allerdings nährt seine besondere Stellung

---

559 Zum Verhältnis von Beschaffenheitsvereinbarungen und Gewährleistungsausschlüssen, Kap. 3 § 2 A.

560 *Braunschmidt*, NJW 2013, 734 (735); *Grunewald* in: Erman BGB, § 434 Rn. 15; BGH, Urt. v. 12.03.2008 - VIII ZR 253/05, juris Rn. 13.

561 *Braunschmidt*, ebd.; BGH, Urt. v. 12.03.2008 - VIII ZR 253/05, NJW 2008, 1517 (1517); BGH, Urt. v. 04.06.1997 - VIII ZR 243/96, NJW 1997, 2318 (2319).

562 Kap. 2 § 2 B.

ganz wesentlich der Gedanke an die eigene Überprüfung der Angaben des Einlieferers. Verweist der Kunstvermarkter damit auf Drittangaben, darf er sich nicht auf den Standpunkt stellen, lediglich eine reine *Wissensmitteilung* über die Angaben des Einlieferers abzugeben, die ohne jede Rechtswirkung ist. Vielmehr ist der Verweis auf Drittangaben aus objektiver Sicht des redlichen Betrachters so zu verstehen, dass der Kunstvermarkter nach eigener Überprüfung zu dem Schluss gekommen ist, sich den Angaben des Einlieferers anzuschließen und sie sich zu eigen zu machen. Dies muss auch deshalb gelten, weil es der Kunstvermarkter ansonsten in der Hand hätte, durch den bloßen Verweis auf die Angaben Dritter sein eigenes Haftungsrisiko deutlich zu mindern, wenn nicht gar gänzlich auszuschließen.[563] Dies gilt grundsätzlich für Sekundär- und Primärmarkt und im Rahmen des Letzteren freilich auch bei den Atelierverkäufen durch den Künstler selbst.[564]

Letztlich ist in der Zuerkennung eines Rechtsbindungswillens in den Katalogangaben auch keine rechtliche Benachteiligung der Verkäufer zu sehen. Freilich determinieren sie mit den Angaben ihre Verkäuferpflichten und nehmen einen Teil des käuferischen Motivs in den Kaufvertrag mit ein. Es bleibt ihnen aber unbenommen, eigene Zweifel im Rahmen etwaiger Angaben zu äußern oder offen niederzulegen, dass es sich lediglich um einen *Verdacht der Echtheit* oder *makelloser Provenienz* handelt, die Behauptung aber nicht mit an Sicherheit grenzender Wahrscheinlichkeit aufgestellt werden kann. Dies gilt vor allem deshalb, weil die Kunstvermarkter flächendeckend die eingelieferten Kunstwerke samt Angaben der Einlieferer überprüfen lassen.[565]

Beschreibt der Verkäufer dann aber das Gemälde ohne Äußerung jeglichen Zweifels in seinen Katalogen lediglich mit dem Verweis auf die Angabe des Dritten, tut er dies insbesondere, um die Käufer in Kaufbereitschaft zu versetzen. Dann aber kann nicht ernstlich ein Zweifel daran aufkom-

563 Ob das Haftungsrisiko im Falle der Negation einer Beschaffenheitsvereinbarung gänzlich entfällt, hängt davon ab, ob sich an Kunstwerken der objektive Fehlerbegriff manifestieren lässt, was Gegenstand der Untersuchung in diesem Kapitel unter Abschnitt § 1 C III 1 b) bb) ist.

564 Es entspricht jedoch nicht der gängigen Praxis, dass Künstler in ihren eigenen Ateliers Kataloge haben; ihre - entsprechend auf dem Primärmarkt tätigen Galerien - fertigen hingegen regelmäßig Ausstellungskataloge an, in denen Abbildungen sowie Beschreibungen der Werke abgedruckt sind.

565 Kap. 2 § 2 B II und a.a.O. III.

men, dass es sich bei den Katalogangaben um Beschaffenheitsvereinbarungen handelt, ungeachtet eines eventuellen Verweises.

Es sollte damit nicht der Versuch unternommen werden, evident wichtige Informationen für den Kaufentschluss des Käufers vom Kaufvertrag zu disqualifizieren, sondern der Verkäufer muss dazu angehalten werden, die Äußerungen, die er tätigt, rechtlich vertreten zu können.[566]

bb. Die Rechtsnatur von Kunstexpertisen

Insbesondere auf dem hochpreisigen Kunstsekundärmarkt und dort bei Werken *alter Meister* ist es üblich, dass Katalogangaben um Kunstexpertisen ergänzt werden, die eine inhaltliche Aussage zum Werk treffen. Es kommt die Frage auf, ob solche Kunstexpertisen grundsätzlich auch als Beschaffenheitsvereinbarung in den Kaufvertrag über das Kunstwerk einbezogen werden und der Verkäufer sich deren Aussage damit zurechnen lassen muss.[567] Besondere Bedeutung erlangt diese Einordnung darüber hinaus, sofern man entgegen der bisherigen Argumentation in diesem Kapitel den Katalogangaben die Rechtsnatur als Beschaffenheitsvereinbarung abspricht.[568] Dann ist fraglich, ob das Vorliegen einer Kunstexpertise diese Einordnung tangiert.[569] Aber auch sofern die Katalogangaben als Beschaffenheitsvereinbarung qualifiziert werden, könnte sich im Zuge ihrer Ergänzung um die Kunstexpertise ihre Rechtsnatur ändern.[570]

---

566 Vgl. zur Frage nach der Exkulpation durch den Verweis auf Drittangaben Kap. 3 § 1 B IV 3 b) bb) (1).

567 Mit der Haftung des Kunstexperten und den rechtlichen Problemschwerpunkten in diesem Zusammenhang befasst sich *Ehinger* in seiner Dissertation „Dritthaftung für Kunstexpertisen". Dieser haftungsrechtliche Aspekt bleibt damit in der vorliegenden Ausarbeitung vollständig ausgeklammert.

568 Es entspricht nach wie vor der heutigen ständigen Rechtsprechung den Katalogangaben von Kunstvermarktern die Rechtsnatur einer Beschaffenheitsvereinbarung abzuerkennen, vgl. dazu zuvor in diesem Kap. § 1 B III 1) a) aa).

569 Die Thematik um die Kunstgutachten erlangte insbesondere mit dem Kunstfälscher *Wolfgang Beltracchi* an Bedeutung, der gemeinsam mit seinen Gehilfen mehrere Jahre über verschiedene Käufer, Kunstexperten und Kunstvermarkter mit seinen Fälschungen betrog und dadurch Millionenschäden verursachte, vgl. dazu *Anton*, ZVertriebsR 5/2013, 294 (295) m.w.N.

570 *Raue/Hollenders*, GRUR 2014, 96 (99).

Kunstgutachter genießen nicht nur in der Kunstwelt hohes Ansehen, ihre Aussagen gelten auch für die rechtliche Einordnung von Kunstwerken als zuverlässige Beurteilung.[571]

Ein Kunstgutachter trifft in seiner Expertise über die Beziehung der tatsächlichen Urheberschaft zu dem begutachteten Werk eine Aussage, bei der er regelmäßig auf einen bestimmten Künstler spezialisiert ist. Sein Auftraggeber befragt ihn dann zu einer konkreten Urheberschaft oder Provenienz, so dass sein Gutachten regelmäßig die Beantwortung der Frage im *Positiven* oder *Negativen* sein wird.[572] Es sind aber auch Fälle denkbar, in denen der Auftraggeber an einen im allgemeinen spezialisierten Gutachter herantritt und in Auftrag gibt, den Urheber oder die Provenienz eines Werkes herauszufinden.[573]

Daneben sei auch der *Catalogue Raisonné* erwähnt, der auf dem Kunstmarkt eine mächtige Bedeutung hat. Der Catalogue Raisonné entscheidet als Kompendium, in welchem sämtliche Werke eines Künstlers erfasst sind, über den Handelswert eines Kunstwerkes und manifestiert damit einen Akt wertender Erkenntnis: Die Zusicherung, dass es sich um ein Originalwerk handelt.[574]

Von dem Katalog sowie von der Kunstexpertise gehen also die Wirkung einer *Zusicherung* aus.[575] In diesem Fall spricht vieles dafür, dass aus Sicht des Empfängers die Erklärung ausreichend deutlich erkennen lässt, dass der Verkäufer unter Verweis auf den Eintrag oder die Expertise eine über die normale Haftung hinausgehende besondere Gewähr übernehmen will und für ihr Vorhandensein einzustehen bereit ist.[576]

Gegen diese Annahme wiederum spricht, dass es sich letztlich nur um die Berufung auf eine *Drittmeinung* handelt. Diese Drittmeinung unterscheidet sich aber ganz entscheidend insofern von den Angaben des Ein-

571 Vgl. FG Berlin, Urt. v. 17.05.1991 - III 117/88, juris Rn. 35 über einen Gutachter, der als Direktor der Nationalgalerie Berlin der Staatlichen Museen - Preußischer Kulturbesitz - hohes Ansehen genießt.

572 Beinahe jedem Künstler des 20. Jahrhunderts ist eine Person oder eine Institution (Foundation) zugeordnet, die über sie als *Echt* oder *Fälschung* entscheidet, *Ehinger*, Dritthaftung für Kunstexpertisen, S. 32ff.

573 *Ehinger*, Dritthaftung für Kunstexpertisen, S. 7-8.

574 *Raue*, Streitigkeiten im Kunstbereich und Schiedsgerichtsbarkeit, SchiedsVZ 2019, 1 (2).

575 *Raue*, Raubkunst und Restitution, GRUR 2015, 1 (2), der die Unbezweifelbarkeit des Catalogue Raisonné kritisch sieht.

576 BGH, Urt. v. 13.02.1980 - VIII ZR 26/79, NJW 1980, 1619 (1620); BGH, Urt. v. 29.05.1968 - VIII ZR 77/66, juris Rn. 10.

lieferers, dass der Kunstvermarkter kraft seiner besonderen Vertrauensstellung den Käufern mit dem Verweis hier ausnahmsweise nicht suggerieren möchte, die Angaben des Sachverständigen *nach eigener Überprüfung* sich zu eigen zu machen. Das Auktionshaus oder der Galerist, die sich des Kunstsachverständigen bedienen, können regelmäßig dessen Aussage nicht überprüfen; sie können damit keine Aussage darüber treffen, ob sie für die Erklärung des Kunstsachverständigen rechtlich einstehen möchten.[577]

Unter Zugrundelegung dieses Verständnisses handelt es sich bei den Kunstexpertisen in Bezug auf den Kaufvertrag niemals um Beschaffenheitsvereinbarungen, sondern lediglich um eine Wissenserklärung. Die Kunstexpertise ist damit lediglich geeignet, die Haftung des *Kunstexperten* auszulösen, nicht aber die des *Kunstvermarkters.*[578]

Diese Einordnung ist aber rudimentär. Sie lässt außer Acht, dass der Kunstexperte für den Kunstvermarkter regelmäßig im Wege des Werkvertrages nach §§ 631 ff. BGB tätig wird.

Der Kunstexperte steht also grundsätzlich *im Lager* des Verkäufers. Der Verkäufer bedient sich dessen Wissen und Expertise.[579] Im Gegenzug genießt der Verkäufer das Vertrauen seiner Käuferschaft, das aufgrund des Vorliegens der Expertise noch gesteigert ist. Sie verlässt sich auf die sorgsame Auswahl des Kunstexperten von dessen Wissen sie profitieren will. Der Sinn und Zweck einer reinen *Wissenserklärung* erschöpft sich hingegen in einem Akt der Spontanität und dient vor allem primär der Beweissicherung.[580]

Der Verkäufer kann sich auch nicht darauf berufen, es handele sich hierbei lediglich um einen *Hinweis* und die zeitlich/räumliche Einordnung des angebotenen Gegenstands.[581]

Vergleichbar ist das Risiko des Verkäufers, seine Katalogangaben in Verbindung mit der Kunstexpertise als Beschaffenheitsvereinbarung zu qualifizieren und damit im Wege der Kaufgewährleistung für etwaige Falschbe-

577 Vgl. im Ansatz BGH, Urt. v. 29.06.2016 - VIII ZR 191/15, juris Nr. 5.

578 *Grunewald* in: Erman BGB, § 434 Rn. 15; BGH, Urt. v. 29.06.2016 - VIII ZR 191/15, juris Nr. 4;

579 In vergangener Rechtsprechung hat der Bundesgerichtshof aufgrund der Tatsache der Begutachtung des Kunstwerkes durch einen Kunstsachverständigen darin eine Eigenschaft des Bildes gesehen, vgl. BGH, Urt. v. 28.06.1972, NJW 1972, 1658, juris Rn. 4-6; *Wrede*, Kunst und Kaufrecht, S. 8-9; BGH, Urt. v. 15.01.1975 - VIII ZR 80/73, juris Rn. 10, bereits RG, Urt. v. 06.07.1926 - II 496/25, juris.

580 LAG Düsseldorf, Urt. v. 22.05.2019 - 7 Sa 159/18, juris Rn. 43.

581 BGH, Urt. v. 13.02.1980 - VIII ZR 26/79, juris Rn. 26.

wertungen gegenüber dem Käufer zu haften mit der *Willenszurechnung* bei der Stellvertretung nach § 166 Abs. 1 BGB. Demnach muss sich der Vertretene das Verhalten des Vertreters, das auf Willensmängeln beruht, zurechnen lassen. Es kommt auf die Person des Vertreters an.[582] Nur sofern der Vertretene seinen Vertreter durch Weisungen steuert, ist auch sein Wissen nach § 166 Abs. 2 BGB entscheidend. Rechtspolitisch kann dies dadurch gerechtfertigt werden, dass es Sache des Kunsthändlers ist, ob er sich eines Kunstgutachters bedient, sich die individuelle Person aussucht und auf dessen Expertise verweist.[583]

Die Heranziehung eines Kunstgutachters ist redlicherweise als Teil seiner *Absatzbemühungen* zu verstehen.[584] Aufgrund des besonders fachmännischen Auftretens und der Verleihung des besonderen Vertrauens in die Aussage des Kunstvermarkters, welche durch die Kunstexpertise gestützt wird, muss dem Verhalten ein rechtlicher Wert zukommen.[585] Dies muss vor allem gelten, sofern der besonders fachmännischen Eigenaussage oder Expertenauskunft durch den Verkäufer selbst ein Rechtswert zuerkannt wird.[586]

Weiter erschöpft sich die Wirkung der besonderen Vertrauensstellung eines wohl auserwählten Kunstexperten nicht in seinem Ansehen auf dem Markt, sondern steigert nachweislich die Kaufbereitschaft der Käuferschaft. So stellt die Kunstexpertise neben der Katalogbeschreibung ein auf das Kunstwerk bezogenes, rechtliches Beschaffenheitsmerkmal dar. Sie ist ein *wertbildender Faktor*.[587] Es handelt sich um eine Beziehung der Sache zur Umwelt, die nach der Verkehrsauffassung erheblichen Einfluss auf die

---

582 *Maier-Reimer/Finkenauer* in: Erman BGB, § 166 Rn. 1.

583 Vgl. dazu *Schilken* in: Staudinger BGB, § 166 Rn. 2.

584 Vgl. BGH, Urt. v. 23.07.1997 - VIII 238/96, NJW 1997, 3227 (3229).

585 In st. Rspr. sieht der BGH das Verhalten des Verkäufers als Fachmann oder als Vertrauensperson als sofern rechtlich relevant an, als dass dies eine Verpflichtung aus einem selbstständigen Beratungsvertrag oder bei Einheit des Geschäfts als Nebenleistung zum Kaufvertrag darstellt, BGH, Urt. v. 23.07.1997 - VIII 238/96, NJW 1997, 3227 (3229); BGH, Urt. v. 25.03.1958 - VIII ZR 48/57, BeckRS 1958, 31198158, dort unter Ziff. II 2), BGH, Urt. v. 12.06.1985 - VIII ZR 176/84, NJW 1985, 2472 (2472); BGH, Urt. v. 06.06.1984 - VIII ZR 83/83, NJW 1984, 2938 (2939).

586 Vgl. sogleich in diesem Kapitel § 1 B III 1 a) cc) sowie BGH, Urt. v. 23.07.1997 - VIII 238/96, NJW 1997, 3227 (3229); BGH, Urt. v. 25.03.1958 - VIII ZR 48/57, BeckRS 1958, 31198158, dort unter Ziff. II 2), BGH, Urt. v. 12.06.1985 - VIII ZR 176/84, NJW 1985, 2472 (2472); BGH, Urt. v. 06.06.1984 - VIII ZR 83/83, NJW 1984, 2938 (2939).

587 *Anton*, ZVertriebsR 2013, 294 (305).

Wertschätzung des Kunstwerkes hat.[588] Das (Nicht-)Bestehen einer Kunstexpertise ist von großem wirtschaftlichen Gewicht und wirkt sich deutlich auf den Wert des Kunstwerkes aus.[589]

Will aber der Kunstverkäufer durch den Verweis auf ein Kunstgutachten seine Verkaufsstellung verbessern und den Wert der Kaufsache steigern, ist es nur konsequent, ihn auch im Falle einer Falschbegutachtung für die Folgen haften zu lassen.[590]

Aus der elementaren Bedeutung, die die Parteien insbesondere auf dem Kunstmarkt der Kunstexpertise beimessen, muss deshalb ihre Rechtsnatur als Beschaffenheitsvereinbarung im Sinne des § 434 Abs. 2 S. 1 Nr. 1 BGB folgen.

Diese Grundsätze treffen aber nur für den Bereich des *Sekundärmarktes* zu.

Ganz anders fällt hingegen die Beurteilung einer Expertise auf dem *Primärmarkt* aus, in der ein Kunstexperte eine *Wertentwicklungsprognose* auf einen zeitgenössischen und noch unentdeckten Künstler abgibt. Dieser „*Expertise*" wohnt ein derart spekulatives Element inne, dass ihr keinesfalls ein Rechtsbindungswille in dem Sinne zuerkannt werden kann, dass der Kunstvermittler unter Verweis auf diese Prognose für ihren Inhalt haften will.

cc. Die Rechtsnatur vorvertraglicher Äußerungen

Die beratende Tätigkeit des Verkäufers selbst ist daneben ebenfalls als Teil seiner Absatzbemühungen zu verstehen.[591] Bei einem besonders fachmännischen Auftreten und der Vermittlung eines gewissen Vertrauens und ei-

---

588 Vgl. dazu BGH, Urt. v. 15.6.2016 – VIII ZR 134/15; IHR 2017, 109 (111, Rn. 15), wo der BGH das Bestehen einer Herstellergarantie als Merkmal ansieht, das erheblichen Einfluss auf die Wertschätzung der Sache hat.

589 Ähnlich: BGH, Urt. v. 24.04.1996 - VIII ZR 114/95, juris Rn. 15; *Brühl*, Marktmacht von Kunstexperten als Rechtsproblem, S. 11.

590 Inwiefern der Kunstexperte daneben selbst haftet und ob Kunstvermarkter und -experte als Gesamtschuldner in Hinblick auf etwaige Schadensersatzansprüche zu werten sind, bleibt in dieser Ausarbeitung ausgeklammert. Diesbezüglich wird auf die Dissertation von *Ehinger* „Dritthaftung für Kunstexpertisen" verwiesen.

591 BGH, Urt. v. 23.07.1997 - VIII 238/96, NJW 1997, 3227 (3229).

genem Expertenwissen muss auch diesem Verhalten irgendein rechtlicher Wert zukommen.[592]

Vorvertragliche Äußerungen der Marktteilnehmer, etwa Vertreter der Galerien oder Auktionshäuser, kommen in der Praxis häufig vor; finden aber in der Regel keinen Niederschlag im Vertrag.[593] Daraus könnte man herleiten, dass sie in Abgrenzung zur Beschaffenheitsvereinbarung nicht die Soll-Beschaffenheit der Kaufsache determinieren.[594] In der Folge wären solche vorvertraglichen Äußerungen für das Gewährleistungsrecht schlicht unerheblich und fänden allenfalls - falls man einen Anwendungsbereich dafür neben der Kaufgewährleistungshaftung bejaht[595] - im Rahmen der *c.i.c.* Berücksichtigung.[596]

Geht man hingegen davon aus, dass es für eine Beschaffenheitsvereinbarung ausreicht, dass der Verkäufer die Eigenschaften in bestimmter Weise beschreibt und der Käufer die Beschreibung zur Grundlage seiner Entscheidung macht, mag an der Einordnung vorvertraglicher Äußerungen

---

592 Vgl. hierzu st. Rspr.: BGH, Urt. v. 23.07.1997 - VIII 238/96, NJW 1997, 3227 (3229); BGH, Urt. v. 25.03.1958 - VIII ZR 48/57, BeckRS 1958, 31198158, dort unter Ziff. II 2), BGH, Urt. v. 12.06.1985 - VIII ZR 176/84, NJW 1985, 2472 (2472); BGH, Urt. v. 06.06.1984 - VIII ZR 83/83, NJW 1984, 2938 (2939).

593 BGH, Urt. v. 06.11.2015 - V ZR 78/14, NJW 2016, 1815 Rn. 13; BGH, Urt. v. 02.02.1996 - V ZR 239/94, juris Rn. 17; BGH, Urt. v. 02.03.1979 - V ZR 157/77, juris Rn. 8; BGH, Urt. v. 27.02.1974 - V ZR 85/72, juris Rn. 31.

594 *Cziupka/Hübner*, DNotZ 2016, 323 (326).

595 Vgl. dazu Kap. 3 § 1 C I 2.

596 Vor dem Hintergrund der st. Rspr., die ihren Ursprung in den 1980er Jahren insb. durch die *„Jawlensky-Entscheidung"* (BGH, Urt. v. 15.01.1975 - VIII ZR 80/73, juris) und die *„Bodensee-Entscheidung"* (BGH, Urt. v 13.02.1980 - VIII ZR 26/79, juris) des BGH hat, und die damit bestätigte weite Wirkung umfassender Gewährleistungsausschlüsse der Kunstvermarkter, bleibt dem Käufer i.R. des Sachmangelgewährleistungsrechts nur wenig Raum zur Durchsetzung seiner Ansprüche. Daher hat sich als bedeutsamster Lösungsweg im Kunsthandelsrecht die Geltendmachung von Schadensersatzansprüchen wegen der Verletzung von vorvertraglichen Aufklärungspflichten entwickelt, so *Anton*, ZVertriebsR 2013, 343 (350); Die Rspr. findet ihre Rechtfertigung in dem Interesse an der Aufrechterhaltung eines funktionierenden Kunsthandels. Dennoch ist sie nicht nur im Hinblick auf die sehr einseitig vertretene Interessenlage fragwürdig, sondern auch dogmatisch: Bei einer derart schwerwiegenden Einwirkung auf den Käufer als Teil der Absatzbemühung kann nicht bloß eine Nebenpflicht angenommen werden. Darüber hinaus muss die Beurteilung der Interessenlage innerhalb des Kunstmarktes einheitlich sein. Verwehrt man dem Verkäufer im Falle eines arglistig täuschenden Einlieferers jeden Rechtsschutz, weil man den Einlieferer als *„im Lager"* des Vermarkters ansieht, muss dies auch für die Beurteilung gelten, zu wessen Lasten sich das Konkurrenzverhältnis von Beschaffenheitsvereinbarung und Gewährleistungsausschluss entscheidet.

des Kunstvermarkters in Bezug auf das Kunstwerk als *Beschaffenheitsvereinbarung* kein Zweifel bestehen.[597]

Lässt sich die Antwort auf die Rechtsnatur einer *vorvertraglichen Äußerung* nicht ohne Zweifel befürworten oder ablehnen, bedarf sie einer nach beiden Seiten hin interessengerechten *Auslegung*, ob der Käufer vom Verkäufer erwarten durfte, dass er mit *Rechtsbindungswillen* die geschuldete Beschaffenheit vereinbaren will, auch wenn diese im Kaufvertrag keine Erwähnung findet.[598] Dabei gilt auch zu beachten, dass es dem Verkäufer stets verwehrt ist, bei bekannter Unrichtigkeit der Angaben diese dem Käufer gegenüber zu äußern, § 444 Alt. 1 BGB.[599]

Die Auslegung einer Äußerung des Kunstvermittlers darf dabei nicht allein anhand des Inhalts der Äußerung getroffen werden, sondern vielmehr im Lichte der *Gesamtfolge*, die von der Einordnung ausgeht:

Nach dem kumulativen Mangelkonzept kann es grundsätzlich für die Einordnung des Mangels dahinstehen, ob eine Kaufsache *subjektiv* oder *objektiv* mangelhaft ist. Denn erst aus der *Kumulation* beider wird grundsätzlich der Anwendungsbereich der §§ 434 ff. BGB eröffnet.[600] Für die Einordnung des *Konkurrenzverhältnisses* zwischen der vorvertraglichen Äußerung des Kunstvermarkters und seinem umfassenden Gewährleistungsausschluss ist dies jedoch der schmale Pfad, der darüber entscheidet, ob der Käufer seine Rechte auch tatsächlich durchsetzen kann oder nicht. Dies gilt insbesondere dann, wenn man die Ansicht vertritt, den Katalogbeschreibungen selbst *nicht* den Wert einer Beschaffenheitsvereinbarung zukommen zu lassen.[601]

Nach der Wertung des Gesetzgebers, die er in § 434 Abs. 3 S. 1 Nr. 2 b) BGB getroffen hat, wird die *objektive* Beschaffenheit einer Sache durch die *öffentliche Äußerung* definiert, die der Verkäufer oder ein in *„seinem Lager"* stehender Dritter in Bezug auf die Kaufsache trifft. Da diese *öffentliche* Äußerung aber Teil der objektiven Anforderung an eine Sache ist, wird sie unzweifelhaft von einem umfassenden Gewährleistungsausschluss erfasst.[602] Dies folgt daraus, dass die öffentliche Äußerung in diesem Sinne kein individuelles *„Versprechen"* ist. Die öffentliche Äußerung meint eine

597 BGH, Urt. v. 06.11.2015 - V ZR 78/14, NJW 2016, 1815 (1815).
598 BGH, Urt. v. 06.11.2015 - V ZR 78/14, NJW 2016, 1815 (1816).
599 BGH, Urt. v. 03.03.1995 - V ZR 43/94, NJW 1995, 1549 (1550).
600 Kap. 3 § 1 B III 1.
601 Vgl. zur Auseinandersetzung Kap. 3 § 1 B III 1 a) aa).
602 *Westermann* in: MüKo-BGB, § 444 Rn. 11; BGH, Urt. v. 27.09.2017 - VIII ZR 271/16, juris Rn. 26; BGH, Urt. v. 22.04.2016 - V ZR 23/15, juris Rn. 14.

solche, die an eine größere Anzahl von Personen gerichtet ist. Der Personenkreis darf nicht individualisierbar oder beschränkt sein.[603] Eine öffentliche Äußerung determiniert lediglich das, was die breite Käuferschaft für den *gewöhnlichen Gebrauch* der Kaufsache erwarten darf. Sie umschreibt somit lediglich objektiv den Nutzen der Kaufsache. Im Gegensatz dazu spricht der Verkäufer dem Käufer bei einer *vorvertraglichen Äußerung* individuell zu und geht in diesem Zusammenhang auf dessen Belange ein.[604] Die Wirkung seiner Äußerung ist auf eine Einzelperson beschränkt. Sie ist in keinem Fall öffentlich. Eine einzelfallbezogene Beratung des Käufers über ein Kunstwerk beruht auf dem persönlichen Kontakt zwischen Käufer und Vermittler.[605]

Kann aber der Unterschied zwischen einer öffentlichen Äußerung und einer *Individualberatung* so *evident* herausgearbeitet werden, darf kein Zweifel daran verbleiben, dass der Verkäufer mit der Abgabe seiner vorvertraglichen Äußerung seine vertraglichen Pflichten zu definieren bereit ist und der Käufer sie so auffassen darf.

Auch bei Vertragsverhandlungen, im Zuge derer die Parteien entgegengesetzte Interessen verfolgen, ist jede Partei verpflichtet, den anderen Teil über Umstände mit wesentlicher Bedeutung für ihren Entschluss aufzuklären, sofern diese die Aufklärung unter Berücksichtigung der Verkehrssitte nach Treu und Glauben redlicherweise erwarten darf.[606]

Es kann nicht jeder im Vorfeld des Vertragsschlusses abgegebenen Äußerung des Kunstvermittlers ein *Rechtsbindungswille* mit der Folge abgenommen werden, die Erklärung als Beschaffenheitsvereinbarung zu qualifizieren.[607] Aber wo ist die Grenze zu ziehen?

Trifft der Verkäufer im Vorfeld des Vertragsschlusses Zusagen in Bezug auf das Kunstwerk und sind diese von beschränkender und nicht von verantwortungsbegründender Natur, kann ihnen ein *Rechtsbindungswillen*

---

603 *Grunewald* in: Erman BGB, § 434 Rn. 23; vgl. ausführlich Kap. 3 § 1 B III 1 b) bb) (5).

604 Vgl. dazu „*Carracci-Fall*“- OLG Köln, Urt. v. 08.07.2016 - I 1 U 36/13, juris Rn. 13.

605 *Schaub*, AcP 202, 757 (765).

606 OLG Köln, Urt. v. 08.07.2016 - I 1 U 36/13, juris Rn. 54; *Grunewald* in: Erman BGB, § 434 Rn. 15; *Westermann*, NJW 2002, 241 (243) mit der Begründung, dass die Beschreibung durch den Verkäufer die Umsetzung des Erfordernisses einer Vereinbarung nach Art. 2 Abs. 2 lit. a) RL 1999/44/EG ist.

607 *Westermann* in: MüKo-BGB, § 444 Rn. 11; BGH, Urt. v. 06.11.2015 - V ZR 78/14, NJW 2016, 1815 (1815).

nicht abzusprechen sein.[608] Die Äußerung des Verkäufers prägt nämlich nicht nur die Erwartungen des Käufers an die Kaufsache, sondern erhellt auch den Sinngehalt des Haftungsausschlusses für ihn.[609] Somit muss doch der Käufer im Einklang mit dem objektiven Betrachter annehmen dürfen, dass der Verkäufer für die *„zugesagten"* Eigenschaften rechtlich bereit ist einzustehen und sie nicht als Teil der *öffentlichen Äußerung* dem Gewährleistungsausschluss unterfallen.[610] Ihnen muss also die Rechtsnatur einer Beschaffenheitsvereinbarung zugesprochen werden.[611]

Sie sind damit keine bloßen Nebenpflichten, wonach auf sie allenfalls die Ansprüche der *c.i.c.* Anwendung fänden.[612] Eine solche Sichtweise ist aus den Erläuterungen zur erkennbaren Wichtigkeit der Käuferschaft nicht vertretbar.

dd. Die Negation durch AGB

Die Kunstvermittler ordnen in ihren Allgemeinen Geschäftsbedingungen regelmäßig ausdrücklich an, den Katalogangaben und Bildbeschreibungen kein *Vereinbarungswert* zukommen zu lassen.

Verständlich ist das Interesse der Verkaufspartei an der Entwicklung solch detaillierter Regelungen, die ihrem Kontrahenten zur Einbeziehung in den Vertrag vorgehalten werden. Es folgt daraus, dass in der Regel Kaufsachen von erheblichem Wert gehandelt und Verträge ähnlichen Inhalts so

608 *Westermann,* ebd.

609 BGH, Urt. v. 22.04.2016 - V ZR 23/15, juris Rn. 14; BGH, Urt. v. 22.04.2016 - V ZR 189/15, juris Rn. 15; BGH, Urt. v. 16.11.2007 - V ZR 208/06, juris Rn. 7.

610 BGH, Urt. v. 22.04.2016 - V ZR 23/15, juris Rn. 15.

611 Die st. Rspr., die individuelle, konkrete Äußerungen durch Vertreter des Verkäufers selbst nicht Vertragsbestandteil werden lässt, mag nur ihre Rechtfertigung darin finden, den Kunsthandel möglichst funktionsfähig zu halten. Würden die Kunstvermittler sich von einer Haftung nicht freizeichnen, würden sie mit vorvertraglichen Äußerungen zurückhaltender umgehen, was die Käufer solch hochpreisiger Güter regelmäßig abschrecken würde. Allein die Funktionserhaltung des Kunstmarktes vermag aber die Diskreditierung der Wichtigkeit für den Kaufentschluss des Käufers nicht zu rechtfertigen. Im Gegenteil wäre es angesichts eines fairen Marktes angezeigt, dass auch diejenigen Kunstvermarkter, die sich das Vertrauen ihrer Kunden teuer bezahlen lassen, dazu angehalten werden Vorsicht in Bezug auf Individualäußerungen walten zu lassen und Zweifel ggü. den Käufern nicht lediglich nicht zu verschweigen, sondern zu betonen.

612 Bei Annahme einer Nebenpflicht ist der Kläger auf die Vorschriften der c.i.c. zu verweisen, falls man diese neben dem Mangelgewährleistungsrecht für anwendbar erklärt, vgl. dazu Kap. 3 § 1 C I 2.

häufig abgeschlossen werden, dass sich die Regelung bestimmter Abläufe und Rahmenbedingungen durch AGB auszahlt.[613]

Die AGB des Verwenders versuchen in einer möglichst lückenlosen Erscheinung vorzuschreiben, wer - ungeachtet gesetzlicher Regelungen - Träger des Risikos ist. Stellt sich aber heraus, dass jene AGB entweder nicht wirksam in den Vertrag einbezogen wurden oder aber unwirksam sind, muss in den sodann lückenhaften Vertrag diejenige Regelung eingefügt werden, zu der die Parteien gekommen wären, wenn sie sich über die Risikoverteilung unter Berücksichtigung der Grundsätze von Treu und Glauben und damit *wirksam* geeinigt hätten.[614]

Dies soll an dieser Stelle aber nicht weiter erörtert werden.[615] Die Untersuchung soll sich vorab allein darauf beschränken, ob eine klauselartige Anordnung ganz grundsätzlich fähig ist, den Katalogangaben, Kunstexpertisen und vorvertraglichen Äußerungen, die in ihrer Existenz als Beschaffenheitsvereinbarung zu qualifizieren sind, ihre Rechtsnatur abzuerkennen.[616]

Eine typische Klausel ist dabei sinngemäß meist wie folgt formuliert:

> *Die zum Verkauf gelangenden Kunstwerke können vor Verkauf besichtigt und geprüft werden. Sämtliche Gegenstände sind gebraucht und werden in dem Zustand veräußert, den sie im Zeitpunkt des Vertragsschlusses aufweisen. Die Katalogangaben wurden nach bestem Wissen und Gewissen erstellt. Sie enthalten aber weder Garantien noch Beschaffenheitsvereinbarungen im rechtlichen Sinne. Eine Haftung wegen Mängeln ist damit ausgeschlossen.*[617]

Gegen die Beachtlichkeit einer solchen Klausel für die Einordnung der Rechtsnatur von Katalogangaben spricht zunächst der Vorrang der Individualabrede nach § 305b BGB.[618] Haben die Beschaffenheitsvereinbarungen den Wert einer Individualabrede, gilt für den Widerspruch mit der Vertragsklausel jedenfalls § 305c Abs. 2 BGB. Der Individualabrede ist danach entsprechend der notwendig *kundenfreundlichsten* Auslegung stets Vorrang einzuräumen.[619] Ob es sich bei § 305b BGB um eine Auslegungsregel, ein

613 *Kötz*, JuS 2018, 1 (1).
614 *Kötz*, a.a.O., (9).
615 Die AGB-Kontrolle wird in Kap. 3 § 2 D vorgenommen.
616 Kap. 3 § 1 B III 1 a).
617 *Braunschmidt*, NJW 2013, 734 (735).
618 *Shapiro*, JZ 2013, 549 (555).
619 *Roloff/Looschelder* in: Erman BGB, § 305b Rn. 3; a.A. *Mäsch* in: Staudinger BGB, § 305b Rn. 4, wonach § 305b BGB und § 305c BGB keine Berührungspunkte haben;

gesetzlich begründetes Rangverhältnis oder eine Einbeziehungsvoraussetzung handelt, ist streitig, kann aber vorliegend dahinstehen, da die Ansichten - zumindest für die vorliegende Fragestellung - zwar zu verschiedenen Ergebnissen gelangen, diese sich aber auf das Verhältnis von AGB und Rechtsnatur der Katalogangaben nicht auswirken.[620]

Die Anwendung der Auslegungsregel nach § 305c Abs. 2 BGB setzt voraus, dass es sich bei den Beschaffenheitsvereinbarungen, die in den Katalogangaben, den Kunstexpertisen und den vorvertraglichen Äußerungen zu sehen sind, um *Individualabreden* handelt.

Individualabreden sind grundsätzlich gemäß § 305 Abs. 1 S. 3 BGB *im Einzelnen* zwischen den Parteien ausgehandelte Vertragsbedingungen. Der Wortlaut des § 305b BGB geht aber noch weiter: Er erfasst nicht lediglich solche Bedingungen, die im Sinne des § 305 Abs. 1 S. 3 BGB Niederschlag im Klauselwerk gefunden haben und lediglich aufgrund des *ausgehandelten* Inhalts ihre Eigenschaft als *AGB* verloren haben.[621] Die Individualabrede im Sinne des § 305b BGB bezieht sich darüber hinaus auch auf handschriftliche sowie mündliche oder sogar stillschweigende Zusätze.[622]

Zwar werden die Beschreibungen durch Bezugnahme des Kunstvermarkters im Zeitpunkt des Vertragsschlusses regelmäßig Gegenstand seiner *Individualerklärung*.[623] Jedoch braucht es darüber hinaus das Merkmal des *„Aushandelns"*, das im Sinne einer Individualerklärung mehr als ein *Verhandeln* voraussetzt.[624] Von einem Aushandeln kann lediglich dann gesprochen werden, wenn der Verwender den in seinen AGB enthaltenen gesetzesfremden Kerngehalt ernsthaft zur Disposition stellt und dem Verhandlungspartner Gestaltungsfreiheit zur Wahrung seiner eigenen Interessen einräumt mit der realen Gelegenheit, den Inhalt der Vertragsbedingungen mitzugestalten.[625] Es reicht nicht, wenn sich der Vertragspartner des Kunstvermarkters lediglich den *einseitig* vorgegebenen Geschäftsbedingungen

---

Die Unklarheiten, die durch das Zusammentreffen von AGB und Individualvereinbarung entstehen, räumt § 305b BGB demnach selbst aus; § 305c BGB gelte lediglich für AGB-*interne* Zweifel.

620 Dazu ausführlich *Zoller*, JZ 1991, 850-855; *Roloff/Looschelder* in: Erman BGB, § 305b Rn. 1.

621 *Roloff/Looschelder* in: Erman BGB, § 305b Rn. 4.

622 *Roloff/Looschelder*, ebd.; *Lapp/Salamon* in: jurisPK-BGB, § 305b Stand 15.09.2020 Rn. 15..

623 *Shapiro*, JZ 2013, 549 (555).

624 BGH, Urt. v. 10.10.1991 - VII ZR 289/90, juris Rn. 22; BGH, Urt. v. 27.03.1991 - IV ZR 90/90, juris Rn. 14; BGH, Urt. v. 09.10.1986 - VII ZR 245/85, juris Rn. 10.

625 BGH, a.a.O., Rn. 11; BGH, Urt. v. 18.11.1982 - VII ZR 305/81, juris Rn. 12.

unterwirft.[626] Der Verwender muss sich vielmehr *ernsthaft* und *eindeutig* dazu bereit erklären, einzelne Bedingungen abzuändern.[627]

Unter besonderen Umständen kann eine Individualabrede ausnahmsweise auch dann als Ergebnis eines *Aushandelns* angenommen werden, wenn es nach gründlicher Konditionserläuterung schließlich beim primär durch den Verwender gestellten Vertrag bleibt.[628] Das wiederum erfordert, dass der Verwender zur Abänderung zumindest bereit und dem Geschäftspartner bei Vertragsschluss die Bereitschaft des Verwenders bewusst ist.[629]

Dennoch bestehen hinsichtlich der Annahme von Kunstkatalogen als Individualabreden ernsthafte Zweifel, denn die Versteigerungs- und Verkaufsbedingungen einschließlich der Katalogbeschreibungen sind ganz regelmäßig vom Kunstvermarkter starr vorgegeben, der diese zuvor mit seinem Einlieferer ausgehandelt hat.[630] Selbst im Kunstauktionshandel ändert sich an dieser Annahme dadurch nichts, dass der Käufer durch seine Gebote erheblich die Preisgestaltung eigens beeinflussen kann. Die preisliche Abrede bewegt sich nämlich außerhalb der die Beschaffenheitsabrede tangierenden Klausel.[631]

Im Lichte dieser Erkenntnis kann aber aufgrund mangelnder Dispositionsmöglichkeiten durch den Kunstkäufer keine Individualabrede angenommen werden.[632] Dieser muss das Angebot vielmehr als *gegeben* ansehen.[633]

---

626 BGH, Urt. v. 18.11.1982 - VII ZR 305/81, juris Rn. 12.

627 BGH, Urt. v. 09.10.1986 - VII ZR 245/85, juris Rn. 11.

628 BGH, ebd.; BGH, Urt. v. 17.05.1982 - VII ZR 316/81, juris Rn. 10; BGH, Urt. v. 15.12.1976 - IV ZR 197/75, juris Rn. 28.

629 BGH, Urt. v. 15.12.1976 - IV ZR 197/75, juris Rn. 28.

630 Kap. 2 § 3 B.

631 Darüber hinaus ist schon zweifelhaft, ob eine tatsächliche Dispositionsbefugnis in den Preisgeboten des Bieters zu sehen ist, weil jedenfalls vom Auktionshaus in aller Regel *Limitpreise* vorgegeben werden, dazu ausführlich Kap. 2 § 3 B II 2.

632 A.A. *Shapiro*, JZ 2013, 549 (555-556).

633 Die Rspr. hat sich bislang zu der Qualifikation der persönlichen Absprachen von Kunstvermarkter und Käufer als Individualabrede nicht geäußert. Die Versuche in der Literatur den Absprachen den Wert einer Individualabsprache zu verleihen, überdehnen regelmäßig den Wortlaut und sind darüber hinaus nicht nötig: Wie die Verfasser selbst eingestehen verortet sich das Unrechtsempfinden in Bezug auf die Rechtsstellung des Kunstkäufers im Zusammenspiel aus Beschaffenheitsvereinbarung und Gewährleistungsausschluss, die als rechtliche Einheit Widersprüche in sich ausweist. Dieses Problem ist aber, wie sich zeigt, nur teilweise im Wege der Auslegung behebbar. *Ultima ratio* ist damit die Bewertung der AGB der Kunstvermarkter unter Berücksichtigung des beiderseitigen Interesses, dazu Kap. 3 § 2 D.

Damit kann von einem Vorrang der Beschaffenheitsabrede gegenüber dem Inhalt der AGB keine Rede sein. Vielmehr sind die typisch formulierten Klauseln für die Bestimmung der Rechtsnatur von Kataloginhalten, Kunstexpertisen sowie vorvertraglichen Äußerungen des Kunstvermarkters stets heranzuziehen.

In diesem Sinne gelangt man zu dem ernüchternden Ergebnis, dass es sich zwar primär bei den Katalogbeschreibungen, aber auch bei der Kunstexpertise und bei vorvertraglichen Äußerungen durch die Kunstvermarkter selbst um Beschaffenheitsvereinbarungen im Sinne des § 434 Abs. 2 S. 1 Nr. 1 BGB handelt. Diese Rechtsnatur wird ihnen aber durch die *Negation* in den AGB der Kunstvermarkter regelmäßig wieder entzogen.

ee. Stellungnahme und Fazit

Es lässt sich feststellen, dass die Einordnung der im Kunsthandel praktizierten Verhaltensweisen und Willenserklärungen im rechtlichen Sinne durchaus schwierig ist.

Verständlicherweise ist das Interesse groß, den Kunstmarkt, der kraft Natur der gehandelten Güter, zu Recht als *intransparent* beschrieben wird, funktionsfähig zu halten und daher die Vertragserklärungen in rechtlichem Sinne *verkäuferfreundlich* auszulegen.

Dies darf aber nicht um jeden Preis zu Lasten des Käufers geschehen. Zwar lebt insbesondere dem *Sekundärmarkt* der Kunstwelt die Eigenart inne, dass sich regelmäßig nicht nur auf Verkäuferseite ein gebildeter und kundiger Kunstexperte befindet, sondern dies auch auf die Käuferseite zutrifft. Umso wichtiger ist es aber die beiderseitigen Interessen zu nivellieren.

Es darf deshalb kein Zweifel daran bestehen, dass es sich bereits bei den Katalogangaben um Beschaffenheitsvereinbarungen im Sinne des § 434 Abs. 2 S. 1 Nr. 1 BGB handelt. Dies darf der Kunstvermarkter auch nicht durch Verweis auf Drittangaben, zu denen auch die Expertisen zählen, versuchen zu negieren.

Im Gegenteil muss er sich bewusst sein, dass bei Heranziehung von zusätzlichen *Informationsquellen*, speziell der Kunstexpertise oder auch der individuell gegenüber einem Käufer vorvertraglichen Äußerung, sich der Gesamteindruck der Aussage für den Käufer als derart *unzweifelhaft* darstellt, dass es aus Sicht eines objektiven Dritten ohne Weiteres vertretbar ist, ihnen die Natur einer *Beschaffenheitsgarantie* zu verleihen.

Nichtsdestotrotz wird die Rechtsnatur dieser Angaben durch den ausdrücklichen Wortlaut der regelmäßig verwendeten AGB zunichte gemacht.

Denn in der Beschaffenheitsvereinbarung ist im Bereich des Kunsthandels aufgrund des typischen Mehrpersonenverhältnisses, in dem üblicherweise der Kunstvermarkter bereits mit dem Einlieferer die Bedingungen starr vereinbart und der Vermarkter im Verhältnis zum Käufer sich daran streng gebunden fühlt, grundsätzlich keine Individualvereinbarung zu sehen. Dann aber geht die Abwägung letztlich zu Lasten des Käufers, der sich die *Negation* sämtlicher Angaben durch den Kunstvermarkter im Wege der AGB entgegenhalten lassen muss.

Damit aber ist für den Käufer noch nicht alles verloren. Die erschöpfende Bewertung eines nach beiden Seiten hin interessengerechten Kunstmarktes erfordert auch die Erläuterung, ob der Verkäufer sich im Einzelfall überhaupt auf solche AGB berufen darf, was letztlich anhand der *Feinsteuerung* der Vertragsgestaltung, nämlich im Wege der *AGB-Kontrolle*, zu entscheiden ist.[634]

b. Die negative Beschaffenheitsvereinbarung

§ 434 Abs. 3 S. 1 BGB sieht vor, dass *„soweit nicht wirksam etwas anderes vereinbart wurde"* die geschuldete Beschaffenheit der Kaufsache sich nach *objektiven* Gesichtspunkten richtet. Diese sind erfüllt, wenn sich die Kaufsache für die gewöhnliche Verwendung eignet (Nr. 1), eine Beschaffenheit aufweist, die bei Sachen derselben Art üblich ist und die der Käufer unter Berücksichtigung der Art der Sache (Nr. 2 lit.a) und der öffentlichen Äußerungen des Verkäufers oder eines in seinem Lager stehenden Dritten (Nr. 2 lit. b) erwarten durfte und die Beschaffenheit einer Probe oder Musters aufweist.

Die gesetzliche Formulierung zeigt, dass auch unter dem neuen kumulativen Mangelkonzept *vertraglich* zwischen den Parteien eine Abweichung von den objektiven Anforderungen an die Kaufsache geregelt werden kann. In diesem Fall geht die subjektive Beschaffenheitsvereinbarung den objektiven Anforderungen an das Kunstwerk vor.[635]

---

634 Die AGB-Kontrolle der auf dem Kunstmarkt üblicherweise verwendeten Klauseln wird in Kap. 3 § 2 D vorgenommen.

635 BT-Drs. 19/27424, S. 24 dort unter „Zu § 434 Absatz 2 BGB-E".

aa. Erklärung und Definition

Die vereinbarte Beschaffenheit kann dabei nicht nur über die gewöhnliche Beschaffenheit hinausgehen, sondern auch dahinter zurückbleiben. Es bleibt den Parteien unbenommen zu vereinbaren, über welche objektiv zu erwartenden Eigenschaften die Kaufsache *nicht* verfügt.[636] In diesem Fall spricht man von einer sog. *negativen Beschaffenheitsvereinbarung.*[637]

Grundsätzlich sind solche negativen Beschaffenheitsvereinbarungen im Rahmen der Privatautonomie ohne Weiteres möglich. Dennoch stellt der Gesetzgeber den Rechtsanwender - es sei denn es handelt sich um ein Rechtsgeschäft, an dem ein Verbraucher nicht beteiligt ist[638]- nicht gänzlich davon frei, sich mit den objektiven Anforderungen an die Kaufsache auseinander zu setzen. Denn für *Verbrauchsgüterkäufe* schreibt der Gesetzgeber in § 476 Abs. 1 S. 2 BGB vor, den Käufer vor Abgabe seiner Vertragserklärung über die negative Beschaffenheit *in Kenntnis* zu setzen und diese Abweichung *ausdrücklich* und *gesondert* zu vereinbaren.

Unter Zugrundelegung der objektiven Anforderungen muss schließlich entschieden werden, ob es sich bei Kunstkatalogen um *negative Beschaffenheitsvereinbarungen* handelt oder etwa um *positive.* [639] An eine positive Beschaffenheitsvereinbarung sind nämlich keine besonderen Anforderungen zu stellen. Es reicht aus, dass der Verkäufer die zu verkaufende Sache in bestimmter Weise umschreibt und der Käufer diese Äußerung zumindest unter anderem zum Anlass nimmt, seine Kaufentscheidung zu treffen.[640]

Handelt es sich hingegen um eine Vereinbarung, die bestimmt, dass die *subjektive* Beschaffenheit hinter der *„üblichen"* Beschaffenheit zurückbleibt, kommt die vom Gesetzgeber vorgesehene Intention des § 476 Abs. 1 S. 2 BGB zum Tragen.[641]

Kunstwerke müssen in diesem Sinne *verobjektiviert* werden. Wo es nach früherer Gesetzesfassung möglich war, sich auf die subjektive Vereinbarung zu beschränken und den Mangel bei Kunstwerken insbesondere in der

636 *Grunewald* in: Erman BGB, § 434 Rn. 12.
637 *Raue/Hollenders*, GRUR 2014, 98 (99).
638 BT-Drs. 19/27424, S. 24 dort unter „Zu § 434 Absatz 2 BGB-E".
639 *Weidenkaff* in: Palandt BGB § 434 Rn. 59.
640 *Kaletsch*, Der Kunstauktionator, S. 204.
641 So bereits *Raue/ Hollenders*, Freizeichnungsklauseln in der Kunstauktion - Katalogbeschreibung „Buddha aus Sui-Dynastie", GRUR 2014, 96 (99).

individuellen Absprache und den Interessen der Kaufparteien zu suchen, ist dies heute nicht ohne Weiteres möglich.[642]

Da sowohl am *primären* als auch am *sekundären* Kunstmarkt regelmäßig nicht nur gewerbliche und professionelle Kunsthändler, sondern überwiegend auch Privatleute teilnehmen, zwingt die neue Gesetzesfassung festzulegen, welche objektive Beschaffenheit im Sinne des § 434 Abs. 3 BGB ein Kunstwerk schuldet und inwiefern Katalogbeschreibungen, Kunstexpertisen und Äußerungen der Marktteilnehmer davon in *positiver* oder *negativer* Art und Weise abweichen.

bb. Kunst als objektiv mangelhaft

Die objektiven Anforderungen an eine Kaufsache ergeben sich aus ihrer gewöhnlichen Verwendung, aus der Beschaffenheit, die bei Sachen derselben Art üblich ist und die der Käufer erwarten kann unter Berücksichtigung der Art der Sache und der öffentlichen Äußerungen, die vom Verkäufer oder einem in der Vertragskette oder in deren Auftrag, insbesondere in der Werbung oder auf dem Etikett abgegeben wurde und der Beschaffenheit einer Probe oder eines Musters entspricht, dass der Verkäufer vor Vertragsabschluss zur Verfügung gestellt hat, § 434 Abs. 3 S. 1 BGB.[643]

(1) Tauglichkeit zur gewöhnlichen Verwendung

Bei der Subsumtion unter dem Begriff der *gewöhnlichen Verwendung* sind die Verkehrskreise zu berücksichtigen, aus denen die Vertragsparteien stammen. Die gewöhnliche Verwendung bei einem Kauf zu privaten

642 Zugegeben stellt es der Gesetzgeber den Parteien bei Verträgen, an denen ein Verbraucher nicht beteiligt ist, frei, die subjektive Beschaffenheit negativ abweichend von den objektiven Anforderungen zu vereinbaren; für Verbrauchsgüterkäufe ist das aber nur in den strengen Grenzen des § 476 Abs. 1 S. 2 BGB möglich, der im Hinblick auf die bisher im Kunsthandel verwendeten Klauseln wohl nie erfüllt wäre. Vgl. BT-Drs. 19/27424, S. 23, dort unter „Zu § 434 Absatz 1 BGB-E“.

643 *Lorenz*, NJW 2021, 2065 (2066); *Pammler* in: Herberger/Martinek/Rüßmann/Weth/Würdinger, jurisPK-BGB, § 434 Rn. 100; BT-Drs 14/6040, S. 213 re. Sp. dort unter „zu Satz 2“.

Zwecken unterscheidet sich von einem Kauf zu beruflichen Zwecken.[644] Darüber hinaus bestimmt sich die übliche Beschaffenheit nach dem für den Käufer erkennbaren Zustand der Kaufsache; bei *gebrauchten* Sachen ist daher eine andere übliche Beschaffenheit zugrunde zu legen als bei *neuen* Sachen.[645] Hinsichtlich der Kauferwartung kommt es auf objektiv berechtigte Erwartungen an, die sich mangels abweichender Anhaltspunkte jedenfalls regelmäßig an der *üblichen Beschaffenheit* gleichartiger Sachen orientieren.[646] Es ist damit unerheblich, welche Beschaffenheit der Käufer im Einzelfall erwartet und wie er auf die Abweichung reagiert.[647]

Die Beschaffenheit einer Kaufsache richtet sich also nach Sachen *gleicher Art und Gattung*. Im Lichte dessen ist die Frage aufzuwerfen, wann eine Sachmängelhaftung berechtigt erscheint.[648] Unproblematisch ist dies im Bereich der Gattungsschuld.[649] Zur Bestimmung eines objektiven Fehlers muss aber auch bei Kunstgegenständen zunächst festgelegt werden, welche *Gattung* man den einzelnen Werken zugrunde legen will.[650] Dies erscheint in Hinblick auf die Unikat-Eigenschaft, die Kunstwerke aufweisen, problematisch.

Wird ein Kunstwerk verkauft, handelt es sich um eine *nicht vertretbare Stückschuld*.

Bei Stückschulden richtet sich die *Art* nach der im Kaufvertrag relevanten Gattung. Dieses Hilfskriterium ist notwendig, weil Kunstwerken ein typisches Beschaffenheitsprofil fremd ist.[651] Der Umfang des Gattungsbe-

---

644 *Pammler* in: Herberger/Martinek/Rüßmann/Weth/Würdinger, jurisPK-BGB, § 434 Rn. 100; *Weidenkaff* in: Palandt BGB, § 434 Rn. 27; *Matusche-Beckmann* in: Staudinger BGB, § 434 Rn. 84.

645 *Grunewald* in: Erman BGB, § 434 Rn. 20, a.A. *Matusche-Beckmann* in: Staudinger BGB, § 434 Rn. 86, der zwischen gebrauchten und neuen Sachen im Sinne des objektiven Fehlerbegriffs nicht unterscheidet, weil es auf die *Gebrauchstauglichkeit* ankommt.

646 BGH, Urt. v. 29.06.2016 - VIII ZR 191/15, juris Rn. 42; *Matusche-Beckmann* in: Staudinger BGB, § 434 Rn. 84; *Berger* in: Jauernig BGB, § 434 Rn. 14.

647 BGH, Urt. v. 07.02.2007 - VIII ZR 266/06, juris Rn. 21;

648 *Knöpfle*, AcP 180, 462 (485).

649 Die Gattung gehört hier regelmäßig zum Vertragsinhalt; ebenfalls unproblematisch ist es im Bereich der Stückschulden, sofern es sich um eine Wahlschuld im Sinne der §§§ 262ff. BGB handelt. Auch hier fließt die gewöhnliche Verwendung im Sinne der Gattung einer Sache unweigerlich in den Vertrag mit ein und wird zur Grundlage dessen.

650 *Knöpfle*, ebd.

651 *Räntsch* in: Kullmann/Pfister/Stöhr/Spindler, Produzentenhaftung Teil B V 1 c) cc), 1. EL 2014.

griffs bestimmt sich nach Sinn und Zweck der Mängelhaftung. Vor diesem Hintergrund soll er nicht zu weit, aber auch nicht stark restriktiv verstanden werden, so dass der vorhandene *Fehler* nicht von ihm mitumfasst wird. Es muss ein *spezieller Gattungsbegriff* zugrunde gelegt werden, der die Besonderheiten des bestimmten Typs mitumfasst.[652] Gemeint ist der Versuch, eine *Speziesgruppe* zu bilden. Bei Anwendung eines solch *speziellen Gattungsbegriffs* auf den Kunsthandel sind mangelrelevante Gattungen z.B. die Gruppe der Aquarelle von *Emil Nolde*, Gemälde aus der Italien-Zeit *Carl Rottmanns* oder *Louis Corinths* Walchensee-Bilder.[653] Gänzlich ungeeignet ist hingegen, das Alter eines Kunstwerkes als Gattung anzusehen und darauf den potentiellen Wert zu begründen.[654] Zwar sind es auch Werke *alter Meister*, die sich auf dem Kunstmarkt großer Begierde erfreuen, was sich in einem dauerhaften Wertanstieg wiederspiegelt, es gibt aber auch moderne und sogar zeitgenössische Maler, deren Kunstwerke Sammler- und Wertobjekte darstellen:

Das Werk *„Porträt eines Künstlers"* des zeitgenössischen Malers David Hockney erzielte im Jahr 2018 bei einer Versteigerung bei Christie's einen Preis von 90 Millionen US-Dollar.[655] Die Statue *„Rabbit"* von Jeff Koons wurde im Mai 2019 ebenfalls von Christie's für 90,3 Millionen US-Dollar versteigert, der bisher höchste jemals bezahlte Preis für das Werk eines lebenden Künstlers.[656] Zeitgenössische Kunst erreicht damit nicht nur absolute Spitzenpreise, sondern sie wird vergleichbar den Werken *alter Meister* auch kommerziell vermarktet.

---

652 *Knöpfle*, AcP 180, 462 (486); *Wrede*, Kunst und Kaufrecht, S. 220.

653 *Wrede*, Kunst und Kaufrecht, S. 220.

654 So die Ausführungen des OLG München, indem es einen Mangel darin sieht, dass bei einer fehlerhaften Alters- oder Urheberangabe das Alter fehle, welches das Kunstwerk zu einem Kunstgegenstand und Sammelobjekt erheben würde. Es mangele damit an der zentralen Sacheigenschaft, welche unter Berücksichtigung der Verkehrskreise, an die sich das Angebot der ausdrücklich als Kunstauktion bezeichneten Vermarktungsaktion richtet, die objektive Eignung der Kaufsache zur gewöhnlichen Verwendung begründet.
Eine äußerst fragwürdige Einordnung vor dem Hintergrund, dass es durchaus auch Werke zeitgenössischer Maler gibt, die Sammelwert haben und auf sehr hohem Preisniveau gehandelt werden, *OLG München*, Urt. v. 26. 6. 2012 – 5 U 2038/11, GRUR 2012, 1285 (1286).

655 https://www.christies.com/features/David-Hockney-Portrait-of-an-Artist-Pool-with-Two-Figures-9372-3.aspx zuletzt abgerufen am 06. Januar 2022.

656 https://www.christies.com/features/Jeff-Koons-Rabbit-Own-the-controversy-9804-3.aspx; zuletzt abgerufen am 06. Januar 2022.

Die objektiven Anforderungen an das Kunstwerk von der vertraglich manifestierten speziellen Gattung abhängig zu machen, erscheint fragwürdig in Hinblick auf § 434 Abs. 2 S. 1 Nr. 2 BGB, wonach die Kaufsache *subjektiv* mangelhaft ist, sofern sie nicht die Beschaffenheit aufweist, die vertraglich vorausgesetzt ist. Der Gesetzgeber empfand es als notwendig, grundsätzlich nur denjenigen Verkäufer haften zu lassen, der sowohl eine *subjektive* als auch *objektiv mangelhafte* Sache liefert.[657] Daraus muss aber folgen, dass er *nicht* von der Identität des Subjektiven und Objektiven ausgeht. Gestützt wird diese Annahme dabei, dass ebenfalls im objektiven Fehlerbegriff Werbeaussagen durch den Verkäufer oder Dritten einbezogen werden, vgl. § 434 Abs. 3 S. 1 Nr. 2 lit. b) BGB. Er beschränkt danach den objektiven Beschaffenheitsbegriff auf vorvertragliche Inhalte.[658] Vertragliche und als solche subjektive Inhalte lässt er hingegen ausgeklammert.

Würde man nun im Rahmen der objektiven Beschaffenheit eines Werkes auf die vertraglich vereinbarte Gattung als Hilfsmittel zurückgreifen, wäre die dort angenommene Beschaffenheit nichts anderes als die *„vertraglich vorausgesetzte Verwendung"* im Sinne der subjektiven Anforderung nach § 434 Abs. 2 S. 1 Nr. 2 BGB; die Anwendungsbereiche würden vermischt.

Existiert bei Stückschulden kein zuverlässiger Vergleichsmaßstab, der der Bestimmung der *üblichen Beschaffenheit* zugrunde gelegt werden kann, ist anhand einer *Einzelfallwertung* die gewöhnliche Verwendung zu bestimmen, wobei es sachgerecht ist, vereinzelt auf Vertragsinhalte zurückzugreifen.[659]

Daraus folgt, dass eine konsequente Trennung von vertraglich vorausgesetzter Beschaffenheit und gewöhnlicher Beschaffenheit insbesondere bei Stückschulden in der Regel nicht möglich ist und es dadurch dem Käufer

657 Wie bereits erläutert, kann dies im Einzelfall abweichen, so dass es nur auf die subjektive Anforderung ankommt. Wegen § 476 Abs. 1 S. 2 BGB ist aber dennoch die Bestimmung der objektiven Anforderungen erforderlich, vgl. dazu Kap. 3 § 1 B III 1 b) bb) (3).

658 BT-Drs. 14/6040, S. 214 li. Sp. dort unter „Zu Satz 2".

659 Der Gesetzgeber selbst führte in Bezug auf die *alte Fassung* des § 434 BGB mit einem im Wortlaut identischen *objektiven* Fehlerbegriff aus, dass der Vergleichsmaßstab *„Sachen der gleichen Art"* bei Gebrauchtfahrzeugen beispielsweise Alter und Laufleistung sind; diese finden auch regelmäßig Niederschlag im Kaufvertrag. Auch er sah somit, dass es bei bestimmten Handelsgütern keinen Einheitsstandard für bestimmte Kategorien gibt, so dass stets individuell für neue oder gebrauchte Sachen, Gebrauchsartikel und Luxusgegenstände, normale oder vermehrte Nutzung eine *Einzelfallwertung* vorzunehmen ist, woraus die gewöhnliche Verwendung der jeweiligen Sache zu bestimmen ist, BT-Drs. 14/6040, S. 214 li. Sp. dort unter „Zu Satz 2".

unbenommen sein muss, auf eine vertraglich vereinbarte Gattung als Vergleichsmaßstab für die gewöhnliche Verwendung zurückzugreifen, so dass die oben herausgearbeiteten Grundsätze des *speziellen Gattungsbegriffes* greifen.

Jedoch hilft diese Erkenntnis im Bereich des Kunsthandels nur bedingt weiter.

Für bloße Gebrauchsgegenstände ist ein bestimmtes Beschaffenheitsprofil innerhalb der gleichen Gattung *typisch*. Weicht die tatsächliche Beschaffenheit von dem typischen Profil ab, entspricht die Kaufsache nicht der gewöhnlichen Verwendung.[660] So darf bei einem Gebrauchtwagenkauf, der nicht als *„Bastlerstück"* verkauft wird, wohl unterstellt werden, dass dessen Erwerber das Fahrzeug als Fortbewegungsmittel nutzen möchte, so dass es fahrtauglich sein muss.[661]

Damit ist der objektive Fehlerbegriff ein Hilfsmittel, dessen Anwendung bei Gattungsschulden, aber auch bei Gebrauchsgegenständen durchaus sinnvoll ist; bei Anwendung auf Unikate und reine „Luxusgegenstände" hingegen versagt. Ein individuelles Beschaffenheitsprofil ist bei Kunstwerken auch innerhalb der gleichen Gattung in der Regel nicht vorhanden.

Dies bestätigt auch die Reihe von Argumentationen der Rechtsprechung vergangener Jahre, die nur als *missglückte Versuche* verstanden werden können, einen Sachmangel an Kunstwerken mit dem *objektiven Fehlerbegriff* zu begründen. Eine Auseinandersetzung mit der Natur der Kunstbranche blieb dabei stets aus.

Für die Begründung eines solchen Beschaffenheitsprofils muss das *Motiv* des Käufers feststellbar sein, ein Kunstwerk einer *speziellen Gattung* zu kaufen bzw. zu ersteigern. Motive sind die subjektive Grundlage für die Willensbildung. Grundsätzlich bleiben Motive einseitige Vorstellungen einer Partei.[662] Damit bleibt auch die Enttäuschung solch einseitiger Erwartungen für die Vertragserfüllung unberücksichtigt.[663] Das Risiko hinsichtlich der Erfüllung des Motivs liegt nur auf Seiten des Käufers. Im Rahmen der Privatautonomie muss es den Parteien aber unbenommen sein, die gesetzliche Risikoverteilung zu ändern.[664] So kann das Motiv zur

660 *Räntsch* in: Kullmann/Pfister/Stöhr/Spindler, Produzentenhaftung Teil B V 1 c) cc), 1. EL 2014.
661 OLG Düsseldorf, Urt. v. 11.04.2013 - I 3 U 31/12, juris Rn. 37.
662 *Böttcher* in: Erman BGB, § 313 Rn. 18.
663 BGH, Urt. v. 21.09.2005 - XII ZR 66/03; juris Rn. 15; *Böttcher*, ebd.
664 BGH, ebd.

Geschäftsgrundlage im Sinne des § 313 BGB und die Geschäftsgrundlage wiederum zur Vertragsgrundlage erhoben werden.[665]

Bei der Anwendung des objektiven Fehlerbegriffs auf Kunstwerke gilt es zu bedenken, dass in ökonomischer Hinsicht der Qualitäts- und Nutzenbegriff notwendig *subjektiv* sein muss. Sachverhalte dürfen nicht juristisch und ökonomisch verallgemeinert werden, um darunter subsumieren zu können, denn die divergierenden Qualitäts- und Nutzenbedürfnisse sind die Determinanten bei der Einordnung eines Mangels.[666] Aufgrund der enormen Relevanz für den Käufer und unter Berücksichtigung des derartig subjektiven Charakters von Kunstobjekten ist es daher ausnahmsweise erforderlich, das Motiv des individuellen Käufers als Tatbestandsmerkmal der *gewöhnlichen Verwendung* zugrunde zu legen.

Dabei muss man sich eingestehen angesichts der vielen Möglichkeiten an Motiven für den Erwerb von Kunstwerken eine *Durchschnittserwartung* des Käufers regelmäßig nicht zuverlässig bestimmen zu können.[667] Es ist möglich, dass der Käufer einen *Spekulationskauf* tätigt und lediglich eine Bildchance kauft.[668] Genauso kann der Käufer von einer sicheren *Investition* ausgehen. Darüber hinaus ist es insbesondere auf dem Primärmarkt nicht ungewöhnlich, dass für den Käufer die *Ästhetik* im Vordergrund steht und der Kunstliebhaber das Kunstwerk lediglich in seiner Sammlung oder Ausstellung wissen möchte.[669]

Welches Motiv der individuelle Käufer verfolgt, wird sich im Einzelnen nicht feststellen lassen und wenn es sich feststellen lässt, dann nur ausnahmsweise aufgrund einer vertraglichen Vereinbarung.[670]

Wenn aber ein einheitliches Motiv dem Kunstkauf nicht zugrunde gelegt werden kann, ist es fraglich, wie der objektive Fehlerbegriff auf den Kunstmarkt überhaupt anwendbar sein kann. Können Kunstwerke jemals *objektiv mangelhaft* sein?

---

665 *Böttcher*, ebd.

666 Kategorisierung nach *Talkenberg*, Die Ökonomie des Bildermarktes, 1992, S. 26 ff., 35 ff. Als Motive gelten danach das Prestigemotiv, das Stillen ästhetischer Bedürfnisse und ein Investitionsmotiv.

667 *Raue/ Hollenders*, Freizeichnungsklauseln in der Kunstauktion - Katalogbeschreibung „Buddha aus Sui-Dynastie", GRUR 2014, 96 (99).

668 *Heyers*, GRUR 2012, 1206 (1208); *Mangold*, Verbraucherschutz und Kunstkauf im deutschen und europäischen Recht, S. 163.

669 *Müller-Katzenburg*, NJW 2006, 553 (555).

670 *Heyers*, Gewährleistung und Gewährleistungsausschluss im Kunstauktionshandel, GRUR 2012, 1206 (1208).

Ein Fall, in dem die gewöhnliche Verwendung ausnahmsweise auch bei Unikaten, wie Kunstwerken, unproblematisch verneint werden muss, ist gegeben, wenn das Kunstwerk eine *makelhafte Provenienz* aufweist. Dem liegt folgende Schlussfolgerung zugrunde: Eine Eignung für die gewöhnliche Verwendung setzt allgemein voraus, dass die Nutzung der Kaufsache am Erfüllungsort *rechtlich zulässig* ist.[671]

Denn auch sofern der Käufer im Falle eines *Auktionsverfahrens* aufgrund der Ausnahmevorschrift des § 935 Abs. 2 BGB imstande ist, Eigentum am Kunstwerk zu erwerben und insofern nicht in seiner dinglichen Rechtsstellung tangiert wird, ist ein Folgeverkauf nicht nur aufgrund eines *Reputationsschadens* problematisch, sondern wegen § 40 Abs. 2 KGSG auch *rechtlich ausgeschlossen*.[672] Dieses faktische Handelshindernis muss somit in jedem Fall als Zustand qualifiziert werden, der von den objektiven Anforderungen des Kunstwerkes als Handelsobjekt abweicht.[673]

Darüber hinaus darf man aber aus Interesse des *Rechtsschutzes* nicht jedes Motiv des Käufers in den Vertrag miteinbeziehen. Es widerspricht dem Interesse des Verkäufers vehement, zunächst einseitige Motive in Bezug auf das Kunstwerk im Wege der gewöhnlichen Verwendung in den Mangelbegriff miteinzubeziehen und in der späteren Folge jedes vom Käufer beanspruchte Motiv gegen sich gelten lassen zu müssen.

Schließlich muss aber der Versuch unternommen werden, die gewöhnliche Verwendung anhand von *verallgemeinerungsfähigen* Motiven beim Kauf von Kunstwerken zu determinieren.[674] Spekulative Elemente müssen für die Beurteilung der gewöhnlichen Verwendung redlicherweise außer

---

671 *Matusche-Beckmann* in: Staudinger BGB, § 434 Rn. 88.

672 Kap. 3 § 1 B II 2 b).

673 Vgl. *„Carracci-Fall"*: 2000 ersteigerte einer der prominentesten Kunsthändler aus New York Richard L. Feigen im Auktionshaus Lempertz in Köln das Gemälde „Der heilige Hieronymus mit dem Löwen und zwei Engeln" von Lodovico Carracci (1555 bis 1619). Das Gemälde war zuvor 1937 ebenfalls durch Lempertz versteigert worden. Auf Nachfrage des Kunsthändlers erklärte das Auktionshaus noch vor der Auktion, dass die Provenienz des Gemäldes „clean" sei. Auch das „Art Loss Register" hatte keine Eintragung hinsichtlich Diebstahl, Konfiszierung oder Zwangsverkauf. 2009 erfuhr Feigen zufällig, dass das Gemälde 2004 bereits im Art Loss Register als vom NS-Regime gestohlen eingetragen wurde. Im Folgenden wurde das Gemälde beschlagnahmt. Entschädigungsansprüche wurden hingegen durch das Auktionshaus Lempertz abgelehnt. Im Wege der Schadensersatzklage begehrte er Ersatz des aktuellen Wertes des Bildes i.H.v. 350.000 USD, vgl. LG Köln, Urt. v. 24.04.2013 - 23 O 266/12, juris Rn. 1-16; OLG Köln, Urt. v. 08.07.2016 - I 1 U 36/13, juris.

674 A.A. *Raue/Hollenders*, GRUR 2014, 98 (99).

Betracht bleiben.[675] Dem Kunstkäufer kann aber in aller Regel ein *ästhetisches Interesse* und ein *Handelsinteresse* am Kauf eines Kunstwerks nicht abgesprochen werden. Die Wahl des Kunstkäufers fällt beispielsweise auf *René Magrittes* „Le paysage fantôme", weil er es als malerische Schönheit empfindet. Der Käufer von *Joan Mirós* „ceci est la couleur de mes rêves" empfindet wahrscheinlich den Inhalt des Kunstwerks als Ausdruck seiner inneren Gefühlswelt; als künstlerische Identifikation seiner selbst. Aber auch das Handelsinteresse kann einem Kunstkäufer - insbesondere auf dem überwiegend hochpreisigem Sekundärkunstmarkt - nicht abgesprochen werden: Ungeachtet des ästhetischen Faktors treibt die Käufer von Werken großer Meister wie *Picasso* oder etwa *Van Gogh* die Aussicht darauf an, sich eines Wertwachstums des Werkes zu erfreuen, aber zumindest mit dem Kunstwerk einen stabilen Gegenwert zu erhalten. Unter Ausklammerung spekulativer Elemente muss dem Käufer zumindest zugestanden werden, in aller Regel an der Handelsfähigkeit des Werkes interessiert zu sein. Im *Totum* kann man damit die gewöhnliche Verwendung im Sinne der objektiven Anforderungen an Kunstwerke an drei Merkmalen festmachen: der *speziellen Gattung*, der *Ausstellungsfähigkeit* und der *Handelsfähigkeit*.[676] Dies gilt sowohl auf dem Primärmarkt als auch auf dem Sekundärmarkt.[677]

Bei Zugrundelegung dieser Merkmale zur Bestimmung der gewöhnlichen Verwendung eines Kunstwerkes gilt der objektive Mangel bei fehlerhaften Urheber- oder Provenienzangaben als begründet, sofern einer dieser Parameter beeinträchtigt ist.

Bei einer abweichenden Urheberschaft entspricht das Werk schon nicht der von den Parteien zumindest konkludent vorausgesetzten *speziellen Gattung*. Darüber hinaus wird man auch eine Beeinträchtigung in der Handelsfähigkeit nicht leugnen können.

Versteht man die *Handelsfähigkeit* als die Fähigkeit, an einen bestimmten Käuferkreis zu einem bestimmten Kaufpreis ein Objekt zu verkaufen, weichen die Tatbestandsmerkmale bei einer abweichenden Urheberschaft im Vergleich zum Original ab: Weist ein Original beispielsweise von *Max Ernst* einen hochpreisigen, aber streng limitierten Markt auf, dann ist der

---

675 BGH, Urt. v. 20.05.1970 - VIII ZR 197/68, juris Rn. 35.

676 Ähnlich: *Lorenz*, NJW 2021, 2065 (2066).

677 Zugegeben kann auch hier von einer Bestimmung des Mangels anhand rein objektiver Kriterien nicht die Rede sein, weil es trotzdem unabdingbar ist, auf die dem Vertrag zugrunde gelegte Gattung bzw. Zweckbestimmung zurückzugreifen, so auch *Raue/Hollenders*, GRUR 2014, 98 (99).

Markt für einen lediglich nachgebildeten „Max Ernst" eines *namenslosen Künstlers* eventuell nicht streng limitiert und regelmäßig preiswerter. Wird ein Kunstwerk auf dem Kunstmarkt zu einem erheblichen Preis als museale Skulptur angeboten, handelt es sich bei ihm aber entgegen der Zuschreibung zu einer in früherer Zeit liegenden Stilepoche um eine neuzeitliche Fälschung, liegt ebenfalls eine abweichende spezielle Gattung und somit eine Beeinträchtigung der Handelsfähigkeit vor.[678]

Ebenso verhält es sich mit der Provenienz. Eine makelhafte Provenienz beeinträchtigt zwar - im Falle der Echtheit des Werkes - nicht die spezielle Gattung; auch die Ausstellungsfähigkeit als solche ist nicht ohne Weiteres beeinträchtigt. Allerdings ist die Handelsfähigkeit des Kunstwerkes unzweifelhaft eingeschränkt. Der potenzielle Käuferkreis verkleinert sich aus Angst, Restitutionsansprüchen der früheren Eigentümer ausgesetzt zu werden. Unabhängig davon, ob die Restitutionsansprüche begründet oder unbegründet, durchsetzbar oder nicht durchsetzbar sind, bleibt an den Käufern solcher Gemälde regelmäßig ein *Imageschaden* zurück, den die Kunstkäufer nicht auf sich sitzen lassen wollen.[679]

Aber auch das *selbst zerstörte* oder durch Dritte Hand *beschädigte* Werk weicht in diesem Sinne von der Eignung zur gewöhnlichen Verwendung ab.[680] Bei einem durch die Transportpersonen der Kunstvermarkter verursachten Schaden oberhalb der Bagatellgrenze werden regelmäßig schon die *Ausstellungsfähigkeit* und *Handelsfähigkeit* beeinträchtigt sein. Zwar mag es einen Markt für beschädigte Originale alter und bekannter Meister geben; die Konditionen werden aber nicht mit denen eines unversehrten Originals vergleichbar sein.[681]

Auch bei der vom Künstler vorprogrammierten Selbstzerstörung des Kunstwerkes ist eine Abweichung der objektiven Anforderungen erkennbar, doch wird man sich mit der Einordnung einer Beeinträchtigung der Handels- bzw. Ausstellungsfähigkeit in Hinblick auf das enorme Wert-

678 Der BGH begründete den objektiven Fehler hingegen damit, dass es der Skulptur an der zu erwartenden Echtheit im Sinne ihrer Herkunft aus der angegebenen Stilepoche und damit die Eignung als Sammlerstück oder Wertanlage zu dienen fehlt, BGH, Urt. v. 09.10.2013 - VIII ZR 224/12; juris Rn. 13.

679 Prominentes Beispiel hierfür ist der „*Caracci-Fall*": Feigen gab, ohne selbst (infolge der Verjährung) einen durchsetzbaren Anspruch der Erben befürchten zu müssen, das Kunstwerk freiwillig heraus, um seinen guten Ruf zu retten und nicht mit Raubkunst in Verbindung gebracht zu werden, vgl. OLG Köln, Urt v. 08.07.2016 - I 1 U 36/13, juris.

680 Kap. 2 § 2 C.

681 Ebd.

wachstum nach Zerschredderung schwertun. Allerdings zeigt die Umbenennung durch den Künstler von „*Girl with Balloon*“ zu „*Love is in the Bin*“, dass sich durch den Schredderakt die *Gattung* des Werkes verändert hat. Es ist nicht mehr das Gemälde, das Teil einer 2002 begonnenen Serie von Graffities und Drucken ist, die dessen Gattung darstellen. Durch den Schreddervorgang wurde das Gemälde zur *Aktionskunst*, die sich in ihrer Einmaligkeit erschöpft. Es gibt keine Serie von vergleichbaren Drucken des Künstlers, keine Graffities mit dem gleichen Motiv. Es hat sich der Vergleichsmaßstab geändert und somit auch die *Gattung*.

Der Versuch, die Beschaffenheit der Kunst zu verobjektivieren und damit für den Mangelbegriff subsumtionsfähig zu machen, zeigt, dass dies nicht ohne Rückgriff auf einzelne *subjektive* Komponenten möglich ist.[682]

Tatsächlich entbehrt die Bestimmung der objektiven Anforderungen unter Zugrundelegung von spezieller Gattung, Ausstellungsfähigkeit und Handelsfähigkeit nicht jedes subjektiven Einschlags; es ist aber wohl die *objektivste Lösung*, die im Rahmen der gesetzlichen Möglichkeiten der *subjektiv geprägte* Kunsthandel zulässt.[683]

(2) Vorvertragliche Proben und Muster

Lässt sich die Einordnung nach § 434 Abs. 3 S. 1 Nr. 1 BGB anhand des *gewöhnlichen Gebrauchs* eines Kunstwerkes oder anhand einer Beschaffenheit, die bei Sachen derselben Art *üblich* ist, nur schwer vornehmen, könnte die in § 434 Abs. 3 S. 1 Nr. 3 BGB vorgesehene Möglichkeit, im Rahmen des objektiven Fehlerbegriffs auf eine Beschreibung des Verkäufers, eine Probe oder ein Muster abstellen zu können, eine erhebliche Erleichterung mit sich bringen, sofern in der Ausstellung von Kunstwerken unmittelbar vor Vertragsschluss eine *Probe* oder ein *Muster* in diesem Sinne gesehen werden kann.[684]

---

682 Kritisiert auch von *Raue/Hollenders*, GRUR 2014, 96 (99).

683 Es verwundert daher nicht, dass die Rechtsprechung sich im Laufe der letzten Jahrzehnte nicht darum bemüht hat, von den einst aufgestellten Grundsätzen zur Mängelhaftung im Kunsthandel abzuweichen. Vielmehr bedient sie sich seither stets einer Reihe inzwischen anerkannter Regelbeispiele ohne diese vor dem Hintergrund des wandelnden Gesetzeswortlautes im Einzelnen zu hinterfragen.

684 § 434 ABs. 3 S. 1 Nr. 3 BGB entspricht Art. 7 Abs. 1 lit. a) Warenkaufrichtlinie (2019/771).

Der Wortlaut der „*Probe*“ und des „*Musters*“ entspringt dem § 494 BGB a.F., der anordnete, dass bei einem Kauf nach Probe oder nach Muster die Eigenschaften der Probe oder des Musters als *zugesichert* anzusehen sind.[685] Dieser wurde mit der Begründung aufgehoben, dass sich der Inhalt des § 494 BGB unproblematisch über § 434 BGB herleiten lasse und seinem Wertgehalt nichts hinzutue.[686]

Der deutsche Gesetzgeber empfand sodann eine ausdrückliche Übernahme in deutsches Recht als überflüssig, weil sich aus der Kenntnisnahme durch den Käufer ohnehin ergibt, dass die Eigenschaftsbeschreibung oder das Muster Vertragsbestandteil ist. Liegen Muster oder eine Probe vor oder unmittelbar bei Vertragsschluss vor, besteht kein Zweifel mehr daran, dass sie stets als Beschaffenheitsvereinbarung zu charakterisieren sind.[687]

Die Frage, ob Probe oder Muster identisch mit dem Kaufgegenstand sein können, wovon im Übrigen wohl ausgegangen werden muss,[688] kann für die allermeisten Fälle des Kunsthandels aber dahinstehen.

Geht man von deren *Identität* aus, setzt die Anwendung zur Begründung eines Mangels voraus, dass der Verkäufer auf den Vertrag einen anderen Gegenstand liefert als den Besichtigten. Dieser Fall ist im Bereich des Kunsthandels nicht nur selten, sondern wegen der *aliud-Lieferung*, die nach § 434 Abs. 5 BGB einem Sachmangel gleichsteht, regelmäßig auch unproblematisch unter den Mangelbegriff subsumierbar.[689]

---

685 § 494 BGB in seiner bis zum 31.12.2001 geltenden Fassung (vor Inkrafttreten der Schuldrechtsreform).

686 BT-Drs. 14/6040, S. 207 re. Sp. dort unter „Zur Aufhebung des § 494“; *Westermann*, NJW 2002, 241 (242).

687 *Grunewald* in: Erman BGB, § 434 Rn. 15; BT-Drs. 14/6040, S. 213; vgl. im Ansatz BGH, Urt. v. 06.11.2015 - V ZR 78/14, BeckRS 2016, 1516 Rn. 7.

688 Dies muss schon deshalb gelten, weil der „Kauf auf Probe“ nach § 454 BGB als besondere Form des Kaufs verstanden wird und die Regeln zu Sachmängel nach §§ 434ff. BGB auch darauf Anwendung finden. Es darf daher erwartet werden, dass der Gesetzgeber sich innerhalb eines Rechtsbereichs nicht verschiedener Bedeutungen in Bezug auf ein Wort bedient, vgl. *Berger* in: Jauernig BGB, § 454, 455 Rn. 11; *Westermann* in: MüKo-BGB, § 454 Rn. 2.

689 Vgl. zur aliud-Lieferung ausführlich sogleich in diesem Kapitel Abschnitt § 1 B III 1 b) bb) (4).

(3) Fehlende Montageanleitung

Die Katalogangaben oder etwa auch die Kunstexpertise können darüber hinaus auch nicht als *Montageanleitung* im Sinne des § 434 Abs. 3 S. 1 Nr. 4 BGB eingeordnet werden, bei deren Fehlen das gesamte Kunstwerk mangelhaft ist.[690]

Zwar fördern diese Angaben die erwartete Nutzung des Kunstwerkes, denn sie tragen erheblich zu ihrer Wertsteigerung bei.[691] Sie haben damit den Charakter einer zusicherungsfähigen Eigenschaft.[692] Ohne sie ist das Kunstwerk in seiner Handelseigenschaft zumindest *eingeschränkt*.[693]

Gegen die Einordnung als *Montageanleitung* spricht aber ganz eindeutig der Wortlaut, den der Gesetzgeber gewählt hat: Eine Montageanleitung ist demnach die Beschreibung, wie die *Montage* der Kaufsache durchzuführen ist.[694] Der Vorgang der Montage erschöpft sich in einer einmaligen Handlung.[695] Die Montageanleitung hat deshalb einen so hohen Wert für die Kaufsache, weil ansonsten deren Nutzen *völlig* ausgeschlossen ist. Es ist deshalb notwendig, dass die Kaufsache zur Montage *bestimmt* ist. Für ihren bestimmungsgemäßen Gebrauch braucht es den Zusammenbau von Einzelteilen, eine Aufstellung, einen Einbau oder Anschluss.[696] Aber auch bei Kunstwerken, die im Einzelfall tatsächlich einen Zusammenbau erfordern, etwa *Installationen* oder *Statuen*, sind die Katalogangaben oder Kunstexpertisen jedenfalls nicht kausal für die völlige Unbenutzbarkeit des Werkes. Sie betreffen lediglich ihre Handelsfähigkeit.

Deshalb ist die Annahme einer Montageanleitung im Sinne des § 434 Abs. 3 S. 1 Nr. 4 BGB grundsätzlich abzulehnen.

(4) Aliud-Lieferung

Die Frage nach der *aliud-Lieferung* im Sinne des § 434 Abs. 5 BGB ist im Kunsthandel eine Randfrage. Dies nicht etwa, weil der Kunstkauf einen Stückkauf mit individuellem Schöpfer darstellt und derjenige Verkäufer,

---

690 *Grunewald* in: Erman BGB, § 434 Rn. 41.
691 Kap. 3 § 1 B III 1 a) bb).
692 BGH, Urt. v. 28.06.1972 - VIII ZR 60/71, juris Rn. 6.
693 *Pammler* a.a.O., § 434 Rn. 153.
694 *Pammler* a.a.O., § 434 Rn. 151.
695 *Pammler* a.a.O., § 434 Rn. 152.
696 *Matusche-Beckmann* in: Staudinger BGB, § 434 Rn. 123.

der eine andere Sache als die ausgesuchte oder ersteigerte Sache liefert, regelmäßig die ihm nach § 433 Abs. 1 S. 2 BGB obliegende Hauptpflicht nicht erfüllt, so dass der Erfüllungsanspruch beim Käufer verbleibt.[697] Eine solche Sichtweise findet keine Stütze im Gesetz. Nach dem eindeutigen Wortlaut des § 434 Abs. 5 BGB soll die Lieferung einer anderen Sache zwangsläufig die Nichtlieferung der geschuldeten Sache miteinschließen.[698] Der Kaufentschluss des Käufers ist regelmäßig auf das *eine* Kunstwerk konkretisiert. Liefert der Verkäufer das besichtigte Kunstwerk, welches aber statt eines Originals eine Fälschung ist, liegt darin nicht die Nichtleistung seiner vertraglich versprochenen Hauptleistung, sondern die Schlechtleistung, weil das gelieferte Werk einen Mangel aufweist. Lediglich die Fälle, in denen der Verkäufer statt des besichtigten und gekauften Werkes *ein anderes* liefert, das in diesem Sinne tatsächlich *identitätsverschieden* zur vertraglich geschuldeten Leistung ist, sind von der *aliud-Lieferung* umfasst.[699]

Die Aliud-Lieferung gemäß § 434 Abs. 5 BGB hat allgemein einen sehr beschränkten Anwendungsbereich und ist letztlich nur der Sachmangel *in anderem Gewand*. Er stellt jedenfalls das klar, was ohnehin nach § 434 Abs. 2 BGB Voraussetzung ist und erleichtert allenfalls die Debatte darüber, wann im Einzelfall eine Schlechtleistung im Sinne eines Mangels und wann eine Nichtleistung vorliegt.[700]

(5) Öffentliche Äußerung

Zur Bestimmung der Vertragsgemäßheit können nach § 434 Abs. 3 S. 1 Nr. 2 lit. b) BGB auch *öffentliche Äußerungen* des Verkäufers oder eines in seinem *Lager* stehenden Dritten herangezogen werden. Der Verkäufer oder seine Gehilfen erweitern damit die geschuldete Beschaffenheit der Eignung zur *gewöhnlichen Verwendung* um Eigenschaften, die an sich nicht zur vertraglichen Beschaffenheit gehören.[701] Die Äußerung qualifiziert sich als für die Beschaffenheit relevant, wenn sie öffentlich erfolgt, sich also

---

697 *Wrede*, Kunst- und Kaufrecht, S. 223; *Westermann*, NJW 2002, 241 (246); *Pammler* a.a.O., § 434 Rn. 166.

698 *Pammler* in: jurisPK-BGB, § 434 Rn. 166.

699 *Westermann*, NJW 2002, 241 (246); so auch BGH, Urt. v. 15.01.1975 - VIII ZR 80/73, juris Rn. 9; RG, Urt. v. 06.07.1926 - II 496/25, RGZ 114, 239 (242), juris.

700 *Pammler* a.a.O., § 434 Rn. 163; *Grunewald* in: Erman BGB, § 434 Rn. 60.

701 *Weidenkaff* in: Palandt BGB, § 434 Rn. 31.

an einen *unbestimmten Personenkreis* richtet.[702] Eine öffentliche Äußerung beschränkt sich dabei nicht nur auf die Aussage einer Werbung; vielmehr ist die Werbung lediglich ein Regelbeispiel für öffentliche Äußerungen, so dass auch Sachangaben wie Testberichte, Gutachten, Prospekte, Exposés und somit auch Ausstellungs- sowie Auktionskataloge von Galerien und Auktionshäusern eine relevante öffentliche Äußerung darstellen können.[703]

Aufgrund der notwendigen *Öffentlichkeit* der Äußerung kann ein *vorvertraglicher Informationsaustausch* zwischen Käufer und Verkäufer - wie zuvor in diesem Kapitel erläutert - hingegen regelmäßig nicht Bestandteil der nach § 434 Abs. 3 S. 1 Nr. 2 lit. b) BGB rechtlich relevanten Äußerung sein.[704] Denn die Äußerung darf sich nicht nur auf den Käufer als ihren Adressaten beschränken.[705]

Bei Ausstellungs- und Versteigerungskatalogen von Marktteilnehmern im Kunsthandel ist eine solche Öffentlichkeit hingegen gewährleistet; sofern die Kataloge mit den einzelnen Angeboten und Losen im Internet abrufbar und nicht einem ausgesuchten Klientel lediglich auf Nachfrage zugesandt werden, sind sie unzweifelhaft öffentlich.[706] Sie richten sich damit an unbestimmt viele und nicht individuell ausgewählte Personen.[707] Aber auch der Name einer Ausstellung oder Auktion auf einer Einladungskarte oder einem Plakat, die an eine Vielzahl von Personen versandt werden, müssen als öffentliche Äußerung berücksichtigt werden, selbst wenn die Empfänger nach bestimmten Kriterien ausgewählt wurden.[708]

Ebenso verhält es sich mit den Aussagen der Kunstexperten, auf die die offen erhältlichen Katalogbeschreibungen regelmäßig verweisen.[709] Auch sie sind damit der Öffentlichkeit zugänglich und nicht lediglich auf einen individuellen Personenkreis beschränkt.

---

702 *Westermann* a.a.O., § 434 Rn. 28.

703 *Westermann* ebd., § 434 Rn. 28.

704 OLG Köln, Urt. v. 08.07.2016 - I 1 U 36/13, juris Rn. 54, vgl. dazu ausführlich Kap. 3 § 1 B III 1 a) cc).

705 *Westermann* in: MüKo-BGB, § 434 Rn. 28.

706 Vgl. Anhang 4.

707 *Faust* in: BeckOK-BGB, § 434 Stand: 01.11.2021 Rn. 84; BGH, Urt. v. 22.04.2016 - V ZR 23/15, NJW 2017, 150 (150); OLG Hamm, Urt. v. 15.12.2008 - 22 U 90/08 (nicht rechtskräftig), NJOZ 2009, 1588 (1589).

708 *Faust* ebd.

709 Dies trifft verständlich nur auf Kunstexpertisen *aus dem Lager* des Kunstvermarkters zu und nicht etwa auf eigens durch die Käufer beauftragte Gutachten. Hier fehlt es schon an der notwendigen Öffentlichkeit der Äußerung. Darüber hinaus fehlt es dann regelmäßig auch einer Kenntnis oder grob fahrlässigen Unkenntnis des Verkäufers im Sinne des § 434 Abs. 3 S. 3 BGB.

Darüber hinaus muss die Äußerung zur Folge haben, dass aus Sicht eines durchschnittlichen Adressaten die Erwartung des Käufers an bestimmte Beschaffenheitsmerkmale berechtigt ist.[710] Nach den Erläuterungen zur Rechtsnatur von Ausstellungs- und Auktionskatalogen vermag an ihrer Verbindlichkeit kein Zweifel verbleiben.[711] *Telos* der Norm ist die beabsichtigte Bindung des Verkäufers an seine Aussagen über die Kaufsache. Es soll auf legislatorischem Wege Einheitlichkeit der Hersteller- und Verkäuferverantwortung gewährleistet werden.[712] Damit bedarf es auch keiner Entscheidung darüber, ob die Katalogbeschreibungen auf dem Kunstmarkt Beschaffenheitsvereinbarungen *oder* öffentliche Äußerungen im Sinne des § 434 Abs. 3 S. 1 Nr. 2 b) BGB sind. Sie sind beides.[713] Sowohl die Beschaffenheitsvereinbarung als auch die Katalogbeschreibungen und die Kunstexpertisen beeinflussen die Kaufentscheidung des Kunstkäufers erheblich.[714] Damit stellt sich die Frage nach dem Verhältnis zwischen einer öffentlichen Äußerung, die im Rahmen der üblichen Art der Kaufsache erwartet werden darf, und der Beschaffenheitsvereinbarung *nicht*.[715]

Versagt man aber den Ausstellungskatalogen und Kunstexpertisen die Rechtsnatur einer Beschaffenheitsvereinbarung, bleibt unstreitig der Rückgriff auf die öffentliche Äußerung möglich.[716] Damit ist dem Käufer unmittelbar aber nur wenig geholfen:

Die öffentliche Äußerung nimmt ihrer Stellung in § 434 Abs. 3 BGB zufolge unmissverständlich lediglich auf die *objektiven Anforderungen* an eine Kaufsache Bezug.[717] Der objektive Fehler unterfällt aber grundsätzlich unproblematisch der Wirkung eines umfassenden Gewährleistungsaus-

---

710 *Faust* a.a.O., Rn. 76; *Westermann* in: MüKo-BGB, § 434 Rn. 29.

711 Kap. 3 § 1 B III 1 a) aa).

712 *Wrede*, Kunst und Kaufrecht, S. 221.

713 BT-Drs. 14/6040, S. 213 li. Sp., dort unter „Zu Satz 3"; § 434 Abs. 3 S. 1 Nr. 4 BGB hat nur eigenständige Bedeutung, sofern der Werbende sich Äußernde nicht Verkäufer ist, etwa der Künstler selbst, vgl. so auch *Wrede*, Kunst und Kaufrecht, S. 222.

714 *Grunewald* in: Erman BGB, § 434 Rn. 29; *Pammler* in: jurisPK-BGB, § 434 Rn. 130, 137, vgl. auch Art. 7 Abs. 2 lit. b) RL (EU) 2019/771 (WKRL), wonach der Einfluss der öffentlichen Erklärung auf die Kaufentscheidung ausdrückliches Tatbestandsmerkmal ist.

715 Offengelassen: *Wrede*, Kunst und Kaufrecht, S. 221.

716 *Wrede*, ebd.; *Grunewald* a.a.O., § 434 Rn. 23; BGH, Urt. v. 22.04.2016 - V ZR 23/15, BeckRS 2016, 16412 Rn. 7; BGH, Urt. v. 16.03.2012 - V ZR 18/11, NJW-RR 2012, 1078 Rn. 15.

717 *Weidenkaff* in: Palandt BGB, § 434 Rn. 33; *Westermann* in: MüKo-BGB, § 434 Rn. 30.

schlusses, der auf dem Kunstmarkt im Übrigen flächendeckend verwendet wird.[718] Der Verkäufer soll seine Haftung nicht lediglich für die gewöhnliche Beschaffenheit der Kaufsache ausschließen dürfen, sondern auch für solche Eigenschaften, die der Käufer nach den öffentlichen Äußerungen des Verkäufers berechtigterweise erwarten darf.[719] Der Käufer darf in dieser Gesamtschau zum Kunsthandel somit tatsächlich *nicht* auf die öffentlichen Äußerungen des Verkäufers vertrauen.

cc. Formerfordernis i.S. des § 476 Abs. 1 S. 2 BGB

Dieses Missverhältnis novelliert der Gesetzgeber durch Einführung des § 476 Abs. 1 S. 2 BGB zumindest auf dem Gebiet des *Verbrauchsgüterkaufs*.[720]

Infolge der Normierung des § 476 Abs. 1 S. 2 BGB dürfen die objektiven Anforderung an die Kaufsache zwar hinter den subjektiven Anforderungen zurückbleiben. Ein Verbraucher muss darüber aber vor Abgabe seiner Willenserklärung *eigens*[721] in Kenntnis gesetzt werden und die Abweichung muss *ausdrücklich und gesondert vereinbart* sein.[722]

(1) Negative Abweichung

Tatsächlich folgt daraus für den Verkäufer, sofern er im Zuge seiner AGB Katalogbeschreibungen und Kunstexpertisen ihre Rechtsnatur als Beschaf-

---

718 Kap. 3 § 2 D.

719 BGH, Urt. v. 27.09.2017 - VIII ZR 271/16, NJW 2018, 146; BGH, Urt. v. 22.04.2016 - V ZR 23/15, NJW 2017, 150 Rn. 14.

720 BT-Drs. 19/27424, S. 24 dort unter „Zu § 434 Abs. 3 BGB-E".

721 Die Norm setzt Art. 7 Abs. 5 WKRL um, die die Mitteilung „*specifically*" an den Verbraucher verlangt; BT-Drs. 19/27424, S. 42 dort unter „Zu § 476 Abs. 1 BGB-E".

722 Freilich gibt es unter Geltung der neuen Gesetzesfassung noch keine Rechtsprechung zum Kunsthandel. Die Novellierung des § 476 Abs. 1 S. 2 BGB dürfte aber zu einem Umschwung in der Rechtsprechung und der generell sehr verkäuferfreundlichen Tendenz in der rechtlichen Behandlung auf dem Kunstmarkt führen. Denn sie widerlegt die Rechtsprechung, die im Zuge jahrzehntelanger Praxis zu Gewohnheitsrecht erstarkt ist und an die Beschaffenheitsvereinbarung höchst restriktive Voraussetzungen stellte. Unter Zugrundelegung des Wortlauts von § 476 Abs. 1 S. 2 BGB ist die Rechtsprechung nicht mehr haltbar; aus dem Umkehrschluss des § 476 Abs. 1 S. 2 BGB muss vielmehr folgen, dass außerhalb des Verbrauchsgüterkaufs und bei positiven subjektiven Absprachen allgemein keine strengen Vorgaben an Beschaffenheitsvereinbarungen zu stellen sind. Vgl. dazu bereits ausführlich Kap. 3 § 1 B III 1 a) aa); BT-Drs. a.a.O., S. 23, dort unter „Zu § 434 Abs. 1 BGB-E".

fenheitsvereinbarung aberkennt, in Hinblick auf seine eigene Haftungsbegrenzung ein *Mehr* an Aufwand.

Beschreibt der Kunstvermarkter ein Kunstwerk öffentlich als *Original* oder als Gemälde mit einer bestimmten makellosen *Provenienz*, möchte diese Eigenschaften aber bewusst nicht subjektiv Vertragsbestandteil werden lassen, folgt aus der Negation der Beschaffenheitsvereinbarung im Wege seiner AGB, dass er *subjektiv „weniger"* schulden möchte, als der Käufer *objektiv* erwarten darf.[723]

Es ist dafür unerheblich, dass der objektive Mangel ohnehin von einem umfassenden Gewährleistungsausschluss erfasst ist und der Käufer somit ohnehin keinen Anspruch auf Erfüllung der objektiven Beschaffenheitsanforderungen hat. Das *„Beschaffenheitsgerüst"* der Kaufsache lebt unter der Haube des Gewährleistungsausschlusses weiter. Der Vergleich zwischen subjektivem und objektivem Mangel muss daher ohne Rücksicht auf einen etwaigen Gewährleistungsausschluss erfolgen. Andernfalls würde dies dazu führen, die Wertung des § 476 Abs. 1 S. 2 BGB größtenteils zu umgehen; die Norm würde somit größtenteils ausgehöhlt.

In der Konsequenz ergibt sich, dass der Verkäufer, der öffentlich in seinem Katalog, durch einen Kunstexperten oder in einer vorvertraglichen Äußerung einen *Matisse* als Urheber des Kunstwerkes beschreibt, dieser Beschreibung aber im Wege seiner AGB jeglichen Rechtsbindungswillen abverleiht, den Verbraucher *eigens* davon in Kenntnis setzen und die Abweichung *gesondert* und *ausdrücklich* vertraglich festhalten muss.

Denn aufgrund der zuvor in diesem Kapitel erläuterten Erwägungen wird in die objektiven *Qualitätsdeterminanten* bei Kunstwerken notwendig ein Mindestmaß an subjektiven Merkmalen miteinbezogen.[724] Durch die Negation der Beschaffenheitsvereinbarung in ihrer rechtlichen Natur werden Ausstellungskataloge, Kunstexpertisen und vorvertragliche, individuelle Äußerungen vertraglich ein *Nullum.* Die subjektive Absprache bleibt damit hinter den objektiven Beschaffenheitsanforderungen mit den oben erarbeiteten Kriterien zum speziellen Gattungsbegriff, der Ausstellungs- und Handelsfähigkeit, aber auch der miteinzubeziehenden öffentlichen Äußerung deutlich zurück.[725]

---

723 BT-Drs. ebd.
724 Kap. 3 § 1 B III 1 b) bb).
725 Kap. 3 § 1 B III 1 b) bb) (1).

Eine negative Beschaffenheitsvereinbarung liegt somit in allen Fällen des Kunsthandels vor, in denen die AGB eines Kunstvermarkters die Negation sämtlicher vorvertraglicher Angaben anordnen.

(2) Form der Vereinbarung

In den Fällen des Verbrauchsgüterkaufs geht die negative Beschaffenheitsvereinbarung grundsätzlich mit dem Formerfordernis des § 476 Abs. 1 S. 2 BGB einher. Damit ist klärungsbedürftig, was die in § 476 Abs. 1 S. 2 BGB umschriebene Form meint. Der Gesetzgeber spricht davon, den Verbraucher vor Abgabe seiner Vertragserklärung *eigens* über die Abweichung in Kenntnis zu setzen und diese Abweichung vertraglich *ausdrücklich* und *gesondert* zu vereinbaren.

Hinsichtlich der geforderten *ausdrücklichen* und *gesonderten* Vereinbarung über die negative Beschaffenheit darf es in Anbetracht des *schwammigen* Wortlautes ausreichen, dass der Kunstvermarkter sein AGB-Werk um eine Klausel erweitert, in der gesondert die Negation der Katalogangaben, Kunstexpertisen und vorvertraglichen Äußerungen angeordnet ist.

Der wohl größten Herausforderung muss sich der Kunstvermarkter aber dorthin gehend stellen, den Käufer über die Abweichung *eigens* und *vor Abgabe* seiner Vertragserklärung zu informieren. Ist dies im Galerieverkauf - und soweit es einen Anwendungsbereich dafür gibt - im Atelierverkauf grundsätzlich unproblematisch umsetzbar, ist fraglich, wie eine solche vorvertragliche Information beim Auktionshandel auszusehen hat, denn hier gibt der Kunstkäufer sein Angebot mit Abgabe des Gebotes ab.[726] Eine vorvertragliche Mitteilung müsste mithin vor Auktionsbeginn individuell an jeden Auktionsteilnehmer ergehen. Dies stellt die Auktionshäuser insbesondere vor dem Hintergrund zunehmender Digitalisierung vor unwägbare Hindernisse.

Es ist keine praktikable Lösung, die Auktion in ihrer Öffentlichkeit zu beschränken und den Teilnehmern lediglich Zutritt nach Informationszufuhr zu gewähren, denn dies lässt den Auktionator sein Privileg des § 474 Abs. 2 S. 2 BGB verlieren.[727] Der einzig rechtlich vertretbare Lösungsweg ist damit der Abdruck bzw. die Darstellung auf den Seiten der Kataloge, wo neben dem einzelnen Los auch gleichzeitig an *prominenter Stelle* der Hinweis auf die *Negation* sämtlicher Angaben in Bezug auf das jeweilige

726 Kap. 2 § 3 A II 2.
727 Kap. 3 § 2 D.

Los einschließlich etwaig erfolgter vorvertraglicher Äußerungen vermerkt ist.

(3) Verbrauchsgüterkauf nach § 474 Abs. 1 S. 1 BGB

Die Anwendung des § 476 Abs. 1 S. 2 BGB setzt aber ganz grundsätzlich voraus, dass es sich dem *Wesen* nach um einen Verbrauchsgüterkauf handelt. Freilich unterliegt diese Feststellung allein der Einzelfallbetrachtung. Da die subjektiv negative Beschaffenheit des Kunstwerkes aber im Wege von AGB vereinbart wird, die für eine Vielzahl von Verträgen vorformuliert sind, müssen sich diese stets am schwächsten Glied ihrer Empfänger messen lassen.

An der Einordnung eines Kunstkaufs als Verbrauchsgüterkauf bestehen aber in Hinblick auf die überwiegend beteiligten Personenkreise Zweifel, so dass es einer Untersuchung bedarf, wann der Anwendungsbereich des Verbrauchsgüterkaufs eröffnet ist.

Nach § 474 Abs. 1 S. 1 BGB sind Verbrauchsgüterkäufe solche Verträge, durch die ein Verbraucher von einem Unternehmer eine Ware im Sinne des § 241a BGB kauft.

Nach dem Wortlaut des § 474 Abs. 1 S. 1 BGB kommt es also ganz wesentlich auf die Personen an, die unmittelbar Vertragspartei werden.

(a) Die Vertragspartner

Legt man die üblicherweise auf dem Kunstmarkt praktizierte Form des *Kommissionsgeschäfts* zugrunde, kann man feststellen, dass der Kunstvermarkter - sowohl auf dem Primärmarkt als auch auf dem Sekundärmarkt - stets Unternehmer im Sinne des § 14 BGB ist und damit nach § 474 Abs. 1 S. 1 BGB abhängig von seinem Kontrahenten grundsätzlich fähig ist, den Anwendungsbereich der Regeln über Verbrauchsgüterkäufe zu eröffnen.[728] Es kommt in diesem Zusammenhang lediglich darauf an, die Person seiner Vertragspartei zu kategorisieren.

---

728 Ein Kaufmann im Sinne von § 1 HGB ist stets auch Unternehmer im Sinne von § 14 BGB. Der Begriff des Kaufmanns ist enger als der des Unternehmers, vgl. *Hoffmann*, BB 2005, 2090 (2090). Darüber hinaus ist der Kaufmann nach § 1 HGB ein *Statusbegriff*, der Unternehmer nach § 14 BGB ist hingegen *Vertragspartei*, vgl. *Saenger* in: Erman BGB, § 14 Rn. 2.

Es ist daneben auch nicht unüblich, dass der Kunstvermarkter als Stellvertreter im Sinne der §§ 164 ff. BGB tätig wird. In diesen Fällen kommt der Kaufvertrag zwangsläufig zwischen seinem Einlieferer und dem Kunstkäufer zustande.[729] Für die Anwendung der §§ 474 ff. BGB muss dieser ebenfalls als Unternehmer einzuordnen sein.

(aa) Der Kunstverkäufer als Unternehmer

Gemäß § 14 Abs. 1 BGB ist der Unternehmer eine natürliche oder juristische Person oder eine rechtsfähige Personengesellschaft, die bei Abschluss eines Rechtsgeschäft in Ausübung ihrer *gewerblichen* oder *selbständigen beruflichen Tätigkeit* handelt.

Das unternehmerische Handeln muss in seiner Gesamtheit der *Gegensatz* zu einer lediglich der Privatsphäre zuzuordnenden Tätigkeit sein.[730]

Betrachtet man den *Primärmarkt*, kann Einlieferer beim Kunstvermarkter lediglich der Künstler selbst sein. Er führt das Kunstwerk erstmalig dem Markt zu.[731]

Will man den Künstler als Unternehmer im Sinne des § 14 BGB begreifen, muss er gewerblich oder selbständig beruflich handeln. Der Begriff des *Gewerbes* findet sich zwar in § 1 Abs. 2 HGB, ist aber nicht identisch mit dem Verständnis außerhalb des HGB.[732] Dennoch darf zur Feststellung einer gewerblichen Tätigkeit auf den Gewerbebegriff des HGB zurückgegriffen werden.[733] Die Annahme einer *gewerblichen Tätigkeit* verlangt danach, dass der Verkäufer selbstständig und planmäßig, eine auf gewisse Dauer angelegte, entgeltliche Leistung am Markt anbietet.[734] Obwohl diese Charakteristik ohne Weiteres auf die Tätigkeit des Künstlers am Markt zutrifft, unterfällt sein Beruf nicht dem Verständnis einer gewerblichen Tätigkeit, denn in Abgrenzung zur selbstständig beruflichen Tätigkeit ist negative Tatbestandsvoraussetzung des Gewerbebegriffs, dass die Tätigkeit

729 Kap. 2 § 2 C II.

730 *Sedlmeier*, Rechtsgeschäftliche Bestimmung im Verbrauchervertrag, S. 387.

731 Kap. 2 § 3 A „Primärmarkt".

732 *Hopt* in: Baumbach/Hopt, HGB § 1 Rn. 11.

733 *Micklitz* in: MüKo-BGB, § 14 Rn. 19.

734 *Saenger* a.a.O., § 14 Rn. 9; *Mansel* in: Jauernig, BGB, § 14 Rn. 2; *Fritzsche* in: Staudinger BGB, § 14 Rn. 47; BGH, Urt. v. 29.03.2006 - VIII ZR 173/05, juris Rn. 14; *Micklitz* a.a.O., § 14 Rn. 19.

kein *freier Beruf* mit einer vorwiegend *höchstpersönlichen* Leistung sein darf.[735]

In diesem Sinne könnte die Tätigkeit des Künstlers lediglich als *selbstständig berufliche* Tätigkeit zu verstehen sein.[736] Auch sie muss planvoll, auf gewisse Dauer ausgerichtet und entgeltlich sein.[737] Diese Einschränkung zwingt nun zu der Auseinandersetzung, ob man dem künstlerischen Schaffen die Qualifikation eines Berufs zusprechen möchte. Der *Beruf* ist jede erlaubte, sinnvolle, auf Dauer angelegte Tätigkeit, die der Schaffung und Erhaltung der Lebensgrundlage dient.[738]

Daran möchte jener zweifeln, der die Tätigkeit des künstlerischen Schaffens nicht als Beruf, sondern vielmehr als *Berufung* begreift. Als etwas höheres, welches keinem besonderen Zweck, insbesondere nicht der Schaffung und Erhaltung der Lebensgrundlage dient, sondern seiner selbst willen existiert.

Dennoch sollte auch dieses Verständnis der Einordnung des Künstlers unter den Begriff des Berufes nicht entgegenstehen. Begreift man den Verkauf eines Werkes als dessen Veredelung und physische Sichtbarmachung seines Wertes, darf kein Zweifel daran verbleiben, dass der Verkauf auch für den Künstler von essenzieller Bedeutung ist. Er gibt seinem Schaffen einen kommerziellen Wert.[739] Legt aber auch der Künstler seinen Kunstwerken die Eigenschaft als Handelsobjekt zugrunde, weil sich insbesondere daraus der Wert seiner eigenen *Professionalität* ergibt, darf an der Einordnung des künstlerischen Schaffens als *Beruf* nichts daran ändern, dass der Künstler seine Tätigkeit regelmäßig als „*höhere Kunst*" versteht, weil sie sich nicht in der Charakteristik eines Berufs allein erschöpfen muss.

---

735 *Kindler* in: Ebenroth/Boujong/Joost/Strohn, HGB § 1 Rn. 38, 16; *Micklitz* in: MüKo-BGB, § 14 Rn. 21; vgl. auch BGH, Urt. v. 18.07.2011 - AnwZ (Brfg) 18/10 (AnwGH München); NJW 2011, 3036 Rn. 6; *Saenger* in: Erman BGB, § 14 Rn. 15; *Hopt* in: Baumbach/Hopt, HGB, § 14 Rn. 19 u. 20; *Boochs* in: Steuerberater-HB, 237. EL 2022, „Künstler" und Rn. 90: Eine Ausnahme dieser Einschätzung liegt lediglich dann vor, wenn nach außen ein gewerbliches Unternehmen unter Zurücktreten der geistigen und wissenschaftlichen Betätigung vorliegt, etwa bei Marktwaren- und Serienproduktionen. Diese Art von Kunst ist aber im Sinne der Ausarbeitung nicht relevant, vgl. dazu ausführlich Kap. 2 § 1 A.

736 *Saenger* a.a.O., § 14 Rn. 16; sinngemäß auch *Micklitz* a.a.O., § 14 Rn. 31.

737 *Saenger* a.a.O., § 14 Rn. 15.

738 *Micklitz* a.a.O., § 14 Rn. 31. BVerfG, Urt. v. 01.03.1979 - 1 BvR 532, 533/77, 419/78, 1 BvL 21/78, NJW 1979, 699 (707).

739 *Boll*, Kampf um die Kunst, S. 37.

Auch vermag an der Einordnung nicht zu ändern, dass einige Künstler ihren Lebensunterhalt nicht allein durch ihr künstlerisches Schaffen bestreiten können. Es ist keine Seltenheit, dass *freie Künstler* keine Gewinne einbringen, sondern bilanzielle Verluste verzeichnen.[740] Die Verlustverzeichnung ist nicht die Absicht eines Künstlers, sondern nur die ungewollte Folge, denn der Künstler wird in aller Regel von seiner Kunst leben *wollen.*

Dann aber darf auch dem künstlerischen Schaffen der Charakter einer selbständig beruflichen Tätigkeit im Sinne des Unternehmerbegriffs nach § 14 Abs. 1 BGB nicht abgesprochen werden.

Gleiches muss mithin auch für die Einlieferer auf dem *Sekundärmarkt* gelten. Es hängt die Rechtsnatur des Einlieferers von seiner individuellen Person und Tätigkeit ab. Regelmäßig liefern auch *professionelle* Kunsthändler Kunstobjekte ein oder geben sie zur Versteigerung auf. Bei ihnen kann man ohne Weiteres die Gewinnerzielungsabsicht feststellen.[741] In diesen Fällen steht stets auf Verkäuferseite ein *Unternehmer* im Sinne des § 14 BGB.

Aber auch private Sammler sind Einlieferer der Auktionshäuser und Galerien. Da hier wohl nicht immer von einem gewerblichen Vertragspartner ausgegangen werden darf, ist zu untersuchen, wann ein Unternehmer im Sinne des § 474 Abs. 1 BGB einliefert oder wann die Regelungen über den Verbrauchsgüterkauf von vorneherein in Ermangelung des Unternehmers auf Verkäuferseite ausscheiden.

Wer Einlieferer der Kunstvermarkter ist, kann nur im Einzelfall entschieden werden. Der Einlieferer kann gewerblich tätig sein. Liefert aber ein Kunstliebhaber oder -sammler beim Kunstvermarkter ein, muss das Merkmal des gewerblichen Handels in seiner Person erfüllt sein. Dazu muss er die Handlung planmäßig vornehmen und seine Tätigkeit auf gewisse Dauer angelegt sein. Darüber hinaus darf für einen gewerblich tätigen Einlieferer aber nicht entscheidend sein, über einen langen Zeitraum *„dauerhaft“* tätig zu sein. Auch derjenige, der nur für einen kurzen Zeitraum sich organisiert und Leistungen in größerem Umfang anbietet und insofern mit den rest-

740 *Boochs* a.a.O., „Künstler“, Rn. 90; *Anton*, „Kunstvertrieb“ - Absatzmittlung von Kunstwerken in Recht und Praxis, in: FS Siehr, S. 331 (359).

741 Die Gewinnerzielungsabsicht soll schon nach einhelliger Auffassung für die Annahme eines Unternehmers nicht erforderlich sein, vgl. etwa: *Mansel* in: Jauernig BGB, § 14 Rn. 2; BGH, Urt. v. 27.09.2017 - VIII ZR 271/16, NJW 2018, 146 Rn. 40.

lichen Marktakteuren in Wettbewerb tritt, wird unter Umständen schon gewerblich oder selbstständig beruflich tätig.[742]

Zweifel an der Einordnung des *privaten Kunstsammlers* in der Rolle als gewerblich tätiger Einlieferer könnten aber daher rühren, dass ein - auch kontinuierlich - einliefernder Kunstsammler letztlich durch den An- und Verkauf von Kunstwerken lediglich sein eigenes Vermögen verwaltet.

Ob die eigene Vermögensverwaltung aber auch als gewerbliche Tätigkeit verstanden werden kann, unterliegt Bedenken. Sie muss deshalb im Lichte des Verbrauchergeschäfts ausgelegt werden, bei denen das *typisierte wirtschaftliche Ungleichgewicht* ausgeglichen werden soll.[743] Der erhöhte Sorgfaltsmaßstab, der vom Rechtsverkehr an den Unternehmer gestellt wird, rührt in der Regel aus der Folge einer planmäßigen Ausrichtung des Verkäufers auf eine Vielzahl von Verträgen, aber auch aus dem Wettbewerb mit anderen Unternehmern am Markt.[744] Dafür sind die Merkmale des *planmäßigen* und *entgeltlichen* Handels elementar.[745] Aus betriebswirtschaftlicher Sicht ist es für Unternehmer notwendig, für eine erfolgreiche Teilnahme am Markt planmäßig und gezielt zu agieren. Auch macht das bestehende Geschäftsrisiko sowie das Handeln auf eigene Gefahr und eigene Rechnung das planmäßige Handeln erforderlich.[746] Dies wiederum erfordert eine gewisse Organisationsstruktur.[747] Damit kann jener Kunstsammler, der zwecks Verwaltung des eigenen Vermögens als Verkäufer tätig wird, gewerblich tätig sein, sofern diese Tätigkeit den erforderlichen zeitlichen und organisatorischen Aufwand einer mindestens partiellen gewerblichen Tätigkeit erfordert.[748] Allerdings gilt es auch hier zu unterscheiden. Liefert ein Kunstsammler lediglich mehrere Kunstwerke über einen bestimmten Zeitraum zu den Bedingungen des Kunstvermarkters ein, ist darin nicht ohne Weiteres der Aufwand einer partiellen gewerblichen Tätigkeit zu erblicken.[749] Erforderlich ist vielmehr das *Aushandeln* und Einigen auf einen Startpreis, ein *Mindestlimit* sowie die wesentlichen *Vertragsparameter*, die

742 *Sedlmeier*, Rechtsgeschäftliche Selbstbestimmung im Verbrauchervertrag, S. 388 mit der Ansicht, dass auf das Merkmal der Dauerhaftigkeit ohnehin verzichtet werden müsste.

743 *Micklitz* in: MüKo-BGB, § 14 Rn. 20.

744 *Micklitz* ebd.

745 *Sedlmeier*, Rechtsgeschäftliche Selbstbestimmung im Verbrauchervertrag, S. 388.

746 *Faber*, ZEuP 1998, 854 (869).

747 *Sedlmeier*, a.a.O, S. 388.

748 *Micklitz* a.a.O., § 14 Rn. 20;

749 *Micklitz* ebd. in Bezug auf Gebrauchtwagenverkäufer.

der Einlieferer in dem Kaufvertrag zwischen ihm und dem Kunstkäufer wissen möchte.[750] Lediglich dann kann bei einem Kunstverkauf durch einen - zumindest über einen kürzeren Zeitraum - einliefernden Kunstsammler von einem Unternehmer im Sinne des § 14 BGB ausgegangen werden.

Darüber hinaus steht im Mittelpunkt des Unternehmerbegriffs nach § 14 BGB die *Ausübung* der gewerblichen und beruflichen Tätigkeit. Versteht man dieses Tatbestandsmerkmal in der Weise, dass einem Verbraucher nur dann der besondere Schutz der Rechtsordnung gebührt, wenn sein Gegenüber *äußerlich erkennbar* als Unternehmer auftritt, ist fraglich, auf welche Person bei einem Rechtsgeschäft, das durch Einschaltung eines Vertreters im Sinne der §§ 164 ff. BGB geschlossen wird, abgestellt werden muss.

Findet der Kunstkauf auf dem *Primärmarkt* statt, ist der Einlieferer für den Kunstkäufer erkennbar der Künstler selbst. Die Identität des Vertretenen wird dem Kunstkäufer nicht verschleiert.

Im Lichte der §§ 164 ff. BGB muss hier auf den *Künstler* als Vertretenen abgestellt werden. Zwar gibt nach § 164 Abs. 1 BGB der Stellvertreter eine eigene Willenserklärung ab, womit sein rechtsgeschäftlicher Wille vollständig den des Vertretenen ersetzt. Es kommt hinsichtlich der Wirksamkeitsvoraussetzung der Willenserklärung somit auf die Person des Vertreters an.[751]

Man könnte somit meinen, dass auch die Eigenschaften in der Person des Stellvertreters die Natur des Rechtsgeschäfts berühren.[752] Allerdings sieht der Wortlaut des § 474 Abs. 1 S. 1 BGB eindeutig vor, dass ein Verbrauchsgüterkauf durch den Verbraucher definiert wird, der von einem Unternehmer *kauft*.[753] Die Norm spielt also auf den *formalen Parteibegriff* an.

Es ist dabei auch nur sachgerecht, dass es für die Beurteilung der Merkmale des Verbrauchsgüterkaufs auf die förmlichen Parteien des Kaufvertra-

---

750 Zu den wesentlichen *essentialia negotii* des Kunsthandels vgl. Kap. 2 § 1 B.

751 *Lorenz*, JuS 2010, 382 (382), beachte Ausnahme des § 166 Abs. 2 BGB, *Schubert* in: MüKo-BGB, § 164 Rn. 11.

752 Vgl. hierzu auch BGH, Urt. v. 12.12.2012 - VIII ZR 89/12, NJW-RR 2013, 687 wo der BGH einen Verbrauchsgüterkauf ablehnte, weil der Unternehmer sich für den Abschluss des Kaufvertrags eines „Strohmanns" bediente, der Verbraucher war, um die Haftung wirksam ausschließen zu können.

753 Sinngemäß auch: *Müller*, NJW 2003, 1975 (1978); *Berger* in: Jauernig BGB, § 476 Rn. 6.

ges ankommt. Gerade die juristische Person, die stets Unternehmer ist,[754] ist allein nicht handlungsfähig, sondern wird ausschließlich durch ihre Organe tätig.[755]

Müsste man auf die Person des Vertreters abstellen, würde es zu *Umgehungsgeschäften* kommen, die das Gesetz mit § 476 Abs. 4 BGB zu vermeiden versucht.[756] Auch das wirtschaftliche Risiko des Kaufvertrages lastet allein auf dem Vertretenen.[757] Für den Vertreter hingegen ist das Rechtsgeschäft rechtlich sowie wirtschaftlich weitestgehend neutral.[758]

Prägt hingegen den *Kunstsekundärhandel* die *Anonymität* des Einlieferers,[759] ist es fraglich, ob es auch dort für die Bestimmung der Unternehmereigenschaft auf die Person des Vertretenen in Fällen der Stellvertretung ankommt. Bejaht man dies, ist den Regeln über den Verbrauchsgüterkauf stets die Anwendung zu verwehren, sofern der vertretene Einlieferer kein Unternehmer im Sinne von § 14 BGB ist, ungeachtet dessen, dass vordergründiger Akteur gegenüber dem Käufer der Kunstvermarkter ist.

Ein solche Annahme ist bei Anwendung der Regeln über die *verdeckte Stellvertretung* für den Kunsthandel[760] grundsätzlich abzulehnen. Das Erscheinungsbild des Vertragspartners muss für seinen vertraglichen Kontrahenten *identifizierbar* sein.[761] Es muss damit unerheblich bleiben, dass der verdeckt Vertretene unter Umständen Verbraucher ist; dieser tritt vor dem Kunstkäufer in keiner Weise in Erscheinung.[762] Lässt man es hingegen auf die Person des Vertretenen ankommen, läge es in den Händen des Vertreters zu beeinflussen, ob Haftungsausschlüsse zulässig vereinbart werden können oder nicht, weil er darauf aufbauend seine Handlungsform wählen könnte.[763] Auch nach dem Rechtsgedanken der Zweifelsregelung des § 344 HGB ist diese Annahme nur konsequent. Handelt ein Kaufmann auf Verkäuferseite, muss ein Unternehmerhandeln angenommen werden.[764] Dann

---

754 *Saenger* in: Erman BGB, § 14 Rn. 6 u. § 13 Rn. 5; *Micklitz* in: MüKo-BGB, § 14 Rn. 18.
755 *Schneider/Schneider* in: Scholz, GmbhG § 35 Rn. 10.
756 *Müller*, a.a.O. (1980); *Berger* a.a.O., § 476 Rn. 6.
757 *Berger* ebd.
758 *Lorenz*, a.a.O. (382); *Schubert* a.a.O., § 164 Rn. 12.
759 Kap. 2 § 2 B II.
760 Vgl. zur *verdeckten Stellvertretung* ausführlich Kap. 2 § 2 C II 1.
761 *Micklitz* in: MüKo-BGB, § 14 Rn. 17.
762 Sinngemäß: *Micklitz* a.a.O., § 14 Rn. 11, 15.
763 Sinngemäß *Müller*, a.a.O. (1980).
764 *Micklitz* a.a.O., § 13 Rn. 42; BGH, Urt. v. 13.07.2011 - VIII ZR 215/10, BeckRS 2011, 19940 Rn. 19.

aber muss gleiches auch gelten, wenn dem Käufer lediglich der Vertreter in Erscheinung tritt und nicht etwa der Vertretene, der unter Umständen Verbraucher ist.

Tritt somit für den Käufer auf dem Kunstmarkt regelmäßig nur der Kunstvermarkter in Erscheinung und ist für diesen ohne Weiteres als Unternehmer identifizierbar, muss sich auch der verdeckt agierende Einlieferer die Unternehmereigenschaft des Vertreters zurechnen lassen. Bei Fällen der *verdeckten Stellvertretung* ist damit auf den Kunstvermarkter abzustellen, womit im Falle eines Käufers, der Verbraucher ist, stets die Regeln über den Verbrauchsgüterkauf anzuwenden sind.

(bb) Der Kunstkäufer als Verbraucher

Es braucht damit für die Annahme eines Verbrauchsgüterkaufs auf Käuferseite einen Verbraucher. Nach § 13 BGB ist eine Negativabgrenzung für die Annahme eines Verbrauchers entscheidend. Es kommt nicht darauf an, dass das Rechtsgeschäft *positiv* privater Natur ist, sondern, dass im negativen Sinne die Tätigkeit weder der gewerblichen noch der selbstständig beruflichen Tätigkeit zugerechnet werden kann.[765] Die Eigenschaft als Verbraucher muss damit anhand des *Geschäftszwecks* bestimmt werden.[766] Damit ist zunächst fraglich, ob der Geschäftszweck *objektiv* oder *subjektiv* bestimmt werden muss.[767]

Würde man einen *subjektiv* zu bestimmenden Geschäftszweck annehmen, wäre es dem Kunstvermarkter möglich, in seinen AGB zu bestimmen, mit wem er kontrahieren will. Derjenige, der im Geltungsbereich der AGB mit ihm kontrahiert, würde dann als Unternehmer gelten. Aus Gründen des Verbraucherschutzes überzeugt es daher nicht, die Rechtsnatur der Vertragsparteien zur Disposition zu stellen.[768]

---

765 *Purnhagen*, VuR 2015, 3 (4); *Sedlmeier*, Rechtsgeschäftliche Bestimmung im Verbrauchervertrag, S. 387.

766 BGH, Urt. v. 22.12.2004 - VIII ZR 91/04, NJW 2005, 1045 (1045).

767 Damit setzte sich auch der BGH i.R. eines Gebrauchtwagenkaufs auseinander, ließ die Frage im Ergebnis allerdings offen, weil im konkreten Fall der Käufer arglistig als Unternehmer aufgetreten war, weil der Verkäufer in seinen AGB den Vertragsschluss auf Unternehmer beschränkt hatte. Jedenfalls für den Fall der arglistigen Täuschung solle der als Unternehmer handelnde Verbraucher nicht in den Schutz der §§ 474ff. BGB gestellt werden, BGH, Urt. v. 22.12.2004 - VIII ZR 91/04, NJW 2005, 1045 (1045).

768 *Müller*, NJW 2003, 1975 (1979).

Es kann demnach nur auf *objektive* Kriterien ankommen, ob im Einzelfall am Rechtsgeschäft auf Käuferseite ein Verbraucher beteiligt ist oder nicht. Nicht überzeugend ist aus diesem Grund auch die Überlegung, dies dahingehend zu korrigieren, dass die objektive Bestimmungsweise lediglich dann gelte, wenn die Verbrauchereigenschaft vom Verkäufer erkannt wird bzw. dieser sie hätte kennen müssen.[769] Auch bei diesem Verständnis legt man es in die Hand des Verkäufers, die Anwendung der Verbrauchsgüterkaufvorschriften zu umgehen.[770]

Auf dem *Primärmarkt* ist die Natur der Käuferpartei leicht anhand der Einzelfallkasuistik feststellbar. Insbesondere kommt es für die Einordnung nicht darauf an, ob die Person des Käufers grundsätzlich einer gewerblichen oder selbstständig beruflichen Tätigkeit nachgeht, sondern nur, ob das *betreffende Rechtsgeschäft* zu diesem Zweck abgeschlossen wird.[771] § 13 zielt seinem Wortlaut nach nämlich bereits auf den *Abschluss* des Rechtsgeschäftes ab.[772] Die Person des Käufers ist also bereits dann Verbraucher, wenn sie weder juristische Person ist,[773] noch als (gewerblicher) Kunsthändler tätig wird. Dies wird sich auf dem *Primärmarkt* regelmäßig durch den intensiven Kontakt zwischen Käufer, Verkäufer und Künstler unproblematisch feststellen lassen.[774]

Zu erwägen ist, ob die Verbrauchereigenschaft zumindest bei Kunstkäufen auf dem *Sekundärmarkt* hingegen stets abzulehnen ist, weil der Kunstvermarkter sie in der Regel positiv nicht kennt und sie für ihn bei den typischerweise hochpreisigen Kaufvertragsabschlüssen auch nicht erkennbar ist.[775] Diese Überlegung fußt auf dem Rechtsgedanken der *Vermutungsregelung* des § 344 HGB, wonach die von einem Kaufmann vorgenommenen Rechtsgeschäfte im Zweifel als zum Betriebe seines Handelsgewerbes gehörig anzusehen sind.[776] Erkennt man die analoge Anwendung des § 344 HGB auf den Unternehmerbegriff des § 14 BGB an, ist eine Vertragspartei so lange nicht als Verbraucher anzusehen, wie für die Gegenseite nicht

---

769 *Müller*, ebd.; *Wertenbruch*, LMK 2004, 49 (49); offengelassen *Ebers*, VuR 2005, 361 (364).

770 *Micklitz* in: MüKo-BGB, § 13 Rn. 44.

771 *Micklitz* a.a.O., § 13 Rn. 8.

772 *Fritzsche* in: Staudinger BGB, § 13 Rn. 24; *Weidenkaff* in: Grüneberg, § 474 Rn. 4.

773 *Saenger* in: Erman BGB, § 13 Rn. 5.

774 Kap. 2 § 2 A I.

775 *Berger* in: Jauernig BGB, § 474, 475 Rn. 3; OLG Karlsruhe, Urt. v. 06.10.2011 - 9 U 8/11, NJW-RR 2012, 289 (290).

776 *Purnhagen*, VuR 2015, 3 (6).

erkennbar ist, dass sie außerhalb der gewerblichen oder selbstständig beruflichen Tätigkeit agiert.[777] Diese Analogie ist aber abzulehnen. Zwar ist der Verbraucherbegriff in § 13 BGB beweislastneutral formuliert und verlangt vom Anwender, der sich in den Schutz der Norm begeben will, dass er die Voraussetzungen dafür darlegt und beweist.[778] Jedoch folgt dem *telos* des Verbrauchsgüterkaufs, dass die Unternehmereigenschaft lediglich im Falle *eindeutig* und *zweifelsfrei* erkennbarer Umstände der gewerblich oder selbstständig beruflichen Tätigkeit angenommen werden darf.[779] Die Analogie des § 344 HGB im Rahmen des Unternehmerbegriffs läuft darüber hinaus auf die Annahme eines lediglich dem HGB immanenten statusbezogenen Regelungssystems hinaus, was den Begrifflichkeiten der §§ 13, 14 BGB grundsätzlich fremd ist.[780] Weiter verfolgt das HGB ganz allgemein einen anderen Regelungszweck als das BGB und insbesondere der Verbrauchsgüterkauf. Das Bedürfnis des HGB ist die Leichtigkeit, Schnelligkeit und Verlässlichkeit des kaufmännischen Geschäftsverkehrs herzustellen.[781] Es verpflichtet sich dem *„Prinzip gesteigerter Verkehrsfähigkeit"*.[782] Dem Verbrauchsgüterkauf ist dieses Prinzip - wie § 476 Abs. 1 S. 2 BGB zeigt - hingegen fremd. Es geht nicht um die Verkehrsfähigkeit, sondern einzig und allein um den Schutz der Verbraucher.[783] Die für eine Analogie notwendige vergleichbare Interessenlage ist somit schon abzulehnen.

Dennoch könnte die Anwendung der Regeln über den Verbrauchsgüterkauf auf dem Kunst*sekundär*markt mit der Begründung scheitern, dass es an der notwendigen *Informationsasymmetrie*, die der Gesetzgeber bei Schaffung der Normen vor Auge hatte, in vielen Fällen fehlt. Der Verbraucherbegriff soll zwar weit verstanden werden und damit auch nicht ledig-

---

777 Befürwortend: *Faber*, ZEuP 1998, 854 (866); *Micklitz* in: MüKo-BGB § 13 Rn. 78; BGH, Urt. v. 13.07.2011 - VIII ZR 215/10, BeckRS 2011, 19940 Rn. 15ff, allerdings nur auf Verkäuferseite. Die Vermutungsregel darf sich nicht zulasten des Erwerbers auswirken, da sonst der unionsrechtlich vorgegebene Verbraucherschutz gefährdet würde.

778 *Sedlmeier*, Rechtsgeschäftliche Selbstbestimmung im Verbrauchervertrag, S. 373; *Ellenberger* in: Palandt BGB, § 13 Rn. 4; BGH, Urt. v. 30.09.2009 - VIII ZR 7/09, juris Rn. 11; BGH, Urt. v. 11.07.2007 - VIII ZR 110/06, juris Rn. 13; *Micklitz* a.a.O., § 13 Rn. 78.

779 BGH, Urt. v. 30.09.2009 - VIII ZR 7/09, juris Rn. 11; *Micklitz* ebd.; *Weidenkaff* in: Grüneberg BGB, § 474 Rn. 4.

780 *Sedlmeier*, Rechtsgeschäftliche Selbstbestimmung im Verbrauchervertrag, S. 375.

781 *Hopt* in: Baumbach/Hopt HGB, Einl. v. § 1 Rn. 5.

782 *Sedlmeier*, ebd.

783 *Grunewald* in: Erman BGB, § 474 Rn. 1.

lich privat abgeschlossene Kaufverträge miteinschließen.[784] Damit kennzeichnet der Gesetzgeber auch das wesentliche Merkmal des Verbrauchsgüterkaufs: Es geht um den Ausgleich eines Ungleichgewichts in wirtschaftlicher Stärke und informationeller Überlegenheit auf Verkäuferseite bei dem individuellen Rechtsgeschäft.[785] Für einen Kaufvertrag über ein Kunstwerk muss daher ohne Belang bleiben, ob der Kunstkäufer grundsätzlich ein Gewerbe hat oder selbstständig tätig wird, solange diese Tätigkeit nicht in dem individuellen Kunstkauf praktiziert wird. Denn auch ein Kunstkäufer, der anderweitig *gewerbetätig* ist, kann bei diesem einen Rechtsgeschäft den Informationsstand und damit die Schutzbedürftigkeit eines Verbrauchers aufweisen.

Der hochpreisige Kunstauktionshandel nährt sich regelmäßig von der Teilnahme nicht lediglich wirtschaftlich mächtiger Teilnehmer auf Käuferseite, sondern auch von einer kundigen Käuferschaft. Den Kunstkäufern steht nicht selten eine eigene Kunstberatung und eine eigene Kunstexpertise zur Seite. Diese Elemente lassen an dem Merkmal der für den Verbrauchsgüterkauf elementaren *Informationsasymmetrie* zweifeln. Spricht man einem Kaufmann im Sinne des § 1 HGB die Unternehmereigenschaft im Einzelfall aufgrund der Natur des Rechtsgeschäfts ab, muss doch gleiches für den umgekehrten Fall gelten. Es besteht hier gerade kein überragendes Bedürfnis an dem Schutz einer Vertragspartei. Sie stehen in *wirtschaftlicher* und *informationeller Hinsicht* gleichrangig nebeneinander. Es darf in diesem Sinne keinen Unterschied machen, ob der Käufer sich aufgrund eines ausführenden Gewerbes oder seiner beruflichen Tätigkeit in einem bestimmten Bereich auskennt oder ob er dies aufgrund eines persönlich verfolgten Interesses privat tut.

Die pauschale Kategorisierung zu Lasten des Käufers ist dennoch zweifelhaft. Zwar mag es zutreffen, dass insbesondere am überwiegend hochpreisigen Kunst*sekundär*markt in einer Vielzahl der Fälle der Kunstkäufer fachlich kundig ist und auch wirtschaftlich nicht dem schutzwürdigen Verbraucher ähnelt, den der Gesetzgeber bei Schaffung der §§ 474 ff., 13 BGB im Blick hatte. *De lege lata* lässt der eindeutige Wortlaut des § 474 Abs. 1 S. 1 BGB eine abweichende Einordnung aber nicht zu. § 13 BGB stellt nicht etwa auf das Vorhandensein oder Nichtvorhandensein einer gewissen Geschäfts- oder Berufserfahrung ab.[786] Entscheidend ist allein die Zweck-

---

784 *Weidenkaff* in: Grüneberg BGB, § 474 Rn. 4.

785 *Purnhagen*, VuR 2015, 3 (6).

786 BGH, Beschl. v. 24.02.2005 - III ZB 36/04; NJW 2005, 1273 (1274).

richtung des Rechtsgeschäfts und welchem Bereich das Verhalten zuzurechnen ist.[787] Die Negativformulierung des § 13 BGB lässt erkennen, dass eine natürliche Person im Rahmen ihres rechtsgeschäftlichen Handelns grundsätzlich als natürliche Person tätig wird.[788] In der Konsequenz gilt dann der Grundsatz „*in dubio pro consumptore*".[789]

Aber auch *de lege ferenda* ist die Erweiterung des Unternehmerbegriffs auf Bereiche, in denen zwar formal ein Verbraucher agiert, er aber eine persönliche und fachliche Expertise sowie wirtschaftliche Überlegenheit aufweist, bedenklich. Zur Bestimmung des rechtsgeschäftlichen Verhaltens einer Person bedarf es grundsätzlich eines *objektiven* und *zuverlässigen* Maßstabs.[790] Die privaten Interessen einer natürlichen Person können diesen Maßstab aber gerade nicht begründen.[791] Es besteht auch kein Anlass dazu, demjenigen Kunstkäufer, der in seiner Fachkunde und Wirtschaftlichkeit dem Verkäufer ebenbürtig erscheint, den Verbraucherstatus abzuerkennen, denn er begibt sich allein durch den wiederholenden Vertragsschluss mit Kunstvermarktern nicht in den geschäftlichen Verkehr. Er will sich ja gerade nicht dem Recht für Unternehmer zuordnen lassen.[792] Darüber hinaus erschöpft sich die Unternehmereigenschaft in ihrem Sinn und Zweck auch nicht nur in der Fachkundigkeit oder der finanziellen Stärke einer Vertragspartei. § 14 BGB zeigt, dass es darüber hinaus auch darauf ankommt, inwiefern der Marktteilnehmer *geschäftskundig* ist. Dies kann aber bei einem privat tätigen Kunstsammler nicht ohne Weiteres angenommen werden. Vielmehr wird er sich über die rechtliche Ausgestaltung seines Kontrahierens ganz regelmäßig gar keine Gedanken machen, sondern sich den Vertragsbedingungen des Verkäufers lediglich unterordnen.

Damit kann aber *de lege lata* und muss auch *de lege ferenda* der Kunstmarkt grundsätzlich für die Anwendung der Regeln über den Verbrauchsgüterkauf offenstehen.

787 *Purnhagen*, VuR 2015, 3 (7); BGH, Beschl. v. 24.02.2005 - III ZB 36/04; NJW 2005, 1273 (1274).

788 BGH, Urt. v. 30.09.2009 - VIII ZR 7/09, NJW 2009, 3780 (3781 Rn. 10a).

789 *Purnhagen*, a.a.O., (5).

790 sinngemäß *Purnhagen*, a.a.O., (7); BGH, Beschl. v. 24.02.2005 - III ZB 36/04; NJW 2005, 1273 (1274.

791 BGH, Beschl. v. 24.02.2005 - III ZB 36/04; NJW 2005, 1273 (1274).

792 Sinngemäß BGH, ebd.

(cc) Zwischenergebnis

Der Kunstmarkt zeigt neben seinen in rechtlicher Hinsicht schwierig zu definierenden Handelsobjekten auch außergewöhnliche Handelsparteien auf, die zu der Auseinandersetzung damit auffordern, ob dem Wesen nach die Regeln über den Verbrauchsgüterkauf überhaupt anwendbar sind.

Trotz anfänglicher Bedenken kann man wohl überzeugt feststellen, dass der Gesetzgeber bei der Orientierung an dem Begriff des Gewerbes und der selbstständig beruflichen Tätigkeit die einzig *objektiven Kriterien* gewählt hat, die das Handeln einer natürlichen Person als besonders schutzwürdig qualifizieren dürfen.

Zusammenfassend wird in wohl allen Fällen des Kunsthandels, sowohl auf Primär- als auch Sekundärmarkt, ein Unternehmer im Sinne des § 14 BGB auf Verkäuferseite tätig. Ob im Einzelfall auf der Käuferseite ein Verbraucher im Sinne des § 13 BGB steht, unterliegt der Einzelfallbetrachtung, welche in Ansehung der objektiven Zweckrichtung des Geschäfts für den Käufer vorzunehmen ist.

(b) Die Ausnahme des § 474 Abs. 2 S. 2 BGB

Steht nach der Rechtsnatur der am Kaufvertrag generell beteiligten Personen fest, dass ein Kunstkauf grundsätzlich auch Verbrauchsgüterkauf sein kann, ist fraglich, inwiefern § 474 Abs. 2 S. 2 BGB, der die Nichtanwendung der Regeln über den Verbrauchsgüterkauf im Falle von öffentlich zugänglichen Versteigerungen anordnet, (1) für die privaten Kunstauktionen gilt, (2) einen allgemeinen Rechtsgedanken enthält und auf alle Kunstakteure zu übertragen ist und (3) die Rechtsfolgen hinsichtlich des Formerfordernisses des § 476 Abs. 1 S. 2 BGB somit erschüttert.

(aa) Öffentlich zugängliche Versteigerung

Der Gesetzeswortlaut des § 474 Abs. 1 S. 2 BGB a.F. sah in der vor dem 13. Juni 2014 geltenden Fassung den Begriff der öffentlichen Versteigerung vor. Damit war aber nicht der in § 383 Abs. 3 BGB legal definierte Begriff der *öffentlichen Versteigerung* gemeint, die lediglich jene Auktion als öffentlich qualifiziert, an der ein Gerichtsvollzieher, ein zur Versteigerung befugter Beamter oder ein öffentlich angestellter Versteigerer mitwirkt.[793]

§ 474 BGB orientiert sich an Art. 1 Abs. 3 VGK-RL, nach dem die Mitgliedstaaten festlegen konnten, dass unter Verbrauchsgütern keine Güter zu verstehen sind, die in einer öffentlichen Versteigerung verkauft werden, bei der die Verbraucher die Möglichkeit haben, dem Verkauf persönlich beizuwohnen. Die Richtlinie definierte den Begriff der öffentlichen Versteigerung nicht näher, meinte damit aber auch die nicht-amtliche, aber der Öffentlichkeit zugängliche Versteigerung ohne Rücksicht auf die Person des Versteigerers.[794]

Auch der deutsche Gesetzgeber beabsichtigt nicht, eine über den Verbraucherschutz hinausgehende Anforderung mit der Schaffung des § 474 Abs. 1 S. 2 BGB a.F. aufzustellen, und hat aus Klarstellungsgründen den Wortlaut bereits in der am 13. Juni 2014 geltenden Fassung insofern korrigiert, dass in § 474 Abs. 2 S. 2 BGB die *öffentlich zugängliche Versteigerung* genannt wird.[795] In Umsetzung von Art. 3 Abs. 5 S. 2 WKRL hat der deutsche Gesetzgeber den § 474 Abs. 2 S. 2 BGB dahingehend ergänzt, dass er nun auf den Begriff der öffentlich zugänglichen Versteigerung in § 312g Abs. 2 Nr. 10 BGB verweist.[796]

Gemäß § 312g Abs. 2 Nr. 10 BGB ist die öffentliche Versteigerung eine Vermarktungsform, bei der der Unternehmer Verbrauchern, die persönlich anwesend sind oder denen diese Möglichkeit gewährt wird, Waren oder Dienstleistungen anbietet, und zwar in einem vom Versteigerer durchgeführten, auf konkurrierenden Geboten basierenden transparenten Verfahren, bei dem der Bieter, der den Zuschlag erhalten hat, zum Erwerb der Waren oder Dienstleistungen verpflichtet ist.[797]

---

793 In diesem Sinne obsolet sind die Stimmen, die das Merkmal der öffentlichen Versteigerung nach § 383 Abs. 3 BGB ausgelegt haben, vgl. dazu sog. *Hirschfänger Entscheidung*, BGH, Urt. v. 09.11.2015 - VIII ZR 116/05, NJW 2006, 613, in der der BGH einem Auktionshaus die Berufung auf den Haftungsausschluss versagte, weil die Kunstauktion nicht von einem öffentlich bestellten Versteigerer i.S. des § 34b GewO durchgeführt worden war, *Anton*, ZVertriebsR 2013, 343 (343-344).

794 BGH, Urt. v. 24.02.2010 - VIII ZR 71/09, juris Rn. 9.

795 BGH, Urt. v. 09.11.2015 - VIII ZR 116/05, juris Rn. 5.

796 BT-Drs.: 19/27424, S. 28, dort unter „Zu Nummer 5 (§ 474 BGB-E)".

797 Damit ist die Frage, ob die klassische Kunstauktion durch die privat geführten Kunstauktionshäuser zur Durchführung einen öffentlich bestellten Versteigerer i.S. des § 34b Abs. 5 GewO benötigen, um in den Genuss der Privilegierung des § 474 Abs. 2 S. 2 BGB zu kommen, obsolet; zur Problematik der „öffentlichen Versteigerung" vgl. ausführlich Kap. 3 § 2 B II 2 a).

Unter öffentlich zugänglichen Versteigerungen ist somit unproblematisch die privat durchgeführte Kunstauktion zu verstehen.[798]

Zu beachten gilt jedoch, dass dies nicht uneingeschränkt gelten kann, da der Gesetzgeber die Privilegierung des § 474 Abs. 2 S. 2 BGB mit der Möglichkeit der persönlichen Anwesenheit begründet.[799] In neuerer Zeit sind aber Internetauktionen, die durch die großen Kunstauktionshäuser eigens veranstaltet und durchgeführt werden, keine Seltenheit.[800] Zwar kommt bei den sog. *Live-Bids* der Vertragsschluss auch durch Zuschlag im Sinne des § 156 BGB zustande, der Voraussetzung für die Anwendung des § 312g Abs. 2 Nr. 10 BGB ist.[801] Allerdings fehlt es ganz eindeutig an der Möglichkeit der *persönlichen Anwesenheit*.[802]

Aber auch die *Langzeitauktionen* unterfallen nicht dem Begriff der öffentlich zugänglichen Versteigerung nach § 312g Abs. 2 Nr. 10 BGB. Versteigerungen im Rechtssinne wohnt eine zeitliche und örtliche Begrenztheit inne, die über eine rein funktionale Bedeutung hinausgeht.[803] Zwar dürfen an der örtlichen Begrenzung keine Zweifel aufkommen; der durch den Versteigerer geschaffene *virtuelle Raum* des Bieters ist ohne Weiteres mit dem eines Versteigerungssaales vergleichbar.[804] Der virtuelle Zugang ermöglicht jedem Bieter den Zugang weltweit.

Die örtliche und zeitliche Begrenzung prägt das Merkmal der Endgültigkeit des Zuschlags.[805] Umso entscheidender ist es, dass der Zuschlag für den Bieter erkennbar ist und insbesondere auch, dass sein Gebot erloschen

798 *Wendehorst* in: MüKo-BGB, § 312g Rn. 46.

799 *Koch* in: Erman BGB, § 312g Rn. 19, dieses Merkmal wird auch durch den Begriff der „öffentlich *zugänglichen* Versteigerung“ betont.

800 Vgl. dazu Kap. 2 § 2 B II.

801 *Koch* in: Erman BGB, § 312g Rn. 19; *Thüsing* in: Staudinger BGB, § 312g Rn. 68; vgl. zum Vertragsschluss bei Internet-, insb. ebay-Auktionen, wo die Anwendung des § 156 BGB nach ganz überwiegender Meinung abgelehnt wird: BGH, Urt. v. 24.08.2016 - VIII ZR 100/15, juris Rn. 34; BGH, Urt. v. 07.11.2001 - VIII ZR 13/01, juris Rn. 25 ff.

802 *Thüsing* in: Staudinger BGB, § 312g Rn. 68; *Wendehorst* in: MüKo-BGB, § 312g Rn. 46.

803 KG, Urt. v. 11.05.2001 - 5 U 9586/00, MMR 2001, 764 (765); *Huppertz*, MMR 2000, 65 (66).

804 KG, a.a.O., (766).

805 *Wendehorst* in: MüKo-BGB, § 312g Rn. 46; BT-Drs.: 14/3195 S. 30 re.Sp. dort unter „Zu Artikel 1 § 1 (§ 1 FernAbsG“.

ist.[806] Dies ist bei Internetauktionen aber gewährleistet. Ein Gebot wird für alle Beteiligten auf dem Monitor deutlich sichtbar.[807]

Langzeitauktionen sind aber Dauerauktionen; der Vertragsschluss kommt hier nicht mit Zuschlag zustande, sondern mit Zeitablauf.[808] Für die Beurteilung der zeitlichen Begrenzung muss ohne Belang bleiben, dass auch bei Langzeitauktionen dem Bieter eine Frist eingeräumt wird, binnen derer er ein Angebot abgeben kann. Der Bieter ist gerade in keiner *Drucksituation*, die eine sofortige Aktion und Reaktion erfordert. Freilich kann dies im Einzelfall anders zu bewerten sein. Daraus darf aber kein allgemeiner Schluss gezogen werden. Jedenfalls rührt dies dann nicht aus der zeitlichen Begrenzung, sondern vielmehr aus den individuell psychischen Verhältnissen des Bieters, die regelmäßig aber für die Beurteilung einer Versteigerung ohne Relevanz bleiben müssen.[809]

Kumulativ fehlt auch bei Langzeit-Auktionen freilich das Merkmal der Möglichkeit der persönlichen Anwesenheit.[810]

Anders beurteilt sich der Fall, wenn sich der Bieter zur Abgabe eines Gebots im klassischen Versteigerungsverfahren eines Fernabsatzsystems bedient.[811] Es ist längst keine Seltenheit, als Ersteigerer sein Gebot schriftlich oder mittels Telefon abzugeben. Die der Versteigerung typischerweise inne lebenden Merkmale der zeitlichen und örtlichen Begrenzung sowie der *Möglichkeit* der persönlichen Anwesenheit entfallen dadurch aber nicht.[812] Demnach darf es keinen Unterschied machen, ob der Bieter vor Ort anwesend ist oder im Rahmen des Fernabsatzsystems an der im Übrigen lokal stattfindenden Auktion teilnimmt. Eine öffentlich zugängliche Versteigerung liegt in diesen Fällen vor.

Damit sind lediglich Internetauktionen, unabhängig davon, ob Live-Bids oder Langzeitauktionen, grundsätzlich nicht als öffentlich zugängliche Versteigerung im Sinne des § 312g Abs. 2 Nr. 10 BGB anzusehen, womit sich der

---

806 *Huppertz*, a.a.O., (66).

807 *Huppertz*, ebd.

808 *Koch* in: Erman BGB, § 312g Rn. 19; *Thüsing* in: Staudinger BGB, § 312g Rn. 68.

809 KG, a.a.O., (766); a.A. *Huppertz*, a.a.O., (66).

810 *Wendehorst* in: MüKo-BGB, § 312g Rn. 47; *Koch* in: Erman BGB, § 312g Rn. 19; *Thüsing* in: Staudinger BGB, § 312g Rn. 69.

811 *Wendehorst* ebd.; *Koch* ebd.

812 *Thüsing* a.a.O., § 312g Rn. 69; *Koch* a.a.O., § 312g Rn. 19.

Ausnahmetatbestand des § 474 Abs. 2 S. 2 BGB auch nicht auf sie erstrecken kann.[813]

(bb) Teleologische Reduktion auf geringwertige Sachen

Der Wortlaut des § 474 Abs. 2 S. 2 BGB erfasst weiter *gebrauchte* Sachen, die im Zuge der öffentlich zugänglichen Versteigerung verkauft werden. Bevor also eine intensive Auseinandersetzung damit erfolgen kann, ob Kunstwerke überhaupt kraft Natur der Sache im rechtlichen und technischen Sinne *gebraucht* sein können, ist der Frage Antwort zu gewähren, ob der Anwendungsbereich des § 474 Abs. 2 S. 2 BGB *de lage lata* nicht teleologisch insofern zu reduzieren ist, als dass lediglich geringwertige Sachen davon umfasst werden. Die auf dem Kunstsekundärmarkt - üblicherweise hochpreisig - gehandelten Kunstwerke müssten sodann stets aus dem Anwendungsbereich des § 474 Abs. 2 S. 2 BGB ausgegrenzt werden.

Für eine solche Annahme, für die der Wortlaut ganz eindeutig nichts hergibt, spricht, dass der Gesetzgeber ganz offensichtlich bei der Schaffung des § 474 Abs. 2 S. 2 BGB privat durchgeführte Auktionen von Kunstwerken nicht vor Augen hatte.[814] Vielmehr war ihm daran gelegen, bei Fundsachenversteigerung nach § 979 BGB oder auch die Versteigerung nicht hinterlegungsfähiger Sachen gemäß § 383 BGB die Haftung des Staates zu begrenzen.[815] Der Versteigerer kommt naturgemäß mit der versteigerten Sache nur flüchtig in Berührung, daher soll er auch nicht wie sonstige Unternehmer, zu deren Gewerbe oder beruflicher Tätigkeit es gehört, aufgrund eigener Sachkunde Sachen dieser Art zu verkaufen, Mängelansprüchen ausgesetzt werden.

Dennoch lässt diese Überlegung nicht den Schluss auf eine teleologische Reduktion des § 474 Abs. 2 S. 2 BGB zu. Insbesondere bei der Versteigerung nach § 383 BGB sind teilweise sehr wertvolle Gegenstände Versteige-

813 Bereits der europäische Gesetzgeber hat in Erwägungsgrund 24 VerbrRRL seine Haltung zum Ausdruck gebracht, dass regelmäßig bei Verwendung von Online-Plattformen, die für Versteigerungszwecke verwendet werden, keine *öffentlich-zugänglichen* Versteigerungen anzunehmen sind; RL 2011/83/EU v. 25. Oktober 2011 (VerbrRRL), ErwGr 24.

814 BGH, Urt. v. 09.10.2019 - VIII ZR 240/18, NJW 2020, 759 (760 Rn. 24).

815 BT-Drs.: 14/6857, S. 62 f.; BT-Drs.: 14/7052, S. 198; BGH, Urt. v. 09.10.2019 - VIII ZR 240/18, NJW 2020, 759 (760 Rn. 24).

rungsgegenstand.[816] Auch bei Fundsachen-versteigerungen können durchaus hochpreisige Gegenstände Teil der Auktion sein.

Wesentliches Charakteristikum der Versteigerung ist vielmehr, dass das Kaufobjekt für beide Seiten *unbekannt* ist und der eventuell preisliche Vorteil auf Käuferseite durch das minimierte Haftungsrisiko auf Verkäuferseite kompensiert wird. Im Lichte dieser Erkenntnis kann aber daraus nicht teleologisch der Schluss gezogen werden, § 474 Abs. 2 S. 2 BGB fände *de lege lata* nicht auf hochpreisige Gegenstände Anwendung.

Aber auch *de lege ferenda* ist der Ausschluss hochpreisiger Gegenstände schwer zu rechtfertigen. Ganz offensichtlich rührt das *telos* der Norm aus der Notwendigkeit den Versteigerer vor Haftungsansprüchen zu schützen bei Waren, die ihm selbst nicht bekannt sind. Dabei kann es aber keinen Unterschied machen, ob es sich um wertlose Gegenstände handelt oder um wertvolle. Vielmehr ist der Versteigerer im Falle hochpreisig gehandelter Ware noch schutzbedürftiger, weil das Haftungsrisiko parallel zum Wert der Sache wächst.

(cc) Kunstwerke als gebrauchte Sachen

Damit stellt sich die Frage nach der Anwendbarkeit des § 474 Abs. 2 S. 2 BGB im Kunsthandel.

Kein Zweifel mag daran bestehen, dass die Kunstauktionshäuser flächendeckend die zur Versteigerung angebotene Ware in ihren AGB als *gebraucht* beschreiben.[817] Im Kern enthält eine typische Klausel folgende Aussage:

> *Die zur Versteigerung gelangenden Gegenstände können vor der Auktion besichtigt und geprüft werden. Sie sind gebraucht und werden in dem Zustand veräußert, in dem sie sich zum Zeitpunkt des Zuschlages befinden.*[818]

Zweifelhaft erscheint, ob in Anbetracht des speziellen Schutzzwecks des § 474 Abs. 2 S. 2 BGB eine einseitige Anordnung in Form Allgemeiner Geschäftsbedingungen darüber bestimmen kann, ob eine versteigerte Sache als *neu* oder *gebraucht* anzusehen ist.[819] Denn § 474 Abs. 2 S. 2 BGB hat insofern für den Käufer, der sich infolgedessen nicht auf seine Rechte berufen darf, weitreichende Folgen.

---

816 BGH, Urt. v. 09.10.2019 - VIII ZR 240/18, NJW 2020, 759 (760 Rn. 24).

817 *Braunschmidt*, NJW 2013, 734 (735).

818 Anhang 5.

819 *Haas/Medicus/Rolland* u.a., Das neue Schuldrecht, 2002, Kap. 5 Rn. 434.

Die vertragliche Anordnung eines *Sachzustands* als gebraucht aufgrund einer geringen Schutzwürdigkeit Käuferseite zuzulassen, geht fehlt. Sie basiert auf der Annahme, dass derjenige Käufer, der sich einer Vermarktungsplattform bedient, der ein derart spekulatives Element innewohnt, die Entblößung seiner eigenen Rechte regelmäßig hinnehmen muss.[820]

Diese Argumentation ist aber nur rudimentär. Sie spiegelt lediglich den Fall wider, den der Gesetzgeber bei Schaffung des § 474 Abs. 1 S. 2 BGB bedacht hat: Die Versteigerung, bei welcher der Erwerber in der Hoffnung mitbietet, für einen geringen Preis etwas Wertvolles zu erhalten. Den Fall, bei dem der Käufer auf ein Ungleichgewicht zwischen Leistung und Gegenleistung *zu seinen Gunsten* hofft.

Tatsächlich wohnt dem Kunsthandel ein *spekulatives* Element inne. Tatsächlich werden aber übertragen auf den Kunsthandel zwei wesentliche Vertragsbestandteile miteinander vermischt: (1) Das Kriterium der Mangelfreiheit eines Kunstwerks, sei es die Echtheit, die makelfreie Vergangenheit oder die Unversehrtheit und (2) das Kriterium des Wertes.

Man darf wohl davon ausgehen, dass der Ersteigerer eine Wette darauf abzuschließen bereit ist, dass sich das erworbene Kunstwerk als Investition auszahlt, also nach Ersteigerung an Wert gewinnt oder nicht. Nicht hingegen darf man behaupten, dass der Ersteigerer einen Spekulationskauf insofern tätigt, als dass er lediglich darauf hofft, dass es sich bei dem erworbenen Werk um ein Original bzw. um ein mangelfreies Werk handelt.

Dies lässt sich mithilfe folgenden Vergleichs verdeutlichen: Der vom Gesetzgeber primär berücksichtigte Fall ist jener, in dem der Verbraucher von einem Unternehmer Fundsachen „*kauft*", über dessen Inhalt sich keiner im Klaren ist. Damit kann sich die innere Willensrichtung des Käufers schon nicht auf die *konkrete Beschaffenheit* des Versteigerungsgutes beziehen. Er kann lediglich die Hoffnung bilden, ein gutes Geschäft abzuschließen. Der § 474 Abs. 2 S. 2 BGB kann damit nur insofern gemeint sein, dass er den Verkäufer bzw. Versteigerer dort privilegieren will, wo die Beschaffenheit der Kaufsache nicht zwischen den Parteien vertraglich determiniert ist, sondern sich in einer inneren Hoffnung erschöpft. Man darf nicht leugnen, dass beide Kriterien eng miteinander verstrickt sind; so wird regelmäßig der Wert mit der Mangelfreiheit einhergehen. Bei der Beurteilung der Schutzbedürftigkeit eines Ersteigerers nach der inneren Erwerbsintention vor dem Hintergrund der Möglichkeit eines Haftungsausschlusses sind aber beide Kriterien getrennt voneinander zu beurteilen.

---

820 *Heyers*, GRUR 2012, 1206 (1208).

Bei einer Kunstauktion sind die eingelieferten Kunstwerke dem Käufer bekannt. Sie sind für ihn nicht lediglich bei der Auktion einsehbar, sondern sie werden üblicherweise schon vorher ausgestellt und der Bieterschaft die Möglichkeit zur Besichtigung eingeräumt.[821]

In diesen Fällen hat der Kunstkäufer bzw. -bieter eine ganz genaue *Beschaffenheitsvorstellung* von dem Werk. Im Lichte des § 474 Abs. 2 S. 2 BGB darf daraus aber nicht der Folgeschluss gezogen werden, dass sich das spekulative Element der Kunstauktion auf die „besichtigte" Beschaffenheit des Werkes erstreckt.

Nach seiner Intention kann sich das spekulative Element lediglich auf die Wertvorstellung des Kunstkäufers beziehen und somit darauf, ob sich seine Investition im Nachhinein einmal auszahlen wird oder nicht.

Vor allem sind Kunstauktionshäuser in ihrem Marktbereich aber auch keine Niedrigpreisanbieter. Der Ersteigerer nimmt in der Regel nicht an einer Kunstauktion in der Hoffnung teil, die Chance zu erhalten etwas Wertvolles zu einem geringen Preis zu ersteigern. Sie sind vielmehr diejenigen Kaufplattformen, derer sich die Käufer insbesondere deshalb bedienen, weil sie auf deren Wissen, deren Kontakte und deren ausgewählte und geprüfte

(Dritt-)Expertise vertrauen. Weiter lässt sich bei der Auktionspraxis kein Verhältnis zwischen Preis und Werk finden, das so *unverhältnismäßig* günstig für den Ersteigerer und so nachteilhaft für den Versteigerer gestaltet ist, dass sich zumindest vor diesem Hintergrund die besondere Schutzbedürftigkeit des Versteigerers abzeichnet.

Die Annahme der vertraglichen Anordnung eines *gebrauchten* Zustands zwecks Eröffnung des Anwendungsbereiches von § 474 Abs. 2 S. 2 BGB mit dem Argument der besonderen Schutzbedürftigkeit des Verkäufers ist damit nicht vertretbar.

Darüber hinaus wird dem Kunstkäufer durch den Versteigerer auch nicht die Möglichkeit in Aussicht gestellt, das Kunstwerk zu einem Kaufpreis zu ersteigern, der unter Umständen deutlich hinter dem Wert der Kaufsache zurückbleibt. Wahrscheinlicher ist sogar der umgekehrte Fall. Dem Wesen von Kunstauktionen ist es nicht fremd und sogar immanent, dass durch das Bieterverfahren ein innerer Impuls des Käufers geweckt wird, der die Begierde in Bezug auf das Kunstwerk im Zusammenspiel mit dem räumlichen

821 Kap. 2 § 2 B.

und zeitlichen Druck vorantreibt und regelmäßig die Preiserwartungen des Einlieferers sogar übertrumpft.[822]

Letztlich kann die Auseinandersetzung mit dem Merkmal des Gebrauchtseins bei Kunstwerken auch nicht dahinstehen. Auf Verkäuferseite kann nicht ohne Weiteres angenommen werden, dass dieser niemals eine neue Sache als gebraucht deklarieren würde, wenn sie es nicht tatsächlich ist, um damit nicht zwangsläufig den Maßstab des zu erzielenden Kaufpreises herunterzusetzen.[823] Der Gesetzgeber selbst sah den Anlass für die Einführung der Haftungsprivilegierung des § 474 Abs. 1 S. 2 BGB für die Fälle von Fundversteigerungen vor, wo die Preisminderung hinzunehmen ist, weil sie weniger schwer wiegt als eine eventuelle Haftung.[824] Er geht somit davon aus, dass eine Preisminderung ohne nähere Untersuchung der zu verkaufenden Gegenstände auf ihren Zustand zwar entsteht, den Verkäufer aber aufgrund der kompensierenden Vorteile nicht vom Kauf abhält.[825]

Der Kunsthandel, der rekordhafte Umsätze mit dem Verkauf von als „*gebraucht*" deklarierten Versteigerungsobjekten erzielt, beweist darüber hinaus, dass der Verweis auf das „*Gebrauchtsein*" einer Kaufsache nicht zwangsweise ihre Wertminderung zur Folge hat.

Deshalb ist die Behauptung, es sei nicht zu befürchten, dass der Verkäufer neue Sachen als gebraucht versteigern lässt, um die Anwendungen des § 474 BGB zu vermeiden, weil er dann in der Regel auch einen geringeren Kaufpreis erzielt, irreführend und unpassend.[826] Die Einordnung von Kunst als gebraucht zieht keine Preisminderung nach sich. Der Kunsthandel ist einer der wenigen Handelsbereiche, in der die Eigenschaft der Kaufsache als „gebraucht" in keinem Zusammenhang mit dem Kaufpreis steht. Dies gilt für Werke alter Meister sowie ebenfalls für zeitgenössische Kunst.[827]

Im Ergebnis darf die vertragliche Bezeichnung als *gebraucht* für die tatsächlich zugrunde zu legende Rechtsnatur der Kaufsache nicht ausreichen, denn andernfalls läge es in der Hand des Verkäufers, den Verbraucher sei-

---

822 Kap. 2 § 2 B II 2.

823 So: *Matusche-Beckmann* in: Staudinger BGB, § 474 Rn. 52; BT-Drs. 14/6857, S. 31; *Christensen* in Ulmer/Brand-ner/Hensen, AGB-Recht, § 309 Nr. 8 BGB, Rn. 23.

824 BR-Drs. 14/6857, S. 31.

825 *Matusche-Beckmann* a.a.O., § 474 Rn. 52.

826 *Lorenz* in: MüKo-BGB, § 474 Rn. 17; *Matusche-Beckmann* in: Staudinger BGB, § 474 Rn. 52.

827 Kap. 3 § 1 B III 1 a) aa).

nes Schutzes durch die Sonderregeln der §§ 474ff. BGB zu berauben.[828] Sie kann damit nicht Gegenstand einer Beschaffenheitsvereinbarung sein.[829] Für die Einordnung einer Kaufsache als *neu* oder *gebraucht*, ist damit niemals der Vertragsinhalt entscheidend, sondern es ist allein auf die tatsächliche Natur des Kaufgegenstands abzustellen.[830]

Wenn der Zustand eines Kunstwerkes aber nicht vertraglich angeordnet werden kann, sondern es stets auf den *tatsächlichen* Zustand des Kunstwerkes ankommt, darf sich die Ermittlung von diesem nur nach objektiver Verkehrsanschauung richten.[831] Die Beurteilung dieses Merkmals fällt bei Kunstwerken aber sehr schwer.

Bei einer *gebrauchten* Sache gehören üblicherweise Verschleiß oder an ihr vorgenommene Erneuerungen zur Beschaffenheit. *Neue* Sachen hingegen weisen diese Merkmale nicht auf.[832]

Auf dem Kunstmarkt steht eine kreative Leistung am Anfang des Herstellungsprozesses. Damit unterscheidet sich sein Handelsobjekt entscheidend von Vergleichsmärkten. Originale Kunstwerke zeichnen sich durch ihre Einzigartigkeit und Unteilbarkeit aus, während andere kreative Leistungen, wie beispielsweise das Schreiben eines Romans oder die Aufnahme von Musik im Handel auf einem physischen oder digitalen Medium gespeichert werden und beliebig vervielfältigt werden können. Genauso sind Musikaufnahmen und Bücher auch teilbar und können damit verschiedenen Vermarktungszyklen unterfallen.

Andererseits kommt Kunstwerken wegen ihrer Dauerhaftigkeit ein *Wertsteigerungspotenzial* zu; Gegenstände wie Bücher und Musik verlieren hingegen mit der Zeit an Wert. Auch die Produktlebenszyklen der Märkte sind im Vergleich zum Kunstmarkt sehr kurzlebig. Aufgrund einer zu erwartenden Änderung der Präferenz in der Nachfrage müssen die Einnahmen möglichst schnell abgeschöpft werden.[833]

---

828 *Grunewald* in: Erman BGB, § 474 Rn. 8; *Lorenz* in: MüKo-BGB, § 474 Rn. 18; BGH, Urt. v. 15.11.2006 - VIII ZR 3/06, juris Rn. 33; *Matusche-Beckmann* in: Staudinger BGB, § 474 Rn. 52.

829 *Berger* in: Jauernig BGB, § 474 Rn. 7; *Lorenz* ebd.; BGH, ebd.

830 *Faust* in: Hau/Poseck, BeckOK BGB, 60. Edition 01.11.2021, § 474 BGB Rn. 30.

831 *Roloff/Looschelders* in: Erman BGB, § 309 BGB Rn. 87;

832 *Räntsch* in: Kullmann/Pfister/Stöhr/Spindler, Produzentenhaftung Teil B V 1 c) cc), 1. EL 2014; OLG Düsseldorf, Beschl. v. 15.11.2012 - 3 W 228/12, juris Rn. 15-16.

833 *Kurz*, Der Kunsthändler als Intermediär, S. 115.

Für die generelle Annahme aller Kunstwerke als *gebrauchte Sache* spricht zunächst, dass für letztere typisch ist, eine eingeschränkte Erkennbarkeit von Fehlern und der Brauchbarkeit der Qualität aufweisen zu können.[834]

Sie entbehren aufgrund ihrer *Unikat*-Eigenschaft eines zuverlässigen Vergleichsmaßstabs. Auch kann ihnen kein einheitlicher Wertmaßstab zugrunde gelegt werden. Allein dieses Argument stellt aber keine vernünftige Erwägung dar, dem Kunstwerk pauschal den Charakter einer gebrauchten Sache zuzusprechen.

Darüber hinaus ist die Annahme, gebrauchte Sachen würden stets eines einheitlichen Maßstabes entbehren, nur bedingt richtig. Zwar ist zutreffend, dass sich Nutzung und Verschleiß je nach Ingebrauchnahme unterscheiden können, allerdings weisen auch gebrauchte Sachen regelmäßig einen *übergeordneten* Vergleichsmaßstab auf, anhand dessen sie sich messen lassen müssen. Die Nutzung und Ingebrauchnahme sind dabei nicht imstande, diesen übergeordneten Vergleichsmaßstab zu verändern.

Kunstwerke sind in ihrer Natur hingegen *einzigartig*. Man kann ihnen keinen Vergleichsmaßstab zuordnen, innerhalb dessen zuverlässig die Beschaffenheitsmerkmale des individuellen Kunstwerks entnommen werden können. Freilich weist ein Kunstwerk wohl einen Urheber auf und kann insofern auch einer speziellen Gattung zugeordnet werden.[835] Allerdings ist deren Zugrundelegung als Vergleichsmaßstab gänzlich ungeeignet, weil die Kunstwerke und Kunstgegenstände eines einzigen Künstlers innerhalb seines Gesamtwerkes stark variieren können: zum Beispiel Picasso schuf nicht lediglich Öl auf Leinwand, sondern auch Graphiken bis hin zu Skulpturen. Damit sind Kunstwerke nicht pauschal vom Wesen her einer gebrauchten Sache vergleichbar. Darüber hinaus ist dieses Argument auch zu unbestimmt, um es allein dafür ausreichen zu lassen, Kunstwerke allgemein als gebrauchte Sachen zu kategorisieren.

Gegen die Annahme von Kunstwerken als „*gebrauchte*" Sachen spricht, dass solche regelmäßig mit zunehmendem Alter einen Wertverlust verzeichnen, während Kunstwerke mit fortschreitender Zeit an Wert gewinnen können.[836] Im Lichte dieser Erkenntnis könnte man sogar zu dem Schluss kommen, dass Zeitverlauf und Alterung bei Kunstwerken stets Teil ihres Herstellungsprozesses sind und sie damit im Zeitpunkt ihres Verkaufs

---

834 *Christensen* in: Ulmer/Brandner/Hensen, AGB-Recht, § 309 Nr. 8 Rn. 23).

835 Kap. 3 § 1 B III 1 b) bb) (1).

836 *Faust* in: Hau/Poseck, BeckOK BGB, 60. Edition 01.11.2021, § 474 Rn. 31.

zu gesteigerten Wert als *„neu hergestellte"* Sachen gelten.[837] Aber auch diese Annahme ist bedenklich. Sie trifft unstreitig weder auf alle Kunstwerke noch auf sonstige Kaufgegenstände zu.

Es ist zwar eine Tatsache, dass gerade in der Kunstwelt der Tod seine Vorteile haben kann. Es gibt Künstler, die ihr Leben damit ringen, ein Genie zu sein und letztlich es zu nichts bringen; doch sobald sie sterben der lebenslang ersehnte Erfolg wie von selbst eintritt.[838] Diese sprunghaften Aufstiegsgeschichten, die die Künstler ihrem Tode zu verdanken haben, erschöpfen sich aber in einer Hand von Fällen. Aus ihnen kann kein allgemeiner Schluss gezogen werden. Wesentlich häufiger ist der Fall, dass Künstler, die vor ihrem Tod unbekannt waren, dies auch nach ihrem Tode bleiben.

Der Schluss, dass bei sonstigen Gegenständen das zunehmende Alter stets eine Wertminderung nach sich zieht, ist nicht bedingungslos richtig.[839] Tatsächlich haftet an gebrauchten Sachen häufig eine gewisse Faszination des Marktes, möge diese mit der Erinnerung an eine vergangene Zeit oder aber durch die tatsächliche Verknappung in der Stückzahl begründet sein. Es ist nicht ungewöhnlich, dass *Old-Timer Fahrzeuge* wesentlich teurer gehandelt werden als im Zeitpunkt ihrer Herstellung und dass *Luxusuhren* aus dem vergangenen Jahrhundert Preise erzielen, die weit über die Inflation hinausgehen.

Damit ist die Aufstellung der Behauptung, Kunstwerke seien keine gebrauchten Sachen, weil sie im Gegensatz zu diesen in der Regel einen zeitlichen *Wertzuwachs* aufweisen, in mehrfacher Weise falsch.

Für die Einordnung des Zustands von Kunstwerken darf aber nicht allein das Alter entscheidend sein. Die Verkehrsauffassung bewertet den Zustand einer Sache nach ihrer Fehlerfreiheit und Qualität.[840] Daher muss es für ihre Einordnung ohne Belang sein, ob sie ein hohes Alter aufweist, sondern vielmehr darauf ankommen, ob sie bislang *bestimmungsgemäß* verwendet wurde.[841] Diese Unterscheidung in gebraucht und neu ist im Lichte der Schutzintention, die der Gesetzgeber bei neuen Sachen sieht, nachvollzieh-

---

837 *Christensen* in: Ulmer/Brandner/Hensen, AGB-Recht, § 309 Nr. 8 Rn. 24.

838 Ein berühmtes Beispiel ist *Vincent van Gogh*: zu Lebzeiten stets auf die Unterstützung seiner Familie angewiesen, gehören seine Werke heute zu den teuersten Kunsthandelsgütern.

839 Deshalb missverständlich *Roloff/Looschelders* in: Erman BGB, § 309 Rn. 87.

840 *Roloff/Looschelders* in: Erman BGB, § 309 Rn. 87; *Stadler* in: Jauernig BGB, § 309 Rn. 11.

841 BGH, Urt. v. 03.07.1985 - VIII ZR 152/84, juris Rn. 30;

bar:[842] Durch den Gebrauch einer Sache können besondere Gefahren oder Risiken in der Sache entstehen, die für den Verkäufer unerkannt bleiben und auf die er keinen Einfluss hat. Bei neuen Sachen wiegt dieses Risiko geringer.[843]

Bei Kunstwerken entsteht dabei aber folgende Problematik: Es ist hinsichtlich der *bestimmungsgemäßen Verwendung* fraglich, auf wen abzustellen ist. Meint der Begriff die Zwecksetzung, die der Künstler selbst einst mit dem Gemälde verbunden hat oder die des aktuellen Eigentümers. Darüber hinaus entbehrt es einer einheitlichen Beurteilung, wann ein Kunstwerk *bestimmungsgemäß* gebraucht wurde.

Sieht man in Anwendung der entwickelten Grundsätze zur „*Tauglichkeit zur gewöhnlichen Verwendung*“[844] den regelmäßigen Zweck eines Kunstwerkes darin, als Handlungs- oder als Ausstellungsobjekt zu dienen, müssten Kunstwerke auf dem *Sekundärmarkt* durchgängig als gebraucht eingestuft werden, weil der ihnen bestimmungsgemäß zukommende Nutzen bereits gezogen wurde: sie dienten als Handelsobjekt oder als Dekorationsgegenstand.[845]

Auch steht dieser Schlussfolgerung nicht das Wesen des Kunsthandels entgegen, der im Grundsatz nach *Anonymität* verlangt.

In sog. Zollfreilagern[846] oder in privaten Sammlungen[847] werden über Jahrzehnte Kunstwerke gelagert. Welche ästhetische Funktion sie im Rahmen ihrer „*Lebenszeit*“ erfüllt haben oder ob sie sie erfüllt haben, kann

842 Vgl. z.B. § 309 Nr. 8 lit. b) BGB, § 445a BGB.

843 *Christensen* in: Ulmer/Brandner/Hensen, AGB-Recht, § 309 Nr. 8 Rn. 23; BGH, Urt. v. 03.07.1985 - VIII ZR 152/84, juris Rn. 30.

844 Kap. 3 § 1 III 1 b) bb) (1).

845 Vgl. in Parallele dazu auch: *Faust* in: Hau/Poseck, BeckOK BGB, 60. Edition 01.11.2021, § 474 Rn. 31.

846 In sog. *Freeports* oder *Zollfreihäfen* werden steuer- und zollfrei Güter gelagert, bevor sie in ein anderes Land weitertransportiert werden. Auch der Handel mit Kunst und anderen Luxusgütern nutzt Freeports, wenn auch zu anderen Zwecken. Kunsthändler und -sammler lagern dort wertvolle Kunstwerke für teilweise Jahrzehnte ein. Im größten und ältesten Freeport der Welt in Genf, sollen allein 1,2 Millionen Kunstwerke liegen. Entscheiden die Besitzer sich irgendwann, sie weiterzuverkaufen, und tun dies innerhalb des Freeports, können sie den Wertzuwachs einstreichen, ohne je Einfuhrzoll gezahlt zu haben. Nur derjenige, der das Werk aus dem Freeport in die Welt „einliefert“, zahlt.

847 Prominentes Beispiel ist hierfür der *Schwabinger Kunstfund* bei Cornelius Gurlitt 2012, bei dem über tausend Werke großer Meister, unter anderem Picasso, Matisse und Chagall in dessen Wohnung aufgefunden wurden, die dieser über Jahrzehnte hinweg in seiner Wohnung gelagert hatte.

aufgrund kaum vorhandener Dokumentation in einer Vielzahl der Fälle nicht zuverlässig beantwortet werden. Allerdings ist ihnen in allen Fällen eine Handelshistorie gemeinsam, die - auch wenn sie in ihren Einzelheiten teilweise durchaus Lücken aufweisen kann - in ihrem ganz generellen Bestand keinen Zweifeln unterliegt.[848] Diese Erwägungen treffen freilich lediglich auf den *Sekundärmarkt* zu.

Problematisch ist die Beurteilung hingegen auf dem *Primärmarkt.* Zwar führt der Künstler sein Werk hier *erstmals* dem offenen Markt zu. Allerdings besteht keine Gewähr dafür, dass dieses unmittelbar nach Einlieferung oder Ausstellung in den eigenen Atelierräumen oder den Räumlichkeiten des Galeristen einen Käufer findet.[849]

Unter diesen Umständen ist fraglich, ob schon die Ausstellungen in den Galerie- oder Atelierräumen, die jedermann zugänglich sind, das Kunstwerk zu einer „gebrauchten" Sache werden lassen. Sieht man die bestimmungsgemäße Verwendung eines Werkes in seiner *Ausstellung,* möchte man intuitiv selbst diesen Abschnitt als Lebenszyklus eines Kunstwerkes ausreichen lassen.

Allerdings wird man nicht leugnen können, dass die Ausstellung, die nicht primär der Präsentation des bildnerischen Inhalts, sondern vorerst dem Verkauf dient, eine ganz andere Zwecksetzung hat. Zwar wird sich der Betrachter auch bei einer *„Kaufausstellung"* inhaltlich mit dem Kunstwerk auseinandersetzen und aus dieser Korrespondenz seinen Kaufentschluss ziehen; dennoch findet die Auseinandersetzung wohl regelmäßig auf einer ganz anderen Ebene statt als bei einem Kunstwerk, welches - sei es in Privaträumen, Museen oder Sammlungen - dauerhaft der Ausstellung dient und eben nicht zum Verkauf steht.

Diese Erkenntnis ist auch in Parallele zu sonstigen Nutzobjekten konsequent: Eine nicht neu hergestellte Sache kann auch ungebraucht sein, etwa bei längerer Lagerung.[850] Ist ein Möbelstück über einen gewissen Zeitraum Teil einer Ausstellung, soll es aber primär verkauft werden, wird es durch seinen kurzzeitigen Charakter als *Ausstellungsmöbel* nicht zu einem gebrauchten Gegenstand.[851]

---

848 Die *Anonymität* steht in den Zollfreilagern an erster Stelle. Bei sog. Private Sales bzw. Private Collections wird Diskretion garantiert.

849 Zu den Verkaufsplattformen auf dem Primärmarkt, vgl. Kap. 2 § 2 B.

850 *Lorenz* in: MüKo-BGB, § 474 Rn. 17.

851 *Stadler* in: Jauernig BGB, § 309 Rn. 11, wonach dies bei zu langer Dauer anders bewertet werden kann.

Es wurde nämlich trotz seiner Ausstellung nicht *bestimmungsgemäß* verwendet, nämlich beispielsweise als Sitzmöglichkeit oder Dekorationsobjekt in den Wohn- oder Geschäftsräumen seiner Käufer.

Auch Kraftfahrzeuge, die lediglich zur Ausstellung in den Verkaufsräumen des Händlers stehen, dürfen durch diesen Zustand nicht als *Gebrauchtwägen* angesehen werden.[852] Ihnen kommt bestimmungsgemäß nicht der Nutzen zu, in der Ausstellungshalle aufgeschlossen zu stehen und externen Besuchern ein Probesitzen zu ermöglichen. Ihr ganz überwiegender Nutzen liegt darin, ihren Erwerbern als Beförderungsmittel zu dienen.

Freilich kann diese Bewertung im Einzelfall abweichen: Ein übermäßig erprobtes Ausstellungsmöbelstück oder ein Vorführwagen weisen irgendwann unter Umständen Verschleißspuren auf, so dass jedenfalls nicht mehr von einer *unbenutzten* Sache die Rede sein kann.[853]

Nach dieser Erkenntnis bleibt jede Ausstellung, die auf dem *Primärmarkt* ausschließlich dem Verkauf des Kunstwerkes dient, für dessen Einordnung als neu oder gebraucht unberücksichtigt. Insbesondere darf es auch nicht auf die Länge der „Wartezeit" ankommen, weil sie keinen Einfluss auf die Substanz und Unversehrtheit des Kunstwerkes hat. Unter richtigen Licht- und Klimaverhältnissen tritt ein Verschleiß regelmäßig nicht auf.[854]

Konsequenz dieser Erkenntnis ist, dass eine Sache nicht lediglich *neu hergestellt* oder *gebraucht* sein muss. Sie kann in Ermangelung einer bestimmungsgemäßen Verwendung auch als *neuwertig* zu kategorisieren sein.[855]

Dennoch ist ganz allgemein die Anwendung des Maßstabes einer bestimmungsgemäßen Verwendung bei Kunstwerken zweifelhaft. Er bezweckt, dass eine Kaufsache auch dann als neu anzusehen ist, wenn sie bereits längere Zeit *existent* ist.[856]

Spricht man dem Verkäufer vor diesem Hintergrund ein schutzwürdiges Interesse insofern zu, als dass er sich bei einer gebrauchten Sache aufgrund *unentdeckter Mängel* in ihrer Substanz von einer umfassenden Haftung zu-

---

852 *Stadler* in: Jauernig BGB, § 309 Rn. 11.

853 *Stadler* ebd.

854 A.A. *Stadler* ebd., zugegeben kann dies bei einer überaus langen Wartezeit abweichen, sofern aufgrund Klima- oder Sonnenverhältnisse ein Verschleiß an den Materialien auftritt.

855 *Roloff/Looschelders* in: Erman BGB, § 309 Rn. 87.

856 BGH, Urt. v. 03.07.1985 - VIII ZR 152/84, juris Rn. 30

mindest teilweise freizeichnen können muss,[857] muss jeder Gebrauch ohne Belang sein, der in der *Gefahrensphäre* des Verkäufers stattfindet.[858] Im Lichte dessen müssen für die Beurteilung eines Kunstwerkes die mit ihrer Existenz verwurzelten, inneren Eigenschaften,[859] welche dauerhaft an ihm haften, ohne Relevanz bleiben.[860] Denn diese Eigenschaften, die kongruent mit der Beschaffenheit sind,[861] haben keinen Einfluss auf den Zustand, der typischerweise mit dem Gebrauch einer Sache einhergeht und für den es nur redlich sein kann, dass der Verkäufer dafür nicht einstehen will.

Insofern können Kunstwerke nur dann als objektiv gebraucht anzusehen sein, wenn sie *äußere* und *technische* Verschleißspuren aufweisen. Aber auch dies wiederum ist bedenklich, weil ein unter Umständen minimaler äußerer Verschleiß, für den der Verkäufer nicht haften will, insbesondere in der Kunstwelt keinen Einfluss auf den Wert hat.

Aus dieser Gesamtschau resultiert die Überlegung, dass aufgrund des eventuell stattfindenden exponentiellen Wertwachstums bei Kunstwerken im Lichte des § 309 Nr. 8 lit. b) BGB ganz generell ein „*Gebrauchtzustand*" ausscheiden muss. Zumindest ist dies naheliegend bei Kunstwerken, an denen dieses Wertwachstum stattfindet. Denn demjenigen Käufer, der einen derart hohen Kaufpreis zu entrichten bereit ist, darf nicht der Schutz genommen werden, sich in vollem Umfang auf seine Gewährleistungsrechte berufen zu dürfen.[862]

Diese Erwägung wird auch dadurch bestärkt, dass Kunstgegenstände *anerkannter Meister* aufgrund dessen, dass sie keiner dauerhaften Wertminderung unterliegen, auch nicht abschreibungsfähig im Sinne der „Abschreibung für Abnutzung" (Afa)-Tabelle sind.[863] Sie sind ihrem Wesen nach nicht abnutzbar.[864]

---

857 *Christensen* in: Ulmer/Brandner/Hensen, AGB-Recht, § 309 Nr. 8 Rn. 23.

858 Vor diesem Hintergrund leuchtet es auch ein sog. *Ladenhüter* als neuhergestellte Sachen anzusehen. Denn sie werden zwar eingesetzt (z.B. Ausstellungsmöbel, Kfz), für ihren Einsatz in der Sphäre des Verkäufers muss dieser aber dennoch i.S. des § 309 Nr. 8 lit. b) BGB haften.

859 Das Merkmal der „mit ihrer Existenz verwurzelten, inneren Eigenschaften" grenzt die Unversehrtheit, die ebenfalls Beschaffenheitsmerkmal eines Kunstwerkes ist, denklogisch aus. Für die Zustandsbeurteilung bei Kunstwerken müssen deshalb nur die *Urheberschaft* und *Provenienz* außer Betrachtung bleiben.

860 BGH, Urt. v. 03.07.1985 - VIII ZR 152/84, juris Rn. 30.

861 Kap. 2 § 3.

862 *Roloff/Looschelders* in: Erman BGB, § 309 Rn. 87;

863 *Waldhoff* in: EStG-Kommentar, § 7, 202. Lieferung 10/09 und Rn. B263.

864 *Ebling*, DStR 2008, 1522 (1523).

Damit könnte die Einordnung von Kunstgegenständen als „*gebraucht*“ zumindest bei hochpreisigen Kunstwerken, an denen keine *Wertminderung* festgestellt werden kann, ganz grundsätzlich ausgeschlossen sein. Ist die *Abnutzbarkeit* von Gegenständen nämlich auf jene Sachen beschränkt, deren Nutzung zeitlich begrenzt ist, kann sie bei Kunstgegenständen *anerkannter Meister* nicht eintreten. Sie unterscheiden sich von allen anderen Vergleichsgegenständen dadurch, ihre Nutzungsmöglichkeit nicht ab einem bestimmten Zeitpunkt allgemein zu erschöpfen.[865] Sie verlieren zumindest wirtschaftlich mit Zeitablauf nicht an Wert, obwohl auch Kunstgegenstände teilweise einem Zeitgeschmack unterliegen, der mitunter ihren Wert definiert. Die Werke *anerkannter Meister* sind aber wertbeständig und gewinnen sogar mit der Zeit an Wert. Sie sind in diesem Sinne unvergänglich und nicht von vorübergehendem Interesse und unterliegen eben keinem Geschmackswandel. Damit einhergehend ist mit einem Wertverzehr nicht zu rechnen.[866] Obwohl bei Kunstwerken - unabhängig davon, ob Gebrauchskunst oder Kunst anerkannter Meister“ - ein technischer Verschleiß möglich ist, indem ein Gemälde beispielsweise aufgrund von Lichteinwirkung verblasst, spielt dieser Verschleiß bei Werken *anerkannter Meister* lediglich eine untergeordnete und selten problembehaftete Rolle.[867]

Gewährt man dieser Ansicht Vorzug und vertritt eine ablehnende Haltung gegenüber der Einordnung von Kunstwerken als „gebraucht“ bei Kunstgegenständen, beschränkt diese hingegen auf Werke *anerkannter Meister*, stellt sich die Frage, wer diese sind bzw. welche Kriterien sie zu solchen erheben.

Wenig überzeugend ist es, bereits all jene Werke als Schöpfung anerkannter Meister anzusehen, die keine *Gebrauchskunst* sind.[868] Zweifellos fallen darunter wohl jene Künstler, deren Gesamtwerk von einer Vielzahl Kunstsachverständiger und kunstinteressierter Personen als künstlerisch bedeutsam eingeschätzt wird und bei denen - aufgrund ihrer Historie - angenommen werden kann, dass diese Einschätzung auf längere Zeit Bestand hat.[869] Doch bleibt dieser bisherige Versuch die anerkannten Meister einzugrenzen und zu definieren hinter dem dem Rechtsstaatsprinzip immanen-

865 FG Berlin, Urt. v. 17.05.1991 - III 117/88, juris Rn. 29.

866 BFH, Urt. v. 02.12.1977 - III R 58/75, juris Rn. 12-13.

867 *Ebling*, DStR 2008, 1522 (1523).

868 Dies entspricht der ständigen steuerrechtlichen Rechtsprechung, vgl. u.a. BFH, Urt. v. 23.04.1965 - VI 327/64 U, BeckRS 1965, 21000967.

869 *Rosarius* in: Investitionsförderung HB, Kap. 2 B I 2, 160. Lieferung 09/17, Rn. 22 mit Verweis auf FG Berlin, Urt. v. 31.05.1979 - IV 354/78, juris, Leitsatz 1.

ten Gebot der *Bestimmtheit* zurück; es ist vielmehr eine Aneinanderreihung unbestimmter Rechtsbegriffe.[870]

Ist schon der Begriff des „*Künstlers*" umstritten, bleibt auch fraglich, wer zu den „*Fachkreisen*" im Sinne dieses Definitionsversuches zu zählen ist.

Insbesondere aber ist er rudimentär in Bezug auf *zeitgenössische* Künstler, die noch keine Kunsthistorie im Sinne sachverständiger Kritik und kunstinteressierter Meinung aufweisen.

Darüber hinaus fehlt es an einer Umgrenzung der sachverständigen Kritik und der Festlegung, wann eine Person „*kunstinteressiert*" ist; auch die Notwendigkeit einer „*Kunsthistorie*" klammert die Eigenart der Kunstbranche aus, dass einem Künstler lediglich ein einmaliger oder zumindest zeitweiliger Erfolg zu Teil wird bzw. ihm ein großer Aufstieg vorhergesagt wird, der sich im Nachhinein nicht bewahrheitet.[871] Deshalb kann ein Erfolg, der nach historischer Einschätzung längere Zeit Bestand haben soll, bei zeitgenössischen Künstlern nie vorhergesagt werden.[872]

Dahingehend muss unter einem anerkannten Künstler derjenige zu verstehen sein, dessen Gesamtwerk in der Gegenwart von einer Vielzahl professioneller Kunstsachverständiger und Kunstkritiker als Kunst anerkannt, wenn auch nicht notwendig unumstritten ist und von dem die Annahme berechtigt ist, dass dieses Urteil auf absehbare Zeit beständig ist, weil die Werke Aufnahme in die Sammlungen verschiedener bedeutender Museen und in die einschlägige Fachliteratur gefunden haben.[873]

Ob die Werke eines, sei es zeitgenössischen oder klassischen, Künstlers in ihrem Wert beständig sein werden, entzieht sich zwar der völligen Gewissheit, kann aber als Prognose verlässlich vorhergesagt werden, wenn man für deren Grundlage allein den Bewertungsmoment als *Stichtag* für maßgeblich ansieht. Die Richtigkeitswahrscheinlichkeit einer Prognoseentscheidung ist zwar durch die beschränkte menschliche Erkenntnisfähigkeit begrenzt. Unzutreffende Ergebnisse können aber zu späterer Zeit anhand anderweitiger neuer Erkenntnisse korrigiert werden.[874]

---

870 *Ebling*, a.a.O., (1523).

871 Von einem dem modischen Wandel unterliegenden Zeitgeschmack sind hingegen „*alte Meister*" nicht abhängig; ihr Ansehen hat sich bereits zu einem Maßstab verfestigt, der in wirtschaftlicher Hinsicht keinem Wertverzehr unterliegt, so auch *Rosarius* in: Investitionsförderung HB, Kap. 2 B I 2, 160. Lieferung 09/17, Rn. 22.

872 *Waldhoff* in: EStG-Kommentar, § 7, 202. Lieferung 10/09 und Rn. B263.

873 Im Ansatz: FG Berlin, 17.05.1991 - III 117/88, juris Rn. 43.

874 FG Berlin, a.a.O., Rn. 44.

Tatsächlich erfolgt diese Ausrichtung an der steuerrechtlichen Bewertung von Kunstwerken zwangsläufig sehr individuell. Sie unterscheidet nicht in Kunstwerke des *Primärmarktes* und des *Sekundärmarktes.* So war das *„Abstrakte Bild“* von Gerhard Richter bereits ein Werk eines „anerkannten Meisters“ als es erstmals dem Markt zugeführt wurde, blieb es aber auch, als es bei Sotheby's 2015 seinen Eigentümer wechselte. Nach dieser Erkenntnis bleibt das Werk stets neu und unterfällt damit nicht den Vorschriften für *gebrauchte Sachen.* Ausgenommen davon sind freilich die Werke, die nicht aus *anerkannter Meisterhand,* sondern vom *gewöhnlichen* Künstler stammen.

Geht man in Hinblick auf die Natur der Kunst noch weiter und unterwirft allgemein alle Kunstwerke nicht dem Begriff der *„gebrauchten“* Sache, kann sich diese Vorgehensweise mit der Behauptung rechtfertigen lassen, dass der geistige Inhalt von Kunstwerken, ungeachtet ihrer individuellen Schöpferhand, stets unvergänglich ist. Er präsentiert sich in dem Gehalt der Darstellung selbst und steht nicht als eigenständiges Kriterium neben ihr.[875] Dafür ist es unerheblich, dass auch ein Kunstwerk einem individuellen Geschmack und Zeitgeist unterliegen kann, denn gerade dies macht die Kunst zum Teil einer Kommunikationsbeziehung.[876] Dieser Gehalt bleibt als ewige Konstante: [877] auch nach einem Alterungsprozess bleibt Kunst die Kunst. Ihr Inhalt bleibt und außerdem auch die Form und der Gehalt.[878]

Dementsprechend kann nicht geleugnet werden, dass der Rechtsanwender mit dem Begriff des „Gebrauchtseins“ stets eine Veränderung des anfänglich physischen Zustandes der Sache verbindet. Kann diese Veränderung aber aufgrund der Natur der Sache schon nicht eintreten, kann auch ein Kunstwerk niemals gebraucht sein. Dies trifft dann für alle Kunstwerke - unabhängig, ob Primär- oder Sekundärmarkt - zu.

Zusammenfassend ist festzustellen, dass das Merkmal des *bestimmungsgemäßen* Gebrauchs trotz der erfolgten Subsumtionsversuche keinen zuverlässigen und vor allem allgemeingültigen Maßstab für die Beurteilung des Zustands eines Kunstwerkes bietet. Es liegt stets in der Hand des individuellen Betrachters zu entscheiden, inwiefern er einen der aufgezeigten Argumentationswege als einleuchtend empfindet. Eine einheitliche Beurteilung kann hingegen nicht dargestellt werden.

875 *Wrede*, Kunst und Kaufrecht, S. 23.
876 *Wrede*, ebd.
877 *Wrede*, a.a.O., S. 22.
878 *Wrede*, a.a.O., S. 23.

Konsequenz dessen ist, das Merkmal des „Gebrauchtseins“ im Lichte der *Teleologie* des Normkonstrukts zu betrachten, das der Gesetzgeber in Bezug auf *neu hergestellte* und in Abgrenzung dazu auf *gebrauchte* Sachen entworfen hat.

Aus § 309 Nr. 8 lit. b) BGB wird deutlich, dass der Gesetzgeber jenen Verkäufer für Beschaffenheitsmerkmale haften lassen möchte, die aus seinem Gefahrenbereich stammen. In Abgrenzung dazu erlaubt der Gesetzgeber demjenigen Verkäufer, der eine Sache verkauft, die sich zuvor nicht lediglich in seinem Gefahrenlager befand, von einer umfassenden Haftung freizuzeichnen.

Telos der Abgrenzung ist damit lediglich der Zuspruch der Sicherheit für den Verkäufer, mit Waren handeln zu dürfen, deren Beschaffenheitsmerkmale er nicht *lückenlos* kennen und überprüfen kann.

Legt man diese Erkenntnis zugrunde, darf es ganz allgemein bei der Qualifikation der Sachbeschaffenheit als neu oder gebraucht nicht auf den bestimmungsgemäßen Gebrauch ankommen. Wenn der Gebrauch auch *bestimmungswidrig* erfolgt, kann er Mängel an der Kaufsache hervorrufen, die sie als mangelhaft für die ordnungsgemäße Vertragserfüllung disqualifizieren.

Insofern muss für die Beurteilung lediglich entscheidend sein, ob sich die Kaufsache bereits außerhalb des *Gefahrenlagers* des individuellen Verkäufers befand und diesem somit die Möglichkeit eröffnet bleiben muss, sich von Merkmalen, die der Sache zwar anhaften, die für ihn aber selbst schwer einsehbar sind, haftungsrechtlich distanzieren zu dürfen.

Bei Zugrundelegung dieser Schlussfolgerung sind solche Kunstwerke stets *gebraucht*, die auf dem *Sekundärmarkt* gehandelt werden. Lediglich jene, die erstmals dem Markt zugeführt werden und als solche Objekte des *Primärmarkts* sind, sind in diesem Sinne zumindest als *neuwertig* zu bewerten.

(c) Rückausnahme des § 474 Abs. 2 S. 2 2. HS BGB

Mit Einführung der neuen kaufrechtlichen Vorschriften zum 01. Januar 2022 hat der Gesetzgeber in § 474 Abs. 2 S. 2 2. HS BGB die bisher geltende Ausnahme, wonach die Vorschriften des Verbrauchsgüterkaufs nicht für gebrauchte Sachen gelten, die im Wege einer öffentlich zugänglichen Versteigerung verkauft werden, um den Zusatz ergänzt, dass dem Verbraucher dahingehend *klare* und *umfassende Informationen leicht* verfügbar gemacht werden müssen.[879] Der Verbraucher bedarf also der Information, dass die Regeln über den Verbrauchsgüterkauf gemäß §§ 474 ff. BGB nicht gelten.[880] Wie diese Information im Einzelfall auszusehen hat und ob sie einem bestimmten Formerfordernis unterfällt, hat der Gesetzgeber unter Verweis auf Art. 3 Abs. 5 WKRL indes offengelassen.[881]

(d) Erörterung

Trotz anfänglicher Bedenken ist festzustellen, dass die Tatbestandsmerkmale des § 474 Abs. 2 S. 2 BGB auf den Kunsthandel anwendbar sind. Nicht nur die privat veranstaltete Kunstauktion ist nach dem Wortlaut der *„öffentlich zugänglichen Versteigerung"* unproblematisch mitumfasst, auch kann den Marktakteuren nicht etwa wegen fehlender *Informationsasymmetrie* pauschal der Charakter eines *Verbrauchers* abgesprochen werden. Vor allem aber sind Kunstwerke, die auf dem Sekundärmarkt gehandelt werden, als *gebrauchte* Sachen einzuordnen mit der letztlich überzeugenden Begründung, dass der Verkäufer aufgrund einer möglichen Vielzahl von durchlaufenden Gefahrenlagern nicht für unentdeckte Mängel an der Kaufsache einstehen will und dieses im Lichte des gesetzgeberischen Normenkonstrukts der §§ 309 Nr. 8 lit. b), 474 Abs. 2 S. 2 BGB auch nicht muss.

Abschließend stellt sich aber damit verbunden die Frage, inwiefern es gerechtfertigt sein kann, lediglich dem privaten *Kunstversteigerer* diese Haftungsprivilegierung zugutekommen zu lassen, nicht hingegen dem Galeristen, der ebenfalls am Sekundärverkauf bedeutender Kunstwerke beteiligt sein kann.

Obwohl die ursprüngliche Begründung des § 474 Abs. 2 S. 2 BGB, dieser solle eine Haftungserleichterung für Fundversteigerungen und Versteigerungen nicht hinterlegungsfähiger Sachen mit sich bringen, eine in *verfassungsmäßiger* Hinsicht durchaus bedenkliche Zielrichtung hat, ist dieses Unrecht durch die neue Formulierung aufgelöst worden.[882] Liegt aber die Intention der Norm nachweislich darin, jenen Verkäufer vor Ansprüchen in Bezug auf Merkmale zu schützen, die außerhalb seines Gefahrenlagers eingetreten sind, vermag sich dieser Schutz nicht nur in - öffentlichen oder

---

879 Der neu normierte Zusatz ist Ausfluss des Art. 3 Abs. 5 S. 2 WKRL.

880 *Weidenkaff* in: Grüneberg, § 474 Rn. 2.

881 BT-Drs.: 19/27424, S. 28, dort unter „Zu Nummer 5 (§ 474 BGB-E)"; Art. 3 Abs. 5 S. 1 lit. a), S. 2 RL 2019/771 v. 20. Mai 2019 (WKRL).

882 Kap. 3 § 1 B II 2 c).

privaten - Versteigerungen zu erschöpfen. Vielmehr besteht er überall dort, wo der Verkäufer für eine Sache nicht haften soll, weil die Mängel aus einem *anderen Gefahrenbereich* stammen und der Verkäufer naturgemäß nur sehr *flüchtig* mit der Kaufsache in Berührung kommt.

Daraus ergibt sich ein Regelungsbedarf *de lege ferenda,* wonach der Wortlaut des § 474 Abs. 2 S. 2 BGB nicht ausschließlich auf die „öffentlich zugängliche Versteigerung" beschränkt werden darf, sondern auf all jene Vertriebs- und Handlungsformen ausgeweitet werden muss, denen es immanent ist, dass der Verkäufer zwar formale Vertragspartei ist, mit der Kaufsache selbst aber kaum in Berührung kommt und ihm insbesondere deshalb die Aufdeckung ihrer inneren Merkmale und Mängel nicht oder nur mit unverhältnismäßigem Aufwand möglich ist. Die haftungsrechtliche Inkongruenz, die *de lege lata* zu einem Spannungsverhältnis zwischen Versteigerern und Kunstgalerien führt, wäre damit gelöst.

dd. Stellungnahme und Fazit

Bei dem Versuch, die geschuldete Beschaffenheit eines Kunstwerkes zu definieren, gelangt der Rechtsanwender eindeutig an seine Grenzen. Offensichtlich hatte der Gesetzgeber bei Normierung des Mangelkonzeptes nicht vor Augen, dass es Kaufobjekte gibt, bei denen die Feststellung eines Mangels anhand rein objektiver Anforderungen nicht möglich ist. In Ermangelung eines Sonderrechts müssen aber die allgemeinen zivil- und handelsrechtlichen Vorschriften darauf angewandt werden.[883]

Gelingt es jedoch, Kunstwerken auch objektive Anforderungen zuzuschreiben, hält die neue Gesetzesfassung der §§ 434 i.V.m. § 474, 476 BGB *de lege lata* vemeintlich eine deutliche Verbesserung für den Käufer, sofern er Verbraucher ist, bereit. Denn wo früher der Kunstvermarkter mit Verweis auf die ständige Rechtsprechung des Bundesgerichtshofes den Katalogangaben, Kunstexpertisen und vorvertraglichen Äußerungen in Bezug auf die Kunstobjekte jede subjektive Rechtswirkung versagen durfte, ist dies nach dem klaren Wortlaut des § 476 Abs. 1 S. 2 BGB nicht mehr möglich.

Letztlich trübt die Freude der nach wie vor auf eine Privilegierung der Kunstauktionshäuser ausgerichtete § 474 Abs. 2 S. 2 BGB, der alle sorgsamen Überlegungen des Gesetzgebers zunichte macht.

Hiernach gelten die aufgezeigten Grundsätze nach wie vor flächendeckend nicht für die Kunstversteigerer, die am *Sekundärmarkt* teilnehmen

883 *Anton*, ZVertriebsR 2013, 294 (294).

und damit *gebrauchtes* Gut verkaufen. Auch die Rückausnahme des § 474 Abs. 2 S. 2 HS. 2 BGB bringt keine Besserung, weil der Gesetzgeber es versäumt hat, jegliche Anforderungen, die an die Information zu stellen sind, gesetzlich zu definieren.

So ist zu erwarten, dass die Kunstauktionshäuser ihre Allgemeinen Versteigerungsbedingungen schlicht um eine Klausel ergänzen, nach welcher der Verbraucher mit dem Vertragsschluss konkludent bestätigt zur Kenntnis genommen zu haben, dass die Vorschriften des Verbrauchsgüterkaufs nicht gelten.

Damit würde sich die Reihe der im tatsächlichen Sinne *ungewöhnlichen* Klauseln der Kunstauktionshäuser fortsetzen.[884]

Vor allem für einen einheitlichen Marktbewertungsstandards kann der gesetzestreue Weg nur in zwei Ansätzen gesehen werden:

De lege ferenda hat der Gesetzgeber die sich aus § 474 Abs. 2 S. 2 BGB ergebende Ungleichbehandlung zu korrigieren: Sie muss sich ihrem Wortlaut nach auf jene Kunstvermarkter erstrecken, die im Zuge ihrer typischen Handlungsform zwar formal Vertragspartei werden, naturgemäß aber nur flüchtig mit der Kaufsache in Berührung kommen, so dass die typische Interessen- und Risikoverteilung dem *telos* vergleichbar sind, das der Gesetzgeber in Hinblick auf die Normierung des § 474 Abs. 2 S. 2 BGB getroffen hat. Namentlich trifft das auf alle am *Kunstsekundärmarkt* agierenden Kunstvermarkter zu, die im Zuge des Kommissionsgeschäfts tätig werden und bei denen der Kunstgegenstand zwecks Verkaufs erst wenige Wochen zuvor eingeliefert wird.

Schon in ihrer aktuellen Fassung fördert § 474 Abs. 2 S. 2 BGB eine Annäherung der rechtlichen Vorgaben für alle Kunstverkäufer: Möchte der Auktionator seine Angaben einem Gewährleistungsausschluss unterwerfen, wozu er in Abbedingung des § 476 Abs. 1 S. 1 BGB nach § 474 Abs. 2 S. 2 BGB berechtigt ist, ist er nach dem ausdrücklichen Wortlaut des § 474 Abs. 2 S. 2 HS. 2 BGB dazu verpflichtet, dies als *klare und umfassende Information* dem Verbraucher *leicht verfügbar* mitzuteilen. Verlangt man für die Mitteilung die gleiche *Form*, wie den Hinweis über die negative Beschaffenheitsvereinbarung im Sinne des § 476 Abs. 1 S. 2 BGB, vermindert sich das Missverhältnis.

Die Diskrepanz wird dadurch noch nicht behoben; denn durch den Hinweis des Auktionators nach § 474 Abs. 2 S. 2 2. HS BGB ist dieser in der Lage, sich vollen Umfangs eines Gewährleistungsausschlusses zu bedienen,

884 Zu der AGB-Kontrolle von Kunstvermarkter später, vgl. Kap. 3 § 2 D.

wohingegen dem Galeristen nach § 476 Abs. 1 S. 2 BGB lediglich die Negation der Rechtsnatur von Katalogangaben erlaubt wird. Im Ergebnis führt dieser Lösungsweg also nicht zu einer Angleichung beider Norminhalte. Für ein harmonisierendes Haftungsgleichgewicht besteht damit kein anderer Lösungsweg als der Änderungsbedarf *de lege ferenda.*

c. Der subjektive Fehlerbegriff nach § 434 Abs. 2 S. 1 Nr. 2 BGB

Die vertraglich vorausgesetzte Verwendung nach § 434 Abs. 2 S. 1 Nr. 2 BGB muss im Gegensatz zur Beschaffenheitsvereinbarung nicht vereinbart, sondern nur vorausgesetzt sein.[885] Insbesondere beim Kunstkauf stellt sich die Frage nach dem Anwendungsbereich. Denn sieht man die Eignung zur vorausgesetzten Verwendung als gegenüber der Beschaffenheitsvereinbarung subsidiär,[886] ist aber gezwungen aufgrund des generell subjektiven Einschlags von Kunstobjekten im Rahmen des objektiven Fehlerbegriffs auf vertragliche Inhalte zurückzugreifen,[887] ergibt sich ein eigener Anwendungsbereich bei Kunstwerken nur selten. Allerdings ist dies nach der gesetzgeberischen Wertung des *kumulativen* Mangelkonzepts gar nicht notwendig. Der Gesetzgeber geht vielmehr davon aus, alle Anforderungen, sowohl subjektive als auch objektive, nebeneinander bestehen lassen zu können.

Damit müssen auch etwaige Überschneidungen hingenommen werden.

Die Eignung zur vorausgesetzten Verwendung verlangt, dass diese beiderseitig vorausgesetzt wird, indem der Käufer spätestens bei Vertragsschluss eine bestimmte Verwendung dem Verkäufer nahelegt und dieser - zumindest konkludent - ihr zustimmt.[888] Dafür kann es aber nicht erforderlich sein, dass die Parteien den Verwendungszweck eines Kunstwerkes zum ausdrücklichen Inhalt des Vertrages machen.[889] Bereits die stillschweigende Willenseinigung muss ausreichen; etwa, dass der Verkäufer nach Mitteilung

885 *Weidenkaff* in: Grüneberg BGB, § 434 Rn. 17.

886 OLG Hamm, Urt. v. 12.06.2017 - I 22 U 64/16, NJW-RR 2017, 1400 (1401); *Weidenkaff* in: Palandt BGB, § 434 Rn. 18; *Matusche-Beckmann* in: Staudinger BGB, § 434 Rn. 83.

887 Kap. 2 § 1 B III 1 b) bb) (1).

888 *Weidenkaff* a.a.O., § 434 Rn. 18;

889 BGH, Urt. v. 28.03.1984 - VIII ZR 5/83, juris Rn. 33; BGH, Urt. v. 25.01.1961 - VIII ZR 70/60, juris; ablehnend: *Matusche-Beckmann* a.a.O., § 434 Rn. 76.

der Verwendung durch den Käufer den Kaufvertrag abschließt, ohne auf das Fehlen der genannten Eignung einzugehen.[890]

Dies ist konsequent vor dem Hintergrund des *Subsidiaritätsverhältnisses* von der Eignung zur vertraglich vorausgesetzten Eignung und der Beschaffenheitsvereinbarung. Verlangt man der Beschaffenheitsvereinbarung in Anlehnung an das zugrundeliegende Rechtsgeschäft regelmäßig neben dem ausdrücklichen Rechtsbindungswillen keine weiteren Formerfordernisse ab, darf für die vertraglich vorausgesetzte Eignung nicht der gleiche Maßstab verlangt werden.[891] Wiederum kann auch in einem vertraglich vorausgesetzten Verwendungszweck unter Umständen eine konkludente Beschaffenheitsvereinbarung zu sehen sein.[892] Dies ist auch im Vergleich zum objektiven Fehlerbegriff richtig, der die Eignung zur gewöhnlichen Verwendung verlangt. Erlaubt man nämlich im Rahmen der *gewöhnlichen Verwendung* den Rückgriff auf vertragliche Inhalte und standardisierte Motive, muss dies auch für die vertraglich vorausgesetzte Eignung von Kunstwerken gelten.

Der Verkäufer muss sich eingestehen, dass trotz fehlender vertraglicher Verbindlichkeit beim Käufer erkennbar Motive bestanden haben und diese von ihm zu berücksichtigen sind.[893] Der Vertragszweck erschöpft sich auch regelmäßig nicht allein darin, Kunst zu besitzen.[894] Zu starr ist damit die Aussage, ein Kunstkauf diene grundsätzlich dazu, Bilder eines bestimmten Meisters zu erwerben, damit der Käufer die Möglichkeit bekommt, sich des Besitzes eines Kunstwerkes gerade dieses Künstlers zu erfreuen und sich in die Malweise oder sonstige Eigenarten zu vertiefen.[895] Ein Kunstkauf hat eine ganze Palette an Motiven, die ihm zugrunde liegen können.[896]

Dennoch müssen gewisse Motive in der Bewertung von vorneherein unberücksichtigt bleiben: Der Spekulationskauf zum Beispiel darf unter keinen Umständen als ein Motiv kategorisiert werden, das im Rahmen der vertraglich vorausgesetzten Verwendung Berücksichtigung findet. Dies ist aber kein Sonderfall des Kunstrechts, sondern allgemeine Rechtsanwen-

890 *Weidenkaff* a.a.O., § 434 Rn. 18; *Grunewald* in: Erman BGB, § 434 Rn. 18; Wenzel/Wilken, S. 41.
891 Kap. 3 § 1 B III 1 a) aa).
892 *Matusche-Beckmann* in: Staudinger BGB, § 434 Rn. 74.
893 *Matusche-Beckmann* a.a.O., § 434 Rn. 76.
894 *Wrede*, Kunst und Kaufrecht, S. 226; RG, Urt. v. 11.03.1932 - II 307/31, RGZ 135, 339.
895 RG, ebd.
896 Kap. 3 § 1 B III 2 b) bb) (1).

dung.[897] Einseitige und verborgene Käufererwartungen sind stets unerheblich. Daraus muss folgen, dass selbst bei Erkennbarkeit für den Verkäufer diese Zukunftsprognose nicht zum Inhalt des Rechtsgeschäft werden kann. Ob ein Spekulationsgeschäft sich auszahlt, ist unwägbar und kann damit nicht Gegenstand des Sachmangelgewährleistungsrechts sein.[898]

Die Motive der *Handelsfähigkeit* und *Ausstellungsfähigkeit* sind wiederum auch hier heranzuziehen, die im Rahmen des objektiven Fehlerbegriffs ebenfalls Anwendung finden.[899]

d. Stellungnahme und Fazit

Wer sich daran versucht, einen Sachmangel an Kunstwerken zu begründen, wird immer wieder auf Schwierigkeiten treffen. Kunstwerke sind *Unikate*. Sie sind keine Nutz- oder Gebrauchsgegenstände und verkörpern für jeden Käufer einen ganz individuellen Nutzen. In Ermangelung eines Sonderrechts, ist der Rechtsanwender gezwungen, das Vorliegen eines Sachmangels anhand der besonderen Regeln des Kaufrechts auszulegen.

Nicht überzeugend ist die Annahme eines derart restriktiven *Beschaffenheitsvereinbarungsbegriffes*, dass die Ausstellungskataloge der Kunstvermarkter nicht darunter fallen. Gibt der Verkäufer eine derartige Erklärung ab, an deren Richtigkeit aus objektiver Sicht kein Zweifel aufkommt, besteht keinerlei Bedürfnis danach, ihr den Rechtsbindungswillen abzuerkennen.

Insbesondere, wenn diese Katalogangaben durch Kunstexpertisen oder vorvertragliche Äußerungen des Verkäufers selbst ausgeschmückt werden, geht von ihnen eine solche Aussagekraft aus, dass sie über die Rechtsnatur einer bloßen Beschaffenheitsvereinbarung unproblematisch auch als *Garantie für die Beschaffenheit* der Kaufsache qualifiziert werden können.[900]

Jedenfalls dürften mit der Umsetzung der Warenkaufrichtlinie in das neue Kaufrecht zum 01. Januar 2022 jegliche Zweifel in Hinblick auf die Rechtsnatur der Katalogangaben als Beschaffenheitsvereinbarung der Ver-

---

897 BGH, Urt. v. 25.05.1977 - VIII ZR 186/75, juris Rn. 10; sinngemäß BGH, Urt. v. 18.03.1977 - I ZR 132/75, juris Rn. 8; *Brox/Walker*, § 4 I Rn. 15; *Immenga*, AcP 170, 1 (2, 3).

898 So auch *Wrede*, Kunst und Kaufrecht, S. 227.

899 Vgl. dazu ausführlich Kap. D II 1 b) bb) (1).

900 Vgl. dazu die Rechtsfolgen der §§ 442, 444 BGB, die später erläutert werden in Kap. 3 § 2 C III.

gangenheit angehören. Sofern der § 476 Abs. 1 S. 2 BGB eine besondere Form für die sog. *negative Beschaffenheitsvereinbarung* vorschreibt, muss aus dem Umkehrschluss hergeleitet werden dürfen, dass insbesondere für *positive Beschaffenheitsvereinbarung*en keine bestimmten Formvorgaben gelten.

Darüber hinaus führt der § 476 Abs. 1 S. 2 BGB im Kunsthandel auch zu einer entscheidenden Veränderung: Ordnen die üblichen Vertragsklauseln der Kunstvermarkter an, den Ausstellungskatalogen die Rechtsnatur der Beschaffenheitsvereinbarung abzuerkennen, werden diese zu einem rechtlichen *Nullum*, deren Aussagegehalt hinter dem der objektiven Beschaffenheit zurückbleibt. Sie sind damit als *negative Beschaffenheitsvereinbarung* zu qualifizieren, was das besondere Formerfordernis des § 476 Abs. 1 S. 2 BGB auslöst. Ungeachtet der Notwendigkeit der Einzelfallbetrachtung eines jeden Rechtsverhältnisses und der Feststellung, ob ein Verbrauchsgüterkauf vorliegt oder nicht, müssen die Kunstvermarkter die Voraussetzungen stets erfüllen. Ihnen ist im Einzelnen nicht bewusst, wer ihr Käufer ist.

Auch darin erschöpft sich nicht die Wirkung des § 476 Abs. 1 S. 2 BGB: Das Formerfordernis zwingt den Rechtsanwender, sich mit den objektiven Anforderungen und insbesondere mit der Tauglichkeit zur gewöhnlichen Verwendung zu beschäftigen.

De lege lata ergibt sich dabei ein unbefriedigender Zustand, der den Rückgriff auf subjektive Parameter des Kaufvertrages erfordert. *De lege ferenda* ist aber insofern keine Alternative ersichtlich, als dass im Sinne eines verlässlichen Maßstabs keine verallgemeinerungsfähigen Verwendungsbedürfnisse bei *Luxusgegenständen* wie Kunstwerken erkennbar sind. Bezieht man daher die *spezielle Gattung* des individuellen Kunstwerkes in die Definition mit ein und verwendet als verallgemeinerungsfähige Motive der gewöhnlichen Verwendung die *Handels-* und *Ausstellungsfähigkeit* eines Kunstwerkes, wird der *vertraglich vorausgesetzten* Verwendung zwar der Teil des eigenständigen Anwendungsbereiches geraubt, der in Subsidiarität zur Beschaffenheitsvereinbarung bestehen kann, allerdings ist das der objektivste Versuch, ein Kunstwerk unter den objektiven Mangelbegriff zu subsumieren.

Letztlich bringt die Kaufrechtsnovelle aber auch für den Auktionshandel keine tatsächliche Verbesserung der Käuferstellung und auch keine Angleichung der haftungsrechtlichen Diskrepanzen zwischen den Marktteilnehmern mit sich. Dem Kunstauktionator bleibt auf dem Sekundärmarkt noch immer das alleinige Privileg des § 474 Abs. 2 S. 2 BGB. Es bleibt damit zu erwarten, dass die Praxis ihre verkäuferfreundliche Haltung gegenüber hochpreisigen Kunstauktionshäusern weiter fortführt, insbesondere, weil es bei der Rückausnahme des § 474 Abs. 2 S. 2 HS. 2 BGB an der Anordnung einer bestimmten Form fehlt.

Um aber unter den Marktteilnehmern einen einheitlichen Standard herzustellen, ist es unbedingt notwendig, *de lege ferenda* der Wortlaut des § 474 Abs. 2 S. 2 BGB um jene Vertriebsplattformen zu erweitern, die dem Wesen nach dem Versteigerer vergleichbar sind, weil ihnen in Hinblick auf den Verkauf der speziellen Sache ein hohes Haftungsrisiko zukommt, an dessen Ausschluss sie ein redliches Interesse haben.

2. Der Rechtsmangel am Kunstwerk

Der Gesetzgeber sieht als Mängel im Sinne des § 437 BGB aber nicht nur Sachmängel. Gemäß § 433 Abs. 1 S. 2 BGB ist der Verkäufer verpflichtet, die Kaufsache frei von Sach- sowie auch von *Rechtsmängeln* zu verschaffen.[901] Der Rechtsmangel ist nach § 435 BGB die Belastung der Kaufsache mit Rechten Dritter, die im Kaufvertrag keine Erwähnung finden.

Die fehlende Eigentumsverschaffung in Ermangelung der Eigentümerstellung des Verkäufers, und damit verbunden die notwendige Belastung der Kaufsache mit dem Eigentum Dritter ist allerdings kein Rechtsmangel im Sinne des § 435 BGB, sondern verletzt bereits die *Hauptleistungspflicht* des Verkäufers aus § 433 Abs. 1 S. 1 BGB.[902] Der Anwendungsbereich des Gewährleistungsrechts bleibt dabei verschlossen.[903] Das entgegenstehende Eigentum Dritter an einem Kunstwerk bleibt hier also ausgeklammert.

Die Fälle des Rechtsmangels sind notwendig auf den *Sekundärmarkt* beschränkt. Wo ein Werk erstmalig dem Markt zugeführt wird, können Rechte Dritter am Kunstwerk nicht bestehen. Bei der Auseinandersetzung mit Raub- oder sonst abhandengekommener Kunst ist geklärt,[904] dass im Zuge des § 935 Abs. 2 BGB *de lege lata* im Wege einer Kunstversteigerung ein

---

901 *Grunewald* in: Erman BGB, § 435 Rn. 1; *Westermann* in: MüKo-BGB, § 435 Rn. 1; *Berger* in: Jauernig BGB, § 435 Rn. 1; *Matusche-Beckmann* in: Staudinger BGB, § 435 Rn. 1.

902 Kap. 3 § 1 B II 1.

903 *Grunewald* a.a.O., § 435 Rn. 3; *Westermann* a.a.O., § 435 Rn. 1; a.A. *Berger* a.a.O., § 435 Rn. 4; *Pahlow*, JuS 2006, 289 (292).

904 Die Raubkunst nimmt noch immer in der Praxis den wohl häufigsten Anwendungsfall des § 935 Abs. 2 BGB für sich in Anspruch: *Raue*, SchiedsVZ 2019, 1 (3).

Eigentümerwechsel an dem Kunstwerk stattfinden kann.[905] Unter der Annahme, dass der Anwendungsbereich des § 935 Abs. 2 BGB *de lege ferenda* auf Galerien und sonstige gewerbliche Kunsthandelsplattformen ausgeweitet wird, die in ihrer Tätigkeit naturgemäß nur flüchtig mit dem Kunstwerk in Verbindung kommen, stellt sich die Frage, ob trotz Eigentumserwerbs an diesen Werken ein *Rechtsmangel* angenommen werden kann.

a. Rechtsmangel begründende Rechte und Maßnahmen

Es kommt bei dem Vorhandensein eines Rechtsmangels nicht darauf an, ob der Dritte sein Recht nach Gefahrenübergang für sich in Anspruch nimmt.[906] Die Pflicht des Verkäufers ist es, schon die bloße *Gefahr* der Inanspruchnahme durch einen Dritten zu beseitigen.[907] Es ist damit allein maßgebend, dass der Sachverhalt, welcher Rechte Dritter manifestiert, bereits bei Gefahrenübergang vorliegt.[908] Ziel der Rechtsverschaffung muss es sein, dass der Käufer, wie § 903 S. 1 BGB es für den Eigentümer vorsieht, in der Lage ist, nach Belieben mit der Sache zu verfahren.[909]

Grundsätzlich fallen unter den Rechtsmangel im Sinne des § 435 BGB alle privaten dinglichen Rechte Dritter an der Sache,[910] so wie auch einige obligatorische Rechte,[911] wenn ihre Ausübung den Käufer tatsächlich in der Nutzung der Sache beeinträchtigen kann, indem sie dem Rechtsinhaber das Recht zum Besitz der Sache verschafft.[912]

905 OLG Köln, Urt. v. 8. Juli 2016 – 1 U 36/13, juris.

906 BT-Drs. 14/6040, S. 218 li. Sp. dort unter „Zu Satz 1".

907 OLG Köln, Urt. v. 8. Juli 2016 – 1 U 36/13, juris Rn. 29; BGH, Urt. v. 18.02.2004 - VIII ZR 78/03, juris Rn. 8; *Grunewald* a.a.O., § 435 Rn. 4.

908 BGH, Urt. v. 18.02.2004 - VIII ZR 78/03, juris Rn. 8

909 BGH, Urt. v. 18.01.2017 - VIII ZR 234/15, NJW 2017, 1666 Rn. 16; BT-Drs. 14/6040, S. 218 li. Sp.

910 Regelmäßig Grunddienstbarkeiten, beschränkte persönliche Dienstbarkeiten, Nießbrauch, Reallasten, dingliche Vorkaufsrechte, Grundpfandrechte und andere Pfandrechte, dingliche Nutzungsrechte, aber auch Patent- und Markenrechte sowie andere Immaterialgüterrechte fallen darunter; dazu ausf. *Grunewald* a.a.O., § 435 Rn. 6.

911 Z.B. Miet- und Pachtrechte, vgl. BGH, Urt. v. 28.01.2000 - V ZR 402/98, juris Rn. 12; aber auch Herausgabeansprüche nach Eingriffskondiktion *Grunewald* a.a.O., § 435 Rn. 8;

912 BGH, Urt. v. 18.01.2017 - VIII ZR 234/15, NJW 2017, 1666 Rn. 17; OLG Köln, Urt. v. 08.07.2016 - I 1 U 36/13, juris Rn. 29; *Westermann* in: MüKo-BGB, § 435 Rn. 7; *Grunewald* a.a.O., § 435 Rn. 8.

aa. Beschlagnahme des Kunstobjektes

Eingriffsbefugnisse, Beschränkungen und Bindungen, die die Nutzung der Kaufsache beeinträchtigen und aus öffentlichem Recht herrühren, stellen Rechtsmängel dar.[913]

Erfolgt eine rechtmäßige Beschlagnahme eines Gegenstandes nach § 111b StPO, die allein den Zweck verfolgt, zivilrechtlichen Ansprüchen des durch die Straftat Verletzten zu dienen, ist nicht lediglich die Beschlagnahme als Rechtsmangel anzusehen, sondern bereits der Sachverhalt, der Grundlage für die später erfolgte Beschlagnahme ist.[914] Es muss ausreichen, dass das Recht eines Dritten potenziell geeignet ist, die Rechtsposition des Käufers zu beeinträchtigen.[915]

Ausnahmsweise darf für die Annahme eines Rechtsmangels nicht ausreichen, dass ein Dritter ein *nicht bestehendes* Recht geltend macht.[916] In diesem Fall erschöpft sich die Haftung des Verkäufers in § 311 Abs. 2 BGB bzw. der vorvertraglichen Abrede.[917] Eine Rückausnahme muss wiederum dann gelten, wenn der Verkäufer dafür *einstehen* will, dass Dritte keine Rechte geltend machen werden. In diesem Ausnahmefall kann die Vertragsauslegung eine Haftung des Verkäufers ergeben.[918]

Dass die nach § 111b StPO erfolgte Beschlagnahme der Kaufsache einen Rechtsmangel begründet, der dem Käufer den Zugang zu seinen Gewährleistungsrechten eröffnet, beruht auf dem Umstand, dass für den Käufer die Gefahr besteht, dass ihm die Kaufsache durch den staatlichen Eingriff nicht nur vorübergehend entzogen wird, sondern nach § 73e Abs. 1 S. 1 StPO a.F. auch das Eigentum an der Sache auf den Staat übergeht.[919] Gegenstände können nach § 111b Abs. 1 BGB durch Beschlagnahme gemäß § 111c StPO sichergestellt werden, wenn Gründe für die Annahme sprechen, dass die Voraussetzung für den Verfall nach § 73 StGB oder ihre Einziehung vorliegen.[920] Daran vermag auch die zwischenzeitliche Änderung des § 73e StPO

913 BT-Drs.: 14/6040, S. 217 re. Sp., dort unter „Zu Satz 1"; BGH, Urt. v. 18.01.2017 - VIII ZR 234/15, NJW 2017, 1666 Rn. 18; *Westermann* in: MüKo-BGB, § 435 Rn. 11.

914 BGH, Urt. v. 18.01.2017 - VIII ZR 234/15, NJW 2017, 1666 Rn. 21.

915 BGH, ebd.; BGH, Urt. v. 11.12.1992 - V ZR 204/91, NJW-RR 1993, 396 (396).

916 BT-Drs. 14/6040, S. 217 re. Sp. dort unter „Zu Satz 1".

917 *Grunewald* in: Erman BGB, § 435 Rn. 5.

918 BT-Drs. 14/6040, S. 218 li. Sp. dort unter „Zu Satz 1".

919 BGH, Urt. v. 18.02.2004 - VIII ZR 78/03, NJW 2004, 1802 (1803).

920 *Goltsche* in: Esser/Rübenstahl/Saliger/Tsambikakis, WirtschaftsStrR, § 111b StPO Rn. 3.

im Jahr 2017 nichts zu ändern.[921] Er findet in seiner vorherigen Fassung mit der zuvor genannten Aussage nach Art. 316h EGStGB weiterhin Anwendung, sofern die Tat, auf die sich die Beschlagnahme bezieht, vor dem 01. Juli 2017 begangen worden ist.

Damit ist eine zuverlässige und objektive Zäsur vorhanden, wann Kunstwerken im Einzelfall ein Rechtsmangel anhaften kann und wann wiederum - zumindest nach § 111b StPO - nicht.

Die Beschlagnahme nach § 111b StPO ist somit insbesondere in Fällen der Raub-, Beute- und entarteten Kunst, der *Ausübung des Rechts eines Dritten* im Sinne von § 435 BGB vergleichbar.[922]

Die Beschlagnahme nach § 94 StPO, die lediglich zu Beweiszwecken erfolgt, soll hingegen aufgrund ihrer vorübergehenden Rechtsnatur grundsätzlich nicht ausreichen einen Rechtsmangel zu statuieren.[923] Begründet wird diese Auffassung mit der Überlegung, dass eine vorübergehende Entziehung einer Sache vielmehr das allgemeine Lebensrisiko widerspiegelt und nicht die notwendige Qualität aufweist, den Eigentümer in seiner Rechtsstellung zu tangieren.[924]

Diese Unterscheidung in die Art und Weise der Beschlagnahme ist aber durchaus Bedenken ausgesetzt. Erkennt man nämlich zunächst an, dass ein Rechtsmangel bereits dann begründet wird, sofern der Sachverhalt, der öffentlich-rechtliche Befugnisse gegenüber der Kaufsache entstehen lässt, bereits im Zeitpunkt des Eigentumsübergangs vorhanden war, kann die Manifestation des Rechtsmangels im Falle der Geltendmachung öffentlich-rechtlicher Befugnisse nicht von der *Art* ihrer Geltendmachung abhängen. Schließlich würde diese Ansicht dazu führen, dass die Eröffnung des Gewährleistungsanspruchs für den Käufer von der *Handlungsform* öffentlich-rechtlicher Organe abhänge.[925] Darüber hinaus würde vom Käufer erwartet, selbst einsehen und subsumieren zu können, welche Maßnahme im Einzelfall rechtmäßig angeordnet ist und erfolgen darf.[926] Auf welche Norm

921 Am 01.07.2017 ist die neue Fassung des § 73e StPO in seiner Fassung aufgrund des Gesetzes zur Reform der strafrechtlichen Vermögensabschöpfung vom 13.04.2017 in Kraft getreten, BGBl. I, S. 872.

922 BGH, Urt. v. 18.02.2004 - VIII ZR 78/03, NJW 2004, 1802 (1803).

923 OLG Köln, Urt. v. 25.03.2014 - 3 U 185/13, NJW-RR 2014, 1080 (1081); OLG Köln, Urt. v. 08.07.2016 - I 1 U 36/13, juris Rn. 29.

924 OLG Köln, Urt. v. 25.03.2014 - 3 U 185/13, NJW-RR 2014, 1080 (1081).

925 Im Ergebnis offengelassen BGH, Urt. v. 18.01.2017 - VIII ZR 234/15, NJW 2017, 1666 Rn. 21; *Westermann* in: MüKo-BGB, § 435 Rn. 12.

926 So angenommen: OLG Köln, Beschl. v. 16.03.2010 - 22 U 176/09, juris Rn. 11.

die staatliche Verfolgungsbehörde im Einzelfall ihre Maßnahme stützt, ist für den Bürger aber in der Praxis unmittelbar weder einsehbar noch für den rechtlichen Laien nachvollziehbar. An dieser Rechtsauffassung darf sich auch nichts ändern, wenn die Maßnahme im Einzelfall auf einem Irrtum beruht und somit unrechtmäßig ist.[927] Es darf in Fällen *staatlichen* Handelns aufgrund der unmittelbaren Wirkung für den Bürger nicht ausschließlich auf die formale Rechtslage abgestellt werden; vielmehr ist daneben auch die vermittelte Zwangslage für den Bürger zu berücksichtigen.

Wird der Käufer in Anspruch genommen und das Kunstwerk bei ihm staatlich beschlagnahmt, muss infolge dieser *psychischen Zwangssituation* in dem Umstand, der dem Kunstwerk anhaftet und die Beschlagnahme auslöst, ein Rechtsmangel angenommen werden. Vor allem gilt dies vor dem Hintergrund dem Käufer zumindest diese Möglichkeit zu gewähren, sich vom Kaufvertrag zu lösen.

bb. Mangelverdacht als Rechtsmangel

Richtigerweise muss man im Lichte der Geschäftspraxis feststellen dürfen, dass im Bereich des Kunsthandels der Käufer in aller Regel Schwierigkeiten hat, vor dem Kauf einen Mangel zu finden.[928] Dem Käufer wird zwar die Möglichkeit eröffnet, das Kunstwerk vorher zu besichtigen; umfassende naturwissenschaftliche Untersuchungen oder Recherchen anhand der Person des Einlieferers sind hingegen nicht möglich. Aber auch nach Gefahrenübergang bleiben die üblicherweise schwerwiegenden Mängel in Urheberschaft und Provenienz kraft Natur des Kunstwerkes vom Käufer unbemerkt.

(1) Eintragung von Kunstwerken in Datenbanken

Als Rechtsmangel muss deshalb zweifelsfrei die Eintragung der Kunstwerke in die dafür vorhandenen Datenbanken wie dem „Art Loss Register" oder der „Lost-Art Internet-Datenbank"[929] eingestuft werden. Die Ausschrei-

927 A.A. OLG Köln, ebd.

928 Vgl. hierzu etwa BGH, Urt. v. 28.06.1972 - VIII ZR 60/71, juris Rn. 1; OLG Köln, Urt. v. 08.07.2016 - I 1 U 36/13, juris Rn. 13, in denen Mängelverdachte trotz zahlreicher Nachfrage und Nachforschung nicht ausgeräumt werden konnten.

929 Zu den Kunstdatenbanken ausführlich Kap. 3 § 1 B II 2 c) aa).

bung eines Kunstwerkes in einer Datenbank, die grundsätzlich national wie international Wirkung entfaltet, birgt die Gefahr einer Beschlagnahme und damit eines endgültigen oder zumindest langfristigen Nutzungsentzugs in sich.[930] Besonders sobald und solange ein Werk in den Datenbanken eingetragen ist, wird wohl kein seriöser Händler, kein Auktionshaus oder Galerist dieses Werk zum Verkauf anbieten wollen, weil es praktisch unhandelbar ist.[931]

Zwar kann der Eigentümer des Kunstwerks regelmäßig darauf hinwirken, dass der Vermerk gelöscht wird und sein Kunstwerk damit erneut „*handelsfähig*" ist, allerdings ist dieser Löschungsanspruch regelmäßig nur sehr schwer durchzusetzen.[932] Es besteht für einen Löschungsanspruch schon keine ausdrückliche Anspruchsgrundlage; um ihn geltend zu machen, muss sich der Kläger damit auf den öffentlich-rechtlichen Folgenbeseitigungsanspruch berufen.[933] Der Staat soll gegenüber dem Bürger verpflichtet sein, nachteilige Folgen seines rechtswidrigen Handelns zu beseitigen.

Dieser Anspruch ist aber nur erfüllt, wenn der Bürger nachweisen kann, dass durch den hoheitlichen Eingriff in ein subjektives Recht ein noch andauernder rechtswidriger Zustand besteht.[934] Zwar ist das Aufrechterhalten der Suchmeldung durch eine solche Kunst-Datenbank regelmäßig als öffentlich-rechtliches Verwaltungshandeln anzusehen, das im Übrigen ausreichende Voraussetzung für den Folgenbeseitigungsanspruch ist;[935] allerdings liegt kein rechtswidriger Zustand in der Eintragung eines Kunstwerkes vor, solange nicht *jegliche Zweifel* in Hinblick auf die Provenienz des Kunstwerkes ausgeräumt werden können. Nach dem Widmungszweck[936] solcher Da-

930 Vgl. zur Eintragung eines Kfz in der Fahndungsliste aufgrund einer SIS-Ausschreibung als Rechtsmangel: *Westermann* in: MüKo-BGB, § 435 Rn. 11; BGH, Urt. v. 18.01.2017 - VIII ZR 234/15, NJW 2017, 1666 Rn. 22;

931 *Raue*, SchiedsVZ 2019, 1 (3).

932 LG Karlsruhe, Urt. v. 28.11.2006 - 2 O 237/06, BeckRS 2007, 6492 unter EG I 2.

933 Dieser folgt aus Art. 20 Abs. 3 GG und ist jedenfalls gewohnheitsrechtlich anerkannt: *Dörig*, jM 2015, 252 (253).

934 *Dörig*, ebd.

935 Es braucht insbesondere nicht des Vollzugs eines rechtswidrigen Verwaltungsaktes, vgl. dazu *Pünder* in: Ehlers/Fehling/Pünder, Bes-VerwR Band 3, § 69 F II 4 b) Rn. 367.

936 Der Widmungszweck bedarf freilich im Einzelfall der Auslegung. Dabei sind alle Dokumente heranzuziehen, die für die Einrichtung der Datenbanken sowie deren Zwecksetzung erforderlich sind. Es gilt nicht lediglich die selbst von der Koordinierungsstelle aufgestellten Grundsätze zu Eintragung und Löschung zu beach-

tenbanken erschöpft sich der Sinngehalt einer Suchmeldung nicht bereits in dem Auffinden eines Kunstwerkes, sondern erstreckt sich bis zur endgültigen Klärung über dessen Schicksal.[937] Es sollen die Betroffenen nicht nur bei der Suche nach ihren Kunstwerken unterstützt werden.[938]

Eine Eintragung kann deshalb auch nicht lediglich *„ins Blaue hinein"* erfolgen. Regelmäßig sind es Personen oder Familien, die den Verlust eines Kunstwerkes melden, das historisch gesehen in ihrem Eigentum und Besitz sein müsste. Die jeweilige Datenbank nimmt darauf hin zunächst eine Plausibilitätsprüfung hinsichtlich der Frage vor, ob es sich bei dem gesuchten Kunstwerk um Raubkunst, Beutekunst oder entartete Kunst[939] handeln kann, an denen dementsprechend Rechte Dritter bestehen können.[940] Diese Frage ist aber selten schnell geklärt.

Bei *Raub-* und *Beutekunst* lässt sich in einigen Fällen zwar ein teilweise feststehender Sachverhalt identifizieren, wobei dieser auch in der überwiegenden Zahl der Fälle Lücken aufweist; bei *verfolgungsbedingtem Entzug* ist aber bereits fraglich, wann ein solcher vorliegt.[941] Haben die ursprünglichen Kunsteigentümer das Land verlassen und ihr *Hab und Gut* dabei zurückgelassen, mag bei einer anschließenden Konfiszierung unzweifelhaft ein zur Restitution berechtigender Fall vorliegen. Wie aber sind Fälle zu beurteilen, in denen die Werke den Familien nicht im klassischen Sinne *abhandengekommen* sind oder sie zu einer Veräußerung regelrecht gezwungen wurden, sondern in der sie im Rahmen ihrer Flucht der finanziellen Not gehorchend ihre Wertgüter selbstständig veräußert haben, um davon leben zu können?[942]

---

ten, sondern auch die international anerkannten „Washingtoner Grundsätze" vom 03.12.1998 zu Kunstwerken, die von den Nationalsozialisten beschlagnahmt wurden, heranzuziehen, vgl. *Dörig*, ebd.

937 BVerwG, Urt. v. 19.02.2015 - 1 C 13/14, juris Rn. 29f.

938 OVG Sachsen-Anhalt, Urt. v. 23.10.2013 - 3 L 84/12, juris Rn. 46.

939 Zu den Begrifflichkeiten der Raubkunst, Beutekunst oder entartete Kunst, vgl. ausführlich Kap. 2 § 1 B II 2 b).

940 OVG Sachsen-Anhalt, Urt. v. 23.10.2013 - 3 L 84/12, juris Rn. 46; zur Plausibilitätsprüfung vgl. ausführlich „Grundsätze zur Eintragung und Löschung von Meldungen in die Lost-Art Datenbank", vgl. Anh. 1.4.

941 Mit der Vielseitigkeit der Thematik beschäftigte sich *Schwarzmeier* in ihrer Dissertation „Der NS-verfolgungsbedingte Entzug von Kunstwerken und deren Restitution"; vgl. aber auch *Raue*, GRUR 2015, 1 (4); *Wasmuth*, NJW 2014, 747 (748).

942 Offenge
lassen: *Raue*, ebd; befürwortend wohl: *Wasmuth*, ebd.

In Fällen der selbstständigen Veräußerung, für die die Flucht zwar mitursächlich war, die aber letztlich auf freien Entschlüssen der Eigentümer beruhten, muss ein verfolgungsbedingter Entzug jedenfalls abgelehnt werden. Obwohl das Unrecht aus der Zeit des Nationalsozialismus unter keinen Umständen unter dem Deckmantel des Rechts Schutz erlangen darf und auf das Schärfste verurteilt gehört, wird im Sinne der Rechtssicherheit eine Grenze spätestens dort zu ziehen sein, wo der Eigentümer Herr seiner Entschlüsse war und die Veräußerung zwar in Kausalzusammenhang zur Flucht erfolgte, allerdings um davon *nach* vollendeter Flucht leben zu können.[943] Insbesondere ist dabei auch das Interesse des Erwerbers nicht vollständig außer Betrachtung zu lassen. Liegt ein konkreter NS-Bezug nicht vor, ist auch er bei dem Erwerb als schutzwürdig anzusehen.

Darüber hinaus besteht die eigentliche Herausforderung darin, einen ausreichend klaren Sachverhalt überhaupt feststellen zu können, der zur Löschung einer Suchmeldung berechtigt. Zumeist fehlen den Erben oder sogar den Eigentümern selbst jegliche Dokumentationen über einen Verkauf. Alles, was sie haben, sind Fotografien oder unvollständige Dokumente, die lediglich den Anfangsverdacht begründen, die Familie sei einmal Eigentümer des Kunstwerkes gewesen.[944]

Deshalb darf kein Zweifel daran bestehen, dass der Zweck der Eintragung erst dann erreicht ist, wenn eine einvernehmliche Lösung zwischen den Beteiligten gefunden ist.[945]

Die vorzeitige Löschung eines solchen Eintrags kann daneben auch nicht im Wege des Folgenbeseitigungsanspruchs mit der Begründung erreicht werden, die Aufrechterhaltung der Eintragung verletze den Bürger in seinen Grundrechten.[946] Sofern in der Eintragung eines Kunstwerkes ein faktisches Handelshindernis gesehen wird und damit unter Umständen eine Beeinträchtigung der Berufsfreiheit nach Art. 12 Abs. 1 GG oder der allgemeinen Handlungsfreiheit nach Art. 2 Abs. 1 GG angenommen werden

943 Dem steht auch nicht der Inhalt der „Berliner Erklärung“ von 1999 entgegen, die bei rassisch verfolgten Familien vermutet, dass der Verkauf insofern erzwungen war, als dass die Familien durch den Erlös ihre Flucht finanzieren mussten, denn erfolgte der Verkauf *nach* Abschluss der „Flucht“ im engeren Sinne, liegt dieser extreme Zwangscharakter gerade nicht mehr vor; zum Inhalt der Berliner Erklärung: *Siehr*, KUR 2009, 79 (80).

944 Diesen Umstand machte sich der Kunstfälscher Wolfgang Beltracchi zum eigenen Vorteil.

945 BVerwG, Urt. v. 19.02.2015 - 1 C 13/14, juris Rn. 32.

946 *Dörig*, jM 2015, 252 (253).

kann, beeinträchtigt die Aufrechterhaltung der Eintragung weder den ersten noch den zweiten Schutzbereich.[947]

Wenn aber der Löschungsanspruch gegenüber den Datenbanken an derart strenge Voraussetzungen geknüpft ist, kann der Rechtsverlust des Besitzers nur als endgültig erscheinen.[948]

Eintragungen in Kunstdatenbanken sind demnach aufgrund ihres langfristigen und endgültigen Charakters unproblematisch als Rechtsmangel einzustufen.

(2) Mangelverdacht aufgrund von Beschaffenheitsmerkmalen

Wie bereits festgestellt, darf ein Rechtsmangel nicht nur dann angenommen werden, wenn der staatliche Eingriff die Gefahr eines dauernden Entzugs oder der dauerhaften Nutzungsbeeinträchtigung des Kaufgegenstandes nach sich zieht, sondern es muss bereits ausreichen, dass der Sachverhalt, der eine Beschlagnahme jedweder Art rechtfertigt, im Zeitpunkt des Eigentumsübergang feststeht. [949]

In Ergänzung dieser Überlegung erscheint zweifelhaft, ob es ausreicht, Kunstwerken lediglich dann einen Rechtsmangel zuzuerkennen, wenn sie bereits nach erfolgter Plausibilitätsprüfung in eine Datenbank für Kunst- und Kulturgüter eingetragen sind. Der Kunsthandel muss sich nach wie vor dem Vorwurf aussetzen, ein intransparenter Markt zu sein. Dies nicht zuletzt und im Übrigen auch zu Recht aufgrund der Eigenheiten und des Alters seiner Handelsobjekte, die es den Teilnehmern des Kunstmarktes erschweren, den begehrten Kaufgegenstand vollständig zu kennen.

Ein Rechtsmangel könnte deshalb ausnahmsweise schon in dem Verdacht liegen, der sich dem Käufer nach Erwerb des Kunstwerkes aufgrund einer Station seiner Eigentümerkette, seines Urhebers oder seines Entstehungszeitraums offenbart. Freilich müssen hierbei unsubstantiiert geäußerte Zweifel außer Betracht bleiben.[950]

Wie ist ansonsten zu verfahren, wenn sich die ernsthafte Vermutung hinsichtlich eines Mangels weder bestätigen noch widerlegen lässt? Sind

947 *Dörig*, ebd.
948 BGH, Urt. v. 18.02.2004 - VIII ZR 78/03, juris Rn. 10.
949 OLG Köln, Urt. v. 25.03.2014 - 3 U 185/13, NJW-RR 2014, 1080 (1081).
950 BGH, Urt. v. 26.11.1980 - VIII ZR 50/80, juris Rn. 29.

diese Zweifel dann rechtlich unbeachtlich oder folgt allein aus diesem Mangelverdacht ein Mangel?[951]

Dies erscheint sachgerecht, sofern der Mangelverdacht auf *konkrete Tatsachen* gestützt wird und nicht durch *zumutbare Maßnahmen* durch den Käufer beseitigt werden kann.[952]

Kauft eine Person ein Kunstwerk und stellt sich nach Vertragsschluss heraus, dass dieses unter Umständen mit einem Sachmangel nach § 434 Abs. 1 BGB oder mit einem Rechtsmangel § 435 BGB behaftet ist, lässt sich der Mangel aber durch dem Käufer zumutbare Maßnahmen und Untersuchungen nicht zuverlässig ausräumen, könnte im Bereich des Kunsthandels der Käufer allein aufgrund dieses Mangel*verdachts* zur Geltendmachung seiner Gewährleistungsrechte berechtigt sein. Dieser Verdacht könnte für all jene Kunstwerke gelten, die in der Zeit vom 30. Januar 1933 bis zum 08. Mai 1945 von jemandem veräußert wurden, der in diesem Zeitpunkt dem von der deutschen Regierung oder dem Kollektiv der Nationalsozialisten verfolgten Personenkreis angehörte.[953] Diese Kunstwerke lassen vermuten, dass sie in ihrer Provenienz Makel aufweisen und darüber hinaus etwaiges Eigentum Dritter an ihnen besteht.[954]

Solche vermuteten Fälle als Mangel zu qualifizieren, lässt sich mit dem *faktischen Handelshindernis* begründen, das sich aus einem auf Tatsachen begründeten Gefahrenverdacht in aller Konsequenz ergibt; denn der Käufer des Kunstwerks muss beim Weiterverkauf die ihm bekannten Tatsachen offenlegen, um sich jedenfalls wirksam einer Haftung entziehen zu können, vgl. § 444 BGB.

Allerdings erscheint die Annahme eines Mangelverdachts als Mangel unter den genannten Voraussetzungen im Kunsthandel verfehlt. Zum einen ist die *Zumutbarkeitsgrenze* bei Kunstwerken aufgrund der teilweise hohen Verkaufspreise selten erreicht. Gerade im Sekundärkunsthandel werden

---

951 *Berger* in: Jauernig BGB, § 434 Rn.14.

952 Im sog. „*Gefrierhasen-Fall*“ konnten Stichprobenuntersuchungen durch einen Sachverständigen an eingefrorenem Fleisch nicht die vermutete Salmonellenverseuchung nachweisen. Eine vollständige Untersuchung des Fleisches war dem Käufer hingegen nicht zumutbar, da diese mehr gekostet hätte, als das Fleisch selbst. Darüber hinaus hätte die Ausräumung des Verdachts der Salmonellenversuchung auch zwangsläufig die Unverkäuflichkeit der Ware zur Folge. BGH, Urt. v. 16.04.1969 - VIII ZR 176/66; juris Rn. 10-11.

953 Dieser Zeitraum begründet bereits die Rechtswirkung der Vermutung als Anscheinsbeweis, welche im Rahmen des Kap. 3 § 1 B II 2 c) aa) diskutiert wurde.

954 BVerwG, Beschl. v. 22.10.2014, 8 B 99/13, juris Rn. 12.

Kunstwerke teilweise in Millionenhöhe versteigert. In solchen Fällen wird es dem Käufer zumutbar sein, vor der Geltendmachung seiner Gewährleistungsrechte sämtliche Möglichkeiten der Überprüfung auszuschöpfen. Dass diese die Kosten der Ware selbst übersteigen, ist dabei nicht zu befürchten.[955]

Darüber hinaus führt eine Ausräumung des Mangelverdachtes bei Kunstwerken - wenn sie zu erreichen ist - nicht zu einer daraus resultierenden Unverkäuflichkeit der Ware. Vielmehr darf jeder Kunstakteur - insbesondere bei Annahme einer Publizitätswirkung, die von den Eintragungen in den Datenbanken ausgeht - die Rechtslage der Kunstwerke ab Löschung eines Suchvermerks als endgültig geklärt und damit tadellos annehmen.[956] In strenger Konsequenz dazu gelangt man zu der Feststellung, dass - sofern den Datenbanken und auch dem Catalogue Raisonné eine *Publizitätswirkung* zuzusprechen ist - ein Mangelverdacht als Mangel notwendig ausscheiden muss. Die Publizitätswirkung erschöpft sich nämlich nicht nur in dem positiven Inhalt der Datenbanken, sondern erfasst in *negativer Hinsicht* auch solche Tatsachen und Sachverhalte, die in den Datenbanken gerade keine Erwähnung finden.[957] Deshalb liegt sowohl bei einer Eintragung in einer Datenbank sowie auch bei Nichteintragung des Kunstwerkes mit benannter Herkunft und Alter schon kein Verdachtsgrad vor. Dieser ist vielmehr durch die Publizitätswirkung in einer Tatsache erstarkt, auf die sich der Käufer berufen darf, die er aber auch gegen sich gelten lassen muss.

Letztlich muss auch eingestanden werden, dass die Begründung eines Sach- oder Rechtsmangels grundsätzlich eine *konkrete* Tatsache erfordert. Daran ändert sich auch nichts, wenn man für die konkrete Tatsache einen bestimmten Sachverhalt ausreichen lässt, denn dieser ist feststehend und damit konkret genug; er liegt aber in den ganz überwiegenden Fällen im Kunsthandel nicht vor.

955 BGH, Urt. v. 16.04.1969 - VIII ZR 176/66; juris Rn. 10.

956 Zur Publizitätswirkung der Eintragung in Kunstdatenbanken, die auch die negative Publizität erfasst, vgl. ausführlich Kap. 2 § 1 B II 2 c) aa).

957 Kap. 2 § 1 B II 2 c) aa).

(3) Ausländische Rechte Dritter

Im diesem Sinne mag auch kein Zweifel daran bestehen, dass ausländische Rechte Dritter unstreitig einen Rechtsmangel an dem Kunstgegenstand begründen können.[958] Es ist die von Amts wegen zu erfüllende Aufgabe des zuständigen Gerichts, das maßgebende ausländische Recht zu ermitteln, § 293 ZPO.[959] Es muss dabei das Recht als Ganzes ermitteln, insbesondere auch die Rechtsprechung kennen und berücksichtigen, wie das Recht in der Praxis angewandt wird.[960] Steht ein ausländisches Recht damit fest, ist seine Geltung im Rahmen inländischer Rechtsbeziehungen zu berücksichtigen.[961]

Relevant ist vor allem in Anlehnung an die erläuterten Grundsätze zum Mangelverdacht auch, dass es bereits ausreichen muss, dass die vorgetragenen ausländischen Rechte auf *konkreten* Tatsachen beruhen und ihre *Rechtsgrundlagen* tatsächlich rechtlich anerkannt sind.[962]

Es darf wiederum nicht darauf ankommen, ob das ausländische Recht Dritter tatsächlich Bestand hat und gegenüber dem aktuellen Eigentümer bzw. Besitzer durchsetzbar ist.[963] Die inhaltlich rechtliche Auseinandersetzung mit der Frage nach der Eigentümerstellung würde über das Maß dessen hinausgehen, was einem rechtlichen Laien abverlangt werden darf. Darüber hinaus würde die Rechtsstellung des Kunstkäufers sodann davon abhängen, ob das erkennende Gericht überhaupt in der Lage ist, das

958 BGH, Urt. v. 07.10.1991 - II ZR 252/90, juris.

959 OLG Köln, Urt. v. 08.07.2016 - I 1 U 36/13, juris Rn. 33; BGH, Urt. v. 21.01.1991 - II ZR 49/90, juris Rn. 6: Das Gericht muss dabei nicht selbst die ausländische Rechtslage einschätzen können; es reicht aus, dass es einen Gutachter eines vertrauten wissenschaftlichen Instituts mit der Erforschungspflicht des ausländischen Rechts mit der Einschätzung der Rechtslage beauftragt und auf entsprechenden Antrag der Partei ihn zur mündlichen Verhandlung lädt.

960 BGH, Urt. v. 21.01.1991 - II ZR 49/90, juris Rn. 9

961 In diesem Sinne kann als Auslegungshilfe auch der Regelungsgehalt des Art. 9 ROM-I VO herangezogen werden, der der Einwirkung auf vertragliche Schuldverhältnisse dient, aber nicht so weit gehen darf, Ansprüche und Rechte ohne vertraglichen Geltungsgrund i.S. von Art. 1 Abs. 1 ROM-I VO zu begründen oder durchzusetzen. Art. 9 ROM-I VO findet nicht auf außervertragliche Anwendung, vgl. *Zwickel* in: Reithmann/Martiny, § 5 B II Rn. 5.18.

962 BGH, Urt. v. 21.01.1991 - II ZR 49/90, juris Rn. 10.

963 Im Ansatz BGH, Urt. v. 21.01.1991 - II ZR 49/90, juris Rn. 15f, indem der Senat klarstellt, dass es nicht gegen den *ordre public* nach Art. 30 EGBGB a.F. verstoßen habe, wenn ein im Ausland bestelltes Schiffspfandrecht in deutschen Rechtsverhältnissen berücksichtigt wird; a.A. OLG Köln, Urt. v. 08.07.2016 - I 1 U 36/13, juris Rn. 33.

ausländische Recht zuverlässig zu ermitteln.[964] Erforderlich, aber auch ausreichend muss vielmehr sein, dass starke *Verdachtsmomente* am Bestand ausländischer Rechte Dritter an dem Kunstgegenstand aufkommen, die den aktuellen Besitzer ernsthaft an seiner ungestörten Rechtsstellung zweifeln lassen.

Dies ist aber nicht der Fall sein, wenn sich ein Dritter meldet und behauptet, an dem Kunstwerk Eigentum aus einer Erbschaft zu haben. Einer solchen Behauptung muss zunächst als Behauptung *„ins Blaue hinein"* jede Rechtsverbindlichkeit abgesprochen werden. Allerdings muss bei Einleitung staatlicher Maßnahmen und in der Klageerhebung im Ausland stets ein so konkreter Sachverhalt angenommen werden dürfen, dass es dem Kunstkäufer grundsätzlich nicht zugemutet werden muss, an dem Vertrag weiterhin festhalten zu müssen.[965]

cc. Drittwirkung der Washingtoner Erklärung im Privatbereich

In Deutschland beschränken sich die juristischen Werkzeuge, NS-verfolgungsbedingt entzogene Kulturgüter zurückzuverlangen, grundsätzlich auf die Beratende Kommission für die Rückgabe NS-verfolgungsbedingt entzogener Kulturgüter, die Hilfe des jeweiligen aktuellen Besitzers und die Klage vor den Zivilgerichten.[966]

Grundlage des Umgangs mit Raubkunst sind dabei insbesondere die 1998 aufgestellten Washingtoner Prinzipien, die als *„nicht bindende Grundsätze"* zur *„Lösung offener Fragen und Probleme im Zusammenhang mit den durch die Nationalsozialisten beschlagnahmten Kunstwerken beitragen,"*[967]

Diese Grundsätze haben keine Rechtsnormqualität, sie sind damit nicht bindend.[968] Vielmehr sollen sie das Bewusstsein für das 1933 bis 1945 stattgefundene Unrecht schaffen oder aufrechterhalten, und in Bezug darauf verdeutlichen, dass die in dieser Zeit geraubten Kunstwerke noch

---

964 OLG Köln, Urt. v. 08.07.2016 - I 1 U 36/13, juris Rn. 33.

965 A.A. OLG Köln, a.a.O., juris Rn. 39, das dem Kläger die Annahme eines Rechtsmangels versagte, weil nach New Yorker Recht kein Herausgabeanspruch an dem Kunstwerk bestand. In diesem Zusammenhang prüfte es auch den sog. *Replevin*-Anspruch, dessen Tatbestandsvoraussetzungen es als nicht erfüllt ansah.

966 *Siehr*, KUR 2009, 79 (81).

967 „Grundsätze der Washingtoner Konferenz in Bezug auf Kunstwerke, die von den Nationalsozialisten beschlagnahmt wurden" v. 3. Dezember 1998, *Mansel* in: Staudinger BGB, Anhang IV zu Art. 46 EGBGB, A I, dort zu finden unter Pkt. 9.

968 BVerwG, Urt. v. 24.11.2011 - 7 C 12/10, juris Rn. 43

nicht an die Eigentümer zurückgegeben wurden, eine Restitution in der Zukunft aber notwendig sein wird.[969] Deutschland hat diese Grundsätze anerkannt und sogleich die Richtlinien durch die „Berliner Erklärung" von 9. Dezember 1999[970] sowie die Handreichung von Februar 2001 - die am 13. November 2007 erneuert wurde - erleichtert.[971] Die Wirkung der Berliner Erklärung geht so weit, dass ein Kunstwerk, bei dem sich im Rahmen der Provenienzforschung herausstellt, dass es seit 1933 gehandelt wurde und nachvollzogen werden kann, dass dieses Kunstwerk aus jüdischem Besitz stammt, die Vermutung greift, dass der frühere Eigentümer zum Verkauf des Kunstwerks gezwungen war, er keinen angemessenen Preis dafür erhalten hat und über Verkauf sowie Kaufpreis nicht frei verfügen konnte.[972]

All diese Grundsätze und Richtlinien sind letztlich aber *unverbindlich.* Sie richten sich außerdem nur an die *öffentliche Hand*;[973] nicht an private Personen, wo bisweilen aber die schwierigsten Restitutionsfälle stattfinden.[974]

In der Folge kommt es in Deutschland, sofern gegen Museen der öffentlichen Hand oder andere öffentliche Einrichtungen Ansprüche angemeldet werden, in den allermeisten Fällen zur Restitution.[975] Diese dürfen, wenn sie nicht gegen die Washingtoner Erklärung verstoßen möchten, sich auch nicht auf die Einrede der Verjährung berufen.[976]

Gegenüber Museen und jeglichen staatlichen Einrichtungen, die Adressat der Washingtoner Prinzipien sind, darf man also keinen Zweifel daran hegen, dass an „Kunstwerken, die von Nationalsozialisten beschlagnahmt

969 *Mansel* in: Staudinger BGB, Anhang IV zu Art. 46 EGBGB, A I, Rn. 2.

970 Erklärung der Bundesregierung, der Länder und der kommunalen Spitzenverbände zur Auffindung und zur Rückgabe NS-verfolgungsbedingt entzogenen Kulturgutes insbesondere aus jüdischem Besitz, Beschluss der Kultusministerkonferenz vom 9. Dezember 1999.

971 *Siehr*, KUR 2009, 79 (79f).

972 *Siehr*, a.a.O. (80f).

973 Insbesondere bei Ermessenentscheidungen über Rückerstattungen haben sie leitenden Charakter, *Mansel* in: Staudinger BGB, Anhang IV zu Art. 46 EGBGB, A I, Rn. 3.

974 *Raue*, GRUR 2015, 1 (4).

975 *Raue*, ebd.

976 *Raue*, ebd.; Siehr, KUR 2009, 79 (82) über den Fall *Hans Sachs*. Der Erbe des Hans Sachs, Peter Sachs machte gegen das Deutsche Historische Museum einen Anspruch auf Herausgabe der Sammlung geltend. Der BGH hat in der Revisionsinstanz der Klage stattgegeben und die Verjährung ausdrücklich nicht berücksichtigt.

und in der Folge nicht zurückerstattet wurden",[977] durch die Grundsätze der Washingtoner Erklärung ein Rechtsmangel begründet wird.

Hierbei ist aber auch eine Grenze zu ziehen. Nach den Überlegungen zum Mangelverdacht ist es in der Sache falsch, einen Rechtsmangel bereits dann zu bejahen, wenn ein Dritter sich meldet und die bloße Behauptung aufstellt, das Gemälde sei restitutionsbefangen.[978]

Die Annahme, die zwar im Rahmen der Washingtoner Prinzipien im öffentlichen Sektor, aber auch dem Leitgedanken nach auf privater Ebene zur Aufnahme von Verhandlungen oder zur Plausibilitätsprüfung für die Eintragung in eine der Kunstdatenbanken anhält, darf unter der Prämisse, dass für die Begründung eines Rechtsmangels lediglich konkret dargelegte Lebenssachverhalte ausreichen, nicht vertreten werden.[979] In der Folge würde diese Ansicht auch dazu führen, dass jene Kunstbesitzer, die ein Werk nach Ende des Zweiten Weltkrieges erworben haben, aus Angst den Markt mit „*illegaler*" Kunst zu beliefern, weil ihre Werke möglicherweise unmittelbar als restitutionsbefangen eingestuft würden, ihre Sammlungen für sich behielten. Damit wäre weder der Funktionsfähigkeit des Kunstmarktes noch der Aufklärung von Raubkunstbeständen geholfen.[980]

dd. Herausgabe nach Leistungskondiktion

Letztlich ist auch der Fall nicht außer Acht zu lassen, in dem der Erwerber ein „*Mehr*" an Kaufsache erhält, als er im Zeitpunkt des Vertragsschlusses erwartet. Dem Kunsthandel sind nämlich nicht nur Fälle bekannt, in denen sich veräußerte Meisterwerke im Nachhinein als Fälschung oder Raubkunst enttarnen; sondern auch solche, in denen sich namenlose Drucke oder Gemälde mittleren Wertes unerwartet als *Meisterstücke* entpuppten.

Die Erwähnung im Rahmen der Gewährleistungsrechte des Käufers ist im Grunde überflüssig. Dieser hat keinen Anreiz, das Millionengemälde, welches er für einen Bruchteil seines wahren Wertes erworben hat, herauszugeben.

---

977 Nr. 1 der „Grundsätze der Washingtoner Erklärung in Bezug auf Kunstwerke, die von den Nationalsozialisten beschlagnahmt wurden" v. 3. Dezember 1998.

978 *Raue*, a.a.O. (4).

979 *Anton*, ZVertriebsR 2013, 294 (302).

980 Ähnlich *Raue*, a.a.O., (4), der die Drittwirkung der Washingtoner Erklärung im Privatbereich diskutiert und in der Folge aufgrund der harten Reaktion der Kunsthändler in der Folge richtig annimmt.

Wesentlicher ist die Feststellung etwaiger Schadensersatz- und Herausgabeansprüche in diesem Zusammenhang für den Einlieferer, der regelmäßig gegen den Erwerber oder den Kunstvermarkter vorgehen will. Diese finden in Kapitel 5 und 6 eigens Erwähnung.

Der Vollständigkeit halber sei in diesem Zusammenhang aber geklärt, dass die Belastung mit Herausgabeansprüchen grundsätzlich geeignet ist, einen Rechtsmangel an der Kaufsache zu begründen. Primär wird der Einlieferer die Rückgängigmachung der Veräußerung begehren, um wieder in den Besitz des Werkes zu gelangen. Diese Rückabwicklung ist im Rahmen der *condictio indebiti*[981] nach § 812 Abs. 1 S. 1 1. Var. BGB dann zu erreichen, wenn die Erlangung von Eigentum und Besitz durch den Kunstkäufer zuvor ohne Rechtsgrund erfolgte.[982]

Aufgrund des typischen Drei-Personen-Gespanns im Kunsthandel, ist an dieser Stelle zu differenzieren, ob und mit wem der Einlieferer im Einzelfall einen Vertrag schließt.[983] Danach richtet sich, wer im Einzelfall vom Erwerber kondizieren kann.[984]

Im Ergebnis macht das für die Begründung eines Rechtsmangels jedoch keinen Unterschied, weil selbst bei unmittelbarem Vertragsschluss mit dem Kunstvermarkter Letzterer dem Einlieferer „Kondiktion der Kondiktion" schuldet, die auf das unmittelbare Rechtsverhältnis mit dem Erwerber stets durchschlägt.

b. Stellungnahme und Fazit

Festzustellen bleibt, dass insbesondere in Bezug auf Raubkunst, aber darüber hinaus auch auf sämtliche ältere Kunstwerke und Kulturgüter, die unter Umständen eine problematische Provenienz aufweisen, regelmäßig ein Rechtsmangel an diesen erblickt werden kann.

Die Annahme eines Rechtsmangels ist auf tatsächliche und konkrete Sachverhalte beschränkt. Es muss für den Kunstkäufer eine solch evidente Zwangswirkung aus den Rechten Dritter spürbar sein, dass es sich ihm aus

---

981 In den Fällen des Kunsthandels ist von einer Leistungskondiktion nach § 812 Abs. 1 S. 1 1. Var. BGB auszugehen, denn der Kunstkäufer erhält Eigentum und Besitz an dem Kunstwerk *durch Leistung*.

982 *Buck-Heeb* in: Erman BGB, § 812 Rn. 44; *Lorenz* in: Staudinger BGB, § 812 Rn. 76.

983 Vgl. zu den Verkaufsformen der Handelsakteure ausführlich Kap. 2 § 2 B.

984 Vgl. zu den einzelnen Handlungsformen der Kunstvermarkter ausführlich Kap. 2 § 2 C.

objektiver Sicht aufdrängt, dass sein Eigentum an dem Kunstwerk durch Dritte beeinträchtigt wird und er bereits aus diesem Umstand mit ihm nicht nach freiem Belieben verfahren kann, wie § 903 BGB es ihm verspricht.

Teilweise helfen diesbezüglich aber schon die Kunstdatenbanken und auch der Catalogue Raisonné, von denen eine Publizitätswirkung ausgeht und auf die sich der Kunstkäufer in *positiver* wie *negativer* Hinsicht verlassen darf. Es braucht in diesen Fällen somit die Konstruktion über den Rechtsmangel nicht. Allerdings erschöpft sich die Annahme eines Rechtsmangels auch nicht nur darin. Überzeugend ist es deshalb, auch darin einen Rechtsmangel zu erblicken, dass in Bezug auf das Kunstwerk staatliche Maßnahmen - sei es die Beschlagnahme oder das Gerichtsverfahren - eingeleitet wurden, die den Verlust der Sache zumindest ernsthaft befürchten lassen. Dabei darf es dann auch keinen Unterschied machen, ob sich die Rechte Dritter, aus denen die Verdachtsmomente folgen, aus inländischem oder ausländischem Recht ergeben, zumal sich der Ermittlungsgrundsatz der Gerichte nach § 293 ZPO unstreitig auf beide erstreckt.

3. Verhältnis von Sach- und Rechtsmängeln

Abschließend stellt sich Frage nach dem Verhältnis von Sach- und Rechtsmängeln zueinander. Es ist nicht zu leugnen, dass dieser Frage wenig Geltung zukommt, denn das Gesetz unterscheidet in seinen Rechtsfolgen an kaum einer Stelle innerhalb der konkreten Art des Mangels.[985] Dies ist auch insofern sachgerecht, als dass die Fälle von Sach- und Rechtsmängeln sich durchaus überschneiden können.

In dem Umstand, aus dem ein Sachmangel folgt, kann unter Umständen zugleich ein Rechtsmangel folgen. Weist beispielsweise ein Kunstwerk eine bemakelte Provenienz in Bezug auf die Zeit des Nationalsozialismus und somit einen Sachmangel auf, kann darin ohne Weiteres nach den soeben erfolgten Erläuterungen auch ein Rechtsmangel liegen, weil das Werk unter Umständen der staatlichen Beschlagnahme unterliegt oder Bezugsobjekt eines gerichtlich geltend gemachten Herausgabeanspruchs Dritter ist. Die Entscheidung, ob ein Fall von §§ 434 oder 435 BGB vorliegt, kann im Einzelfall also grundsätzlich offenbleiben. Resultierend daraus sind jegliche Versuche der Abgrenzung nicht nur obsolet, sondern in der Sache falsch:

985 Vgl. §§ 433 Abs. 1 S. 2, 437, 438, 476 Abs. 1 S. 1 BGB.

Der Grundsatz „*da mihi factum, dabo tibi ius*" erschöpft sich nicht allein in dem Verfahren, dass eine Partei dem Gericht den Sachverhalt erläutert und der Richter unter objektiver Berücksichtigung von Recht und Gesetz über den Sachverhalt entscheidet, § 138 ZPO. Er bezeichnet auch das Verlangen des deutschen Zivilprozessrechts nach umfassender Erläuterung der rechtlichen Verhältnisse. In diesem Sinne ist es nicht ausreichend, sich im Einzelfall auf einen Sachmangel zu beschränken und wegen dessen Einschlag dem Rechtsmangel die Erörterung zu versagen. Das Problem der Abgrenzung läuft deshalb - insbesondere im Bereich des Kunsthandels und dessen rechtlichen Problematik - auf eine reine Fiktion hinaus.[986]

4. Zwischenergebnis

Am Kunstmarkt haben demnach die Interessen der teilnehmenden Akteure, darunter die Kunstkäufer, die Kunstvermarkter, die Einlieferer und letztlich als solche auch die Künstler, *rechtsleitenden* Charakter. Dies folgt aus dem *Telos* des Haftungsrechts, die Interessen aller am Markt beteiligten Teilnehmerkreise zu berücksichtigen.

Nicht nur im Rahmen des Gewährleistungsrechts, sondern auch bereits bei der Anfechtung spielt der Begriff der *Beschaffenheit*[987] eine ganz übergeordnete Rolle, die als wesentliches Instrument über die Rechtsstellung der Teilnehmer allein entscheidet.

Es stellt sich bei Kunstwerken die entscheidende Aufgabe, unter Berücksichtigung der subjektiven Natur des Marktes und des Handelsobjekts dieses wesentliche Instrument in subjektiver, aber auch in objektiver Hinsicht so umfassend wie möglich einzusetzen.

Es bleibt nicht aus, den Eigenheiten des konkreten Einzelfalls Rechnung getragen zu tragen und auch im Rahmen von objektiv verlangten Tatbestandsmerkmalen die subjektiven Umstände miteinzubeziehen.

Dieser Umstand ist bei *Unikat*-Objekten, welche Kunstwerke sind, unüberwindbar. Dennoch ist die Überlegung erforderlich, unter welchen Sta-

---

986 Vgl. im Ergebnis auch BGH, Urt. v. 18.01.2017 - VIII ZR 234/15, NJW 2017, 1666 Rn. 20ff., der die Grenze entlang der h.M. in Fällen zieht, in denen öffentlich-rechtliche Befugnisse oder Beschränkungen auf die Nutzung eines verkauften Grundstückes einwirken, vgl. dazu auch *Matusche-Beckmann* in: Erman BGB, § 435 Rn. 26ff.

987 Bei der Anfechtung nach § 119 Abs. 2 BGB ist es die „*verkehrswesentliche Eigenschaft*", dessen Inhalt aber weitestgehend mit dem Begriff der Beschaffenheit kongruent ist, vgl. dazu Kap. 3 § 1 A II.

tuten die möglichst objektivste Bestimmung von Kunstwerken erfolgen kann. Die objektive Beschaffenheit eines Kunstwerkes ergibt sich somit aus seiner *Ausstellungs-* und *Handelsfähigkeit* im Vergleich zu Werken der gleichen *speziellen Gattung*. Der subjektive Einschlag dieser Bestimmung ist hinzunehmen.

Besonderheit des Kunsthaftungsrechts ist, dass an den Rechtsverhältnissen überwiegend drei gutgläubige Parteien beteiligt sind, die an einem Rechtsstreit wegen einer „bösen" Vergangenheit des Kunstwerkes partizipieren: Sei es die bemakelte Provenienz oder das Verhalten des Kunstfälschers und seiner Gehilfen.

Damit müssen bei der haftungsrechtlichen Bewertung in diesem besonderen Handelszweig die Grundsätze von Schutzwürdigkeit und Schutzbedürftigkeit, die Risikosphären und Gefahrenlager ganz wesentliche Wegweiser sein.

Unter dieser Anwendungsweise darf die Feststellung getroffen werden, dass das deutsche Zivilrecht Spezialvorschriften in Bezug auf den Kunsthandel nicht erforderlich macht. Unter allgemeinen Gerechtigkeitsgesichtspunkten ist es dafür allein notwendig, den Gesetzeswortlaut, der *de lege lata* gilt, entlang seiner *Teleologie* in dem Wortlaut abzuändern, der bisher der Auslegung nach Sinn und Zweck entgegensteht. Dies trifft auf die Normen des §§ 935 Abs. 2 und 474 Abs. 2 S. 2 BGB zu. Die alleinige Privilegierung der „*Versteigerung*" resultiert bisher in einer missglückten Ungleichbehandlung verschiedener Marktteilnehmer bei gleicher Interessen- und Risikolage und ist *de lege ferenda* deshalb zu korrigieren.[988]

IV. Rechte bei Mängeln

Der Anwendungsbereich der Kaufgewährleistungsvorschriften verweist den Käufer auf die in § 437 BGB enumerativ aufgezählten Gestaltungsrechte. Eigenart des Kaufgewährleistungs-rechts ist, dass der Käufer primär daran gehalten wird, im Fall eines Mangels *Nacherfüllung* zu verlangen, § 439 BGB.[989]

988 Vgl. dazu bereits Kap. 3 § 1 B II 2 d) und Kap. 3 § 1 B III 1 b) dd).

989 *Weidenkaff* in: Palandt BGB, § 439 Rn. 1; *Pammler* in: Herberger/Martinek/Rüßmann/Weth/Würdinger, juris PK-BGB, § 439 Stand: 21.12.2012, Rn. 2; Das Primat der Nacherfüllung, ergibt sich nicht unmittelbar aus dem Wortlaut der §§ 437, 439 BGB, sondern daraus, dass die in § 437 Nr. 2 und Nr. 3 BGB aufgelisteten Rechts-

1. Nacherfüllung

Der Nacherfüllungsanspruch deckt sich inhaltlich mit dem ursprünglichen Erfüllungsbegehren.[990] Zwischen beiden besteht die Zäsur, die durch den Gefahrenübergang eintritt, weshalb er als *Modifikation* des Erfüllungsanspruchs verstanden wird.[991] Gemäß § 439 Abs. 1 BGB ist es dem Käufer unbenommen zu wählen, ob er Nacherfüllung in Form einer Nachbesserung verlangt oder die Lieferung einer mangelfreien Sache fordert.[992] Es kommt ihm diesbezüglich also ein Wahlrecht zu, § 262 BGB.[993] Fraglich ist aber, ob der Nacherfüllungsanspruch des Käufers auf dem Kunstmarkt überhaupt Geltung erlangen kann und, falls dies möglich ist, wie eine Nacherfüllung auszusehen hat.

a. Primärmarkt

Der *Primärmarkt* unterscheidet sich in diesem Zusammenhang dahingehend erheblich vom Sekundärmarkt, dass der Künstler sich selbst im *Distributionssystem* der Handelsbeziehungen befindet. Begreift man das Kunstwerk als *menschlich individuelle Schöpfung* und demnach als urheberbezogenes Werk, ist der Schöpfer für den Käufer greifbar.[994]

Der Verkäufer schuldet im Rahmen der Nachbesserung nach § 439 Abs. 1 1. Var. BGB die Beseitigung des Mangels.[995] Nur ist dieser Fall in der praktischen Anwendung schwer vorstellbar. Er setzt voraus, dass sich der Mangel beheben lässt.

Eine *Nachlieferung* im Sinne des § 439 Abs. 1 2. Var. BGB muss regelmäßig ausscheiden. Kunstwerke zeichnen sich durch ihren *Unikatcharakter* aus. Der ihnen gebührende Respekt wurzelt in ihrer Einzigartigkeit und

---

behelfe grundsätzlich eine Fristsetzung zur Nacherfüllung voraussetzen: *Pammler* a.a.O., § 437 Stand: 21.12.2021, Rn. 17.

990 BGH, Urt. v. 17.10.2012 - VIII ZR 226/11, juris Rn. 9.

991 *Grunewald* in: Erman BGB, § 439 Rn. 1; *Weidenkaff* in: Palandt BGB, § 439 Rn. 2; *Pammler* in: Herberger/Martinek/Rüßmann/Weth/Würdinger, juris PK-BGB, § 439 Stand: 21.12.2012, Rn. 1.

992 *Grunewald* a.a.O., § 439 Rn. 2.

993 *Weidenkaff* a.a.O., § 439 Rn. 5.

994 Vgl. dazu ausführlich Kap. 2 § 1 A.

995 *Pammler* a.a.O., § 439 Rn. 13.

der Tatsache, dass es von ihnen in der Regel kein zweites gibt.[996] Bei einem Stückkauf bestehen schon generell in Hinblick auf eine mögliche Ersatzlieferung Zweifel.[997] Der ökonomische Qualitäts- und Nutzenbegriff ist notwendig subjektiv.[998] Dies unterstreicht der Kunsthandel ganz besonders: Bei der Nachlieferung schuldet der Verkäufer, dass die Kaufsache durch eine *gleichartige* und *gleichwertige* Sache ersetzt wird.[999] Wie aber soll der Künstler dies bei einem so subjektiv geprägtem Gegenstand wie dem Kunstwerk gewährleisten können? Stellt man bei der Gleichartigkeit auf den *speziellen Gattungsbegriff* ab, würde man im Falle der Nachlieferung vom Kunstvermarkter oder vom Künstler selbst verlangen, dass diese dem Käufer ein Gemälde liefern, das in dem gleichen Stil von demselben Künstler stammt.[1000] Hierbei könnte aber der Kunstvermarkter oder Künstler niemals die Gewähr dafür übernehmen, dass der in Ersatz gelieferte Gegenstand auch *gleichwertig* sei.[1001] Somit kann die dem Käufer im Wege der Ersatzlieferung übergebene und übereignete Sache bei einer Stückschuld stets ein *aliud* im Vergleich zur vertraglich versprochenen Hauptleistung sein.[1002] Ein *aliud* steht aber nach § 434 Abs. 5 BGB einem Sachmangel gleich.[1003] Dem Käufer verbleibt somit lediglich der Anspruch auf *Nachbesserung*.

Dieser Anspruch ist darauf gerichtet, dass der Käufer sein Kunstwerk zwar behält, der ihm anhaftende Mangel aber beseitigt wird.[1004]

---

996 Von namhaften Künstlern und Kunstwerken werden Kopien oder Drucke gehandelt; dies ist aber für den Primärmarkt ein ungewöhnliches Phänomen, weil derjenige Kunstkäufer, der eine Galerie oder ein Atelier aufsucht, um ein Werk zu kaufen, den Kaufpreis in Gegenzug für ein einzigartiges Werk entrichten will.

997 Der Gesetzgeber sah bereits das Problem der Nacherfüllung beim Stückkauf, schloss die Stückschuld jedoch nicht generell aus dem Anwendungsbereich der Nacherfüllung aus. Jedenfalls bei nicht vertretbaren Sachen sei jedoch eine Nacherfüllung nicht möglich, vgl. BT-Drs.: 14/6040, S. 209.

998 *Heyers*, GRUR 2012, 1206 (1208).

999 *Weidenkaff* a.a.O., § 439 Rn. 15.

1000 Zum speziellen Gattungsbegriff vgl. Kap. 3 § 1 B III 1 b) bb) (1).

1001 *Heyers*, a.a.O., (1207).

1002 Der Gesetzgeber hat bereits darauf hingewiesen, dass bei bestimmten gebrauchten Sachen eine Nachlieferung kraft Natur der Sache von vorneherein ausscheidet: BT-Drs.: 14/6040, S. 232; vgl. auch *Spickhoff*, BB 2003, 589 (590); vgl. aber auch die Konstellation im Bereich des Gebrauchtwagenhandels, dort müssen die Voraussetzungen hinsichtlich Hersteller, Zustand, Alter, km-Leistung und Ausstattung erfüllt sein, was regelmäßig nicht der Fall ist, vgl. *Riehm*, ZIP 2019, 589 (590); *Heintz*, jM 2017, 354 (356); BGH, Urt. v. 07.06.2006 - VIII ZR 209/05, juris Rn. 22.

1003 *Matusche-Beckmann* in: Staudinger BGB, § 439 Rn. 60.

1004 *Riehm*, a.a.O., (593).

Auch dieser Anspruch wird für den Käufer aber meist nicht von Interesse sein.[1005] Bildlich gedacht, würde der Käufer den Künstler im Wege des Nachbesserungsverlangens auffordern zum Pinsel zu greifen und mangelhafte Stellen auszubessern, einen Riss zu kleben oder Flecken zu übermalen. Dadurch würde aber kaum dem Erfüllungsverlangen des Käufers genüge getan. Es würde nachträglich nicht der Zustand hergestellt werden können, den der Käufer und der Verkäufer vereinbart oder sich vorgestellt haben.

Im Bereich der *Auftragskunst* ist die Konstruktion einer Nachlieferung nur in begrenzten Fällen möglich. Denkbar ist sie bei konkreten Vorgaben des Motivs. Ist der Künstler hingegen in seinen Werkvorgaben frei und schuldet laut *„Auftrag“*[1006] lediglich eine künstlerisch bildnerische Leistung, die in individueller Hinsicht *de lege artis* ausgeführt werden soll, wird sich der Auftraggeber schon an der Manifestation eines Mangels schwer tun. Darüber hinaus würde der Künstler auch im Falle der Nachlieferung oder Nachbesserung stets Gefahr laufen, dass der Auftraggeber dieses erneut nicht als Erfüllung gelten lassen möchte. Jedenfalls wird im Wege der Nachbesserung nie der Zustand erzeugt werden können, den sich beide Kaufparteien im Zeitpunkt des Vertragsschlusses vorgestellt haben.

Damit ist der Nacherfüllungsanspruch des Kunstkäufers auf dem *Primärmarkt* aus tatsächlichen Erwägungen bis auf wenige Ausnahmen im Einzelfall objektiv unmöglich im Sinne des § 275 Abs. 1 BGB.[1007]

b. Sekundärmarkt

Noch plakativer ist die *Unmöglichkeit der Nacherfüllung* im Bereich des *Sekundärmarktes* der Kunst.[1008] Lässt sich hier ein Mangel nach den erläu-

---

1005 *Wrede*, Kunst und Kaufrecht, S. 241.

1006 Der Begriff ist nicht im rechtlichen Sinne der §§ 662 ff. BGB zu verstehen; Der Künstler wird in der Regel nur entgeltlich tätig.

1007 *Ulber* in: Erman BGB, § 275 Rn. 21; *Caspers* in: Staudinger BGB, Vorb. zu §§ 275 ff. Rn. 18.

1008 Dies hat bereits der Gesetzgeber gesehen. In seinen Gesetzgebungsmaterialien führt er aus, dass ein gefälschtes Bild, welches als echt verkauft wurde, weder nachgebessert werden kann noch durch ein echtes Bild ersetzt werden kann, BT-Drs.: 14/6040, S. 209; *Spickhoff*, BB 2003, 589 (590).

terten Kriterien zwar manifestieren,[1009] ist dieser gleichwohl weder nachbesserbar noch im Wege der Nachlieferung behebbar.[1010]

Das Werk eines anerkannten Künstlers auf dem *Sekundärmarkt* stellt ein absolutes Unikat dar. Seine Existenz auf dem Sekundärmarkt unterstreicht diese Unikat-Eigenschaft ganz besonders.[1011] Sie rechtfertigt den Handelspreis, den die Käuferschaft bereit ist zu zahlen: es ist das *Einzige seiner Art.* Es weist einzelne Attribute auf, die es auch von einem Dritten einem bestimmten Künstler zuordnen lassen: die Stilrichtung, der Duktus und die Wahl der Materialien individualisiert den Urheber für das *Kenner-Auge.*

Dennoch ist das einzelne Werk in seiner Erscheinung einzigartig und individuell und misst sich an diesen Merkmalen. Kunstwerke sind die Prototypen der Stückschuld und damit grundsätzlich nicht nachlieferbar.

Dies bestätigt auch die Werthaftigkeit einzelner Gemälde. Bei einem Kunstwerk eines *anerkannten Meisters*[1012] gibt es keine unverbindliche Preisempfehlung, wie dies bei sonstigen auf dem Markt gehandelten Gegenständen der Fall ist. Der Preis bildet sich hier aus dem rein subjektiven Verlangen der Käuferschaft heraus, gefördert von der *Furore* der Kunstwelt. Einen objektiven Wertmaßstab gibt es nicht und damit auch keine herstellungsfähige Gleichwertigkeit unter zwei verschiedenen Werken.

Eine Nachbesserung nach § 439 Abs. 1 Var. 1 BGB scheidet aus, denn der Wert eines Kunstwerkes nährt sich in der Regel von seiner *Unantastbarkeit* durch Dritte. Unabhängig bestimmter Abnutzungen oder Spuren, die vor allem alte Meisterwerke aufweisen können, sind diese nur Beweis ihres Alters und der Originalität, aus denen sich der Wert des Kunstwerks begründet.[1013]

1009 Kap. 3 § 1 B III 4.

1010 Vgl. dazu auch bereits Erwägungsgrund 16 der RL 1999/44/EG v. 25.05.1999 (VerbrRL).

1011 Kap. 2 § 2 A II.

1012 Zum Begriff des „*anerkannten Meisters*" vgl. ausführlich Kap. 3 § 1 B III 1 b) cc) (3) (b) (cc).

1013 Dass der Nachlieferungsanspruch aus § 439 BGB schon kraft Natur der Sache nicht zum Kunsthandel passt, zeigt ganz plakativ der am 05.10.2018 stattgefundene „*Banksy-Skandal*". Die „Selbstzerstörung" des Bildes wäre im Rahmen des Nacherfüllungsanspruchs der Käuferin nicht darstellbar. Die Qualitätsbegriff entbehrt hier jeder objektiven Grundlage; vgl. ausführlich zur mangelrechtlichen Betrachtung Kap. 2 § 3 C.

c. Zwischenergebnis

Es ist festzuhalten, dass das Nacherfüllungsverlangen im Sinne des § 439 BGB im Kunsthandel eine sehr untergeordnete Rolle spielt. Kunstwerken kommt nicht nur die Rechtsnatur einer Stückschuld zu; sie sind Unikate und damit regelmäßig weder ersetzbar noch nachliefer- oder -besserbar. Im Sinne der Gewährleistungsrechte darf damit zugunsten des Käufers stets davon ausgegangen werden, dass eine Nachlieferung im Sinne des § 275 Abs. 1 BGB objektiv unmöglich ist, weshalb eine Fristsetzung zur Nacherfüllung für die Geltendmachung der übrigen Rechte nicht notwendig ist.

2. Minderung und Rücktritt

Nach § 437 BGB verbleibt der Käufer also bei Vorliegen eines Mangels am Kunstwerk bei seinem Recht auf Rücktritt, Minderung sowie Schadensersatz.[1014]

a. Minderung

Anwendungsfälle der *Minderung* im Sinne des § 437 Nr. 2 Var. 2 BGB sind im Kunsthandel eine Rarität.[1015] Sie setzen voraus, dass der Kunstkäufer bereit ist, das mangelhafte Kunstwerk zu behalten, im Gegenzug aber nur den *wahren* Wert des mangelhaften Werkes zahlen muss.[1016] Auf dem Primärmarkt ist dies unter Umständen noch denkbar. Der Minderwert wird dabei regelmäßig durch die Parteien ausgehandelt.

Auf dem Sekundärmarkt ist der Minderwert hingegen durch einen Sachverständigen zu schätzen und festzusetzen.[1017] Dabei folgt die rare Anwen-

1014 *Müller-Katzenburg*, NJW 2006, 553 (554).

1015 Die Minderung richtet sich grds. nach den Vorschriften der §§ 437 Nr. 2, 434, 433, 441 BGB.

1016 *Anton*, ZVertriebsR 2013, 294 (307).

1017 *Anton*, ebd., der zu Recht die „*Camille-Pissaro*“ Entscheidung von 1927 kritisiert, in welcher das Reichsgericht einen Käufer, der das Werk „Brücke“ von Camille Pissaro erwerben wollte, das erworbene Werk sich aber als Fälschung herausstellte, die Minderung wegen „unlösbarer Schwierigkeiten“ versagt. Dies ist aus Gerechtigkeitsgesichtspunkten nicht hinnehmbar und darüber hinaus auch nicht notwendig, da die Schätzung durch einen Sachverständigen ausreichend interessengerecht ist.

dung des Minderungsrechts im Sekundärkunsthandel nicht daraus, dass sich der Minderwert nicht ermitteln lässt. Es fehlt vor allem an der Bereitschaft des Käufers, das Werk behalten zu wollen, sofern es einen Mangel aufweist. Der Preis ist für ihn zweitrangig, wenn nicht gar unerheblich.

b. Rücktritt

Häufiger bedient sich der Käufer deswegen seiner Rechte des Rücktritts und Schadensersatzes. Wird ein Mangel am erworbenen Kunstwerk bemerkbar und erklärt der Käufer infolgedessen den Rücktritt, kommt es zur Entstehung des sog. *Rückabwicklungsverhältnisses*, welches sich nach §§ 346 ff. BGB richtet.[1018] Der Kaufvertrag soll also vollen Umfangs rückgängig gemacht werden.[1019] Aufgrund der grundsätzlichen Unmöglichkeit der Nacherfüllung braucht es für den wirksamen Rücktritt lediglich einer Rücktrittserklärung nach § 349 BGB sowie eines Rücktrittsgrundes, den im Rahmen des Kaufgewährleistungsrechts im Sinne von § 437 Nr. 2 1. Var. BGB der Mangel bildet.[1020] Hierbei ist unbeachtlich, ob der Kauf sich auf dem Primär- oder Sekundärmarkt abbildet.

3. Schadensersatz

Letztlich kann der Käufer gestützt auf § 437 Nr. 3 BGB Schadensersatz verlangen. In den überwiegenden Fällen des *Sekundärmarktes* wird er sich dieses Anspruchs bedienen.

a. Anspruchsinhalt

Der Anspruch ist auf das *Erfüllungsinteresse* (sog. positives Interesse) gerichtet.[1021] Der Käufer hat nach den geltenden Schadenersatzgrundsätzen stets den Anspruch, finanziell so gestellt zu werden, als sei der Vertrag

1018 *Hager* in: Dauner-Lieb/Langen, BGB, § 346 Rn. 14; *Faust* in: Herberger/Martinek/Rüßmann/Weth/Würdinger
jurisPK-BGB Band 2, EL: 16.11.2021, § 346 Rn. 10.

1019 *Faust* a.a.O., § 346 Rn. 20.

1020 Kap. 3 § 1 B IV 1.

1021 *Ebert* in: Erman BGB, Vorb. vor § 249 Rn. 17.

erfolgreich durchgeführt worden und er somit das Kunstwerk mit der geschuldeten Beschaffenheit besäße, § 249 Abs. 1 BGB.[1022] Diese Rechtsfolge verdeutlicht das hohe Haftungsrisiko eines Kunstvermarkters, denn bei Zugrundelegung des *positiven Interesses* muss der Käufer durch den Kunstvermarkter entschädigt werden, als hätte dieser das versprochene Werk im *Original* und mit *makelloser Provenienz* geliefert.[1023]

Das Gefahrenpotential ist enorm. Die Höhe des Schadensersatzes kann weit über das hinausgehen, was der Käufer zuvor als Kaufpreis entrichtet hat und vor allem über das, was der Kunstvermarkter, sofern er als Kommissionär Verkäuferpartei ist, in seinem Vermögen behält.[1024]

In Anbetracht der vielfachen Schadensersatzhöhe ist der Schadensersatz das für den Käufer wohl günstigste Recht.[1025]

b. Anspruchsvoraussetzungen

Wegen dieser besonderen Härte auf Rechtsfolgenseite sieht der deutsche Gesetzgeber im Schadensersatzanspruch eine *Verschuldenshaftung* vor: Schadensersatz schuldet nur der Verkäufer, der die Pflichtverletzung bzw. den Mangel vorsätzlich oder fahrlässig im Sinne von § 276 BGB zu vertreten hat.[1026] Dies gilt mit Ausnahme der Garantiehaftung.[1027]

1022 *Magnus* in: Dauner-Lieb/Langen, BGB, § 249 Rn. 6; *Ebert*, ebd.; *Seichter* in: Herberger/Martinek /Rüßmann/Weth/Würdinger, jurisPK-BGB Band 2, EL: 23.02.2022, § 280 Rn. 97.

1023 *Anton*, ZVertriebsR 2013, 294 (307).

1024 Im „*Carracci-Fall*“ 2012 erhob der Kunsthändler Richard Feigen gegen das Auktionshaus Lempertz Klage über 350.000 USD Schadensersatz wegen des „Der Heilige Hieronymus mit den Löwen und zwei Engeln“ von Ludovico Carracci, welches er 2000 zu einem Preis von 100.000 DM zzgl. 16.000 DM Aufgeld ersteigert hatte, OLG Köln, Urt. v. 08.07.2016 - 1 U 36/13, juris; Im „*Burra 33 - Fall*“ kaufte 1990 ein Kläger von einem Kunsthändler ein Gemälde für 10.000 DM, hinsichtlich dem er sich schriftlich bestätigen ließ, dass es sich um ein eigenhändiges Werk des Malers Edward Burra handelte. Später stellte eine Londoner Galerie, die Vertreterin des Nachlasses von Burra war, fest, dass es sich um eine Fälschung handelte. Der Käufer verlangte vom Kunsthändler Zahlung von Schadensersatz i.H.v. 290.000 DM, BGH, Urt. v. 19.05.1993 - VIII ZR 155/92, NJW 1993, 2103.

1025 *Anton*, ZVertriebsR 2013, 294 (307).

1026 *Seichter* in: Herberger/Martinek /Rüßmann/Weth/Würdinger, jurisPK-BGB Band 2, EL: 11.10.2021, § 276 Rn. 1.

1027 *Grundmann* in: MüKo-BGB, § 276 Rn. 4.

aa. Garantiehaftung

§ 443 Abs. 1 BGB regelt den Fall des *selbstständigen Garantievertrages.* Legt man diesen zugrunde, möchte der *Kunstvermarkter* im Rahmen eines eigenständigen Vertragsverhältnisses zwischen ihm und dem *Kunstkäufer* seine Haftung begründen, die über die in § 437 BGB enthaltenen Gewährleistungsrechte hinausgeht.[1028]

Ein solcher selbstständiger Garantievertrag wird auf dem Kunstmarkt kaum anzutreffen sein. Der Rechtsbindungswillen des Kunstvermarkters erstreckt sich regelmäßig nicht auf den Abschluss einen zusätzlichen Garantievertrages. Dabei gilt auch das Stufenverhältnis zu beachten, das der Gesetzgeber zwischen §§ 443 und 444, 442 BGB vorsieht.

Nach §§ 444 2. Alt., 442 BGB meint die Garantie für die Beschaffenheit einer Sache nicht eine Garantie im Sinne des § 443 BGB, wonach der Verkäufer ohne Rücksicht auf äußere Umstände allein aufgrund des bestehenden Vertrages verschuldensunabhängig haften möchte.[1029] §§ 444 2. Alt., 442 BGB ist Ausfluss des Rechtsgedankens *„venire contra factum proprium"* und soll all jenen Käufern zugutekommen, die sich auf eine Zusicherung des Verkäufers über eine Beschaffenheit an der Kaufsache verlassen, für die der Verkäufer letztlich die Haftung ausschließt.[1030] Dies soll dann gelten, wenn der Verkäufer in vertragsmäßig bindender Weise die Gewähr für das Vorhandensein der vereinbarten Beschaffenheit des Kunstwerkes übernimmt und damit seine Bereitschaft vermittelt, für die Folgen einer Abweichung einzustehen.[1031]

Gibt der Verkäufer zum Ausdruck, verschuldensunabhängig haften zu wollen, ist darin also kein Fall des selbstständigen Garantievertrages zu sehen. Vielmehr bezieht sich §§ 444 1. Alt., 442 BGB als *unselbstständiger Garantievertrag* lediglich auf den Haftungsmaßstab des § 276 Abs. 1 S. 1 BGB, der ausnahmsweise nicht gelten soll.[1032]

1028 *Pammler* in: Herberger/Martinek/Rüßmann/Weth/Würdinger, jurisPK-BGB Band 2, EL: 01.02.2020, § 443 Rn. 9, 36.

1029 *Jacoby/von Hinden,* BGB-SK, § 443 Rn. 1.

1030 *Pammler* a.a.O., § 444 Rn. 71; BT-Drs. 14/6040, S. 240 li. Sp. dort unter „zu § 444" m.V.n. S. 236 re. Sp. dort unter „Zu Satz 2".

1031 *Pammler* in: Herberger/Martinek/Rüßmann/Weth/Würdinger, jurisPK-BGB Band 2, § 444 Rn. 74.

1032 BGH, Urt. v. 29.11.2006 - VIII ZR 92/06, juris Rn. 20; OLG Celle, Urt. v. 13.05.2004 - 4 U 220/03, juris Rn. 18; *Grundmann* in: MüKo-BGB, § 276 Rn. 175f.

Obwohl die Rechtsfolge den Kunstvermarkter schwer trifft, ist im Falle einer eigens und individuell durch den Kunstvermarkter getätigten Zusage über die Echtheit eines Kunstwerkes oder dessen Provenienz aus Sicht des Käufers, der diese Erklärung empfängt, eine solche Zusicherung zu verstehen, §§ 133, 157 BGB.[1033]

Der Käufer, der Zweifel an einem Kunstwerk äußert, denen entschieden entgegengetreten wird, muss aus diesem zusätzlichen Erklärungsgehalt ein additiver Wert erwachsen. Er darf in der Erklärung, sofern sie seinen Zweifeln *redlicherweise* Schweigen gebietet, die Zusicherung sehen, dass der Verkäufer sich der genannten Beschaffenheit so sicher ist, dass er ungeachtet eines Verschuldensmaßstabes dafür einstehen möchte.

Dies ergibt sich aus dem Zusammenspiel von vorvertraglichen Äußerungen und Katalogangaben, da Letzteren bereits die Rechtsnatur einer Beschaffenheitsvereinbarung zukommt. Determiniert die Beschreibungen des Ausstellungskatalogs die vertragliche Beschaffenheit, an der der Käufer Zweifel hegt und kommt nach einer Äußerung durch den Kunstvermarkter der Kaufvertrag dennoch zustande, kann dies nur darauf zurückzuführen sein, dass der Kunstvermarkter nicht nur den Inhalt der Ausstellungskataloge bestätigt, sondern deren Wertgehalt durch die eigene Äußerung in Hinblick auf den Kaufentschluss des Käufers kausal bestärkt.[1034]

Ebenso ist die Rechtslage beim Vorliegen von Kunstexpertisen, die den Erklärungsinhalt der Katalogbeschreibungen *„bestätigen"*.[1035] Der Kunstvermarkter bedient sich dieses Mittels in dem Wissen, dass der Kunstkäufer einer Kunstexpertise hohen Wert zukommen lässt, so dass sich seine Investitionsbereitschaft in das Kunstwerk nachweislich erhöht.

Diese Annahme lässt es in Gesamtbetrachtung nicht zu, der Kunstexpertise neben den Katalogbeschreibungen kein *„Mehr"* an Haftungswirkung zuzusprechen. Daher wird man auch bei Vorliegen des zusätzlichen Verweises

---

1033 Kap. 3 § 1 B III 1 a) cc).

1034 Der BGH hat in seiner *„Burra-33"* Entscheidung über ein von einem Kunsthändler gekauftes Werk Burras, welcher bei Vertragsschluss erklärte, er könne zwar keine Angaben über das Werk machen, weil dieses noch nicht länger in seinem Bestand sei, es allerdings als solches ein *„echtes"* Werk Burras darstellt, die Frage nach einer Garantie ausdrücklich offengelassen. An dieser Stelle erscheint dies sachgerecht, weil in dem Verweis auf den kurzen eigenen Besitz durchaus konkludent vermittelt wurde, dass keine garantieähnlichen Versprechen hinsichtlich der Beschaffenheit gemacht werden können. Sich als Käufer auf diese Aussage als Zusicherung i.S. von § 444 1. Alt. BGB zu beschränken, ist interessenwidrig: BGH, Urt. v. 15.02.1995 - VIII ZR 126/94, NJW 1995, 1673.

1035 Kap. 3 § 1 B III 1 a) bb).

auf eine Kunstexpertise von einer „Garantie für die Beschaffenheit" des Kunstwerkes ausgehen dürfen.[1036]

bb. Vertretenmüssen

Ist eine zumindest *unselbstständige Garantieerklärung* in Ermangelung vorvertraglicher Äußerungen oder vorhandener und zweiffelloser Kunstexpertisen abzulehnen, verbleibt es bei der allgemeinen *verschuldensabhängigen Haftung* des Schadensersatzrechts.[1037] Der Verkäufer hat nach § 276 Abs. 1 BGB grundsätzlich für Vorsatz und Fahrlässigkeit einzustehen.[1038] Nach § 278 BGB erstreckt sich das Vertretenmüssen des Verkäufers auf das Handeln und Verschulden seiner Erfüllungsgehilfen.[1039] Zu beachten gilt im Kunsthandel, wie auch in den restlichen Handelszweigen, dass gemäß § 280 Abs. 1 S. 2 BGB das Verschulden zunächst vermutet wird; für eine Exkulpation trägt der Verkäufer entgegen den allgemeinen Regeln die Darlegungs- und Beweislast.[1040] Ein *non-liquet* im Prozess geht zu seinen Lasten.[1041]

1036 Dies ist auch nicht interessenwidrig; die Rechtsfolge des § 444 1. Alt. BGB trifft den Kunstvermarkter zwar schwer, ist aber angemessen, sofern er in seinen Beschreibungen keine eigene Zweifel äußert, sondern diese absichtlich so formuliert, dass jegliche Zweifel auf Käuferseite schwinden. Es überzeugt daher nicht die derart restriktive Haltung der Rspr., dass eine Beschaffenheitsgarantie insbesondere auf dem „gefährlichen" Kunstmarkt lediglich dann anzunehmen sei, wenn der Kunstvermarkter eindeutig vermittelt, dass er für die Beschaffenheit einstehen werde, „koste es, was es wolle", vgl. in die Richtung auch *Elmenhorst/Decker*, GRUR-RR 2012, 417 (419); „*Campendonk*"-Entscheidung, Urt. v. 28.09.2012 - 2 O 457/08, GRUR-RR 2012, 444 (447); „*Guercino Entscheidung*" OLG Hamm, Urt. v. 14.03.1995 - 7 U 163/94, juris Rn.5; a.A. BGH, Urt. v. 15.02.1995 - VIII ZR 126/94, NJW 1995, 1673, unter I; *Anton*, ZVertriebsR 2013, 343 (347).

1037 *Grundmann* in: MüKo-BGB, § 276 Rn. 4.

1038 *Grundmann* a.a.O., § 276 Rn. 6; *Lorenz* in: BeckOK-BGB, EL: 01.02.2022, § 276 Rn. 5.

1039 *Lorenz* ebd.: Die Vorschrift des § 278 BGB hat insofern im Kunsthandel eine große Bedeutung, als dass es aufgrund ihrer Wirkung im dreiseitigen Haftungssystem des Kunsthandels zur gegenseitigen Zurechnung kommt: Wird der Kunstvermarkter als Stellvertreter tätig, hat der Einlieferer als Verkäufer dennoch für dessen Handlungen einzustehen. Wird der Kunstvermarkter selbst als Verkäufer aktiv, muss er sich das Verhalten seiner Erfüllungsgehilfen ebenfalls zurechnen lassen, dazu sogleich Kap. 3 § 2 B IV 3 b) bb) (1).

1040 *Ulber* in: Erman BGB, § 280 Rn. 66.

1041 *Ulber* ebd.

(1) Beurteilungskriterien

Das Verschuldensprinzip im Rahmen des Schadensersatzrechts entspricht unter Gerechtigkeitsgesichtspunkten dem, was die Parteien bei einem vorgenommenen Rechtsgeschäft voneinander erwarten dürfen, sofern besondere Umstände nicht hinzukommen. Deshalb müssen auch jegliche Versuche, den Verschuldensmaßstab aufgrund der Person des Kunstverkäufers anders zu beurteilen, ausscheiden.

Es überzeugt nicht, den Verschuldensmaßstab daran zu skalieren, ob der Kunstvermarkter im Einzelfall mit einem Laien kontrahiert, der keine besonderen Fähigkeiten und Kenntnisse auf dem Kunstmarkt hat oder sein Gegenüber ein professioneller Kunstkäufer ist, der sich mit den Eigenheiten des Kunstmarkts auskennt.[1042] Das Verschulden nach § 276 Abs. 1 BGB bezieht sich allein auf die Person des Kunstvermarkters als Verkäufer. Dessen haftungsrechtliche Beurteilung darf nicht von der Person seines Kontrahenten abhängig gemacht werden, weder in anderen Wirtschaftszweigen noch auf dem Kunstmarkt.[1043]

Indiz dafür ist auch das Kulturgutschutzgesetz, das in seinen §§ 40 ff. KGSG spezielle Sorgfaltspflichten beim *Inverkehrbringen* mit Kulturgütern regelt. Auch wenn von dem speziellen KGSG kein allgemeiner Schluss *a minore ad maius* auf alle Kunstwerke getätigt werden darf, lässt sich doch daran erkennen, dass der Gesetzgeber lediglich in der Person des Verkäufers bzw. seines Vertreters die Pflicht sieht einen gewissen Maßstab an Sorgfalt einzuhalten. Die Person des Käufers muss dafür außer Betracht bleiben.

Der Fall, bei dem ein kundiger und professionell am Markt tätiger Kunstvermarkter mit einem Laien kontrahiert, stellt einen Verbrauchsgüterkauf im Sinne der §§ 474ff. BGB dar. Hier hat der Gesetzgeber bereits Sonderregelungen getroffen und stets die Person des Unternehmers als Verkäufer in die Pflicht genommen. Letztlich ist die Umsetzung dessen, dass der Kunstvermarkter stets in der Kenntnis über den Wissensstand seines Vertragspartners ist, schlicht nicht möglich. Insbesondere bei *anonymisierten* Geschäften, wie auf dem Kunstsekundärmarkt, insbesondere dabei im Auktionsverfahren, aber auch beim Galeriehandel, bei welchem der Käufer nicht zwangsweise selbst in Erscheinung treten muss, sondern sich vertre-

---

1042 Zur Annahme einer Beschaffenheitsgarantie bei „Asymmetrischen" Verträgen: *Anton*, ZVertriebsR 2013, 343 (348) unter Verweis auf BGH, TeilVU u. SU v. 29.11.2006 - VIII ZR 92/06, NJW 2007, 1346 Rn. 25.

1043 *Anton*, ZVertriebsR 2013, 343 (347).

ten lässt, kann dem Verkäufer nicht zugemutet werden, jede Person, die potenziell Vertragspartner werden kann, zu kennen.

Damit verbleibt es allein an der Person des Kunstvermarkters die Beurteilungskriterien festzulegen.[1044] Gem. § 276 Abs. 1 BGB hat der Kunstvermarkter für Vorsatz und Fahrlässigkeit einzustehen. Wann der Kunstvermarkter die im Verkehr erforderliche Sorgfalt außer Acht lässt und damit fahrlässig handelt, entbehrt einer allgemein gültigen Antwort. Dies gilt es im Einzelfall nach den hinzutretenden Umständen zu bestimmen, wobei die Bedeutung des Werkes im *Oeuvre* des Künstlers, die Plausibilität der Herkunftsangaben sowie sonstige Umstände bei der Einlieferung eines Werkes zu beachten sind.[1045]

Hat der Kunstvermarkter eine anerkannte und gefestigte Stellung am Markt, müssen die Sorgfaltsanforderungen an ihn höher sein als würde eine private Person handeln. Dies gilt auch im Umgang mit hochpreisiger Ware und rührt daher, dass demjenigen Kunstvermarkter, der mit Meisterstücken handelt, regelmäßig sowohl von Einlieferer- als auch von Käuferseite ein hohes Vertrauen entgegengebracht wird.[1046]

In Ergänzung zu der bereits erläuterten Annahme, dass vorvertraglichen Individualäußerungen der Kunstvermarkter und Kunstexpertisen im *Zusammenspiel* mit Katalogangaben, der Wert einer Beschaffenheitsgarantie zukommen muss, stellt sich die Frage, ob man ein im Sinne des Verschuldens rechtlich *nicht relevantes* Verhalten annehmen darf, wenn der Kunstvermarkter unter ausdrücklicher Offenlegung eigenen *Nichtwissens* sich lediglich auf Drittangaben eines Kunstsachverständigen beruft?[1047]

(a) Berufung auf Drittangaben des Kunstsachverständigen

Gemäß § 278 S. 1 2. Alt. BGB kann sich der Kunstvermarkter jedenfalls nicht exkulpierend auf Drittangaben eines Kunstsachverständigen berufen,

1044 Es ist dafür unerheblich, ob der Kunstvermarkter als Stellvertreter oder Kommissionär tätig wird, weil sein Verhalten wegen § 166 Abs. 1 BGB in jedem Fall Maßstab für den Verschuldensgrad des § 276 BGB ist.

1045 Auf die besonderen Sorgfaltsanforderungen in Hinblick auf Kulturgüter wird im Folgenden gesondert eingegangen, dazu Kap. 3 § 1 B IV 3 b) bb) (2).

1046 *Elmenhorst/Decker*, GRUR-RR 2012, 417 (419).

1047 Ein solches Berufen auf Drittangaben ist in der Praxis regelmäßig der Abdruck „lt.", der signalisieren soll, dass die Angaben nicht die Wiedergabe eigenen Wissens sind, *Elmenhorst/Decker*, GRUR-RR 2012, 417 (419); dazu auch Kap. 3 § 1 B III 1 a) aa) (2).

wenn Letzterer als sein *Erfüllungsgehilfe* zu qualifizieren ist. In diesem Fall ist ihm dessen Verschulden zuzurechnen. Erfüllungsgehilfe ist derjenige, der nach den tatsächlichen Umständen mit dem Willen des Schuldners bei der Erfüllung einer ihm obliegenden Verbindlichkeit als seine Hilfsperson tätig wird.[1048] Es kommt danach allein darauf an, ob sich die Tätigkeit des Kunstexperten tatsächlich auf die Erfüllung der Verbindlichkeit des Kunstvermarkters bezieht.[1049] Dass der Kunstexperte in der Regel selbst Unternehmer ist, steht seiner Einordnung als Erfüllungsgehilfe grundsätzlich nicht entgegen, sofern er im Rahmen der Pflichten des AGB-Verwenders tätig wird.[1050]

Der Zweck einer Kunstexpertise besteht darin, im Rechtsverkehr zu bescheinigen, dass das Werk der angegebenen Beschaffenheit entspricht.[1051] Sind die Marktteilnehmer nur bereit, den Kaufvertrag über ein Kunstwerk abzuschließen, wenn das Gutachten eines Kunstexperten vorliegt und die Veräußerbarkeit des Werkes ohne das Vorliegen der Expertise nicht oder nur unter anderen Bedingungen möglich ist, erscheint es sachgerecht, dem Kunstexperten die Rolle des *Erfüllungsgehilfen* für den Kunstvermarkter zuzubilligen.[1052] Definitiv kommt der Kunstexpertise in wirtschaftlicher Hinsicht eine zentrale Rolle für die Wertschätzung des Kunstwerkes und damit zumindest mittelbar für den Erfolg der Absatzbemühungen durch den Kunstvermarkter zu.[1053] Dass die Kunstexpertise kausal für das Zustandekommen des Kaufvertrages ist, wird im Kunsthandel vermutet, sofern der Käufer die Expertise kennt und sich die Aussage mit der damit einhergehenden Echtheitsbewertung objektiv in den *essentialia negotii* des Vertrages niederschlägt.[1054] Spricht man der Echtheitsbewertung durch einen Kunstexperten die Wirkung eines wesentlichen Vertragsbestandteils zu und kommt der Vertrag über hochpreisige Kunstwerke *anerkannter Meister* regelmäßig nur unter Hinzuziehung einer Expertise zustande, muss der Sachverständige auch als Erfüllungsgehilfe des Kunstvermarkters eingeord-

---

1048 *Stadler* in: Jauernig BGB, § 278 Rn. 6;

1049 *Christensen* in: Ulmer/Brandner/Hensen, AGB-Recht, § 309 Nr. 7 Rn. 25.

1050 *Christensen* ebd.

1051 *Ehinger*, Dritthaftung für Kunstexpertisen, S. 211.

1052 *Ehinger*, a.a.O., S. 35.

1053 Vgl. deshalb auch die Einordnung der Rechtsnatur einer Beschaffenheitsgarantie i.S. von § 444 2. Var. BGB ausführlich Kap. 3 § 1 B IV 3 b) aa) sowie Kap. 3 § 2 C III.

1054 *Ehinger*, a.a.O., S. 256.

net werden.[1055] Dies überzeugt auch deshalb, weil der Kunstvermarkter sich regelmäßig auf die Aussagen des Kunstexperten beruft und diese sich damit zu eigen macht.[1056] Die Pflicht des Kunstexperten erschöpft sich auch nicht aus objektiver Betrachtung in einer eigenen Verpflichtung dem Käufer gegenüber.[1057] Zwar ist auch zwischen dem Kunstexperten und dem Kunstkäufer ein rechtsgeschäftsähnliches Schuldverhältnis im Sinne von § 311 Abs. 3 BGB anzunehmen, welches den Experten zur Rücksichtnahme im Sinne von § 241 Abs. 2 BGB anhält.[1058] Er selbst ist aber nicht Vertragspartei des Kaufvertrages.[1059] Damit kann er trotz des gegenüber dem Käufer begründeten Vertrauensverhältnisses in Erfüllung der Verbindlichkeit des Kunstvermarkters tätig werden.[1060]

Die Angaben des Kunstexperten können damit stets dem Kunstvermarkter zugerechnet werden. In der Berufung auf Drittangaben kann somit kein taugliches Mittel gesehen werden, nach dem der Kunstvermarkter einer Haftung wegen einfacher Fahrlässigkeit entrinnen kann.[1061]

(b) Berufung auf Drittangaben des Einlieferers

Den Einlieferer hingegen als Erfüllungsgehilfen einzuordnen, begegnet Bedenken. Ohne jeden Zweifel ist der Kunstvermarkter hinsichtlich der ihm zukommenden Hauptleistungspflichten des § 433 Abs. 1 S. 2 BGB, die in der Übergabe und Übereignung eines mangelfreien Kunstwerkes bestehen, auf die Mitwirkung seiner Einlieferer angewiesen.

Er muss das Kunstwerk an den Kunstvermarkter übergeben, es ihm zur Ausstellung überlassen und ihn dazu „beauftragen", einen Kaufvertrag unmittelbar mit einem Endkäufer zu schließen. Darüber hinaus trifft ihn

---

1055 In diesem Sinne handelt es sich um eine wesentliche Pflicht des Kunstvermarkters gegenüber seinen Käufern, vgl. *Ulber* in: Erman BGB, § 278 Rn. 38; BGH, Urt. v. 19.03.2013 - XI ZR 46/11, juris Rn. 17.

1056 Kap. Kap. 3 § 1 B IV 3 b) aa)

1057 *Ulber* a.a.O., § 278 Rn. 40; BGH, Urt. v. 24.01.2019 - I ZR 160/17, juris Rn. 48.

1058 *Ehinger*, a.a.O., S. 263.

1059 BGH, Urt. v. 24.01.2019 - I ZR 160/17, juris Rn. 48.

1060 *Ulber* a.a.O., § 278 Rn. 41.

1061 A.A. „*Campendonk*"-Entscheidung, LG Köln, Urt.v.28.09.2012 - 2 O 457/08, GRUR-RR 2012, 444 (447).

mindestens die Pflicht aus § 241 Abs. 2 BGB zur Rücksichtnahme und Interessenwahrung gegenüber dem Kunstvermarkter.[1062]

Allerdings wird der Einlieferer zunächst nicht in Erfüllung einer Verbindlichkeit des Kunstvermarkters tätig. Der Eigentümer liefert das Kunstwerk an den Kunstvermarkter und schließt mit diesem den entsprechenden Dienstvertrag für sich selbst ab, wobei er in Unkenntnis über die Person seines späteren Kontrahenten handelt.[1063]

Im Zuge des Verkaufs und der Veräußerung tritt der Einlieferer aber üblicherweise nicht mehr in Erscheinung.[1064] Damit fehlt es bei dem Einlieferer an einer Tätigkeit, die in Erfüllung der Verbindlichkeit des Kunstvermarkters erfolgt.

Allerdings widerspricht das typische Distributionssystem des Kunsthandels der Möglichkeit des Kunstvermarkters, sich im Wege der Verweisung auf Angaben des Einlieferers exkulpieren zu dürfen.[1065]

Es ist in der Sache zwar richtig, dass Kunstvermarkter in Bezug auf wesentliche Beschaffenheitsmerkmale wie Urheberschaft und Provenienz auf die Mitwirkung ihrer Einlieferer angewiesen sind. Darüber hinaus ist der Kunstvermarkter infolge seines hohen Ansehens verpflichtet, jegliche ihm geäußerten Merkmale auf ihre Plausibilität zu prüfen und eventuellen Zweifeln nachzugehen.

Es steht in seiner Pflicht, Zweifel, die aus der eigenen Überprüfung resultieren und nicht ausgeräumt werden können, seinen Käufern offen darzulegen und sie darauf hinzuweisen. Tatsächlich ist dies ein *geschäftsschädigender* Akt. Es darf angenommen werden, dass infolge der Äußerung von Zweifeln und Ungewissheiten in Bezug auf derart wesentliche Merkmale ein Teil der Käuferschaft vor einem Kauf zurückschreckt. In diesem Sinne läuft es aber erneut auf eine geschäftspolitische Entscheidung des Kunstvermarkters hinaus, abzuwägen, welches Risiko für ihn schwerer wiegt: Ein eventueller Verkauf unter Wert, sofern sich seine Zweifel im Nachhinein beheben lassen oder die Inanspruchnahme des Käufers auf Schadensersatz

1062 Vgl. zur Begründung der Rücksichtnahmepflichten des Einlieferers ggü. dem Kunstvermarkter: Kap. 6.

1063 Zu den Vertragsgestaltungen im *Innenverhältnis* zwischen Kunstvermarkter und Einlieferer vgl. Kap. 2 § 2 C. Ungeachtet, ob der Kunstvermarkter im Einzelfall als Kommissionär, Kommissionsagent oder als Stellvertreter oder Handelsvertreter tätig wird, liegt im Innenverhältnis stets ein Dienstvertrag mit Geschäftsbesorgungscharakter vor, §§ 611ff. 675 BGB.

1064 Vgl. ausführlich zu der Anonymität auf dem Kunstmarkt, vgl. Kap. 2 § 1 B und dort insbesondere Pkt. II und Pkt. III.

1065 „*Campendonk*“-Entscheidung, a.a.O.

wegen bewahrheiteter Mängel. Ist der Kunstvermarkter aber vertraglich zu einer Überprüfung der Kunstwerke verpflichtet, was nicht zwingend ausdrücklich zwischen den Parteien vereinbart sein muss, sondern sich auch aus der *Handelsübung* am Kunstsekundärmarkt ergibt, kann in der Berufung auf Drittangaben ganz allgemein kein taugliches Mittel gesehen werden, mit dem sich der Kunstvermarkter von einer Haftung wegen - jedenfalls fahrlässiger -Pflichtverletzung exkulpieren kann.

(c) Berufung auf Datenbanken und Verzeichnissen

Allerdings muss dem Kunstvermarkter insofern eine Exkulpation möglich sein, indem er sich auf die Nichteintragung in einer Kunstdatenbank oder eines Künstlerverzeichnisses berufen darf[1066], die im Zeitpunkt des Verkaufs nachweislich bestand. Spricht man der Eintragung der Suchmeldung in einer Datenbank oder einem Kunstregister die Rechtskraft einer *Publizitätswirkung* in positiver wie negativer Weise zu, muss man in Konsequenz dazu für die Annahme eines weder fahrlässigen noch vorsätzlichen Handelns es als ausreichend gelten lassen, dass der Kunstvermarkter im Zeitpunkt des Vertragsschlusses sich über die Nichteintragung eines Werkes in den entsprechenden Registern versichert hat und diese nachweislich nicht vorhanden war.[1067] Freilich wird dieses Handeln nicht ausreichen, wenn der Zweifel an der Mangelfreiheit des Kunstwerks durch die Provenienzrecherche mittels der Datenbanken nicht zu beseitigen ist.[1068]

Aufgrund der Nichtabgeschlossenheit der Kunstverzeichnisse und -datenbanken exkulpiert sich auch jener Kunstvermarkter nicht erfolgreich, wenn das Werk zwar in keiner öffentlichen Liste eingetragen ist, es aber als fälschungsverdächtigtes Gemälde von anderen Kunstvermarktern aufgrund erheblicher Zweifel an dessen Urheberschaft oder Provenienz abgelehnt wurde.[1069] Die Publizität der Kunst-Datenbanken kann bei evident bestehenden Zweifeln keine Wirkung entfalten.

1066 *Elmenhorst/Decker*, GRUR-RR 2012, 417 (419).

1067 Zur Publizitätswirkung der Kunst-Datenbanken vgl. ausführlich Kap. 2 § 1 B II 2 c) aa).

1068 Dies löst sich anhand des Erfordernisses der Kausalität von Pflichtverletzung zu Vermögensschaden, vgl. LG Köln, Urt.v.28.09.2012 - 2 O 457/08, GRUR-RR 2012, 444 (448).

1069 *Elmenhorst/Decker*, GRUR-RR 2012, 417 (419).

(d) Naturwissenschaftliche Untersuchungen

Letztlich muss die Frage aufgeworfen werden, ob ein Kunstvermarkter dann mindestens fahrlässig handelt, wenn er naturwissenschaftliche Untersuchungen, wie etwa chemische Pigmentanalysen, Röntgen- und generell mikroskopische Untersuchungen, oder Infrarot-Reflektographien *unterlässt* bzw. ob er jedenfalls dann schuldlos handelt, wenn er diese Untersuchungen anfertigen lässt und sie die Angaben des Einlieferers bestätigen.[1070]

Objektive Untersuchungsmöglichkeiten als Mittel zur Exkulpation einzusetzen, ist im Ergebnis abzulehnen. Sie sind nicht geeignet, einen objektiven und unwiderleglichen *terminus post quem*[1071] zu liefern. Zum einen birgt eine naturwissenschaftliche Untersuchung stets die Gefahr einer Beschädigung an der Substanz des Kunstwerkes in sich und ist damit geeignet, den Wert des Gemäldes unter Umständen erheblich zu mindern,[1072] zum anderen ist eine naturwissenschaftliche Untersuchung nicht immer erfolgsversprechend. Sie ist lediglich dazu geeignet den Entstehungszeitraum des konkret eingelieferten Werkes einzugrenzen. Bei Werken der Nachkriegskunst entbehrt sie hingegen schon dieser Fähigkeit.[1073]

Damit ist ein Ausschluss jeglichen Verschuldensgrades mit Hilfe der Hinzuziehung naturwissenschaftlicher Analysen in Anbetracht deren bekannter Begrenztheit und der Unzuverlässigkeit der Methode zweifelhaft. Die naturwissenschaftliche Analyse dient nicht der positiven Bestimmung, sondern lediglich der Widerlegung im negativen Sinn. Der Erfolg ihres Ergebnisses hängt dabei zu eng mit den Angaben des Einlieferers zusammen und ist in diesem Sinne nicht präzise.

Damit darf es für die Exkulpation nach § 280 Abs. 1 S. 2 BGB nicht ausreichen, dass sich der Verkäufer auf die Anfertigung einer naturwissenschaftlichen Expertise beruft.

1070 *Elmenhorst/Decker*, ebd.

1071 Die Formulierung meint den anhand naturwissenschaftlicher Untersuchungen nachgewiesenen Zeitpunkt, indem beispielsweise eine Farbe erstmals hergestellt wurde und ein Werk somit zum frühestmöglichen Zeitpunkt nur ab dann hätte hergestellt werden können.

1072 LG Köln, Urt.v.28.09.2012 - 2 O 457/08, GRUR-RR 2012, 444 (448).

1073 *Elmenhorst/Decker*, a.a.O. (419).

(e) Stellungnahme und Lösungsversuch

Als unbefriedigendes Ergebnis bleibt die Feststellung, dass der Kunstvermarkter sich lediglich dann exkulpieren kann, wenn er die Provenienz des einzuliefernden Kunstwerkes vorher anhand von Eintragungen in Datenbanken und Verzeichnissen überprüft und auf den Nichtbestand in Ermangelung anderer zweifelerregender Ereignisse vertrauen darf. Wann er hingegen im Sinne einer Kausalität darauf vertrauen darf, dass die negative Publizität der Kunstdatenbanken und -verzeichnisse auf den konkreten Fall einschlägig ist, bleibt fraglich. Dabei sind auch die weiteren Umstände des individuellen Rechtsgeschäfts zu berücksichtigen.

Da dieser Lösungsweg anhand reiner Rechtsdogmatik nicht zu einem zufriedenstellenden Ergebnis führt, ist anhand einer wertenden Betrachtungsweise für die Determinierung des Verschuldensmaßstabs von Kunstvermarktern folgende Definition zugrunde zu legen:

Der Kunstvermarkter handelt stets dann fahrlässig, wenn ihm aufgrund einer Tatsache, die ihm positiv bekannt war oder ihm als am Kunstmarkt professionell agierender Teilnehmer hätte bekannt sein müssen, Zweifel an der Mangelfreiheit des Kunstwerkes aufkommen, und er sich über die Zweifel hinwegsetzt, ohne subjektive und - sofern geeignet und erforderlich - objektive Maßnahmen einzuleiten, die aus einer Betrachtung ex-ante geeignet gewesen wären, die bestehenden Zweifel aus dem Weg zu räumen, und verbleibende Zweifel seinen Käufern gegenüber nicht ausdrücklich äußert.

Ausgenommen der Besonderheiten des jeweiligen Einzelfalls treffen den Kunstvermarkter damit stets folgende Handlungspflichten, um sich eines Fahrlässigkeitsvorwurfs zu entledigen:

1. Pflicht: Der Kunstvermarkter hat bei Einlieferung der Kunstgegenstände diese stets durch sein eigenes Expertenteam zu untersuchen und diese Untersuchung zu dokumentieren. Dies entspricht bereits der üblichen Geschäftspraxis von am Sekundärmarkt tätigen Kunstvermarktern und ist für eine marktentsprechende Sorgfalt unerlässlich.[1074]

2. Pflicht: Der Kunstvermarkter hat die Provenienz des Werkes zu erforschen. In der Regel werden die Kataloge großer Kunstvermarkter durch die Kunstdatenbanken automatisiert überprüft.[1075] Zeigen sich Auffälligkeiten in der Provenienz, die nicht zweifellos ausgeräumt wer-

1074 Kap. 2 § 2 B II und a.a.O. III.
1075 Kap. 3 § 1 B II 2 c) aa).

den können, darf sich die Anstrengung des Kunstvermarkters nicht in der Überprüfung der Verzeichnisse erschöpfen.[1076]

3. Pflicht: Entschließt sich der Kunstvermarkter das Kunstwerk als Kommissionsgut entgegenzunehmen, folgt ein individuelles Sorgfaltsprogramm und damit der variabelste Punkt, der je nach Einzelfall mit hohen Kosten und Aufwand verbunden sein kann.[1077] Der Kunstvermarkter muss mit Hilfe subjektiver[1078] und objektiver[1079] Beurteilungskriterien jegliche aufkommenden Zweifel ausräumen. Bestehen in Ermangelung jeglicher Anhaltspunkte grundsätzlich keine Zweifel in Hinblick auf wesentliche Beschaffenheitsmerkmale, insbesondere Urheberschaft und Provenienz, muss der Kunstvermarkter als Mindestmaß seiner Sorgfaltspflicht das Kunstwerk durch einen Experten begutachten und sich als „*unbedenklich*" bescheinigen lassen. Ob die Person im Betrieb des Kunstvermarkters tätig ist oder frei am Markt agiert, vermag für die Erfüllung der Sorgfaltsanforderungen keinen Unterschied zu machen. Entscheidend ist allein, dass der Kunstexperte eine *unabhängige* Meinung vertritt.[1080]
Lassen sich durch eine Expertenmeinung die Zweifel nicht gänzlich ausräumen, ist eine naturwissenschaftliche Untersuchung durchzuführen, wobei zunächst die Möglichkeit geprüft werden muss, ob diese überhaupt im Einzelfall geeignet ist, die bestehenden Zweifel auszuräumen.[1081]

4. Pflicht: In der Werbephase darf der Kunstvermarkter lediglich den Inhalt dessen wiedergeben, was Ergebnis seiner eigens durchgeführten Beurteilung ist. Es ist ihm nicht verwehrt, sich grundsätzlich auf Drittangaben zu berufen, jedoch führt dies zu keiner Haftungserleichterung. Entscheidend ist, dass der Kunstvermarkter jegliche Zweifel, die sich nicht ausräumen lassen, ausdrücklich offenbaren und kenntlich machen muss.

1076 Etwa wie in den *Beltracchi Fällen*, etwa „*Campendonk*"-Entscheidung, LG Köln, Urt. v. 28.09.2012 - 2 O 457/08, juris; „*Caracci*"-Fall: OLG Köln, Urt. v. 08.07.2016 - 1 U 36/13, juris.

1077 *Anton*, ZVertriebsR 2013, 343 (357).

1078 Unter *subjektiven* Beurteilungskriterien versteht man die Kunstexpertisen.

1079 Unter *objektiven* Beurteilungskriterien sind die Kunstdatenbanken und naturwissenschaftliche Untersuchungen zu verstehen.

1080 Kap. 3 § 1 B III 1 a) aa) (2).

1081 Kap. 3 § 1 B IV 3 b) bb) (1) (d).

Es muss dem Kunstvermarkter grundsätzlich verwehrt bleiben, sich Formulierungen zu bedienen, die für den Interessenten verschleiernd wirken und auf eine besondere Herkunft oder Urheberschaft hindeuten können.[1082]

(2) Kulturgüter

Der besondere Sorgfaltsmaßstab nach den §§ 40ff. KGSG gilt nach dem zuvor Erläuterten nur für die darin erwähnten *Kulturgüter*.[1083] Das Gesetz unterscheidet hier zwischen den allgemeinen Sorgfaltspflichten nach § 41 KGSG, den Sorgfaltspflichten bei gewerblichem Inverkehrbringen gemäß § 42 KGSG, den erleichterten Sorgfaltspflichten bei gewerblichem Inverkehrbringen nach § 43 KGSG und letztlich den erhöhten Sorgfaltspflichten bei gewerblichem Inverkehrbringen im Sinne des § 44 KGSG.

Inverkehrbringen ist gemäß § 2 Abs. 1 Nr. 9 KGSG jede Weitergabe von Kulturgut in eigenem oder fremdem Namen. Damit ist jedes Rechtsgeschäft erfasst, dass auf Veräußerung gerichtet ist, wie das Angebot, der Verkauf, die Vermittlung, der Vertrieb und auch die unentgeltliche Weitergabe und Abgabe von Kulturgut zwecks wirtschaftlicher Verwertung.[1084] Erforderlich, aber auch ausreichend ist ein angestrebter oder vollzogener Besitzwechsel.[1085] Der Begriff des Inverkehrbringens ist damit umfassend formuliert und damit geeignet die Kunstvermarkter in ihrem Handelsbereich unmittelbar zu tangieren.

Die §§ 41 ff. KGSG regeln die Sorgfaltspflichten desjenigen, der Kulturgut irgendwie auf den Markt bringt.

Sofern das Inverkehrbringen keinen *gewerblichen* Charakter hat, legt § 41 KGSG die allgemeinen Sorgfaltspflichten fest, die sich darin erschöpfen, dass diese Person das Kulturgut darauf überprüft, abhandengekommen, unrechtmäßig eingeführt oder rechtswidrig ausgegraben worden zu sein, sofern sich in objektiver Betrachtung die Vermutung aufdrängt, dass einer der genannten Tatbestände in Betracht kommt. Für die *verdachtserregende* Vermutung nennt die Norm Regelbeispiele, wie einen außergewöhnlich niedrigen Preis (Nr. 1) oder eine Barzahlung von mehr als 5.000 Euro (Nr. 2). Die nicht gewerbliche Form des Inverkehrbringens ist in Anbetracht der für diese Arbeit gegenständlichen Marktteilnehmer uninteres-

1082 Kap. 3 § 1 IV 3 b) bb).
1083 Kap. 3 § 1 B II 2.
1084 *Elmenhorst/Strobl*, KUR 2017, 158 (158).
1085 BT-Drs. 18/7465, S. 59, dort unter „Zu Nummer 8".

sant. In Hinblick auf die *professionellen* und *gewerbsmäßig* tätig werdenden Auktionshäuser und Galerien erweitert der Gesetzgeber in § 42 Abs. 1 KGSG die Sorgfaltsanforderungen. Kleinteilig verlangt hier der Gesetzgeber die Dokumentation über die Person des Veräußerers, Einlieferers, Erwerbers oder Auftragsstellers, der Provenienz sowie sämtlicher Dokumente und schließlich die Überprüfung der öffentlich zugänglichen Verzeichnisse und Datenbanken.

Anforderungen daran, welche Pflichten gelten, wenn keine Dokumente vorhanden sind, stellt der Gesetzgeber nicht auf.[1086] Er normiert aber eine Grenze der Sorgfaltspflichten beim gewerblichen Inverkehrbringen. Nach § 42 Abs. 1 S. 3 KGSG sind detaillierte Angaben, mit Ausnahme von Namen und Anschrift des Vertragsteilnehmer sowie eine Beschreibung des Kaufobjekts, erlassen, sofern sie nur mit - insbesondere finanziell - unzumutbarem Aufwand zu erreichen sind.

Das Prinzip der wirtschaftlichen Zumutbarkeit wird aber in § 44 KGSG durchbrochen. Danach will der Gesetzgeber die speziellen Anforderungen ohne Rücksicht auf wirtschaftliche und finanzielle Belange des Unternehmers gelten lassen, wenn das Kulturgut vermutlich aufgrund der Verfolgung durch den Nationalsozialismus entzogen wurde, es aus einem Staat stammt, der auf der Roten Liste gefährdeter Kulturgüter des Internationalen Museumsrats aufgeführt ist, oder für das Verbot zur Ein- oder Ausfuhr eine EU-VO maßgebend ist.[1087] Diese erhöhten Anforderungen erfahren ihre Rechtfertigung darin, dass bei einer beruflichen Spezialisierung der zumutbare Aufwand vertretbar höher angesetzt werden kann.[1088] Außerdem verfügt der Unternehmer regelmäßig über einen vereinfachten Informationszugang, wodurch die Provenienzrecherche erfolgsversprechender ausfällt.[1089]

1086 *Mahmoudi/Mahmoudi*, Kunst-Wissenschaft-Recht-Management, S. 305.

1087 BVerfG, Beschl. v. 28.06.2021 - 1 BvR 1727/17, juris Rn. 7.

1088 BT-Drs. 18/7456, S. 98, dort unter „Zu § 42 (Sorgfaltspflichten beim gewerblichen Inverkehrbringen)“: Der in § 44 Abs. 1 KGSG geregelte völlige Ausschluss des Einwands eines unzumutbaren Aufwands überrascht zwar zunächst; denn der Gesetzgeber hat in der gleichen Begründung darauf hingewiesen, dass die Schranke der Zumutbarkeit nicht lediglich aufgrund finanzieller Belastungen notwendig sei, sondern sich klar ergibt, dass nicht für jedes Kulturgut eine lückenlose Provenienz zu klären ist, insbesondere wegen des häufigen Eigentümerwechsels und zeitlich lange zurückliegender Erwerbsvorgänge. Aufgrund der klaren Individualisierung der betroffenen Handelsobjekte ist dies aber sachgerecht.

1089 BVerfG, Beschl. v. 28.06.2021 - 1 BvR 1727/17, juris Rn. 18.

Der aus den §§ 41 ff. KGSG hervorgehende Sorgfaltsmaßstab bildet unzweifelhaft bei *Kulturgütern* den Maßstab des Verschuldens nach § 276 Abs. 1 BGB. Verstößt derjenige, der solche Kulturgüter in Umlauf gibt, gegen die ihm obliegende Sorgfaltspflicht, ist unproblematisch ein fahrlässiges Handeln im Sinne des § 276 Abs. 2 BGB anzunehmen.

Da es aufgrund der gesetzlichen Vermutung des § 280 Abs. 1 S. 2 BGB auf die Exkulpation des Verkäufers ankommt, liegt es an ihm, die Einhaltung der Sorgfaltsanforderungen darzulegen und zu beweisen.[1090]

4. Mitverschulden

Letztlich entscheidet aber nicht nur das Verhalten des Kunstvermarkters über den Anspruch des Käufers und insbesondere dessen Höhe, sondern auch das Verhalten von Letzterem. Gemäß § 254 Abs. 1 BGB hängt die Höhe des Schadensersatzanspruches davon ab, inwieweit den Beschädigten ein Verschulden bei der Entstehung des Schadens trifft. Ein Rücktritt wird nach § 326 Abs. 6 BGB ausgeschlossen, sofern der Gläubiger für den Umstand, der ihn zum Rücktritt berechtigt, allein oder weit überwiegend verantwortlich ist.

Fraglich ist, wann einem Kunstkäufer ein Verschulden in eigener Sache vorgeworfen werden kann.[1091] Die Frage nach dem Mitverschulden ist aber bereits dogmatisch im Bereich des Kunsthandels zweifelhaft. Allenfalls kann man der Frage begegnen, inwiefern von einem Käufer vorvertraglich verlangt werden kann, etwaig aufkommenden Zweifeln nachzugehen und diese auszuräumen und wann die Bedingungen des Vertragsschlusses Anhalt für solche Zweifel bieten, denn den Mangel am Kunstwerk hat der Käufer regelmäßig nicht zu vertreten.

1090 Würde keine Beweislastumkehr in § 280 Abs. 1 S. 2 BGB vorgesehen sein, müsste aufgrund der in §§ 41ff. KGSG vorgesehenen Sorgfaltsanforderungen zumindest eine sekundäre Darlegungslast angenommen werden müssen, weil der Käufer, als dann primär darlegungsbelastete Partei, keine nähere Kenntnis der Dokumentation und überhaupt der maßgeblichen Umstände hat. Er hat darüber hinaus auch keine weitere Möglichkeit der Sachverhaltsaufklärung und ist in diesem Sinne auf die Darlegung durch den Verkäufer angewiesen, dem dies ohne Weiteres möglich und auch zumutbar ist, vgl. zu den Grundsätzen der sekundären Darlegungslast BGH, Urt. v. 19.07.2019 - V ZR 255/17, juris Rn. 49; BGH, Urt. v. 08.01.2014 - I ZR 169/12, juris Rn. 17.

1091 *Ebert* in: Erman BGB, § 254 Rn. 20.

Man darf dem Käufer also lediglich vorwerfen, den Vertrag zu den vereinbarten *Konditionen* geschlossen zu haben. Tatsächlich ist auch der Vertragsschluss - und damit auch das rechtserhebliche Verhalten des Käufers - mit den individuellen Konditionen, insbesondere zu dem verabredeten Kaufpreis, kausal für die Entstehung des Schadens.[1092] Dies bezeugen auch die erarbeiteten und geforderten Sorgfaltsanforderungen des Kunstvermarkters, die nicht bei der Vermeidung des Mangels ansetzen, sondern daran, dass der Mangel rechtzeitig aufgedeckt wird und sich nicht negativ im Vermögen des Käufers niederschlägt. Damit stammt der Schaden aus dem Bereich des Risikos, zu dessen Abwendung die vertragliche Pflicht übernommen worden ist.[1093]

Für die Darlegung dieses Vorwurfes muss der Kunstvermarkter anführen, dass der Käufer die nach Lage der Sache im eigenen Interesse gebotene Sorgfalt außer Acht gelassen hat, mit der ein verständiger Mensch handeln würde, um sich selbst vor diesem Schaden zu bewahren.[1094]

Somit ist zu ermitteln, wann im Einzelfall den Käufer ein Mitverschulden trifft, welches im Rahmen der §§ 254 Abs. 1, 326 Abs. 6 BGB Relevanz entfaltet.

Der Käufer erhält vor Abschluss des Kaufvertrages grundsätzlich Gelegenheit zur Besichtigung des Kaufwerkes. Beim Galerie- und Atelierkauf regelmäßig durch die Ausstellung; beim Auktionshaus durch die vorvertraglichen Besichtigungsmöglichkeiten.

Deckt der Käufer im Rahmen dieser Besichtigungen keinen Mangel an dem Werk auf, darf daraus nicht ohne Weiteres der Schluss gezogen werden, ihn würde an der Entstehung des Schadens in seinem Vermögen ein Mitverschulden treffen. Denn in Anbetracht der Besonderheiten des Kunsthandels und des regelmäßigen Vorkommnisses *verdeckter Mängel*, die sogar vom Kunstvermarkter nicht aufgedeckt werden können, darf dieses Verhalten grundsätzlich nicht relevant sein. Ungeachtet seiner ausgeübten Tätigkeit, ob er privat oder gewerblich, einmalig oder als Sammler tätig wird, dürfen an die in eigener Sache und eigenem Interesse gebotene Sorgfalt keine übermäßig hohen Anforderungen gestellt werden.[1095] Wenn schon dem Kunstvermarkter, der regelmäßig kurzweilig mit dem Kunstwerk verkehrt und dieses in seinem Gewahrsam hat, die Aufdeckung eines verdeckten

---

1092 *Ebert* ebd.; BGH, Urt. v. 14.03.2006 - X ZR 46/04, juris Rn. 9.

1093 BGH, ebd.

1094 *Ebert* in: Erman BGB, § 254 Rn. 20; BGH, Urt. v. 17.10.2000 - VI ZR 313/99, juris Rn. 15-16.

1095 *Ebert* a.a.O., § 254 Rn. 21.

Mangels nicht ohne Weiteres abverlangt werden kann, darf *„erst-Recht"* ein solches nicht für den Käufer gelten.

Dies muss anders zu beurteilen sein, sofern sich dem Käufer evident Zweifel aufdrängen, die lediglich durch die Aufnahme weiterer subjektiver wie objektiver Untersuchungen ausgeräumt werden können. In diesem Fall wird man in dem Unterlassen solcher Folgemaßnahmen wohl ein Mitverschulden an der Schadensentstehung annehmen müssen. Insbesondere ist der Käufer auch nicht auf die Einleitung alleiniger Maßnahmen angewiesen, für die er regelmäßig nicht die notwendige Zeit haben wird.[1096] Er muss aber seine Zweifel gegenüber dem Kunstvermarkter äußern und diesem damit die Möglichkeit verschaffen, sie zu be- oder zu widerlegen.[1097]

Verdachtsbegründende Momente können dabei ein ungewöhnlich niedriger Kaufpreis sein, wobei dem Käufer auch gewährt bleiben muss, auf redliches Verhalten von Verkäuferseite zu vertrauen. Würde man im Kaufpreis oder auf dem Auktionsmarkt dem Mindestlimit ein Indiz für einen Mangel sehen, würde man nicht lediglich auf Käuferseite ein Mitverschulden annehmen, sondern vermuten, dass der Verkäufer ebenfalls Kenntnis vom Mangel hatte.[1098] In diesem Fall würde die Fahrlässigkeit des Käufers ohnehin nicht zu einer Minderung seines Anspruchs führen.[1099]

Freilich obliegt die Höhe des Mitverschuldensanteils der Bewertung im Einzelfall und entbehrt jeder allgemein gültigen Lösung. Bei evident sich aufdrängenden Zweifeln an der Provenienz des Kunstwerkes oder dessen Urheber muss der Mitverschuldensanteil jedenfalls über ein hälftiges Verschulden hinausgehen, so dass dem Käufer auch der Rückgriff auf den Rücktritt verwehrt bleiben muss.[1100]

Insbesondere muss dies in den Fällen angenommen werden, in denen der Käufer einen sog. *Spekulationskauf* tätigt, bei dem er auf den Erhalt

---

1096 Während die vorvertragliche Besichtigung im Falle von Auktionen oder die Ausstellungen bei Galerieverkäufen nur kurzzeitig (etwa knapp einen Monat) erfolgen, dauern die Anfertigungen von Kunstexpertisen und naturwissenschaftlichen Untersuchungen weitaus länger.

1097 Vgl. etwa im *„Caracci"*-Fall: OLG Köln, Urt. v. 08.07.2016 - 1 U 36/13, juris; allg.: *Grunewald* in: Erman BGB, § 442 Rn. 1.

1098 Diese Kenntnis wird insbesondere relevant in den Fällen, in denen der Verkäufer den Mangel *arglistig verschwiegen* hat nach § 444 2. Alt. BGB.

1099 *Ebert* in: Erman BGB, § 254 Rn. 93; BGH, Urt. v. 19.12.2017 - VI ZR 128/16, juris Rn. 22.

1100 Schwarze in. Staudinger BGB, § 326 Rn. C106.

einer mangelfreien Sache zwar hofft, den Mangel aber notwendigerweise als Risiko miteinkalkuliert.[1101]

5. Ausschluss nach § 442 Abs. 1 BGB

Letztlich ist auch der Ausschlusstatbestand des § 442 Abs. 1 BGB zu beachten. Dieser greift gemäß § 442 Abs. 1 S. 1 BGB grundsätzlich nur bei positiver Kenntnis ein, nach Satz 2 jedoch auch, sofern die Nichtkenntnis des Käufers auf *grober Fahrlässigkeit* beruht und der Verkäufer den Mangel *arglistig verschweigt.* Der Fall, dass der Käufer den Umstand kennt, der den Mangel begründet und damit positiv weiß, dass das Kunstwerk nicht die vereinbarte Beschaffenheit hat, ist indes in den kunstspezifischen Streitigkeiten selten anzutreffen, denn eine positive Kenntnis des Käufers begegnet in der Praxis regelmäßig Beweisproblemen.[1102] Sie stellt auf die inneren Vorstellungen und Motive des Käufers ab, die in aller Regel nicht offen zu Tage treten.

Würde der Verkäufer sich außerdem darauf berufen wollen, der Käufer hätte jedenfalls grob fahrlässig gehandelt, müsste er in den meisten Fällen zeitgleich konkludent ein eigenes Verschulden eingestehen und sich dem Vorwurf des arglistigen Handels stellen. Denn infolge des geltenden Grundsatzes der *asymmetrischen Informationsanschaffungskosten* darf vom Käufer nicht ein größerer Aufwand verlangt werden als vom Verkäufer.[1103] Ein Vorwurf des fahrlässigen Handelns gegenüber dem Käufer trifft also grundsätzlich auch unmittelbar den Verkäufer. Darüber hinaus muss man dem Verkäufer unterstellen, seine im Mindesten grob fahrlässige Unkenntnis regelmäßig nicht offengelegt zu haben, um durch die unterlassene Äußerung beim Käufer den Irrtum über die Mangelfreiheit des Kunstwerkes hervorzurufen und ihn damit zum Vertragsabschluss zu bewegen.[1104] Das Verhalten des Kunstvermarkters darf sich wegen der wesentlichen Bedeutung der Mangelfreiheit in Bezug auf Urheberschaft und Provenienz niemals in blo-

---

1101 *Grunewald* a.a.O., § 442 Rn. 1.

1102 *Grunewald* a.a.O., § 442 Rn. 4.

1103 Vgl. auch sog. „*Püttner*"-Entscheidung, OLG Celle, Urt. v. 29.03.2007 - 11 U 193/06, BeckRS 2007, 8732, II 2 mit der Feststellung, dass sofern der Verkäufer nicht ausdrücklich darauf hinweist, dass es sich bei dem begehrten Kunstobjekt um eine mögliche Fälschung handelt, der Käufer das Werk grundsätzlich dem allgemein bekannten Künstler zuordnen darf.

1104 *Grunewald* in: Erman BGB, § 442 Rn. 17.

ßem Wissen erschöpfen. Damit muss ein *arglistiges Handeln* bereits dann angenommen werden, wenn der Kunstvermarkter die maßgebliche Bedeutung für den Kaufentschluss seines Käufers erkennt und ohne tatsächliche Grundlage unrichtige Angaben *„ins Blaue hinein"* macht.[1105]

§ 442 BGB ist damit auf dem Kunstmarkt - wegen des mit dem Vorwurf einhergehenden, zu vermutenden *Imageschadens* des Kunstvermarkters - regelmäßig nur eine sehr untergeordnete Bedeutung zuzuschreiben.[1106]

6. Zwischenergebnis

Es bleibt die Feststellung, dass dem Käufer im Rahmen seiner Rechtsbehelfe bei Mängeln grundsätzlich die Rechte der Minderung, des Rücktritts und des Schadensersatzes zukommen. Eine Nacherfüllung muss aufgrund des subjektiven Unikatcharakters grundsätzlich ohne Berücksichtigung bleiben. Auch die Minderung entspricht in den überwiegenden Fällen nicht dem Begehren des Käufers.

Der Rücktritt wandelt den Kaufvertrag allein in ein Rückgewährschuldverhältnis um, was für den Kunstvermarkter eine vergleichsweise geringe Gefahr birgt, weil nicht mehr herausverlangt werden kann, als er ohnehin zuvor erlangt hat.

Am gefährlichsten und in der Praxis wohl auch am bedeutendsten sind die Fälle, in denen der Kunstkäufer im Falle eines Mangels an Urheberschaft oder Provenienz den Kunstvermarkter auf Schadensersatz in Anspruch nimmt. Der vertragliche Schadensersatzanspruch ist auf das *positive Interesse* gerichtet und kann daher schnell den ursprünglichen Kaufpreis um ein Vielfaches übersteigen.

Dabei sind insbesondere auch die Sorgfaltsanforderungen des KGSG zu beachten, die bei Kulturgütern den Verschuldensmaßstab des § 276 Abs. 1 BGB bilden. Sie lassen zwar *a minore ad maius* keinen Schluss auf alle Kunstwerke zu, jedoch kann die Behauptung aufgestellt werden, dass eine Vielzahl der am Sekundärmarkt hochpreisig gehandelten Kunstwerke auch zeitgleich Kulturgüter im Sinne des KGSG sind.

1105 BGH, Urt. v. 21.01.1975 - VIII ZR 101/73, juris Rn. 46.

1106 Obwohl ein *Imageschaden* als ersatzfähige Schadensposition im Falle einer fahrlässig unerkannten Fälschung oder Provenienzabweichung ausscheiden muss, liegt ein solcher unweigerlich vor, wenn der Kunstvermarkter positiv erkannte oder jedenfalls vermutete Mängel bei Vertragsschluss dem Käufer nicht offenlegt; zur Ersatzfähigkeit des Imageschadens vgl. ausführlich Kap. 6 § 1 D I.

Es bleibt anzumerken, dass die Sorgfaltsanforderungen zwar einen erheblichen Mehraufwand für den Kunstverkäufer bedeuten; sie können ihn aber auch vor erheblicher Haftung bewahren. Wo dem Kunstverkäufer der Beweis der fehlenden Fahrlässigkeit grundsätzlich schwerfällt, kann er sich bei Kulturgütern auf die enumerativ genannten Voraussetzungen berufen, die er ohnehin zu erfüllen verpflichtet ist.

Außerhalb des KGSG ist ein einheitlicher Sorgfaltsmaßstab unter gewerblichen Kunstvermarktern aber nicht existent. Er unterliegt damit der Wertentscheidung des erkennenden Gerichts im Einzelfall unter Berücksichtigung der Interessen des Erwerbers und der Bedürfnisse des Vermarkters.[1107]

In diesem Sinne kommen die Sorgfaltsanforderungen nicht nur der Rechtssicherheit des Kunsthandels entgegen, sondern auch in haftungsrechtlicher Hinsicht der Stellung des Verkäufers.

C. Allgemeines Leistungsstörungsrecht

Der Hinweis, das Leistungsstörungsrecht des BGB sei in seiner Systematik und rechtspolitischen Grundkonzeption schon missglückt, weil es dem Gesetzgeber nicht gelungen sei, den Regelungsbedarf zu erfüllen, mag einen wahren Kern aufweisen, in der Sache aber wenig zielführend sein.[1108] So steht das Verhältnis von *Allgemeinem* zu *Besonderem Leistungsstörungsrecht* nicht fest. Es fehlt an einem einheitlichen Regelungsinhalt und an einer gegenseitigen Abstimmung.[1109] Allerdings muss in Anwendung richtiger Rechtsdogmatik das allgemeine Leistungsstörungsrecht von den Vorschriften des Besonderen Teils, insbesondere dem Kaufgewährleistungsrecht, verdrängt werden. Die Generalklausel des § 280 BGB leitet das Recht des Gläubigers aus dem Element der *„Pflichtverletzung“* ab.[1110] Auch in der Lieferung einer mangelhaften Sache liegt eine Pflichtverletzung, § 433 Abs. 1 S. 2 BGB. Allerdings wird hier in Weiterführung des Erfüllungsanspruchs aus § 433 Abs. 1 S. 2 BGB der Begriff der Pflichtverletzung vom *Mangel*

1107 *Anton*, ZVertriebsR 2013, 343 (358).

1108 *Vollkommer*, AcP 183, 525 (527) mit der Wiedergabe von Hubers Einzelkritik bestehend an dem Konkurrenzverhältnis von allgemeinen und besonderen Leistungsstörungsrecht.

1109 *Vollkommer*, a.a.O., (530)

1110 *Wenzel*/Wilken, S. 35.

konkretisiert, so dass sich die Rechte des Käufers auf die kaufgewährleistungsrechtlichen Bestimmungen begrenzen müssen.[1111]

I. Rechte des Käufers

Daraus folgt, dass im Kunsthandel die Regelungen der §§ 280 ff. BGB und §§ 323 ff. BGB grundsätzlich im Zusammenhang mit § 437 BGB zu betrachten sind.

Anderes gilt, wenn es in Ermangelung eines Eigentumsübergangs an der Eröffnung des Anwendungsbereichs der Kaufgewährleistungsvorschriften fehlt.[1112] Namentlich in den Fällen der Raubkunst, Beutekunst und entarteten Kunst[1113], aber auch bei sonst abhandengekommenen Kunstwerken kann *de lege lata* außerhalb der Kunstauktionen ein Eigentumsübergang wegen § 935 Abs. 2 BGB nicht stattfinden.[1114] Hier verbleibt es bei der Anwendung der Allgemeinen Leistungsstörungsregeln.

1. Schadensersatz und Rücktritt

Die Rechte des Käufers nach allgemeinem Leistungsstörungsrecht verhalten sich zu denen aus dem besonderen Gewährleistungsrecht kongruent.[1115] Aufgrund der Verweisung des § 437 BGB kann der Käufer insbesondere den Rücktritt vom Kaufvertrag nach den §§ 346 Abs. 1 i.V.m. 323 ff. BGB erklären und Schadensersatz nach §§ 280 ff. BGB verlangen.

Die *Pflichtverletzung* leitet sich primär aus der Hauptleistungspflicht des § 433 Abs. 1 S. 2 BGB ab und liegt dann vor, wenn der Kunstvermarkter die versprochene Leistung *nicht* oder *schlecht leistet*.[1116] Sie liegt aber auch in der Nichtbeachtung von Nebenleistungspflichten und Schutzpflichten, § 241 Abs. 2 BGB.[1117]

1111 Zur Abgrenzung vgl. ausführlich Kap. 3 § 1 B.

1112 Kap. 3 § 1 B II 1.

1113 Zu den Begrifflichkeiten vgl. Kap. 3 § 1 B II 2 b).

1114 Kap. 3 § 1 B II 2.

1115 Insbesondere der Anspruch auf Nacherfüllung nach § 439 BGB hat im Kunsthandel keine nennenswerte Bedeutung, so dass sich auch bezogen darauf kein Unterschied ergibt, vgl. dazu ausführlich Kap. 3 § 1 B IV 1 „Nacherfüllung".

1116 §§ 280 Abs. 1 S. 1, 323 Abs. 1 BGB; *Brox/Walker*, Besonderes Schuldrecht, S. 8.

1117 §§ 282, 324 BGB; *Brox/Walker*, Besonderes Schuldrecht, S. 11.

Der *Schadensersatzanspruch* nach §§ 280 ff. BGB sowie der Anspruch auf *Aufwendungsersatz* nach § 284 BGB sind verschuldensabhängige Ansprüche, während das Rücktrittsrecht als *Gestaltungsrecht* allein durch Rücktrittserklärung und Rücktrittsgrund entsteht. In diesem Sinne ergeben sich auch keine Besonderheiten zu der Haftung nach Gewährleistungsrecht.[1118]

Angesichts der bereits erläuterten Besonderheit, dass die Regeln des allgemeinen Leistungsstörungsrechts in Ermangelung einer Konkretisierung lediglich in Fällen der fehlenden Eigentumsverschaffung vorkommen, ist stets die einzig ernsthaft in Betracht kommende Anspruchsgrundlage für die Geltendmachung von Schadensersatz §§ 311a Abs. 2 BGB.[1119] Das Leistungshindernis der fehlenden Möglichkeit der Eigentumsverschaffung liegt nämlich stets bereits bei Vertragsschluss vor, §§ 311a Abs. 1, 275 Abs. 1 BGB.[1120]

Die Pflichtverletzung im Sinne des § 311a Abs. 2 BGB liegt in dem Umstand, dass das dem Käufer gegebene und auf Erfüllung gerichtete Leistungsversprechen wegen § 275 Abs. 1 BGB dauerhaft nicht erfüllt werden kann.[1121] Der Haftungsgrund wurzelt nicht in einem vorvertraglichen Verschulden des Vertragspartners, sondern allein in dem von ihm gegebenen und nicht eingehaltenen Versprechen der Leistung.[1122] In Abgrenzung zum Haftungsgrund aus *c.i.c.* geht es nicht um die Nichteinhaltung einer bestehenden Aufklärungspflicht.[1123]

Wenn unter Zugrundelegung dieser objektiven Anknüpfungspunkte eine Pflichtverletzung im Handel mit Raub-, Beute- oder entarteter Kunst, denen wegen § 935 Abs. 1 BGB das dauerhafte Leistungshindernis des § 275 Abs. 1 BGB entgegensteht, ohne Weiteres angenommen werden muss, muss dem Verkäufer auch die Möglichkeit der *Exkulpation* verbleiben, § 280 Abs. 1 S. 2 BGB.

Diese gelingt dem Kunstvermarkter, sofern er seine unverschuldete Unkenntnis der Leistungsunmöglichkeit darlegen und beweisen kann.[1124] Auch wenn in dieser objektiven Haftung die Manifestation einer *Garantiehaftung*

1118 Kap. 3 § 1 B IV.

1119 Kap. 6 § 1 B "Allgemeines Leistungsstörungsrecht", wo der Anspruch des Kunstvermarkters gegen den Einlieferer untersucht wird; dieser ist inhaltsgleich mit dem hier in Frage stehenden Anspruch.

1120 *Dieckmann* in: Erman BGB, § 311a Rn. 1.

1121 *Ernst* in: MüKo-BGB, § 311a Rn. 15.

1122 *Ernst* ebd.

1123 BT-Drs.: 14/6040 S. 165 li. Sp. dort unter „Zu Absatz 2, Zu Satz 1".

1124 *Ernst* in: MüKo-BGB, § 311a Rn. 15.

mit dem einzig geltenden Vorbehalt des entschuldbaren Irrtums liegt, geht sie faktisch nicht weiter als die Mängelhaftung.[1125]

Im Falle der Unmöglichkeit der Eigentumsverschaffung eines Kunstwerkes könnte übertragen auf die §§ 434 ff. BGB ohne Weiteres eine fehlerhafter Beschaffenheit des Werkes in subjektiver und objektiver Hinsicht angenommen werden, ohne dass eine weitere Problemvertiefung benötigt wird. Auch die Begründung des für § 435 S. 1 BGB notwendig tatsächlichen Rechtsmangels erfolgt lediglich anhand des objektiven Vorhandenseins.

Für die Widerlegung einer verschuldeten Unkenntnis des Kunstvermarkters sind demnach die für das Mängelgewährleistungsrecht vorgeschlagenen Handlungspflichten anzuwenden.[1126] Relevanz entfaltet hier insbesondere auch die nach § 44 KGSG vorgeschriebene erhöhte Sorgfaltspflicht desjenigen, der das Kunstwerk *„in Verkehr bringt“*, da es sich bei *abhandengekommenen Werken* auch um Raub-, Beutekunst oder entartete Kunst handeln kann, die unstreitig Kulturgüter im Sinne des KGSG sind.[1127]

2. Verschulden bei Vertragsverhandlungen

Nicht neu ist daneben der Versuch den Schwierigkeiten des Gewährleistungsrechts und eventuell damit verbundenen Haftungsausschlüssen zu entgehen, indem die Schadensersatzansprüche gegenüber dem Verkäufer als *Verletzung vorvertraglicher Pflichten* durch den Kunstvermarkter nach §§ 280 Abs. 1, 311 Abs. 2 Nr. 1, 241 Abs. 2 BGB geltend gemacht werden.[1128] Dabei handelt es sich um einen Fall der Vertrauenshaftung, weshalb der Anspruch auf Ersatz des sog. *negativen Interesses* gerichtet ist.[1129]

1125 *Ernst* ebd.

1126 Zu dem Formulierungsversuch fahrlässigen Handelns im Kunsthandel sowie Handlungsempfehlungen zur Exkulpation des Verschuldens vgl. Kap. 3 § 1 B IV 3 b) bb) (1) (e).

1127 Kap. 3 § 1 IV 3 b) bb) (2) und zur allgemeinen Begriffserklärung des Kulturgutes Kap. 2 § 1 B.

1128 *Anton*, ZVertriebsR 2013, 343 (350); OLG Düsseldorf, Urt. v. 12.01.1978 - 12 U 109/77, OLGZ 1978/317 (318); kritisch *Heinbuch*, NJW 1984, 15 (21).

1129 *Anton*, ebd.

a. Konkurrenzverhältnis

In diesem Sinne entscheidend ist für den Kunsthandel die Frage nach dem Konkurrenzverhältnis von Gewährleistungshaftung und der mittlerweile als Rechtsinstitut der *c.i.c.* in §§ 280 Abs. 1, 311 Abs. 2 Nr. 1, 241 Abs. 2 BGB normierten vorvertraglichen Haftung der Kunstverkäufer.[1130] Das Verhältnis ist seit langem umstritten. Im Rahmen der Schuldrechtsmodernisierung 2001 hat der Gesetzgeber dieses Problem zwar gesehen, die Ausgestaltung des Rechtsinstituts und damit einhergehend deren Geltungsbereich aber der Rechtsprechung und Literatur überlassen.[1131]

Konsequenterweise muss die Ausweitung des Beschaffenheitsbegriffes auch die Verdrängung des Anwendungsbereiches der *c.i.c.* nach sich ziehen, vorausgesetzt man nimmt eine Sperrwirkung des Gewährleistungsrechts gegenüber der Haftung aus *c.i.c.* an.[1132]

Erwähnenswert ist, dass der Versuch, den Anwendungsbereich der *c.i.c.* gegenüber dem des Gewährleistungsrechts zu erweitern, ursprünglich darin seine Intention hatte, die besonders kurze Verjährungsfrist des § 477 BGB a.F.[1133] zu umgehen, die bei beweglichen Sachen lediglich sechs Monate betrug.[1134] Durch die Schuldrechtsreform kam es aber zu einer deutlichen Annäherung zwischen der regelmäßigen Verjährungsfrist des § 195 BGB und derjenigen des Gewährleistungsrechts im § 438 BGB.[1135] Allerdings knüpft der Gesetzgeber - auch heute noch - jeweils an verschiedene Zeitpunkte an: Die regelmäßige Verjährungsfrist - der die Ansprüche aus *c.i.c.* unterfallen - beginnt nicht mit der Pflichtverletzung, sondern gemäß § 199 Abs. 1 Nr. 2 BGB erst mit *Kenntnis* oder grob fahrlässiger Unkenntnis der anspruchs-

---

1130 Für die Auseinandersetzung mit der Rechtsfigur der c.i.c. ist es ohne Belang, ob der Kunstvermarkter als *Kommissionär* selbst Vertragspartei wird oder den Verkäufer *vertritt. Schuldner* der c.i.c. kann auch im Fall der Stellvertretung der Einlieferer sein, weil sich dieser jedenfalls die Erklärungen des Kunstvermarkters sowie sein Verschulden zurechnen lassen muss, §§ 164ff., 278 BGB.

1131 BT-Drs. 14/6040, S. 162, re. Sp. dort unter „Zu Absatz 2".

1132 Vgl. zum weiten Beschaffenheitsbegriff Kap. 2 § 3.

1133 In seiner bis zum 31.12.2001 geltenden Fassung (vor Inkrafttreten der Schuldrechtsreform 2001).

1134 *Yu*, Die Konkurrenz zwischen Gewährleistungsrecht und Informationspflicht, S. 19; *Häublein*, NJW 2003, 388 (389).

1135 Während die regelmäßige Verjährungsfrist des § 195 BGB a.F. 30 Jahre betrug, betrug die Verjährungsfrist im Gewährleistungsrecht nach § 477 BGB a.F. lediglich sechs Monate.

begründenden Tatsachen.[1136] Die Frist des Mangelgewährleistungsrechts beginnt hingegen bereits mit *Übergabe* der Kaufsache.[1137]

Aber nicht allein das: Dem Gesetzgeber war auch nach altem Schuldrecht daran gelegen, dem Käufer nur dann im Wege des Gewährleistungsrechts einen Schadensersatz zuzusprechen, wenn der Vertragsschluss aus einer *Zusicherung* resultierte oder auf *Arglist* des Verkäufers beruhte. Demjenigen Käufer, der den Vertrag aufgrund eines durch den Verkäufer vorsätzlich oder fahrlässig verschwiegenen Mangels geschlossen hatte, stellte der Gesetzgeber im Regelungssystem des Gewährleistungsrechts schutzlos, weshalb verbreitet die Ansicht vertreten wurde, dass beide Ansprüche die Berechtigung besäßen, nebeneinander zu bestehen.

Vertreter dieser Ansicht müssen sich aber spätestens mit Einführung des neuen Haftungssystems der §§ 437 ff. BGB eingestehen, dass ihre Argumentation nunmehr obsolet ist. § 437 BGB sieht in seiner aktuellen Fassung neben der Möglichkeit, Nacherfüllung zu verlangen auch die Rechte des Käufers vor, vom Vertrag zurückzutreten, den Kaufpreis zu mindern sowie den Verkäufer auf *Schadensersatz* in Anspruch zu nehmen.[1138] Mit letzterem Anspruch hat der Gesetzgeber darüber hinaus auch die Verschuldenshaftung in das Gewährleistungsrecht integriert.[1139] Somit sind jene Ansichten, die meinen, dass die verschuldensunabhängige Gewährleistungshaftung auf anderen Prämissen fußt als die Verschuldenshaftung nach *c.i.c.* nicht mehr haltbar.[1140]

Es ist verfehlt, ein solch umfangreiches Regelungssystem als nicht abschließend anzusehen.[1141] Richtig kann demnach nur sein, dem Gewährleistungsrecht eine Sperrwirkung gegenüber den Ansprüchen aus *c.i.c.* zukommen zu lassen.[1142]

Denkt man jedoch die Konsequenz einer umfassenden Sperrwirkung zu Ende, ergibt sich ein deutliches Problem: Der weite Beschaffenheitsbe-

---

1136 BT-Drs. 14/6040, S. 102 re. Sp. dort unter „Modell des Entwurfs"; *Häublein*, NJW 2003, 388 (389).

1137 BT-Drs. ebd.

1138 Kap. 3 § 1 B IV.

1139 BT-Drs. 14/6040, S. 229 li. Sp.

1140 *Häublein*, NJW 2003, 388 (391).

1141 So *Emmerich* in: MüKo-BGB, § 311 Rn. 82 mit der Argumentation, dass es durch die Streichung der §§ 463 und 477 BGB a.F. weitgehend ohnehin zu einer Angleichung der Verkäuferhaftung für Sach- und Rechtsmängel an die allgemeine Verschuldenshaftung gekommen ist, weshalb durch eine Sperrwirkung des Gewährleistungsrechts es ohnehin nicht zu einer Privilegierung des Verkäufers kommt.

1142 *Häublein*, a.a.O., (389).

griff führt auf dem Boden der Sperrwirkung des Gewährleistungsrechts zu einer Privilegierung des schuldhaft handelnden Verkäufers.[1143] Dieser kommt bereits zwei Jahre nach *Gefahrenübergang* in den Genuss der ihn privilegierenden Verjährung aus § 438 BGB und ist damit von jeglicher Haftung freigestellt; allein deshalb, weil seine Pflichtverletzung unmittelbaren Bezug zum Vertragsgegenstand hat und darin schließlich resultiert.[1144] Diese Begünstigung scheint verfehlt.

Freilich kann die Frage dort dahinstehen, wo sich der Mangel innerhalb der Fristen des § 438 Abs. 1 BGB zeigt.[1145] Die Sperrwirkung des Gewährleistungsrechts muss gegenüber der *c.i.c.* aus diesem Grunde einer *teleologischen Reduktion* unterzogen werden.

Nicht überzeugend sind jegliche Ansätze, die das Gewährleistungsrecht ab einem anderen *Zeitpunkt* als den des Gefahrenübergangs gelten lassen wollen.[1146] Ebenfalls wenig richtungsweisend sind die Versuche, den Anwendungsbereich von sogenannten *selbstständigen Beratungsverträgen* - im Gegensatz zur unselbstständigen Beratungspflicht - auszuweiten[1147] und diese dann der allgemeinen Verjährungsfrist der §§ 195, 199 BGB zu unterwerfen.[1148] Eine solche Umgehung der Sperrwirkung gestaltet sich in der Praxis als schwierig: Zum einen entbehrt sie eines allgemeingültigen Maßstabes, der eine zuverlässige Beurteilung ermöglicht. Wieder einmal käme es auf feine Differenzierungen und kaum nachvollziehbare Abgrenzungskriterien an.[1149] Darüber hinaus spalten aber auch die Vertreter einer solchen Ansicht einen einheitlichen Lebensvorgang künstlich auf.

1143 *Häublein*, a.a.O., (391).

1144 *Häublein*, ebd.: Dies ist nach *Häublein* insbesondere in Bezug zu anderen Schuldner, z.B. den Dienstverpflichteten, unredlich; *Wagner*, JZ 2002, 475 (479).

1145 Eventuelle Haftungsfreizeichnungsklauseln sind im Falle arglistigen Handelns unbeachtlich, vgl. dazu ausführlich sogleich Kap. 3 § 2 C III.

1146 Kap. 3 § 1 B III.

1147 *Grüneberg* in: Palandt, BGB, § 311 Rn. 16; BGH, Urt. v. 23.07.1997 - VIII ZR 238/96, NJW 1997, 3227 (3229) mit dem Eingeständnis, dass für die Unterscheidung in *selbstständige* und *unselbstständige* Beratung eine Bewertung in Einzelfall vorgenommen werden müsste; in Weiterführung von BGH, Urt. v. 23.07.1997 - VIII 238/96, NJW 1997, 3227 (3229); BGH, Urt. v. 25.03.1958 - VIII ZR 48/57, BeckRS 1958, 31198158, dort unter Ziff. II 2), BGH, Urt. v. 12.06.1985 - VIII ZR 176/84, NJW 1985, 2472 (2472); BGH, Urt. v. 06.06.1984 - VIII ZR 83/83, NJW 1984, 2938 (2939).

1148 BGH, Urt. v. 23.07.1997 - VIII ZR 238/96, NJW 1997, 3227 (3228).

1149 *Häublein*, NJW 2003, 388 (391).

Aber auch den Anwendungsbereich des § 438 BGB teleologisch zu reduzieren und auf jene Fälle zu beschränken, die das *gestörte Äquivalenzinteresse* betreffen, und in allen anderen Fällen die Regelverjährung anzuwenden, kann nicht überzeugen.[1150] Das Gewährleistungsrecht versteht sich letzten Endes als ein rechtliches Gesamtkonstrukt, das bei einer solchen differenzierten Handhabung nicht nur aufgespalten, sondern auch schwer nachvollziehbar ist. Man darf wohl befürchten, dass sich die Einordnung des *Äquivalenzinteresses* eines Vertrages dem Sachverstand des juristischen oder auch wirtschaftlichen Laien entzieht.

Sachgerecht hingegen erscheint es, eine Sperrwirkung des Gewährleistungsrechts grundsätzlich anzunehmen, diese aber nicht allein von der zeitlichen Komponente des *Gefahrenübergangs* abhängig zu machen, sondern an das Merkmal der *Pflichtverletzung* zu knüpfen.[1151]

Das Mängelgewährleistungsrecht ist die Fortführung des Erfüllungsanspruchs des Käufers aus § 433 Abs. 1 S. 2 BGB. Somit *muss* dessen Anwendungsbereich Sperrwirkung entfalten, wenn der Verkäufer bspw. ein *mangelhaftes* Kunstwerk liefert.

Liegt aber der Schwerpunkt der Vorwerfbarkeit des Verkäuferverhaltens nicht in der Lieferung der mangelhaften Sache, sondern in dem *Informationsaustausch*, den er im Vorfeld des Vertrages mit dem potenziellen Käufer hat, wirft man dem Verkäufer strenggenommen nicht nur den Mangel an der Kaufsache vor, sondern zumindest auch seine Äußerungen und Handlungen. So findet die Äußerung unter Umständen nicht unmittelbar Eingang in das vertraglich vereinbarte Pflichtenprogramm des Verkäufers, bestärkt aber zumindest mittelbar den Kaufentschluss des Käufers.[1152]

Es müssen auch vorvertragliche Äußerungen des Verkäufers, sofern sie aufgrund ihrer Ernsthaftigkeit einen objektiv erkennbaren *Rechtsbindungswillen* enthalten, regelmäßig als Beschaffenheitsmerkmal der §§ 434 ff. BGB

1150 *Wagner*, JZ 2002, 475 (489f.).

1151 Eine Sperrwirkung ist schon deshalb erforderlich, weil es ansonsten zu einer Umgehung der im Rahmen der Mängelhaftung vorrangigen Nacherfüllung kommen würde; vgl. dazu BGH, Urt. v. 27.03.2009 - V ZR 30/08, NJW 2009, 2120 (2121); BGH, Urt. v. 27.03.2009 - V ZR 30/08, juris Rn. 22, *Grüneberg* in: Palandt, BGB, § 311 Rn. 15.

1152 *Cziupka/Hübner*, DNotZ 2016, 323 (327), wonach anderes gilt, wenn die falschen vorvertraglichen Informationen des Verkäufers einen Mangelbezug bzw. solche Eigenschaften aufweisen, ohne die sich die Kaufsache weder zur vertraglich vorausgesetzten noch zur gewöhnlichen Verwendung eignet; Diese Äußerungen sind dann Teil der geschuldeten Beschaffenheit der Kaufsache.

zu qualifizieren sein und schon hier bereits die *c.i.c.* verdrängen.[1153] Dies ergibt sich auch aus Betrachtung des Gesamthaftungskonstrukts, das der Gesetzgeber im BGB vorsieht. Nämlich, dass jenem Käufer, der eine Sache kauft, die sich als mangelhaft im Sinne seines subjektiven Verlangens oder dessen, was er objektiv erwarten darf, erweist, der Zugriff auf die Gewährleistungsrechte eröffnet sein *muss*, unabhängig davon, ob der Verkäufer dies zu vertreten hat oder nicht. Wirkt der Verkäufer aber aktiv auf das Erwartungsbild des Käufers ein und beeinflusst dadurch seine Kaufentscheidung, liegt der *Schwerpunkt* der Vorwerfbarkeit in der Einwirkung auf das subjektive Vorstellungsbild, das letztlich in dem Kaufbegehren resultiert.[1154]

Es entspricht damit einem Kunstgriff, im Lichte des *weiten Beschaffenheitsbegriffes* für die c.i.c. neben dem Kaufgewährleistungsrecht einen eigenen Regelungsbereich anzunehmen. Dies verdeutlicht auch der Verweis des § 437 Nr. 3 BGB auf § 311a BGB. Die Haftung aus § 311a BGB wurzelt in dem Leistungsversprechen des Verkäufers. Es ist damit für die Haftung konstitutiv.[1155] Der Anspruch aus *c.i.c.* entsteht zwar bereits, wenn der Verkäufer im Vorfeld des Vertragsschlusses unzutreffende Angaben macht; in der notwendigen Weiterführung der Angaben und dem darauf beruhenden Kaufentschluss ist aber wesentlicher Vorwurf das Leistungsversprechen des Verkäufers im Rahmen des Vertrages.[1156]

Im Lichte dieser Erkenntnisse muss man insbesondere im Kunsthandel vor dem Hintergrund der hohen Bedeutung, die der Käufer der Aussage des Kunstvermarkters in Hinblick auf sein *Integritätsinteresse* beimisst, der *c.i.c.* einen nennenswerten, eigenen Anwendungsbereich verwehren.[1157] Dies gilt auch insoweit, als dass eine Verletzung von Aufklärungspflichten bei der Vermutung von Mängeln, die im Unterlassen der Aufklärung zu sehen ist,

---

1153 Kap. 3 § 1 B III 1 a) cc).

1154 Diese Ansicht ist im Grunde die Weiterführung des § 463 S. 2 BGB a.F.; Der Käufer konnte Schadensersatz im Rahmen seines Gewährleistungsrechtes nur ausnahmsweise geltend machen, wenn der Verkäufer *arglistig* gehandelt hat. Ähnlich, aber auf arglistiges Handeln des Verkäufers beschränkend: BGH, Urt. v. 27.03.2009 - V ZR 30/08, juris Rn. 24; *Grüneberg* in: Palandt, BGB, § 311 Rn. 15. Ablehnend hingegen *Dieckmann* in: Erman BGB, § 311 Rn. 86.

1155 Vgl. auch die Gesetzesbegründung, wonach der Gesetzgeber den Anspruch aus § 311a Abs. 1 BGB, der auf Ersetz des positiven Interesses gerichtet ist, mit der Nichterfüllung des Leistungsversprechens begründet: BT-Drs. 14/6040, S. 165 re. Sp. dort zu finden unter „Zu Satz 1".

1156 *Häublein*, NJW 2003, 388 (392).

1157 BGH, Urt. v. 21.01.1975 - VIII ZR 101/73, juris Rn. 46.

zwangsläufig mit den unrichtigen oder zumindest nicht vollständig richtigen Katalogangaben oder vorvertraglichen Äußerungen einhergeht.[1158]

b. Rechtlicher Nachteil

Ob der Ausschluss eines zusätzlichen Anspruchs aus *c.i.c.* gegen den Kunstvermarkter für diesen rechtlich *vorteilhaft* oder *nachteilig* ist, bestimmt sich letztlich anhand einer Gesamtschau und insbesondere anhand der Beurteilung, ob und inwieweit der in den AGB des Kunstvermarkters enthaltene *umfassende Haftungsausschluss* auf vorvertragliche Schadensersatzansprüche *durchschlägt* oder sie unberührt lässt, sollte man der *c.i.c.* neben dem Gewährleistungsrecht doch einen eigenen Anwendungsbereich zugestehen.

Grundsätzlich bestehen hinsichtlich einer vertraglichen Beschränkung der Haftung aus *c.i.c.* prinzipielle Zweifel, da die Haftungsbeschränkung bereits *vor Eintritt in die Vertragsverhandlung* vereinbart sein muss.[1159] Redlicherweise ist daher bei einer *nachträglichen* Haftungsbeschränkung von einem Erlassvertrag im Sinne des § 397 BGB auszugehen, der allerdings denklogisch die Kenntnis des Käufers von seinen Rechten voraussetzt und damit im Kunsthandel ohnehin regelmäßig ausscheiden muss.[1160] Insbesondere muss auch eine in AGB vorformulierte Klausel mit entsprechendem Inhalt wegen Verletzung einer wesentlichen Kardinalpflicht und damit nach § 307 Abs. 2 Nr. 2 BGB kassiert werden.[1161]

Ausnahmsweise im Kunsthandel könnte es allerdings angebracht sein, aufgrund der besonderen Stellung des Verkäufers und insbesondere der Position von Kunstvermarktern im Dreipersonenverhältnis, die vertragliche Haftungsbeschränkung auf den Anspruch aus *c.i.c.* zu erstrecken.[1162] Denn hat der Kunstvermarkter bereits für die Richtigkeit und Vollständigkeit seiner Aussagen einzustehen, hat er regelmäßig ein Interesse daran, bereits hier seine Haftung zu begrenzen.[1163] Es gibt keinen sachlich gerechtfertig-

1158 Dies übersieht *Anton*, ZVertriebsR 2013, 343 (351).

1159 *Emmerich* in: MüKo-BGB, § 311 Rn. 221.

1160 *Emmerich* ebd.

1161 Vgl. zu den Voraussetzungen der Generalklausel der AGB-Inhaltskontrolle Kap. 3 § 2 D II 5.

1162 Beim Verbrauchsgüterkauf richtet sich die Einbeziehung der AGB nach § 305 Abs. 2 BGB, beim Rechtsgeschäft unter Unternehmern nach §§ 145ff. BGB, vgl. dazu ausführlich sogleich Kap. 3 § 2 C I 1 „§ 305 Abs. 2 BGB".

1163 Emmerich in: MüKo BGB, § 311 Rn. 141.

ten Grund, dies im Rahmen der *vertraglichen* Rechte anzunehmen, bei *vorvertraglichen* Ansprüchen hingegen abzulehnen, obwohl sich die Pflichtverletzung strenggenommen auf das gleiche *Verhalten* bezieht. Sofern die Erklärungen geeignet sind, gegen den Verkäufer Rechtsfolgen zu begründen, muss eine vertraglich vereinbarte Haftungsbeschränkung somit schon für die Aufnahme der Vertragsverhandlungen angenommen werden.[1164]

Die Haftung aus *c.i.c.* darf nicht weiter gehen als die vertragliche Haftung.[1165] Deshalb muss aufgrund der Besonderheiten des Kunsthandels und seinem generell subjektiven Einschlags der umfassende Haftungsausschluss auch die Haftung aus *c.i.c.* erfassen.

Daraus bleibt die Erkenntnis, dass aus dem Subsidiaritätsverhältnisses von c.i.c. gegenüber dem Kaufgewährleistungsrecht in Hinblick auf den Umfang der Haftung dem Kunstkäufer ohnehin kein rechtlicher Nachteil erwächst. Die Annahme einer umfassenden Sperrwirkung des Gewährleistungsrechts ist damit interessen- und sachgerecht.

3. „Culpa post contractum finitum“

Fraglich ist, ob sich der Verkäufer dann wegen nachverträglicher Aufklärungspflichten haftbar machen kann, wenn er einen im Nachhinein begründeten Mangelverdacht des bereits veräußerten Kunstwerkes dem Käufer nicht offenlegt (sog. *„culpa post contractum finitum“*).[1166]

Die Annahme eines solchen Anspruchs begegnet bereits rein *dogmatischen* Zweifeln. Zwar erschöpfen sich die rechtlichen Beziehungen und Verpflichtungen der am Kunsthandel Beteiligten nicht mit dem Vertragsschluss. Insbesondere der Kunstvermarkter nimmt vielmehr eine generell am Markt geachtete besondere *Vertrauensstellung* gegenüber jeglichen am Verkauf beteiligten Parteien ein, welche zwangsläufig mit besonderen Treue- und Sorgfaltspflichten einhergeht.[1167] Im Falle des Kommissionsvertrages steht hier auch nicht etwa die Interessenwahrungspflicht des § 384

1164 Vgl. zu der Rechtsnatur der *Erklärungen* Kap. 3 § 1 B III 1 a) aa) „Die Rechtsnatur der Ausstellungskataloge“.

1165 BGH, Urt. v. 21.01.1975 - VIII ZR 101/73 Rn. 45.

1166 *Anton*, ZVertriebsR 2013, 343 (351); angenommen von *Stöber* in: Heymann HGB, § 84 Rn. 67.

1167 *„Purrmanns 'Port d'Ischia'“*-Entscheidung, OLG Zweibrücken, Urt. v. 07.05.1997 - 6 U 8-96, NJW 1998, 1409 (1410/1411); allg. OLG Koblenz, Urt. v. 08.11.2018 - 1 U 601/18, juris Rn. 23.

Abs. 1 S. 2 HGB entgegen, weil diese nur soweit gelten kann, wie schützenwerte Belange Dritter nicht tangiert sind.[1168]

Allerdings setzt ein solcher Anspruch - der im Übrigen im geschriebenen Recht keine Stütze findet, aber anerkannterweise aus § 241 Abs. 2 BGB hergeleitet wird - voraus, dass die Geltendmachung des Schadensersatzanspruchs und die Behauptung der Pflichtverletzung regelmäßig erst nach Beendigung des Rechtsgeschäfts betrieben werden und sie geeignet sind, die Interessen des Vertragspartners zu verletzen, weil er sich dem Vorwurf einer nicht ordnungsgemäßen Berufsausübung stellen muss.[1169]

Diese Fälle sind aber nicht ohne Weiteres auf den Kunsthandel übertragbar. Es erscheint schon überzogen, in der nachvertraglichen Untätigkeit des Kunstvermarkters ein den Schadensersatzanspruch begründendes Verhalten zu erblicken, das ihn in Folge des § 280 Abs. 1 S. 2 BGB haftbar macht.

Darüber hinaus erscheint die Übertragung auch in Hinblick auf den - dem Zivilrecht zwar grundsätzlich fremden - aber dem Strafrecht entfließenden Grundsatz des *„nemo tenetur se ipsum accusare“* fragwürdig.[1170] Der Verkäufer ist auf diesem Wege gezwungen, an der Erhebung von Gewährleistungsansprüchen gegen sich selbst mitzuwirken. Darüber hinaus läuft die Annahme eines solchen Anspruchs *faktisch* auf eine wesentliche Verlängerung der Verjährung hinaus. Der Anspruch aus nachvertraglicher Vertrauenshaftung wäre vom Verjährungsbeginn des § 438 BGB völlig unabhängig; er stünde gleichrangig neben ihm. Dieser würde allein der allgemeinen Verjährungsfrist des § 195 BGB unterfallen und entstünde damit gemäß § 199 Abs. 1 Nr. 2 BGB bei Erlangung der Kenntnis oder grob fahrlässiger Unkenntnis des Käufers.[1171] Bei lebensnaher Betrachtung ist der Fristbeginn für diese Fälle aber nicht abschätzbar. Eine solche Annahme widerspricht vehement dem Bedürfnis nach Rechtssicherheit.

Außerdem tangiert die Annahme eines solchen Anspruchs auch § 903 BGB. Aus der unbeschränkten *Eingriffsbefugnis* des Eigentümers folgt näm-

---

1168 Zur Reichweite der Interessenwahrungspflicht des § 384 Abs. 1 S. 2 BGB vgl. Kap. 3 § 2 D I 2 c) aa) (2) (c).

1169 OLG Koblenz, Urt. v. 08.11.2018 - 1 U 601/18, juris Rn. 23.

1170 Der Grundsatz *„nemo tenetur se ipsum accusare“* ist eine wesentliche Prozessmaxime des Strafprozessrechts und besagt, dass niemand verpflichtet ist sich selbst im Wege der Aussage zu belasten, *Gassner* in: Gassner/Seith, OWiG-HK, Kap. A I 12 c) bb) Rn. 52.

1171 Zum Verjährungsbeginn der Ansprüche aus Allgemeinen Leistungsstörungsrecht vgl. Kap. 3 § 1 C I 1 a).

lich auch die alleinige Pflicht, die Beschaffenheit des Eigentums zu überwachen und zu überprüfen.[1172]

In diesem Sinne ist die Rechtsfigur der *„culpa post contractum finitum"* bereits in ihrer allgemeinen Geltung abzulehnen.

II. Rechtsfolgen

Begehrt der Käufer vom Verkäufer Schadensersatz wegen anfänglicher Unmöglichkeit der Leistung, ist dieser auf Ersatz des *positiven Interesses* gerichtet.[1173]

Im Falle des erklärten Rücktritts erfolgt die Umwandlung in das Rückgewährschuldverhältnis, wonach die jeweils erhaltenen Leistungen zurückzugewähren sind.[1174] Insofern ergeben sich auch hier gegenüber dem Kaufgewährleistungsrecht keine Besonderheiten.

D. Unerlaubte Handlung

Neben dem Kaufgewährleistungsrecht sowie den allgemeinen Leistungsstörungsregeln stehen dem Käufer eines Kunstwerkes stets auch die Vorschriften der §§ 823 ff. BGB zur Seite.[1175] Diese werden durch das Gewährleistungsrecht nicht verdrängt.

Liegt ein Mangel am Kunstwerk vor, welchen der Verkäufer zumindest fahrlässig nicht erkannt hat, eröffnet dies den Anwendungsbereich des § 823 Abs. 1 BGB,[1176] denn in dem Vermögensschaden ist zweifellos eine Eigentumsverletzung zu sehen.[1177] Hat der Kunstvermarkter sogar vorsätzlich gehandelt, kann außerdem der Tatbestand des Betruges nach § 263 StGB erfüllt sein, so dass auch der Rückgriff auf § 823 Abs. 2 BGB in Betracht kommt. Der Kunstvermarkter schädigt in diesen Fällen in zumindest eigener *Bereicherungsabsicht* das Vermögen des Käufers damit, dass er die Echt-

---

1172 *Wilhelmi* in: Erman BGB, § 903 Rn. 1.

1173 *Ernst* in: MüKo-BGB, § 311a Rn. 15.

1174 *Gaier* in: MüKo-BGB, § 311 Rn. 17.

1175 Die Ansprüche wenden sich nicht nur gegen den Vertragspartner des Käufers, sondern knüpfen an die Person des Schädigers an. Ob der Kunstvermarkter im Einzelfall somit im Rahmen des Kommissionsgeschäfts tätig geworden ist oder als Stellvertreter gehandelt hat, kann deshalb dahinstehen, siehe dazu auch Kap. 7.

1176 BGH, Urt. v. 24.11.1976 - VIII ZR 137/75, juris Rn. 26.

1177 *Anton*, ZVertriebsR 2013, 343 (349).

heit oder die makellose Provenienz vortäuscht und der Käufer aufgrund des Vertrauens auf die Äußerungen des Kunstvermarkters den Kauf abschließt.

Weiß der Verkäufer von dem Mangel oder hält ihn zumindest für *ernsthaft* möglich, veräußert das Kunstwerk aber dennoch in der billigenden Inkaufnahme der Täuschung bzw. dass sich der Fälschungsverdacht im Nachhinein bewahrheitet, liegt zudem ein Fall der sittenwidrigen vorsätzlichen Schädigung nach § 826 BGB vor.[1178] Für die sittenwidrigen vorsätzlichen Schädigung muss nämlich im Rahmen des § 276 Abs. 1 BGB auch der Grad des *dolus eventualis* ausreichen. Es genügt, wenn der Einlieferer hinsichtlich der Echtheits- oder Provenienzangaben *so leichtfertigt* eine Offenlegung unterlässt, dass daraus auf eine *billigende Inkaufnahme* der daraus resultierenden Schädigung des Endkäufers geschlossen werden darf.[1179]

Wesentliches Hindernis in der prozessualen Anwendung der Ansprüche aus unerlaubter Handlung ist die *Beweislastverteilung*. Das Verschulden des Verkäufers wird entgegen § 280 Abs. 1 S. 2 BGB nicht vermutet, vielmehr liegt es in den Händen des geschädigten Käufers, das Verschulden seines Verkäufers darzulegen und zu beweisen.[1180]

Dieser Beweis ist aber regelmäßig nicht zu führen. Die Kenntnis oder grob fahrlässige Unkenntnis ist allein im *Machtbereich* des Verkäufers greifbar; dem Käufer hingegen stehen keine Mittel zur Verfügung, mittels derer er Einblick in diesen Machtbereich erhält.[1181]

Aber selbst, wenn man in dieser Annahme die Grundsätze zur sog. *sekundären Darlegungslast* anwendet und den Verkäufer dazu auffordert, die Vorgänge, aus denen sich der Vorwurf der behaupteten Pflichtverletzung ergibt, offenzulegen, ist dem Käufer nur wenig geholfen.[1182] In Ermangelung eines vorgeschriebenen oder vereinbarten *Pflichtenprogramms* erwächst

---

1178 *Wagner* in: MüKo BGB, § 826 Rn. 12; *Teichmann* in: Jauernig BGB, § 826 Rn. 5; *Förster* in: BeckOK-BGB, § 826 Rn. 32.

1179 BGH, Urt. v. 06.05.2008 - XI ZR 56/07, NJW 2008, 2245 (2249); *Anton*, ZVertriebsR 2013, 343 (349).

1180 Hanseatisches OLG Hamburg, Urt. v. 30.05.2002 - 6 U 38/01, juris Rn.29, indem dem Kläger der Beweis der vorsätzlichen sittenwidrigen Schädigung nicht gelang; BGH, Urt. v. 23.04.1970 - VII ZR 159/68, juris Rn. 18.

1181 Für derartige Sachverhalte hat die Rspr. des BGH die Grundsätze zur sekundären Darlegungslast aufgestellt, vgl. BGH, Urt. v. 18.01.2018 - I ZR 150/15, juris Rn. 30; BGH, Urt. v. 04.12.2012 - VI ZR 381/11, juris Rn. 13.

1182 *Stadler* in: Musielak/Voit, ZPO, § 138 Rn. 10a; BGH, Urt. v. 04.12.2012 - VI ZR 381/11, ebd.: die *sekundäre Darlegungslast* verlangt, dass die beweispflichtige Tatsache außerhalb des Wahrnehmungsbereichs der beweisbelasteten Partei liegt und die Darlegung bzw. der Beweis ihr deshalb nicht möglich oder nicht zumutbar ist,

aber für den Käufer als beweisbelastete Partei daraus nicht der Nachweis einer negativen Tatsache.[1183]

In diesem Sinne kommt auch bei der Anwendung des Deliktsrechts den aufgestellten Sorgfaltsanforderungen erhebliche Bedeutung zu. Diese sind als *Pflichtenprogramm* in die Handelsbeziehungen am Kunstmarkt aufzunehmen. Der Verkäufer muss im Wege der sekundären Darlegungslast die Einhaltung der erläuterten Sorgfaltsanforderungen durch den Kunstvermarkter darlegen. Dem Käufer eröffnet sich dadurch unter Umständen ein argumentativer Angriffspunkt, der aufgrund seiner prozessual unterlegenen Stellung wesentliche Bedeutung annimmt. In diesem Sinne ist auf die in diesem Kapitel aufgestellten Grundsätze zu verweisen.[1184]

Letztlich sind die Ansprüche der §§ 823 ff. BGB auf Ersatz des *negativen Interesses* und damit stets nur auf Rückabwicklung des Vertrages gerichtet. Entgangener Gewinn wird danach grundsätzlich nicht ersetzt.[1185]

E. Stellungnahme

Hervorzuheben bleibt, dass sich in der Haftung von Kunstverkäufern die *Diskrepanz* unter den Marktplattformen in Anwendung der gesetzlichen Vorschriften auf die Normen des § 935 Abs. 2 BGB und § 474 Abs. 2 S. 2 BGB beschränkt.

§ 935 Abs. 2 BGB erlaubt einen Eigentumsübergang im Wege der Versteigerung, wo § 935 Abs. 1 BGB anderen Marktteilnehmern diese Möglichkeit verwehrt.

Konsequenz der Anwendung ist, dass sich die Haftung des Kunstauktionators mit Gefahrenübergang auf die Rechte der §§ 434 ff. BGB konkretisiert, diese Konkretisierung bei Galerien und im Übrigen auch den restlichen Marktteilnehmern wiederum nicht eintritt.[1186]

Bedeutung erlangt diese Konkretisierung *unmittelbar* durch die unterschiedlichen Verjährungsvorschriften, nach denen sich die allgemeinen Re-

---

während ihr Gegner alle wesentlichen Tatsachen kennt und ihm die Angabe ohne Weiteres abverlangt werden kann.

1183 *Stadler* ebd.

1184 Kap. 3 § 1 B IV 3 b) bb) (1) (e).

1185 *Anton*, ZVertriebsR 2013, 343 (349); zum Anspruchsinhalt der §§ 823ff. BGB ausführlich vgl. Kap. 6 § 1 D I.

1186 Kap. 3 § 1 B II 1.

geln des Schuldrechts im Vergleich zu den besonderen Regeln richten.[1187] Zwar wurden die Verjährungsdauer von allgemeinen Leistungsstörungsrecht zu Kaufgewährleistungsrecht im Wege der letzten Schuldrechtsreformen deutlich angeglichen, allerdings liegt eine deutliche Privilegierung des Gewährleistungsrechts in der Entstehung des Verjährungsbeginns ab *Gefahrenübergang*, wohingegen im Rahmen der allgemeinen Regeln die Verjährung erst *kenntnisabhängig* zu laufen beginnt. Kenntnisunabhängig beträgt die Verjährungsdauer nach § 199 Abs. 3 Nr. 1 BGB zehn Jahre von ihrer Entstehung an. Diese starke Differenz stellt für jeden Kunstvermarkter eine deutliche Benachteiligung dar, der diese gegen sich gelten lassen muss.

Mittelbar trifft die gesetzliche Ungleichbehandlung darüber hinaus die Gemüter der Käuferschaft, die im Zweifel bei Werken alter und anerkannter Meister, deren Provenienz teilweise weitläufig und die Urheberschaft undurchsichtig sind, stets das Auktionshaus wählt, um in den Genuss der Privilegierung des § 935 Abs. 2 BGB zu kommen und keine Gefahr laufen zu müssen, *erfolgreichen* Restitutionsansprüchen der wahren Eigentümer zu begegnen.

Einen sachlich gerechtfertigten Grund für diese Diskrepanz gibt es nicht, sofern die Marktteilnehmer sich der gleichen Handlungsform bedienen und regelmäßig ähnliche Geschäftsabläufe aufweisen.[1188]

Aufgrund der Notwendigkeit *ähnlicher* Geschäftsabläufe muss eine Anwendung des § 935 Abs. 2 BGB *de lege ferenda* auf dem Bereich des Kunstprimärmarkts und dort insbesondere des Galerie- und Atelierverkaufs abgelehnt werden. Insbesondere die Galerie nimmt hier aus der persönlichen Beziehung mit ihrem Künstler resultierend eine so hohe Vertrauensstellung für sich in Anspruch, die den intensiven Umgang mit den bei ihr eingelieferten Kunstwerken voraussetzt, dass sie sich nach dem *telos* des § 935 Abs. 2 BGB nicht auf die Norm berufen darf.[1189] Letztlich ist die Einordnung auch wenig inhaltsprägend, da sie auf dem Primärmarkt § 935 Abs. 2 BGB ohnehin keine entscheidungserhebliche Relevanz entfalten kann.[1190]

Auf dem *Kunstsekundärmarkt* hingegen, auf dem § 935 Abs. 2 BGB zugleich überragende Bedeutung haben kann, existiert diese abweichende *Handlungsform* der Kunstgalerien so nicht. Die Abläufe sind zwar nicht

1187 Kap. 3 § 1 B.
1188 Kap. 3 § 1 B II 2 d).
1189 Kap. 2 § 2 B III.
1190 Kap. 3 § 1 B II 2 b).

rechtlich starr vorgegeben. Sie verlaufen aber in der überwiegenden Zahl der Fälle in einer dem Kunstauktionshandel vergleichbaren Art und Weise: Der Galerist wird als Kommissionär des Einlieferers tätig und kommt nur flüchtig mit dem Kunstwerk in Berührung.[1191]

De lege lata kann diese erhebliche Diskrepanz wegen des ausdrücklichen Gesetzeswortlautes nicht im Wege der teleologischen Auslegung behoben werden. *De lege ferenda* ergibt sich damit ein Regelungsbedarf, den Wortlaut des § 935 Abs. 2 BGB dahingehend abzuändern, dass dieser einen Eigentumserwerb auch auf jenen Verkaufsplattformen erlaubt, die ihrem Wesen nach der öffentlichen Versteigerung vergleichbar sind.[1192] Ihre *Vergleichbarkeit* rührt daraus, dass das unter ihnen gehandelte Objekt stets *versteckte Mängel* aufweisen kann, sich die auf Käufer- und Verkäuferseite partizipierenden Parteien dessen auch bewusst sind und der Veranstalter, der gleichzeitig Verkäufer ist, eine öffentlich legitimierte Sachkunde im Umgang mit Kunstwerken aufweist, die bei der Käuferschaft zwar nicht das Vertrauen in die Mangelfreiheit des Kunstwerkes bestärken darf, allerdings die Gewähr dafür bietet, dass das Verkaufsverfahren *unmanipuliert* stattfindet und dem Kommissionär seine *Sachkunde* bei den ihm in seiner Rolle zukommenden Sorgfaltspflichten zugute kommt.

Die gleiche Überlegung liegt auch § 474 Abs. 2 S. 2 BGB zugrunde, der in seinem Wortlaut weniger restriktiv gefasst ist als § 935 Abs. 2 BGB und problemlos auf die private Kunstversteigerung angewandt werden kann.[1193] Trotz Annäherung der Verkäuferpflichten durch die aktuell in Kraft getretene Fassung des Verbrauchsgüterkaufrechts von § 474 Abs. 2 S. 2 2. HS BGB und § 476 Abs. 1 S. 2 BGB ist eine *kongruente Haftungslösung* für die verschiedenen Teilnehmer unter dem ausdrücklichen Gesetzeswortlaut nicht möglich. Daher gilt auch hier der Appell nach einem *Änderungsbedarf* an den Gesetzgeber.[1194]

§ 2. Haftungsbeschränkungen

Aufgrund der erläuterten Risiken ist das Interesse der Kunstvermarkter groß, ihre Haftung weitestgehend zu beschränken. Dies ist im Wege indivi-

---

1191 Kap. 2 § 2 B.
1192 Kap. 3 § 1 B II 2 d).
1193 Kap. 3 § 1 B III 1 b) cc) (3) (b) (aa.
1194 Kap. 3 § 1 B III 1 b) dd).

dualvertraglicher Vereinbarungen, aber auch - wie übliche Geschäftspraxis - durch Allgemeine Geschäftsbedingungen möglich.[1195] Dabei ist geklärt, dass das kumulative Vorliegen von Beschaffenheitsvereinbarung und Gewährleistungsausschluss kein *Indiz* für die Rechtsnatur einer Beschaffenheitsvereinbarung sein darf.[1196]

Vorangestellt gilt es sich aber der Frage nach dem *Verhältnis* von vertraglichen Beschaffenheitsangaben zur Kaufsache und verwendeten Gewährleistungsausschlüssen zu widmen.

Kommt man zu einem *Subsidiaritätsverhältnis* der Beschaffenheitsvereinbarung gegenüber vertraglichen Gewährleistungsausschlüssen, sind einem Kunstkäufer im Falle von Mängeln am Werk seine Rechte überwiegend versperrt. Ist das der Fall, ist dazu Stellung zu nehmen, ob solch *umfassenden Haftungsauschlussklauseln* im Rahmen des AGB-Rechts wirksam in den Vertrag miteinbezogen werden können und als solche Gültigkeit erlangen.[1197]

A. Beschaffenheitsvereinbarungen und Gewährleistungsausschlüsse

Der Kunsthandel bedient sich sehr einheitlich formulierter Klauseln. Die individuell durch die Marktteilnehmer verwendeten Bedingungen lassen sich auf folgenden Wortlaut zusammenfassen:

> *Der Käufer kann gegen den Verkäufer keine Einwendungen und Ansprüche wegen Sachmängeln erheben. Insoweit ist die Gewährleistung ausgeschlossen. Begründete Mängelrügen werden gegenüber den Einlieferern geltend gemacht, sofern der Käufer die sachlichen und rechtlichen Voraussetzungen nachweist.*

Die Klauseln sind nicht nur gegen *bestimmte* Beschaffenheitsangaben, sondern vollumfänglich und pauschal formuliert. Sie bedürfen deshalb der Auslegung.[1198] Die Auslegung des Haftungsausschlusses erfolgt am Maßstab des objektiven Horizontes nach §§ 133, 157 BGB.

Geht man im Ergebnis davon aus, dass ein genereller Haftungsausschluss darauf gerichtet ist, die Beschaffenheitsvereinbarung ebenfalls mitzuumfas-

---

1195 *Locher*, Das Recht der bildenden Kunst, S. 213.

1196 Kap. 3 § 1 B III 1 a) aa) (1).

1197 Kap. 3 § 2 D.

1198 *Kaletsch*, Der Kunstauktionator, S. 252.

sen, darf der Käufer sich in der Folge auf Abweichungen, die aus der Vereinbarung herrühren, nicht berufen. Aufgrund fehlender Zeit, Mittel und faktischer Möglichkeiten jedes einzelne, eingelieferte Werk von vielen samt Provenienz zu überprüfen, ist es grundsätzlich nachvollziehbar, dass sich die Kunstvermarkter bestmöglich von jeglicher Haftung freizeichnen wollen.[1199]

Dennoch bestehen an einem *Subsidiaritätsverhältnis* von Beschaffenheitsvereinbarungen gegenüber Gewährleistungsausschlüssen Zweifel. Denn zum einen sind Freizeichnungsklauseln, als Ausnahme von der sich aus dem dispositiven Recht ergebenden Haftung, grundsätzlich restriktiv auszulegen,[1200] zum Anderen kommt es einer willentlichen Irreführung gleich, dem Käufer eine formal korrekte und von *Rechtsbindungswillen* getragene Beschaffenheitsvereinbarung vorzulegen und diese - quasi hinterrücks - aufgrund eines klauselartigen Gewährleistungsausschlusses der Wirksamkeit zu berauben.[1201] Konsequenz dieser Ansicht ist, dass Gewährleistungsausschlüsse grundsätzlich lediglich den *objektiven Mangel* im Sinne von § 434 Abs. 3 BGB erfassen. Dies ist nur dann nicht interessengerecht, wenn sich der Haftungsausschluss auf einen *bestimmten* Mangel bezieht. Er ist bereits eindeutig und bedarf nicht mehr der Auslegung.[1202] Die restliche Beschaffenheitsvereinbarung wird aber auch von ihm nicht tangiert.

Gegenteiliges ergibt sich hingegen aus dem Umkehrschluss des § 444 BGB: Dieser schreibt vor, dass der Verkäufer sich auf einen Haftungsausschluss nicht berufen kann, sofern er den Mangel *arglistig verschwiegen* oder eine *Garantie für die Beschaffenheit* der Sache übernommen hat.[1203]

1199 *Anton*, ZVertriebsR 2013, 294 (295).

1200 *BGH*, Urt. v. 26.04.2017 - VIII ZR 233/15 - juris Rn. 24: in diesem Sinne überrascht die Rspr. des BGH, wonach ein umfassender Gewährleistungsausschluss Indizcharakter dafür habe, dass zwischen den Parteien regelmäßig keine Beschaffenheitsvereinbarung gewollt sei, vgl. BGH, Urt. v. 6.11.2015 – V ZR 78/14, juris Rn. 20; BGH, Urt. v. 12.03.2008 - VIII ZR 253/05, juris Rn. 13, dazu bereits Kap. 3 § 1 B III 1 a) aa) (1).

1201 *Westermann* in: MüKo-BGB, § 444 Rn. 11; BGH, TeilVU- und SU v. 29.11.2006 - VIII ZR 92/06, NJW 2007, 1346 Rn. 31; *Anton*, ZVertriebsR 2013, 294 (295); *Schapiro*, JZ, 2013, 549 (556).

1202 *Kaletsch*, Der Kunstauktionator, S. 254; BGH, Urt. v. 09.02.2018 - V ZR 274/16; BGH, Urt. v. 06.11.2015 - V ZR 78/14, NJW 2016, 1815; *BGH*, Urt. v. 26.04.2017 - VIII ZR 233/15 - juris Rn. 22 m.w.N.

1203 § 444 BGB behandelt die Unwirksamkeit von Haftungsausschlüssen und entfaltet damit Wirksamkeit i.R. der AGB-Kontrolle. Allerdings kann er zur Erforschung

Daraus muss folgen, dass wenn die Parteien eine ausdrückliche Beschaffenheitsvereinbarung zeitgleich mit dem Haftungsausschluss in den Vertrag aufgenommen haben, die Beschaffenheitsvereinbarung dem Haftungsausschluss nicht unterfällt.[1204] Ansonsten bliebe für die Garantie im Sinne des § 444 BGB kein eigenständiger Regelungsbereich. Diese Ansicht fußt auf der Tatsache, dass der Begriff der Garantie aus §§ 276 Abs. 1 S. 1, 442 Abs. 1 S. 2 und 444 BGB im Zuge der Schuldrechtsreform an die Stelle der Eigenschaftszusicherung getreten ist. Aus diesem Grund ist jedenfalls nicht die Garantie im Sinne des § 443 BGB[1205] gemeint, sondern lediglich die Übernahme einer *verschuldensunabhängigen Haftung*.[1206] Wie bereits festgestellt, werden die Katalogbeschreibungen im Kunsthandel aber grundsätzlich nicht *ausdrücklicher* Vertragsbestandteil und sind damit allenfalls *konkludente* Beschaffenheitsvereinbarungen.[1207] In diesem Fall erscheint es eingangs interessengerecht, einen Gewährleistungsausschluss vollumfänglich anzunehmen, so dass auch die konkludente Beschaffenheitsvereinbarung davon umfasst wird.[1208] Schließlich hat der Gesetzgeber den Fall des *venire contra factum proprium* selbst gesehen und in § 444 BGB manifestiert. Eine unerlaubte Annäherung von Beschaffenheitsvereinbarung und Garantie im Sinne des § 444 BGB würde damit unterbunden.[1209]

Dennoch ist die Konsequenz dieser Ansicht bedenklich. Qualifiziert man Äußerungen bzw. Angaben des Verkäufers in Bezug auf die Kaufsache als Beschaffenheitsvereinbarung und lässt sie Teil des Vertragsinhalts werden, kann die Art des Zustandekommens - konkludent oder ausdrücklich - für ihre Rechtswirkung nicht erheblich sein. Eine ausdrücklich getroffene Beschaffenheitsvereinbarung kann in ihrer Wirkung nicht *stärker* sein als eine konkludent getroffene.[1210] Würde man diese Sichtweise vertreten,

---

der gesetzgeberischen Intention auch zum Verhältnis von Beschaffenheitsvereinbarung und Gewährleistungsausschluss herangezogen werden, *Pammler* in: Herberger/Martinek/Rüßmann/Weth/Würdinger, § 444 Stand 22.12.2021 Rn. 1.

1204 BGH, Urt. v. 06.11.2015 - V ZR 78/14, JZ 20/2016, S. 1008.

1205 Kap. 3 § 2 C II.

1206 *Faust*, JZ 20/2016, 1008 (1012) mit der Rückführung auf den Fraktionsentwurf zum Schuldrechtsmodern-isierungsgesetz, BT-Drs. 14/6040, S. 236, 240.

1207 Kap. 3 § 1 B III 1 a).

1208 BGH, Urt. v. 06.11.2015 - V ZR 78/14, NJW 2016, 1815 Rn. 17; allgemein: BGH, Urt v. 28.10.1997 - XI ZR 260/96, NJW 1998, 449 (450).

1209 *Kaletsch*, Der Kunstauktionator, S. 253.

1210 Eine Garantie im Sinne des § 444 BGB muss damit schon immer dann angenommen werden dürfen, wenn der Verkäufer die Abwesenheit des Mangels in einer Weise versichert hat, dass der Käufer sich vollständig darauf verlassen konnte.

müsste man in der Folge Verträgen, die aufgrund ausdrücklicher Willenserklärungen zustande kommen, strenggenommen eine andere Rechtswirkung zusprechen als jenen, die auf konkludenten Willenserklärungen beruhen. Dies ist nicht nur im Interesse der Rechtssicherheit irreführend, sondern widerspricht auch einer einheitlichen Rechtsordnung.

Wenn aber die *Art des Zustandekommens* für das Verhältnis zwischen Beschaffenheitsvereinbarung und Gewährleistungsausschluss nur *unerheblich* sein kann, muss man feststellen, dass die Annahme einer pauschalen Konkurrenz oder Subsidiarität nicht überzeugt. Es muss daher ein weiterer Versuch unternommen werden, das Verhältnis zu determinieren.

I. Abhängigkeit von der Art des Mangels

Ein durchaus überzeugender Lösungsweg scheint das Verhältnis von Beschaffenheitsvereinbarung und umfassenden Gewährleistungsausschluss an der *Art des Mangels* festzumachen. Im Falle der Zusicherung von Mangelfreiheit in Bezug auf eine Tatsache, die für den Käufer schwierig zu überprüfen ist, erscheint dieser besonders schutzbedürftig.[1211] Es ist damit interessenwidrig, ihn bei *versteckten Mängeln* infolge eines umfänglichen Gewährleistungsausschlusses schutzlos zu stellen.[1212] Die Zusicherung des Verkäufers wäre ansonsten wertlos.[1213]

Dies gilt insbesondere auch trotz der regelmäßig der Käuferschaft eingeräumten Besichtigungs- und Prüfungsmöglichkeiten der Werke im Vor-

---

Die Stärke des Vertrauens vom Käufer darf aber nicht daran gemessen werden, ob eine Vereinbarung ausdrücklich oder konkludent zustande gekommen ist, vgl. im Ansatz, im Ergebnis aber abweichend *Faust*, JZ 20/2016, 1008 (1012); vgl. dazu auch bereits Kap. 3 § 1 B I 1 a) aa).

1211 Wie auch der BGH in seiner Rechtsprechung zum Verhältnis von Beschaffenheitsvereinbarung und Gewährleistungsausschluss feststellt, ist zu berücksichtigen, dass gerade Rechtsmängel im Vergleich zu Sachmängeln regelmäßig nur schwierig feststellbar sind und damit hinsichtlich des Gewährleistungsausschlusses der Käufer besonders schutzwürdig erscheint. Rechtsmängel sind damit aus dem Anwendungsbereich des Gewährleistungsausschlusses grundsätzlich herauszunehmen, BGH, Urt. v. 26.04.2017 - VIII ZR 233/15, juris Rn. 23.

1212 Die versteckten Mängel sind die inneren Tatsachen, die dem Kunstwerk anhaften und für einen außenstehenden Dritten nicht ohne Weiteres erkennbar sind.

1213 *Kaletsch*, Der Kunstauktionator, S. 253.

feld des Kaufes.[1214] Prüfungsmöglichkeiten und -fähigkeiten müssen daher für die Frage der Wirksamkeit einer Beschaffenheitsvereinbarung ohne Relevanz bleiben.[1215] Die belegt auch § 377 Abs. 2 HGB, der anordnet, dass eine unterlassene Rüge im beiderseitigen kaufmännischen Verkehr bei solchen Mängeln unschädlich ist, die bei einer Untersuchung ohnehin nicht erkennbar waren. Damit muss dies *„erst-Recht"* für Rechtsgeschäfte gelten, die nicht zwingend beiderseitige Handelsgeschäfte sind, so dass ein Haftungsausschluss ausnahmsweise hinter der Beschaffenheitsvereinbarung zurücktreten muss.[1216]

Wie die Vorfälle in der Kunstwelt zeigen, ist es häufig nur die Identität des Urhebers, die das Original von der Fälschung trennen.[1217] Nur ein Zufallsfund, der das Gemälde mit makelloser Provenienz zu praktisch unhandelbarer Raubkunst macht. [1218] Die Grundsätze des *versteckten Mangels* passen somit zu der Natur der Kunstwerke. Denn ob ein „echter" Max Ernst im Nachhinein als Fälschung enttarnt wird oder ein Rembrandt sich als Raubkunst entpuppt, ist teilweise nur Zufall und durch Recherche im Vorfeld des Verkaufs praktisch nicht zuverlässig überprüfbar.[1219]

Dieser Lösungsversuch passt aber ersichtlich nicht zu dem Kunsthandel auf dem Primärmarkt, denn ein für den Käufer versteckter Mangel existiert hier regelmäßig nicht.[1220] Die Gemälde gehen aus Urheberhand unmittelbar oder zumindest mittelbar - durch Galerie oder Auktionator als Vermittler - in Käuferhand über. Insbesondere der Galerist, der auf dem Primärmarkt als Kunstförderer und -helfer bekannt ist, hat angesichts des regelmäßig langen Zeitraums, in dem er mit den Kunstwerken in Berührung kommt, für deren Qualität einzustehen. Sofern der Vertrieb über das Auktionshaus im Wege des Kommissionsgeschäfts abläuft, beschränken

---

1214 Vgl. dazu BGH, Urt. v. 29.11.2006 - VIII ZR 92/06, juris Rn. 15 in dem der BGH das Vorliegen einer Beschaffenheitsvereinbarung hinsichtlich der Laufleistung des Motorrades mit keinem Wort in Frage stellte; vgl. bereits Kap. 2 § 2 B.

1215 *Schapiro*, JZ 2013, 549 (554).

1216 Vgl. allgemein zum verborgenen Mangel: *Steimle/Dornieden* in: Röhricht/Graf von Westphalen/Haas, HGB, § 377 Rn. 51.

1217 Beispiel aus jüngerer Zeit ist hierfür der *„Beltracchi Skandal"*.

1218 Vgl. dazu Kap. 3 § 1 B II 2 b).

1219 Entgegen der Ansicht von *Raue/Hollenders* ändert sich daran auch nichts nach der Schuldrechtsmodernisierung unter Berücksichtigung der infolge zunehmender Digitalisierung erleichterten Provenienzrecherche für Käufer und Verkäufer, vgl. *Raue/Hollenders*, GRUR 2014, 96 (99).

1220 Vgl. zur Abgrenzung eines offenen Mangels zum versteckten Mangel: *Steimle/Dornieden* in: Röhricht/Graf von Westphalen/Haas, HGB, § 377 Rn. 51.

sich die Mängel auf Äußerlichkeiten oder auf dem Einlieferer bekannte Tatsachen, so dass die vorgebrachten Argumente charakteristisch bereits nicht passen.[1221] Auf dem Primärmarkt ist ein umfassender Haftungsausschluss damit dem Wesen dieses Handelsbereiches nach als der Beschaffenheitsvereinbarung vorrangig anzusehen.

Somit muss nur auf dem *Sekundärmarkt*, sowohl bei Galerie als auch beim Auktionshaus, eine weitere Differenzierung anhand der Art des Mangels vorgenommen werden.

Dabei kommen bei den aufgestellten Grundsätzen zum *versteckten Mangel* auf dem Sekundärmarkt in Hinblick auf die Interessen der Marktteilnehmer Zweifel auf. Zwar ist in der Sache richtig, dass ein Mangel an Kunstwerken in einer Vielzahl der Fälle schwer auffindbar ist. Außer Acht gelassen werden darf aber auch nicht, dass die *Unaufdeckbarkeit* des Mangels nicht nur für den Käufer gilt, sondern auch für den Verkäufer bzw. den Kunstvermarkter.[1222] In Fällen des redlichen Verkaufs kennt nämlich weder der Einlieferer den Mangel, noch der Galerist oder das Auktionshaus, die die Werke regelmäßig kurzfristig vom Einlieferer erhalten und primär hinsichtlich sämtlicher Angaben auf dessen Angaben angewiesen sind.[1223] Für sie gilt damit der *„erst-recht" Schluss* des § 377 Abs. 2 HGB ebenfalls. Damit müsste ein Gewährleistungsausschluss wiederum doch zulässig sein.

Diese Annahme bestätigt auch das Gesetz zumindest für den *Auktionshandel* aufgrund der Natur des Rechtsgeschäfts, die der Gesetzgeber bei Schaffung der §§ 474 Abs. 2 S. 2, 475 ff. BGB vor Augen hatte.[1224] Der Käufer erlangt die Möglichkeit zu einem Tiefpreis einen Gegenstand zu ersteigern, büßt aber wegen der Aussicht auf *Disproportionalität* zwischen Sache und Kaufpreis seine Rechtsstellung ein. Ansonsten wäre das vom Auktionator zu tragende Risiko eines nicht entdeckten Mangels nicht erträglich. Der Gesetzgeber hat damit dieses Argument zum Gegenstand der Ausnahmetatbestände des § 474 Abs. 2 S. 2 BGB gemacht.[1225]

1221 Insbesondere ist das Konkurrenzverhältnis von Beschaffenheitsvereinbarung und Gewährleistungsausschluss im Falle einer positiven Kenntnis vom Mangel durch den Verkäufer unerheblich, weil er sich wegen § 444 1. Var. BGB ohnehin auf den Gewährleistungsausschluss nicht berufen darf, vgl. Kap. 3 § 2 C III.

1222 *Schapiro*, JZ 2013, 549 (554).

1223 BGH, Urt. v. 15.01.1975 - VIII ZR 80/73, juris Rn. 14, 15; im Ansatz auch BGH, Urt. v. 21.03.1966 - VIII ZR 44/64, juris Rn. 16, 18.

1224 Kap. 3 § 1 B III 1 b) cc) (3) (b).

1225 Freilich gilt zu beachten, dass im Bereich der freiwilligen öffentlichen Versteigerung das Risiko der Haftung durch die Möglichkeit kompensiert wird, ein Käufer-

Argumentiert man also *gegen* eine umfassende Wirkung des Gewährleistungsausschlusses aufgrund der Tatsache, dass im Falle einer Fälschung oder einer fehlerhaften Provenienzangabe der Mangel vor Vertragsschluss besonders schwer zu erkennen ist, so dürfte dieses Argument zumindest für den Vertragsschluss im Wege der *Kunstauktion* wenig Beachtung finden.

Dem mag entgegengehalten werden, dass die Stellung eines Kunstauktionators nicht mit der des *Fundversteigerers* vergleichbar ist, den der Gesetzgeber bei Schaffung des § 474 Abs. 2 S. 2 BGB vor Augen hatte. Der Auktionator tritt unabhängig seiner jeweiligen Vertragsstellung dem Kunstkäufer als Experte entgegen. Er erfreut sich einer besonderen Stellung und eines hohen Vertrauens seiner Käuferschaft aufgrund seiner Erfahrung und eigener Expertise. Dann aber darf er sich nicht des Arguments bedienen, dass er keine Beschaffenheit für die Sache vereinbaren möchte, weil ihm nur beschränkte Möglichkeiten der Überprüfung zur Verfügung stehen.[1226]

Aber auch diese Betrachtungsweise berücksichtigt nicht alle Besonderheiten des Kunsthandels:

Beim Kunsthandel, insbesondere auf dem Sekundärmarkt, kontrahieren zwei Parteien miteinander, zwischen denen regelmäßig keine *Informationsasymmetrie* in Bezug auf die Kaufsache herrscht.[1227]

Die Kunstvermarkter, die für die Einlieferer handeln, mögen zwar generell *kundig* sein, allerdings sind sie auf die Angaben der Einlieferer angewiesen und geben diese, wohl nach eigener Überprüfung, lediglich weiter.[1228] Damit befinden sie sich aber in einer dem Kunstkäufer vergleichbaren Lage. Auch dieser hat nicht selten ein eigenes Expertenteam zur Seite zu stehen. Angesichts des häufig mehrfachen Eigentümerwechsels von Kunstobjekten sind somit beide Seiten vielfach nicht in der Lage, durch zumutbare eigene Nachforschungen Sicherheit über die Echtheit oder die Provenienz des Werkes zu erhalten.[1229]

---

aufgeld bzw. einen Provisionsanspruch zu erlangen. Letztlich ist die *Entgeltlichkeit* des Geschäfts der Grund der Tätigkeit des Auktionshauses. Durch die eindeutige Änderung des § 474 Abs. 1 S. 2 BGB in „öffentlich zugängliche Versteigerungen" ist aber davon auszugehen, dass der Gesetzgeber dieses Haftungsprivileg gesehen und hingenommen hat.

1226 *Schapiro*, JZ 2013, 549 (554).

1227 Asymmetrische Vertragsverhältnisse bilden das Kernmerkmal der Verbrauchsgüterkaufverträge, vgl. *Basedow* in: MüKo-BGB, § 310 Rn. 65.

1228 *Heyers*, GRUR 2012, 1206 (1209); *Tiedtke/Burgmann*, NJW 2005, 1153 (1155); vgl. auch BGH, Urt. v. 22.05.1968 - VIII ZR 133/66, juris OS 1.

1229 BGH, Urt. v. 13.02.1980 - VIII ZR 26/79, NJW 1980, 1619 (1621).

Da die eigenen Erkenntnisse des Verkäufers ohnehin von § 444 BGB erfasst werden, überzeugt es nicht, ihm das alleinige Risiko der Haftung aufzubürden, wenn der Mangel besonders schwer aufzufinden ist.

In diesem Sinne ist es interessengerecht, grundsätzlich den Gewährleistungsausschluss nach dem *telos* des § 474 Abs. 2 S. 2 BGB auf die Beschaffenheitsvereinbarung im Bereich des Kunsthandels zu erstrecken, sofern es sich (1) um Sekundärware handelt und (2) der Kunstvermarkter im Wege des Kommissionsgeschäftes tätig wird, er selbst Vertragspartei wird und naturgemäß nur kurzweilig mit der Kaufsache in Berührung kommt. Er hat in dieser Konstellation eine dem Käufer ähnelnde Schutzbedürftigkeit. Erneut darf es dafür aber keinen Unterschied machen, wer auf Verkäuferseite steht: Auktionshaus oder Galerie.[1230]

Handelt es sich hingegen um einen Eigenverkauf durch das Auktionshaus oder die Galerie, ist ein umfassender Gewährleistungsausschluss nicht sachgerecht. Hier muss der Kunstvermarkter eine ganz andere Beziehung zum Werk gegen sich gelten lassen. Ist er schon bereit, das Kunstwerk auf sein eigenes *Geschäftsrisiko* hin zu kaufen und zu erwerben, muss er auch in der Lage sein, die Kaufsache auf *versteckte Mängel* zu überprüfen und bei einem Übersehen die Folgen gegen sich gelten zu lassen. Zumindest aber muss er zugestehen, dass er in Hinblick auf eine mögliche Überprüfung des Werkes gegenüber den potenziellen Käufern *bessergestellt* ist. Wird der Vermittler im Wege der Stellvertretung nach §§ 164 ff. BGB tätig, ist er selbst schon nicht Vertragspartei, sondern die Person des Einlieferers. Freilich ist es auch hier angebracht, dass der Einlieferer sich nicht durch die Verwendung einer Freizeichnungsklausel im Rahmen der AGB des Kunstvermarkters jeglicher Haftung in Bezug auf Sachmängel entledigen kann.

Es bleibt dem Einzelfall vorbehalten, wann von einem verdeckten und wann von einem offenen Mangel auszugehen ist. Aufgrund der heutigen Möglichkeiten ist bei Kunstfälschungen eines professionellen Niveaus wohl generell von einem verdeckten Mangel auszugehen. Auch die makelhafte, aber nicht offen aufgedeckte Provenienz gilt in diesem Sinne als verdeckter Mangel.[1231] Letztlich muss nach den erläuterten Überlegungen zum

1230 Kap. 3 § 1 B III 1 b) cc) (3) (d): Es greifen damit die Forderungen des Regelungsbedarfs *de lege ferenda* den Wortlaut des § 474 Abs. 2 S. 2 BGB entsprechend zu erweitern.

1231 Gleiches muss im Übrigen auch für den Fall eines eigens durch den Künstler versteckt montierten Schreddermechanismus gelten. Bei einem solchen Werk -

versteckten Mangel auch der *Rechtsmangel* nie von einem umfassenden Gewährleistungsausschluss erfasst werden. Er lässt sich mithilfe subjektiver und objektiver Untersuchungsmethoden nur unter großem Aufwand und auch dann nicht zuverlässig feststellen.[1232]

II. Abhängigkeit von der Verkäufersorgfalt

Darüber hinaus könnte das Verhältnis von Beschaffenheitsvereinbarung und umfassenden Gewährleistungsausschluss auch von der durch den Verkäufer erbrachten Sorgfalt abhängig zu machen sein. Danach müsste jedenfalls demjenigen Verkäufer die Möglichkeit eines umfassenden Haftungsausschlusses eröffnet bleiben, der gegenüber dem Käufer die ihm obliegende Sorgfaltspflicht erfüllt.[1233]

Für diese Annahme spricht die Indizwirkung des § 309 Nr. 7 lit. b) BGB, der einen formularmäßigen Haftungsausschluss in AGB lediglich für *einfache Fahrlässigkeit*, nicht hingegen für grobes Verschulden und Vorsatz zulässt.[1234] *Telos* des § 309 Nr. 7 BGB ist, dass die Durchsetzbarkeit der vom Verwender übernommenen Leistungspflichten unangemessen beeinträchtigt würde, wenn es ihm gestattet wäre, sich von jeglichen Folgen etwaiger Pflichtverletzungen ohne erhebliches Haftungsrisiko freizuzeichnen.[1235] Darüber hinaus verwehrt auch § 444 BGB dem Gewährleistungsausschluss seine Wirkung lediglich im Bereich der Beschaffenheitsgarantie; also in

bestehend aus Rahmen und Gemälde - handelt es sich aufgrund des beigelegten Schreibens um ein Gesamtkunstwerk, dass in seiner Konstruktion durch den Kunsthändler nicht antastbar sein darf. Es ist damit dem Kunstauktionshaus verwehrt jegliche Änderungen an dem Gesamtkonstrukt vorzunehmen. Der Mangel war in diesem Sinne im Inneren des Rahmens verdeckt. Vgl. hierzu „*Banksy-Skandal*", der als Grundlage für die Auseinandersetzung in Kap. 2 § 3 C „Die Unversehrtheit" genommen wurde.

1232 BGH, Urt. v. 26.04.2017 - VIII ZR 233/15, MDR 2017, 939 (940).

1233 BGH, Urt. v. 13.02.1980 - VIII ZR 26/79, juris Rn. 32; BGH, Urt. v. 15.01.1975 - VIII ZR 80/73 juris Rn. 16.

1234 Die Formulierung des § 309 Nr. 7 b) BGB und seine Beschränkung auf grobes Verschulden und Vorsatz hat nicht zur Folge, dass Ansprüche aus einfacher Fahrlässigkeit stets unproblematisch abbedungen werden können; die Grenzen zeichnen sich hier durch § 307 Abs. 1 BGB, *Schlewing* in: Clemenz/Kreft/Krause, AGB-Arbeitsrecht, § 309 Rn. 104; vgl. insbesondere gleich Kap. 3 § 2 D II 5 c).

1235 *Schlewing* in: Clemenz/Kreft/Krause, AGB-Arbeitsrecht, § 309 Rn. 90.

einem Bereich, wo der Verkäufer ausnahmsweise *verschuldensunabhängig* haften will.[1236]

Sieht man das Risiko einer unangemessenen Beeinträchtigung jedoch außerhalb einer Garantie nach § 444 BGB lediglich bei grobem Verschulden und Vorsatz und sind bei derartigen Klauseln die AGB in ihrer Gänze ohnehin unwirksam,[1237] müssen die generellen Haftungsausschlüsse zumindest für *einfache Fahrlässigkeit* stets der Beschaffenheitsvereinbarung vorrangig sein.

Diese Annahme stützen die Sorgfaltspflichten der §§ 41 ff. KGSG beim Inverkehrbringen von *Kulturgütern.*[1238] *A minore ad maius* könnte man meinen, dass nicht nur bei Kulturgütern, sondern auch bei sekundär gehandelten Kunstwerken Sorgfaltspflichten bestehen, deren Abbedingung im Rahmen eines Gewährleistungsausschlusses grundsätzlich nicht möglich sein darf.[1239] Steht dies aber fest, muss im Falle von (behaupteten) Kulturgütern das Konkurrenzverhältnis von Beschaffenheitsvereinbarung und Gewährleistungsausschluss stets *zugunsten* der Beschaffenheitsvereinbarung entschieden werden. Für diese Schlussfolgerung spricht, dass die Vorschriften des KGSG nach dem Willen des Gesetzgebers zwingend sein müssen, weil sie ganz vorrangig der Schaffung von Rechtssicherheit, aber auch Gerechtigkeit dienen. Würden die Verletzungen von Sorgfaltspflichten, die auf jedem fahrlässigen und vorsätzlichen Verhalten beruhen, hingegen unproblematisch von einem Gewährleistungsausschluss umfasst, würde die gesetzgeberische Intention vollends unterlaufen und die in §§ 41 ff. KGSG manifestierten Sorgfaltsanforderungen würden nie Wirkung erlangen. Das Konkurrenzverhältnis von Beschaffenheitsvereinbarung und umfassenden Gewährleistungsausschluss würde bei *verschuldensabhängiger* Beurteilung die sachgerechte Anwendung der §§ 41 ff. KGSG ermöglichen.

Für die Ausdehnung des Begriffes der „*Kulturgüter*" auf generell sekundär gehandelte Kunstwerke spricht insbesondere, dass beide Begriffe in einer Allgemeingültigkeit nicht formulierbar sind und sie in ihrer Existenz zweifelsfrei teilweise kongruent sind.[1240]

Diese Ansicht überzeugt aber im Ergebnis nicht. Sie ist dogmatisch in vielerlei Hinsicht fragwürdig, wenn nicht sogar falsch. Zum einen ist im

---

1236 Kap. 3 § 2 C III.
1237 Kap. 3 § 2 D II 2.
1238 zum Begriff des Kulturguts vgl. Kap 2 § 1 B.
1239 Kap. 3 § 2 D I 2 c) bb).
1240 Kap 2 § 1 B.

Rahmen rechtlich dogmatischer Argumentation zwar der Schluss *a maiore ad minus*, nicht hingegen der Schluss *a minore ad maius* anerkannt. In diesem Sinne kann davon ausgegangen werden, dass der Gesetzgeber sich der Eingrenzung der Kulturgüter bei Schaffung des KGSG bewusst war. Den Anwendungsbereich des KGSG somit *de lege lata* auf jene Kunstwerke auszudehnen, die im Rahmen des Sekundärmarktes gehandelt werden, sprengt die Grundsätze juristischer Argumentationsmethodik. Für Kunstwerke sind damit - ungeachtet der wesentlichen Unterschiede zu anderen Märkten - lediglich die allgemeinen zivil- und handelsrechtlichen Grundsätze anwendbar.[1241] Darüber hinaus würde aber auch *de lege ferenda* die Einbeziehung von Kunstwerken des Sekundärmarktes in den Anwendungsbereich des KGSG und speziell in die §§ 41 ff. KGSG keine Auswirkung auf das Konkurrenzverhältnis zwischen Beschaffenheitsvereinbarung und Gewährleistungsausschluss haben dürfen. Diese Anwendung führe sonst zu einer unzulässigen Vermischung von Haftungsausschluss und Verschuldenshaftung.[1242]

Haftet der Kunstvermittler verschuldens*unabhängig* im Rahmen der Kaufgewährleistungsregeln dem Käufer auf Nacherfüllung (§§ 437 Nr. 1, 439 BGB), auf Rückabwicklung des Vertrages (§§ 437 Nr. 2, 440, 323, 326 Abs. 5 BGB) oder Minderung (§§ 437 Nr. 2, 441 BGB) muss es zunächst für das Verhältnis von Vertragsinhalt zum Gewährleistungsausschluss ohne Belang sein, in welchem Grad ihn ein Verschulden trifft. Andernfalls liefe dies auf *Verschuldenshaftung* hinaus. Der Verschuldensgrad kann damit im Rahmen der Beurteilung des Konkurrenzverhältnisses keine Relevanz entfalten.[1243] Deshalb müssen die Vorschriften des KGSG - auch *de lege ferenda* - nicht im Rahmen einer Konkurrenzabwägung Berücksichtigung finden, sondern bei der Frage nach der *Wirksamkeit* eines Haftungsausschlusses.

Damit bleibt folgende Feststellung: Das Verhältnis von Beschaffenheitsvereinbarung und Gewährleistungsausschluss ist zwar auf Konkurrenzebene nicht mithilfe des Kriteriums des Verschuldensgrades lösbar. Dieser hat letztlich jedoch wesentlichen Ausfluss auf deren Verhältnis zueinander.

1241 Im Vergleich dazu hat bspw. Frankreich das „Décret n°81-255 du 3 mars 1981 (version consolidée au 21 juillet 2001) sur la répression des fraudes en matière de transactions d'oeuvres d'art et d'objets de collection", vgl. dazu: *Anton*, ZVertriebsR 5/2013, 294 (294).

1242 *Kötz*, JuS 2018, 1 (6).

1243 Im Ansatz ähnlich BGH, Urt. v. 23.02.1984 - VII ZR 274/82, juris Rn. 19; BGH, Urt. v. 17.02.1964 - II ZR 98/62, juris LS 1; BGH, Urt. v. 28.03.1973 - I ZR 41/72, juris Rn. 24.

Denn unproblematisch entscheidet die im Haftungsausschluss zulässig geregelte Sorgfalt über die Wirksamkeit einer Klausel, wie § 309 Nr. 7 lit. b) BGB und darüber hinaus auch § 307 Abs. 1 BGB beweisen.[1244] Dies ist aber an dieser Stelle noch nicht zu entscheiden.

III. Stellungnahme und Fazit

Beschaffenheitsvereinbarungen und Haftungsausschlüsse haben für die Vertragsparteien elementare Bedeutung. Deshalb gilt es sie in beiderseitigem Interesse optimal in Ausgleich zu bringen. Verständlich will der Verkäufer - unabhängig ob Einlieferer, Auktionshaus oder Galerist - möglichst risikofrei in seinem Geschäftsfeld agieren. Dies gilt für den Einlieferer, der sich das Verschulden des Kunstvermarkters zurechnen lassen muss[1245] und für den Kunstvermarkter vor dem Hintergrund seiner eigenen Stellung: Er rühmt sich zwar einer besonderen Vertrauens- und Vermittlerrolle, kommt aber mit den eingelieferten Kunstwerken nur kurzweilig und flüchtig in Berührung. Er ist weiter in wesentlichen Punkten auf die Informationen und Angaben des Einlieferers und auf Expertenwissen angewiesen.

Dennoch darf das gesamte Risiko nicht der Käuferschaft aufgeladen werden, die wohl überwiegend ein bestimmtes Auktionshaus oder eine bestimmte Galerie wählt, weil sie damit einen bestimmten Grad an Erfahrung und Expertise verbindet und im Gegenzug bereit ist für dieses Wissen und die Vertrauensstellung zu zahlen.

Im Lichte juristisch korrekter Dogmatik ist es damit interessen- und sachgerecht, einen generellen Haftungsausschluss auf dem Primärmarkt die Katalogbeschreibungen als konkludente Beschaffenheitsvereinbarungen mitumfassen zu lassen. Darüber hinaus muss gleiches gelten, wenn auf dem *Sekundärmarkt* der Mangel entweder für den Käufer ohne weiteres *erkennbar* oder zwar *versteckt* ist, weil er aufgrund sachgemäß durchgeführter Untersuchung nicht entdeckt werden konnte, der Verkäufer aber kraft seiner eigenen vertraglichen Stellung der Schutzbedürftigkeit eines Käufers vergleichbar ist.

In den übrigen Fällen - namentlich bei Eigenverkauf und Stellvertretung - wird der *umfassende* Gewährleistungsausschluss durch die Beschaffenheitsvereinbarung stets *partiell durchbrochen.*

1244 Vgl. dazu ausführlich Kap. 3 § 2 D II 2 und a.a.O. 5 .

1245 Siehe § 166 Abs. 1 BGB.

B. Individualabrede

Individualabreden haben im Verhältnis zu AGB stets Vorrang, § 305b BGB.[1246] Aufgrund der Funktion des § 305b BGB als Kollisionsregel eigener Art wird eine Beschaffenheitsgarantie, die nach ausdrücklichem, subjektiven Parteiinteresse im Einzelfall zustande kommt, stets dem Haftungsausschluss in AGB vorrangig beurteilt.[1247]

Haftungsbeschränkungen hingegen werden auf dem Kunstmarkt nur selten in Form einer Individualabrede vereinbart. Die Annahme einer Individualabrede setzt voraus, dass der Verwender den gesetzesfremden Kerngehalt, den er Teil des Vertrages werden lassen möchte, dem Vertragspartner ernsthaft zur Disposition stellt und Letzterem damit *Gestaltungsfreiheit* hinsichtlich der Wahrung eigener Rechte einräumen will.[1248] Die zu beurteilende Klausel muss damit zwischen den Parteien ernsthaft ausgehandelt werden.[1249]

Auf dem *Kunstsekundärmarkt* ist dies aus mehreren Gründen nicht umsetzbar: Verkäufe finden aufgrund dessen, dass sie regelmäßig in zeitlich engem Zusammenhang in einer Vielzahl geschlossen werden, *standardisiert* statt. Galerien veranstalten Ausstellungen und Auktionshäuser Kunstauktionen, um ihre eingelieferten Schätze an die Käufer zu bringen. Um diese Vielzahl von Vertragsabwicklungen zu erleichtern, stellt der Kunstvermarkter seine Vertragsbedingungen, und damit auch die Haftungsbeschränkungen, dem Käufer grundsätzlich nicht zur Disposition.

Dies gilt ganz besonders vor dem Hintergrund des im Kunsthandel stets zugrunde liegenden Drei-Personen-Verhältnisses. Der Kunstvermarkter kontrahiert beim Verkauf von Kunstwerken zwei Mal: mit dem Einlieferer im Innenverhältnis und mit dem Käufer im Außenverhältnis.[1250] Die Vielzahl von Vertragsabschlüssen und gleichzeitig die Verpflichtungen

---

1246 *Roloff/Looschelders* in: Erman BGB, § 305b Rn. 1; *Basedow* in: MüKo-BGB, § 305b Rn. 1; BGH, Urt. v. 15.02.2007 - I ZR 40/04, juris Rn. 22.

1247 *Basedow* ebd.

1248 *Basedow* a.a.O., § 305 Rn. 5; *Berger*, ZIP 2006, 2149 (2149).

1249 Es kommt dabei nicht auf eine Änderung der Klausel im Ergebnis an, sondern lediglich darauf, dass der Inhalt der Klausel ernsthaft zur Disposition stand, wobei auch möglich ist, dass der Vertragspartner sich letztlich nach ausreichender „Aushandlung" für das Festhalten an ihr entscheidet, vgl. BGH, Urt. v. 20.03.2014 - VII ZR 248/13, NJW 2014, 1725 Rn. 27; BGH, Urt. v. 23.01.2003 - VII ZR 210/01, NJW 2003, 1805 (1807).

1250 Kap. 2 § 2 C.

mehreren Vertragspartnern gegenüber zwingen ihn dazu ein Regelwerk anzuwenden, das er vorher im Einzelnen im Interesse seiner Rechte ausgestaltet hat und das er seinen Vertragspartnern vorlegt, ohne dass diese eine Dispositionsbefugnis diesbezüglich haben.[1251]

Auf dem *Primärmarkt* hingegen sind Individualabreden beim Galerie- und Atelierverkauf durchaus möglich und sogar üblich.[1252] Die Beurteilung einer Klausel als AGB oder Individualabrede erfolgt dabei stets mit Blick auf die einzelne Klausel und nicht in Bezug auf das gesamte Vertragswerk.[1253]

Verwenden der Galerist oder der Künstler selbst eine Klausel mit dem Inhalt *„gekauft wie gesehen"*, ist darin regelmäßig eine individualvertragliche Haftungsbeschränkung zu sehen.[1254] Bei den Kaufverträgen auf dem Primärmarkt gilt auch zu beachten, dass diese nicht selten mündlich geschlossen werden.[1255] Da die Vertragsparteien regelmäßig keine juristische Expertise aufweisen, werden die mündlichen Bedingungen vom Verwender in der Regel nicht vorformuliert sein, was der Tatbestand von AGB erfordert, § 305 Abs. 1 S. 1, 3 BGB. Auf dieser Ebene muss stets eine individualvertragliche Abrede und darin mitenthaltend eine individualvertragliche Haftungsbeschränkung angenommen werden.[1256]

Auf dem Primärmarkt des Kunsthandels, insbesondere bei *Atelierkunstkäufen*, kann letztlich auch der Sachverhalt zu bewerten sein, dass sich die Vertragsparteien über etwaige Haftungsrisiken im Zeitpunkt des Vertragsschlusses keine Gedanken machen. Der Käufer sieht ein Werk und

---

1251 *Berger*, ZIP 2006, 2149 (2152), der generell die strengen Anforderungen an das *„Aushandeln"* i.S. von § 305 Abs. 1 S. 3 BGB als im unternehmerischen Geschäftsverkehr als kaum erfüllbar ansieht, da so die gesamten Vertragsverhandlungen mit den Kunden protokolliert werden müssten.

1252 Im Auktionshandel hingegen ändert sich an der Stellung des Auktionators im Vergleich zum Sekundärmarkt nichts. Charakteristikum seiner Tätigkeit ist das *standardisierte, anonymisierte* Verfahren, welches einem *Aushandeln* im Einzelfall entgegensteht.

1253 *Basedow* a.a.O., § 305 Rn. 35; BGH, Urt. v. 20.03.2014 - VII ZR 248/13, NJW 2014, 1725 Rn. 27; BGH, Urt. v. 23.01.2003 - VII ZR 210/01, NJW 2003, 1805 (1807).

1254 Diese Klauseln stellen jedenfalls keine Beschaffenheitsvereinbarungen dar; ihnen fehlt dafür die erforderliche Bestimmtheit, denn dazu müssten sie sich auf einen konkreten Mangel beziehen, vgl. *Tiedtke/Burgmann*, NJW 2005, 1153 (1154); allgemein vgl. Kap. 3 § 1 B III 1 a) aa).

1255 vgl. dazu ausführlich Kap. 2 § 2 A I sowie Kap. 2 § 2 B III und Kap. 2 § 2 B I.

1256 Der Tatbestand der Individualabrede geht über den Wortlaut des § 305 Abs. 1 S. 3 BGB hinaus, der lediglich die Klauseln erfasst, die schon rein äußerlich eine AGB darstellen; vgl. *Roloff/Looschelders* in: Erman BGB, § 305 Rn. 4.

kauft dieses. In diesen Fällen bedarf das Handeln der Vertragsparteien der Auslegung. Da auch in konkludentem Handel stets der Gehalt einer echten Willenserklärung liegt, erfolgt die Auslegung nach den allgemeinen Grundsätzen der §§ 133, 157 BGB mit der Frage, wie ein objektiver Dritter unter Berücksichtigung der Verkehrssitte dieses Verhalten auffassen darf. Allerdings stets unter dem Maßstab, dass der Künstler grundsätzlich nur für das einzustehen bereit sein muss, was er ausstellt und dem Käufer in Präsenz anbietet und Letzterer wiederum auch nur so viel erwarten darf. Damit muss auch bei mündlichen Kunstkaufverträgen, bei denen es an der Formulierung jeder Bedingung - mündlich oder schriftlich - mangelt, immer der Grundsatz gelten, dass das Kunstwerk *„gekauft wie gesehen"* erstanden wird und somit ein individualvertraglich vereinbarter Haftungsausschluss greift.

C. Gesetzliche Grenzen

Freilich müssen Haftungsbeschränkungen in Hinblick auf die weitläufigen Haftungsrisiken der Kunstvermarkter grundsätzlich möglich sein.[1257] Sie finden ihre *Grenzen* allgemein im Gesetz und - sofern der Tatbestand erfüllt ist - im Recht der Allgemeinen Geschäftsbedingungen nach §§ 305 ff. BGB.

I. Das Verbot des § 476 Abs. 1 S. 1 BGB

Im Bereich des Verbrauchsgüterkaufs regelt der Gesetzgeber in § 476 Abs. 1 S. 1 BGB, dass ein Haftungsausschluss der Gewährleistungsrechte bei Annahme eines Verbrauchsgüterkaufs grundsätzlich unzulässig ist.[1258] Dies gilt für Individualabreden wie auch für Allgemeine Geschäftsbedingungen.[1259]

Das gesetzliche Verbot des § 476 Abs. 1 S. 1 BGB setzt voraus, dass es sich der Sache nach um einen *Verbrauchsgüterkauf* im Sinne des § 474 Abs. 1 S. 1 BGB handelt und ferner, dass kein Ausschlusstatbestand eingreift.

Obwohl trotz der häufig erfahrenen Käuferschicht bei Kunstkäufen das Vorliegen eines Verbrauchsgüterkaufs nicht generell versagt werden darf,

---

1257 *Anton*, ZVertriebsR 2013, 343 (343).

1258 *Ball* in: Herberger/Martinek/Rüßmann/Weth/Würdinger, jurisPK-BGB, § 476 Rn. 2.

1259 *Ball* a.a.O., § 476 Rn. 5.

sondern sich nach der *Parteitypologie* im Einzelfall richtet,[1260] muss in Ausweitung des Anwendungsbereiches der Ausnahmevorschrift nach § 474 Abs. 2 S. 2 BGB *de lege ferenda* dem gesetzlichen Verbot des § 476 Abs. 1 S. 1 BGB im Kunsthandel eine nur geringwertige Rolle zukommen.

Erweitert man den Ausnahmetatbestand des § 474 Abs. 2 S. 2 BGB *de lege ferenda* auf all jene Kunstvermarkter, die naturgemäß nur flüchtig mit dem eingelieferten Kunstwerk in Berührung kommen und deren Wesen dem Versteigerungsverfahren ähnliche Züge aufweist,[1261] dürfte der Anwendungsbereich des § 476 Abs. 1 S. 1 BGB auf den *Primärmarkt* und dort insbesondere auf Galerie- und Atelierverkäufe beschränkt sein.[1262]

Hier muss dann unter Zugrundelegung der individuellen Vertragspartner die *Typologie* im Einzelfall bestimmt werden.[1263] Dafür kommt es - weil der Künstler sowie der Galerist stets als Unternehmer tätig sind - allein auf die Person des Kontrahenten an.[1264] Ist dieser Verbraucher, unterfällt das Vertragskonstrukt unweigerlich der Vorschrift des § 476 Abs. 1 S. 1 BGB, womit eine Haftungsbegrenzung im Rahmen vorformulierter Vertragsbedingungen oder vorvertraglicher Individualabreden vor Mitteilung eines Mangels grundsätzlich *ausgeschlossen* ist.

II. Garantie gem. § 443 BGB

Gibt ein Verkäufer hinsichtlich der Beschaffenheit der Kaufsache eine Garantie ab, die als *selbstständiger Garantievertrag* zu werten ist, haftet er nicht nur verschuldensunabhängig für jeden Mangel an der Kaufsache, sondern bedingt damit auch - zumindest konkludent - einen etwaigen Haftungsausschluss vollständig ab.[1265] Der Ausschluss einer Haftungsbeschränkung aufgrund der Annahme eines *selbstständigen Garantievertrages* im Sinne des § 443 BGB kommt weder im Primär-, noch im Sekundärhandel mit Kunstwerken vor.[1266] § 443 BGB normiert den Fall, dass der Verkäufer

---

1260 Zur Anwendung des § 474 Abs. 1 S. 1 BGB auf den Kunsthandel vgl. ausführlich Kap. 3 § 1 B III 1 b) cc) (3).

1261 Zur Ausnahmeregelung des § 474 Abs. 2 S. 2 BGB vgl. ausführlich Kap. 3 § 1 B III 1 b) cc) (3) (b).

1262 Kap. 2 § 2 C III.

1263 Kap. 3 § 1 B III 1 b) cc) (3).

1264 Kap. 3 § 1 B III 1 b) cc) (3) (a) (aa).

1265 BGH, Urt. v. 19.01.1977 - VIII ZR 319/75, juris Rn. 13.

1266 Vgl. zur Annahme eines selbstständigen Garantievertrages auf dem Kunstmarkt Kap. 3 § 1 B IV 3 b) aa).

dem Käufer Rechte einräumt, die über das Maß derer hinausgehen, die ihm im Rahmen des Kaufgewährleistungsrechts zustehen würden.[1267] Mit dem Garantievertrag würde dem Kunstkäufer ein neuer, selbstständiger Schuldgrund zustehen.[1268]

Die Annahme eines solchen zusätzlichen Schuldgrundes findet ihre Berechtigung in Handelszweigen, wo hinsichtlich eines Kaufgegenstandes ein übermäßig hohes Angebot besteht und die Akteure somit dazu aufgefordert sind miteinander in Wettbewerb zu treten.[1269] Diese Charakteristik widerstrebt aber den Eigenarten des Kunsthandels. Ein hohes Angebot über die gleiche Kaufsache ist dem Wesen von Kunstwerken nach nicht möglich.

Damit ist der selbstständige Garantievertrag nach § 443 BGB für den Kunsthandel nicht von Relevanz.

III. Beschaffenheitsgarantie gemäß §§ 442, 444 BGB

Geht aus dem Handeln der Kunstvermarkter oder Kunstverkäufer aber hervor, dass sie für die Beschaffenheit der Kaufsache besonders einstehen möchten, ist damit in der Regel die Garantie im Sinne der §§ 442, 444 BGB gemeint.[1270] Bei diesem *unselbstständigen* Garantieversprechen verzichtet der Verkäufer auf die Geltung des Haftungsmaßstabes von § 276 Abs. 1 S. 1 BGB.[1271] Ändert er danach zum Nachteil des Käufers dessen Rechte, liegt darin eine nach § 444 Alt. 2 BGB unzulässige Haftungsbeschränkung.[1272]

Wie bereits an mehreren Stellen angemerkt, erscheint die Annahme einer Beschaffenheitsgarantie in Fällen sachgerecht, wo die objektive Wirkung der subjektiven Absprache so stark ist, dass der Verkäufer sich redlicherweise darauf verweisen lassen muss. Im Kunsthandel ist dies im *Zusammenspiel* von Katalogangaben und *Kunstexpertisen* oder *vorvertraglichen Äußerungen* durch den Kunstvermarkter selbst zu erblicken.[1273]

1267 *Grunewald* in: Erman BGB, § 443 Rn. 2.

1268 *Grunewald* a.a.O., § 443 Rn. 1.

1269 In Auslegung einer Erklärung als „*Garantie*“ muss in Abgrenzung zu §§ 442, 444 BGB das *telos* der Norm berücksichtigt werden, welches in der Förderung des Wettbewerbes liegt, vgl. dazu Art. 6 RL 1999/44/EG v. 25.05.1999 (VerbrRL).

1270 *Grunewald* a.a.O., § 443 Rn. 2; BGH, Urt. v. 19.01.1977 - VIII ZR 319/75, juris Rn. 13.

1271 Kap. 3 § 1 B IV 3 b) aa).

1272 *Grunewald* a.a.O., § 444 Rn. 1.

1273 Erstmals Kap. 3 § 1 B III 1 a) cc) sowie Kap. 3 § 1 B III 1 a) bb).

1. Die Rechtskraft der Kunstexpertisen

Ordnet man sowohl den Katalogangaben als auch den Kunstexpertisen die Rechtsnatur von Beschaffenheitsvereinbarungen bei, muss sich durch den Verweis auf beides im Vorfeld des Vertragsschlusses eine rechtliche Konsequenz ergeben.[1274] Offensichtlich ist die Wirkung auf den Kaufentschluss des Käufers *qualifiziert*. Es muss damit zumindest das *Konkurrenzverhältnis* zwischen Beschaffenheitsvereinbarungen und Gewährleistungsausschluss beeinträchtigt sein.

Der Gewährleistungsausschluss hat - mit den wenigen Ausnahmen auf dem Sekundärmarkt bei *versteckten Mängeln* und einer *längerfristigen „Betreuung"* des Kunstwerkes - gegenüber der Beschaffenheitsvereinbarung stets Vorrang.[1275]

Begründet man diesen Vorrang damit, dass sich bei Kunstwerken Mängel in der Provenienz oder in der Urheberschaft regelmäßig nur schwer feststellen lassen, ändert sich an der Risikolage der Parteien durch das Vorhandensein einer Expertise zwar nichts. Die Erfahrung mit dem Kunsthandel zeigt im Gegenteil, dass auch die Kunstexperten nicht immer in der Lage sind, eine objektiv richtige Expertise zu erstellen und somit jeden Zweifel zuverlässig zu verbannen.[1276]

Allerdings haben Kunstexpertisen noch immer eine überragende Bedeutung am Markt. Sie haben unmittelbar Einfluss auf den Wert des Werkes, auf das sie sich beziehen und auf dessen Handelsfähigkeit. Auch für die Kunstvermittler sind Kunstexpertisen von solcher Wichtigkeit, dass diese bei dem Vorhandensein einer Expertise ohne Weiteres von der Echtheit des Kunstwerkes und der ordnungsgemäßen Eigentümerstellung des Ein-

---

1274 Kap. 3 § 1 B III 1 a) aa).

1275 Kap. 3 § 2 A.

1276 Neben dem Fall *Beltracchi*, der auch zu Lasten vieler Kunstexperten ging, sind auch international vergleichbare Fälschungsskandale bekannt: z.B. Galerie Knoedler New York: *Pryor*, „Victims of forgery are „left in limbo", The Art Newspaper, September 2012 Issue 238; *Maak*, „Kunstfälscher Skandal in New York - Beltracchi auf Amerikanisch", FAZ, Art. v. 21. August 2013; *Maak*, „Vierhundert falsche Bilder und eine Razzia - Kunstfälscherring", FAZ, Art. v. 13.06.2013, vgl. dazu *Anton*, ZVertriebsR 5/2013, 294 (294); daneben auch bereits *„Jawlensky II-Entscheidung"*, OLG Hamburg, Urt. v. 30.05.2002 - 6 U 38/01, juris Rn. 24, wo trotz zwei voneinander unabhängiger Expertisen nicht entschieden werden konnte, ob das streitgegenständliche Gemälde ein echter Jawlensky ist oder es sich um eine Fälschung handelt.

lieferers ausgehen.[1277] Bei einer derart starken Rechtswirkung muss man aus objektiver Sicht davon ausgehen dürfen, dass der Verkäufer in vertragsmäßig bindender Weise Gewähr für die umschriebene Beschaffenheit der Kaufsache übernehmen möchte. Aus dieser Gewähr muss dann folgen, dass er auch ausnahmsweise für das Fehlen dieser Beschaffenheit einzustehen bereit ist.[1278] Diese Bereitschaft muss folgerichtig zur Konsequenz haben, dass Gewährleistungsausschluss und Beschaffenheitsvereinbarung - ungeachtet der Art des Mangels - gleichrangig nebeneinanderstehen und der Gewährleistungsausschluss nicht die Unverbindlichkeit der Beschaffenheitsvereinbarung zur Folge hat.[1279]

In diesem Sinne gibt der Verkäufer mit dem Verweis auf die Kunstexpertise in seinen Katalogbeschreibungen eine Garantie für die Beschaffenheit im Sinne des § 444 Alt. 2 BGB ab. Dem Verkäufer ist folglich verwehrt, sich auf den Haftungsausschluss zu berufen.

2. Die Rechtskraft vorvertraglicher Äußerungen

Gleiches ergibt sich im Falle der Kumulation von Katalogabgaben und vorvertraglichen Äußerungen durch die Kunstvermarkter. Auch Letztere sind Beschaffenheitsvereinbarungen.[1280]

In dem Vorhandensein solch konkreter Zusicherungen ist ebenfalls eine *Garantie für die Beschaffenheit* nach § 444 Alt. 2 BGB zu sehen, so dass dem Verkäufer jede Berufung auf einen Haftungsausschluss in Bezug auf den Sachmangel zu versagen ist.[1281]

Zwar darf der Käufer unter dem *Redlichkeitsmaßstab* nur im Ausnahmefall davon ausgehen, dass der Verkäufer mehr als die Beschaffenheit der „*gewöhnlichen Verwendung*" der Kaufsache verspricht; solche Erklärungen im Vorfeld des Vertrages sind in der Regel ungewöhnlich.[1282]

1277 *Anton*, ZVertriebsR 2013, 294 (305) geht sogar so weit, den Kunstexpertisen eine Publizitätswirkung zuzusprechen, nach der demjenigen Kunsteigentümer, der zeitgleich eine Expertise besitzt, die Vermutung entgegengebracht wird, dass das Kunstwerk *echt* ist und von dem in der Expertise genannten *Künstler* stammt.

1278 BGH, Urt. v. 19.11.2006 - VIII ZR 92/06, juris Rn. 20.

1279 BGH, a.a.O., Rn. 31.

1280 Kap. 3 § 1 B III 1 a) cc).

1281 Zum Verhältnis der Ausstellungskataloge zum umfassenden Gewährleistungsausschluss s. sogleich Kap. 3 § 2 D.

1282 *Westermann* in: MüKo-BGB, § 444 Rn. 11.

Unter interessengerechter Vertragsauslegung muss es aber demjenigen Verkäufer, der davon weiß, dass seine Äußerungen *Grundlage* für den Kaufentschluss des Kunstkäufers werden und damit kausal für das Zustandekommen des Kaufvertrages sind, ein Rückgriff auf den Gewährleistungsausschluss verwehrt bleiben.

Der Kunstvermittler darf den Käufer nicht auf seinen Haftungsausschluss verweisen, auch unter Beachtung dessen, dass der Kunstvermarkter grundsätzlich auf Angaben des Einlieferers angewiesen ist. Im Sinne einer einheitlichen Rechtsordnung ist dies der einzig konsequente Lösungsansatz: Denn ordnet man im Rahmen des § 123 BGB den arglistig täuschenden Einlieferer dem „*Lager*" des Kunstvermarkters zu und rechnet Letzterem daher die Täuschung des Einlieferers an, kann man im Falle einer *darüber hinausgehenden* individuellen „Zusicherung" den Käufer nicht darauf verweisen, dass diese unter dem Schutzmantel des Gewährleistungsausschlusses steht.[1283] Vielmehr muss derjenige Verkäufer, der im Rahmen seiner Absatzbemühungen dem Käufer eigene Angaben machen möchte, ohne dabei eigene Zweifel zu äußern, sich der Relevanz für den Käufer bewusst sein und auch für solche Abweichungen haften, die ihm - etwa wegen fahrlässiger Unkenntnis oder Verschweigens des Einlieferers - verborgen geblieben sind.[1284]

IV. Rügeobliegenheit, § 377 HGB

Ein gesetzlicher Ausschlussgrund für die Anwendung der Gewährleistungsansprüche kann weiter sein, dass dem Käufer die *unverzügliche Rüge* gemäß § 377 HGB obliegt, die er nicht erhoben hat.[1285] Dieser Ausschluss erstreckt sich auch auf die *verschuldensunabhängige* Schadensersatzhaftung bei Annahme einer Beschaffenheitsgarantie.[1286] Beim *Handelskauf* schränkt § 377

1283 Vgl. dazu Kap. 3 § 1 A II 1.

1284 „*Carracci-Fall*", wo das Auktionshaus Lempertz seinem Käufer auf Nachfrage zunächst per Fax erklärte, dass Provenienz und Herkunft des Werkes „clean" seien und später telefonisch versicherte, dass es mit Blick auf die Auktion 1937, die ebenfalls von Lempertz durchgeführt wurde, keine Probleme mit der Provenienz gebe, so dass sich der Käufer zum Kauf des Werkes entschloss. Später stellte sich das gekaufte Werk als Raubkunst heraus, vgl. OLG Köln, Urt. v. 08.07.2016 - I 1 U 36/13, juris Rn. 13.

1285 *Koch* in: Oetker HGB, § 377 Rn. 117.

1286 *Koch*, ebd; vgl. zur Beschaffenheitsgarantie Kap. 3 § 1 B IV 3 b) aa) sowie a.a.O. § 2 C III.

HGB die Rechte des Käufers nämlich dadurch ein, dass er diesem eine besondere *Prüfungslast* der Ware auferlegt.[1287] Die Rechtsfolgen der unterbliebenen Rüge sind weitläufig: Untersucht der Käufer nicht *unverzüglich* nach Übergabe das Kunstwerk und rügt einen Mangel nicht, gehen ihm seine Gewährleistungsrechte verloren, § 377 Abs. 1 HGB.[1288] Es wird die Genehmigung der Ware als *vertragsgemäß* fingiert.[1289]

Die Rügeobliegenheit ist auf Fälle des *beiderseitigen Handelskaufs* beschränkt. Der Begriff des *Handelsgeschäfts* findet sich in § 343 Abs. 1 HGB. Demnach sind Handelsgeschäfte alle Geschäfte eines Kaufmanns, die zum Betrieb seines Handelsgewerbes gehören.[1290] Nach § 344 HGB gelten die von einem Kaufmann vorgenommenen Rechtsgeschäfte *im Zweifel* als zu seinem Handelsbetrieb gehörig. Wegen der erforderlichen „*Beiderseitigkeit*" müssen sowohl auf Verkäufer-, als auch auf Käuferseite Kaufleute im Sinne der §§ 1 bis 6 HGB stehen.[1291]

Aus dem *personellen* Anknüpfungspunkt für die Verbraucherrechte folgt die Überschneidung der Anwendungsbereiche von Handelskauf und Verbrauchsgüterkauf.[1292] Jeder Verbrauchsgüterkauf ist zwangsläufig auch ein zumindest einseitiges Handelsgeschäft. *De lege lata* besteht zwischen beiden Rechtsgebieten *Konkurrenz*. Dies mag auch in einer Vielzahl der Fälle unproblematisch sein. Vor allem die auf den einseitigen Handelskauf anwendbaren Vorschriften der §§ 373 bis 376, 380 HGB tangieren die Verbraucherrechte nicht.[1293]

Aufgrund der mangelhaften Abstimmung von Verbraucher- und Kaufmannsbegriff kann ein Verbrauchsgüterkauf aber auch gleichzeitig *beiderseitiges Handelsgeschäft* sein. Eine Überschneidung der Begrifflichkeiten kommt bei sog. *dual-use-Verträgen* vor. Für die Verbrauchereigenschaft im Sinne des § 13 BGB ist es ausreichend, wenn der Verwendungszweck überwiegend im privaten Bereich liegt. Fällt der Verwendungszweck gering-

---

1287 *Steimle/Dornieden* in: Röhricht/Graf von Westphalen/Haas, HGB, § 377 Rn. 1; *Hopt* in: Baumbach/Hopt, HGB, § 477 Rn. 1.

1288 *Hopt* a.a.O., § 377 Rn. 45.

1289 *Hopt* ebd.

1290 Dies gilt auch für den Kaufmann kraft Rechtsschein, vgl. *Steimle/Dornieden* in: Röhricht/Graf von Westphalen/Haas, HGB, § 343 Rn. 15.

1291 *Steimle/Dornieden* a.a.O., § 377 Rn. 12.

1292 *Hoffmann*, BB 2005, 2090 (2090).

1293 *Hoffmann*, ebd.; *Leyens* in: Baumbach/Hopt, HGB, § 373 Rn. 8.

fügig auch in das Handelsgeschäft eines Kaufmanns, ändert sich an der Einordnung als Verbrauchsgüterkauf somit nichts.[1294]

Das Handelsrecht geht daneben nach der Zweifelsregelung des § 344 HGB davon aus, dass alle Geschäfte, die nicht rein privat getätigt werden, zum Betrieb eines Handelsgeschäftes nach § 343 HGB gehören.[1295] Insbesondere infolge der Anwendung dieser Zweifelsregelung kann es zu Überschneidungen des beiderseitigen Handelsgeschäfts mit dem Verbrauchsgüterkaufrecht kommen.

Kollidieren bei sog. *dual-use-Verträgen* somit die Regeln des Handels- und Verbrauchsgüterkaufs, wird dies evident bei der Erweiterung der Verkäuferrechte beim Annahmeverzug nach § 373 HGB[1296] und führt unweigerlich zu *Diskrepanzen* bei Anwendung der Vorschriften über die Rügeobliegenheit nach § 377 HGB.[1297]

Es stellt sich die Frage, wie diese Überschneidungen im Kunsthandel zu werten sind. Erkennt der Verkäufer auf Käuferseite nicht, dass sein Vertragspartner einen nichtgewerblichen Zweck verfolgt, müsste dennoch nach der *Zweifelsregelung* des § 344 HGB ein beiderseitiges Handelsgeschäft im Sinne des § 343 Abs. 1 HGB angenommen werden. Zeigt der Käufer einen Mangel dann nicht an, verliert er seine Rechte.[1298] In der Folge würden zweifellos die Vorschriften über den Verbrauchsgüterkauf umgangen. Der Gesetzgeber wiederum zielt mit den §§ 474 ff. BGB darauf ab, den Verbraucher bei Abschluss von Verträgen besonders schutzwürdig zu behandeln und seine Vertragspartner dazu zu zwingen, mit ihm besondere Nachsicht walten zu lassen. Dieser Ansatz führt zu der Vermutung, dass dem Verbraucherschutz ein besonderer Vorrang *vor* dem Handelsrecht zukommt und im Falle eines beiderseitigen Handelsgeschäftes, das gleichzeitig Verbrauchsgüterkauf ist, von der Anwendung des § 377 HGB abzusehen ist. Dies muss

1294 *Micklitz* in: MüKo-BGB, § 13 Rn. 52; *Heymann* in: Heymann, HGB, Vorbemerkungen Rn. 7.

1295 *Leyens* a.a.O., § 343 Rn. 3.

1296 Derjenige Verkäufer, der bei Annahmeverzug des Verbrauchers von seinem aus § 373 Abs. 1 HGB resultierendem Hinterlegungsrecht Gebrauch machen will, muss nach dem Rechtsgedanken des § 242 BGB den Verbraucher rechtzeitig darauf hinweisen, so dass dieser die Folgen noch vermeiden kann. Andernfalls sollen dem Verkäufer lediglich die Rechte der §§ 293 ff. BGB zustehen; so *Hoffmann*, BB 2005, 2090 (2091).

1297 *Heymann* in: Heymann, HGB, Vorbemerkungen Rn. 5; *Hoffmann*, a.a.O., (2090).

1298 *Ebers*, VuR 2005, 361 (364).

unabhängig davon gelten, ob die Verbrauchereigenschaft für den Verkäufer erkennbar ist oder nicht.[1299]

Nach dem Grundsatz von Treu und Glauben, der mit dem Ausdruck „*venire contra factum proprium*" konkretisiert wird, hat aber auch der Verbraucherschutz seine Grenzen.[1300] Diese sind dort zu ziehen, wo der Verbraucher *arglistig* über seine Eigenschaft als Unternehmer täuscht.[1301] Hier fällt die Wertung mit der Maßgabe der Sicherheit des Rechtsverkehrs zugunsten des Verkäufers aus und § 377 HGB entfacht ausnahmsweise auch im Falle des faktisch vorliegenden Verbrauchsgüterkaufs Wirkung.[1302]

Damit ist *de lege lata* auf dem Auktionsmarkt und *de lege ferenda* auf dem überwiegenden Kunstsekundärmarkt[1303] dem § 377 HGB die Wirkung zu versagen, sofern dem Wesen nach ein *Verbrauchsgüterkauf* vorliegt. Das Konkurrenzverhältnis zwischen Verbrauchsgüterkauf und § 377 HGB ist trotz § 474 Abs. 2 S. 2 BGB zugunsten des Verbrauchsgüterkaufs zu entscheiden, weil das Verhältnis zweier Rechtsgebiete unabhängig von Ausnahmeregelungen festzulegen ist. Das Wesen des Kaufvertrages wird von § 474 Abs. 2 S. 2 BGB nicht berührt, vielmehr geht aus dem Wortlaut der Regelung eindeutig hervor, dass dem *Wesen* nach ein Verbrauchsgüterkauf vorliegen muss.

Unter Zugrundelegung des Gesetzesmaßstabes *de lege lata* darf aber eine Klausel, die in den Allgemeinen Vertragsbedingungen der Galerien und Künstler verwendet wird und die *Unternehmereigenschaft* des Käufers anordnet, keine Wirkung entfalten. Die Intention des Verkäufers in der Formulierung solcher AGB muss zwar nicht zwangsweise in einem

---

1299 So auch im Ergebnis *Wertenbruch*, LMK 2005, 49 (50); a.A. *Müller*, NJW 2003, 1975 (1980).

1300 BGH, Urt. v. 22.12.2004 - VIII ZR 91/04, NJW 2005, 1045 (1046).

1301 *Müller*, a.a.O., (1980); *Wertenbruch*, a.a.O., (49); *Ebers*, a.a.O., (364).

1302 Der Streit um die Annahme einer Verbrauchereigenschaft bei *arglistigem* Verhalten des Verbrauchers sind in Verbindung mit einem Rechtsstreit entstanden, indem ein Gebrauchtwagenhändler laut seinen AGB zwecks Haftungsausschluss lediglich mit Unternehmern kontrahieren wollte und ein Verbraucher daher seine Unternehmereigenschaft arglistig vorspiegelte. Wegen § 474 Abs. 2 S. 2 BGB müssen sich insbesondere die Kunstauktionshäuser in der Praxis keiner solchen Klausel bedienen. Die restlichen Marktteilnehmer, wie Kunstgalerien, Künstler und Kunsthändler müssten dies aber *de lege lata* tun, um sich wirksam von der Gewährleistungshaftung freizeichnen zu können.

1303 Sofern der Kunstvermarkter als Kommissionär tätig wird und naturgemäß nur flüchtig mit der Kaufsache in Berührung kommt, vgl. zu der Entwicklung dieses Tatbestandsmerkmals Kap. 3 § 1 B III 1 b) dd).

Verstoß nach § 476 Abs. 1 S. 2 BGB liegen und somit nach § 307 Abs. 1 BGB unwirksam sein. Es kann dem Verkäufer auch daran gelegen sein, eine gewisse Käuferschaft zu determinieren, um die Verkaufskonditionen wettbewerbsfähig zu halten.[1304] Dies beweist gerade der Kunsthandel mit seiner differenzierten rechtlichen Behandlung von Kunstauktionshäusern und den restlichen Kunstteilnehmern *de lege lata.* Im Sinne einer *objektiven Geschäftszweckbestimmung* für die Verbrauchereigenschaft müssen aber subjektive Definitionsversuche in AGB jedenfalls nach § 242 BGB außer Betracht bleiben.[1305]

Letztlich wird aber auch bei einem beiderseitigen Handelsgeschäft im Sinne des § 377 HGB der *Verspätungseinwand* im Kunsthandel nur selten Wirkung entfalten.[1306] Die die Rechtsproblematik im Kunsthandel schmückenden Fälle beschäftigen sich fast ausschließlich mit falscher Provenienz und der Fälschungseigenschaft. Solche Mängel sind stets als sog. *verdeckte Mängel* einzuordnen.[1307] In Bezug auf diese verlagert der Gesetzgeber selbst den strengen Verspätungsmaßstab des § 377 Abs. 2 HGB auf den Zeitpunkt, in dem sich der Mangel *zeigt,* § 377 Abs. 3 S. 1 HGB. Hier gilt zuletzt der Einwand des *arglistigen Verschweigens,* sodass sich der Verkäufer nach § 377 Abs. 5 HGB nicht auf die *Genehmigungsfiktion* berufen darf.[1308]

D. Haftungsbegrenzungen laut AGB

Findet der Verkauf auf gewerblichen Verkaufsplattformen, insbesondere Galerie und Auktionshaus statt, unterliegt der Vertrag ganz regelmäßig *Allgemeinen Geschäftsbedingungen,* § 305 Abs. 1 BGB. Dabei ist zu beachten, dass das Klauselwerk der Kunstvermarkter nur dann *unmittelbar* Vertragsbestandteil wird, wenn der Kaufvertrag im Wege des *Kommissionsgeschäfts* zwischen Kunstvermarkter und Kunstkäufer zustande kommt. Hier ist der Verwender der AGB der Kunstvermarkter selbst, der zwar für fremde Rechnung, aber in eigenem Namen handelt und damit Verkäufer ist. Gleiches gilt im Falle des *Eigenverkaufs.*

1304 BGH, Urt. v. 22.12.2004 - VIII ZR 91/04, NJW 2005, 1045 (1046).

1305 Für die Art der Bestimmung von Verbraucher- und Unternehmereigenschaft, vgl. ausführlich Kap. 3 § 1 B III 1 b) cc) (3) (a).

1306 *Hopt* in: Baumbach/Hopt, HGB, § 377 Rn. 45.

1307 Zur Abgrenzung der *offenen* und *verdeckten* Mängel im Kunsthandel vgl. später ausführlich Kap. 3 § 2 D I „Abhängigkeit von der Art des Mangels".

1308 *Koch* in: Oetker HGB, § 377 Rn. 112.

Wird der Kunstvermarkter als *Stellvertreter* tätig, ist er nicht die formale Vertragspartei. In diesem Fall werden die AGB nicht unmittelbar Vertragsbestandteil. Allerdings erklären sich die formalen Vertragsparteien - Einlieferer und Käufer - mit den AGB des Kunstvermarkters einverstanden, weshalb sich der Erklärungsgehalt der zu beurteilenden Willenserklärungen neben den allgemeinen Grundsätzen der §§ 133, 157 BGB auch nach den Bestimmungen über den Vertragsschluss in den AGB des Kunstvermarkters richtet.[1309]

Wie bereits erwähnt, entspricht der typischen Praxis von Kunstvermarktern, ihre Haftung in den Allgemeinen Geschäftsbedingungen auszuschließen.

Unabhängig der allgemeinen gesetzlichen Begrenzungen für Haftungsausschlüsse müssen sie sich aufgrund Vertrags-inhärenter *Missverhältnisse*, die regelmäßig zwischen AGB-Verwender und Vertragspartner vorliegen, weil ersterer die Bedingungen *einseitig formuliert* und dem Vertragspartner diesbezüglich keine *Dispositionsmöglichkeit* zukommt, am Recht der Allgemeinen Geschäftsbedingungen nach §§ 305ff. BGB messen lassen.[1310]

Sind die Klauseln in ihrer Gesamtheit nach § 305 Abs. 2 BGB nicht wirksam einbezogen oder gemäß des §§ 307ff. BGB vereinzelt unwirksam, gilt an ihrer Stelle das *gewöhnliche* Kaufgewährleistungsrecht wie zuvor geschildert.[1311]

Besonderes Augenmerk gilt jener Klausel, nach der der Kunstvermarkter eine Haftung wegen Mängeln ausschließen will, weil die Katalogangaben „*nach bestem Wissen und Gewissen*“ erstellt wurden. Diese wurde bereits im vorherigen Abschnitt dieses Kapitels aufgezeigt und soll eine exemplarische Erörterung ermöglichen.[1312] Sie lautet:

Die zum Verkauf gelangenden Kunstwerke können vor Verkauf besichtigt und geprüft werden. Sämtliche Gegenstände sind gebraucht und werden in dem Zustand veräußert, den sie im Zeitpunkt des Vertragsschlusses auf-

---

1309 Vgl. entsprechend die Grundsätze zum eBay-Kauf: BGH, Urt. v. 15.02.2017 - VIII ZR 59/16, juris Rn. 12; BGH, Urt. v. 08.06.2011 - VIII ZR 305/10, juris Rn. 15.

1310 *Anton*, ZVertriebsR 2013, 343 (344).

1311 Aus der Formulierung „soweit nicht ein anderes bestimmt ist“ des § 437 BGB ergibt sich, dass das Gewährleistungsrecht dispositiv ist. Es kann damit wirksam ausgeschlossen werden. Sind einzelne Ausschlussklauseln hingegen unwirksam, leben die gesetzlichen Regelungen wieder auf, vgl. *Pammler* in: Herberger/Martinek/Rüßmann/Weth/Würdinger, § 437 Stand: 21.12.2021, Rn. 11.

1312 Kap. 3 § 1 B III 1 a) dd).

> *weisen. Die Katalogangaben wurden nach bestem Wissen und Gewissen erstellt. Sie enthalten aber weder Garantien noch Beschaffenheitsvereinbarungen im rechtlichen Sinne. Eine Haftung wegen Mängeln ist damit ausgeschlossen.*[1313]

Die Wirksamkeit dieser Klausel ist Bedenken ausgesetzt.

Bei der Bewertung der Klauseln sind stets die Art des Rechtsgeschäfts und die zu beurteilenden Risiken zu berücksichtigen: Zugrunde liegt das dem Kunsthandel typische Dreipersonenverhältnis, das in jedem seiner Auswirkungen hohe Risiken für die Beteiligten in sich trägt. Der Kunstvermarkter konzentriert einen großen Teil des Haftungsrisikos auf sich, ohne Empfänger der Gegenleistung zu sein; er behält lediglich seinen Provisionsanspruch sowie den Anspruch auf das Käuferaufgeld.[1314]

I. Wirksame Einbeziehung

Ob ein verwendetes Klauselwerk überhaupt der Diskussion bedarf, richtet sich zunächst nach den allgemeinen Regeln über die *Einbeziehung der AGB* in den Vertrag nach § 305 Abs. 2 BGB. Danach werden Allgemeine Geschäftsbedingungen nur dann Vertragsbestandteil, wenn der Verwender bei Vertragsschluss die andere Vertragspartei ausdrücklich auf sie hinweist,[1315] ihr die zumutbare Möglichkeit der Kenntnisnahme der AGB ermöglicht und diese dann ihr Einverständnis über deren Geltung erklärt.[1316] Letztlich findet sich in § 305c BGB die Ausschlussregelung für *überraschende Klauseln*, die gem. § 305c Abs. 1 BGB ebenfalls nicht Vertragsinhalt werden.[1317]

1. § 305 Abs. 2 BGB

Es darf behauptet werden, dass sich das Problem der wirksamen Einbeziehung von AGB im Sinne der Allgemeinregelung des § 305 Abs. 2 BGB im Kunsthandel nicht stellt. Insbesondere gilt dies für den *Kunstsekundär-*

1313 *Braunschmidt*, NJW 2013, 734 (735).

1314 Kap. 2 § 2 B.

1315 Gemäß § 305 Abs. 2 Nr. 1 2. Alt. BGB ist dies auch sichtbaren Aushang am Ort des Vertragsschlusses möglich, sofern wegen der Art des Vertragsschlusses nur unter unverhältnismäßigen Schwierigkeiten der ausdrückliche Hinweis möglich ist.

1316 *Habersack* in: Ulmer/Brandner/Hensen, AGB-Recht, § 305 Rn. 101.

1317 *Schäfer* in: Ulmer/Brandner/Hensen, AGB-Recht, § 305c Rn. 1.

handel, der in der haftungsrechtlichen Betrachtung deutlich problembelasteter ist und auf den es hier vorrangig ankommt. Auch wenn mit solchen Behauptungen regelmäßig Vorsicht zu walten ist, darf in Bezug auf die Verwendung von AGB bei Vertragsschluss mit einem gewerblichen Kunstvermarkter ohne Weiteres von einer *Handelssitte* gesprochen werden, deren Geltung sich die Beteiligten bewusst sein müssen.

Grundsätzlich kann man im Kunsthandel die Einbeziehungsvoraussetzungen hinsichtlich der üblicherweise vorformulierten Klauseln als gegeben ansehen. Zu beachten gilt dennoch ihre Einhaltung: Die Regelung des § 305 Abs. 2 BGB entfaltet nur dann Wirksamkeit, wenn der Vertragspartner nicht *Unternehmer* ist.[1318] Kontrahiert auf Käuferseite ein Unternehmer, findet § 305 Abs. 2 BGB nach § 310 Abs. 1 BGB keine Anwendung, sondern die Einbeziehung richtet sich allein nach §§ 145ff. BGB.[1319] Dennoch gilt hier die Überlegung, dass sich AGB-Voraussetzungen stets am schwächsten Glied in der Gruppe von Käufern messen lassen müssen.

2. § 305c BGB

Gemäß § 305c Abs. 1 BGB werden Klauseln dennoch nicht Vertragsbestandteil, die so *ungewöhnlich*[1320] sind, dass der Vertragspartner des Verwenders nicht erwarten muss, mit ihrer Geltung konfrontiert zu werden.[1321] Dabei ist es unerheblich, ob der Vertragspartner im Einzelnen tatsächlich Kenntnis von der Klausel genommen hat.[1322]

Überraschend ist eine Klausel, die nach den individuellen Umständen im Einzelfall so ungewöhnlich ist, dass der Vertragspartner nicht mit ihr rechnen muss, weil ihr ein starker *Überraschungseffekt* innewohnt und sie eine deutliche Diskrepanz zwischen dem Vertragsinhalt und den Erwartungen des Käufers aufweist.[1323] Dafür kann sowohl die *inhaltliche* Abweichung

---

1318 *Habersack* a.a.O., § 305 Rn. 103.

1319 *Basedow* in: MüKo-BGB, § 305 Rn. 101; *Habersack* a.a.O., § 305 Rn. 111.

1320 Ob eine Klausel unangemessen oder unbillig ist, ist i.R. des § 305c BGB nicht entscheidend, sondern zielt schon auf die Wirksamkeitsbeurteilung einer Klausel im Sinne von § 307 Abs. 1 BGB ab. Häufig fallen diese Eigenschaften aber zusammen, *Roloff/Looschelders* in: Erman BGB, § 305c Rn. 4.

1321 *Basedow* in: MüKo-BGB, § 305c Rn. 1; *Stadler* in: Jauernig BGB, § 305c Rn. 2.

1322 *Stadler* in: Jauernig BGB, § 305c Rn. 1.

1323 BGH, Urt. v. 29.02.1984 - VIII ZR 350/82, NJW 1985, 53 (55); BGH, Urt. v. 17.05.1982 - VII ZR 316/81, NJW 1982, 2309 (2309).

vom dispositiven Gesetzestext sprechen, aber auch das *äußere* Bild des Vertrages wie Unübersichtlichkeit, die Stelle der Klausel im Gesamtwerk oder eine unberechenbare Systematik.[1324]

Grundsätzlich sind AGB nach ihrem objektivem Inhalt und typischen Sinn so auszulegen, wie sie von verständigen und redlichen Vertragspartnern unter Abwägung beiderseitiger Interessen der regelmäßig partizipierenden Verkehrskreise verstanden werden, wobei die Verständnismöglichkeit des durchschnittlichen Vertragspartners zugrunde zu legen ist.[1325]

Bestimmt man die Erwartungen des Vertragspartners nach allgemeinen und individuellen Begleitumständen des Vertragsschlusses,[1326] ist bemerkenswert, dass die am Kunstmarkt partizipierenden Kreise und seine Kritiker in dem Überraschungseffekt von Klauseln selten ein Problem erblicken.[1327] Insbesondere, weil Zweifel bei der Auslegung stets gemäß § 305c Abs. 2 BGB zu Lasten des Verwenders gehen müssen.[1328]

Begründet werden kann die ablehnende Haltung der Beurteiler lediglich damit, dass für die Ermittlung der Interessenlage im Einzelfall auf typisierte Interessen der *normalerweise beteiligten Kreise* abgestellt wird.[1329] Es scheint sich bezogen auf den Kunsthandel die Vermutung zu halten, dass im Rahmen dessen lediglich kundige Kunstliebhaber und -sammler agieren, deren Verständnis für den Markt und deren Gepflogenheiten so *typisch* sind, dass die Verwendung von bestimmten Klauselwerken eine *Handelsübung* und damit unbedenklich ist.[1330]

1324 BGH, Urt. v. 30.10.1987 - V ZR 174/86, NJW 1988, 558 (560); BGH, Urt. v. 24.09.1980 - VIII ZR 273/79, NJW 1981, 117 (118).

1325 OLG München, Urt. v. 26.06.2012 - 5 U 2038/11, juris Rn. 41; BGH, Urt. v. 17.02.2016 - XII ZR 183/13, NJW -RR 2016, 572 (573).

1326 BGH, Urt. v. 30.10.1987 - V ZR 174/86, NJW 1988, 558 (560).

1327 Vgl. dazu die „*Jawlensky*"-Entscheidung, in der der BGH ohne weitere Begründung feststellte, dass die zu beurteilenden Klauseln aufgrund des Kommissionsverhältnisses weder *unüblich* noch *überraschend* sei, nachdem in der Vorinstanz der Klage mit Berufung auf eine überraschende und daher rechtsunwirksame Klausel stattgegeben wurde, vgl. BGH, Urt. v. 15.01.1975 - VIII ZR 80/73, juris; Berufungsinstanz: OLG München, SU. v. 26.06.2012 - 5 U 2038/11, juris Rn. 42.

1328 OLG München, Urt. v. 26.06.2012 - 5 U 2038/11, juris Rn. 41; BGH, Urt. v. 17.02.2016 - XII ZR 183/13, NJW -RR 2016, 572 (573).

1329 *Stadler* in: Jauernig BGB, § 305c Rn. 6; BGH, Urt. v. 09.05.2001 - VIII ZR 208/00, NJW 2001, 2165 (2166).

1330 So auch *Braunschmidt*, NJW 2013, 734 (736); tatsächlich ist die praktische Auseinandersetzung mit der Rechtsnatur von Katalogangaben und dem Verhältnis von Gewährleistungsausschlüssen und Katalogangaben sehr unbefriedigend. Sie alle lassen sich auf die zwei Rechtsprechungen des BGH zurückführen („*Bodensee*"-

Tatsächlich wird hinsichtlich ihrer *äußeren Gestalt* kaum ein tragbarer Einwand gefunden werden. Die AGB der Kunstvermarkter sind regelmäßig erkennbar auf der jeweiligen Online-Plattform abruf- und einsehbar; sie sind auch in der nötigen Kürze formuliert und insofern nicht unübersichtlich.[1331]

Daher könnte lediglich eine inhaltlich unerwartete Abweichung vom Gesetzestext vorliegen, mit der der Vertragspartner unter keinen Umständen rechnen muss, so dass ihr die Einbeziehung in den Vertrag versagt werden müsste.

a. Negation der Vereinbarungen über die Beschaffenheit

Im vorherigen Abschnitt dieses Kapitels wurde bereits festgestellt, dass die oben aufgeworfene Klausel in ihrem Wortlaut grundsätzlich fähig ist, die Rechtsnatur von Katalogbeschreibungen sowie Expertisen und vorvertraglichen Äußerungen zu negieren.[1332] Darin könnte eine den Kunstkäufer erheblich beeinträchtigende und sogar *überraschende* Klausel zu sehen sein.

Allerdings wohnt der Klausel kein solcher *Überrumpelungseffekt* inne, dass sie gar nicht erst Vertragsinhalt gemäß § 305c Abs. 1 BGB wird.

Diese Schlussfolgerung darf nicht bereits daraus gezogen werden, dass die Einschränkung der Katalogbeschreibungen seit Jahrzehnten praktiziert wird und als *Handelsübung* keine Bedenken gegen ihre Wirksamkeit auf-

---

Entscheidung, BGH, Urt. v. 13.02.1980 - VIII ZR 26/79, juris und „*Jawlensky*"-Entscheidung, BGH, Urt. v. 15.01.1975 - VIII ZR 80/73, juris), die ihrerseits einen umfassenden Gewährleistungsausschluss mit kleinen Anmerkungen bzgl. einer bestehenden Sorgfaltspflicht des Verkäufers, anerkannt haben. Die zwei Rechtsprechungen stammen aus der Zeit vor der Schuldrechtsmodernisierung. Ebenfalls Leitcharakter hat die „*Buddha aus Sui Dynastie*"-Entscheidung, in der der BGH erstmals nach Schuldrechtsmodernisierung gezwungen war, seine damalig aufgestellten Leitlinien zu überprüfen. Alle drei Entscheidungen sind in der Funktion als Leitcharakter durchaus unbefriedigend. Der BGH hat es versäumt allgemein gültig zu belegen, wann ein Gewährleistungsausschluss tatsächlich umfassend ist und wann eine Beschaffenheitsvereinbarung vorrangig zu behandeln ist. Tatsächlich beruft er sich stets, wie zuletzt in der „*Buddha aus Sui-Dynastie*" Entscheidung solcher Hilfskriterien, die mit der Natur der Kunstbranche nicht im Entferntesten etwas zu tun haben.

1331 Vgl. Anhang 5 und Anhang 7.

1332 Kap. 3 § 1 B III 1 a) dd).

kommen dürfen.[1333] Die Rechtspraxis entwickelt sich in Anbetracht des wandelnden Rechts und sich kontinuierlich erweiternder Erkenntnismöglichkeiten dauerhaft und erlaubt es daher nicht, eine Klausel im Sinne einer gefestigten *Handelsübung*, die ihren Ursprung in einem abweichenden Rechtsrahmen und anderen Umständen hat, als generell *unbedenklich* einzustufen. Es darf nicht außer Acht gelassen werden, dass es sich bei AGB ausweislich der gesetzlichen Legaldefinition in § 305 Abs. 1 S. 1 BGB um Bedingungen handelt, die für eine Vielzahl von Verträgen vorformuliert sind.

In Anbetracht des hohen Haftungsrisikos im Falle geäußerter Beschaffenheitsmerkmale müssen aber dem Kunstvermarkter grundsätzlich die Türen offenstehen, deren Rechtscharakter klarzustellen und sich einer Haftung für ein Abweichen zu entledigen.[1334]

Enthält das Klauselwerk des Verwenders trotz anzunehmender Beschaffenheitsvereinbarung nach den objektiven Umständen eine Negation ihrer Rechtsnatur, unterfällt dieser Sachverhalt aber nicht schon dem § 305c Abs. 1 BGB. Dieses Missverhältnis ist vielmehr primär durch Vertragsauslegung des Rechtsanwenders zu beheben.[1335]

b. Einordnung der Eigenschaft der Kunstwerke als „gebraucht"

Erhebliche Zweifel bestehen hingegen an der Einbeziehung von Klauseln, die allen versteigerten Gegenständen den Zustand einer *„gebrauchten"* Sache beiordnen wollen.[1336]

Dass diese Anordnung auf die Rechtsnatur des Kunstwerkes keine Auswirkung haben darf, muss dafür unerheblich sein.[1337]

1333 *Braunschmidt*, der sich mit dieser Feststellung die auf dem Kunstmarkt verwendeten AGB einer Prüfung entzieht: *Braunschmidt*, NJW 2013, 734 (736).

1334 Zum Haftungsrisiko vgl. ausführlich Kap. 3 § 1 B IV; zur Möglichkeit der Determinierung von eigenen Vertragsangaben Kap. 3 § 1 B III 1) a) dd).

1335 Kap. 3 § 2 A.

1336 *Braunschmidt*, NJW 2013, 734 (736) mit der Feststellung, dass solche Klauseln unwirksam sind ohne nähere Erläuterung, ob er die Wirksamkeit der Klauseln schon i.R. der Einbeziehung scheitern lässt oder i.R. der Inhaltskontrolle.

1337 Kap. 3 § 1 B III 1 b) cc) (3) (b) (cc).

Ebenso muss für die Beurteilung ohne Relevanz bleiben, dass in einer Vielzahl der Fälle und insbesondere auf dem Sekundär-Kunstmarkt die verkauften Werke tatsächlich als gebraucht einzuordnen sind.[1338]

Nach der Auslegungsregel des § 305c Abs. 2 BGB indiziert die Klausel dem Vertragspartner, dass es sich bei *allen* zum Verkauf stehenden Objekten stets um *„gebrauchte"* Kunstwerke handelt, was - unabhängig davon, ob der Käufer im Einzelfall Unternehmer oder Verbraucher ist - mit der Einbuße an Rechten einhergeht.[1339] Es muss dem Kunstvermarkter aber strikt verwehrt bleiben, durch eigene Vertragsgestaltung auf die Rechtsfolgen des Kaufvertrages Einfluss nehmen zu wollen, wenn diese Rechtsfolgen ausnahmsweise nicht zu seiner Disposition stehen.[1340] Damit darf es nicht ausreichen, den Kaufvertragsparteien die Auslegungsgrundsätze der §§ 133, 157 BGB mit an die Hand zu geben und darauf zu hoffen, diesen Widerspruch im Einzelfall im Wege der Vertragsauslegung lösen zu können.

Der Versuch, die Eigenschaft einer Kaufsache zu definieren und damit die besonderen gesetzlichen Wertungen in Hinblick auf *„gebrauchte"* Sachen anzuordnen oder zu umgehen, widerspricht vehement dem gesetzlichen Leitbild und der gesetzlichen Risikoverteilung der Parteien.[1341] Man findet diese Anordnung in der überwiegenden Anzahl der Klauselwerke auf dem Kunstmarkt. Im Sinne dieser *Typizität* fehlt es an einem Regelungsgehalt, der von der Erwartung des Vertragspartners im Sinne der *Ungewöhnlichkeit* deutlich abweicht und mit dem der Vertragspartner deshalb vernünftigerweise nicht zu rechnen braucht.[1342] Das Verhalten ist für den Vertragspartner in objektiver und typisierter Betrachtung - vor allem in Hinblick auf die Eigenarten des Kunsthandels - damit gerade nicht überrumpelnd und überraschend im Sinne des § 305c Abs. 1 BGB. Dies muss unter Zugrundelegung des Erwartungshorizontes des am Kunstmarkt durchschnittlich tätigen Kunden, der als Maßstab für die Beurteilung der Überraschungswirkung einer Klausel anzunehmen ist, gelten.[1343] Der Kunstteilnehmer rechnet überwiegend mit dem Vorhandensein dieser Klausel, weshalb ein Überrumpelungseffekt gerade nicht vorliegt.

1338 Kap. 3 § 1 B III 1 b) cc) (3) (b) (cc).

1339 Vgl. § 309 Nr. 8 lit. b) BGB, der über § 310 Abs. 1 S. 2 BGB auf Rechtsgeschäfte unter Unternehmern Anwendung findet.

1340 Vgl. hier auch die Begünstigung durch § 935 Abs. 2 BGB, die mit der Versteigerung gebrauchter Sachen einhergeht, Kap. 3 § 1 B II 2 c).

1341 *Braunschmidt*, NJW 2013, 734 (736).

1342 *Roloff/Looschelders* in: Erman BGB, § 305c Rn. 8.

1343 *Roloff/Looschelders* ebd.

c. Haftungsfreizeichnungsklausel

Der Kerngehalt von Haftungsfreizeichnungsklauseln ist, die Haftung wegen Mängeln auszuschließen.[1344] Auch dieser auslegungsbedürftigen Klausel muss allgemein trotz ihrer weitreichenden Rechtswirkung kein solcher Überrumpelungseffekt innewohnen, dass sie so außergewöhnlich ist, dass man ihr eine Wirkung im Vertrag generell versagen muss.[1345]

Dass auch der Gesetzgeber von der Zulässigkeit von Haftungsausschlussklauseln ausgeht, beweist allein §§ 444, 442 BGB, aber auch § 309 Nr. 8 lit. b) aa) BGB sowie die Regelungen über den Verbrauchsgüterkauf, insbesondere § 476 Abs. 1 S.1 BGB.

Unabhängig von ihrer eigenen Haftungsbegrenzung sind die Klauseln der professionell am Kunstmarkt tätigen Intermediäre[1346] inzwischen überwiegend um sog. *Haftungsbrücken* ergänzt.[1347] Diese regeln ihrem Wortlaut nach:

> *„Der Kunstvermittler verpflichtet sich bei Feststellung eines Sachmangels durch den Käufer, welcher dieser innerhalb eines Jahres nach Übergabe in begründeter Weise vorgetragen hat, seine Rechte gegenüber dem Einlieferer gerichtlich geltend zu machen. Im Falle der erfolgreichen Inanspruchnahme hat der Kunstvermittler den Käufer schadlos zu halten."*[1348]

1344 Vgl. Formulierungsbeispiel einer typischen Klausel im Kunsthandel Kap. 3 § 1 B III 1 a) dd) sowie zu Beginn dieses Kapitels.

1345 Vgl. auch OLG München, SU v. 26.06.2012 - 5 U 2038/11, NJW 2012, 2891 (2893), in der das Gericht zwar im Einzelfall eine *„überraschende"* i.S. des § 305c BGB annahm, dies allerdings, weil in den dortigen Bestimmungen ausnahmsweise und *im Vergleich zu den AGB* anderer Marktteilnehmer keine Haftungsbrücke vorgesehen war.

1346 Die Thematik um die Haftungsbrücke erlangt lediglich dann Relevanz, wenn der Vertragspartner des Käufers der Kunstvermarkter ist. Dies ist in den Fällen des Kommissionsgeschäfts und des Eigenankaufs der Fall. Bei der Stellvertretung kommt der Kaufvertrag unmittelbar zwischen Einlieferer und Käufer zustande, so dass es keiner Haftungsbrücke zwischen den Beteiligten bedarf.

1347 OLG München, SU v. OLG München, SU v. 26.06.2012 - 5 U 2038/11, NJW 2012, 2891 (2893).

1348 Eine Aufzählung von Klauseln findet sich zuletzt in: OLG München, Urt. v. 26.06.2012 - 5 U 2038/11, juris Rn. 44ff.

aa. Relevanz sog. Haftungsbrücken

Die *Kontinuität* dieser Regelung ist bemerkenswert, insbesondere weil in anderen Wirtschaftszweigen ein solcher Zusatz gewöhnlich nicht vorkommt. Das zusätzliche Erfordernis einer Haftungsbrücke kann demnach nur daraus folgen, dass der redliche *Kunstkäufer* von durchschnittlicher Geschäftserfahrung, Umsicht und Aufmerksamkeit die Vorstellung und Erwartung durch den Inhalt des Vertrages und der allgemeinen Umstände vermittelt bekommt, diese Haftungsbrücke müsse im Vertrag enthalten sein.

Die *Relevanz* einer Haftungsbrücke setzt aber einen Gewährleistungsanspruch des Kunstvermarkters gegenüber seinem Einlieferer voraus, den er nach erfolgreicher Durchsetzung an den Käufer auskehren bzw. zuvor an ihn abtreten kann sowie die rechtliche Zulässigkeit einer Abtretung.

Besteht dieser Anspruch, eröffnet die Einigung dem Käufer die Möglichkeit auf Schadensersatz, den der Kunstvermarkter selbst ihm gegenüber ausgeschlossen hat. Aufgrund dieser Einigung hätte der Käufer also einen indirekten, vertraglichen Anspruch, der sich aus der in den AGB des Kunstvermarkters enthaltenen Haftungsbrücke ergibt.

In diesem Sinne ist das Vorhandensein und der Inhalt der Haftungsbrücke für die wirksame Einbeziehung entscheidend, denn einer Klausel, die diese nicht enthält, muss in der Konsequenz wegen der *Unvereinbarkeit* mit wesentlichen Leitgedanken der gesetzlichen Bestimmungen gemäß § 305c Abs. 1 BGB die Einbeziehung in den Vertrag versagt werden.

(1) Ansprüche des Kunstvermarkters gegen seine Einlieferer

Im Falle der Einlieferung von gefälschten oder in der Provenienz bemakelten Kunstwerken stehen dem Kunstvermarkter dem Grunde nach Schadensersatzansprüche gegen seinen Einlieferer aus Vertrag und unerlaubter Handlung zu.[1349]

1349 Mit den einzelnen Ansprüchen beschäftigt sich Kap. 6.

(2) Erstattungsfähiger Schaden

Bei dem Versuch, einen Schaden im Vermögen des Kunstvermarkters festzustellen, scheitert man hingegen. Dieser ist jeder unfreiwillige Nachteil, den jemand durch ein bestimmtes Ereignis an seinem Vermögen oder an seinen sonst rechtlich geschützten Gütern erleidet. Der Schaden, der sich aus der Differenz zweier Güterlagen, nämlich des tatsächlichen Rechtszustands durch das schädigende Ereignis und des hypothetischen Rechtszustands *ohne* das schädigende Ereignis ergibt, ist aber nicht vorhanden.[1350]

(a) Das zu ersetzende Interesse

Es gelten grundsätzlich zwei Interessen als erstattungsfähig, zwischen denen im Anspruchsinhalt zu differenzieren ist.

Ist der Schadensersatzanspruch auf das sog. *positive Interesse,* auf das *Erfüllungsinteresse,* des Geschädigten gerichtet, ergibt sich ein Schaden im Falle einer unentdeckten Fälschung oder einer bemakelten Provenienz des Kunstvermarkters nicht. Diese Schadensart wird vertraglichen Schadensersatzansprüchen zugrunde gelegt und intendiert, den Geschädigten so zu stellen, wie er bei *ordnungsgemäßer Vertragserfüllung* stünde.[1351]

Der Einlieferer hat durch die falsche Einschätzung oder die Falschangabe beim Kunstvermarkter keinen Schaden verursacht, sondern ihm vielmehr einen geldwerten *Vorteil* verschafft. Seine Provision sowie sein Käuferentgelt berechnen sich nämlich regelmäßig prozentual vom Kaufpreis. Liegen diese aber wegen der Annahme eines Originalkunstwerkes eines *anerkannten Meisters* oder einer makellosen Provenienz um das Vielfache höher als der tatsächliche Wert der Fälschung oder der Raubkunst, ist der Kunstvermarkter wertmäßig *bereichert.*

Im Rahmen des sog. *negativen Interesses,* das den nicht-vertraglichen Ansprüchen zugrunde gelegt wird, ist ein Schaden ebenfalls nicht festzustellen.[1352] Der Vertrauensschaden soll erlittene Nachteile insofern ausglei-

---

1350 BGH, Urt. v. 30.11.1979 - V ZR 214/77, juris Rn. 27; BGH, Urt. v. 04.03.1977 - V ZR 236/75, juris Rn. 36; *Rüßmann* in: Herberger/Martinek/Rüßmann/Weth/Würdinger, jurisPK-BGB Band 2, § 239 EL: 08.09.2021 Rn. 5; *Ebert* in: Erman BGB, § 249 Rn. 25.

1351 *Rüßmann* in: Herberger/Martinek/Rüßmann/Weth/Würdinger, jurisPK-BGB Band 2, § 249 EL: 08.09.2021 Rn. 12.

1352 Zum Anspruchsinhalt: *Oetker* in: MüKo-BGB, § 249 Rn. 129.

chen, als der Geschädigte zu stellen ist, wie er stehen würde, sofern er auf den Vertrag nicht vertraut hätte.[1353] Hätte der Kunstvermarkter aber das Werk nicht eingeliefert bekommen, hätte er in Ermangelung eines Verkaufs nie einen Provisionsanspruch sowie den Anspruch auf das Käuferaufgeld erlangen können. Sie wären schon nicht existent gewesen.

Damit ist zumindest *bilanziell* in dem Rechtszustand des Kunstvermarkters kein Schaden feststellbar.

(b) Imageschaden

Aber auch ein *Imageschaden* kann nicht als *geldmäßig erstattungsfähiger* Schaden herangezogen werden. Der Gesetzgeber hat den Ersatz immaterieller Schäden bewusst auf die Fälle des § 253 BGB beschränkt. Eine Umrechnung in Geld ist grundsätzlich zu vermeiden. Es gilt der Grundsatz der *Naturalrestitution*.[1354]

Unter dieser Prämisse kann auf Geldleistung lediglich der Anspruch auf Ersatz des *entgangenen Gewinns* nach § 252 BGB gerichtet sein, der jedoch regelmäßig ausscheidet. Ob eine Bewertung des Gewinnentgangs bei einem Kunstvermarkter überhaupt anhand des gewöhnlichen Verlaufs der Dinge berechnet werden kann, weil das Kunsthandelsgeschäft kein in gleichmäßigen Abständen und auf kontinuierlichem Verkauf beruhender Absatzmarkt ist, ist zu bezweifeln.[1355] Diese Frage stellt sich aber in den allermeisten Fällen schon gar nicht, weil der Kunstvermarkter einen solchen entgangenen Gewinn nicht in seiner Vermögenslage verspürt.

Durchaus zweifelhaft ist nämlich, ob das Image eines Kunstvermarkters überhaupt durch den einmaligen Verkauf einer Fälschung oder eines Raubgemäldes beeinträchtigt wird.[1356]

1353 *Rüßmann* ebd.; *Ebert* in: Erman BGB, § 249 Rn. 1. A.A.: *Oetker* a.a.O., § 249 Rn. 130, der die Unterscheidung in positives und negatives Interesse nur zwecks Abgrenzung von vertraglichen und vertragsähnlichen Ansprüchen für notwendig erachtet. Bei Ansprüchen aus unerlaubter Handlung fehle es dagegen schon am durchzuführenden Vertrag. Hinsichtlich des zu ersetzenden Schadens ist die Zugrundelegung des negativen Interesses bei den §§ 823ff. BGB aber richtig.

1354 *Vieweg/Lorz* in: Herberger/Martinek/Rüßmann/Weth/Würdinger, jurisPK-BGB Band 2, § 253 EL: 01.06.2021 Rn. 1; *Ebert* in: Erman BGB, § 253 Rn. 1; *Höpfner* in: Staudinger BGB, § 253 Rn. 1.

1355 *Ebert* a.a.O., § 252 Rn. 12.

1356 Bejahend *Elmenhorst/Decker*, GRUR-RR 2012, 417 (419), in der Begründung aber offengelassen.

Wie die Vorfälle in der Kunstwelt zeigen, führt kein Fall von Fälschungsvertrieb oder Raubkunstverkauf zu einem nachhaltigen *Imageschaden.* Die spektakulären Kunstskandale begeistern zwar immer wieder ein breites Publikum, bleiben an dem Ruf des Kunstvermarkters hingegen nicht haften.

Der Kunstmarkt kennt die *beschränkten Erkenntnismöglichkeiten* von Fehlern und Mängeln in einem Werk.[1357] Er weiß, dass - auch infolge der *Digitalisierung* von Kunstverzeichnissen[1358] - der Kunstvermarkter primär auf die Erkenntnisquellen des Einlieferers zurückgreifen muss und in der Regel nicht wissentlich mangelhafte Werke in Verkehr bringt. Das Image der Kunstvermarkter bleibt damit regelmäßig unbeschädigt.

(c) Drittschadensliquidation

Ist ein Schaden aber ausschließlich in dem Vermögen des Kunstkäufers zu erblicken, muss es darauf ankommen, ob dieser liquidiert werden kann.

Der Schaden beim Käufer einer Fälschung oder eines mit dem Charakter von Raubkunst belasteten Gemäldes ist nicht zurückzuweisen. Die Fälle der Kunstwelt zeigen, dass der Käufer im Falle des Erwerbs einer Fälschung anstatt eines Originals in dem tatsächlichen Kunstwerk nur einen Bruchteil an Gegenwert dessen hat, was er im Falle der ordnungsgemäßen Vertragserfüllung gehabt hätte (*Erfüllungsinteresse*) oder was in seinem Vermögen verblieben wäre, wenn er das unerkannt gefälschte Werk nie erworben hätte (*Vertrauensschaden*).[1359]

Nach dem *Relativitätsgrundsatz* ist es dem Käufer aber in Bezug auf vertragliche Schadensersatzansprüche verwehrt, sich unmittelbar gegen den Einlieferer zu wenden.[1360] Ihm verbleibt lediglich die Möglichkeit, sich

---

1357 *Heyers*, GRUR 2012, 1206 (1210).

1358 Die Frage werfen *Raue/Hollenders* kritisch in Bezug auf die „*Buddha- aus Sui-Dynastie*"-Entscheidung auf, ob die in Bezug auf die „*Bodensee*"- und „*Jawlensky*"-Entscheidung entwickelten Grundsätze des BGH zur Haftungserleichterung unter Berücksichtigung der Digitalisierung und damit verbundenen erleichterten Provenienzrecherche überhaupt noch haltbar sind, lassen die Frage im Ergebnis aber offen: *Raue/Hollenders*, GRUR 2014, 96 (99); vgl. auch dazu Kap. 3 § 2 A I.

1359 Kap. 3 § 1 B IV.

1360 Es kann bei dem zwischen Einlieferer und Kunstvermarkter geschlossenen Vertragsverhältnis nicht von einem „Vertrag zugunsten Dritter" ausgegangen werden, weil sich jedenfalls nach Vertragsauslegung i.S. des § 157 BGB unter Zugrundelegung von Sinn und Zweck des Vertrages nicht ergibt, dass der Kunstkäufer in den Vertrag miteinbezogen werden sollte. Zwar sind die Auswirkungen auf seine

gegen den Einlieferer auf die Rechte der unerlaubten Handlung und insbesondere den Anspruch aus § 826 BGB zu berufen.[1361]

Allerdings hat der Käufer bei der Geltendmachung eines Anspruches aus § 826 BGB mit zwei wesentlichen Hindernissen zu kämpfen:[1362] Aufgrund des dem Kunstmarkt immanenten *Anonymitätsgebots* hat er keine Kenntnis über die Person des Einlieferers. Er hat auch keinen Anspruch gegenüber dem Kunstvermarkter auf Preisgabe des Namens. Im Gegenteil ist eine Preisgabe der Identität des Einlieferers aufgrund des bestehenden Kommissionsverhältnisses und der Interessenwahrungspflicht des § 384 Abs. 1 S. 2 HGB grundsätzlich ausgeschlossen. Gegen wen richtet also der Kunstkäufer seine Klage?

Darüber hinaus geht im Falle der Geltendmachung des Anspruchs ein *„non-liquet"* in Ermangelung einer dem § 280 Abs. 1 S. 2 BGB vergleichbaren Regelung zu Lasten des hier beweispflichtigen Klägers.[1363]

Der typisierte Schadenseintritt beim Käufer ist ein unbefriedigender Zustand, der einer Korrektur bedarf. Unter Zugrundelegung der Rechtsfigur der *Drittschadensliquidation* erscheint möglich, dass der Kunstvermarkter, dem ein vertraglicher Anspruch zusteht, der aber keinen Schaden erlitten

---

Vermögenslage erkennbar, allerdings widerspricht einer Einbeziehung vehement das Gebot der *Anonymität*, das Einlieferer und Kunstvermarkter überwiegend vereinbaren, und welches gnadenlos umgangen würde, wenn der Kunstkäufer ohnehin selbst im Innenverhältnis einbezogen würde, zur VSD vgl. BGH, Urt. v. 15.06.1971 - VI ZR 262/69, juris Rn. 23; BGH, Urt. v. 16.10.1963 - VIII ZR 28/61 Rn. 11.

1361 *„Jawlensky II"*-Entscheidung: Hanseatisches OLG Hamburg, Urt. v. 30.05.2002 - 6 U 38/01, juris Rn. 24; nach dem im Recht der unerlaubten Handlungen geltenden Tatbestandsprinzip darf derjenige seine Rechte oder geschützten Interessen geltend machen, bei dem diese verletzt worden sind.

1362 Zu den Voraussetzungen des § 826 BGB muss sich der Rechtsanwender im Rahmen der Drittschadens-liquidation zwangsläufig äußern, weil diese voraussetzt, dass dem Geschädigten kein gleichwertiges Recht im Vergleich zum Anspruchsinhaber zusteht, *Oetker* in: MüKo-BGB, § 249 Rn. 289.

1363 *„Jawlensky II"*-Entscheidung: Hanseatisches OLG Hamburg, Urt. v. 30.05.2002 - 6 U 38/01, juris Rn. 24; tatsächlich müssten hier die Grundsätze über die sekundäre Darlegungslast zum Tragen kommen, weil der Käufer nicht insofern schutzlos gestellt werden kann, als dass er Umstände darzulegen und zu beweisen verpflichtet ist, die außerhalb seines Macht- und Wirkbereiches liegen. Zu einer Beweisproblematik wird man aber schon gar nicht kommen, wenn jedenfalls kein Beklagter benannt werden kann, § 253 Abs. 2 ZPO.

hat, im Einzelfall den Schaden des Käufers, der selbst keinen zumindest gleichwertigen Anspruch hat,[1364] kompensiert.[1365]

(aa) Zulässigkeit der Abtretung

In diesem Sinne kommt es auf die Zulässigkeit der Abtretung bzw. auf die sog. *Haftungsbrücke* an. Sofern Schaden und Anspruch personenmäßig auseinanderfallen, müssen diese zunächst in einer Person zusammengezogen werden, um sie gemeinsam erfolgreich geltend zu machen.[1366]

Elementar ist daher die Frage, ob die Grundsätze der *Drittschadensliquidation* im Kunsthandel überhaupt tragfähig sind. Dies muss der Fall sein, wenn dem Kunstvermarkter generell die Funktion eines *Anspruchsmittlers* zukommt und grundsätzlich die Ansprüche zwischen den am Kunstgeschäft beteiligten Personen über ihn abgewickelt werden sollen. Diese Funktionsverteilung muss von der Rechtsordnung, aber auch von den am Markt agierenden Kreisen, anerkannt sein.[1367]

Unterstützt wird die Annahme eines Anspruchsmittlers von dem *Anonymitätsgebot* am Kunstmarkt. Die Parteien gehen ganz offensichtlich davon aus, dass die Geltendmachung jeglicher Ansprüche nur über den Kunstvermarkter erfolgen kann. Dies wurzelt nicht nur in der rechtlichen Situation, sondern auch in der tatsächlichen Problematik der fehlenden Kenntnis der Personenidentität voneinander.

In Annahme der Geltung der Grundsätze von der Drittschadensliquidation im Verhältnis zwischen Kunstvermarkter und Kunstkäufer, kommt es bedeutsam auf die Einigung über die Abtretung zwischen ihnen an.[1368]

1364 Die fehlende Gleichwertigkeit folgt aus dem Beweisrisiko.

1365 *Höpfner* in: Staudinger BGB, Vorb. zu §§ 249ff. Rn. 62.

1366 Aus der notwendigen Abtretung folgt der Grundsatz des Vorrangs des Vertrages mit Schutzwirkung Dritter, weil dieser dem Käufer schon einen eigenen, durchsetzbaren Anspruch zubilligt.

1367 Vgl. zu den Grundsätzen der Drittschadensliquidation, insbesondere die anerkannte Fallgruppe der mittelbaren Stellvertretung: *Höpfner* in: Staudinger BGB, Vorb. zu §§ 249ff. Rn. 69. Diese unterscheidet sich darin, dass danach üblicherweise der Kommissionär einen Schaden des Kommittenten liquidiert, den Letzterer an ihn abtritt. Begründet wird dies mit der allgemeinen Funktionsverteilung beim Kommissionsgeschäft, die in § 392 Abs. 2 HGB vom Gesetzgeber angerissen wird, wonach der Kommittent vor Ansprüchen Dritter durch den Kommissionär bewahrt werden soll. Im Kunstmarkt liegt der Fall aber so, dass der Kommissionär den Schaden des Vertragspartners von seinem Kommittenten liquidieren soll.

1368 *Martens* in: Erman BGB, § 398 Rn. 6.

(bb) Abtretungsverbot

Die Annahme einer derart dem Kunstvermarkter gegenüber dem Kunstkäufer zukommenden *Vermittlungsfunktion* begegnet aber § 384 Abs. 1 S. 2 HGB, der ausdrücklich die Interessenwahrung des Kommissionärs gegenüber seinem Kommittenten anordnet und im Falle der Zuwiderhandlung ihm nach § 385 HGB die Schadensersatzpflicht auferlegt.

Der anerkannte Grundfall, dass der Anspruchsinhaber den Schaden kompensiert, widerspricht aufgrund der Inanspruchnahme des Einlieferers durch den *Kunstvermarkter* eindeutig den typischen Interessen des § 384 Abs. 1 S. 2 HGB.[1369] Die Geltendmachung fremder Schadensersatzansprüche gegen den Einlieferer läuft nicht nur auf eine Nichtbeachtung der Interessen des Kommittenten, sondern auch auf eine *vorsätzliche* Zuwiderhandlung hinaus, im Zuge derer der Kommissionär sich zwangsweise schadensersatzpflichtig macht.[1370] Damit sollten die Grundsätze der Drittschadensliquidation in wörtlicher Auslegung des § 384 Abs. 1 S. 2 BGB nicht auf das Verhältnis zwischen Kunstvermarkter und Kunstkäufer angewandt werden.

Aber auch eine Vereinbarung mittels derer Kunstvermarkter und Kunstkäufer sich einigen, dass der Kunstvermarkter seinen Anspruch an den *Kunstkäufer* zwecks Geltendmachung abtritt, muss unwirksam sein.[1371] Diese Abtretung widerspricht ganz entscheidend der Interessenwahrungspflicht des Kommissionärs aus § 384 Abs. 1 S. 2 HGB, insbesondere aufgrund des Verstoßes gegen die vereinbarte *Anonymität* der Person des Einlieferers, zu deren Offenlegung der Kunstvermarkter im Falle einer Abtretung seines Anspruchs verpflichtet wäre.[1372]

Jedenfalls muss eine *Ausnahme* von dem Grundsatz der Interessenwahrungspflicht beim Kommissionsverhältnis angenommen werden, wenn der Einlieferer den Kunstvermarkter *arglistig* über die Mangelfreiheit des

---

1369 *Oetker* in: MüKo-BGB, § 249 Rn. 294.

1370 A.A. *„Purrmanns ‚Porto d'Ischia'“*- Entscheidung: OLG Zweibrücken, Urt. v. 07.05.1997 - 6 U 8-96, NJW 1998, 1409 (1410); LG Baden-Baden, Urt. v. 30.10.2003 - 3 S 7/03, NJW 2003, 3714 (3715); OLG Frankfurt, Urt. v. 20.01.1993 - 21 U 13/91, NJW 1993, 1477 (1478).

1371 Der Anspruchsinhaber der Drittschadensliquidation tritt im Innenverhältnis anerkanntermaßen häufig seinen Anspruch an den Geschädigten ab, der diesen dann geltend macht, vgl. *Oetker* in: MüKo-BGB, § 249 Rn. 294.

1372 *Anton*, ZVertriebsR 2013, 343 (355); Heyers, GRUR 2012, 1206 (1209); a.A. OLG München, SU. v. 26.06.2012 - 5 U 2038/11, NJW 2012, 2891 (2893); OLG Zweibrücken, Urt. v. 07.05.1997 - 6 U 8-96, NJW 1998, 1409 (1410).

Kunstwerkes täuscht und Letzterer diese Täuschung nicht erkennt. Dann freilich darf sich der Einlieferer nicht auf den Rechtsgedanken des § 384 Abs. 1 S. 2 HGB stützen, sondern es muss dem Kunstvermarkter möglich sein, die ihm zukommenden Ansprüche an den Käufer abzutreten.

Darüber hinaus ist die generelle Ablehnung der Abtretungsmöglichkeit nach dem Maßstab des § 384 Abs. 1 S. 2 HGB Bedenken ausgesetzt. Sie führt in Parallele zu den erarbeiteten Grundsätzen über die *„Art des Mangels"*[1373] zu Widersprüchen, wenn der Einlieferer zwar langjähriger Eigentümer eines Werkes und aufgrund seiner Mitwirkungspflicht entscheidende Person in dem Distributionssystem ist, er aber wegen § 384 Abs. 1 S. 2 HGB - außer in den Fällen des arglistigen Handelns - niemals haften muss.[1374]

Anhand reiner Rechtsdogmatik ist die Frage nach einer wirksamen Abtretungsmöglichkeit nicht zu lösen. Sie ist vielmehr *wertend* anhand der typischen Gefahren im Kunsthandel zu begreifen. Dabei gilt es zu beachten, dass der Kunstvermarkter in seiner Stellung kein Interesse hat, wirtschaftlich an dem Rechtsgeschäft beteiligt zu sein. Er erhebt zwar daraus seinen Anspruch auf Provision und Käuferaufgeld; darüber hinaus profitiert er wirtschaftlich aber nicht von dem Verkauf, sondern leitet den Erlös an den Einlieferer weiter. Der Käufer auf der anderen Seite ist sich der *Gebote des Kunsthandels* bewusst und entscheidet selbst unter Zugrundelegung der typisierten Gefahrenlager das Kunstwerk zu kaufen. Daher muss auch er darauf verwiesen werden, die Interessenwahrungspflicht nach § 384 Abs. 1 S. 2 HGB zu achten.

Diese Achtungspflicht kann aber nicht in ihrer Wirkung so weit gehen, den Einlieferer völlig frei zu stellen. Trotz Einschaltung des Kommissionärs versteht sich das Kommissionsgeschäft als Geschäft des Kommittenten, wie § 392 Abs. 2 BGB beweist. Er darf sich deshalb unter Verweis auf § 384 Abs. 1 S. 2 BGB nicht vor jeder Haftung geschützt fühlen und an keinerlei Sorgfaltspflichten gebunden sein. Dies gilt insbesondere, weil der Kunstvermarkter naturgemäß nur flüchtig mit der Kaufsache in Berührung kommt.

1373 Vgl. ausführlich zum Verhältnis von Beschaffenheitsvereinbarung und Gewährleistungsausschluss Kap. 3 § 2 A I „Abhängigkeit von der Art des Mangels". Es wurde bereits festgestellt, dass der Gewährleistungsausschluss dort auch die Beschaffenheitsvereinbarung ergreifen muss, wo der Verkäufer naturgemäß aufgrund des Kommissionsverhältnisses nur flüchtig mit dem Kunstwerk in Berührung kommt und der Mangel ein verdeckter sei, so dass seine Entdeckung vom Kunstvermarkter in der regelmäßig kurzen Zeit nicht erwartet werden darf.

1374 Zu den Ansprüchen gegen den Einlieferer vgl. Kap. 5 und 6.

In wertender Betrachtung darf § 384 Abs. 1 S. 2 HGB deshalb im Rahmen von Schadensersatzansprüchen keine Wirkung entfalten. Die Haftung des Einlieferers ist nach den allgemeinen Regeln zu beurteilen. Auch als Abtretungsverbot kommt § 384 Abs. 1 S. 2 HGB hier keine Wirkung zu.

Bezogen darauf ist es auch unbeachtlich, dass sich sowohl das Kommissionsverhältnis als auch das Auftragsrecht als grundsätzlich abgeschlossen formulierte Rechtsbereiche verstehen und daher nicht um weitere Ansprüche erweiterbar sind. Einen Schadensersatzanspruch von Kommissionär gegen den Kommittenten beinhalten sie zwar nicht, die allgemeinen Leistungsstörungsregeln sind allerdings auf jedes Rechtsverhältnis anwendbar und wurzeln in der Erkenntnis des Gesetzgebers, dass es Fälle gibt, die als Risiko allgemein jedem Rechtsgeschäft innewohnen und wiederum in Hinblick auf den individuellen Rechtsbereich nicht so typisiert werden können, dass ihnen ein besonderes Gewährleistungsrecht gewidmet werden kann.[1375]

(3) Stellungnahme

Es zeigt sich, dass das Vorhandensein einer sog. *Haftungsbrücke* in den AGB eines Kunstvermarkters elementar ist. Sie verpflichtet nicht nur *mittelbar* auch den Einlieferer zur Einhaltung seiner Sorgfaltspflichten, sondern entscheidet wesentlich über die Reichweite der Gewährleistungsrechte auf Käuferseite.[1376]

Der in § 384 Abs. 1 S. 2 HGB manifestierte Interessenwahrungsgrundsatz des Kommissionsgeschäfts ist im Rahmen von Schadensersatzansprüchen gegenüber dem Kommissionär zu durchbrechen. Das Kommissionsgeschäft zeigt, dass der Kommissionär zwar formale Partei des Vertrages, materiell aber nicht Teil des Rechtsgeschäfts ist und dies auch nicht sein muss.

Das Verlangen, den Kunstvermarktern gegenüber die Person ihrer Einlieferer offenzulegen, verstößt gegen den Grundsatz der *Anonymität*, der dem Kunsthandel inhärent ist. Man darf also annehmen, dass da, wo an einem Imageschaden im Falle des Verkaufs eines mangelhaften Kunstwerkes aufgrund des regelmäßig *verdeckten* Mangels erhebliche Zweifel bestehen, ein solcher unweigerlich daraus folgt, dass ein Einlieferer wegen der Abbedin-

1375 Besondere Gewährleistungsvorschriften finden sich im BGB z.B. im Kaufrecht und im Werkrecht.

1376 Offengelassen: „*Jawlensky-Entscheidung*", BGH, Urt. v. 15.01.1975 - VIII ZR 80/73, juris Rn. 17.

gung des § 384 Abs. 1 S. 2 HGB stets befürchten muss, dass seine Identität offen gelegt wird. Von dem Kunstvermarkter sollte deshalb nicht so viel verlangt werden, seine in der *Verschwiegenheit* wurzelnde Geschäftsbasis zu opfern.

Die Entscheidung des Kunstvermarkters sich einer Haftungsbrücke zu bedienen oder nicht, muss ihm selbst unter Abwägung geschäftspolitischer Vor- und Nachteile überlassen bleiben. Eine Abtretung muss zumindest möglich sein. Anzumerken ist, dass die Verwendung der Haftungsbrücke den angenehmen Nebeneffekt nach sich zieht, auch den Einlieferer zur Einhaltung der allgemeinen Sorgfaltsmaßstäbe anzuhalten und damit insbesondere dem Käufer eine interessengerechte Grundlage für die ihm zur Verfügung stehenden Rechte zu gewährleisten.

Die Haftungsbrücke ist damit ein taugliches Mittel dem Käufer zur Durchsetzung seiner Rechte zu verhelfen.

Fraglich ist, welche *Rechtsfolge* daraus für die Haftungsfreizeichnungsklausel folgt, die keine sog. *Haftungsbrücke* oder eine *unvollständige Haftungsbrücke* enthält.[1377] Wird diese schon nicht Vertragsbestandteil, weil sie für den Käufer so *überraschend* ist, dass er nicht mit ihr zu rechnen braucht oder ist sie im Wege der Inhaltskontrolle zu kassieren?

Wie bereits erwähnt, sind sog. Haftungsbrücken in anderen Wirtschaftszweigen nicht von Relevanz. Sie haben sich in der Kunsthandelspraxis insbesondere vor dem Hintergrund des typischen Kommissionsverhältnisses herausgebildet, in denen eine Partei zwar formal am Vertrag partizipiert, wirtschaftlich aber nicht beteiligt sein will.[1378] Die Verwendung einer Haftungsbrücke versteht sich im Kunsthandel als *Handelsübung*.[1379]

Bei der Auslegung der Klausel nach objektivem Inhalt und typischen Sinn sowie danach, wie sie von verständigen und redlichen Vertragspartnern unter Abwägung beiderseitiger Interessen der *regelmäßig partizipierenden Verkehrskreise* verstanden wird, ist bei einem Fehlen der Haftungsbrücke ein solcher *Überrumpelungseffekt* anzunehmen.[1380] Abzustellen ist

---

1377 Vgl. „*Buddha aus Sui-Dynastie*"-Entscheidung, OLG München, Urt. SU v. 26.06.2012 - 5 U 2038/11, NJW 2012, 2891 (2893), die Klausel enthielt keine Einräumung von im Einzelnen ausgestalteten Ansprüchen des Ersteigerers auf Teilhabe an der Schadloshaltung des Versteigerers im Verhältnis zum Einlieferer.

1378 Eine Auflistung der Haftungsfreizeichnungsklauseln mit Haftungsbrücke findet sich unter „*Buddha aus Sui-Dynastie*"-Entscheidung, OLG München, ebd.

1379 *Braunschmidt*, NJW 2013, 734 (736) mit der Kritik, dass dafür eine Stichprobe von lediglich vier weiteren Klauseln wohl zu klein sei.

1380 Vgl. zu den Voraussetzungen des § 305c BGB Kap. 3 § 2 D I 2.

insbesondere nicht auf die restlichen Wirtschaftszweige. Weder die Handelsgüter noch die Handelsteilnehmer sind einander vergleichbar. Was sich die kaufende Vertragspartei von dem jeweiligen Rechtsgeschäft verspricht und welche Regelungen sie deshalb typisiert in den AGB des Verkäufers erwartet, ist nicht verallgemeinerbar, sondern unterliegt der speziellen Ausgestaltung des Einzelfalls. Damit muss aber - insbesondere, weil das Vorhandensein der Klausel rechtlich von Bedeutung ist - in der Regelung einer Haftungsfreizeichnungsklausel ohne Haftungsbrücke nach *käuferfeindlichster Auslegung* im Sinne des § 305c Abs. 2 BGB ein vollständiger Ausschluss jeglicher Gewährleistung angenommen werden, welcher auch die Kardinalpflichten des Kunstvermarkters zur Einhaltung der eigenen Sorgfaltspflicht bei der Prüfung der eingelieferten Gegenstände und Erstellung des Katalogs erfasst.[1381] Damit wird eine Haftungsfreizeichnungsklausel ohne Haftungsbrücke im Kunsthandel nicht Vertragsbestandteil.

Dies gilt wiederum nicht für jene Bedingungen, die die Frist für den *Nachweis der anspruchsausfüllenden Tatsachen* auf ein Jahr beschränken, wie § 309 Nr. 8 lit. b) ee) i.V.m. lit. ff) BGB zeigt.[1382] Wenn eine Klausel schon nicht unwirksam ist, sofern die Frist zur Geltendmachung der Mängelgewährleistungsrechte nicht weniger als ein Jahr beträgt, muss sie *„erst-Recht"* Vertragsbestandteil werden dürfen. Dies gilt auch unter Zugrundelegung der typisierten Handelsformen des Kunstmarktes. Die Bedingungen der Kunstvermarkter orientieren sich starr an der zeitlichen Gesetzesgrenze von einem Jahr nach § 309 Nr. 8 lit. b) ee) i.V.m. lit. ff) BGB.[1383]

bb. Begrenzung des Verschuldensmaßstabes

Wie zuvor erläutert, ist der Kunstvermarkter - ungeachtet etwaiger Haftungsausschlüsse - auf vertraglicher Ebene einzig haftende Partei gegenüber dem Käufer.[1384] Er haftet somit stets primär.

1381 *Braunschmidt*, ebd.; zu den entwickelten Sorgfaltspflichten der Kunstvermarkter vgl. Kap. 3 § 1 IV 3 b) bb) (1) (e).

1382 Vgl. Anhang 5.

1383 Vgl. hierzu die Auflistung in *„Buddha aus Sui-Dynastie"*-Entscheidung, OLG München, Urt. SU v. 26.06.2012 - 5 U 2038/11, BeckRS 2012, 15315.

1384 Dem Käufer kann ein Anspruch aus vorsätzlicher sittenwidriger Schädigung nach § 826 BGB gegen den Einlieferer zwar auch zustehen. Allerdings wird dieser aufgrund der fehlenden Kenntnis über die Identität des Einlieferers regelmäßig nicht geltend zu machen sein.

Nachdem geklärt ist, dass ein vertraglicher Gewährleistungsausschluss im Kunsthandel grundsätzlich in den Grenzen des § 305c BGB möglich sein muss, sofern er unter dem Zusatz einer Haftungsbrücke geregelt ist, kommt die Frage auf, ob und inwiefern dieser Haftungsausschluss in Bezug auf das Verhalten des *Kunstvermarkters* einer Begrenzung bedarf.

Wie §§ 309 Nr. 7 lit. b) und Nr. 8 lit. b) aa) BGB aufzeigen, darf dies aber kein Problem sein, dass einer Klausel von vorneherein die Einbeziehung in den Vertrag verwehrt. Die Frage nach dem Umfang des Haftungsausschlusses darf damit unter Berücksichtigung wertender Gesichtspunkte, wann ausnahmsweise eine übergeordnete Haftungspflicht des Kunstvermarkters interessengerecht und redlich erscheint und der Haftungsausschluss deshalb an dieser Stelle eingeschränkt werden muss, auf Ebene der *Inhaltskontrolle* im Folgenden diskutiert werden.

Erhebliche Zweifel an der Einbeziehung bestehen aber an jenen Klauseln, die die Haftung für die Sorgfaltspflichtanforderungen nach den §§ 41 ff. KGSG ausschließen.[1385]

Wer die Sorgfaltsanforderungen nach §§ 41 ff. KGSG mit dem Verschuldensmaßstab des § 276 BGB gleichsetzt, irrt gewaltig.

Bei den Begriffen des Vorsatzes und der Fahrlässigkeit nach § 276 Abs. 1 BGB handelt es sich um *unbestimmte* Rechtsbegriffe.[1386] Diese bedürfen der Definition und der Ausfüllung durch eine kontinuierliche Rechtspraxis.[1387] Wer in einem bestimmten Handelszweig im Einzelfall fahrlässig, grob fahrlässig oder sogar vorsätzlich handelt, lässt sich lediglich anhand prägender Erfahrungssätze beurteilen. Dies gilt aber stets im Verhältnis der Einzelfallkasuistik.

Die Ungewissheit besteht grundsätzlich zweiseitig: auf Käuferseite, aber auch auf Verkäuferseite. Es entzieht sich *ex ante* regelmäßig der Kenntnis des Kunstvermarkters, ob sein Verhalten die im Verkehr erforderliche Sorgfalt außer Acht lässt.[1388] Damit ist es vertretbar, bei der Regelung eines Haftungsausschlusses die Haftung für fahrlässiges Verhalten zu begrenzen.

1385 Vgl. dazu Auktionshaus Lempertz, die eine Haftung *„wegen Verletzung von Sorgfaltspflichten nach §§ 41ff. KGSG ausschließen, sofern Lempertz nicht vorsätzlich oder grob fahrlässig gehandelt hat"*, Anh. 5.1.

1386 *Elmenhorst/Decker*, GRUR-RR 2012, 417 (419).

1387 LG Augsburg, Urt. v. 27.01.2012 - 22 O 3163/10, BeckRS 2012, 21453 unter Nr. 1.

1388 An dieser Einschätzung ändern auch die zuvor aufgestellten Sorgfaltspflichten in Bezug auf den Verschuldensmaßstab bei Schadensersatzansprüchen nichts. Denn auch sie sind teilweise frei formuliert und erlauben nicht die starre Subsumtion des

Bei den Sorgfaltsanforderungen der §§ 41 ff. KGSG handelt es sich in Abgrenzung dazu nicht um unbestimmte Rechtsbegriffe, sondern um durch das Gesetz *konkret benannte Handlungspflichten*, die keiner individuellen Wertungsmöglichkeit unterliegen.

Ob ein Verhalten den Anforderungen des KGSG entspricht, bedarf nicht der Auslegung, sondern ist anhand der Dokumentation ohne Weiteres erkennbar. Die Antwort darauf ist demnach nicht auslegungsbedürftig, sondern *„schwarz"* oder *„weiß"*. Der Kunstvermarkter kann sich in Abgrenzung zu dem Verhaltensmaßstab des § 276 Abs. 1 BGB nicht auf den Standpunkt stellen, er hätte eine Pflicht im Einzelfall fahrlässig außer Acht gelassen. Für ihn ist ohne Weiteres überprüfbar, ob sein Verhalten im Einzelfall den Anforderungen der §§ 41 ff. KGSG entspricht. Damit ist eine einfach fahrlässige Sorgfaltspflichtverletzung im Rahmen der §§ 41 ff. KGSG schon gar nicht ihrer Natur nach möglich. Das Gesetz verlangt hinsichtlich dieser Sorgfaltspflichten keinen Erfolg. Kommt der Kunstvermarkter seinen Pflichten nach, bleibt aber dennoch ein Mangel unentdeckt, muss er sich ein fahrlässiges Verhalten nicht vorwerfen lassen. Vielmehr kann er sich mit Hilfe der Erfüllung der Sorgfaltsanforderungen aus §§ 41 ff. KGSG leicht *exkulpieren*.[1389]

Regelt eine *Haftungsfreizeichnungsklausel* zugleich den Ausschluss der Sorgfaltsanforderungen des KGSG mit, ist infolge der kundenfeindlichsten Auslegungsregel des § 305c Abs. 2 BGB die Klausel von einem durchschnittlichen Betrachter unter Zugrundelegung einer typisierten Betrachtung so zu verstehen, dass sich der Kunstvermarkter um die Einhaltung der in §§ 41 ff. KGSG manifestierten Sorgfaltsanforderungen nicht bemühen muss, sofern für ihn nicht objektiv sich aufdrängende Anhaltspunkte bestehen, das Kunstwerk und seine Provenienz kritisch zu überprüfen. Dies kann aber in Anbetracht des eindeutigen Wortlauts und insbesondere ihres Regelungsgehalt nicht hinzunehmen sein.

cc. Stellungnahme

Im heutigen Kunsthandel besteht nach wie vor keine zuverlässige Auffassung oder Aussage darüber, welche Klauseln wirksam in den Kaufvertrag

---

Kunstvermarkters, wann er einer Pflicht vollständig nachkommt oder nicht, vgl. zu den Sorgfaltspflichten Kap. 3 § 1 B IV 3 b) bb) (1) (e).

1389 Vgl. zum Inhalt der §§ 41 ff. KGSG und der Exkulpationsmöglichkeit des Kunstvermarkters Kap. 3 § 1 B IV 3 b) bb) (2).

miteinbezogen werden dürfen. Tatsächlich gestaltet sich die Subsumtion der Klauseln unter dem Gesetzestext des § 305c Abs. 1 BGB und seiner Auslegungsregel in Absatz 2 schwierig. Das Gesetz zwingt zu einer subjektiven Beurteilung; denn wann einer Klausel ein *Überrumpelungseffekt* innewohnt und welche Auslegung den Vertragspartner am meisten belastet, unterliegt dem individuellen Verständnis des jeweiligen Empfängers.

Hinsichtlich der Einordnung einer Klausel als überraschend ist somit Vorsicht walten zu lassen, insbesondere in Hinblick auf ihre Rechtsfolge, dass die betroffene Klausel in ihrer Gesamtheit nicht Vertragsbestandteil wird.

Bezogen auf den Kunsthandel muss dies bedeuten, dass die heutigen AGB der Kunstvermarkter grundsätzlich nicht überraschend sind, sofern sie eine Haftungsbrücke enthalten und die Sorgfaltspflichtanforderungen der §§ 41 ff. KGSG aus ihrem Wirkbereich herausnehmen.

Den Rechtsanwender bewahrt darüber hinaus aber nicht, jene Klauseln, die in Ermangelung eines Überrumpelungseffekts Vertragsbestandteil werden, auf ihre Wirksamkeit nach der gemäß den §§ 307 ff. BGB zu erfolgenden AGB-Kontrolle zu überprüfen.

II. Wirksamkeit der Klauseln

Sind die Klauseln der Kunstvermarkter wirksamer Vertragsbestandteil geworden, unterliegen sie der Inhaltskontrolle und sind demnach an §§ 308, 309 sowie 307 BGB zu messen.[1390] Die AGB-Kontrolle hat zwei wesentliche Funktionen zu erfüllen: Zum einen gewährleistet sie einen umfassenden Verbraucherschutz durch Ge- und Verbote, des Weiteren fußt sie auf dem ökonomischen Grundgedanken des *Vertrauensschutzes*, wonach jedem rationalen Vertragspartner in Überwindung einer Preis- und Qualitätssicherheit nicht zugemutet werden soll, das Klauselwerk eines jeden Verwenders, mit dem er kontrahiert, mühsam durchzuarbeiten und miteinander zu vergleichen.[1391] Der Verwender muss darauf vertrauen dürfen, dass alle

1390 Gemäß § 310 Abs. 1 BGB sind §§ 308, 309 BGB im unternehmerischen Rechtsverkehr zwar nicht unmittelbar anwendbar; allerdings ist ihre Bedeutung unter Berücksichtigung der besonderen Bedürfnisse des kaufmännischen Verkehrs und der im Handelsverkehr geltenden Bräuche und Gewohnheiten über § 307 BGB heranzuziehen, § 310 Abs. 1 S. 2 BGB, *Wurmnest* in: MüKo-BGB, § 308 Rn. 6.

1391 *Roloff/Looschelders* in: Erman BGB, § 307 Rn. 1; BT-Drs. 7/3919, S. 22 li. Sp. unter „Zu 7".

Klauseln, die einen niedrigen Erwartungswert haben, von Gesetzes wegen die Einbeziehung in den Vertrag versagt wird bzw. sie einer gesetzlichen Kontrolle mit der eventuellen Folge einer Nichtigkeitssanktion unterworfen werden.[1392]

Bedeutsam ist in diesem Zusammenhang auch das Stichwort der *„asymmetrischen Informationskosten"*. Das Vertrauen des Käufers ist nur insofern schutzwürdig, als dass die Informationsbeschaffungskosten für den Kunstvermarkter niedriger sind als für seinen Vertragspartner.[1393] Kommt dieser günstiger an vertragsrelevante Information heran, darf der Vertragspartner darauf vertrauen nicht mit einem daraus resultierenden Schaden belastet zu werden.[1394]

Der Grundsatz der *„asymmetrischen Informationskosten"* steht der Anwendung der Inhaltskontrolle im Kunsthandel nicht entgegen. Man kann im Einzelfall feststellen, dass es an dem klassischen *Machtgefälle* zwischen Unternehmer und Verbraucher mangelt.[1395] Diese Behauptung entzieht sich aber der generellen Einordnung und ist stets im konkreten Einzelfall festzustellen. Darüber hinaus ist auch eine völlige Gleichstellung von Kunstvermarkter und erfahrenem Kunstkäufer nicht ohne Weiteres angezeigt. Der Kunstvermarkter rühmt sich seiner besonderen Vertrauensstellung auf dem Markt, die er sich verdient, weil der Markt davon ausgeht, dass er nicht lediglich ein breiteres Wissen hinsichtlich der auf dem Markt gehandelten Werke hat, sondern ihm auch ein weites Spektrum an Hilfsmitteln und Gehilfen zur Verfügung steht, derer er sich in Bezug auf die Beschaffenheit der Kaufsache und deren preislicher Einordnung bedienen kann.[1396]

Gemessen an diesen Grundsätzen sind die Klauseln auf ihre Wirksamkeit zu überprüfen, wobei sie primär an den Klauselverboten der §§ 308, 309 ff. BGB zu messen sind und nachrangig an der Generalklausel des § 307 Abs. 1 BGB, die als *scharfes Schwert* jene Klauseln für unwirksam erklärt, die entgegen den Geboten von Treu und Glauben den Vertragspartner unangemessen benachteiligen.[1397]

1392 *Heyers*, GRUR 2012, 1206 (1206).

1393 *Heyers*, a.a.O., (1207).

1394 *Fuchs* in: Ulmer/Brandner/Hensen, AGB-Recht, 307 Rn. 386.

1395 Vgl. zum Stichwort der *„Informationsasymmetrie"* im Kunsthandel, Kap. 3 § 2 A.

1396 Dies bedeutet nicht, dass im Gefahrenlager des Kunstvermarkters keine Fehler möglich sind, aber dass die Ansicht am Kunstmarkt würden zwei gleich starke Parteien miteinander kontrahieren, nicht bedenkenlos aufgestellt werden kann.

1397 *Fuchs* in: Ulmer/Brandner/Hensen, AGB-Recht, 307 Rn. 1; *Stadler* in: Jauernig BGB, § 307 Rn. 5; *Wurmnest* in: MüKo-BGB, § 307 Rn. 35.

1. § 309 Nr. 7 lit. a) BGB

Wenig Bedeutung erlangt mittlerweile im Rahmen der Inhaltskontrolle im Kunsthandel das Klauselverbot des § 309 Nr. 7 lit. a) BGB. Demnach ist eine Klausel unwirksam, sofern sie den Haftungsausschluss für die Verletzung von Leben, Körper und Gesundheit regelt.[1398] Verstöße dagegen sind eine Rarität. Die Kunstvermarkter achten in ihren AGB streng auf die Einhaltung der erforderlichen Formulierung und bauen in ihren Haftungsausschlüssen stets einen Zusatz ein, wonach die Haftung für Schäden aus der Verletzung von Leben, Körper oder Gesundheit unberührt bleibt.[1399] Das ist in der Rechtsfolge auch richtig, obwohl der Anwendungsbereich im Kunsthandel beschränkt ist.[1400]

Bei § 309 BGB handelt es sich um Klauselverbote, die nicht von unbestimmten Rechtsbegriffen geprägt und damit nicht der Auslegung zu unterziehen sind.[1401] Es darf im Ergebnis nicht darauf ankommen, ob der Eintritt von Schäden an Leben, Körper und Gesundheit im Einzelfall *wahrscheinlich* ist.

Tatsächlich ist ein solcher Schadenseintritt, der in kausalem Zusammenhang zum Kunstkauf steht, unwahrscheinlich.[1402] Dennoch manifestiert der Gesetzgeber für *jeden Wirtschaftszweig* in § 309 Nr. 7 lit. a) BGB die Pflicht, diesen Zusatz in das Klauselwerk aufzunehmen, weshalb nach wie vor jene Klausel im Kunsthandel, welche diesen nicht besitzt, als unwirksam betrachtet werden muss.[1403]

Konsequenz der Nichtbeachtung ist die Unwirksamkeit der gesamt geregelten Haftungsbegrenzung, weil die daraus folgende Benachteiligung für

1398 *Christensen* in: Ulmer/Brandner/Hensen, AGB-Recht, § 309 Rn. 23.

1399 Diese umfassende Beachtung des § 309 Nr. 7 lit. b) BGB folgt aus der „*Buddha aus Sui Dynastie*"-Entscheidung des BGH, Urt. v. 09.10.2013 - VIII ZR 224/12, juris Rn. 16. Der BGH stützte sich bei der Beurteilung der dortigen Haftungsklausel auf dieses Klauselverbot und sah den Verstoß darin, dass sich der Gewährleistungsausschluss auch auf etwaige Schadensersatzansprüche wegen Körper- und Gesundheitsschäden bezog. Durch eine Abtrennung des unwirksamen Teils sei die unangemessene Benachteiligung auch nicht behebbar gewesen, weshalb er die Klausel in ihrer Gesamtheit als unwirksam ansah.

1400 *Raue/Hollenders*, GRUR 2014, 96 (99), die die Entscheidung des BGH als „bedauerlich" kritisieren, weil er sich dieses Hilfskriteriums bediente, anstatt auf die restlichen und für die st. Rspr. interessanteren Fragen einzugehen.

1401 *Wurmnest* in: MüKo-BGB, § 309 Rn. 2.

1402 *Raue/Hollenders*, GRUR 2014, 96 (99).

1403 OLG Hamm, Urt. v. 10.02.2005 - 28 U 147/04, juris Rn. 9.

den Käufer nicht anders behoben werden kann.[1404] Eine *Ergänzung* um eine Ausnahme der Haftungsbegrenzung im Falle von den in § 309 Nr. 7 lit. a) BGB aufgezählten Schäden verstieße gegen das Verbot der *geltungserhaltenden Reduktion.*[1405]

2. § 309 Nr. 7 lit. b) BGB

Ebenfalls berücksichtigen die Kunstvermarkter in ihren AGB flächendeckend das Gebot des § 309 Nr. 7 lit. b) BGB, wonach die Haftung für jedwede Schäden grundsätzlich nicht für grob fahrlässiges oder vorsätzliches Handeln ausgeschlossen werden darf, § 276 Abs. 3 BGB.[1406]

Dies ist auch sachgerecht, denn ist der Mangel für den Kunstvermarkter und seine Gehilfen bei sorgfältiger Prüfung erkennbar, verletzt er nicht nur seine Pflicht gegenüber dem Käufer, sondern strenggenommen sogar seine Interessenwahrungspflicht aus § 384 Abs. 1 S. 2 HGB gegenüber dem Kommittenten.[1407] In Konsequenz dazu überzeugt auch die Überlegung, dass ein umfassender Haftungsausschluss in all jenen Fällen nicht rechtswirksam sein darf, in denen der Kunstvermarkter nachweisbar die ihm zukommenden Sorgfaltspflichten verletzt hat.[1408]

Bemerkenswert ist, dass kein Kunstvermarkter in seinen AGB den Zusatz aufführt, dass sich der Haftungsausschluss nicht auf grob fahrlässige Pflichtverletzung des *Erfüllungsgehilfen* bezieht, § 307 Nr. 7 lit. b) BGB. Bei Kunstvermarktern, insbesondere Galerien und Kunstauktionshäusern, handelt es sich regelmäßig um juristische Personen. Solche können nicht allein handeln, sondern bedienen sich dafür ihrer Organe. In strenger Betrachtung müsste jene Klausel, die den Haftungsausschluss nicht auf grob fahrlässiges oder vorsätzliches Verhalten von gesetzlichen Vertretern oder Erfüllungsgehilfen beschränkt, unwirksam sein, sofern diese Organe

---

1404 BGH, Urt. v. 09.10.2013 - VIII ZR 224/12, juris Rn. 17;

1405 BGH, Urt. v. 15.11.2006 - VIII ZR 3/06, juris Rn. 21; BGH, Urt. v. 06.04.2005 - VIII ZR 27/04, juris Rn. 20.

1406 Vgl. dazu bereits Kap. 3 § 2 D I 2 c) cc) „Begrenzung des Verschuldensmaßstabes".

1407 Inwiefern der Einlieferer aus einem erlittenen „Image"-Schaden durch die Fehleinschätzung des Kunstvermarkters einen Schadensersatzanspruch herleiten kann, vgl. Kapitel 6.

1408 „*Bodensee-Auktion*"-Entscheidung, BGH, Urt. v. 13.02.1980 - VIII ZR 26/79, juris Rn. 32; „*Jawlensky-Entscheidung*", BGH, Urt. v. 15.01.1975 - VIII ZR 80/73, juris Rn. 16; Kap. 3 § 2 A.

nicht unter die Pflichtverletzung des „Verwenders“ zu fassen sind.[1409] Darin erschöpft sich aber im Kunsthandel nicht die Gänze der Problematik. Auch sind Kunstexperten zumindest mittelbar an dem Kaufvertrag beteiligt. Sie sind die Erfüllungsgehilfen des Kunstvermarkters im Sinne des § 309 Nr. 7 lit. b) BGB.[1410]

Organe juristischer Personen sind keine gesetzlichen Vertreter. Vielmehr ist ihr Verhalten entsprechend § 31 BGB unmittelbar als Verhalten des *Verwenders* anzusehen.[1411] Dies ist der Sache nach auch richtig, weil zu beachten gilt, dass die juristische Person als „Verwender“ ohne ihre Organe auch das Klauselwerk nicht aufstellen kann. Damit ergibt sich die Unwirksamkeit der Haftungsbegrenzungsklauseln nicht daraus, dass das Handeln der Organe aus deren Regelungsbereich herausfällt und es demnach von dem vollständigen Haftungsausschluss umfasst wird.

Dennoch bleibt festzustellen, dass jedenfalls der *Kunstexperte* als Erfüllungsgehilfe für den Kunstvermarkter tätig ist und eine Klausel hinsichtlich seines Verschuldens in den geläufigen Haftungsausschlüssen der Kunstvermarkter fehlt. Welche Konsequenz folgt daraus? Grundsätzlich wohnt dem AGB-Recht das Verbot der *geltungserhaltenden Reduktion* inne. Gemäß § 306 Abs. 2 BGB tritt an die Stelle der Klausel das dispositive Recht.[1412] Nur sofern die Lücke, die aus dem Wegfall der Klausel sich nicht durch dispositives Recht füllen lässt oder dies zu einem Ergebnis führt, das den beiderseitigen Interessen nicht mehr in vertretbarer Weise Rechnung trägt, sondern das Vertragsgefüge einseitig zugunsten des Käufers verschiebt, ist ausnahmsweise eine ergänzende Vertragsauslegung entsprechend der §§ 133, 157 BGB geboten.[1413]

Fehlt es an einer Regelung, die den umfassenden Gewährleistungsausschluss auch auf den Verschuldensgrad der groben Fahrlässigkeit oder des Vorsatzes von *Erfüllungsgehilfen* des Kunstvermarkters beschränkt, ist diese

---

1409 Zur Formulierung einer Klausel, allerdings außerhalb des Kunsthandels vgl. BGH, Urt. v. 20.01.1983 - VII ZR 105/81, juris Rn. 8: „[...] *gilt dies nicht für Schäden, die auf einer vorsätzlichen oder grob fahrlässigen Verletzung von vertraglichen Pflichten oder von Pflichten bei den Vertragsverhandlungen seitens des Luftfrachtführers, seiner gesetzlichen Vertreter oder seiner Erfüllungsgehilfen beruhen,* [...].“

1410 Vgl. zur Qualifizierung des Kunstexperten als Erfüllungsgehilfen ausführlich Kap. 3 § 1 B IV 3 b) bb) (1) (a). Nicht hingegen ist der Einlieferer als Erfüllungsgehilfe des Kunstvermarkters einzustufen, Kap. 3 § 1 B IV 3 b) bb) (1) (b).

1411 *Christensen* in: Ulmer/Brandner/Hensen, AGB-Recht, § 309 Nr. 7 Rn. 25.

1412 *Lapp/Salamon* in: Herberger/Martinek/Rüßmann/Weth/Würdinger, jurisPK-BGB Band 2, § 306 EL: 07.02.2022, Rn. 18.

1413 *Schmidt* in: Ulmer/Brandner/Hensen, AGB-Recht, § 306 Rn. 33.

Haftungsfreizeichnungsklausel infolge des Verbots der geltungserhaltenden Reduktion in ihrer Gänze unwirksam. Im Wege der Heranziehung von dispositivem Recht treten an die Stelle der Klausel die allgemeinen Kaufgewährleistungsvorschriften.[1414]

3. § 309 Nr. 8 lit. b) aa) BGB

Zweifelhaft ist weiter, ob das Klauselverbot des § 309 Nr. 8 lit. b) aa) BGB im Kunsthandel Beachtung finden darf. Lediglich auf dem *Primärmarkt* ist das diskussionswürdig, denn bereits gehandelte oder ausgestellte Kunstwerke des *Sekundärmarktes* sind als „*gebrauchte*" Sachen niemals unter dem Tatbestand des § 309 Nr. 8 lit. b) aa) BGB subsumtionsfähig.[1415] Trotzdem bleibt fraglich, ob Kunstwerke im Sinne der Vorschrift jemals „*neu hergestellte*" Sachen sind.

„*Neu hergestellt*" sind Sachen, die nach ihrem Erzeugungsprozess als Endprodukt bei dem Käufer das Vertrauen erwecken, es läge eine *mangelfreie* Herstellung und damit ein mangelfreies Produkt vor.[1416] Unproblematisch liegt einem Kunstwerk ein Herstellungsprozess zugrunde. Selbst soweit einige Kunstwerke aus alten und bereits gebrauchten Materialien bestehen, wird nach objektiver Verkehrsanschauung durch einen neuen Prozess ein *neues Werk* erschaffen.[1417] Damit kann grundsätzlich kein Zweifel daran bestehen, dass das Werk, welches erstmals dem Kunstmarkt zugeführt wird, ein „*neu hergestelltes*" Werk im Sinne des § 309 Nr. 8 lit. b) aa) BGB darstellt.

Aus dieser Konsequenz folgen allerdings Abgrenzungsschwierigkeiten: Obwohl in einer Vielzahl der Fälle die Zuordnung nach Primärmarkt und Sekundärmarkt eindeutig mit der Beschaffenheit der Kaufsache als neu oder gebraucht einhergeht, treten vereinzelt Sonderkonstellationen auf.

1414 *Schmidt*, ebd.

1415 Kap. 3 § 1 B III 1 b) cc) (3) (b) (cc).

1416 Hier können die zu § 950 BGB entwickelten Grundsätze in Hinblick auf eine neue Sache herangezogen werden. Danach liegt eine *neue Sache* vor, wenn die Verarbeitung zu einer wesentlichen Substanzveränderung geführt hat, sich der wesentliche Verwendungszweck geändert hat oder der durch die Verarbeitung entstandenen Sache gegenüber der Ausgangssache eine eigenständige, weitergehende Funktion hat. Ein Indiz hierfür ist ein anderer Name im allgemeinen Sprachgebrauch, *Ebbing* in: Erman BGB, § 950 Rn. 4; BGH, Urt. v. 22.05.1995 - II ZR 260/94, juris Rn. 7.

1417 *Christensen* in: Ulmer/Brandner/Hensen, AGB-Recht, § 309 Nr. 8 Rn. 24.

Fraglich ist, ob sich die Zustand des Kunstwerkes als gebraucht oder neu nach *objektiven* Maßstäben oder nach der *subjektiven* Vorstellungen der Parteien richtet. Dies erlangt Bedeutung in den Fälschungsskandalen, bei denen Werke *„bekannter Meister"* auf dem Sekundärmarkt Preise in Millionenhöhe erzielen, obwohl es sich in Wahrheit bei ihnen um neuzeitige Fälschungen handelt.[1418] Würde man diese entsprechend ihrer objektiven Beschaffenheit als „neu hergestellte Sachen" einordnen, würde daraus nach § 309 Nr. 8 b) aa) BGB ein Klauselverbot folgen, wonach eine Bestimmung unwirksam wäre, die Ansprüche gegen den Verwender wegen eines Mangels insgesamt oder bezüglich einzelner Teile ausschließt, auf die Einräumung von Ansprüchen gegen Dritte beschränkt oder von der vorherigen gerichtlichen Inanspruchnahme Dritter abhängig macht. Die sog. und im Kunsthandel anerkannte *Haftungsbrücke* sowie die gesamte *Haftungsfreizeichnungsklausel* wären demnach in solchen Fälschungsskandalen unwirksam und die Haftung des Kunstvermarkters ergäbe sich nicht aus Anwendung seiner AGB, sondern aus dem Gesetz.[1419]

Tatsächlich muss hier ausnahmsweise der *subjektiven* Einordnung für die Beschaffenheit des Kunstwerkes, ob gebraucht oder neu, Vorrang gewährt werden. Die Parteien gehen bei der Zugrundelegung einer *„gebrauchten"* Sache als Verkaufsobjekt davon aus, dass ihr Zustand individuellen Umständen unterliegt, die der Verkäufer regelmäßig nur mit hohem Aufwand feststellen und vertraglich fixieren kann und deshalb für ihn die Möglichkeit bestehen soll sich durch Ausschluss oder Einschränkung von einer Haftung freizuzeichnen.[1420] Damit knüpft schon die Einordnung an die subjektive Vorstellung des Käufers an. Darüber hinaus vertraut der Käufer im Falle einer *„neu hergestellten Sache"* auf das Ergebnis eines mangelfreien Herstellungsprozesses. Dieses Vertrauen soll geschützt werden.[1421] Wird aber ein vermeintlich altes Werk eingeliefert, welches in Wahrheit ein neu hergestelltes Werk ist, liegt in dieser Eigenschaft genau das Risiko, dass die Parteien bei Vertragsschluss zugrunde legen. Das Werk ist mit einem *verdeckten Mangel* behaftet, der dem Kunstvermarkter infolge seiner flüchtigen Berührung mit dem Werk verborgen bleibt.

1418 Vgl. hierzu den *„Beltracchi"*-Skandal, z.B. *„Campendonk"*-Entscheidug: LG Köln, Urt. v. 28.09.2012 - 2 O 457/08, GRUR-RR 2012, 444 (445).

1419 Auch hier gilt wieder aufgrund des Verbots der *geltungserhaltenden Reduktion* die Anordnung der vollständigen Unwirksamkeit der Klausel, die durch dispositives Gesetzesrecht zu füllen ist.

1420 *Christensen* in: Ulmer/Brandner/Hensen, AGB-Recht, § 309 Nr. 8 Rn. 23.

1421 *Christensen* a.a.O., § 309 Nr. 8 Rn. 24.

Eine Rückausnahme muss allerdings dann gelten, wenn der Kunstvermarkter den Mangel kannte und sich durch die Berufung auf den gebrauchten Zustand des Kaufwerkes lediglich die Haftungsfreizeichnung sichern möchte. Die subjektive Einordnung setzt also die *beiderseitige Unkenntnis* vom objektiven Zustand der Kaufsache voraus.

Ebenfalls nach objektiven Gesichtspunkten muss der Fall beurteilt werden, wenn der Vertrag unter Einschaltung des Kunstvermarkters als Stellvertreter im Sinne der §§ 164 ff. BGB zustande kommt und der Einlieferer damit selbst Vertragspartei ist.[1422] Hier greifen die für das Kommissionsgeschäft entwickelten Grundsätze des *verdeckten Mangels* nicht. Der betrügerisch bzw. jedenfalls fahrlässig handelnde Einlieferer darf aus der Annahme einer gebrauchten Sache nicht profitieren, weshalb hier in Parallele zu den aufgestellten Grundsätzen zur *„gebrauchten Sache"* eine Einordnung nur kraft Natur der Sache erfolgen darf.[1423]

Letztlich handelt es sich auch bei jenen Kunstwerken, bei denen der erneute Produktionsvorgang in eine neue Sache erst *nach Vertragsschluss* durch den Künstler willentlich oder durch von ihm verwendete Hilfsmittel einsetzt und das Werk sodann seine Form und Gestalt verändert, für die Beurteilung nach § 309 Nr. 8 b) aa) BGB um „gebrauchte" Kunstwerke.[1424] Durch den Änderungsvorgang wird nach objektiver Verkehrsauffassung unstreitig eine *neue Sache hergestellt.* Für die kaufrechtliche Beurteilung darf es aber lediglich auf den Vertragsschluss ankommen, denn nur im Zeitpunkt des *Vertragsschlusses* macht die gesetzgeberische Intention der Klauselverbote des § 309 BGB Sinn. Nicht dagegen abzustellen ist auf den Gefahrenübergang. In diesem Zeitpunkt muss eine bestimmte Beschaffenheit zwar im Sinne des Mangelbegriffes nach §§ 434, 435 BGB vorliegen. Wie sich die Beschaffenheit aber im Einzelnen determiniert, bestimmt sich im Zeitpunkt des Vertragsschlusses.[1425]

1422 Die Unterscheidung zwischen „neu hergestellter Sache" und „gebrauchter Sache" wird nur relevant, sofern der Einlieferer - wie im *Beltracchi Skandal* - sie selbst hergestellt hat. Bei jeglichen tatsächlich alten Kunstwerken mit Provenienz- oder Urheberabweichungen handelt es sich ohnehin um gebrauchte Sachen, so dass eine Unterscheidung dahinstehen kann.

1423 Vgl. dazu ausführlich Kap. 3 § 1 B III 1 b) cc) (3) (cc).

1424 Vgl. hierzu den Banksy Skandal, der 2021 sein Werk *„Girl with Balloon"* nach Erteilung des Zuschlags zu „love is in the bin" schreddern ließ, siehe dazu bereits Kap. 2 § 3 C.

1425 *Roloff/Looschelders* in: Erman BGB, § 307 Rn. 6; BGH, Urt. v. 04.02.2009 - VIII ZR 66/08, juris Rn. 15; BGH, Urt. v. 10.07.1990 - IX ZR 275/89, juris Rn. 17.

4. § 309 Nr. 8 b) ee) BGB

Die sog. *Haftungsbrückenklauseln* der Kunstvermarkter lassen sich letztlich auch regelmäßig an §§ 309 Nr. 8 b) ee) i.V.m. ff) BGB messen. Danach sind Haftungsfreizeichnungsklauseln unwirksam, die für die Anzeige *verdeckter* bzw. *„nicht offensichtlicher"* Mängel eine Ausschlussfrist von weniger als einem Jahr vorsehen und/oder die Frist zur Geltendmachung von Kaufgewährleistungsansprüchen auf unter ein Jahr festsetzen.[1426]

Tatsächlich orientiert sich die Praxis des Kunsthandels strikt an dieser Gesetzesvorgabe und weist durchgängig die Ausschlussfrist von einem Jahr zur Geltendmachung der Rechte oder der Mängelanzeige an den Kunstvermarkter auf.[1427]

5. § 307 Abs. 1, 2 BGB

Letztlich können der Wirksamkeit von AGB die Generalklausel des § 307 Abs. 1 BGB entgegenstehen.[1428] Im unternehmerischen Rechtsverkehr sind darüber hinaus die oben erläuterten Wertungen der §§ 308 und 309 BGB lediglich über § 307 BGB zu beachten, § 310 Abs. 1 S. 3 BGB.

AGB sind nach § 307 Abs. 1 BGB unwirksam, wenn der Vertragspartner entgegen Treu und Glauben unangemessen benachteiligt wird. Die unangemessene Benachteiligung ist in § 307 Abs. 2 BGB näher umschrieben als mit den wesentlichen Grundgedanken der gesetzlichen Regelung, von der abgewichen wird, nicht vereinbar und die Verletzung von sog. *Kardinalpflichten.* Das insofern § 307 Abs. 2 Nr. 2 verankerte Verbot der Aushöhlung vertragswesentlicher Rechte und Pflichten (*Kardinalpflichten*) wird dahingehend verstanden, dass AGB nicht solche Rechtspositionen des Vertragspartners ausschließen oder einschränken dürfen, die ihm der Vertrag nach seinem Inhalt und Zweck zu gewähren hat.

1426 *Christensen* in: Ulmer/Brandner/Hensen, AGB-Recht, § 309 Nr. 8 Rn. 88.

1427 Vgl. Anhang 5.

1428 *Lapp/Salamon* in: Herberger/Martinek/Rüßmann/Weth/Würdinger, jurisPK-BGB Band 2, § 307 EL: 31.03.2022, Rn. 1; *Roloff/Looschelders* in: Erman BGB, § 307 Rn. 1.

a. Negation der Verkäuferangaben

Die regelmäßig in AGB der Kunstvermarkter vorzufindende Regelung, dass es sich bei Katalogangaben nicht um eine *Beschaffenheitsvereinbarung* im Sinne des § 434 Abs. 2 Nr. 1 BGB handelt, obwohl sie dies ihrer Natur nach im Regelfall ist, sofern der Kunstvermarkter das Kunstwerk in einer rechtsverbindlichen Art und Weise umschreibt, ist nicht unangemessen und daher nicht im Wege der Inhaltskontrolle nach § 306 Abs. 1 BGB zu kassieren.[1429]

Wie schon unter § 305c Abs. 1 BGB angemerkt, handelt es sich bei AGB um vorformulierte Bedingungen, die sofern sie für eine Vielzahl von Verträgen allgemein vorformuliert sind, Vertragsinhalt werden, aber *subsidiär* zur Individualabrede im Sinne des § 305b BGB auszulegen sind.[1430] Es muss dem Verwender grundsätzlich also unbenommen bleiben, allgemeine Grundsätze für die Vertragsschlüsse mit seinen Käufern zu schließen. Dies gilt insbesondere für den Kunsthandel, dem die Eigenart innewohnt, dass zu einem bestimmten Zeitpunkt, im Falle einer stattfindenden Auktion oder einer Ausstellung, viele Vertragsschlüsse hintereinander geschlossen werden, ohne dass die Parteien dabei imstande sind, die Bedingungen im Einzelnen individuell auszuhandeln. Dies berücksichtigt auch der Prüfungsmaßstab des § 307 BGB, der eine die typischen Verhältnisse berücksichtigende generalisierende Betrachtungsweise zugrunde legt.[1431]

Da die Rechtsnatur der Katalogangaben, Expertisen und vorvertraglichen Äußerungen aber ohnehin von ihrem Erklärungsgehalt und insbesondere der Erkennbarkeit eines Rechtsbindungswillens abhängt,[1432] die im Einzelfall durch Auslegung zu ermitteln sind, ist die regelmäßig praktizierte Einschränkung der Katalogangaben nicht unangemessen.[1433] Es muss dem Verwender unbenommen bleiben, seinen Katalogbeschreibungen und Kunstexpertisen die ihnen primär zukommende Rechtsnatur der Beschaffenheitsvereinbarung zu nehmen, indem er die Annahme eines Rechtsbin-

---

1429 Zur Auseinandersetzung über die Rechtsnatur der Katalogangaben, Kunstexpertisen und vorvertraglichen Äußerungen, vgl. Kap. 3 § 1 B III 1 a) aa) und die Wirkung von AGB auf ihre Rechtsnatur Kap. 3 § 1 B III 1 a) dd).

1430 Kap. 3 § 2 C I 2 a).

1431 *Roloff/Looschelders* in: Erman BGB, § 307 Rn. 5; BGH, Urt. v. 09.05.1996 - VII ZR 259/94, juris Rn. 23.

1432 Kap. 3 § 1 B III 1 a) dd).

1433 *Braunschmidt*, GRUR NJW 2013, 734 (736), allerdings ohne Begründung.

dungswillens und seine zuversichtliche Beweiskraft durch die ausdrückliche Regelung des Gegenteils erschüttert.

b. Einordnung der Kaufsache als „gebraucht"

Ordnen die Kunstvermarkter in ihren AGB den Kunstwerken pauschal die Eigenschaft einer *„gebrauchten"* Sache zu, ist darin hingegen eine *unangemessene Benachteiligung* des Vertragspartners zu sehen.[1434] Unerheblich dafür muss sein, dass die Kunstvermarkter regelmäßig an einer einfachen Vertragsabwicklung interessiert sind und die pauschale Einordnung der eingelieferten Güter damit rational erscheint.[1435]

Grundsätzlich darf der Zustand einer Sache nicht durch den subjektiven Willen der Parteien eingeordnet werden.[1436] Insbesondere im Rahmen von AGB, die einseitig formuliert und gestellt sind, ist die Verwendung solcher Klauseln unzulässig. Diese drastische Rechtsfolge wurzelt darin, dass für der Verwender durch die Surrogation der subjektiven Determinationsmöglichkeit des Zustands vom Kaufobjekt eine vermeintlich günstigere Rechtslage folgt. Abweichendes gilt lediglich im Falle der vertraglichen Anordnung einer *„neu hergestellten Sache"*. Diese führt nur zum Rechtsverlusten auf Verkäuferseite und geleitet nicht zu seinem Vorteil.[1437] Bei dem Begriff der *„gebrauchten"* Sache knüpfen die Rechtsfolgen hingegen an dem Umstand an, dass es sich dabei oftmals um Gegenstände handelt, die keinem konkreten Vergleichsmaßstab unterliegen und somit unter Umständen *unerkannt* mangelbelastet sind. In diesen Fällen ist das Rechtsgeschäft auf beiden Seiten schutzbedürftig und dem Verkäufer muss die Möglichkeit einer umfassenden Haftungsbegrenzung offenstehen.

Benennt der Kunstvermarkter im Zuge seiner AGB jedoch sämtliche zu verkaufende Kunstwerke als *„gebraucht"*, wird dem Vertragspartner des Verwenders suggeriert, dem Vertrag lägen stets die Regelungen für *„gebrauchte"* Sachen und damit die Möglichkeit vereinfachter Haftungsausschlüsse zugrunde.[1438] Um diesem Risiko zu entgehen, erscheint es lediglich interes-

---

1434 *Roloff/Looschelders* in: Erman BGB, § 307 Rn. 3.

1435 Sog. Rationalisierungsinteresse, BGH, Urt. v. 24.09.1980 - VIII ZR 273/79, juris Rn. 26.

1436 Vgl. dazu ausführlich Kap. 3 § 1 B III 1 b) cc) (3) (cc) und zur Bestimmung *„neu hergestellter Kunstwerke"* Kap. 3 § 2 C II 3.

1437 Vgl. hier insbesondere §§ 935 Abs. 2, 474 Abs. 2 S. 2 und 309 Nr. 8 lit. b) BGB

1438 Vgl. §§ 474 Abs. 2 S. 2, 309 Nr. 8 lit. b) BGB.

sengerecht, jenen Klauseln, die versuchen den Zustand des Kunstwerkes in negativer Hinsicht zu determinieren, ihre Wirksamkeit zu versagen.

c. Haftungsfreizeichnungsklauseln

In Hinblick auf die *Haftungsfreizeichnungsklauseln* ist geklärt, dass solche schon wegen ihres Überrumpelungseffektes im Sinne des § 305c Abs. 1 BGB nicht Vertragsbestandteil werden, wenn sie keine Haftungsbrücke enthalten[1439] oder wenn sie die Haftung für die Nichteinhaltung der Sorgfaltsanforderungen der §§ 41 ff. KGSG ausschließen.[1440] Dies entspricht der im Rahmen des § 305c Abs. 1 BGB zu berücksichtigenden *Handelssitte* für die gewöhnlichen Teilnehmer des Kunstmarktes.

Fraglich ist aber darüber hinaus, ob der formularmäßige Haftungsausschluss durch die Kunstvermarkter heutzutage überhaupt noch haltbar ist. Infolge der Digitalisierung und der damit verbundenen erleichterten Provenienzrecherche auf Seiten des Kunstvermarkters könnte in Hinblick auf das hohe wirtschaftliche Risiko auf Käuferseite ein umfassender Haftungsausschluss grundsätzlich abzulehnen sein.[1441] Entscheidend dafür ist, ob eine umfassende Haftungsfreizeichnungsklausel den Vertragspartner entgegen dem Gebot von *Treu und Glauben* unangemessen benachteiligt.[1442]

Hinsichtlich dieser Einordnung gibt es primär Bedenken: Der Kunstvermarkter würde anlässlich der regelmäßig auf dem Kunstmarkt nur schwer festzustellenden Mängel in einen unlösbaren Konflikt in Bezug auf Handelsgeschäft und Haftungsrisiko geraten. Für ihn bestünde faktisch ein *Handelshindernis* oder zumindest eine wesentliche *Erschwernis.* Insbesondere auf dem Sekundärmarkt ist angesichts des häufigen Eigentümerwechsels der Kunstobjekte der Kunstvermarkter nur schwer in der Lage, durch zumutbare, eigene Nachforschungen Zweifel in Bezug auf die Provenienz und Echtheit des Werkes auszuräumen und Gewissheit darüber zu erlangen.[1443] Auch die zunehmende Digitalisierung in der Provenienzrecherche und bei den Kunstverzeichnissen ändert an dieser Einschätzung

1439 Kap. 3 § 2 C I 2 c) aa).

1440 Kap. 3 § 2 C I 2 c) bb).

1441 Offen gelassen: *Raue/Hollenders,* GRUR 2014, 96 (99).

1442 *Lapp/Salamon* in: Herberger/Martinek/Rüßmann/Weth/Würdinger, jurisPK-BGB Band 2, § 307 EL: 31.03.2022 Rn. 1.

1443 *"Bodensee-Auktion"*-Entscheidung, BGH, Urt. v. 13.02.1980 - VIII ZR 26/79, NJW 1980, 1619 (1621); *Wertenbruch,* NJW 2004, 1977 (1980).

nichts, denn für Datenbanken und -verzeichnisse besteht kein Anspruch auf Abgeschlossenheit.[1444] Die Eintragung entscheidet sich allein anhand der Plausibilitätsprüfung durch den Betreiber der Datenbank. Dabei ist der Zeitpunkt der Eintragung davon abhängig, wann die Restitutionsberechtigten bzw. diejenigen, die behaupten es zu sein, ihr Recht melden und geltend machen wollen. Fälle, in denen Gemälde im Zeitpunkt des Verkaufs nirgends als „*belastet*“ vermerkt waren und sich erst im Nachhinein als Raubkunst herausgestellt haben, ziehen sich durch die Historie der Kunstwelt.[1445] Diese Argumentation spricht für die Möglichkeit des umfassenden Gewährleistungsausschlusses.

Allerdings steht auch dieser Ansicht eine wichtige Beschränkung des Haftungsausschlusses nicht entgegen, die notwendigerweise vorgenommen werden muss. Die Berufung auf jeden *Verschuldensgrad* des § 276 BGB muss dem Kunstvermarkter verwehrt bleiben.[1446]

Legt man das überwiegend am Kunstmarkt praktizierte Kommissionsverhältnis zugrunde, ist die Intention des Kunstvermarkters, sich dieser Handelsform zu bedienen, darin zu sehen, die Identität des Einlieferers geheim zu halten. Diese *Verborgenheit* birgt sowohl für den Einlieferer als auch für den Kunstvermarkter positive Effekte. Der Versteigerer bewahrt seine elementare Stellung auf dem Kunstmarkt und lässt sich seine Vermittlerrolle durch den Provisionsanspruch und das Käuferaufgeld teuer bezahlen.

Der Einlieferer muss daneben seine Identität nicht offen legen und kann vor allem direkten Ansprüchen der Käufer gegen ihn entgehen.

Beruft man sich darauf, dass Kunstvermarkter elementare Institutionen des Kunstmarkts sind, die auch dem privaten Marktteilnehmer einen vertrauensvollen Erwerb von Kunstwerken ermöglichen sollen,[1447] wird man letztendlich der Diskrepanz begegnen müssen, dass die Kunstvermarkter zunächst wissentlich und willentlich das Kommissionsgeschäft wählen, um ihre Provisionen verlangen zu können sowie ihre Stellung auf dem Markt zu sichern und bei etwaigen Mängeln für die Forderungen der Käufer nicht einstehen wollen.

1444 Vgl. zu dem Inhalt der Kunstdatenbanken ausführlich Kap. 3 § 1 B II 2 c) aa).

1445 Vgl. z.B. „*Carracci*“-Entscheidung, OLG Köln, Urt. v. 08.07.2016 - I 1 U 36/13, juris.

1446 Danach gehen die Gepflogenheiten des Kunsthandels weiter als der Gesetzgeber es grds. verlangt, vgl. § 309 Nr. 7 lit. b) BGB.

1447 So *Heyer*: Gewährleistung und Gewährleistungsausschluss im Kunstauktionshandel, GRUR 2012, 1206 (1209).

Aber auch, sofern der Kunstvermarkter die Handelsform der Stellvertretung wählt, ergibt sich nichts anderes, denn auch hier muss er sich seine hohe Vertrauensposition gegenüber seiner Käuferschaft entgegen halten lassen.

Qualifiziert man Kunstvermarkter aber als *„unsicherheitsreduzierende Institutionen“*, steht diese Institutionsform in einem klaren Widerspruch zu einem umfassenden Haftungsausschluss.

Zu hinterfragen ist somit, was unter Berücksichtigung der Besonderheiten der Kunsthandelsbranche und der besonderen Handelsform verlangt werden darf.[1448] Die Diskrepanz zwischen der Bedeutung des Kunstvermarkters und seines Haftungsrisikos gilt es zu *nivellieren*.

Eine Bestimmung im Einzelfall, nach welcher die Bedeutung des Werkes im *Oeuvre* des Künstlers sowie sonstige Umstände seiner Herkunft zu berücksichtigen sind, muss ausscheiden.[1449] Die Kunstvermarkter müssen im Sinne der Rechtssicherheit einen Anspruch darauf haben sich solcher AGB zu bedienen, die in ihrer *Generalität* einer Inhaltskontrolle standhalten. Dies gilt insbesondere vor dem Hintergrund der Varietät der eingelieferten Kunstwerke.

Gemessen daran kann eine Einschränkung nur in der Notwendigkeit gesehen werden, jegliches Verschulden der Kunstvermarkter aus dem Anwendungsbereich des Gewährleistungs-ausschlusses auszunehmen.[1450] Freilich darf dies nur insoweit gelten, als dass die Sorgfaltspflichtverletzung eine *Kardinalpflicht* des Kunstvermarkters betrifft.[1451] Auf ihre Erfüllung vertraut der Vertragspartner in ganz besonderer Weise. Sie ermöglicht die ordnungsgemäße Durchführung des Vertrages und schützt vor der naheliegenden Gefahr höherer Schäden.[1452]

Den Kunstvermarkter trifft für die Erfüllung seiner Kardinal- und Sorgfaltspflichten, die die Erreichung des Vertragszwecks erst gewährleisten, eine *unbedingte Einstandspflicht*. Der Käufer soll auf die Vertragserfüllung

---

1448 *Löhr*, GRUR 1976, 411 (413).

1449 So die Argumentation von *Elmenhorst/Decker*, GRUR-RR 2012, 417 (419).

1450 *Elmenhorst/Decker*, ebd.

1451 *Roloff/Looschelder* in: Erman BGB, § 309 Rn. 72.

1452 Vgl. zur Diskussion der Beurteilungskriterien, die den Verschuldensmaßstab determinieren und in diesem Sinne als *Kardinalpflichten* des Kunstkaufs zugrunde zu legen sind: Kap. 3 § 1 B IV 3 b) bb) (1); allgemein: *Roloff/Looschelder* in: Erman BGB, § 309 Rn. 72.

durch den Verwender unbedingt vertrauen können.[1453] Ob die Missachtung einer Sorgfaltspflicht grob fahrlässig erfolgt, darf im Ergebnis keinen Unterschied machen, weil es lediglich auf das *Risiko* auf Käuferseite ankommt. Darüber hinaus statuieren sich auch bei Kunstwerken letztlich anhand der langjährigen Rechtspraxis die Sorgfaltsanforderungen in ganz bestimmten *Handlungspflichten.*[1454] Ein Kunstvermarkter, der bei makelloser Provenienz des eingelieferten Werkes und unauffällig durchgeführter Expertenanalyse sowie Prüfung der Datenbanken keine Auffälligkeiten an dem Werk feststellen kann, muss nicht dem Vorwurf begegnen, er hätte *fahrlässig* gehandelt. Erschöpfen sich aber die Sorgfaltsanforderungen in Handlungspflichten, ist es nur interessengerecht und redlich, den umfassenden Haftungsausschluss, der (einfach) fahrlässiges Handeln miteinschließt, vor dem Hintergrund der Eigenarten des Kunsthandels und der typischerweise besonderen Vertrauensstellung des Kunstvermarkters, als treuwidrig gemäß § 307 Abs. 1, 2 Nr. 2 BGB zu kassieren.[1455]

Die Sorgfaltsanforderungen werden umso strenger sein, je höher der Verkaufswert des Werkes bemessen ist und je professioneller der Kunstvermarkter agiert.[1456] Dies ist ein Problem, dem sich der Kunstvermarkter in zumutbarer Weise bei der Frage nach dem Umfang des Gewährleistungsausschlusses stellen kann und muss. Darüber hinaus ist die Frage ohnehin in all jenen Fällen entscheidend, in denen der Käufer Schadensersatz begehrt.[1457] Die Grundsätze der Sorgfaltspflichten damit auf den Umfang des Gewährleistungsausschlusses zu erweitern, ist in der Sache nur gerecht und fördert eine einheitliche Rechtsanwendung.

Darüber hinaus führt diese Einschätzung zu einer deutlichen Erleichterung in der Rechtspraxis. Wie verschiedene Fälle zeigen, grenzt es an eine Sache der *Unmöglichkeit,* das Verhalten eines Kunstvermarkters in Hinblick auf seine Untersuchungspflichten zwischen fahrlässig und grob fahrlässig abzugrenzen.[1458]

1453 Auch *Anton* sieht die Sorgfaltsanforderungen auf Seiten der gewerblichen Kunstvermittler als entscheidenden Punkt bei der Entscheidung um Gewinn und Niederlage, *Anton*, ZVertriebsR 2013, 343 (356-357).

1454 Vgl. die entwickelten Sorgfaltspflichten, Kap. 3 § 1 B IV 3 b) bb) (1) (e).

1455 *Heyers*, GRUR 2012, 1206 (1206).

1456 *„Augsburger-Teppichfall"* - LG Augsburg, Urt. v. 27.01.2012 - 22 O 3163/10, BeckRS 2012, 21453 unter 1.).

1457 Vgl. die entwickelten Sorgfaltspflichten, Kap. 3 § 1 B IV 3 b) bb) (1) (e).

1458 Vgl. bereits zu den Abgrenzungsschwierigkeiten zur Annahme von einer einfachen Fahrlässigkeit mit Formulierungsvorschlag Kap. 3 § 1 B IV 3 b) bb) (1) (e).

Im Ergebnis ist dies die überzeugendste Lösung. Eine umfassende Haftungsfreizeichnungsklausel, die auch den Verschuldensgrad der einfachen Fahrlässigkeit mitumfasst, benachteiligt den Vertragspartner unangemessen und ist deshalb im Sinne von § 307 Abs. 1 BGB unwirksam.[1459]

Gem. § 306 Abs. 1 BGB müssen diese Verstöße zur Folge haben, dass die Bestimmungen insgesamt unwirksam sind. Eine teilweise Aufrechterhaltung der Klauseln scheitert am Verbot der *geltungserhaltenden Reduktion*, § 306 Abs. 2 BGB;[1460] denn sie sind nicht auf einen Restbestand reduzierbar.[1461]

E. Anwendungsbereich der Haftungsbeschränkungen

Zuletzt stellt sich die Frage nach dem Anwendungsbereich der Haftungsbeschränkungen. Unstreitig finden vertraglich vereinbarte Haftungsbeschränkungen auf den ihnen zugrundeliegenden Kaufvertrag und somit stets auf das Kaufgewährleistungsrecht Anwendung. Klärungsbedürftig ist die Anwendbarkeit der Haftungsbeschränkungen, sofern es nicht zur Eröffnung des Anwendungsbereiches der §§ 434 ff. BGB kommt sowie in den Fällen der unerlaubten Handlung nach §§ 823 ff. BGB.

I. Allgemeines Leistungsstörungsrecht

Bei Zugrundelegung eines objektiven Haftungsmaßstabes stellt sich die Frage, ob die vertraglichen Haftungsbegrenzungen der Kunstvermarkter auf die Vorschriften des allgemeinen Leistungsstörungsrechts anwendbar sind

---

1459 „Jawlensky"-Entscheidung: BGH, Urt. v. 13.02.1980 - VIII ZR 26/79, juris Rn. 32; offen gelassen „*Bodensee*"-Entscheidung: BGH, Urt. v. 15.01.1975 - VIII ZR 80/73, juris Rn. 16.

1460 BGH, Urt. v. 23.09.2010 - III ZR 246/09, juris Rn. 27.

1461 Diese Folge ist für den Kunstvermarkter sehr riskant. Denn während er bei fehlender Fahrlässigkeit eine Haftung auf Schadensersatz nicht zu befürchten hat, haftet er im Falle des Rücktrittsverlangens verschuldensunabhängig. Bei einem Versuch der Rückabwicklung im Verhältnis zum Einlieferer kann sich Letzterer wiederum auf den Standpunkt stellen, der Kunstvermarkter hätte als Spezialist seines Faches den Mangel erkennen können, womit jeglicher Rücktrittsversuch im Innenverhältnis scheitern muss, vgl. etwa § 442 Abs. 1 BGB (sofern man das Gewährleistungsrecht im Innenverhältnis für anwendbar erklärt, was grds. abzulehnen ist) oder allgemein § 323 Abs. 6 BGB; vgl. dazu auch „*Enten am Teich*"-Entscheidung des LG Bielefeld, Urt. v. 20.09.1988 - 23 O 101/88, NJW 1990, 1999.

oder der Kunstvermarkter im Falle einer angenommenen Pflichtverletzung im Zusammenspiel mit § 280 Abs. 1 S. 2 BGB uneingeschränkt nach dispositivem Gesetzesrecht haftet.

Die Geltung der Haftungsbegrenzungen im Rahmen des Allgemeinen Leistungsstörungsrechts muss im Grundsatz angenommen werden. Wie § 311a Abs. 1 BGB zeigt, sind die Rechte nach §§ 280 ff., 323 ff, 346 BGB *vertraglicher* Natur. Die vertraglich vereinbarten Bestimmungen beschreiben damit die Hauptleistungspflichten des Kunstvermarkters.

Allerdings müssen die AGB des Kunstvermarkters ihrem Wortlaut nach auch die Pflichtverletzung außerhalb des Kaufgewährleistungsrechts erfassen. Enthält das Klauselwerk lediglich den Begriff der „*Gewährleistung*" und des „*Mangels*", den der Kunstvermarkter grundsätzlich umfassend auszuschließen versucht, sind in Auslegung zugunsten des Käufers nach § 305c Abs. 2 BGB die Pflichtverletzung wegen Nichterbringung der Hauptleistungspflicht aus § 433 Abs. 1 S. 1 BGB nicht vom Haftungsausschluss umfasst.[1462]

Der Kunstvermarkter haftet dann dem Käufer auf *Schadensersatz* uneingeschränkt nach dispositiven Recht, sofern er sich hinsichtlich seiner Kenntnis der Unmöglichkeit nicht exkulpieren kann. Sofern der Käufer *Rücktritt* begehrt, scheidet eine *Exkulpation* aus. Der Kunstvermarkter darf sich wegen der *Verschuldensunabhängigkeit* von Gestaltungsrechten allein auf den Einwand des § 323 Abs. 6 BGB berufen, der angesichts des auch im Kunsthandel geltenden Grundsatzes der „*asymmetrischen Informationsbeschaffungskosten*" praktisch keine Relevanz haben dürfte.[1463]

II. Unerlaubte Handlung

Eine Übertragung des vertraglichen Haftungsausschlusses auf die Vorschriften zur unerlaubten Handlung ist ebenfalls grundsätzlich ohne weiteres möglich. Dem Verkäufer soll aufgrund des notwendigen Gleichrangs der Vorschriften kein solcher Nachteil erwachsen, als dass ihm zugemutet

1462 Relevant wird dies bei abhandengekommenen Kunstwerken, insbesondere Raubkunst, Beutekunst und entarteter Kunst, an denen außerhalb der Versteigerung *de lege lata* rechtsgeschäftlich kein Eigentumserwerb erfolgen kann und der Anwendungsbereich der Kaufgewährleistungsvorschriften mithin nicht eröffnet wird, vgl. Kap. 3 § 1 B II.

1463 Zu dem Begriff der „*asymmetrischen Informationsbeschaffungskosten*" im Kunsthandel vgl. Kap. 3 § 2 D II.

werden muss, stets und ungeachtet seiner vertraglich ausgeschlossenen Rechte zu haften.

Ob die aufgezeigten und erläuterten Haftungsfreizeichnungsklauseln auch Ansprüche aus unerlaubter Handlung miteinbeziehen, sofern sie mit dem Mangel am Kunstwerk zusammenhängen, bemisst sich damit nach der Auslegung der Klausel im Einzelfall.[1464] Freizeichnungsklauseln sind stets restriktiv und im Zweifelsfall *zu Lasten* des Verwenders auszulegen.[1465] Möchte der Kunstvermarkter etwaige Ansprüche gegen sich aus unerlaubter Handlung ausschließen, muss er dies mit der notwendigen *Eindeutigkeit* zum Ausdruck bringen.

Wichtige Indizien sind dabei der Verzicht auf Formulierungen, der „*Vertragspartner*" hafte. Diese Formulierung spielt auf die Haftung im Rahmen eines vertraglichen Verhältnisses an. Ebenso die Formulierungen „*Gewährleistung*" und „*Mängel am Kunstwerk*" sind Begrifflichkeiten, die sich intuitiv im besonderen Teil des Schuldrechts erschöpfen und damit nicht das Recht der unerlaubten Handlung umfassen.[1466] Insbesondere kann auch der Klauselstandort in den AGB Indiz dafür sein, dass der Vertragspartner den Haftungsausschluss lediglich auf vertragliche Ansprüche beziehen darf.[1467] Unter Zugrundelegung dieser Verhältnisse kann in den regelmäßig verwendeten Freizeichnungsklauseln am Kunstmarkt kein Schluss darauf erfolgen, dass diese auch die Ansprüche der §§ 823 ff. BGB mitumfassen. Vielmehr enthalten sie grundsätzlich den Begriff des „Mangels" und der „Gewährleistung".

F. Stellungnahme und Lösungsversuch

Die Kontrolle von AGB unterliegt grundsätzlich sowie auch im Kunsthandel einer Wertentscheidung mit dem Maßstab der regelmäßigen Bedürfnisse und Interessen der typischerweise am Rechtsgeschäft beteiligten Personenkreise und stellt arglistig handelnde Teilnehmer sowie deren Gehilfen schutzlos. In Hinblick auf die Besonderheiten des Kunstmarktes wird man sich deshalb nicht auf den Standpunkt stellen dürfen, der Käufer sei weniger schutzbedürftig, weil er eine dem Kunstvermarkter vergleichbare Erfahrung aufweist und auch wirtschaftlich eine tragende Persönlichkeit ist.

1464 BGH, Urt. v. 24.11.1976 - VIII ZR 137/75, juris Rn. 29.
1465 BGH, Urt. v. 23.04.1970 - VII ZR 159/68, juris Rn. 18.
1466 BGH, Urt. v. 23.04.1970 - VII ZR 159/68, juris Rn. 18-19.
1467 BGH, Urt. v. 24.11.1976 - VIII ZR 137/75, juris Rn. 29.

Die AGB sind in ihrer notwendigen Allgemeingültigkeit formuliert und müssen deshalb stets hinter einer Individualabrede zurücktreten, § 305b BGB. Damit ist auch nicht jeder Klausel, die mehrdeutig ist, nach § 305c Abs. 1 BGB die Einbeziehung in den Vertrag zu verwehren oder sie gemäß § 306 Abs. 1 BGB aufgrund der Nichtigkeitsfolge zu kassieren.

Auf dem Kunstmarkt kursieren dennoch nach wie vor Klauseln, die in Anbetracht der typischerweise vertretenen Interessen in diesem Wirtschaftszweig aus den Verträgen verbannt gehören. Es darf zudem für den Kunstvermarkter nur unerheblich sein, ob der Kunstkäufer im Einzelfall sein Recht aus Kaufgewährleistung, vertraglichen oder gesetzlichen Ansprüchen herleitet. Gestattet das Gesetz innerhalb gewisser Grenzen dem Kunstvermarkter eine Haftungsbegrenzung, muss diese einen vollständigen Schutz gewähren. Dabei darf der Käufer hingegen fordern, dass die Klauseln auf diese „*Vollumfänglichkeit*" ausdrücklich und unmissverständlich hinweisen.

Bei einer Gesamtschau der im Kunsthandelswesen grundsätzlich verwendeten Klauselinhalte ergibt sich folgender *Lösungsvorschlag*:

1. Regelungsbedarf: Die Katalogangaben der Kunstvermarkter sowie die Kunstexpertisen und vorvertraglichen Äußerungen sind Beschaffenheitsvereinbarungen im Sinne des § 434 Abs. 2 Nr. 1 BGB. Dies kann im Einzelfall abweichen, sofern der Kunstvermarkter unmissverständlich eigene *Zweifel* äußert und eine *feste* Provenienz- oder Urheberzuschreibung nicht vornimmt.
2. Regelungsbedarf: Die Beschaffenheit der Kunstwerke - ob gebraucht, neu hergestellt oder neuwertig - richtet sich nach *objektiven Gesichtspunkten* und somit danach, ob das Kunstwerk erstmals dem Markt zugeführt wird oder nicht.
3. Regelungsbedarf: Der Kunstvermarkter darf als Kommissionär oder als Verkäufer, der selbst das Werkzeug vom Einlieferer kurzfristig erworben hat, seine Haftung wegen Mängeln, für Pflichtverletzungen und jedes rechtlich relevante Verhalten umfassend auszuschließen. Dies gilt nicht, sofern er oder seine Erfüllungsgehilfen die ihnen obliegenden Sorgfaltspflichten verletzt haben.[1468] Der Kunstvermarkter ist dazu jedoch verpflichtet, Mängel sowie Pflichtverletzungen oder sonstige Rechts- oder Rechtsgutsverletzungen, die rechtzeitig durch den Käufer vorgetragen und glaubhaft gemacht wurden, innerhalb der Frist von

1468 Hier sind die erarbeiteten Grundsätze heranzuziehen, vgl. ausführlich Kap. 3 § 1 B IV 3 b) bb) (1).

einem Jahr gegenüber dem Einlieferer geltend zu machen und im Falle erfolgreicher Inanspruchnahme das Erlangte an den Käufer auszukehren.

Der Käufer verpflichtet sich diesbezüglich sämtliche Ansprüche und Schadenspositionen an den Kunstvermarkter abzutreten. Die Haftung für Schäden aus der Verletzung des Lebens, des Körpers oder der Gesundheit bleibt unberührt.

§ 3. Stellungnahme und Ergebnis

Mit einigen Bedenken begegnet man zunächst der Vorstellung, Kunstgegenstände unter die allgemeinen Regeln des Bürgerlichen Rechts zu subsumieren. Ein derart subjektiver Gegenstand sollte einer allgemeingültigen Lösung entbehren. Tatsächlich ist festzustellen, dass die Anwendung der Vorschriften des BGB und seiner Nebengesetze sich zwar nicht unmittelbar offenbart, allerdings mit etwas Aufwand bewerkstelligt werden kann und in diesem Sinne zu befriedigenden Lösungen führt.

Im Vordergrund steht im Kunsthandel wie in jedem anderen Wirtschaftszweig der Ausgleich der Interessen der regelmäßig am Rechtsgeschäft beteiligten Personen: Erwerber, Kunstvermarkter, Eigentümer und Künstler. Die Erarbeitung einer kunstspezifisch interessengerechten Lösung erfordert mehr als in anderen Rechtsbereichen die Beachtung *subjektiver Umstände* und *Motive* der Parteien, die sich im Entscheidungsprozess niederschlagen. Daher müssen Beurteilungskriterien wie die *Schutzwürdig-* und *-bedürftigkeit*, das *Risikolager* und die *Verantwortung* in jedem Einzelfall die Wegweiser sein. Trotz des subjektiven Charakters des Handelsguts kann unter dieser Rechtsanwendung ein fairer und gerechter Zustand im Kunsthandel erreicht werden.

Die Rechtsprechung und Literatur haben, darauf bezogen, in den letzten Jahrzehnten einige Ansätze entwickelt, die ungeachtet ihrer teilweise richtigen Lösung, dogmatisch unbegründet blieben. Bedient man sich aber der gesetzlichen Auslegungsregeln und füllt sie mit dem subjektiven Charakter der Kunstgegenstände, ist die Behauptung zu wagen, dass der Rechtszustand insofern befriedigend ist, als dass eine Spezialregelung in Bezug auf Kunstwerke, die teilweise gefordert wird, nicht erforderlich ist.

Entscheidende Grundpfeiler in der rechtlichen Bewertung der Kunsthandelsbeziehungen ist der *Sorgfaltsmaßstab* der Teilnehmer und die Zulässigkeit der *Haftungsminimierung*. Bringt man diese in einen interessengerechten und fairen Ausgleich für alle Beteiligten, wobei man notwendigerweise die Interessen der arglistig handelnden und täuschenden Akteure ausnimmt, weist das Recht den Weg. Insofern sind die in Hinblick auf die erforderlichen Sorgfaltsanforderungen im Abschnitt § 1 IV dieses Kapitels[1469] aufgestellten *Handlungsempfehlungen* sowie die im zulässigen Maße haftungsbegrenzend wirkenden *Klauselempfehlungen* in Abschnitt § 3 dieses Kapitels zu berücksichtigen.[1470]

Zu beachten gilt, dass *de lege lata* ein unbefriedigender Rechtszustand in Bezug auf die Gleichbehandlung der gewerblichen Kunstvermarkter, insbesondere Kunstauktionshäuser und Kunstgalerien, besteht, die sich nicht mit sachlichen Erwägungen in diesem Wirtschaftszweig begründen und lösen lassen. Umso wichtiger ist es, *de lege ferenda* sämtliche im Wege des Kommissionsgeschäfts tätig werdende gewerbliche Kunstvermarkter in den Anwendungsbereich der Sondervorschriften für Versteigerungen, namentlich §§ 935 Abs. 2 und 474 Abs. 2 S. 2 BGB, miteinzubeziehen und somit einen einheitlichen Bewertungsmaßstab herzustellen.[1471]

1469 Kap. 3 § 1 IV 3 b) bb) (1) (e).

1470 Kap. 3 § 3.

1471 Zu § 935 Abs. 2 BGB vgl. ausführlich Kap. 3 § 1 B II 2 d) und zu § 474 Abs. 2. S. 2 BGB Kap. 3 § 1 B III 1 b) cc) (3) (d).

Wird der Kunstvermarkter nicht als Kommissionär oder Kommissionsagent tätig, sondern handelt in *fremdem Namen* für den Einlieferer, kommt ihm zwar keine Parteistellung beim Kaufvertrag über das Kunstwerk zu; dennoch ist er für die Parteien kein *rechtliches nullum.*[1472]

In *jeder* Verkaufskonstellation tritt primär der Kunstvermarkter gegenüber dem Erwerber auf und äußert sich in Hinblick auf die Beschaffenheit des Kunstwerkes. Insbesondere die Katalogangaben, die stets dem Kaufentschluss des Käufers zugrunde liegen, sind vom Kunstvermarkter vorformuliert. Er selbst kann in Ermangelung einer vertraglichen Parteistellung aber nicht Schuldner der Kaufgewährleistungsrechte sein.

Fraglich bleibt, ob die Tatsache, dass der Anspruch aus *c.i.c.* gegen den Einlieferer im Kaufgewährleistungsrecht aufgeht,[1473] auch zur Folge hat, dass der Käufer zeitgleich den Anspruch auf Ersatz des Vertrauensschadens gegen den Kunstvermarkter verliert, § 311 Abs. 3 BGB.[1474]

Zu beachten gilt insbesondere, dass der Kunstvermarkter unabhängig von der rechtlichen Ausgestaltung seines Tätigwerdens im Rahmen der Vertragsvorbereitung ein besonderes Vertrauen in Anspruch nimmt.[1475] Der Kunstvermarkter verweist nicht nur auf seine eigene Expertise, sondern vermittelt dem Käufer in zurechenbarer Weise auch, dass er persönlich mit seiner Sachkunde für die ordnungsgemäße Abwicklung des Geschäfts einstehen und diese gewährleisten will, *unabhängig* von der Person des Einlieferers.[1476] Darüber hinaus hat der Kunstvermarkter ein eigenes, unmittelbares Interesse am Vertragsabschluss und strebt einen eigenen Nutzen an.[1477]

1472 Dies ist z.B. bei der Stellvertretung nach §§ 164ff. BGB, dem Handelsvertreter nach § 84 HGB, dem Makler nach § 652 BGB sowie dem Handelsmakler nach § 93 HGB der Fall, vgl. zu den einzelnen Vertriebsformen Kap. 2 § 2 C.

1473 Kap. 3 § 1 C I 2 a).

1474 BGH, Urt. v. 21.01.1975 - VIII ZR 101/73, juris Rn. 45; OLG Düsseldorf, Urt. v. 12.01.1978 - 12 U 109/77, OLGZ 1978, 317 (318).

1475 BGH, Urt. v. 03.10.1989 - XI ZR 157/88, juris Rn. 14; BGH, Urt. v. 05.04.1971 - VII ZR 163/69, juris Rn. 9; OLG Düsseldorf, Urt. v. 12.01.1978 - 12 U 109/77, OLGZ 1978, 317; *Löhr*, GRUR 1976, 411 (414).

1476 BGH, Urt. v. 03.10.1989 - XI ZR 157/88, juris Rn. 14.

1477 BGH, Urt. v. 23.02.1983 - VIII ZR 325/81, juris Rn. 21; *Dieckmann* in: Erman BGB, § 311 Rn. 90; *Emmerich* in: MüKo-BGB, § 311 Rn. 190.

Er ist in diesem Sinne „*procurator in rem suam*". Allerdings beschränkt sich das Eigeninteresse des Kunstvermarkters lediglich auf einen Bruchteil der Gegenleistung, nämlich auf seine Provision.

Zwar kann dem Kunstvermarkter die immens wichtige Stellung am Markt nicht abgesprochen werden, es verstößt aber auch nicht gegen Treu und Glauben, den Kunstvermarkter als Stellvertreter aus einer eigenen Haftung zu entlassen.[1478] Seine Tätigkeit erschöpft sich regelmäßig in den *vorvertraglichen Äußerungen*, die - ungeachtet, ob diese in seiner Tätigkeit als Stellvertreter oder als Kommissionär erfolgt -, ohnehin in dem Mangel am Kunstwerk aufgehen.[1479] In diesem Sinne ist es verfehlt, den Kunstvermarkter außerhalb der Vertragsbeziehung zwischen Einlieferer und Erwerber haften zu lassen, weil der Haftungsbezugspunkt in beiden Beziehungen identisch ist.

Letztlich widersprechen der gleichzeitigen Haftung des Verkäufers im Wege des Kaufgewährleistungsrechts und des Stellvertreters im Wege der vorvertraglichen Haftung aber auch die allgemeinen Grundsätze des Schadensersatzrechts.[1480]

Der Erwerber sähe plötzlich zwei Anspruchsgegner vor sich, die er einerseits auf Ersatz des Erfüllungsinteresses und andererseits auf Ersatz des Vertrauensschadens verklagen könnte. Der Erwerber hätte also plötzlich *zwei* Schuldner, die er seiner Wahl nach in Anspruch nehmen könnte.

Dies führt zu Folgeproblemen: Wesentlicher Charakter des Schadensersatzrechts ist die Kompensation des Geschädigten, § 249 Abs. 1 BGB. Der Geschädigte soll gestellt werden, wie er ohne das schädigende Ereignis stünde, ohne dass es zu einer *Überkompensation* im Sinne eines geldwerten Vorteils kommt.[1481]

Der Erwerber dürfte also ohnehin nicht beide Ansprüche gegenüber zwei Schuldnern geltend machen, sondern sie müssten - in Ermangelung einer Gesamtschuld im Sinne des § 421 BGB[1482] - zueinander im *Konkurrenzverhältnis* stehen, wobei die Haftung aus *c.i.c.* wegen der Abgeschlos-

---

1478 *Emmerich* in: MüKo-BGB, § 311 Rn. 190.

1479 Kap. 3 § 1 B III 1 a) cc).

1480 Wesentlicher Zweck des Schadensersatzrechts ist die *Ausgleichsfunktion* und die *Genugtuungsfunktion*, *Oetker* in: MüKo-BGB, § 249 Rn. 8.

1481 Vgl. dazu auch § 249 Abs. 2 BGB, *Teichmann* in: Jauernig, BGB, § 249Rn. 14.

1482 Die Gesamtschuld erfordert, dass *dieselbe* Leistung von mindestens zwei Schuldnern vollständig geschuldet wird. Wie der Anspruchsinhalt der verschiedenen Schadensersatzansprüche aber zeigt, handelt es sich bei den Ansprüchen gegen Einlieferer und Kunstvermarkter gerade nicht um *dieselbe* Leistung, *Heinemeyer* in: MüKo-BGB, § 421 Rn. 3.

senheit des Gewährleistungsrecht, den der Gesetzgeber in §§ 434ff. BGB vorgesehen hat, stets zurücktreten müsste.

Für die Haftung aus *c.i.c.* besteht gegenüber dem Kunstvermarkter aber auch kein Bedarf. Die Angaben, die der Kunstvermarkter in Hinblick auf das Rechtsgeschäft macht, sind stets Angaben, die entweder zunächst durch den Einlieferer erlangt wurden oder aber vom Einlieferer zumindest genehmigt wurden, bevor der Mindestpreis zwischen Einlieferer und Kunstvermarkter im Detail ausgehandelt wurde. Deshalb muss sich jede Aussage des Kunstvermarkters stets in den Grenzen des § 166 Abs. 1 BGB bewegen und damit niemals Gegenstand einer eigenen Haftung sein dürfen.

Freilich kommen dem Erwerber gegenüber dem Kunstvermarkter stets als Mindeststandard die Rechte aus *unerlaubter Handlung* zu. Ungeachtet der Tatsache, dass das Prozessrisiko für den Käufer bei deren Geltendmachung erheblich höher ist, dürfte auch § 823 Abs. 1 BGB wegen der Wirkung des § 166 Abs. 1 BGB keine Relevanz haben.[1483]

Anderes gilt in Fällen der vorsätzlichen Schädigung und Irreführung. Erkennt der Kunstvermarkter eine Fälschung oder eine falsch zugeschriebene Provenienz oder hält sie für möglich, ohne sie dem Käufer offenzulegen, wird er unproblematisch neben dem Verkäufer trotz der Wirkung § 166 Abs. 1 BGB haften müssen. Somit stehen dem Käufer in diesen Konstellationen Ansprüche aus vorsätzlich sittenwidriger Schädigung nach § 826 BGB sowie Verletzung eines Schutzgesetzes nach § 823 Abs. 2 BGB i.V.m. § 263 StGB zu.[1484]

1483 Würde man dem Kunstvermarkter in Nichtanwendung des § 166 Abs. 1 BGB eine eigene Haftung neben der des Einlieferers zusprechen, würde diese dennoch an den vertraglichen Haftungsbegrenzungen des Kunstvermarkters gemessen werden müssen, zu den Rechtsfolgen vgl. Kap. 3 § 3.

1484 Zu den inhaltsgleichen Ansprüchen ausführlich Kap. 3 § 1 D.

Kapitel 5. Ansprüche des Erwerbers gegen den Einlieferer

Ansprüche des Erwerbers gegen den Einlieferer können bestehen, sofern der Kaufvertrag über das Kunstwerk durch den Kunstvermarkter in Ausführung des Kommissionsvertrages zwischen Kunstvermarkter und Erwerber geschlossen wurde. Der Einlieferer ist damit nicht formale Kaufvertragspartei geworden.[1485]

Der Erwerber tritt in diesen Fällen mit dem Einlieferer in keinerlei Kontakt und hat aufgrund des typischen *Anonymitätsgebots* grundsätzlich keine Kenntnis über die Person des Einlieferers. Aus diesem Grund ist die Rechtsdurchsetzung bereits aufgrund *tatsächlicher* Hindernisse beschränkt. Erlangt der Erwerber schließlich doch Kenntnis über die Person des Einlieferers, beschränken sich die Ansprüche auf die Rechte der unerlaubten Handlung, wobei auf die Ausführungen in Kapitel 4 verwiesen werden kann.[1486]

1485 Kap. 2 § 2 C III.
1486 Kap. 4.

Kapitel 6. Ansprüche des Kunstvermarkters gegen den Einlieferer

Wird der Kunstvermarkter als Kommissionär tätig und schließt somit mit dem Käufer zwar für fremde Rechnung, allerdings in eigenem Namen die Verträge über die Kunstwerke, ist er selbst, wie § 392 Abs. 1 HGB zeigt, formale Vertragspartei auf Verkäuferseite und somit Haftungsschuldner des Käufers.

Dennoch ist er in ganz wesentlichen haftungsrelevanten Punkten auf die Angaben seines Einlieferers angewiesen.

Wird der Kunstvermarkter infolge des Verkaufs eines mangelhaften Kunstwerkes durch den Käufer erfolgreich in Anspruch genommen, stellt sich die Frage nach Regressansprüchen im Innenverhältnis zum Einlieferer.

Neben dem Kommissionsvertrag wird diese Konstellation bei *Eigenankäufen* relevant. Auch hier ist der Kunstvermarkter Verkäufer.

§ 1. Ansprüche aus dem Kommissionsvertrag und Eigenankauf

Inwieweit der Kunstvermarkter seinen im Außenverhältnis entstandenen Schaden im Innenverhältnis zum Einlieferer kompensieren kann,[1487] beurteilt sich allein anhand der rechtlichen Ausgestaltung des im Innenverhältnis geschlossenen Vertrages.

Dieser ist bei einem Eigenankauf freilich ein *Kaufvertrag*, so dass die Ansprüche des Kunstvermarkters grundsätzlich denen der Käufer *kongruent* sind.[1488]

Beim Kommissionsvertrag ergeben sich die wichtigsten Rechte und Pflichten aus §§ 384 ff. HGB. Darüber hinaus handelt es sich um einen Dienstvertrag mit Geschäftsbesorgungscharakter, so dass ergänzend die Vorschriften der §§ 611 ff., 675, 662 ff. BGB Anwendung finden.[1489]

1487 Ob beim Kunstvermarkter ein Schaden im Außenverhältnis entsteht, beurteilt sich dann nach Kap. 3.

1488 Vgl. insofern Kap. 3 § 1.

1489 Kap. 2 § 2 C III 2 „Das Kommissionsgeschäft".

A. Ansprüche aus dem Besonderen Schuldrecht

I. Ansprüche nach Kaufgewährleistungsrecht

Kauft der Kunstvermarkter das letztlich mangelhafte Kunstwerk zunächst an und verkauft es im Anschluss im eigenen Namen und für eigene Rechnung weiter, stehen ihm die Kaufgewährleistungsrechte der §§ 434 ff. BGB zu.[1490] Anzumerken ist, dass der Einlieferer regelmäßig dem Vertrag im Grundsatz kein den AGB des Kunstvermarkters vergleichbar ausgereiftes Regelungswerk zugrunde legt, so dass in Ermangelung einer Individualvereinbarung zum Gewährleistungsausschluss die Rechtsdurchsetzung keine wesentlichen Hindernisse erfährt. Darüber hinaus muss man dem Kunstvermarkter ein redliches Interesse daran zugestehen, sich hinsichtlich der *Beschaffenheit* des eingelieferten Kunstwerkes abzusichern. Er wird deshalb in der Regel auf die Wahrung seiner Rechte bestehen.

Besonderes Augenmerk ist somit erneut auf das in der Praxis überwiegend ausgeübte *Kommissionsgeschäft* zu richten. Bei der Betrachtung ist festzustellen, dass weder das Kommissionsrecht noch das Dienstvertrags- oder Auftragsrecht den Fall des mangelhaften Handelsobjekts regelt.[1491]

Tatsächlich beurteilt sich die Inanspruchnahme des Einlieferers durch den Kunstvermarkter kritisch, denn sie greift erheblich in die *Interessenwahrungspflicht* des § 384 Abs. 1 S. 2 HGB ein. Danach ist der Kommissionär seinem Kommittenten gegenüber verpflichtet, dessen Interessen wahrzunehmen und seine Weisungen zu befolgen.[1492]

Aufgrund dieser angeordneten Interessenwahrungspflicht kann das Kommissionsverhältnis in seiner Rechtsbeziehung zwischen den Beteiligten nicht etwa mit dem Kaufvertrag verglichen werden.[1493] Die Interessen der jeweiligen Vertragstypen unterscheiden sich. Bei einem Kaufvertrag verfolgt jede Partei ihre *eigenen* Belange und vertritt ihr eigenes Interesse; das Kommissionsverhältnis hingegen ist ein *Vertrauensverhältnis* besonde-

1490 Es kann damit vollen Umfangs auf die Ausführungen aus Kap. 3 § 1 verwiesen werden.

1491 OLG Frankfurt/Main, Urt. v. 20.01.1993 - 21 U 13/91, GRUR 1994, 77 (78); *Heyers*, GRUR 2012, 1206 (1209); OLG Zweibrücken, Urt. v. 07.05.1997 - 6 U 8/96, NJW 1998, 1409 (1410).

1492 Dabei sieht das Gesetz im Falle der Zuwiderhandlung ggü. den Interessen des Kommittenten in § 385 HGB Schadensersatzansprüche des Kommittenten vor.

1493 OLG Frankfurt/Main, Urt. v. 20.01.1993 - 21 U 13/91, GRUR 1994, 77 (78); OLG Zweibrücken, Urt. v. 07.05.1997 - 6 U 8/96, NJW 1998, 1409 (1410).

rer Art.[1494] Die Interessenwahrungspflicht ist dessen Ausdruck. Der Kommissionär sieht in seinem Kommittenten keinen Gegenspieler, sondern eine helfende Hand, die er mit der Ausführung seiner Rechtsgeschäfte beauftragt.

II. Ansprüche aus dem Kommissionsvertrag

Eigens vertraglich vorformulierte Schadensersatzansprüche werden im Kommissionsvertrag zwischen Einlieferer und Kunstvermarkter selten geregelt. Regelmäßig erfolgt ein Verweis auf die gesetzlichen Regelungen, nach denen der Kunstvermarkter sich schadlos halten soll im Falle, dass er vom Käufer wegen Mängeln in Anspruch genommen wird.[1495]

Das Auftragsrecht weist lediglich den in § 670 BGB, § 392 HGB normierten *Aufwendungsersatzanspruch* auf.[1496] Danach hat der Einlieferer dem Kunstvermarkter jegliche Aufwendungen zu ersetzen, die Letzterer in Ausführung des Auftrags macht und die er den Umständen nach für erforderlich halten darf.[1497]

Der Aufwendungsersatzanspruch setzt primär also voraus, dass der Kunstvermarkter bereits Aufwendungen hatte, die sich bei ihm bilanziell auswirken.[1498] Er soll durch die Inanspruchnahme des Auftraggebers nicht besser stehen.[1499] Bei *erfolgreicher* Inanspruchnahme im Außenverhältnis wird dieses Erfordernis unproblematisch erfüllt sein.

Allerdings ist zweifelhaft, ob ein aufgrund eines Mangels geleisteter Schadensersatz im Rahmen des *Aufwendungsersatzes* überhaupt kompensierbar ist. Unter *Aufwendungen* werden allgemein freiwillige Vermögensopfer verstanden. Sie werden willentlich final vom Beauftragten aufgewandt.[1500]

1494 *Heyers*, GRUR 2012, 1206 (1210)

1495 *Anton*, ZVertriebsR 2013, 343 (352).

1496 Als Anspruchsgrundlage ist § 670 BGB in Verbindung mit § 392 HGB zu zitieren, der klarstellt, dass die Forderungen aus dem Kommissionsgeschäft stets solche des Kommittenten sind, vgl. auch LG Bonn, Urt. v. 05.08.2009 - 7 O 176/09, juris Rn. 25.

1497 *Schäfer* in: MüKo-BGB, § 670 Rn. 1; *Berger* in: Erman BGB, § 670 Rn. 1.

1498 *Schäfer* ebd.

1499 Dies verdeutlicht auch § 256 BGB, der den Anspruchsinhalt regelt. Hiernach ist der *aufgewendete* Betrag zu ersetzen.

1500 *Berger* a.a.O., § 670 Rn. 7.

§ 670 BGB weist weiter die Voraussetzung auf, diese gezielt zur Erreichung des *Auftragszwecks* einzusetzen.[1501]

Dass der Aufwendungsersatzanspruch *freiwillig* ist, wenn der Kunstvermarkter durch seinen Käufer auf Schadensersatz in Anspruch genommen wird und diesen beim Auftraggeber kompensieren möchte, ist zweifelhaft.

Wie sich der Aufwendungsersatz zum Schadensersatz verhält, kann aber letztlich dahinstehen.

Es fehlt jedenfalls eindeutig an dem notwendigen Merkmal der *Erforderlichkeit*. Ob die Aufwendung erforderlich ist, bestimmt sich danach, ob ein Anspruch seitens des Käufers gegen den Einlieferer bestand, der Kunstvermarkter diesen *sorgfältig* prüfte und nach positiver Feststellung, dass dieser tatsächlich besteht und nicht verjährt ist, die Auszahlung des geforderten Betrages vornahm.[1502] Wie die in Kapitel 3 erfolgte Auseinandersetzung in ihrer Breite beweist, ist eine solche ernsthafte Prüfung durch den Kunstvermarkter nicht in der notwendigen *Vollständigkeit* möglich. Schon deshalb muss die Anwendung des § 670 BGB als Anspruch des Kunstvermarkters gegenüber dem Einlieferer ausscheiden.

Auch ein Rückgriff auf die *kaufvertraglichen* Gewährleistungsvorschriften im Verhältnis zum Einlieferer ist abzulehnen. Das Kommissionsverhältnis gleicht in seinem Wesen nicht dem Kaufvertrag. Den Vergleich beider Rechtsverhältnisse darauf zu reduzieren, dass eine Sache zwecks Erhalt eines *Entgelts* übergeben wird, wird ihrem Wesen nicht gerecht.[1503] Es fehlt damit schon an der für eine *Analogie* notwendigen vergleichbaren Interessenlage.[1504] Darüber hinaus besteht auch keine planwidrige Regelungslücke für eine analoge Anwendung der Kaufvorschriften im Rahmen des Kommissionsvertrages. Es lässt sich den §§ 383 ff. HGB nicht entnehmen, dass diese nicht abschließend geregelt wurden; vielmehr sind sie *umfassend* und enthalten keine dem Kaufvertrag ähnelnden Anhaltspunkte in Bezug auf die Gewährleistung.[1505] An der Bezugnahme auf kaufvertragliche Regelungen im Rahmen der AGB des Kommissionsverhältnisses bestehen darüber hinaus auch in Hinblick auf eine unangemessene Benachteiligung

---

1501 *Berger* ebd.; vgl. auch BGH, Urt. v. 10.11.1988 - III ZR 215/87, juris Rn. 12.

1502 BGH, Urt. v. 19.09.1985 - IX ZR 16/85, juris Rn. 50-52; *Schäfer* in: MüKo-BGB, § 670 Rn. 23.

1503 A.A. „*Marcel Leprin*"-Entscheidung des OLG Frankfurt, Urt. v. 20.01.1993 - 21 U 13/91, juris; „*Purrmann*"-Entscheidung des OLG Zweibrücken, Urt. v. 07.05.1997 - 6 U 8/96, juris.

1504 LG Bonn, Urt. v. 05.08.2009 - 7 O 176/09, juris Rn. 21.

1505 LG Bonn, ebd.

des Einlieferers nach § 307 Abs. 1, 2 BGB Bedenken. Denn der Gedanke des Schadensersatzrechts findet im Kommissionsvertrag keinerlei Stütze und erscheint unter Verweis auf die Interessenlage nach § 384 Abs. 1 S. 2 HGB abwegig.[1506]

B. Allgemeines Leistungsstörungsrecht

Dem Kunstvermarkter stehen allerdings gegenüber seinem Einlieferer grundsätzlich die Ansprüche aus den §§ 280 ff. BGB zu. Das erforderliche Schuldverhältnis stellt unproblematisch der zwischen Einlieferer und Kunstvermarkter geschlossene Dienstvertag mit Geschäftsbesorgungscharakter dar.[1507]

Regelmäßig macht der Kunstvermarkter einen Schadensersatzanspruch *statt der Leistung* nach § 311a Abs. 2 BGB geltend. Er möchte seinen Anspruch auf die aufgrund ihrer Unmöglichkeit nicht erbrachten Hauptleistung in einen Schadensersatzanspruch umwandeln.[1508] In Abgrenzung zu § 281 BGB ist in Fällen des Kunsthandels und insbesondere bei Einlieferung von Fälschungen oder in ihrer Provenienz bemakelten Gemälden stets auf §§ 283, 311a BGB abzustellen, weil keine fällige und durchsetzbare *Primärleistungspflicht* des Einlieferers gegenüber dem Kunstvermarkter besteht. Das konkrete Werk hat dieser zwar schon eingeliefert und formal damit seine Hauptleistungspflicht erbracht. Diese führt aber wegen ihrer fehlenden Vertragsmäßigkeit nicht zum Erlöschen nach § 362 BGB. Hinsichtlich der tatsächlich geschuldeten Hauptleistung besteht unstreitig auf Einliefererseite *objektive Unmöglichkeit* nach § 275 Abs. 1 BGB. Im Falle des Verkaufs einer unentdeckten Fälschung ist es nicht möglich, das Original nachzuliefern; im Fall eines inzwischen erkannten NS-Raub bemakelten Gemäldes kann die Provenienz nicht *„gesäubert“* oder ein gleichwertiges *Äquivalent* geliefert werden. Wesentlicher Anknüpfungspunkt für den Schadensersatzanspruch ist damit nicht die *„nicht vertragsgemäße Leistung“*, die eine Fristsetzung nach § 280 Abs. 3 BGB erfordert und damit erneut Ausdruck des Grundsatzes *„pacta sunt servanda“* ist.[1509] Der Anknüpfungspunkt findet

1506 *Anton*, ZVertriebsR 2013, 343 (352).
1507 *Martens* in: Erman BGB, § 241 Rn. 17.
1508 *Ulber* in: Erman BGB, § 281 Rn. 1.
1509 *Ulber* ebd.

sich im Leistungshindernis.[1510] Die Lieferung des vereinbarten Werkes war bereits bei Vertragsschluss im Sinne von § 275 BGB unmöglich. Somit ist der Fall der anfänglichen Unmöglichkeit nach § 311a Abs. 2 BGB zugrunde zu legen.[1511]

Darüber hinaus ergibt sich ein Schadensersatzanspruch auch aus §§ 280 Abs. 1, 241 Abs. 2 BGB *neben der Leistung* wegen der Verletzung von Rücksichtnahmepflichten, die in der fehlenden Offenlegung von *wesentlichen Merkmalen* der Kaufsache liegen.[1512] Insofern trifft den Einlieferer die Pflicht, die Rechtsgüter und insbesondere auch das *Integritätsinteresse* des Kunstvermarkters zu achten.[1513] Besonders augenscheinlich wird die Verletzung der Rücksichtnahmepflicht, sofern es sich bei dem gehandelten Kunstobjekt um Kulturgut handelt und damit die Sorgfaltsanforderungen der §§ 41 ff. KGSG zum Tragen kommen.

Diese stellen unproblematisch *kodifizierte* Rücksichtnahmepflichten dar. Ein Verstoß gegen sie ist demnach im Rahmen eines Schadensersatzanspruches stets als Pflichtverletzung zu qualifizieren.

Dem Grunde nach daneben bestehende Ansprüche wegen der Verletzung von vorvertraglichen Rücksichtnahmepflichten gemäß einem Verschulden bei Vertragsanbahnung aus §§ 280 Abs. 1, 311 Abs. 2 Nr. 1, 241 Abs. 2 BGB münden im Zeitpunkt des Vertragsschlusses in der Haftung aus Vertrag.[1514]

Im Rahmen vertraglicher Schadensersatzansprüche kommt dem Kunstvermarkter die Regelung des § 280 Abs. 1 S. 2 BGB zugute, wonach das Verschulden des Einlieferers hinsichtlich seiner Pflichtverletzung grundsätzlich vermutet wird. Damit liegt es entgegen den allgemeinen Verfahrensgrundsätzen in der Hand des Einlieferers, sich seiner Verschuldensvermutung zu exkulpieren und unter Darlegung tragfähiger Umstände zu beweisen, den mangelhaften Zustand des Kunstwerkes nicht zu kennen oder zumindest nicht kennen zu müssen, § 292 ZPO.

1510 *Dieckmann* in: Erman BGB, § 311a Rn. 3.

1511 *Dieckmann* ebd.

1512 Zu den Beschaffenheitsmerkmalen der Kunstwerke vgl. Kap. 2 § 3.

1513 *Schwarze* in: Staudinger BGB, § 280 Rn. C 43.

1514 *Feldmann* in: Staudinger BGB, § 311 Rn. 120; BGH, Urt. v. 21.01.1975 - VIII ZR 101/73, juris Rn. 46; hierzu bereits Kap. 4 sowie Kap. 3 § 1 C I 2 a).

C. Unerlaubte Handlung

Daneben besteht der Anspruch aus unerlaubter Handlung gemäß § 823 Abs. 1 BGB. § 823 Abs. 1 BGB schützt seinem Wortlaut nach *„das Leben, den Körper, die Gesundheit, die Freiheit, das Eigentum oder ein sonstiges Recht"*. Das Eigentum des Kunstvermarkters ist im Falle der erfolgreichen Inanspruchnahme durch den Käufer beeinträchtigt.

Eine weitergehende Rechtsbeeinträchtigung findet sich aber nicht.

Insbesondere ist kein „sonstiges Recht" im Sinne von § 823 Abs. 1 BGB einschlägig.

Eine Verletzung in dem Recht „am eingerichteten und ausgeübten Gewerbetrieb" muss regelmäßig ausscheiden. Aus der Einlieferung mangelhafter Ware und der unterlassenen Aufklärung über deren Beschaffenheit oder Herkunft kann in Ermangelung eines Vermögensschadens lediglich ein „*Imageschaden*" folgen. Diesem fehlt aber schon als Eingriffsobjekt die in abgrenzbaren Investitionen verdinglichte Konkretisierung.[1515] Auch die Annahme eines Eingriffs in das „allgemeine Persönlichkeitsrecht" aus Artt. 2 Abs. 1 i.V.m. 1 Abs. 1 GG ist zweifelhaft.[1516]

Er setzt voraus, dass der Ruf des Kunstvermarkters zumindest *nachhaltig* geschädigt ist. Die Kunstvermarkter behalten aber nach den laut gewordenen Kunstskandalen regelmäßig ihren Kundenstamm; denn fachliche Defizite können ihnen nicht nachgesagt werden.[1517] Sie sind letztlich nur die Vermittler, nicht Eigentümer.

Auch ein Anspruch aus §§ 823 Abs. 2 i.V.m. §§ 41 ff. KGSG muss ausscheiden.

Das Kulturgutschutzgesetz stellt in diesem Sinne kein notwendiges *Schutzgesetz* dar, denn neben den Belangen der Allgemeinheit schützt es nicht auch zumindest die Interessen des Einzelnen.[1518] Schutzgut des KGSG ist nationales Kulturgut, welches als Teil des kulturellen Erbes vor Abwanderung aus dem *Bundesgebiet* bewahrt werden soll, § 5 KGSG. Damit zielt es nicht auf die Rückgabe auf Privatebene ab, sondern lediglich auf die Restitution auf öffentlich-rechtlicher Ebene.[1519] Dies belegen mitunter die

---

1515 *Wilhelmi* in: Erman BGB, § 823 Rn. 57.

1516 *Wilhelmi* a.a.O., § 823 Rn. 12.

1517 *Heyers*, GRUR 2012, 1206 (1210).

1518 *Wilhelmi* a.a.O., § 823 Rn. 157; BGH, Urt. v. 08.06.1976 - VI ZR 50/75, juris Rn. 16.

1519 Vgl. dazu auch § 1 Nr. 4 (Rückgabe unrechtmäßig eingeführten Kulturgutes) und Nr. 5 (Rückgabe unrechtmäßig ausgeführten Kulturgutes).

§§ 49 ff. BGB, die ausschließlich öffentlich-rechtliche Rückgabeansprüche regeln.

Für die Annahme eines Schutzgesetzes ist es aber nicht ausreichend, dass dieses den Einzelnen lediglich als Teil der Allgemeinheit und damit als *Reflex* schützt. Mit den Belangen der Allgemeinheit ist immer der einzelne Bürger mittelbar oder sogar unmittelbar betroffen.[1520] Die allgemeine Schutzfunktion des Rechtsverkehrs vermag damit über die Einordnung des konkreten Gesetzes als Schutzgesetz im Sinne des § 823 Abs. 2 BGB keine Aussage zu treffen. Darüber hinaus findet sich im KGSG kein Schutz des einzelnen Bürgers.

Kannte der Einlieferer den Mangel oder hielt ihn zumindest ernsthaft für nötig, kommt letztlich die sittenwidrige vorsätzliche Schädigung nach § 826 BGB in Betracht, die sich daneben in den Fällen *arglistigen Handels* durch den Einlieferer unproblematisch zum Tatbestand des §§ 823 Abs. 2 BGB i.V.m. § 263 StGB qualifiziert.[1521]

D. Schaden

Unter Zugrundelegung der Feststellung, dass dem Kunstvermarkter gegen seinen Einlieferer *vertragliche Ansprüche* sowie Ansprüche aus *unerlaubter Handlung* auf Schadensersatz zustehen, gilt es den Anspruchsinhalt zu ermitteln.

I. Das zu ersetzende Interesse

Begehrt der Kunstvermarkter Schadensersatz im Wege vertraglicher Ansprüche, was nach den erfolgten Erläuterungen im Rahmen der §§ 280 ff. BGB möglich ist, richtet sich der Anspruch auf Ersatz des *Erfüllungsinteresses*. Sein Ersatzanspruch ist demnach darauf gerichtet, sich durch den Einlieferer so stellen zu lassen, als wäre der Kommissionsvertrag hinsichtlich des mangelhaften Werkes *ordnungsgemäß* durchgeführt worden.

Sofern der Kunstvermarkter durch den Käufer erfolgreich in Anspruch genommen wurde und bei diesem den Schaden kompensiert hat, liegt ein bilanzieller Schaden in Höhe des *Drittschadens* beim Erwerber vor.

1520 BGH, Urt. v. 08.06.1976 - VI ZR 50/75, juris Rn. 16; BGH, Urt. v. 14.06.2005 - VI ZR 185/04, juris Rn. 8; BGH, Urt. v. 18.11.2003 - VI ZR 385/02, juris Rn. 5.

1521 Vgl. inhaltsgleich Kap. 3 § 1 D.

Bei Betrachtung der *hypothetischen* Vermögenslage bei ordnungsgemäßer Durchführung des Vertrages wäre nämlich die Inanspruchnahme durch den Käufer in Ermangelung eines Mangels bzw. einer Pflichtverletzung ausgeblieben.

Allerdings gilt es diese Schadenssumme um die Höhe der Provision und des Käuferaufgeldes des Kunstvermarkters zu kürzen.[1522]

Begehrt der Kunstvermarkter Schadensersatz nach den §§ 823 ff. BGB, sollen seine erlittenen Nachteile ausgeglichen werden, so dass er zu stellen ist, wie er gestanden hätte, sofern das schädigende Ereignis - der Verkauf des mangelhaften Kunstwerkes - nie eingetreten wäre.

Auch in diesem Fall ergibt sich ein inhaltsgleicher Anspruch in Höhe des geltend gemachten *Drittschadens.*

Wurde der Kunstvermarkter noch nicht in Anspruch genommen, ergibt sich bei ihm ein Schaden grundsätzlich weder aus Vertrag noch aus Gesetz.[1523] Einzig in Betracht kommender Anwendungsfall ist, dass der Eigentümer ein Werk *mittleren Wertes* und ohne *besondere Urheberschaft* einliefert, das sich im Anschluss an den Verkauf durch den Kunstvermarkter als Werk eines *anerkannten Meisters* herausstellt. In diesen Fällen hat der Kunstvermarkter tatsächlich einen bilanziellen Vermögensschaden, weil die Provisionshöhe sowie das Käuferaufgeld, die prozentual vom Verkaufspreis des Kunstwerkes berechnet werden, entsprechend niedriger ausfallen, als wenn die wahre Urheberschaft vor Vertragsschluss aufgedeckt worden wäre.[1524] Trotz vermuteten Verschuldens auf Einliefererseite nach § 280 Abs. 1 S. 2 BGB ist hier eine *Exkulpation* wahrscheinlich. Der Einlieferer kann und wird sich jedenfalls darauf berufen können, selbst primär geschädigte Partei zu sein.

II. Mitverschulden

Unter Berücksichtigung des erheblichen Anspruchsinhalts stellt sich auch hier im Einzelfall die Frage, ob dem Kunstvermarkter in Hinblick auf die

---

1522 Grundsatz der Vorteilsausgleichung, vgl. BGH, Urt. v. 31.03.2006 - V ZR 51/05, NJW 2006, 1582 (1583); BGH, Urt. v. 06.06.1997 - V ZR 115/96, NJW 1997, 2378 (2378).

1523 Kap. 3 § 2 D I 2 c) aa) (2).

1524 Vgl. zu dieser Konstellation ausführlich Kap. 7.

entstandenen Schadenspositionen der Vorwurf eines *Mitverschuldens* nach § 254 Abs. 1 BGB gemacht werden kann.[1525]

In Konsequenz der in Kapitel 3 aufgestellten Kriterien und der Erkenntnis, dass der Kunstvermarkter auf die Angaben seiner Einlieferer originär wesentlich angewiesen ist, darf dies letztlich nur davon abhängen, ob der Kunstvermarkter die dort erläuterten *Sorgfaltsanforderungen* eingehalten hat.[1526] Ist dies der Fall, muss ein Mitverschulden grundsätzlich ausscheiden. Sollte der Kunstvermarkter wiederum im Einzelfall die erforderliche Sorgfalt im Sinne der erläuterten Anforderungen außer Acht lassen, muss dieses Verhalten *zwangsläufig* zur Minderung seines Anspruchs führen, die so weit gehen kann, dass der Anspruch in voller Höhe erlischt.[1527]

§ 2. Ansprüche bei Stellvertretung

Wurde der Kunstvermarkter im Rahmen der Stellvertretung für den Einlieferer tätig, ist sein Haftungsrisiko gegenüber dem Käufer deutlich vermindert. In Ermangelung einer eigenen Vertragsstellung haftet er dem Käufer nicht aus Gewährleistungsrecht und darüber hinaus auch nicht aus etwaigem Verschulden bei Vertragsverhandlungen, weil jegliche Äußerungen des Kunstvermarkters im Vorfeld zum Vertragsschluss grundsätzlich im Mangel der Kaufsache bzw. in der vertraglichen Pflichtverletzung aufgehen und darüber hinaus von der Wirkung des § 166 Abs. 1 BGB erfasst sind. Lediglich im Falle *vorsätzlicher sittenwidriger Schädigung* und *arglistiger Täuschung* kann der Kunstvermarkter durch den Erwerber eigens in Anspruch genommen werden.[1528]

In Konsequenz dazu scheiden die in § 1 dieses Kapitels erläuterten Schadensersatzansprüche des Kunstvermarkters gegen den Einlieferer notwendig aus: Im Rahmen vertraglicher Ansprüche fehlt es schon am Schaden im Vermögen des Kunstvermarkters, weil dieser eigens durch den Erwerber in Ermangelung einer eigenen vertraglichen Stellung nicht in Anspruch genommen werden kann. Damit bleibt nur noch der Rückgriff auf die

1525 Vgl. hierzu auch die Erwägungen zum Mitverschulden des Endkäufers im Rahmen von Kap. 3 § 1 IV 4.

1526 Kap. 3 § 1 B IV 3 b) bb) (1) (e).

1527 Dies ist insbesondere in den Fällen der vorsätzlichen sittenwidrigen Schädigung nach § 826 BGB sowie der arglistigen Täuschung nach § 823 Abs. 2 BGB i.V.m. § 263 StGB der Fall, vgl. dazu Kap. 4.

1528 Kap. 4.

Rechte der unerlaubten Handlung, denen außerhalb der Rechtswirkung des § 166 Abs. 1 BGB lediglich dort ein eigenständiger Anwendungsbereich zuzubilligen ist, in denen der Kunstvermarkter den Mangel erkannt und die Täuschung gegenüber dem Erwerber zumindest billigend in Kauf genommen hat.[1529]

In letzteren Fällen besteht ein Anspruch des Kunstvermarkters gegenüber dem Einlieferer zwar dem Grunde nach, ist aber in seinem Inhalt wegen *groben Mitverschuldens* zu kürzen. Der Kürzungsanteil kann freilich im Einzelfall variieren und ist an der Kenntnis des Einlieferers selbst auszurichten.

Nur im Falle des positiven Abweichens der tatsächlichen von der geschuldeten Beschaffenheit kommen dem Kunstvermarkter auch in seiner Funktion als Stellvertreter gegenüber seinem Einlieferer im Innenverhältnis Schadensersatzansprüche aus der Verletzung von Sorgfaltspflichten aus §§ 280 Abs. 1, 241 Abs. 2 BGB sowie Ansprüche aus §§ 823 ff. BGB aus unerlaubter Handlung zu. Diese werden aber regelmäßig an einem nachweisbaren Verschulden des Einlieferers scheitern. Diesbezüglich ist auf die Ausführungen in § 1 dieses Kapitels zu verweisen.

1529 Kap. 4.

Kapitel 7. Ansprüche des Einlieferers gegen den Kunstvermarkter

Nach einer ausführlichen Beleuchtung rechtlicher Möglichkeiten des Kunstkäufers gegenüber seinem Verkäufer sowie der Ansprüche des Kunstvermarkters gegenüber seinem Einlieferer, darf letztlich nicht der Fall außer Acht gelassen werden, bei dem der Kunstvermarkter sich dem Einlieferer gegenüber haftbar macht. Namentlich sind erneut die Fälle zu nennen, in denen *unbewusst* Werke *„anerkannter Meister"* eingeliefert und verkauft werden.[1530]

Das bereits in Kapitel 6 angerissene Phänomen, dass ein Sachmangel auch dann vorliegen kann, wenn der als Original eines unbedeutenden Künstlers verkaufte Kunstgegenstand als Originalwerk aus *anerkannter Meisterhand* enttarnt wird, entbehrt in seiner rechtswissenschaftlichen Richtigkeit des Verständnisses eines jeden Kunstfachmanns.[1531] Wie die §§ 434, 476 Abs. 1 S. 2 BGB zeigen, darf es im Rahmen der Annahme eines Sachmangels keinen Unterschied machen, ob die tatsächliche Eigenschaft im *positiven* oder im *negativen* Sinne von der geschuldeten Beschaffenheit abweicht.[1532]

Bei dieser Art des Mangels handelt es sich um einen unverhofften Vorteil zugunsten des Erwerbers. Dieser wird deshalb in aller Regel seine Gewährleistungsrechte nicht für sich in Anspruch nehmen, dennoch bestehen aus rein objektiv, juristisch dogmatischer Betrachtungsweise sowohl *Sachmangel* als auch *Rechtsmangel* am Kunstwerk.[1533]

Diese Sachverhalte betreffen lediglich den *Sekundärmarkt.* Auf dem Primärmarkt ist kein solcher Fall bekannt und auch tatsächlich nicht vorstellbar. Er setzt voraus, dass der Einlieferer, der auf dem *Primärmarkt* nur der Künstler selbst sein kann, nicht das eigentlich zum Verkauf bestimmte Werk einliefert, sondern ein in seinem Werte höheres, ohne, dass dies von ihm bemerkt wird.

1530 Kap. 3 § 1 B III 1 b) cc) (3) (b) (cc) sowie kurz erwähnt in Kap. 6 § 1 D I.

1531 *Anton*, ZVertriebsR 2013, 294 (302).

1532 Kap. 3 § 1 B III 1 b).

1533 Zur Begründung des Rechtsmangels wegen des obligatorischen Rechts „Herausgabe nach erfolgter Eingriffskondiktion" vgl. Kap. 3 § 1 B III 2 a) dd).

An dieser Stelle sei erwähnt, dass sofern der Künstler sein Kunstwerk einliefert und verkaufen lässt und sein Werk im Anschluss einen deutlichen *Wertzuwachs* erfährt, den der Kunstvermarkter ihm in diesem Ausmaß nicht prognostiziert hat, die wertmäßige Steigerung für die Bewertung eines *Beschaffenheitsmerkmals* bzw. einer *verkehrswesentlichen Eigenschaft* ausgeklammert bleiben muss. [1534] Nur solche Eigenschaften sind als *verkehrswesentlich* anzusehen, die der Sache dauerhaft anhaften und infolge ihrer Verkehrsanschauung imstande sind, die Wertschätzung einer Sache zu beeinflussen; niemals aber der Wert der Sache selbst.[1535] Der Wert ist nur die Summe aller wertbildender Faktoren. Wertprognosen können damit nicht ohne Weiteres Beschaffenheitsmaßstäbe determinieren.

Wie lässt sich aber nun der Fall lösen, in dem der Einlieferer bei der vom Kunstvermarkter vorgenommenen Schätzung einen Preis im niederem Segment mitgeteilt bekommt, auf dessen Grundlage der Verkauf durchgeführt wird, sich aber im Anschluss herausstellt, dass das Werk aufgrund seiner besonderen Beschaffenheit, die zuvor unbemerkt geblieben ist, ein Vielfaches mehr wert ist?[1536] Der Einlieferer findet sich in diesem Fall selten mit der Tatsache ab, er habe sich falsch beraten lassen. Die Hoffnung an dem wahren Wert des *Meisterwerkes* teilzuhaben, ist dafür zu groß; der Preisunterschied ist zu erheblich.[1537]

Die folgende Diskussion erlangt in der Praxis wenig Relevanz und ist insofern rein *juristisch theoretischer Natur*. Meist lösen sich solche Sachverhalte durch Einigung und Kulanz.[1538] Kann ein solcher Fall aber ausnahms-

---

1534 Vgl. als Beispiel des deutlichen Wertzuwachses den Fall *„Banksy“*, der mit seiner Aktion „love is in the bin“ den Marktwert des Gemäldes vervielfachte. Das Ereignis, aus dem im Übrigen keine Ansprüche von den Beteiligten erhoben wurden, wurde in Kap. 2 § 3 C aufgezeigt.

1535 *Arnold* in: Erman BGB, § 119 Rn. 36; BGH, Urt. v. 18.12.1954 - II ZR 296/53, juris Rn. 19; *Singer* in: Staudinger BGB, § 119 Rn. 80f.

1536 Vgl. dazu den *„Augsburger Teppich-Fall“*, OLG München, Urt. v. 20.03.2014 - 14 U 764/12, juris. Siehe zum Sachverhalt die Vorinstanz LG Augsburg, Urt. v. 27.01.2012 - 22 O 3163/10, juris; aber auch internationale Fälle sind bekannt, wie etwa 2010, wo Christie‘s in New York unerkannt einen *Da-Vinci* veräußerte, den es zuvor als im 19. Jahrhundert datiertes Portrait eines unbekannten deutschen Malers mit einem Preis von 15.000 USD bepreist hatte. Es wurde später für 100 Mio. Pfund versichert.

1537 Auch *Anton*, ZVertriebsR 2013, 343 (355).

1538 *Peter Paul Rubens „Bethlehemitischer Kindermord - Massaker der Unschuldigen“*, das viele Jahre lang *Jan van Hoecke* zugeschrieben war, wurde 2002 bei Sotheby's eingeliefert, um verkauft zu werden. Nach rechtzeitiger Aufdeckung wurde Rubens Gemälde für 77 Millionen Euro versteigert, vgl. dazu *Anton*, ebd.

weise nicht außergerichtlich geklärt werden, stellt sich die Frage nach Ansprüchen auf Seiten des Einlieferers gegen seinen Kunstvermarkter.

§ 1. Kommissionsvertrag und Eigenankauf

Wird der Kunstvermarkter selbst dadurch Vertragspartei, dass er im Wege des Kommissionsgeschäfts tätig wird oder zunächst das Kunstwerk selbst ankauft, kann der Einlieferer Schadensersatz verlangen oder versuchen den Kunstverkauf rückabzuwickeln.

A. Schadensersatz nach § 385 HGB

Das Kommissionsverhältnis beinhaltet einen eigenen Schadensersatzanspruch auf Seiten des Kommittenten, sollte der Kommissionär weisungswidrig handeln, § 385 Abs. 1 HGB. Damit ist klärungsbedürftig, ob in der fehlerhaften Einschätzung eines Gemäldes ein solches *weisungswidriges* Handeln liegt.[1539]

Ein weisungswidriges Handeln ist darin zu erblicken, wenn der Kommissionär und der Kommittent sich bei Einlieferung des Gemäldes auf einen *Mindestpreis* einigen und der Kaufpreis, zu dem der Kunstvermarkter das Werk letztlich verkauft, dahinter zurückbleibt.[1540] Dass der Mindestpreis regelmäßig nicht durch *einseitige Anordnung* des Einlieferers bestimmt wird, sondern vielmehr Ausdruck seiner anfänglichen Vorstellung im Zusammenspiel mit dem Ergebnis der Werksuntersuchung bei Einlieferung ist, ist für die Annahme einer *Weisung* unerheblich. Es reicht für das *weisungswidrige* Handeln, dass die den Kommissionär bindende Willenserklärung des Kommittenten Teil eines *Vertrages* ist.[1541]

Legen die Parteien des Kommissionsgeschäfts aber von Beginn an basierend auf der Untersuchung des Kunstvermarkters einen niedrigen Kaufpreis an, besteht ersichtlich kein Konflikt mit der in Hinblick auf den Preis statuierten *Weisung* des Kommittenten. Der Kunstvermarkter bleibt nicht

1539 § 385 HGB baut systematisch auf der Interessenwahrungspflicht des Kommissionärs nach § 384 Abs. 1 S. 2 HGB auf.

1540 *Lenz* in: Röhricht/Graf von Westphalen/Haas, HGB, § 385 Rn. 1; *Hopt* in: Baumbach/Hopt, HGB, § 385 Rn. 1.

1541 *Lenz* ebd.; a.A. *Hopt* ebd.

hinter dem zurück, was er laut Vertrag schuldet, sondern hinter dem, was er - hätte er die richtige Urheberschaft oder die makellose Provenienz im Zeitpunkt der Einlieferung erkannt - geschuldet *hätte*.[1542]

Ein weisungswidriges Verhalten des Kunstvermarkters könnte nur unter Mühen darin gesehen werden, dass der Eigentümer bei Einlieferung *konkludent*, aber eindeutig erkennbar, den Kunstvermarkter dazu anweist, den *Höchstpreis* für den konkreten Gegenstand zu ermitteln und ihm zuzuordnen und der tatsächlich kategorisierte Preis dahinter zurückbleibt. Der Wunsch des Eigentümers wird darauf ausgerichtet sein. Diese Vorstellung bleibt aber deutlich hinter der für § 385 Abs. 1 HGB geforderten und notwendigen Willenserklärung im Sinne einer *Weisung* zurück.

Der Anwendungsbereich des § 385 Abs. 1 HGB beschränkt sich damit lediglich auf die Fälle offensichtlicher Zuwiderhandlung *ausdrücklicher, einseitiger Weisungen* oder auch *beiderseitiger Abreden*, die aber unbedingt ausdrücklich Eingang in das mit Rechtsbindungswillen getragene Vertragswerk zwischen den Parteien gefunden haben.

B. Schadensersatz nach §§ 280 Abs. 1, 241 Abs. 2 BGB

Für die Fälle des Verkaufs *„unerkannter Meisterwerke"* verbleibt es in der Folge bei den Regelungen der §§ 280 ff. BGB und insbesondere dem Schadensersatz neben der Leistung wegen Verletzung von Rücksichtnahmepflichten nach §§ 280 Abs. 1, 241 Abs. 2 BGB.

Hinsichtlich der Behauptung der Pflichtverletzung, welche die *falsche* Schätzung des Werkes bei Einlieferung darstellt, obliegt die Darlegungs- und Beweislast dem Eigentümer, der sich auf die Pflichtverletzung beruft.

Gelingt es ihm, ein Fehlverhalten des Kunstvermarkters nachzuweisen, ist das Prozessrisiko für den Eigentümer unter Berufung auf § 280 Abs. 1

1542 Vgl. hierzu *„Augsburger Teppichfall"* des OLG München, Urt. v. 20.03.2014 - 14 U 764/12, juris Rn. 15-16: ein von einem Augsburger Auktionshaus auf 900 Euro geschätzter Teppich, der i.R. der durchgeführten Versteigerung für 19.700 Euro verkauft wurde, erwies sich bei darauffolgender Einlieferung bei Christie's Monate später als einer der „ersten Vasenteppiche" aus dem Kirman und war sogar in dem Werk des Historikers Arthur Upham Pope „A Survey of Persian Art" 1939 abgebildet. Er wurde bei Christie's in London 2010 für umgerechnet 7,2 Mio. Euro verkauft.

S. 2 BGB und die damit verbundene Beweislastumkehr im Rahmen vertraglicher Schadensersatzansprüche nur gering.[1543]

In diesem Zusammenhang ist erneut auf die unter Kapitel 3 aufgestellten Sorgfaltsanforderungen hinzuweisen, unter deren Einhaltung eine Exkulpation dem Kunstvermarkter möglich sein muss.[1544]

Sollte dem Kunstvermarkter im Einzelfall tatsächlich ein Zurückbleiben hinter dem von ihm geschuldeten *Pflichtenkonvolut* vorgeworfen werden können und er damit in Ermangelung einer Exkulpation haftet, verbleibt ihm zuletzt noch der Einwand des *Mitverschuldens* auf Seiten des Eigentümers.[1545]

Wie bereits mehrfach festgestellt, ist der Kunstvermarkter trotz seiner wesentlichen Stellung auf dem Kunstmarkt ganz entschieden auf die Angaben des Einlieferers angewiesen. In Anbetracht der Vielzahl an kursierenden und gehandelten Kunstwerken, Künstlern und dazu einschlägiger Fachliteratur darf vom Kunstvermarkter nicht allein verlangt werden, umfassend über alle etwaig relevanten Beschaffenheitsmerkmale Auskunft geben zu können.[1546]

Auch die Möglichkeiten des Kunstvermarkters sind begrenzt und verdienen die Berücksichtigung, dass insbesondere Kunstwerke des *Sekundärmarkts* aufgrund des häufigen Eigentümerwechsels und der Jahrzehnte, teilweise Jahrhunderte langen Existenz ein typisches Feld für *verdeckte Mängel* sind. In Anbetracht heutiger Möglichkeiten in Bezug auf Fälschungsmethoden darf damit ein allein geschuldeter fehlerfreier Beurteilungsmaßstab nicht gefordert werden.

Erbringt der Eigentümer dem Kunstvermarkter aber keinerlei Hinweis auf das Werk eines *„anerkannten Meisters"*, muss ihm ein Mitverschulden bei der Schadensentstehung im Sinne von § 254 Abs. 1 BGB zugerechnet

---

1543 Hier wird für die Annahme einer *sekundären Darlegungslast* grundsätzlich kein Raum sein; im Gegenteil ist es üblich, dass die Preisverhandlung zwischen Eigentümer und Kunstvermarkter auf den Nachforschungen des Kunstvermarkters beruhen und dieser die vorgenommenen Handlungen damit bereits bei Vertragsschluss offenlegt. Das Verhältnis Kommissionär und Kommittent ist damit grundsätzlich persönlicher ausgestaltet als das des Kunstvermarkters mit dem Käufer.

1544 Kap. 3 § 1 B IV 3 b) bb) (1) (e).

1545 Bereits Gegenstand der Diskussion in der Konstellation Kunstvermarkter gegen Einlieferer, Kap. 6 § 1 D II.

1546 Vgl. *„Augsburger-Teppichfall"* des OLG München, Urt. v. 20.03.2014 - 14 U 764/12, juris Rn. 75; a.A. *„Campendonk-Fall"* des LG München, Urt. v. 28.09.2012 - 2 O 457/08, juris Rn. 64ff: Das Gericht sah allein das Auktionshaus in der Pflicht zur Belegung der Echtheit eines Werkes.

werden, was aufgrund der Wichtigkeit seiner Stellung im Vertriebsweg, unproblematisch zu mindestens einer hälftigen Kürzung seines Anspruchs führen muss.

Dies muss anders gewertet werden, sofern der Einlieferer Dokumente einbringt, die Indiz dafür sind, dass sich die tatsächliche Urheberschaft oder Provenienz durch geeignete Untersuchungen aufdecken lassen. Die Rechtsfolge ist in solchen Fällen drastisch; denn aufgrund des zu ersetzenden *Erfüllungsinteresses* hat der Kunstvermarkter den Einlieferer zu stellen, wie dieser stünde, wenn die tatsächliche Urheberschaft oder Provenienz vor dem Verkauf aufgedeckt und das Werk seinem wahren Wert entsprechend bepreist und verkauft worden wäre.[1547]

C. Schadensersatz nach §§ 823 ff. BGB

Darüber hinaus ergibt sich ein Anspruch aus unerlaubter Handlung, wobei § 826 BGB infolge der Interessen am Kunstmarkt selten erfüllt sein wird.[1548] Es verbleibt beim allgemeinen Grundtatbestand des § 823 Abs. 1 BGB.

D. Rückabwicklung des Vertrages nach §§ 346 Abs. 1, 324 BGB

Unter den gleichen Voraussetzungen erwächst dem Einlieferer der Anspruch auf Rückgewähr seines Werkes, sofern er gemäß § 349 BGB den Rücktritt erklärt und ihm im Sinne des § 324 BGB das Festhalten am Vertrag nicht mehr zumutbar ist.[1549]

Indes darf eine *Unzumutbarkeit* in diesem Sinne nur selten angenommen werden. Sie erfordert, dass der Kunstvermarkter eine ihm zukommende Pflicht in besonders *grobem Maße* verletzt hat und dass infolgedessen bei beiderseitiger Interessenabwägung den Belangen des Käufers, sich vom

---

1547 Im „*Augsburger Teppichfall*" verlangte die Klägerin in erster Instanz den Schätzpreis bei der Folgeversteigerung, umgerechnet 344.800,93 Euro, vgl. OLG München, Urt. v. 20.03.2014 - 14 U 764/12, juris Rn. 49.

1548 Auch der Kunstvermarkter hat kein Interesse daran, das eingelieferte Werk unter Wert zu verkaufen. Am Verkaufspreis des Werkes bemisst sich sein Provisionsanspruch, vgl. Kap. 2 § 2 B.

1549 Im Gegensatz zum Schadensersatzanspruch erfolgt der Rücktritt verschuldensunabhängig, *Ulber* in: Erman BGB, § 324 Rn. 6.

Vertrag zu lösen, Vorrang einzuräumen ist.[1550] Legt man aber die Fälle zugrunde, in denen bei der Bezifferung des Schadensersatzanspruchs dieser aufgrund eines erheblichen *Mitverschuldens* des Einlieferers mindestens hälftig gekürzt wird, überlagert das Integritätsinteresse des Einlieferers gerade nicht das Interesse des Kunstvermarkters.[1551]

Eine Rückabwicklung im Wege des erklärten Rücktritts muss deshalb grundsätzlich ausscheiden, sofern der Einlieferer keine *Dokumentationen* über die Urheberschaft und die Provenienz des Werkes erbringt, die Indiz dafür sein könnten, dass sich die tatsächliche Urheberschaft oder Provenienz durch geeignete Untersuchungen aufdecken ließe. Hat er dies aber, kann die Interessenabwägung im Einzelfall zugunsten seines Integritätsinteresses ausfallen.

Sodann schuldet der Kunstvermarkter grundsätzlich gemäß § 346 Abs. 1 BGB die Herausgabe des Kunstwerkes in *Natur*. Da dies allerdings aufgrund des bereits erfolgten Verkaufs häufig nicht möglich ist, sieht § 346 Abs. 2 S. 1 Nr. 2 BGB die Möglichkeit des *Wertersatzes* vor.[1552] In diesem Sinne unterscheidet sich die Anspruchshöhe nicht vom *Erfüllungsinteresse* des Schadensersatzanspruchs. Der Wertersatzanspruch nach § 346 Abs. 2 S. 1 Nr. 1 BGB richtet sich nach dem *objektiv* der Kaufsache zukommenden Wert und kann damit den vom Kunstvermarkter in Annahme eines un- oder weniger bekannten Künstlers zugrunde gelegten Wert um ein Vielfaches übersteigen.[1553]

E. Rückabwicklung des Vertrages nach § 812 Abs. 1 S. 1 1. Var. BGB

Letztlich könnte dem Wunsch des Einlieferers, sich vom Vertag zu lösen und sein Werk zurückzuerhalten auch nach den Regeln über die ungerechtfertigte Bereicherung im Wege der *condictio indebiti* nach § 812 Abs. 1 S. 1 1. Var. BGB entsprochen werden.[1554]

Tatbestandlich setzt diese voraus, dass die Leistung des Eigentümers ohne Rechtsgrund erfolgt.

1550 *Ulber* in: Erman BGB, § 282 Rn. 7.

1551 Kap. 7 § 1 B.

1552 *Stadler* in: Jauernig BGB, § 346 Rn. 5a.

1553 *Stadler* a.a.O., § 346 Rn. 6; *Faust*, NJW 2009, 3696 (3697); a.A. *Anton*, ZVertriebsR 2013, 343 (355-356) der wegen Sinn und Zweck des Schadensersatzes und dem damit verbundenen Bereicherungsverbots die Höhe des Anspruchs auf den Betrag der angefochtenen Veräußerung begrenzt.

1554 *Lorenz* in: Staudinger BGB, § 812 Pkt. 1.

Im Rahmen der Stellvertretung stehen dem Einlieferer Rückabwicklungsansprüche lediglich gegen die Person des Erwerbers zu.[1555] Es gilt somit vorrangig lediglich die Fälle des Eigenankaufs und des Kommissionsvertrages zu betrachten.

I. Eigenverkauf durch den Kunstvermarkter

Problematisch in Konstellationen des Eigenankaufs ist, dass sich das *Dreipersonenverhältnis* in einer Kette abbildet. Der Einlieferer verkauft an den Kunstvermarkter und dieser wiederum an den Kunstkäufer.[1556]

Würde der Einlieferer nach erfolgter Anfechtung wegen verkehrswesentlicher Eigenschaften nach § 119 Abs. 2 BGB die Rückabwicklung des Kaufvertrages im Wege der *condictio indebiti* nach § 812 Abs. 1 S. 1 Var. 1 BGB begehren, müsste er sich von dem Kunstvermarkter aller Wahrscheinlichkeit nach entgegenhalten lassen, dass die Rückabwicklung in *Natur* nicht möglich sei, da letzterer die Sache zwischenzeitlich an den Kunstkäufer weiterveräußert hat. Fraglich ist damit, was der Einlieferer auf diesem Wege verlangen kann.

Dem Wortlaut nach ist der Kunstvermarkter dem Einlieferer gegenüber verpflichtet seinen Bereicherungsanspruch gegen den Kunstkäufer *herauszugeben.* In strenger Gesetzesanwendung würde der Kunstvermarkter bei einem Durchgangserwerb im Rahmen einer Leistungskondiktion die sog. *Kondiktion der Kondiktion* schulden.[1557]

Bei einer bereicherungsrechtlichen Rückabwicklung im Dreipersonenverhältnis ist stets zu beachten, dass die Rückabwicklung - unter der *ratio*, dass der Bereicherungsgläubiger nur dem Insolvenzrisiko seines Vertragspartners und keinen neuen Einwendungen ausgesetzt werden soll - nur entlang des jeweiligen Leistungsverhältnisses erfolgen darf. Bei einer *Kondiktion der Kondiktion* könnte aber auch der Einlieferer unmittelbar aus ihm nach § 398 S. 1 BGB abgetretenem Recht gegen den Kunstkäufer vorgehen.[1558]

1555 Vgl. dazu sogleich Kap. 8 § 2.

1556 Kap. 2 § 2 C I.

1557 *Lorenz*, JuS 2003, 729 (733); *Buck-Heeb* in: Erman BGB, § 812 Rn. 37; *Schwab* in: MüKo-BGB, § 812 Rn. 63, 84.

1558 Der Kunstkäufer könnte sich gegenüber dem Einlieferer sodann auf die Schuldnerschutzvorschriften der §§ 404, 406 ff. BGB berufen.

Aufgrund des Vorrangs der Leistungsbeziehungen könnte man den Kunstvermarkter somit lediglich auf Wertersatz nach § 818 Abs. 2 BGB haften lassen.[1559] Allerdings berührt § 818 Abs. 2 BGB nicht das Verhältnis zwischen Kunstvermarkter und Kunstkäufer. Es kommt damit in der Haftung des Kunstvermarkters zu zweifelhaften Diskrepanzen: Er muss im Verhältnis zum Einlieferer vollumfänglich auf Wertersatz haften ohne Kenntnis davon, ob er sich im Verhältnis zum Erwerber *schadlos* halten kann. Ist aber die *Kondiktion der Kondiktion* aufgrund des ansonsten unerträglichen Haftungsrisikos auf Seiten des Kunstvermarkters die gewünschte Rechtsfolge, ist entscheidend, ob eine *Kondiktion der Kondiktion* im Rahmen des Anspruchsinhalts einer Leistungskondiktion angenommen werden darf oder tatsächlich abzulehnen ist.

Der *Kondiktion der Kondiktion* die Geltung zu verwehren, vermag in diesem Fall nicht zu überzeugen. Konsequenz daraus wäre, dass der Kunstvermarkter in Ermangelung einer Entreicherung nach § 818 Abs. 3 BGB verpflichtet wäre, nach § 818 Abs. 2 BGB Wertersatz zu leisten. Dieser Wert würde sich nach dem objektiven Bereicherungsgegenstand richten, also nach dem objektiven Verkehrswert des Kunstwerkes.[1560] Er spiegelt den Geldwert wider, für den das Kunstwerk für denjenigen, der es erwerben möchte, auf dem Markt erhältlich ist und den Wert, den derjenige erzielen kann, der es veräußern möchte.[1561] Der Wertersatz richtet sich sodann im Rahmen des Bereicherungsanspruchs also nach dem Verkehrswert des inzwischen erkannten Originals.

Die Verpflichtung des Kunstvermarkters den Wertersatz zu leisten, besteht außerdem unabhängig davon, ob er im Verhältnis zum Kunstkäufer ebenfalls erfolgreich kondizieren kann. Im Verhältnis zwischen Einlieferer und Kunstvermarkter ist dies ohne Relevanz.

Die Höhe der Gefahr eines Schadens auf Seiten des Kunstvermarkters durch den Bereicherungsausgleich ist aber nicht hinnehmbar. Es ist Sinn und Zweck des Bereicherungsrechts, dass der Anspruch lediglich die Bereicherung abschöpfen, jedoch beim Schuldner keinen Schaden verursachen soll. Bereichert ist aber der Kunstvermarkter nur um das, was er selbst vom Kunstkäufer verlangen kann. Dies bestimmt sich allein nach §§ 812 Abs. 1 S. 1 1. Var., 818 Abs. 2 BGB.

1559 *Lorenz*, JuS 2003, 729 (733); *Buck-Heeb* in: Erman BGB, § 812 Rn. 37; *Schwab* in: MüKo-BGB, § 812 Rn. 63, 84.

1560 *Buck-Heeb* in: Erman BGB, § 818 Rn. 19; BGH, Urt. v. 17.04.2018 - X ZR 65/17, juris Rn. 13.

1561 BGH, Urt. v. 17.04.2018 - X ZR 65/17, juris Rn. 13.

II. Der Kunstvermarkter als Kommissionär

Besteht zwischen Einlieferer und Kunstvermarkter ein Kommissionsverhältnis, ist es dem Einlieferer wegen des *Vorrangs der Leistungsbeziehungen* ebenfalls verwehrt, sich unmittelbar an den Erwerber zu richten. Die bereicherungsrechtliche Rückabwicklung im Mehr-Personen-Verhältnis hat stets entlang der jeweiligen Leistungsbeziehungen zu erfolgen. Beim Kommissionsvertrag ist der Einlieferer nicht der formale Verkäufer im *Ausführungsgeschäfts.*[1562] Er kann deshalb wegen des *Vorrangs der Leistungsbeziehungen nicht* unmittelbar vom Käufer kondizieren.[1563]

Regelmäßig wird der Kunstvermarkter dem Verlangen des Einlieferers zur Geltendmachung der Rückabwicklung des Vertrages nachkommen; denn die Veräußerung des Gemäldes ist Teil des Kommissionsvertrages.[1564] Damit gehört aber auch deren Rückabwicklung im Falle eines Irrtums, der sich im Ausführungsgeschäft niederschlägt, zum Kommissionsgeschäft. Es findet somit § 385 HGB Anwendung.[1565] Der Kommissionär hat danach den *Weisungen* des Kommittenten entsprechend zu handeln, sofern er sich nicht schadensersatzpflichtig machen will, § 385 Abs. 1 HGB.[1566]

Dafür hat der Kunstvermarkter zunächst den der *condictio indebiti* entgegenstehenden Rechtsgrund, den Kaufvertrag zwischen ihm und dem Kunstkäufer, zu beseitigen.[1567] Sofern das Anfechtungsrecht durchsetzbar ist,[1568] kann sich der Kunstvermarkter auf einen *Eigenschaftsirrtum* nach

---

1562 Kap. 2 § 2 C III 1.

1563 *Buck-Heeb* in: Erman BGB, § 812 Rn. 20: Der Grundsatz vom Vorrang der Leistungsbeziehungen wurzelt in dem Gedanken, dass kein Beteiligter den Einwendungen und dem Insolvenzrisiko aus einem fremden Schuldverhältnis ausgesetzt werden soll; es muss aber jedem möglich sein, Einwendungen seinem Vertragspartner gegenüber geltend zu machen. Dies bestätigt auch § 816 Abs. 1 S. 1 BGB., vgl. zu den Anweisungsfällen BGH, Urt. v. 05.11.2002 - XI ZR 381/01, juris.

1564 Der Kommissionsvertrag ist als Dienstvertrag mit Geschäftsbesorgungscharakter zu werten, so dass die Vorschriften des Dienstvertrages nach §§ 611ff. BGB um die Vorschriften des Auftragsrechts nach § 675, 670ff. BGB zu ergänzen sind, vgl. dazu ausführlich Kap. 2 § 2 C III 2.

1565 Umstr. nach *Lenz* in: Röhricht/Graf von Westphalen/Haas, HGB, § 385 Rn. 1.

1566 *Lenz* a.a.O., § 385 Rn. 6.

1567 Vgl. dazu bereits die sog. „*Mingvasen-Entscheidung*“ des RG, Urt. v. 22.02.1929 - II 357/28, RGZ 124, 115-120, juris. Das Reichsgericht erkannte hier bereits an, dass eine Anfechtung grundsätzlich dann möglich ist, wenn der Verkäufer als Kommissionär nicht weiß, dass die Vasen wertvolle Antiquitäten sind.

1568 Beim Eigenschaftsirrtum nach § 119 Abs. 2 BGB muss die Anfechtung nach § 121 Abs. 1 BGB „unverzüglich“ erfolgen; § 121 Abs. 2 BGB sieht eine Höchstfrist für die Anfechtung von maximal zehn Jahren vor.

§ 119 Abs. 2 BGB berufen, weil auch er mit der fehlerhaften Urheberschaft oder Provenienz über *verkehrswesentliche Eigenschaften* des Kunstwerkes geirrt hat.[1569]

Ist die Anfechtung erfolgreich, erfolgt die Rückabwicklung im Wege der Leistungskondiktion nach § 812 Abs. 1 S. 1 1. Var. BGB zunächst im Verhältnis von Kunstvermarkter und Kunstkäufer. Darauf kehrt der Kunstvermarkter im Wege der Leistungskondiktion oder alternativ im Wege des Auftragsrechts nach §§ 675, 667 BGB das Erlangte an seinen Einlieferer aus.

§ 2. Ansprüche bei Stellvertretung

Wird der Kunstvermarkter hingegen als Stellvertreter tätig, wird er selbst nicht Partei des Kaufvertrages. Die rechtlichen Möglichkeiten des Einlieferers erstrecken sich hierbei lediglich auf die Möglichkeiten, Schadensersatz wegen Verletzung von Sorgfaltspflichten nach §§ 280 Abs. 1, 241 Abs. 2 BGB sowie wegen Eigentumsverletzung nach § 823 Abs. 1 BGB zu verlangen, wobei die Ausführungen zum Kommissionsgeschäfts und Eigenverkauf in diesem Kapitel insofern entsprechend gelten.[1570]

1569 Vgl. zum Begriff der Beschaffenheit, der regelmäßig mit dem der verkehrswesentlichen Eigenschaften übereinstimmt: Kap. 2 § 3.

1570 Kap. 7 § 1 B u. C.

Kapitel 8. Ansprüche des Einlieferers gegen den Erwerber

Weicht die tatsächliche Beschaffenheit des Kunstwerkes im *positiven* Sinne von der geschuldeten Beschaffenheit ab, leistet der Einlieferer also *mehr*, als er verpflichtet ist. Es stellt sich hier abschließend die Frage nach Ansprüchen des Einlieferers gegen den Erwerber. Dies gilt insbesondere in den Fällen der Stellvertretung. Hier kontrahiert formal der Einlieferer mit dem Erwerber. Auf Schadensersatz wird der Einlieferer den Erwerber grundsätzlich nicht in Anspruch nehmen können. Beide Parteien kommen miteinander nicht in unmittelbaren Kontakt. Objektiv kann dem Erwerber deshalb schon kein *Fehlverhalten* vorgeworfen werden, aufgrund dessen er sich schadensersatzpflichtig gemacht hat.

Allerdings kann der Einlieferer sich mit einem *Rückabwicklungsbegehren* unmittelbar an den Erwerber halten.

§ 1. Rücktritt nach §§ 346 Abs. 1, 323 ff. BGB

Begehrt der Einlieferer Rücktritt vom Vertrag, ist dessen Rechtsfolge, dass der Erwerber gemäß § 346 Abs. 1 BGB verpflichtet wird, Zug-um-Zug gegen Erhalt des *gezahlten Kaufpreises* das Kunstwerk an den Einlieferer herauszugeben.

Problematisch ist allein, dass sich in dieser Konstellation kein Rücktrittsgrund zugunsten des Einlieferers konstruieren lässt. Dem Kunstwerk haftet zwar zweifellos ein Mangel an, der in Anwendung des Kaufgewährleistungsrechts die Rückabwicklung auslöst, § 437 Nr. 2 BGB. Dieses ist aber auf den Verkäufer, der der Einlieferer ist, nicht anwendbar.

Ein Rücktrittsgrund der §§ 323 ff. BGB ist im Falle positiver Beschaffenheitsabweichungen hingegen abwegig. Der Erwerber entrichtet im Hinblick auf den Eigentumsübergang grundsätzlich den vertraglich vereinbarten Kaufpreis. Dem Vorwurf einer nicht oder nicht vertragsgemäß entrichteten Gegenleistung nach § 323 Abs. 1 BGB muss er sich damit nicht aussetzen.

Auch eine Verletzung von *Sorgfaltspflichten* nach § 324 BGB kann auf den Erwerber nicht zutreffen, weil es an einem Fehlverhalten bzw. an überhaupt irgendeinem unmittelbaren, rechtlich relevanten Verhalten des Erwerbers gegenüber dem Einlieferer fehlt.

Der Rückgewähranspruch des Einlieferers gegen den Erwerber im Zuge des erfolgreichen Rücktritts muss daher ausscheiden.

§ 2. Rückabwicklung nach §§ 812ff. BGB

Es bleiben für den Versuch der Rückabwicklung nur die Vorschriften über die ungerechtfertigte Bereicherung. Der Einlieferer muss den Kaufvertrag nach den Regeln der §§ 119 ff. BGB anfechten und dabei einen *Anfechtungsgrund* geltend machen.

Eine *arglistige Täuschung* muss als ein solcher Grund ausscheiden. Selbst, wenn der Erwerber das Original erkennt, fehlt es jedenfalls an der für eine arglistige Täuschung notwendigen *Einwirkung* auf das Vorstellungsbild des Einlieferers durch den Käufer, weil die Parteien regelmäßig nur *formal* Kontrahenten sind; darüber hinaus aber nicht in einem persönlichen Austauschverhältnis stehen.[1571] Es verbleibt damit lediglich beim Eigenschaftsirrtum nach § 119 Abs. 2 BGB.

Die Bewertung eines Kunstgegenstandes mit einem Urheber oder einer bestimmten Provenienz sind unproblematisch Teil der Beschaffenheit eines Kunstwerkes. Damit kann sich der Einlieferer darauf berufen, sich über die jeweilig vorliegende *verkehrswesentliche Eigenschaft* im Sinne des § 119 Abs. 2 BGB geirrt zu haben.[1572] Auch steht dem nicht entgegen, dass der Abschluss des Kaufvertrages durch Einschaltung eines Kunstvermarkters zustande gekommen ist, der auf diesen hingewirkt hat. Dieser Fall beurteilt sich gemäß § 166 Abs. 1 BGB nach der Kenntnis des Kunstvermarkters.[1573] Dieser hat sich aber ebenfalls geirrt, so dass durch diese Besonderheit keine Änderung der Rechtslage bezüglich des Anfechtungsrechts eintritt.[1574]

Nach erfolgreicher Anfechtung erfolgt die Rückabwicklung im Wege der Leistungskondiktion nach § 812 Abs. 1 S. 1 1. Var BGB unmittelbar zwischen Einlieferer und Kunstkäufer.[1575]

1571 Zu den Voraussetzungen der arglistigen Täuschung vgl. ausführlich Kap. 3 § 1 A II 1.

1572 Zum Beschaffenheitsbegriff ausführlich vgl. Kap. 2 § 3; dieser ist mit dem Begriff der *verkehrswesentlichen Eigenschaften* grundsätzlich kongruent, vgl. *Arnold* in: Erman BGB, § 119 Rn. 35f., 83.

1573 *Maier-Reimer/Finkenauer* in: Erman BGB, § 166 Rn. 10; Weinland in: jurisPK-BGB, § 166 Rn. 1; *Schilken* in: Staudinger BGB, § 166 Rn. 21.

1574 *Anton*, ZVertriebsR, 2013, 343 (355).

1575 *Heeb* in: Erman BGB, § 812 Rn. 47.

Kapitel 9. Ergebnis

Abschließend werden die wesentlichen rechtlichen Ergebnisse der Arbeit zusammen getragen. Daraus ergibt sich die Erarbeitung einer abschließenden rechtlichen Bewertung des Kunstmarktes sowie die Erläuterung von Handlungsempfehlungen beim künftigen Umgang mit dem Handelsobjekt „*Kunst*".

I.

Rechtsprobleme auf dem Kunstmarkt sind keine Seltenheit. Sie zentrieren sich gerade auf Auslegungsstreitigkeiten und Unsicherheiten in der Normanwendung. Die Arbeit hat dennoch gezeigt, dass Kunstwerke sich unter den allgemeinen kaufrechtlichen Vorschriften mit einigen *subjektiven Nuancen* subsumieren lassen.

Zwar ist das Kunstwerk ein Unikat und in dieser Eigenschaft bereits „vollkommen". Daraus darf aber nicht der Schluss gezogen werden, dass auch solchen Gütern nicht ein verallgemeinerungsfähiger Gebrauchszweck zugrunde gelegt werden kann. Der Mensch, der den Kunstgegenstand braucht, legt stets einen Verwendungszweck zugrunde.

Dienen Kunstwerke in ihrer ganz überwiegenden Eigenschaft dem Eigentümer und Besitzer dazu *ausgestellt* oder *gehandelt* zu werden, so wird aus dem Unikat ein verobjektivierbares Handelsgut, das sich in das Haftungskonstrukt des BGB integriert.[1576]

Diese Erkenntnis geleitet den Rechtsanwender nicht nur zur Möglichkeit, einen Mangel am Kunstwerk geltend zu machen, sondern erlaubt auch das Kunstwerk in seiner Beschaffenheit, vergleichbar mit sonstigen Handelsobjekten, als *neu hergestellt*,[1577] *neuwertig* oder *gebraucht*[1578] einzuordnen. Richtet man die objektive Beschaffenheit eines Kunstwerkes somit an der *Ausstellungsfähigkeit* und *Handelsfähigkeit* aus, öffnen sich dem Rechtsanwender Tür und Tor für die Durchsetzung seiner Rechte.

1576 Kap. 3 § 1 B III 1 b) bb) (1)
1577 Kap. 3 § 2 C II 3
1578 Kap. 3 § 1 B III 1 b) bb) (5) (a) (dd) (iii)

II.

Beachtenswert ist der Kunsthandel aber nicht nur aufgrund der Einzigartigkeit seines Handelsobjektes. Auch aus der Eigenart der regelmäßig an ihm beteiligten Akteure ergeben sich insofern Unklarheiten, was von den Parteien verlangt werden muss und was hingegen als beiderseitiges Risiko verstanden werden darf.

Während diese Problematik auf dem Primärmarkt wenig Beachtung findet, ist sie auf dem Sekundärmarkt besonders evident und verlangt nach einer akribischen Untersuchung, wann in Anbetracht der regelmäßig sachkundigen und finanziell mächtigen Käuferschicht von einem *Unternehmer* und wann von einem *Verbraucher* gesprochen werden muss.[1579]

In diesem Zusammenhang sind entscheidende Probleme die *„Informationsasymmetrie"* sowie die *„asymmetrischen Informationsbeschaffungskosten"*. Private Reichtum und eigener Sachverstand des Käufers müssen am Kunstmarkt regelmäßig für die Einordnung des Vertragspartners als Unternehmer oder Verbraucher ohne Relevanz bleiben. Die Einordnung erfolgt vielmehr nach den allgemeinen Regeln der §§ 13f. BGB.[1580]

III.

Punctum saliens für die haftungsrechtlichen Betrachtung des Kunsthandels ist die Einordnung der Katalogangaben, Kunstexpertisen und vorvertraglichen Äußerungen der Kunstvermarkter. Bei Zuerkennung ihrer Natur als Beschaffenheitsvereinbarungen und Beschaffenheitsgarantien trifft man eine klare Wertung zugunsten des Käufers. Diese ist aber in Anbetracht der zweifellos elementaren Bedeutung dieser Angaben und Äußerungen für den Kaufentschluss des Käufers sach- und interessengerecht.[1581]

Bei dieser Feststellung ist die Frage nach dem umfassenden Gewährleistungsausschluss schon nur noch zweitrangig, weil dieser jedenfalls zurücktreten muss, sofern der Kunstvermarkter in der Vielzahl der erfolgten Äußerungen die umschriebene Beschaffenheit so *„garantiert"*, dass ein Haftungsausschluss nur noch treuwidrig erscheint.[1582] In diesem Zusammenhang muss man sich das Gesamthaftungskonstrukt des Kunstmarktes vor Augen führen, was in Anbetracht des mehrschichtigen Distributionssystems schwierig ist und in der Praxis vernachlässigt wird.

1579 Kap. 3 § 1 B III 1 b) bb) (5) (a) (cc) (ii).
1580 Kap. 3 § 1 B III 1 b) bb) (5) (a) (cc) (iv).
1581 Kap. 3 § 1 B III 1 a).
1582 Kap. 3 § 2 B III.

In dem üblichen Dreipersonenverhältnis zwischen Einlieferer, Kunstvermarkter und Erwerber spielt der Kunstvermarkter eine entscheidende Rolle. Er ist „Gatekeeper", Förderer, Kunstexperte und Vermittler zugleich. Vor allem aber ist er *Vertrauensperson.*

Und als solche steht er haftungsrechtlich im Vordergrund jeder Streitigkeit.

Bei jeder Entscheidung, die in dieser Hinsicht zu treffen ist und die sich anhand rein rechtsdogmatischer Erwägungen nicht beantworten lässt, sind daher *wertungsmäßig* zwei Umstände zu berücksichtigen:

Erstens widmen zwei entgegengesetzte Parteien ihr Vertrauen dem Kunstvermarkter. Demnach hat er deren Interessen in einen bestmöglichen Ausgleich zu bringen. Dies bedeutet, er hat für den Einlieferer regelmäßig den höchsten Kaufpreis für das eingelieferte Kunstwerk zu erlangen und dem Käufer wiederum das mangelfreie Kunstwerk zu dem niedrigst möglichen Kaufpreis zu verkaufen.

Geht die Wahrung einer dieser Interessen fehl, muss sich der Kunstvermarkter stets vorwerfen zu lassen, die Vertrauensstellung, die er innehält, nicht in ausreichendem Maße beachtet zu haben.

Zweitens ist der Kunstvermarkter zwar nicht unmittelbarer und alleiniger Empfänger der Gegenleistung für das Kunstwerk. In seinem Vermögen verbleiben lediglich die Verkaufsprovision und das Käuferaufgeld und damit ein Bruchteil dessen, was der Wert des verkauften oder vermittelten Kunstwerkes ist. Dies begünstigt ihn aber nicht darin, sich in haftungsrechtlicher Hinsicht mit dieser Argumentation freizeichnen zu dürfen.

Vielmehr muss er sich darauf verweisen lassen, dass seine Vertrauensstellung so wesentlich ist, dass er auch im Haftungsfall dieses Ansehen wahren muss.

Deshalb ist die Ansicht, dass der Kunstvermarkter seine Haftung umfassend ausschließen darf, weil er weder gegenständlich noch dem Werte nach die Gegenleistung in seinem Vermögen hält, im Ansatz richtig, aber keinesfalls vollständig.

Wie Kapitel 6 zeigt, hat der Kunstvermarkter im Innenverhältnis die Möglichkeit seinen Einlieferer in Regress zu nehmen, sofern er zuvor durch den Käufer erfolgreich in Anspruch genommen worden ist.[1583] Dass der Erwerber in diesem Fall mit dem Kunstvermarkter den wohl solventeren Schuldner hat, mag für diese Entscheidung außer Betracht bleiben. Denn der Kunstvermarkter entscheidet im Verhältnis zum Einlieferer allein, ob er

1583 Kap. 6 D I.

mit diesem kontrahieren will oder nicht. Aufgrund des *Anonymitätsgebots* bleibt dem Käufer die Person des Einlieferers grundsätzlich unbekannt.

Möchte ein Kunstvermarkter dennoch nicht primärer Haftungsschuldner sein, darf ein umfassender Haftungsausschluss aufgrund seines Wesens allein dann als wirksamer Bestandteil des Vertrages anzusehen sein, wenn er darin eine sog. *Haftungsbrücke* vorsieht, die die Benachteiligung des Erwerbers kompensiert.[1584]

Drittens muss eine vertragliche Haftungsfreizeichnung jedenfalls dann ausscheiden, wenn der Kunstvermarkter nach dem Gesamteindruck seiner Geschäftspraxis in Hinblick auf die Sorgfaltsanforderungen, die ihm in seiner Stellung zukommen müssen, vorsätzlich oder auch nur fahrlässig gehandelt hat.[1585]

Um den leeren Rechtsbegriff für den Kunsthandel mit Leben zu füllen, ist in Kapitel 3 zur Fahrlässigkeit folgende Definition aufgestellt worden:

> *Der Kunstvermarkter handelt stets dann fahrlässig, wenn ihm aufgrund einer Tatsache, die ihm positiv bekannt war oder ihm als am Kunstmarkt professionell agierender Teilnehmer hätte bekannt sein müssen, Zweifel an der Mangelfreiheit des Kunstwerkes aufkommen, und er sich über die Zweifel hinwegsetzt, ohne subjektive und - sofern geeignet und erforderlich - objektive Maßnahmen einzuleiten, die aus einer Betrachtung ex-ante geeignet gewesen wären, die bestehenden Zweifel aus dem Weg zu räumen, und verbleibende Zweifel seinen Käufern gegenüber nicht ausdrücklich äußert.*[1586]

IV.

Diese Definition knüpft an die dem Kunstvermarkter obliegenden Sorgfaltsanforderungen an, die in Kapitel 3[1587] aufgezeigt wurden und in Anbetracht ihrer hohen Relevanz als *Handelsübung* im Kunstmarkt zugunsten beider Parteien verstanden werden müssen. Denn die Wirkung der Einhaltung der - umfangreichen - Sorgfaltspflichten beschränkt sich nicht lediglich auf die Sicherheit des Käufers, mit gutem Gewissen kaufen zu dürfen. Auch der Kunstvermarkter erhält bei ordentlicher Dokumentation die Möglichkeit zur Exkulpation, wo das Gesetz ihn stets in der Haftung sehen will (§ 280 Abs. 1 S. 2 BGB).

1584 Kap. 3 § 2 D I 2 c).
1585 Kap. 3 § 2 D II 5 c).
1586 Kap. 3 § 1 B IV 3 b) bb) (1) (e).
1587 Kap. 3 § 1 B IV 3 b) bb) (1) (e).

V.

Für einen optimalen Interessenausgleich am Kunstmarkt muss der Kunstvermarkter sein allgemeines Auftreten und Handeln stets an einem umfangreichen Pflichtenkonvolut messen lassen. Dies gilt ungeachtet der Tatsache, ob er im Einzelfall als Makler, Handelsvertreter, Stellvertreter oder Kommissionär tätig wird und damit unabhängig davon, ob er formal Vertragspartei ist oder nicht. Aufgrund seiner hohen Vertrauensstellung ist sein Verhalten stets Maßstab für Fahrlässigkeit und Vorsatz.

Erstens: Der Kunstvermarkter hat seine Geschäfts- bzw. Versteigerungsbedingungen so zu formulieren, dass sie wirksam sind, insbesondere weil sie den Vertragspartner in ihrer Gesamtheit nicht entgegen Treu und Glauben benachteiligen. Hierbei sind die in Kapitel 3 entwickelten Lösungsvorschläge und Kernelemente zu berücksichtigen, die in ihren Aussagen Ergebnis einer vollumfänglichen Prüfung der haftungsrechtlichen Beziehungen am Kunstmarkt sind. Sie stellen nach beiden Seiten hin sach- und interessengerechte Lösungsansätze dar.[1588]

Zweitens: Der Kunstvermarkter hat bei Einlieferung die ihm obliegenden Sorgfaltsanforderungen zu beachten, deren fahrlässiger Verstoß bereits die vollständige Haftung nach grundsätzlich dispositiven Gesetzesrecht nach sich zieht. Dazu sei erneut auf die Definition unter Punkt III dieses Kapitels und die Sorgfaltsanforderungen aus Kapitel 3 verwiesen.[1589]

Drittens: Die Vertrauensstellung und damit einhergehend die Sorgfaltspflichten des Kunstvermarkters beginnen bereits bei der Auswahl seiner Vertragspartner. Auch hier greift erneut der unter Punkt III erwähnte Fahrlässigkeitsmaßstab.[1590] Die Sorgfaltspflicht erstreckt sich aber nicht pauschal auf die in §§ 42 ff. KGSG normierten Pflichten. Diese beschränken sich auf Kulturgüter; dem KGSG ist weder *de lege lata* ein allgemeiner Rechtsgedanke zu entnehmen noch besteht für die Einbeziehung aller Kunstwerke *de lege ferenda* ein Bedürfnis.[1591]

Viertens: Bei der Vorbereitung des Verkaufs hat der Kunstvermarkter besonderes Augenmerk auf die richtige Ausgestaltung seiner Kataloge zu richten. Insbesondere aufgrund des Wortlauts und Zwecks des § 476 Abs. 1 S. 2 BGB ist dies notwendig, sofern der Kunstvermarkter in seinen AGB die Rechtsnatur der Katalogangaben, Kunstexpertisen sowie vorvertraglichen

---

1588 Kap. 3 § 2 D III.

1589 Kap. 3 § 1 B IV 3 b bb) (1) (e).

1590 Kap. 3 § 1 B IV 3 b bb) (1) (e).

1591 Kap. 3 § 1 B IV 3 b) bb) (2).

Äußerungen als Beschaffenheitsvereinbarung negiert. Eine solche Anordnung stellt eine *negative Beschaffenheitsvereinbarung* im Sinne des § 476 Abs. 1 S. 2 BGB dar und geht daher mit dessen strengen Formerfordernissen einher, wobei die Bewährung in der Rechtspraxis noch bevorsteht.[1592]

Als Handlungsempfehlung ist dem Kunstvermarkter nahezulegen, den Hinweis auf die Negation sämtlicher Angaben deutlich sichtbar zu Beginn des Kataloges oder neben den Objektbeschreibungen auf jeder Seite zu vermerken. In Anbetracht des zusätzlichen Erfordernisses einer gesonderten Vereinbarung, die aber nicht mehr vor Abgabe der Vertragserklärung, sondern lediglich im Vertrag erfolgen soll, müssen die AGB (im Mindestmaß) um eine Klausel ergänzt werden, nach der der Vertragsschluss über das individuelle Kunstwerk die konkludente Vereinbarung über die negative Beschaffenheitsvereinbarung nach sich zieht. Dies ergibt sich aus § 476 Abs. 1 S. 2 Nr. 2 BGB.

Diese Regelung trifft allerdings *nicht* flächendeckend auf alle Kunstvermarkter zu:

Zwar kann sich generell kein Kunstvermarkter darauf berufen, dass er regelmäßig oder sogar ganz überwiegend mit Unternehmern kontrahiert. Wie bereits unter Punkt II dieses Kapitels zusammengefasst, richtet sich die Einordnung der Rechtsnatur der Vertragsparteien allein nach den allgemeinen Regeln der §§ 13 f. BGB. Um die Vertragsbedingungen aber in ihrer Gänze einer Wirksamkeitskontrolle standhaft zu machen, sind diese am schwächsten Glied der Erwerberschicht zu messen, so dass die Regeln über den Verbrauchsgüterkauf stets zu berücksichtigen sind.

Allerdings gilt für den Kunstauktionator wegen der Sonderregel des § 474 Abs. 2 S. 2 BGB ein *Minus* an Verhaltensanforderungen.[1593] Die Formvorschriften des Verbrauchsgüterkaufrechts und insbesondere § 474 Abs. 2 S. 2 2. HS BGB sind zwar aufgrund einer sonst nicht hinnehmbaren Ungleichbehandlung der am Kunsthandel teilnehmenden Akteure an der Form des § 476 Abs. 1 S. 2 BGB zu messen, so dass Letztere den einheitlichen Formstandard am Kunstmarkt diktieren. Dennoch ist ein Handlungsbedarf *de lege ferenda* in Bezug auf den Wortlaut des § 474 Abs. 2 S. 2 BGB nicht obsolet. Der Auktionator muss gemäß § 474 Abs. 2 S. 2 2. HS BGB in seiner „Information" auf die Möglichkeit des *(umfassenden) Haftungsausschlusses* hinweisen, die infolgedessen für ihn *wahrhaftig* wird.[1594] Sonstigen Kunst-

1592 Kap. 3 § 1 B III 1 b) cc) (2).
1593 Kap. 3 § 1 B III 1 b) cc) (3) (b).
1594 Kap. 3 § 1 B III 1 b) dd).

vermarktern, insbesondere den Galeristen, bleibt es hingegen wegen der Geltung des § 476 Abs. 1 S. 1 BGB verwehrt, sich im Falle eines Verbrauchsgüterkaufs auf einen Gewährleistungsausschluss zu berufen.

Die Notwendigkeit einer Korrektur durch den Gesetzgeber ist hier besonders evident.

VI.

Die durch § 474 Abs. 2 S. 2 BGB aufgeworfene Diskrepanz zwischen Kunstauktionatoren und den restlichen Marktteilnehmern setzt sich darüber hinaus in der Vorschrift des § 935 Abs. 2 BGB fort, der ausnahmsweise einen gutgläubigen Eigentumserwerb an abhandengekommenen Sachen erlaubt, sofern dieser im Rahmen einer *öffentlichen Versteigerung* erfolgt. Obwohl der Begriff der *„öffentlichen"* Versteigerung aufgrund seiner personellen Komponente restriktiver gefasst ist als der in § 474 Abs. 2 S. 2 BGB verwandte Begriff der *„öffentlich zugänglichen"* Versteigerung, hat der Kunstauktionsmarkt im Rahmen der letzten Jahrzehnte bewiesen, dass er diese Hürde bereit ist zu überwinden, um infolgedessen als „Recycling-Stätte" für Handelsgüter zu dienen, deren Eigentümer auf anderen Vertriebsplattformen durch die Norm des § 935 Abs. 1 BGB lückenlos geschützt werden.[1595] Dieses bedenkliche Privileg zugunsten privater Kunstauktionen findet, wie auch § 474 Abs. 2 S. 2 BGB, keine Rechtfertigung in den Interessen- und Risikolagern der typischerweise im Kunsthandel agierenden Akteure. Es sollte daher durch den Gesetzgeber *de lege ferenda* korrigiert und um jene Plattformen ergänzt werden, die ihrem Wesen nach der Kunstversteigerung vergleichbar sind.[1596]

VII.

Letztlich sei angemerkt, dass sich die Handlungspflichten der am Kunstmarkt agierenden Teilnehmer zeitlich auf die Phase vor und bei Vertragsschluss beschränken, wobei die Ausführung des Vertrages Verstöße im Vorfeld des Vertrages grundsätzlich in sich vereint.

Eine Haftung *culpa post contractum finitum* ist generell abzulehnen.[1597] Sie zieht unweigerlich unlösbare Probleme in Bezug auf die Verjährung mit sich und ist damit eine zivilrechtsfremde Materie. Ihre Geltung rechtfertigt sich auch nicht aus der Annahme einer „Schicksalsgemeinschaft", die durch

---

1595 Kap. 3 § 1 B II 2 b).
1596 Kap. 3 § 1 B II 2 d).
1597 Kap. 3 § 1 C I 3.

den Vertragsschluss begründet wird und auf erhebliche Dauer zu Rechten und Pflichten der Parteien untereinander führt. Trotz der Besonderheit des Kunsthandels ist dieser letztlich ein Handelszweig, der sich an den allgemeinen haftungsrechtlichen Regeln messen lassen muss. Der vorhandene Regelungsumfang ist erforderlich, aber auch ausreichend.

Ebenso im Außenverhältnis zum Käufer müssen die haftungsrechtlichen Aspekte des Kunstkaufs sich in der Person des Verkäufers vereinen und Ansprüchen außerhalb des Vertragsverhältnisses Schweigen gebieten.[1598] Ungeachtet der besonderen Vertrauensstellung des Kunstvermarkters in seinem *Metier* geht grundsätzlich jede Erklärung, die er dem Kunden gegenüber tätigt, in ihrer Gesamtheit im Kaufvertrag auf. Dies gilt sowohl in seiner Stellung als Kommissionär, in der er selbst Verkaufspartei ist, aber auch in seiner Stellung als Makler, Handelsvertreter und Stellvertreter, in denen er zwar keine Verkaufspartei ist, seine Erklärungen aber dennoch alleiniger Vertragsinhalt auf Verkäuferseite sind.

Die Erklärungen geben für eine vor- und außervertragliche Haftung nichts her, weil sich ihr Unrechtsgehalt in der vertraglichen Pflichtverletzung und insbesondere in dem Mangel erschöpft.

Ausnahmsweise muss ein anderes gelten, sofern der Kunstvermarkter den Mangel positiv erkannt und billigend in Kauf genommen hat sowie in den Fällen arglistiger Täuschung.[1599] Außerdem muss auch der Fall Berücksichtigung finden, wenn der Kunstvermarkter zu Lasten des Einlieferers die *Echtheit* eines Kunstwerkes nicht erkannt hat. Freilich schlägt sich das Handlungsunrecht auch in diesem Fall in der Pflichtverletzung und dem Mangel nieder. Dieser realisiert sich aber in der Person des Käufers, den in diesem besonderen Fall tatsächlich kein Schaden trifft. Dem Einlieferer müssen seine Rechte damit gegenüber dem Kunstvermarkter erhalten bleiben.[1600]

Als Mindestmaß muss sich der Kunstmarkt ungeachtet der einzelnen Vertragsbeziehungen stets an den Regeln der unerlaubten Handlung nach §§ 823 ff. BGB messen lassen, wobei die vorsätzliche sittenwidrige Schädigung nach § 826 BGB in der Praxis besonders relevant ist.

Diese Fälle müssen auf einige wenige Anwendungsbereiche beschränkt bleiben, denn die Darlegungs- und Beweislast obliegt hier allein dem Käu-

---

1598 Kap. 3 § 1 C I 2 und Kap. 4.

1599 Kap. 4.

1600 Kap. 7.

fer, der regelmäßig nichts gegen seinen Verkäufer, geschweige denn gegen den grundsätzlich anonym gehaltenen Einlieferer, vorzubringen hat.[1601]

VIII.

„Ernst ist das Leben, heiter ist die Kunst!"

Mit diesem Zitat begann die Arbeit, die gezeigt hat, wie vielschichtig und verstrickt die Haftungsbeziehungen am Kunstmarkt sind. Und damit endet sie auch und widerlegt seinen Aussagehalt.

In der Hoffnung, das unerschöpfliche Thema der „Haftung im Kunsthandel" dem Leser offenbart und den zahlreichen Fragen in Bezug auf sie Antwort gegeben zu haben, endet die Ausarbeitung, die künftig und insbesondere in Bezug auf die neu eingeführten Regeln des Kaufrechts zum Denken anregen und die Diskussion um das Gewährleistungsrecht im Kunsthandel fördern soll.

1601 Kap. 3 § 1 D, Kap. 4, Kap. 5, Kap. 6 § 1 C, Kap. 7 § 1 C.

Literaturverzeichnis

Ahrens, Hans-Jürgen: Der Beweis im Zivilprozess, Köln 2015 (zitiert als: *Ahrens*, Der Beweis im Zivilprozess, Kapitel, § und Rn.).

Anton, Michael: Vertrieb gefälschter Kunst - Teil 1: Vertriebsformen und Kunstfälschungen im Kaufrecht, ZVertriebsR 5/2013, S. 294-296 (zitiert als: *Anton*, ZVertriebsR 2013, 294 (Seite)).

Anton, Michael: Vertrieb gefälschter Kunst - Teil 2: Haftungsbeschränkungen, Aufklärungspflichten und Vertriebsweg interner Rückgriff, ZVertriebsR 6/2013, S. 343-360 (zitiert als: *Anton*, ZVertriebsR 2013, 343 (Seite)).

Barudi, Malek: Autor und Werk - eine prägende Beziehung? Die urheberrechtliche Prägetheorie im Spiegel der Literaturwissenschaft, Tübingen 2013 (zitiert als: *Barudi*, Auto und Werk, Seite).

Baumbach, Adolf/Hopt, Klaus J.: Beck'sche Kurzkommentare Band 9 Handelsgesetzbuch, München 2018 (zitiert als: *Bearbeiter* in: Baumbach/Hopt, HGB, § und Rn.).

Beck, Lukas: Haftungsausschluss „Gekauft wie gesehen" beim Gebrauchtwagenkauf nur für einen Laien bei einer Besichtigung erkennbare Mängel, EWiR 2018, 305-206 (zitiert als: *Beck*, EWiR 2018, 305 (Seite)).

Beckmann Tobias: Versteigerungen im Internet: unter Berücksichtigung der gewerberechtlichen und vertragsrechtlichen Probleme, Norderstedt 2004 (zugl. Dissertation Hamburg 2004)(zitiert als: *Beckmann*, Versteigerungen im Internet, Seite).

Berger, Christian/Wündisch, Sebastian (Hrsg.): Urhebervertragsrecht, Baden-Baden 2022 (zitiert als: *Bearbeiter* in: Berger/Wündisch, UrhVR, Kap. und Rn.).

Berger, Klaus Peter: Zum Differenzierungsgebot im AGB-Recht, ZIP 2006, 2149-2156 (zitiert als: *Berger*, ZIP 2006, 2149 (Seite)).

Boll, Dirk: Der Kampf um die Kunst. Handel und Auktionen positionieren sich am Kunstmarkt, Halle 2005 (zugl. Dissertation Kassel 2004)(zitiert als: *Boll*, Der Kampf um die Kunst, Seite).

Boll, Dirk: Kunst ist käuflich. Freie Sicht auf den Kunstmarkt. Zürich 2009 (zitiert als: *Boll*, Kunst ist käuflich, Seite).

Braun, Johann: Zu den Anforderungen an eine Echtheitszusicherung im Kunsthandel - BGH, Urt. v. 15.02.1995 - VIII ZR 126/94, Anmerkung, JZ 20/1995, S. 1015-1019 (zitiert als: *Braun*, JZ 1995, 1015 (Seite)).

Braunschmidt, Florian: Rechtsfolgen unzutreffender Katalogangaben bei Kunstauktionskäufen, NJW 2013, 734-739 (zitiert als: *Braunschmidt*, NJW 2013, 734 (Seite)).

Brox, Hans/ Walker, Wolf-Dietrich: Besonderes Schuldrecht, München 2019 (zitiert als: *Brox/Walker*, Besonderes Schuldrecht, Kap., Unterkap., Rn.).

Brühl, Friederike Gräfin von: Marktmacht von Kunstexperten als Rechtsproblem. Der Anspruch auf Erteilung einer Expertise und die Aufnahme in ein Werkverzeichnis, Hamburg 2008 (zitiert als: *von Brühl*, Marktmacht von Kunstexperten, S.).

Bullinger, Winfried/ Terker, Sophie: Koloniales Erbe, Verantwortung und Provenienz - Eine Gegenüberstellung der Rechtslage mit dem aktuellen gesellschaftlichen Diskurs, NJW 2019, 731-736 (zitiert als: *Bullinger/Terker*, Koloniales Erbe, NJW 2019, 731 (Seite)).

Canaris, Claus-Wilhelm: Die Nacherfüllung durch Lieferung einer mangelfreien Sache beim Stückkauf, JZ 2003, 831-838 (zitiert als: *Canaris*, JZ 2003, 831 (Seite)).

Clemenz, Susanne/Kreft, Burghard/Krause, Rüdiger: AGB-Arbeitsrecht, Köln 2019 (zitiert als: *Bearbeiter* in: Clemenz/Kreft/Krause, AGB-Arbeitsrecht, § u. Rn.).

Cziupka/Hübner: Beschaffenheitsinformationen und Beschaffenheitsvereinbarungen beim Grundstückskaufvertrag, DNotZ 2016, 323 - 343 (zitiert als: *Cziupka/Hübner*, DNotZ 2016, 323 (Seite)).

Dauner-Lieb, Barbara/Langen, Werner (Hrsg.): BGB Schuldrecht - ProdHaftG, UKlaG, Band 2, §§ 241-853, Baden-Baden 2021 (zitiert als: *Bearbeiter* in: Dauner-Lieb/Langen, BGB, § und Rn.).

Detten, Urban v.: Kunstausstellung und das Urheberpersönlichkeitsrecht des bildenden Künstlers, Frankfurt am Main 2010 (zugl. Dissertation Heidelberg 2009)(zitiert als: *Detten*, Kunstausstellung, Seite).

Deutsch, Andreas: Vertragsschluss bei Internetauktionen - Probleme und Streitstände, MMR 2004, 586 - 589 (zitiert als: *Deutsch*, MMR 2004, 586 (Seite)).

Deutsches Steuerberaterinstitut e.V.: Steuerberater Branchenhandbuch, Bonn 2021 (zitiert als: *Bearbeiter* in: Steuerberater-HB, Stand, Kapitel und Rn.).

Dörig, Harald: Kein Löschungsanspruch aus Raubkunst-Datenbank, jM 2015, 252-254 (zitiert als: *Dörig*, jM 2015, 252 (Seite)).

Dossi, Piroschka: Hype! Kunst und Geld, München 2007 (zitiert als: *Dossi*, Hype! Kunst und Geld, Seite).

Dreier, Thomas/Schulze, Gernot: Urheberrechtsgesetz – Verwertungsgesellschaftengesetz, Kunsturhebergesetz, München 2018 (zitiert also: *Bearbeiter* in: Dreier/Schulze, UrhG, § und Rn.).

Drescher, Fabian/Anker, Axel: Haftungsausschlüsse und Garantien in Immobilienkaufverträgen - Ein Überblick über die wesentlichen Probleme und Risiken mit Praxisvorschlägen, NZBau 2017, 583 - 587 (zitiert als: *Drescher/Anker*, NZBau 2017, 583 (Seite)).

Dreyer, Gunda/Kotthoff, Jost/Meckel, Astrid/Hentsch, M.A.: Urheberrecht Kommentar, Heidelberg 2018 (zitiert als: Bearbeiter in: Dreyer / Kotthoff / Meckel / Hentsch, UrhG, § und Rn.).

Ebenroth, Carsten/Boujong, Karlheinz/ Joost, Detlev/Strohn, Lutz (Hrsg.): Handelsgesetzbuch: HGB, München 2020 (zitiert als: *Bearbeiter* in: HGB, § und Rn.).

Ebers, Martin: Wer ist Verbraucher? - Neuere Entwicklungen in der Rechtsprechung des BGH und EuGH, VuR 2005, 361-366 (zitiert als: *Ebers*, VuR 2005, 361 (Seite)).

Ebling, Klaus: „Gebrauchskunst" - Ein Zauberwort, Die Problematik der wirtschaftlichen Abnutzung von Kunstwerken, in: DStR 2008, 1522 - 1524 (zitiert als: *Ebling*, „Gebrauchskunst", DStR 2008, 1522 (Seite)).

Ehinger, Jan Patrick: Dritthaftung für Kunstexpertisen und Aufnahmebestätigungen in den Catalogue raisonné. Ein Beitrag zur Expertenhaftung, Köln 2014 (zugl. Dissertation Berlin 2014) (zitiert als: *Ehinger*, Dritthaftung für Kunstexpertisen, Seite).

Ehlers, Dirk/Fehling, Michael/Pünder, Hermann (Hrsg.): Besonderes Verwaltungsrecht - Band 3 - Kommunalrecht, Haushalts- und Abgabenrecht, Ordnungsrecht, Sozialrecht, Bildungsrecht, Recht des öffentlichen Dienstes, Heidelberg 2021 (zitiert als: *Bearbeiter* in: Ehlers/Fehling/Pünder, Bes-VerwR Band 3, Kap., UKap., Rn.).

Eichelberger, Jan/ Wirth, Thomas/Seifert, Fedor: Urheberrechtsgesetz, UrhG, UrhDaG, VGG – Handkommentar, Baden-Baden 2022 (zitiert als: *Bearbeiter* in: Eichelberger/Wirth/Seifert, UrhG, § und Rn.).

Elmenhorst, Lucas/ Decker, Pascal: Sorgfaltsstandards für Auktionshäuser bei der Echtheitsprüfung von Kunstwerken für Versteigerungen - Zugleich Besprechung von LG Köln, Urt. v. 28.09.2012 - 2 O 457/08 - Campendonk, GRUR-RR 2012, 417-419 (zitiert als: *Elmenhorst/Decker*, GRUR-RR 2012, 417 (Seite)).

Elmenhorst, Lucas/Heimann, Lisa: Die Neuregelung des Kulturgutschutzrechts - Überblick über die Grundstrukturen des KGSG, NJW 2016, 3398-3404 (zitiert als: *Elmenhorst/Heimann*, Die Neuregelung des Kulturgutschutzrechts, NJW 2016, 3398 (Seite)).

Elmenhorst, Lucas/Strobl, Henrike: Anmerkung zur Entscheidung des OLG Nürnberg vom 6.9.2017 - 12 U 2086/15 - Zum Verhältnis von Ersitzung und § 40 KGSG, KUR 5/6 2017 S. 158-159 (zitiert als: *Elmenhorst/Strobl*, KUR 2017, 158 (Seite)).

Ennuschat, Jörg/Wank, Rolf/Winkler, Daniela (Hrsg.): Gewerbeordnung Kommentar, München 2020 (zitiert als: *Bearbeiter* in: Ennuschat/Wank/Winkler, GewO, § und Rn.).

Esser, Robert/Rübenstahl, Markus/Saliger, Frank/Tsambikakis, Michael (Hrsg.): Wirtschaftsstrafrecht Kommentar mit Steuerstrafrecht und Verfahrensrecht, Köln 2017 (zitiert als: *Bearbeiter* in: Esser/Rübenstahl/Saliger/Tsambikakis, WirtschaftsStrR, § und Rn.).

Faber, Wolfgang: Elemente verschiedener Verbraucherbegriffe in EG-Richtlinien, zwischenstaatlichen Übereinkommen und nationalem Zivil- und Kollisionsrecht, ZEuP 1998, 854-892 (zitiert als: *Faber*, ZEuP 1998, 854 (Seite)).

Faust, Florian: Anmerkung zu BGH, Urt. v. 06.11.2015 - V ZR 78/14, Beschaffenheitsvereinbarung, Gewährleistungsausschluss und Formzwang beim Immobilienkauf, JZ 71. Jahrgang, Nr. 20 (21. Oktober 2016), S. 1008-1016 (zitiert als: *Faust*, JZ 20/2016, 1008 (Seite)).

Faust, Florian: Rückabwicklung eines Neuwagenkaufs unter Inzahlungnahme eines Gebrauchtwagens, NJW 2009, 3696-3699 (zitiert als: Faust, NJW 2009, 3696 (Seite)).

Gassner, Kathi/ Seith, Sebastian (Hrsg.): Ordnungswidrigkeitengesetz Handkommentar, Baden-Baden 2020 (zitiert als: *Bearbeiter* in: Gassner/Seith, OWiG-HK, Kap., UKap., Rn.)

Goette, Wulf: Auktionsvertrag: Vereinbarung einer Provisionspflicht in Allgemeinen Geschäftsbedingungen, DStR 1996, 153 - 154 (zitiert als: *Goette*, DStR 1996, 153 (Seite)).

Graw, Isabelle: Der große Preis: Kunst zwischen Markt und Celebrity Kultur, Köln 2008 (zitiert als: *Graw*, Der große Preis, Seite).

Grüneberg, Christian: Bürgerliches Gesetzbuch (BGB), München 2022 (zitiert als: *Bearbeiter* in: Grüneberg BGB, § und Rn.),

Grunewald, Barbara/Maier-Reimer, Georg/Westermann, Harm Peter: Erman BGB Handkommentar mit AGG, EGBGB, ErbbauRG, LPartG, ProdHaftG, VBVG, VersAusglG, WEG und ausgewählten Rechtsquellen des IPR, 16. Auflage, Köln 2020 (zitiert als: *Bearbeiter* in: Erman BGB, § und Rn.).

Grunsky, Wolfgang: Vorschläge zu einer Reform des Schuldrechts, AcP Bd. 182 (1982), S. 453-468 (zitiert als: *Grunsky*, AcP Bd. 182, S. 453 (Seite)).

Hau, Wolfgang/ Poseck, Roman (Hrsg.): Beck Online Kommentar zum Bürgerlichen Gesetzbuch, München 2021 (zitiert als: *Bearbeiter* in: BeckOK-BGB, §, Dokumentenstand und Rn.).

Häublein, Martin: Der Beschaffenheitsbegriff und seine Bedeutung für das Verhältnis der Haftung aus culpa in contrahendo zum Kaufrecht. NJW 2003, 388-393 (zitiert als: *Häublein*, NJW 2003, 388 (Seite)).

Heidel, Thomas/Schall, Alexander (Hrsg.): Handelsgesetzbuch Handkommentar, Baden-Baden 2020 (zitiert als: Heidel/Schall, HGB, § und Rn.).

Heinbuch, Holger: Kunsthandel und Kundenschutz, NJW 1984, 15-22 (zitiert als: *Heinbuch*, NJW 1984, 15 (Seite)).

Heinemann, Tobias: Die Verteilung der Verwertungsgesellschaften - Verteilungsmechanismen und wahrnehmungsrechtliche Problemfelder aus einer rechtlichen, ökonomischen, kulturellen und sozialen Sichtweise, Tübingen 2017 (zugl. Dissertation Berlin 2017)(zitiert als: *Heinemann*, Die Verteilung der Verwertungsgesellschaften, Seite).

Heinrichs, Helmut: Reform des Verjährungsrechts? NJW 1982, 2021-2027 (zitiert als: *Heinrichs*, NJW 1982, 2021 (Seite)).

Heintz, Veris-Pascal: Käuferrechte bei Abgasmanipulation, jM 2017, 354-359 (zitiert als: *Heintz*, jM 2017, 354 (Seite)).

Herberger, Maximilian/Martinek, Michael/Rüßmann, Helmut/Weth, Stephan/Würdinger, Markus: juris *Praxiskommentar* BGB, Band 1 - Allgemeiner Teil, Saarbrücken 2020 (zitiert als: *Bearbeiter* in: Herberger/Martinek/Rüßmann/Weth/Würdinger, jurisPK-BGB, § und Rn.).

Herberger, Maximilian/Martinek, Michael/Rüßmann, Helmut/Weth, Stephan/Würdinger, Markus: juris *Praxiskommentar* BGB, Band 2 - Schuldrecht, Saarbrücken 2002 (zitiert als: *Bearbeiter* in: Herberger/Martinek/Rüßmann/Weth/Würdinger, jurisPK-BGB, § und Rn.).

Herberger, Maximilian/Martinek, Michael/Rüßmann, Helmut/Weth, Stephan/Würdinger, Markus: juris *Praxiskommentar* BGB, Band 3 - Sachenrecht, Saarbrücken 2002 (zitiert als: *Bearbeiter* in: Herberger/Martinek/Rüßmann/Weth/Würdinger, jurisPK-BGB, § und Rn.).

Herresthal, Carsten/ Kaiser, Dagmar/ Baldus, Christian/ Hartmann, Felix/ Busche, Jan: J. von Staudingers Kommentar zum Bürgerlichen Gesetzbuch mit Einführungsgesetz und Nebengesetzen. Eckpfeiler des Zivilrechts, Berlin 2020 (zitiert als: *Bearbeiter* in: Staudinger, Kapitel, Unterkapitel, Rn.).

Heuer, Carl-Heinz: Die Kunstraubzüge der Nationalsozialisten und ihre Rückabwicklung, NJW 1999, 2558-2564 (zitiert als: *Heuer*, NJW 1999, 2558 (Seite)).

Heyers, Johannes: Gewährleistung und Gewährleistungsausschluss im Kunstauktionshandel - Eine Würdigung der jüngsten Rechtsprechung aus juristisch-ökonomischer Perspektive, GRUR 2012, 1206-1211 (zitiert als: *Heyers*, GRUR 2012, 1206 (Seite)).

Hoffmann, Jochen: Das Zusammentreffen von Handelskauf und Verbrauchsgüterkauf: Wertungswidersprüche und Korrekturbedarf, BB 2005, 2090-2093 (zitiert als: *Hoffmann*, BB 2005, 2090 (Seite)).

Hollerbach, Tobias: Die rechtlichen Rahmenbedingungen für Internet-Auktionen, DB 2000, 2001 - 2007 (zitiert als: *Hollerbach*, DB 2000, 2001 (Seite)).

Hopt, Klaus J./Baumbach, Adolf/ Kumpan, Christoph/Leyens, Patrick C./Merkt, Hanno/Roth, Markus: Handelsgesetzbuch: HGB mit GmbH&Co., Handelsklauseln, Bank- und Kapitalmarktrecht, Transportrecht (ohne Seerecht), München 2021(zitiert als: *Bearbeiter* in: Baumbach/Hopt, HGB, § und Rn)).

Horn, Norbert/Balzer, Peter/Borges, Georg/Herrmann, Harald: Heymann Handelsgesetzbuch Kommentar, Band 4/1, §§ 343-475h, Berlin 2005 - Reprint 2011 (zitiert als: *Bearbeiter* in: Heymann HGB, § oder Kapitel, Rn.)).

Horn, Norbert/Balzer, Peter/Borges, Georg/Herrmann, Harald: Heymann Handelsgesetzbuch Kommentar, Band 1, §§ 1-104a, Berlin 2019 (zitiert als: *Bearbeiter* in: Heymann HGB, § oder Kapitel, Rn.)).

Hoyningen-Huene, Gerrick von: Die vertragliche Stellung des Versteigerers, NJW 1973, 1473-1479 (zitiert als: Hoyningen-Huene, NJW 1973, 1473 (Seite)).

Hrube, Mandy: Zur Beschaffenheitsvereinbarung bei einem Hinweis des Verkäufers in einer Internet-Auktion, jurisPR-ITR 2/2021 Anm. 3 (zitiert als: *Hrube*: jurisPR-ITR 2/2021 Kap.).

Huber, Ulrich: Leistungsstörungen Band I, Tübingen 1999 (zitiert als: *Huber*, Seite).

Huppertz, Stefanie: Rechtliche Probleme von Online-Auktionen, MMR 2000, 65-72 (zitiert als: *Huppertz*, MMR 2000, 65 (Seite)).

Immenga, Ulrich: Fehler oder zugesicherte Eigenschaft, AcP Bd. 171 (1971) S. 1-18 (zitiert als: *Immenga*, AcP 171, 1 (Seite)).

Jacobs, Rainer: Kunstfälschungen, GRUR 2013, 8-14 (zitiert als: *Jacobs*, GRUR 2013, 8 (Seite)).

Jacoby, Florian/ von Hinden, Michael: Bürgerliches Gesetzbuch Studienkommentar, 17. Auflage, München 2020 (zitiert als: *Jacoby/ von Hinden*, BGB-Komm, § und Rn.).

Kaletsch, Andreas: Der Kunstauktionator - Rechte, Pflichten und Haftung, Saarbrücken 2019 (zugl. Dissertation Saarland 2018) (zitiert als: *Kaletsch*, Der Kunstauktionator).

Kaletsch, Andreas: Käufer- und Versteigererrechte bei Selbstzerstörung des ersteigerten Kunstwerks, NJW 2019, 713-717 (zitiert als: *Kaletsch*, NJW 2019, 713 (Seite)).

Kirchhof, Paul/ Söhn, Hartmut/ Mellinghoff, Rudolf (Hrsg.): Einkommenssteuergesetz Kommentar, 320. Lieferung 12/2021 (zitiert als: *Bearbeiter* in: EStG-Kommentar, §, Dokumentenstand und Rn.).

Knöpfle, Robert: Der Begriff des Fehlers im Sinne des § 459 I BGB bei beweglichen Sachen und seine praktischen Auswirkungen, insbesondere bei Produkten mit schlechtem Testergebnis, AcP Bd. 180 (1980), S. 462-506 (zitiert als: *Knöpfle*, AcP Bd. 180, S. 462 (Seite)).

Koller, Ingo/Kindler, Peter/Roth, Wulf-Henning/Drüen, Klaus-Dieter: Handelsgesetzbuch Kommentar, München 2019 (zitiert als: Bearbeiter in: Koller/Kindler/Roth/Drüen, HGB, § und Rn.).

Kötz, Hein: Risikoverteilung im Vertragsrecht, JuS 2018, 1 - 10 (zitiert als: *Kötz*, JuS 2018, 1 (Seite)).

Krämer, Gerd: Bernsteinzimmer-Mosaik - Ersitzung durch den gutgläubigen Erben des bösgläubigen Besitzers? NJW 1997, 2580-2581 (zitiert als: *Krämer*, NJW 1997, 2580 (Seite)).

Kresse, Bernhard: Die Auktion als Wettbewerbsverfahren, Tübingen 2014 (zugl. Habilitationsschrift Hagen 2013)(zitiert als: *Kresse*; Wettbewerbsverfahren, Seite).

Kreße, Bernhard: Die Auktion als Wettbewerbsverfahren. Tübingen 2014 (zitiert als: *Kreße*, Die Auktion als Wettbewerbsverfahren, Seite).

Kullmann, Hans Josef/Stöhr, Karlheinz/Pfister, Bernhard/Spindler, Gerald (Hrsg.): Produzentenhaftung, Berlin 2021 (zitiert als: *Bearbeiter* in: Kullmann/Pfister/Stöhr/Spindler, Produzentenhaftung, Kapitel und Stand).

Kunze, Hans Henning: Restitution „Entarteter Kunst“ – Sachenrecht und Internationales Privatrecht, Berlin 2000 (zugl. Dissertation Dresden 2000)(zitiert als: *Kunze*, Restitution „Entarteter Kunst“, Seite).

Kurz, Katharina: Der Kunsthändler als Intermediär - Eine institutionenökonomische Analyse von Markt und Marktteilnehmer, Frankfurt am Main 2014 (zugl. Dissertation Oestrich-Winkel 2014)(zitiert als: *Kurz*, Der Kunsthändler als Intermediär, Seite).

Landmann, Robert von/Rohmer, Gustav (Begründer): Gewerbeordnung und ergänzende Vorschriften: GewO - Band I, Gewerbeordnung, Kommentar, München 2021 (zitiert als: *Bearbeiter* in: Landmann/Rohmer, GewO, §, Stand und Rn.).

Lang, Angela: Umsatzsteuerrechtliche Bestimmung des leistenden Unternehmers bei Strohmanngeschäften, BB 2000, 2183-2187 (zitiert als: *Lang*, BB 2000, 2183 (Seite).

Lauber-Rönsberg, Anne: Autonome „Schöpfung“ - Urheberschaft und Schutzfähigkeit, GRUR 2019, 244 -252 (zitiert als: *Lauber-Rönsberg*, Autonome Schöpfung, GRUR 2019, 244 (Seite)).

Locher, Horst: Das Recht der bildenden Kunst, München 1970 (zitiert als: Locher, Das Recht der bildenden Kunst, Seite).

Löhr, Marlies: Haftung in der Kunstauktion, GRUR 1976, 411-415 (zitiert als: *Löhr*, GRUR 1976, 411 (Seite)).

Loewenheim, Ulrich/Leistner, Matthias/Ohly, Ansgar (Hrsg.): Urheberrecht Kommentar, UrhG, KUG, VGG, München 2020 (zitiert als: *Bearbeiter* in: Loewenheim/Leistner/ Ohly, UrhG, § und Rn.).

Lorenz, Stephan: Die Umsetzung der EU-Warenkaufrichtlinie in deutsches Recht, NJW 2021, 2065-2073 (zitiert als: *Lorenz*, NJW 2021, 2065 (Seite)).

Lorenz, Stephan: Grundwissen - Zivilrecht, JuS 2010, 382-385 (zitiert als: *Lorenz*, JuS 2010, 382 (Seiten)).

Lynen, Peter M.: Kunstrecht 1: Grundlagen des Kunstrechts. Kunst- und Kulturmanagement. Wiesbaden 2013 (zitiert als: *Lynen*, Grundlagen des Kunstrechts, S.).

Mahmoudi, Nathalie/ Mahmoudi, Yasmin: Kunst-Wissenschaft-Recht-Management, Festschrift für Peter Michael Lynen, Baden-Baden 2018 (zitiert als: *Mahmoudi/Mahmoudi*, Kunst-Wissenschaft-Recht-Management, S.).

Mangold, Stephan: Verbraucherschutz und Kunstkauf im deutschen und europäischen Recht, Frankfurt am Main, 2009 (zugl. Dissertation Heidelberg 2008)(zitiert als: *Mangold*, Verbraucherschutz und Kunstkauf im deutschen und europäischen Recht, Seite).

Mattheus, Daniela/Schwab, Martin: Kommanditistenhaftung und Registerpublizität, ZGR 2008, 65-109 (zitiert als: *Mattheus/Schwab*, ZGR 2008, 65 (Seite)).

Moos, Vanessa: Der Galerievertrag - Die Rechtsverhältnisse zwischen Galerie und Künstler, Norderstedt 2007 (zitiert als: *Moos*, Galerievertrag, Seite).

Müller-Katzenburg, Astrid: Besitz- und Eigentumssituation bei gestohlenen und sonst abhanden gekommenen Kunstwerken, NJW 1999, 2551-2558 (zitiert als: *Müller-Katzenburg*, NJW 1999, 2551 (Seite)).

Müller-Katzenburg, Astrid: Besitz- und Eigentumssituation bei gestohlenen und sonst abhanden gekommenen Kunstwerken, NJW 1999, 2551-2558 (zitiert als: *Müller-Katzenburg*, Besitz- und Eigentumssituation, NJW 1999, 2551 (Seite)).

Müller-Katzenburg, Astrid: Erste Erfahrungen des Kunsthandels mit der Schuldrechtsreform, NJW 2006, 553-557 (zitiert als: *Müller-Katzenburg*, NJW 2006, 553 (Seite)).

Müller-Katzenburg, Astrid: Internationale Standards im Kulturgüterverkehr und ihre Bedeutung für das Sach- und Kollisionsrecht. (Schriften zum Internationalen Recht), Berlin 1995 (zitiert als: *Müller-Katzenburg:* Internationale Standards im Kulturgüterverkehr und ihre Bedeutung für das Sach- und Kollisionsrecht, Seite).

Müller, Markus: Die Umgehung des Rechts des Verbrauchsgüterkaufs im Gebrauchtwagenhandel, NJW 2003, 1975-1980 (zitiert als: *Müller*, NJW 2003, 1975 (Seite)).

Müller, Markus: Die Umgehung des Rechts des Verbrauchsgüterkaufs im Gebrauchtwagenhandel, NJW 2003, 1975-1980 (zitiert als: *Müller*, NJW 2003, 1975 (Seite)).

Musielak, Hans-Joachim/Voit, Wolfgang: Zivilprozessordnung mit Gerichtsverfassungsgesetz Kommentar, München 2021 (zitiert als: *Bearbeiter* in: Musielak/Voit, ZPO, § und Rn.).

Nordemann, Axel/Nordemann, Jan Bernd/Czychowski, Christian (Hrsg.): Urheberrecht Kommentar zum Urheberrechtsgesetz, Verlagsgesetz, Einigungsvertrag (Urheberrecht), zur EU-Portabilitätsverordnung, Stuttgart 2018 (zitiert als: *Bearbeiter* in: Fromm/Nordemann, UrhG, § und Rn.).

Odendahl, Kerstin/Weber, Peter Johannes (Hrsg.): Kulturgüterschutz - Kunstrecht - Kulturrecht, Festschrift für Kurt Siehr zum 75. Geburtstag aus dem Kreise des Doktoranden- und Habilitandenseminars „Kunst und Recht", Baden-Baden 2010 (zitiert als: *Bearbeiter*, Titel, Kapitel in: FS Siehr, Abschnitt (Seite)).

Oetker, Hartmut: Handelsgesetzbuch Kommentar, München 2021 (zitiert als: *Bearbeiter* in: Oetker HGB, § und Rn.).

Ory, Stephan/ Sorge, Christoph: Schöpfung durch Künstliche Intelligenz? NJW 2019, 710-713 (zitiert als: *Ory/Stephan*, Schöpfung durch Künstliche Intelligenz? NJW 2019, 710 (Seite)).

Ott, Moritz-Johannes: Der urheberrechtliche Schutz performativer Kunst - unter Berücksichtigung von Aufführungen des Theaters, der Aktions- und Performance-Kunst, Berlin 2021 (zugl. Dissertation Berlin 2021)(zitiert als: Ott, Der urheberrechtliche Schutz performativer Kunst, Seite).

Otte, Torsten: Salvador Dalí - eine Biographie mit Selbstzeugnissen des Künstlers, Würzburg 2006 (zitiert als: *Otte*, Salvador Dalí, Seite).

Pahlow, Louis: Der Rechtsmangel beim Sachkauf, JuS 2006, 289-293 (zitiert als: *Pahlow*, JuS 2006, 289 (Seite)).

Palandt, Otto: Bürgerliches Gesetzbuch Kurzkommentar mit Nebengesetzen, Band 7, 79. Auflage, München 2020 (zitiert als: *Bearbeiter* in: Palandt, BGB, § und Rn.).

Picker, Günther: Antiquitäten Kunstgegenstände – Alles über Recht, Steuern, Versicherung, Augsburg 1996 (zitiert als: *Picker*, Antiquitäten, Seite).

Pielow, Johann-Christian (Hrsg.): Beck Online-Kommentar Gewerbeordnung, München 2022 (zitiert als: *Bearbeiter* in: BeckOK-GewO, Stand, § und Rn.).

Polleit-Riechert, Ruth: Preisentwicklung und Marketing im zeitgenössischen Kunstmarkt des 21. Jahrhunderts von 2000-2007, Düsseldorf 2010 (zugl. Dissertation Düsseldorf 2010)(zitiert als: *Polleit-Riechert*, Preisentwicklung und Marketing im zeitgenössischen Kunstmarkt des 21. Jahrhunderts von 2000-2007, Seite).

Purnhagen, Kai: Die Zurechnung von Unternehmer- und Verbraucherhandeln in den §§ 13 und 14 BGB im Spiegel der Rechtsprechung - Eckpfeiler des Konzepts? VuR 2015, 3-9 (zitiert als: *Purnhagen*, VuR 2015, 3 (Seite)).

Raue, Peter / Hollenders, Anna-Sophie: Anmerkung zu einer Entscheidung des BGH, Urt. v. 09.10.2013 (VIII ZR 224/12; GRUR 2014, 97) - Zur Frage der Bedeutung von Katalogangaben eines Kunstauktionshauses für die Bestimmung der Fehlerhaftigkeit von Auktionsgegenständen, GRUR 2014, 98-100 (zitiert als: *Raue/Hollenders*, GRUR 2014, 98 (Seite)).

Raue, Peter / Hollenders, Anna-Sophie: Freizeichnungsklauseln in der Kunstauktion - Katalogbeschreibung „Buddha aus Sui-Dynastie", GRUR 2014, 96-100 (zitiert als: *Raue/Hollenders*, GRUR 2014, 96, Rn.).

Raue, Peter: Raubkunst und Restitution - Überlegungen aus aktuellem Anlass. GRUR 2015, 1-5 (zitiert als: *Raue*, Raubkunst und Restitution, GRUR 2015, 1 (Seite)).

Raue, Peter: Streitigkeiten im Kunstbereich und Schiedsgerichtsbarkeit - Eine empfehlenswerte Alternative? SchiedsVZ 2019, 1-5 (zitiert als: *Raue*, Streitigkeiten im Kunstbereich und Schiedsgerichtsbarkeit, SchiedsVZ 2019, 1 (Seite)).

Rehbinder, Manfred/ Peukert, Alexander: Urheberrecht und verwandte Schutzrechte, München 2018 (zitiert als: *Rehbinder/Peukert*, UrhG, Kapitel und Rn.).

Reithmann, Christoph (gegr.)/ Martiny, Dieter: Internationales Vertragsrecht, Köln 2022 (zitiert als: *Bearbeiter* in: Reithmann/Martiny, Kap., UKap., Rn.).

Remien, Oliver: Vindikationsverjährung und Eigentumsschutz. Oder: Welche Rechte bestehen an vor langer Zeit abhanden gekommen Sachen, insbesondere Kunstwerken? AcP Bd. 201 (2001), S. 730-756 (zitiert als: *Remien*, AcP 201, 730 (Seite)).

Riem, Thomas: Der Anspruch auf Nachlieferung - Insbesondere in den „Diesel-Abgas-Fällen", ZIP 2019, 589-596 (zitiert als: *Riehm*, ZIP 2019, 589 (Seite)).

Röhricht, Volker/Graf von Westphalen, Friedrich/Haas, Ulrich (Hrsg.): HGB Kommentar, Kommentar zu Handelsstand, Handelsgesellschaften, Handelsgeschäften, besonderen Handelsverträgen und internationalem Vertragsrecht, Köln 2019 (zitiert als: *Bearbeiter* in: Röhricht/Graf von Westphalen/Haas, HGB § und Rn.).

Säcker, Franz Jürgen/ Rixecker, Roland/ Oetker, Hartmut/ Limperg, Bettina (Hrsg.): Münchener Kommentar zum Bürgerlichen Gesetzbuch, Band 4, §§ 433-534 BGB, Finanzierungsleasing, CISG, 8. Auflage, München 2019 (zitiert als: *Bearbeiter* in: MüKo-BGB, § und Rn.).

Säcker, Franz Jürgen/ Rixecker, Roland/ Oetker, Hartmut/ Limperg, Bettina (Hrsg.): Münchener Kommentar zum Bürgerlichen Gesetzbuch, Band 6, §§ 631-704 BGB, 8. Auflage, München 2020 (zitiert als: *Bearbeiter* in: MüKo-BGB, § und Rn.).

Säcker, Franz Jürgen/ Rixecker, Roland/ Oetker, Hartmut/ Limperg, Bettina (Hrsg.): Münchener Kommentar zum Bürgerlichen Gesetzbuch, Band 7, §§ 705-853, Partnerschaftsgesellschaftsgesetz, Produkthaftungsgesetz, 8. Auflage, München 2020 (zitiert als: *Bearbeiter* in: MüKo-BGB, § und Rn.).

Schapiro, Leo: Die Angaben zum Kunstwerk in den Versteigerungskatalogen von Auktionshäusern, JZ 2013, 549-557 (zitiert als: *Schapiro*, JZ 2013, 549 (Seite)).

Schaub, Renate: Beratungsvertrag und Sachmängelgewährleistung nach der Schuldrechtsmodernisierung, AcP Bd. 202 (2002), S. 757-807 (zitiert als: *Schaub*, AcP 202, S. 757 (Seite)).

Schmidt, Karsten: Gutgläubiger Erwerb bei öffentlicher Versteigerung, JuS 411-412 (zitiert als: *Schmidt*, JuS 1990, 411 (412)).

Schmidt, Kristina: Offene Stellvertretung - Der „Offenkundigkeitsgrundsatz" als Teil der allgemeinen Rechtsgeschäftslehre, JuS 1987, 425-433 (zitiert als: *Schmidt*, JuS 1987, 425 (Seite)).

Schneider, Annette: Auktionsrecht - Das Rechtsverhältnis zwischen Einlieferer, Versteigerer und Ersteigerer, Baden-Baden 1999 (zitiert als: *Schneider*, Auktionsrecht, Seite).

Scholz: GmbH-Gesetz, Köln 2018 (zitiert als: Bearbeiter in: Scholz GmbHG, § und Rn.)

Schwerdtner, Peter/Hamm, Christoph: Maklerrecht, München 2016 (zitiert als: *Schwerdtner/Hamm*, Maklerrecht, Rn.).

Schwarzmeier, Leonie: Der NS-verfolgungsbedingte Entzug von Kunstwerken und deren Restitution, Hamburg 2014 (zugl. Dissertation Hamburg 2014)(zitiert als: *Schwarzmeier*, Der NS-verfolgungsbedingte Entzug von Kunstwerken und deren Restitution, Seite).

Sedlmeier, Kathleen: Rechtsgeschäftliche Selbstbestimmung im Verbrauchervertrag, Tübingen 2012 (zitiert als: *Sedlmeier*, Rechtsgeschäftliche Bestimmung im Verbrauchervertrag, S.).

Siehr, Kurt: 10 Jahre Washingtoner Raubkunst-Richtlinien, KUR 3/4 2009, S. 79-86 (zitiert als: *Siehr*, KUR 2009, 79 (Seite)).

Siehr, Kurt: Verjährung der Vindikationslage. Die Klage auf Herausgabe des Eigentums an beweglichen Sachen soll nach deutschem Recht angeblich verjähren. Die gelehrte Diskussion ist heftig, die inländische Gerichtserfahrung gering. ZRP 2001, 346-347 (zitiert als *Siehr*, ZRP 2001, 346 (Seite)).

Singer, Reinhard: Geltungsgrund und Rechtsfolgen der fehlerhaften Willenserklärung, JZ 1989, 1030-1035 (zitiert als: *Singer*, JZ 1989, 1030 (Seite)).

Sönksen, Hansgeorg/ Rosarius, Lothar: Investitionsförderung Handbuch, 193. Lieferung 12/2021 (zitiert als: *Bearbeiter* in: Investitionsförderung HB, Kapitel, Stand, Rn).

Spickhoff, Andreas: Der Nacherfüllungsanspruch des Käufers: Dogmatische Einordnung und Rechtsnatur, BB 2003, 589-594 (zitiert als: *Spickhoff*, BB 2003, 589 (Seite)).

Staub, Hermann: Handelsgesetzbuch, HGB, Band, §§ 373-376; 838-406, Berlin 2012 (zitiert als: *Bearbeiter* in: Staub HGB, § und Rn.).

Staudinger, Julius von: Kommentar zum Bürgerlichen Gesetzbuch: Staudinger BGB - Buch 2: Recht der Schuldverhältnisse: §§ 433-480 (Kaufrecht), Berlin 2013 (zitiert als: *Bearbeiter* in: Staudinger BGB, § und Rn.).

Staudinger, Julius von: Kommentar zum Bürgerlichen Gesetzbuch: Staudinger BGB - Buch 1: Allgemeiner Teil: §§ 139-163 (Teilnichtigkeit, Anfechtung, Vertrag, Bedingung und Zeitbestimmung), Berlin 2020 (zitiert als: *Bearbeiter* in: Staudinger BGB, § und Rn.).

Staudinger, Julius von: Kommentar zum Bürgerlichen Gesetzbuch: Staudinger BGB - Buch 1: Allgemeiner Teil: §§ 164-240 (Stellvertretung, Zustimmung, Fristen, Verjährung, Selbsthilfe, Sicherheitsleistung), Berlin 2019 (zitiert als: *Bearbeiter* in: Staudinger BGB, § und Rn.).

Staudinger, Julius von: Kommentar zum Bürgerlichen Gesetzbuch: Staudinger BGB - Buch 2: Recht der Schuldverhältnisse: §§ 662-675b (Auftrag und Geschäftsbesorgung), Berlin 2017 (zitiert als: *Bearbeiter* in: Staudinger BGB, § und Rn.).

Staudinger, Julius von: Kommentar zum Bürgerlichen Gesetzbuch: Staudinger BGB - Buch 2: Recht der Schuldverhältnisse: Vorbemerkung zu §§ 611ff.; §§ 611-613 (Dienstvertragsrecht I), Berlin 2020 (zitiert als: *Bearbeiter* in: Staudinger BGB, § und Rn.).

Staudinger, Julius von: Kommentar zum Bürgerlichen Gesetzbuch: Staudinger BGB - EGBGB/IPR: Artikel 43-46 EGBGB (Internationales Sachenrecht), Berlin 2015 (zitiert als: *Bearbeiter* in: Staudinger BGB, Art., Kap. und Rn.).

Stöber, Michael: Handelsrecht, Stuttgart 2020 (zitiert als: *Stöber*, Kapitel, Unterkapitel, Rn.).

Strobl, Henrike: Sorgfaltspflichten im Kulturgutschutzgesetz: Herausforderungen für die Praxis. NJOZ 2017, 810-816 (zitiert als: *Strobl*, Sorgfaltspflichten im Kulturgutschutzgesetz, NJOZ 2017, 810 (Seite)).

Stürner, Rolf (Hrsg.): Jauernig Bürgerliches Gesetzbuch Kommentar, München 2021 (zitiert als: *Bearbeiter* in: Jauernig BGB, § und Rn.).

Talkenberg, Andrea: Die Ökonomie des Bildermarktes: Eine informationsökonomische Analyse, Göttingen 1993 (zitiert als: *Talkenberg*, Die Ökonomie des Bildermarktes, Seite).

Tiedtke, Klaus/Burgmann, Roland: Gewährleistungs- und Haftungsausschluss beim Verkauf gebrauchter Sachen an und zwischen Verbrauchern, NJW 2005, 1153 (zitiert als: *Tiedtke/Burgmann*, NJW 2005, 1153 (Seite)).

Ulmer, Peter/ Brandner, Hans-Erich/ Hensen: AGB-Recht Kommentar zu den §§ 305-310 BGB und zum UKlaG, 12. Auflage, Köln 2016 (zitiert: *Bearbeiter* in: Ulmer/Brandner/Hensen, AGB-Recht, § und Rn.).

Vollkommer, Max: Die Konkurrenz des allgemeinen Leistungsstörungsrechts mit den Leistungsstörungsinstituten der besondere Schuldvertragstypen, AcP Bd. 183 (1983) S. 525-567 (zitiert als: *Vollkommer*, AcP 183, 525 (Seite)).

Wagner, Gerhard: Mangel- und Mangelfolgeschäden im neuen Schuldrecht? JZ 2002, 475-481 (zitiert als: *Wagner*, JZ 2002, 475 (Seite)).

Wandtke, Artur-Axel/ Bullinger, Winfried (Hrsg.): Praxiskommentar Urheberrecht, UrhG, VGG, InsO, UKlaG, KUG, EVtr, InfoSoc-RL, 5. Auflage, München 2019 (zitiert als: *Bearbeiter* in: PO-Komm UrhR, § und Rn.).

Wasmuth, Johannes: Aufarbeitung der unter NS-Herrschaft verübten Entziehung von Kunstwerken, NJW 2014, 747-753 (zitiert als: *Wasmuth*, NJW 2014, 747 (Seite)).

Weller, Marc-Philippe/Prütting, Jens: Handels- und Gesellschaftsrecht, München 2016 (zitiert als: *Weller/Prütting*, Kapitel und Rn.).

Wenzel, Henning/ Wilken, Christiane: Schuldrecht Besonderer Teil I, Vertragliche Schuldverhältnisse, 7. Auflage, Grasberg bei Bremen 2015 (zitiert als: *Wenzel/Wilken*, Schuldrecht BT I, S.).

Wertenbruch, Johannes: Gewährleistung beim Kauf von Kunstgegenständen nach neuem Schuldrecht, NJW 2004, 1977-1982 (zitiert als: *Wertenbruch*, NJW 2004, 1977 (Seite)).

Wertenbruch, Johannes: Kein Verbrauchsgüterkauf bei Vorspiegeln der Unternehmereigenschaft durch den Käufer, LMK 2005, 49-50 (zitiert als: *Wertenbruch*, LMK 2005, 49 (Seite)).

Westermann, Harm Peter: Das neue Kaufrecht, NJW 2002, 241-253 (zitiert als: *Westermann*, NJW 2002, 241 (Seite)).

Wieling, Hans Josef: Sachenrecht. Berlin Heidelberg 2007 (zitiert als: *Wieling*, Sachenrecht, Kapitel, Seite).

Wilhelm, Jan: Sachenrecht, Berlin/Boston 2021 (zitiert als: *Wilhelm*, Sachenrecht, Seite).

Wrede, Christian: Kopien - Imitationen - Fälschungen, Kunst und Kaufrecht. Zur Entwicklung der Kunstmängelhaftung und dem Phänomen der Krypto-Regeln, Berlin 2005 (zugl. Dissertation Heidelberg 2004 (zitiert als: *Wrede*, Kunst und Kaufrecht, Seite).

Yu, Chengyuan: Die Konkurrenz zwischen Gewährleistungsrecht und Informationspflicht, Bonn 2018 (zugl. Dissertation Bonn 2018) (zitiert als *Yu*, Die Konkurrenz zwischen Gewährleistungsrecht und Informationspflicht, Seite).

Zoller, Edgar: Dogmatik, Anwendungsprobleme und die ungewissen Zukunft des Vorrangs individueller Vertragsvereinbarungen vor Allgemeinen Geschäftsbedingungen (§ 4 AGBG), JZ 1991, 850-855 (zitiert als: *Zoller*, JZ 1991, 850 (Seite)).

Anhang

Anhang 1:
Datenbanken und Informationen zu Kulturgütern
(Stand: 14.06.2022)

Ziffer	Datenbank	Inhalt
1.1	Datenbank geschützter Kulturgüter	http://www.kulturgutschutz-deutschland.de/DE/3_Datenbank/dbgeschuetzterkulturgueter _node.html
1.2	Staateninformation Kulturgüter	https://www.kulturgutschutz-deutschland.de/DE/Staateninformation/staateninformation _node.html.
1.3	Unesco Database of National Cultural Heritage	https://en.unesco.org/cultnatlaws/
1.4	Datenbank LostArt	https://www.lostart.de
1.5	ArtLoss Register	www.artloss.com
1.6	Proveana Datenbank Provenienzforschung	https://www.proveana.de/de/start

Anhang 2:
Kalender über im Internet stattfindende Kunstauktionen
(Stand: 14.06.2022)

Ziffer	Auktionshaus	Auktionskalender
2.1	Christie's	https://www.christies.com/calendar?filters=|event_115
2.2	Ketterer	https://www.ketterer-internet-auktion.de/
2.3	Sotheby's	https://www.sothebys.com/en/calendar?s=0&from=&to=&f5=ONLINE&q=
2.4	Lempertz	https://www.lempertz.com/en/live-auctions.html
2.5	Phillipps	https://www.phillips.com/calendar
2.6	Van Ham	https://www.van-ham.com/de/auktionen/online-only.html
2.7	Karl&Faber	https://www.karlundfaber.de/de/kaufen/online-only/

Anhang 3:
Einlieferungsabläufe der Auktionshäuser
(Stand: 14.06.2022)

Ziffer	Auktionshaus	Einlieferungsbedingungen
3.1	Christie's	https://www.christies.com/selling-services/auction-services/auction-estimates/overview/
3.2	Ketterer	https://www.ketterer-kunst-schaetzungen.de/index.php
3.3	Sotheby's	https://www.sothebys.com/en/sell?
3.4	Villa Grisebach	https://www.grisebach.com/verkaufen/schaetzung-beratung.html
3.5	Lempertz	https://www.lempertz.com/de/verkaufsbedingungen.html
3.6	Zemanek-Münster	https://www.tribal-art-auktion.de/de/agb/#einlieferungsbedingungen
3.7	Bassenge	https://www.bassenge.com/verkaufen
3.8	Nagel	https://www.auction.de/service05.php
3.9	Karrenbauer	https://www.karrenbauer.de/wp-content-/uploads/2022/03/VERSTEIGERUNGSBEDINGUNGEN-03-22.pdf

Anhang 4:
Im Internet veröffentlichte Ausstellungskataloge der Kunstvermarkter
(Stand: 14.06.2022)

Ziffer	Kunstvermarkter	Kataloge
4.1	Christie's	https://www.christies.com/en/auction/impressionist-and-modern-art-day-and-works-on-paper-sale-29443/?filters=&page=2&searchphrase=&sortby=lotnumber&themes=
4.2	Sotheby's	https://www.sothebys.com/en/buy/auction/2022/modern-contemporary-art-day-auction?locale=en
4.3	Villa Grisebach	https://www.grisebach.com/kaufen/kataloge.html;
4.4	Hampel	https://www.hampel-auctions.com/online-catalogue-start.html
4.5	Lempertz	https://www.lempertz.com/en/auction-catalouges.html
4.6	Bassenge	https://www.bassenge.com/kataloge
4.7	Nagel	https://www.auction.de/sales/calendar.php
4.8	Karrenbauer	https://www.auktionshaus-karrenbauer.de/blocks_overview.php

Anhang 5:
Im Internet veröffentlichte Auktionsbedingungen der Mitglieder des Bundesverbands deutscher Kunstversteigerer e.V.
(Stand: 14.06.2022)

Ziffer	Auktionshaus	Einlieferungsbedingungen
5.1	Lempertz	https://www.lempertz.com/de/kaufbedingungen.html
5.2	Bassenge	https://www.bassenge.com/pdf/agb_kaeufer.pdf
5.3	Scheublein	https://www.scheublein.com/versteigerungsbedingungen-der-scheublein-art-auktionen-kg/
5.4	Villa Grisebach	https://www.grisebach.com/fileadmin/downloads/DOWNLOADS/Grisebach_AGBs.pdf
5.5	Zemanek-Münster	https://www.tribal-art-auktion.de/de/agb/#einlieferungsbedingungen
5.6	Nagel	https://www.auction.de/service06.php
5.7	Karrenbauer	https://www.karrenbauer.de/wp-content-/uploads/2022/03/VERSTEIGERUNGSBEDINGUNGEN-03-22.pdf
5.8	Karl&Faber	https://www.karlundfaber.de/_media/2021/10/11_2021_versteigerungs-bedingung_mixed.pdf

Anhang 6:
Informationen zu Kunstgalerien
(Stand: 14.06.2022)

Ziffer	Institut	Studie/Satzung
6.1	Galeriestudie 2020 des Institut für Strategieentwicklung (IFSE)	https://ifse.de/Pdf/IFSE_BVDG_Galerienstudie_2020.pdf
6.2	Bundesverband Deutscher Galerien und Kunsthändler e.V.	https://www.bvdg.de/sites/default/files/Anlage%202%20-Erl%C3%A4uterung%20Unm%C3%B6glichkeit%20der-%20EKPr%20Ermittlung_short.pdf
6.3	Bundesverband für Deutsche Galerien und Kunsthändler e.V.	https://www.bvdg.de/BVDG-Satzung

Anhang 7:
Im Internet veröffentlichte Verkaufsbedingungen der Mitglieder des Bundesverbands Deutscher Galerien und Kunsthändler e.V. (Stand: 14.06.2022)

Ziffer	Auktionshaus	Einlieferungsbedingungen
7.1	Galerie Loehrl	https://www.galerieloehrl.de/?location=agb&language=1
7.2	Galerie Ahlers	https://galerieahlers.de/agb/
7.3	Galerie Hegemann	https://www.galerie-hegemann.de/agb/
7.4	Kunsthaus Artes	https://www.kunsthaus-artes.de/service/agbs/
7.5	Galerie 21.06	https://galerie2106.de/policies/terms-of-service

FSC
www.fsc.org
MIX
Papier | Fördert
gute Waldnutzung
FSC® C083411

Kolibri 360 GmbH
Ferdinand-Jühlke-Straße 7
99095 Erfurt, Deutschland
produktsicherheit@kolibri360.de